Ausflüge ins kampanische Hinterland ■ 294

Der Lockruf des ursprünglichen Süditaliens führt unweigerlich tief ins Hinterland von Kampanien. Kunstschätze von Rang bieten die Städte Benevento, Capua und Caserta.

Nachlesen & Nachschlagen ■ 318

Wandern am Golf von Neapel ■ 374

12 Wanderungen | Übersicht ab Seite 375
GPS-kartierte Touren sind mit dem Symbol GPS gekennzeichnet. Download der GPS-Tracks inkl. Waypoints unter http://mmv.me/47249

Verzeichnisse

Was haben Sie entdeckt?

Haben Sie ein besonderes Restaurant, ein neues Museum oder ein nettes Hotel entdeckt? Wenn Sie Ergänzungen, Verbesserungen oder Tipps zum Buch haben, lassen Sie es uns bitte wissen!
Schreiben Sie an: Andreas Haller, Stichwort „Golf von Neapel"
c/o Michael Müller Verlag GmbH | Gerberei 19, D – 91054 Erlangen
andreas.haller@michael-mueller-verlag.de

🌿 nachhaltig, ökologisch, regional

MeinTipp Die besondere Empfehlung unseres Autors

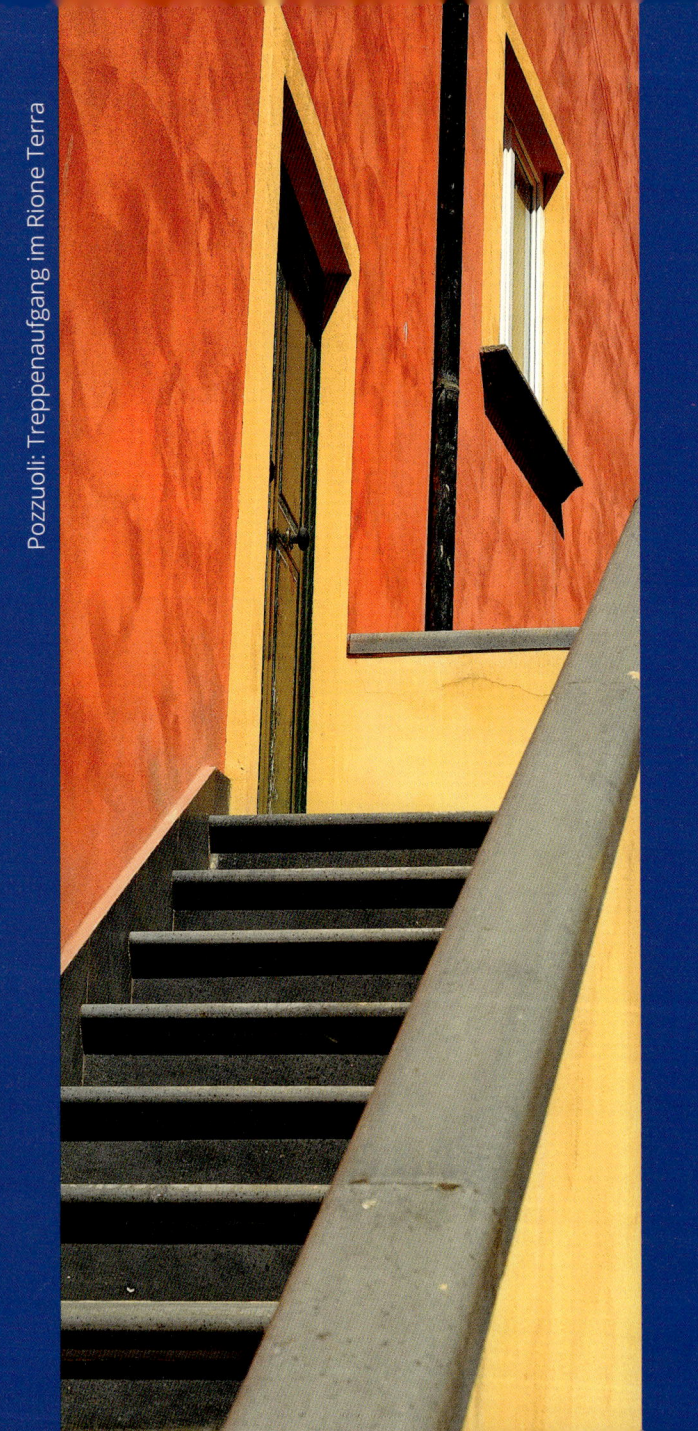

Pozzuoli: Treppenaufgang im Rione Terra

Procida und die Phlegräischen Felder ■ 70

Es kocht und brodelt, die Erde hebt und senkt sich. Die Menschen haben sich hier mit den vulkanischen Aktivitäten arrangiert. Reichlich Flair bietet die vorgelagerte Insel Procida.

Ischia ■ 94

Der wichtigste Schatz der Kur- und Ferieninsel sind die Thermalquellen. Der Besuch einer Therme gehört zum Pflichtprogramm des Ischia-Besuchs. Im Süden der Insel lässt es sich nach Herzenslust wandern und baden.

Capri ■ 138

Seit jeher ist die spektakuläre Inselschönheit ein Ziel von Aussteigern und prominenten Reisenden. Deren Villen säumen waghalsige Felsabsätze, von zahlreichen Aussichtspunkten fällt der Blick in gähnende Abgründe.

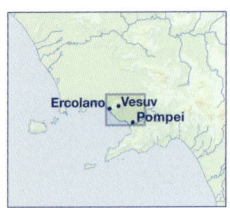

Vesuv, Pompeji und Herculaneum ■ 166

Der Vesuv ist einer der gefährlichsten Vulkane der Erde. Gegenwärtig schlummert er. Aber in der Antike machte er Städte wie Pompeji und Herculaneum dem Erdboden gleich.

Halbinsel von Sorrent ■ 198

Kennst Du das Land, wo die Zitronen blühn? Die klassische Zitronenküste, das ist die Gegend von Sorrent. Die besten Eindrücke gewinnt man auf Wanderungen und Spaziergängen durch die agrarisch geprägte Halbinsel.

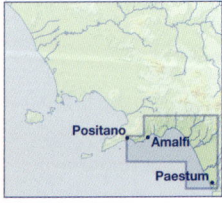

Die Amalfiküste ■ 226

Schroffe Kalkfelsen und historische Hafenstädte prägen den faszinierenden Küstenabschnitt zwischen Sorrent und Salerno. Das Traumziel schlechthin in der ohnehin mit Schönheit nicht geizenden Region...

Orientiert

am Golf von Neapel

Die Region im Profil

Der Golf von Neapel ist …

Die berühmten antiken Stätten unterhalb des Vesuvs, der brodelnde Hexenkessel Neapel, die Thermen und Strände auf Ischia, die Villen auf Capri oder die spektakuläre Küstenlandschaft rund um Amalfi und Positano – viele gute Gründe für einen Besuch.

Hauptstadt der Region Kampanien: Neapel, mit ca. 1 Mio. Einwohnern drittgrößte Stadt Italiens.

Metropolencharakter besitzt auch die Provinzhauptstadt Salerno. Sonst überwiegen Dörfer und Kleinstädte mit beschaulichen Zentren.

… ein Teil der Region Kampanien

Klangvolle Namen wie Capri, Pompeji, Amalfi oder Sorrent erwecken in uns Sehnsüchte nach betörender Schönheit, lebendiger Geschichte, majestätischer Natur, schmackhafter Küche und unverbauter Strände. Kein Wunder, dass bereits die Römer die Golfküste zu ihrer bevorzugten Ferienregion kürten. Sie feierten den vom Klima verwöhnten Landstrich euphorisch als *campania felix*, als „glückliches Kampanien". Nur wenige europäische Destinationen bieten auf engstem Raum eine solche Dichte an Attraktionen wie der Golf von Neapel.

… ein Urlaubsparadies mit vielen Gesichtern

Der Golf von Neapel erweist sich als unerschöpfliches Reservoir für Erholungsbedürftige, die buchstäblich reif für die Insel sind; für Kulturreisende, die auf den Spuren der Griechen und Römer wandeln; für klassische Kurgäste, die es sich in den Thermen auf Ischia wohlergehen lassen; und für Genießer, die von der ausgezeichneten Küche Kampaniens nicht genug bekommen können.

… ein grandioses Amphitheater der Natur

Unübersehbar im Zentrum der Golfküste wacht die beherrschende Silhouette eines Vulkans. Obwohl der Vesuv momentan keine nennenswerten Aktivitäten verzeichnet, zählt er zu den gefährlichsten Vulkanen der Erde. Natur zum Staunen bieten auch Capri, die Halbinsel von Sorrent und die Costiera Amalfitana, die welterfahrene Reisende zu Recht als spektakulärste Steilküste des Mittelmeerraums bezeichnen.

... das Ziel schlechthin der klassischen Italienreise

Der europäische Kulturadel der Neuzeit bereiste im Zuge der „Grand Tour" die Apenninenhalbinsel, machte Station in Rom und strandete schließlich am Golf von Neapel. Die Reisenden bestaunten die dorischen Tempel von Paestum, wagten sich in die Blaue Grotte von Capri oder besuchten das Grab des Dichters Vergil. Die meisten kehrten danach wieder um, die wenigsten fuhren mit dem Schiff weiter nach Sizilien.

... ein dicht besiedelter Landstrich

Schon der Landeanflug auf Neapel enthüllt ein riesiges Häusermeer, das an die Berge am Horizont wie Wellen brandet. Wer die Stille sucht, sollte zu Fuß gehen – auf dem „Weg der Götter" hoch über der Küste von Amalfi oder auf entrückten Felspfaden jenseits der belebten Plätze Capris. Auch das Hinterland ist stellenweise nur gering besiedelt. Übrigens vermerkten bereits antike Reisende in ihren Berichten, dass die Region um den Vesuv ungewöhnlich dicht besiedelt sei ...

... eine Mezzogiorno-Region

Gemeinsam mit den anderen süditalienischen Regionen wie Apulien oder Kalabrien zählt Kampanien zum Mezzogiorno („der Mittag"). Kennzeichen des Südens sind die chronische Wirtschaftsschwäche, das Fehlen größerer Industriebetriebe in arbeitsintensiven Branchen und eine lückenhafte Infrastruktur in vielen Bereichen. Eine Folge mangelnder Präsenz staatlicher Institutionen im Süden ist die Schattenwirtschaft. Die in Kampanien operierenden Mafia-Clans werden unter dem Begriff „Camorra" zusammengefasst. Urlauber und Reisende bekommen aber in der Regel davon nichts mit.

... eine Ganzjahresdestination

Städte wie Neapel, Sorrent und Salerno haben ganzjährig Konjunktur. Gleiches gilt für die archäologischen Ausgrabungsstätten Pompeji, Herculaneum und Paestum. In der Krippengasse im Herzen der Altstadt von Neapel herrscht in der Vorweihnachtszeit sogar mehr Betrieb als in der eigentlichen Feriensaison, die sich von Ostern bis Oktober erstreckt. Auf Ischia hingegen liegen in der kühlen Jahreszeit Thermen, Restaurants und die meisten Unterkünfte im Winterschlaf. Auf Capri sieht die Sachlage etwas anders aus: Die Insel ist im Sommer heillos überfüllt und im Winter ein Ziel für Individualisten, die sich über niedrige Preise und zugewandte Einheimische freuen ...

Kirchen, Klöster und Museen

Erlebnis Kultur

Neapel war ein Brennpunkt der europäischen Geschichte. Beleg hierfür sind die zahlreichen kulturellen Relikte aus sämtlichen Epochen. Aber auch Salerno, Ravello und die Provinzhauptstädte im Hinterland bieten kulturinteressierten Reisenden zahlreiche Kunstschätze von Rang.

Kulturinteressierte Reisende, die in kurzer Zeit viele eintrittspflichtige Attraktionen besuchen, sparen beim Kauf einer Campania Artecard (→ S. 370) eventuell viel Geld.

Archäologische Museen

Archäologisches Museum Benevento: Hochrangige Objekte von der Antike bis zum Mittelalter. → S. 312

Archäologisches Museum Campi Flegrei: Die besten Funde von der Küste westlich von Neapel. → S. 81

Archäologisches Provinzialmuseum Capua: Attraktive Exponate aus der Antike. → S. 305

Archäologisches Nationalmuseum Neapel: Für Liebhaber der Antike ein Muss. → S. 57 ff.

Bildende Kunst

Museo Capodimonte in Neapel: Die wichtigste Pinakothek Süditaliens. → S. 52 f.

Museo Correale in Sorrent: Gemälde aus dem Zeitalter des Barock. → S. 210 f.

Museo d'Arte Contemporanea in Neapel: Kunsttempel der Moderne und Avantgarde. → S. 37

Museo Diocesano in Salerno: Die wichtigste Gemäldesammlung der Provinz Salerno. → S. 279

Gärten und Parks

Giardini la Mortella auf Ischia: Mekka für Liebhaber der mediterranen Flora. → S. 117

Giardini Ravino auf Ischia: Gepflegter Sukkulenten-Garten bei Forio. → S. 117

Giardino della Minerva in Salerno: Zauberhafter Kräutergarten mit Teestube über der Altstadt. → S. 281

Villa Rufolo und Villa Cimbrone in Ravello: Der Blick von den Gärten auf die Küste ist legendär. → S. 256 f.

Villa San Michele auf Capri: Der Garten ist eine Oase der Erholung. → S. 158 f.

Kirchen und Klöster

Abtei Sant'Angelo in Formis: Aufgrund der romanischen Fresken einer der schönsten Kirchen Kampaniens. → S. 306

Chiesa di Santa Sofia in Benevento: Der Sakralbau aus langobardischer Zeit ist UNESCO-Welterbe. → S. 312

Dom San Gennaro in Neapel: Die Bischofskirche steht jährlich beim Blutwunder des hl. Gennaro im Mittelpunkt. → S. 34 f.

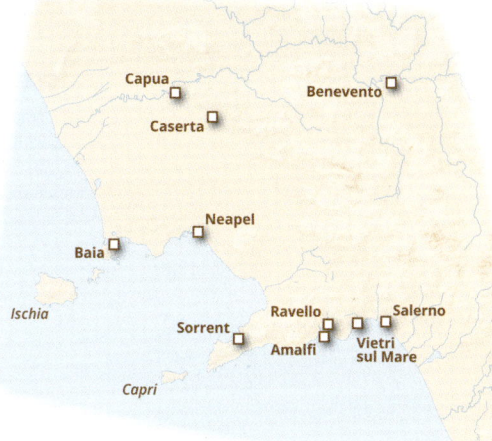

Dom San Matteo in Salerno: Highlight normannischer Baukunst mit prachtvoller Krypta. → S. 279

Dom San Michele Archangelo in Casertavecchia: Fast noch ein Geheimtipp im Hinterland. → S. 301

Dom Sant'Andrea in Amalfi: Faszinierende Mischung aus romanischen und orientalischen Stilen, mit sehenswertem Kreuzgang. → S. 245 ff.

Dom Santa Maria Assunta in Ravello: Der romanische Sakralbau birgt wertvolle Schätze. → S. 256

Kartause San Martino in Neapel: Sehenswerter Sakralkomplex in luftiger Höhe über dem Zentrum. → S. 55 f.

Kloster Corpo di Cava: Zentrum der Benediktiner in Süditalien in abgeschiedener Lage. → S. 273

Kloster Santa Chiara in Neapel: Der weitläufige Majolika-Kreuzgang ist ein Highlight. → S. 42 f.

Kunsthandwerk

Holzintarsien aus Sorrent: Wunderschöne Arbeiten in zahlreichen Werkstätten *(botteghe)* in der Altstadt. → S. 210

Keramikkunst aus Vietri sul Mare: Tonware aus Vietri ist berühmt, ein Museum gibt tiefere Einblicke. → S. 269 f.

Krippengasse in Neapel: Nicht nur zur Vorweihnachtszeit ein obligatorisches Ziel für Besucher. → S. 39 f.

Papiermuseum in Amalfi: Im Mittelalter machte das Papier die Seerepublik Amalfi reich. → S. 247

Schlösser und Burgen

Castel dell'Ovo in Neapel: Der Legende nach liegt hinter seinen starken Mauern das „Ei des Vergil" verborgen. → S. 49

Castello Aragonese auf Ischia: Die uneinnehmbar erscheinende Festungsstadt ist ein Wahrzeichen der Insel. → S. 135 f.

Castello Aragonese in Baia: Die traumhaft gelegene Anlage am Golf von Pozzuoli birgt ein sehenswertes Museum. → S. 81

Castello di Arechi in Salerno: Von der einstigen Langobardenfestung fällt der Blick auf den Golf von Salerno. → S. 281 f.

Königsschloss in Caserta: Die Bourbonenresidenz im Hinterland sollte einst mit Versailles konkurrieren. → S. 298 f.

Maschio Angioino in Neapel: Von der trutzigen Festung am Hafen regierten in der frühen Neuzeit u. a. die französischen Anjou. → S. 48 f.

Geschichte erleben

Schaufenster der Antike

Reisende am Golf stolpern jeden Fußbreit über Antike. Etrusker, Griechen und Römer gaben sich hier die Klinke in die Hand. Beste Gelegenheiten, die Überreste aus dem Altertum kennenzulernen, bieten Museen und archäologische Ausgrabungsstätten, allen voran Pompeji und Herculaneum.

Eine kurze Zeittafel

1738: Ausgrabungen von Herculaneum

1748: Ausgrabungen von Pompeji

1752: Wiederentdeckung von Paestum

1787: Gründung des Nationalmuseums von Neapel

Im Schatten des Vulkans

Der Vesuvausbruch 79 n. Chr. war Katastrophe und Glücksfall zugleich: Er zerstörte die berühmten Städte Pompeji und Herculaneum, sorgte jedoch auch dafür, dass wir heute auf den Ausgrabungsstätten in der Antike lesen können wie in einem dreidimensionalen Buch. Vieles, was wir heute über das Altertum wissen, schlossen Archäologen aus Material, das sie im Schatten des Vulkans zutage brachten. Besonders unser Wissen über den Alltag in römischer Zeit verdanken wir Funden aus Herculaneum und Pompeji.

Griechen und Etrusker

Die griechischen Kolonien wie Neapolis, Kyme oder Paestum lagen fast ausnahmslos an der Küste. Die erste Siedlung auf italienischem Boden befand sich auf der Insel Ischia. Nicht wenige Griechenstädte gingen später im wachsenden römischen Reich auf und wurden romanisiert. Im Unterschied zu den Griechen siedelten die Etrusker weiter im Hinterland. Deren Herrschaftszentrum lag eigentlich in Mittelitalien, etruskische Spuren finden sich jedoch auch im Großraum Salerno.

Die Tempel von Paestum: Die dorischen Tempel am Golf von Salerno sind die prominentesten Reste aus griechischer Zeit und unbedingt den Besuch wert. Wertvolle Objekte aus griechischer Zeit zeigt das archäologische Museum neben der Ausgrabungsstätte. → S. 287 ff.

Villa Arbusto: Das Museum in einer ischitanischen Villa präsentiert Fundstücke von Ausgrabungen bei Lacco Ameno. Ein Prunkstück ist der Becher des Nestor. → S. 112

Kyme (Cuma): Die erste griechische Siedlung auf dem Festland Italiens. Auch wenn die Ausgrabungszone nicht einfach zu erreichen ist, lohnt der Besuch. In einer Grotte residierte eine berühmte Priesterin – die Sibylle von Kyme. → S. 84 f.

San Lorenzo Maggiore in Neapel: Vielerorts in der Altstadt führen Treppen in den Untergrund. Unter dem Komplex San Lorenzo Maggiore mit Kirche, Kreuzgang und Kloster kann man die Reste der griechischen Neapolis begutachten – ein Pompeji unter Tage. → S. 38 f.

Benevento

Anfiteatro Santa Maria Capua Vetere

Kyme

Neapel

Herculaneum

Villa Arbusto

Pozzuoli

Pompeji

Ischia

Villa Jovis

Pontecagnano

Capri

Paestum

Museo Archeologico Nazionale Pontecagnano: Das Museum zur Kulturgeschichte der Etrusker Süditaliens liegt in wenig anheimelnder Umgebung in einem Vorort von Salerno. Objektpräsentation und Themeninszenierungen sind vom Feinsten. → S. 282

Reste aus römischer Zeit

Pompeji und Herculaneum sind zwar die berühmtesten, aber nicht die einzigen Überbleibsel aus der römischen Epoche. Eine weitere wichtige römische Stadt war Pozzuoli in der gleichnamigen Bucht bei Neapel. Durch das Hinterland Kampaniens verlief die Via Appia, die Rom mit den Häfen der Adria verband. Hier waren Capua und Benevento wichtige Etappenstationen. Beide Städte bergen noch heute bedeutende Relikte aus römischer Zeit.

Pompeji: In der vielleicht berühmtesten Ausgrabungsstätte der Welt vergeht der Tag wie im Flug. Denn Pompeji ist nicht nur spannend, sondern auch überraschend groß. Highlights sind das Forum, die Thermen, das Amphitheater und die außerhalb gelegene Villa dei Misteri. → S. 181 ff.

Herculaneum: Im Vergleich zu Pompeji präsentiert sich die Stadt des Hercules weitaus überschaubarer. Nach dem Besuch der Ausgrabungsstätte lockt

ein sehenswertes Museum ohne Exponate. → S. 172 ff.

Villa Jovis: Die einzige Ausgrabungsstätte von Rang auf Capri liegt direkt am Rand der Kalkklippen. Es handelt sich um den Palast des römischen Kaisers Tiberius. → S. 151 f.

Archäologisches Nationalmuseum Neapel: Die großartige Antikensammlung präsentiert eindrückliche Exponate aus der römischen Zeit, u. a. Skulpturen der berühmten Sammlung Farnese. Ein weiteres Highlight sind Mosaike mit erotischen Szenen aus Pompeji. → S. 57 ff.

Pozzuoli: Römischen Ursprungs in der Hafenstadt westlich von Neapel sind das Amphitheater und die Ruinen unter der Altstadt. Letztere können nur im Rahmen einer Führung besichtigt werden. → S. 72 ff.

Trajansbogen in Benevento: Das marmorne Triumphportal für den römischen Kaiser Trajan gehört zu den gewaltigsten Überbleibseln aus römischer Zeit in Süditalien. → S. 311 f.

Anfiteatro Campano in Santa Maria Capua Vetere: Das Amphitheater war eines der eindrucksvollsten im römischen Weltreich. Hier begann im 1. Jh. v. Chr. der Sklavenaufstand des Spartacus. → S. 306

Thermen, Strände, Pfade

Baden und Wandern

Die Insel Ischia entpuppt sich als ressourcenreiches Mekka für Strandurlauber. Die Golfküste und die Halbinsel von Sorrent sind indes zum Baden weniger geeignet. Kilometerlange Sandstrände gibt es erst wieder im Süden in Paestum ...

Bereits die Römer nutzten die vulkanisch-thermischen Aktivitäten am Golf für ihre Kuraufenthalte. Heute befinden sich die großen Thermenparks allesamt auf Ischia; sie zählen zum Pflichtprogramm eines Inselaufenthalts.

Pack die Badehose ein!

Die Badesaison erstreckt sich von Mai bis Oktober, wobei die Wassertemperaturen im Spätsommer und Frühherbst am angenehmsten sind. Vielerorts eröffnen im Sommer Strandbäder *(bagni)* mit Umkleidekabinen, Bar und einfachem Restaurant. Gegen eine Gebühr von, je nach Jahreszeit, 10–20 € pro Tag können die Gäste Strandliege und Sonnenschirm nutzen. Empfehlenswerte Adressen finden Sie im Reiseteil bei den einzelnen Orten.

Die schönsten Strände

Ganz klar, diese befinden sich auf Ischia und in der Nähe von Paestum. Auch auf Capri, bei Sorrent und rund um Amalfi existieren kleinere (Kies-)Strände. Sie sind jedoch häufig abgelegen und aufgrund der Topografie am besten per Boot erreichbar.

Baia di Cartaromana (Ischia): Die romantische Felsbucht mit Kastellblick ist am besten mit dem Boot zu erreichen. → S. 135

Baia di San Montano (Ischia): Die landschaftlich hübsche Sandbucht belegt zur Hälfte ein Thermalgarten. → S. 110 f.

Capaccio Laura (Paestum): In Tuchfühlung zu den griechischen Tempeln liegt ein kilometerlanger Sandstrand. → S. 292

Erchie (Amalfiküste): Außerhalb der Hauptsaison hat man den Kiesstrand weitgehend für sich. → S. 267

Marina del Cantone (Halbinsel von Sorrent): An Wochenenden kann sich der Badeort mit Kiesstrand über mangelnde Besucher kaum beklagen. → S. 221

Punta Carena (Capri): Das Baden an den Felsen unterhalb des Leuchtturms ist ein Erlebnis. → S. 164

Spiaggia del Ciracciello e Ciraccio (Procida): In trauter Nachbarschaft liegen die beiden Strände auf der kleinsten Insel im Golf. → S. 92

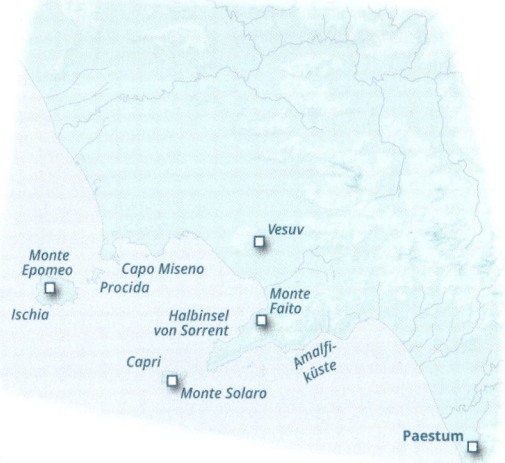

Spiaggia di Citara (Ischia):
Am landschaftlich reizvoll gelegenen Sandstrand liegt Ischias größter Thermalgarten.
→ S. 116

Spiaggia dei Maronti (Ischia): Der längste Sandstrand der Insel ist bekannt für seine heißen Unterwasser-Fumarolen. → S. 125

Spiaggia Miliscola (Capo Miseno): Das einzige Bademekka westlich von Neapel ist an Wochenenden und in den Ferien beliebt.
→ S. 82 f.

Thermalbäder auf Ischia

Die Thermen auf Ischia sind ungemein weitläufig, sodass ein Entspannungstag wie im Flug vergeht. Bis auf wenige Ausnahmen liegen sie in Küstennähe und verfügen über einen privaten Strandabschnitt. Einige Quellen nutzten die Menschen in der Antike für Anwendungen, beispielsweise die Cavascura-Therme (→ S. 126) am Maronti-Strand. Der Gegensatz zu den mondänen Poseidongärten (→ S. 118), dem größten Thermalpark auf Ischia, könnte kaum größer sein. Ein besonders schöner Thermalgarten ist die Negombo-Therme (→ S. 113) in Lacco Ameno.

Auf Schusters Rappen

Der Golf von Neapel ist ein tolles Wanderrevier, besonders die Insel Capri, die Amalfiküste und die Halbinsel von Sorrent. Wanderer wählen zwischen schmalen Gebirgpfaden, bequemen Asphaltwegen und schweißtreibenden Treppenwegen. Im Kleinen Wanderführer hinten im Buch (→ S. 374) werden zwölf der schönsten Touren am Golf ausführlich und mit Karte beschrieben.

Ein Höhepunkt ist sicherlich der vielbegangene „Pfad der Götter" von Bomerano nach Positano (→ S. 400 f.). Andere Wege an der Amalfiküste werden seltener begangen und eignen sich perfekt für Ruhesuchende. Auch Capri ist bestens für Fußgänger geeignet – die Bandbreite hier reicht von steinigen Gebirgspfaden bis zu bequemen Treppenwegen. Ein Highlight ist der Weg vom Monte Solaro zur Punta Carena (→ S. 387 ff.).

Aussichtsberge

Viele zu Fuß oder mit der Bergbahn zugängliche Gipfel erlauben fantastische Ausblicke auf den Golf von Neapel. Einfach ist der Weg auf den Vesuv (→ S. 168 ff.), den Monte Solaro auf Capri (→ S. 158) und auf den Monte Faito in den Monti Lattari (→ S. 202). Schweißtreibender sind die Aufstiege zum Monte Epomeo auf Ischia (→ S. 128 f.) und zum Monte di San Costanzo bei Sorrent (→ S. 219). Der höchste Berg der Region ist der Monte di San Michele (1444 m).

Nicht nur Strandurlaub

Der Golf von Neapel mit Kindern

Ischia ist die günstigste Wahl für einen entspannten Familienurlaub. Die Strände liegen gleich vor der Haustüre, und auch sonst bietet die Ferieninsel mehr als genügend Freizeitoptionen für Groß und Klein.

Advent am Golf
Die Lichtinstallationen Luci d'Artista in Salerno und die Krippengasse in Neapel sind auch für Kinder ein Spektakel sondergleichen und ein guter Grund für einen Besuch der Region in der Vorweihnachtszeit.

Familienurlaub auf Ischia

Mit Ausnahme des stets betriebsamen Fährhafens von Ischia Porto herrscht auf der Kur- und Ferieninsel eine eher gemächliche Schlagzahl. Ein verhältnismäßig moderates Preisniveau und familientaugliche Unterkünfte sorgen für ein stressfreies Urlaubsklima. Außerdem sind die Wege zu den Sandstränden in der Regel kurz – beste Voraussetzungen also, dass sich die Bambini nicht langweilen. Auch Inselrundfahrten, kurze Spaziergänge, Bootstouren und selbst die Besichtigung des Kastells von Ischia Ponte sind mit Anhang gut zu bewältigen.

Neapel mit Kindern

Laut und gefährlich – so lautet gemeinhin das Urteil über die pulsierende Metropole am Golf. Das Image ist zwar nicht gänzlich falsch, jedoch einseitig. Am besten eignet sich der Stadtbesuch mit Kids sonn- und feiertags: Dann herrscht spürbar weniger Verkehr und zentrale Straßenachsen werden zu Fußgängerzonen. Bereits etwas älterer Nachwuchs begeistert sich bestimmt für den – zuweilen schaurigen und beklemmenden – Untergrund der Stadt (→ *Napoli sotterranea*, S. 38). Ein schöner Abschluss des Tagesausflugs führt eventuell zum Lungomare Caracciolo (→ S. 25), der sich jeden Sonntag in eine Vergnügungsmeile verwandelt.

Antike, kindgerecht

Ob sich Kinder für antike Ausgrabungsstätten begeistern lassen, mag von Fall zu Fall verschieden sein. Ein Besuch des virtuellen Museums in Herculaneum (→ S. 178) dürfte wohl kaum jemanden – ob groß oder klein – unbeeindruckt lassen. Hochwertige Digitalanimationen lassen die Stadt am Vesuv, wie sie in der römischen

Epoche ausgesehen haben dürfte, wieder auferstehen und lebendig werden. Im Anschluss daran betrachten die Heranwachsenden die Überbleibsel aus dem Altertum sicher mit gänzlich anderen Augen ...

Brodelnde Hexenküche

Vulkane faszinieren. Sie erinnern uns an die Vergänglichkeit und die Brüchigkeit der menschlichen Zivilisation. Auch Heranwachsende berauschen sich nicht selten an den schaurigen Abgründen der Zerstörung, der vielleicht am besten im Solfatara-Krater bei Pozzuoli nachzuspüren ist (→ S. 76). Fumarolen und blubbernde Schlammlöcher verbreiten schwefelhaltige Dämpfe und entpuppen sich als großer Abenteuerspielplatz für neugierige Kids – und natürlich auch für ihre erwachsenen Begleiter. Selbst der Kraterrand des Vesuvs kann trotz faszinierenden Rundblicks mit diesem Thrill nicht ganz mithalten.

Ausflugtipps

Spaziergang zur Recommone-Bucht: Ein attraktiver und nicht zu anspruchsvoller Spaziergang verbindet das Bademekka Marina del Cantone auf der Halbinsel von Sorrent mit der von wilden Felsen eingerahmten Nachbarbucht. Auf dem Weg liegt ein halb verfallener Küstenwachturm. → S. 221

Città della Scienza: Das Science-Center an der Peripherie von Neapel ist ein Experimentierlabor für aufgeweckte und neugierige Kids. Zahlreiche Stationen laden zum Herumprobieren ein. → S. 57

Michaelskirche von Anacapri: Die Fantasie der Schöpfer des grandiosen Fußbodens in der Kirche kannte fast keine Grenzen. Mystische Wesen und Tiergestalten beflügeln die Fantasie von Jung und Alt. → S. 158

Besuch auf einer Büffelmozzarellafarm: In unmittelbarer Nähe der dorischen Tempel von Paestum laden Bauernhöfe zur Mittagsrast mit frisch gezupften Büffelmozzarellakugeln ein. Mit etwas Glück grasen auf der Weide gleich nebenan die Büffelkühe ... → S. 292

Museo Virtuale Scuola Medica Salernitana: Das virtuelle Museum zur Entwicklung der abendländischen Medizin in Salerno ist für Familien mit aufgeweckten Kindern eine Option. Die Einrichtung verbindet perfekt Unterhaltung und Wissen. → S. 281

Auf dem Eselsweg zum Monte Epomeo: Nur etwa eine Stunde dauert der Aufstieg von Fontana zum höchsten Gipfel der Thermeninsel Ischia. Einst konnte man die Distanz auf dem Rücken eines Esels zurücklegen. Diese Zeiten sind vorbei, dafür lockt unterhalb der Aussichtspunkte ein einladendes Gipfelrestaurant zur Mittagsrast. Für die längeren Aufstiegsrouten zum Monte Epomeo sollte man hingegen genügend Kondition mitbringen. → S. 129

Unterwegs

am Golf von Neapel

Neapel (Napoli)

Die Stadt am Golf ist ein Füllhorn bekannter Klischees – viele faszinierend, einige widersprüchlich, manche verstörend. Dabei steht außer Frage, dass Neapel zu den attraktivsten Metropolen Europas zählt. Man muss die Stadt einfach gesehen haben!

Neapel ist mit ca. 972.000 Einwohnern drittgrößte Stadt Italiens. Einzig Rom und Mailand zählen mehr Bewohner. In der Metropolregion leben ca. 4 Mio. Menschen – zwei Drittel der Bevölkerung Kampaniens.

Ein Tag reicht definitiv nicht aus, um sämtliche Attraktionen aufzusuchen. Selbst eine Woche genügt hier kaum. Tagesbesucher entscheiden sich am besten zwischen der Altstadt, dem repräsentativen Zentrum am Meer oder der Stadt auf den Hügeln. Ganz andere Eindrücke enthüllt der Abstieg in die Unterwelt. Einen ersten Eindruck von der Stadt gewinnt man bereits beim Landeanflug auf den Flughafen: Aus der Vogelperspektive präsentiert sich Neapel als gigantischer Zivilisationsteppich, der krakenartig in die Schwemmlandebene ausgreift. Der urbane Wildwuchs macht selbst vor den Berghängen des Vesuvs nicht halt. Die Frage drängt sich förmlich auf, was passiert, sollte der Vesuv tatsächlich wieder einmal ausbrechen …

Neapel ist ein brodelnder Hexenkessel: betörend schön, fremdartig exotisch und zuweilen auch abstoßend hässlich. Die Bevölkerungsdichte – in der Stadt am Golf drängen sich 8239 Menschen auf einem Quadratkilometer – ist eine der höchsten ganz Europas. Noch im 19. Jh. war Neapel selbst das Traumziel der klassischen Italienreise. 1787 notierte Goethe in sein Tagebuch: „Neapel ist ein Paradies, jedermann lebt in einer Art trunkner Selbstvergessenheit. Mir geht es ebenso, ich erkenne mich kaum, ich scheine mir ein ganz anderer Mensch." Obwohl sich die Stadt seitdem veränderte, teilen nicht wenige Reisende noch heute die widersprüchlichen Empfindungen des Dichters. Auf der einen Seite stehen der grassierende Verfall vieler Kulturgüter, Müllkrise, Camorra und staatlich-bürokratische Korruption. Auf der anderen Seite vermag kaum eine andere europäische Großstadt Reisende derart zu inspirieren wie Neapel.

Was anschauen?

Kirchen, Kirchen, Kirchen: Zahllos wie Sand am Meer erscheinen die Sakralbauten der Stadt, wobei der Barock den Ton angibt. Ganz ohne Kirchenbesuche wird ein Besichtigungstag daher kaum auskommen. Das wichtigste Gotteshaus ist der Dom mit der Kapelle für den Stadtpatron. Hier schlägt das spirituelle Herz der Stadt. → S. 34 f.

Nationalmuseum: Angesichts der Fülle und Qualität der Exponate werden hier auch überzeugte Museumsmuffel begeistert sein. Neben antiken Skulpturen stehen die Funde aus Pompeji und Herculaneum im Zentrum der Ausstellung. → S. 57 ff.

Cappella Sansevero: Unter den zahllosen Kunstschätzen genießt die barocke Marmorskulptur des „verhüllten Christus" einen Sonderstatus. Kaum zu glauben, dass Tuch und Corpus aus einem Stück gefertigt sind! → S. 41

Maschio Angioino: Das Kastell am Fährhafen schützte die Stadt vor Angriffen vom Meer. Sehenswert sind das Triumphportal aus Marmor und der Saal der Barone mit dem gotischen Deckengewölbe. → S. 48 f.

Was unternehmen?

Neapolitanischer Alltag: Die Metropole am Golf besticht nicht nur durch Kunst und Architektur, sondern bietet auch bemerkenswert ungeschützte Einblicke ins Seelenleben der Stadt. Streifzüge durch Straßen und Gassen sind der beste Weg, um Farben und Formen, Gerüche und Flair aufzusaugen. Der Fischmarkt an der Porta Nolana ist die perfekte Einstimmung in Sachen neapolitanischer Alltag. → S. 31

Teatro San Carlo: Eines der berühmtesten Opernhäuser der Welt liegt mitten im Zentrum und kann im Rahmen einer Führung besichtigt werden. Ein Highlight! → S. 47 f.

Wo essen?

Wie in jeder Metropole gibt es auch in Neapel noble Gourmettempel. Es überwiegen jedoch einfache Lokale, in denen man preiswert und landestypisch essen kann. Restaurants in großer Zahl befinden sich rund um den FS-Bahnhof, im Spanischen Viertel und in der Altstadt um Via Tribunali und Spaccanapoli. Teurer wird das lukullische Vergnügen in Santa Lucia am Meer oder am Jachthafen von Mergellina.

Wo relaxen?

In einer Stadt, die nur selten zur Ruhe kommt, sind **Orte der Besinnung** ein knappes Gut. Es gibt sie jedoch, z. B. den Kreuzgang von Santa Chiara (→ S. 42 f.), den Garten der Certosa di San Martino (→ S. 55 f.) mit Blick auf Stadt und Vesuv oder den Jachthafen von Mergellina vor der Kulisse des Castel dell'Ovo (→ S. 49).

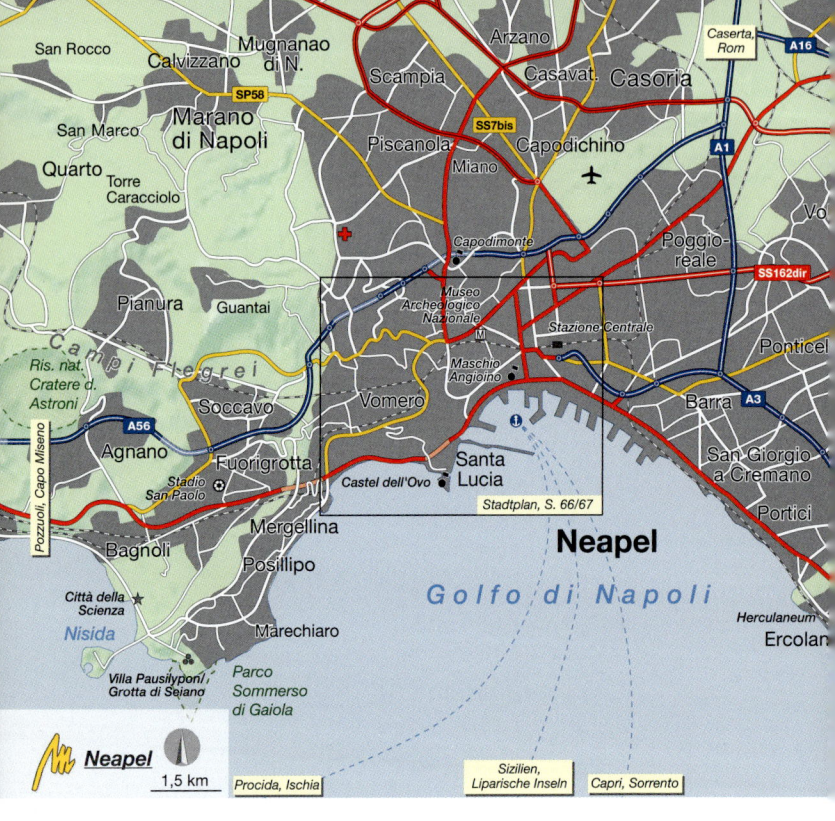

Stadtplan, S. 66/67

Gesichter einer Stadt

Neapel sehen und sterben – keine noch so lange Abhandlung bringt die Magie der Stadt besser zum Ausdruck als dieses häufig zitierte geflügelte Wort. Wer die Schönheit und Anmut der Metropole am Golf in all ihren Facetten erleben will, sollte einige Tage oder besser eine ganze Woche in der Stadt verbringen. Hat man sich einmal mit den wichtigen Straßenzügen und Gebäudekomplexen vertraut gemacht, fällt die Orientierung leicht. Das Meer liegt stets in Reichweite, auch wenn man es merkwürdig selten zu Gesicht bekommt. Landeinwärts befinden sich die Hügel der Stadt, allen voran der **Vomero** mit dem Castel Sant'Almo auf der Spitze. Der Stadthügel ist bereits bei der Anfahrt mit dem Schiff gut zu erkennen und rückt nicht selten auch in den schnurgeraden Gassen der Altstadt ins Blickfeld. Dennoch präsentiert sich Neapel gerade Erstbesuchern alles andere als übersichtlich: Fassaden mit Patina, der Lärm der Straßenverkäufer, zum Trocknen aufgehängte Wäsche in den Gassen, Street-Art und knatternde Vespas sorgen für eine ständige Überforderung der Sinne – faszinierend und verstörend zugleich. Antike Artefakte sind ganz selbstverständlich ins Straßenbild integriert, als gehörten sie, wie der lautstark für seine Waren werbende Fischhändler, schon immer hierher. Und schließlich sind da noch die Baustellen, die seit gefühlten Ewigkeiten

Straßen und Plätze blockieren. Zumindest dies hat Neapel mit den anderen Metropolen Europas gemein. Zahlreiche Reisegruppen besuchen die Stadt bevorzugt sonntags. Verständlich, weil es an diesen Tagen wesentlich ruhiger ist. Andererseits entfalten die Stadtbezirke gerade werktags ihr Flair am besten.

Die **Altstadt** ist ein unversiegbarer Born interessanter Dinge, von denen offizielle „Sehenswürdigkeiten" nur einen geringen Teil ausmachen. Verschiedene Orte auf dem Boden der antiken Neapolis erlauben den Abstieg in die Unterwelt, den Bauch der Stadt. Ein Rundgang durch die Katakomben oder die urbanen Fundamente aus griechisch-römischer Zeit zählt zum Spannendsten, was man in der Mezzogiorno-Metropole unternehmen kann. Überdies bietet die Altstadt fantasievoll eingerichtete Ladengeschäfte, verführerisch duftende Restaurants, Bars und Konditoreien, romantische Hinterhöfe mit reichlich Kolorit und immer wieder Einblicke in den italienischen Alltag und in die neapolitanische Volksfrömmigkeit. Diese kreist um Blutwunder (→ Kasten, S. 35) und um Aberglauben. Das in Läden und an Souvenirständen omnipräsente rote Hörnchen, *corno* genannt, ist ein Talisman, der vor dem bösen Blick schützt. Seine Wirkung entfaltet sich nicht, wenn man ihn für sich kauft – man muss ihn geschenkt bekommen!

Nicht weniger attraktiv als die Altstadt ist die repräsentative **Neustadt.** Deren Herz ist die ein wenig an den Petersplatz in Rom erinnernde Piazza del Plebiscito mit dem Stadtpalais der Könige von Neapel und dem grandiosen Teatro San Carlo. Von hier führen innerstädtische Boulevards in zahlreiche Richtungen: Die Via Toledo streift das Spanische Viertel und nimmt Kurs auf das Nationalmuseum, während in der Gegenrichtung die von prächtigen Gründerzeitfassaden flankierte Uferpromenade, die Via Nazario Sauro, insbesondere sonn- und feiertags zum Flanieren einlädt. Außerdem verbindet eine Standseilbahn die Via Toledo mit dem Vomero-Hügel, von dem man einen hinreißenden Ausblick über die Stadt genießt. Ein weiterer Besichtigungshöhepunkt ist für Kunstliebhaber die Gemäldesammlung im Schloss Capodimonte. Sonst präsentiert sich Neapel landeinwärts nicht unbedingt von seiner Schokoladenseite: Beiderseits der Autobahn in Richtung Pozzuoli überwiegen gesichtslose Wohnsilos und freudlos vor sich hindümpelnde Industrieanlagen. Ein Lichtblick an der westlichen Peripherie ist das Science Centre im Industrievorort Bagnoli, das ein Stahlwerk an gleicher Stelle ersetzt. Zwischen Stadtzentrum und Bagnoli erstreckt sich der Posillipo mit dem mutmaßlichen Grab des römischen Dichters Vergil. Heute ist der Hügel eine bürgerliche Wohngegend mit stattlichen Villen und Gärten, in denen auf fruchtbarer Vulkanerde Zitrusfrüchte und Blattgemüse kultiviert werden.

Neapel → Karte S. 24

Paradeblick am Abend vom Posillipo-Hügel

Totenköpfe als Kultobjekt auf dem Fontanelle-Friedhof

Anime pezzentelle – Totenkult in Neapel

Die Untergründe der Millionenstadt bergen manch abgründiges Geheimnis. Eines davon ist der neapolitanische Totenkult, der bis in die 1970er-Jahre v. a. von Frauen praktiziert wurde. Bedeutende Stätten dieser „matrilokalen Kulte" sind die Altstadtkirche *Santa Maria delle Anime del Purgatorio* oder auch der *Cimitero delle Fontanelle* im Stadtteil Sanità. Letzterer ist für den Totenkult von besonderer Bedeutung, weil das heutige Armenviertel just dort liegt, wo sich einst vor den Toren der antiken *Neapolis* die griechisch-römischen Katakomben befanden.

Die Sanità wurde erst im Verlauf des 16. Jh. besiedelt (der Name *Fontanelle* verweist auf den ehemaligen Quellenreichtum). Die turmhoch in den Berg getriebenen Tuffsteingrotten des Gottesackers entpuppen sich als titanisches Beinhaus mit regal-hoch gestapelten Knochen und Schädeln. Zur Blütezeit des Totenkults besuchten Frauen das unterirdische Beinhaus, wuschen die Schädel und beteten für ein günstiges Schicksal der Toten im Fegefeuer. Ein Akt mit doppeltem Nutzen, denn umgekehrt glaubten Praktizierende daran, dass sich die Seelen revanchierten: indem sie Kinder- oder Heiratswünsche erfüllen oder zur Krankheitsgenesung beitragen. Zumeist handelt es sich bei den Knochen um anonyme Tote, die während der verschiedenen Pest- und Choleraepidemien 1656 und 1836/37 hier eingelagert wurden. Andere fanden nach Auflösung innerstädtischer Friedhöfe den Weg hierher. *Anime pezzentelle*, „verlassene Seelen" werden die namenlosen Toten genannt, die sich die Frauen im Zuge der Kulte aneigneten; sie gaben ihnen eine „Familie" und enthoben sie somit ihrer Verlorenheit im Fegefeuer. Der Totenkult ist seit dem barocken Zeitalter der Gegenreformation belegt. Ein bischöfliches Dekret setzte der „heidnischen" Volksfrömmigkeit 1969 ein Ende.

Weiterführende Literatur:
Ulrich van Loyen: Neapels Unterwelt. Über die Möglichkeit einer Stadt, Berlin 2018.

Geschichte Neapels

Die frühesten Siedlungsspuren befinden sich überraschenderweise nicht auf dem Boden der Altstadt, sondern auf dem Monte Ecchia *(Pizzofalcone)*. Heute ist der Hügel hinter dem Castel dell'Ovo vollständig überbaut, weshalb man ihn gerne übersieht. In der Antike ragte er wie ein Sporn ins Meer, während das Kastell auf einer vorgelagerten Insel stand. Der Name der ersten griechischen Siedlung aus dem 7./6. Jh. v. Chr. lautete **Parthenope** – eine der drei Sirenen vor der italienischen Küste, an denen Odysseus im Verlauf seiner Irrfahrt vorbeisegelte. Der Sage nach sollen sich die sangesfreudigen Schönheiten ins Meer gestürzt haben. Die sterblichen Reste der Parthenope wurden auf der Insel Megaris *(Megaride)*, Sitz der oben erwähnten Seefestung, angeschwemmt. Noch heute gilt die Sirene – neben Vergil und San Gennaro – als Schutzpatronin der Stadt. Die ersten Bewohner waren Griechen aus der nahe gelegenen Siedlung Cumae (→ S. 84 f.); diese gründeten um 500 v. Chr. östlich der „alten Stadt" *(Palaepolis)* eine neue Siedlung und nannten sie **Neapolis.** Die „Neustadt" der Griechen lag exakt auf dem Boden der heutigen Altstadt; wer im Komplex San Lorenzo Maggiore die Treppen hinuntersteigt, kann noch die Ruinen aus griechischer und römischer Zeit besichtigen. Wie die meisten anderen griechischen Kolonien in Unteritalien, blieb Neapel auch während der römischen Herrschaft unabhängig. Als man sich aber in den römischen Bürgerkriegen im 1. Jh. v. Chr. auf die falsche Seite schlug, folgte die Strafe auf den Fuß: Nach dem Sieg Roms verleibte Sulla die Stadt am Golf dem wachsenden Imperium ein.

Im Mittelalter und in der Neuzeit verlief die Entwicklung Neapels im Rahmen der politischen Ereignisgeschichte Unteritaliens (→ Geschichte, S. 335 ff.). Bis 1139 war Neapel Hauptstadt eines unabhängigen, mit Byzanz verbündeten Herzogtums. Eine neue Epoche begann danach mit den Normannen, welche die Stadt am Golf in ihr Königreich Sizilien integrierten. War in der normannischen Epoche die Hauptstadt noch Palermo, verschoben sich in der Folge die Gewichte nach Norden: Eine Zäsur bedeutete die Gründung der Universität 1224 durch Kaiser Friedrich II. – die erste nichtkirchliche Hochschule Europas! Nach der öffentlichkeitswirksamen Hinrichtung des blutjungen Staufersprosses Konradin auf der Piazza del Mercato verlegte Karl I. von Anjou seine Residenz von Palermo nach Neapel und läutete ein neues Zeitalter für die Stadt ein. In der angevinischen Epoche wuchs die Einwohnerzahl der Stadt rasant, begleitet durch eine fieberhafte Bautätigkeit: Am

Antike Forumsreste im Untergrund

Hafen entstand der trutzige Maschio Angioino als neue Residenz (Castel Nuovo); in der Altstadt wuchsen die riesigen Klosterkomplexe Santa Chiara und San Lorenzo Maggiore in die Höhe; auf dem Hügel entstanden die Certosa di San Martino und mit dem benachbarten Castello Sant'Elmo die dritte große Anlage im Dreigestirn der neapolitanischen Festungen. Mit der Machtübernahme der Aragonier zu Beginn der Renaissance entfaltete sich in Neapel eine höfische Pracht, wie sie auch in anderen Residenzen üblich war: Ausdruck der städtebaulichen Veränderungen in jener Zeit ist das neue Triumphportal aus Marmor am Castello Nuovo. Die weitreichendsten Veränderungen im Stadtbild erfolgten jedoch im anschließenden Barockzeitalter. Ganze Straßen- und Gassenzüge wichen neuen Prachtboulevards, u. a. zerschnitt die Via Toledo die gewachsenen Wohn- und Arbeitsstrukturen. Zwischen dieser neuen Verkehrsachse und dem Vomero-Stadthügel entstand mit den Quartieri Spagnoli ein ganz neues Stadtviertel, das vorwiegend von spanischen Soldaten bewohnt wurde. Um der ständig wachsenden Bevölkerung Herr zu werden, wurde verstärkt in die Höhe gebaut. In der frühen Neuzeit galt Neapel geradezu als Stadt der Hochhäuser! Schließlich veränderten die Barockkirchen, die in fast aberwitziger Anzahl neu entstanden, das Aussehen der Stadt nachhaltig. In „der zweiten Hälfte des 17. Jahrhunderts", schrieb der Kulturhistoriker Dieter Richter, „zählt man 304 Kirchen und 144 Klöster mit fast 5000 Geistlichen."

In der Neuzeit wurde die Stadt immer wieder von Katastrophen heimgesucht. Im Dezember 1631 brach, nach langer Ruhephase, der Vesuv aus. Das Unglück kostete ca. 3000 Menschen das Leben. Bei der anschließenden Choleraepidemie breitete erstmals der Stadtpatron, der hl. Gennaro, seine schützende Hand über die Neapolitaner

aus (→ Kasten, S. 35). 1647 setzte für kurze Zeit der Masaniello-Aufstand die bestehende Ordnung außer Kraft. Die Erhebung des Fischerhändlers namens Tommaso Aniello wurde blutig niedergeschlagen. Beteiligt waren an der Revolte auch zahlreiche Angehörige des neapolitanischen Pöbels, die berühmtberüchtigten Lazzaroni (→ Kasten, S. 29). Während der Herrschaft des Bourbonen Ferdinand IV. wurde im 19. Jh. die Wirtschaftskrise virulent, unterbrochen lediglich durch eine Reformphase unter dem Franzosen Joachim Murat. Aber nach der Niederlage Napoleons in der Schlacht von Waterloo 1815 kehrte der alte Schlendrian wieder in der Stadt am Golf ein, in der Ortsfremde sich nun zunehmend unwohl und unsicher zu fühlen begannen. Immer wieder wüteten Epidemien, die prekäre soziale Lage der Lazzaroni spitzte sich weiter zu. Nach der *unità*, dem Aufgehen des Königreichs beider Sizilien im neu vereinigten Königreich Italien, begann die längst überfällige **Altstadtsanierung:** Viele Häuser wurden erstmals ans Kanalisationsnetz angeschlossen, neue Straßenachsen und Repräsentativbauten veredelten um die Wende vom 19. zum 20. Jh. das Stadtzentrum, u. a. der Corso Umberto I oder die Galleria Umberto I mit ihrer weithin sichtbaren Glaskuppel. Die urbane Entwicklung im 20. Jh. ist auch von Versuchen gekennzeichnet, in der Peripherie Industrie anzusiedeln. Dabei führte die Errichtung neuer Wohnviertel an den Rändern zu einem Landschaftsfraß ungekannten Ausmaßes. In der Mussolini-Epoche füllten im Stadtzentrum neue Häuserblocks zwischen Via Toledo und Corso Umberto I die bestehenden Baulücken. In den 1980er- und 1990er-Jahren entstand nach Plänen des renommierten japanischen Architekten Kenzō Tange das *Centro direzionale* – urbane Hochhäuser mit Spiegelglasfassaden, die Reisenden bereits bei der Anfahrt mit der Eisenbahn ins Auge springen.

Die Lazzaroni – Pöbel unter dem Schlaraffenbaum

Eine wichtige stadtsoziologische Besonderheit Neapels waren die Lazzaroni – das urbane Lumpenproletariat. Die meiste Zeit des Jahres verbrachten die Bettler, Stadtstreicher, Tagediebe und Herumtreiber draußen in den Gassen oder lungerten in Hauseingängen herum. Nur im Winter zogen sie sich zum Schlafen in die unterirdisch gelegenen Katakomben zurück, in jenes *Napoli Sotteranea*, das heute zu den Touristenmagneten der Stadt zählt (→ S. 38). Zeitweilig sollen bis zu 60.000 Neapolitaner dieser Schicht angehört haben, deren Name sich vielleicht vom biblischen Lazarus oder aus dem spanischen *lacería* (Lepra) ableitet. Fest steht, die *lazzari,* wie sie auch genannt wurden, trugen ihren Namen mit Stolz. Zur kollektiven Identität trug auch deren rote Mütze bei, jene Kopfbedeckung, die durch die Französische Revolution 1789 als Phrygische Mütze oder Jakobinermütze berühmt wurde. Die meiste Zeit über ging es in den neapolitanischen Elendsvierteln trotz großer Armut recht friedlich zu. Dennoch war das Gewaltpotenzial der Lazzaroni in ganz Europa gefürchtet, seit sich die Armenschicht im legendären Aufstand unter Führung von Masaniello (→ Geschichte, S. 337) kollektiv gegen die Steuerpolitik der spanischen Machthaber erhoben hatte. Viele Reiseberichte der Adeligen, Künstler und Intellektuellen im 18. und 19. Jh. illustrierten das große Unbehagen, sobald die Fremden mit dem Pöbel in Berührung kamen. Zahlreiche kulturelle Stereotype vom wilden, ungezügelten und wollüstigen „Volksgeist" haben hier ihren Ursprung. Auf der anderen Seite zeigten sich Reisende von der brodelnden Volksseele Neapels fasziniert und brachen eine Lanze für die Unbekümmertheit und Leichtigkeit der Lazzaroni, wobei auch sie den herkömmlichen Klischees folgten.

Die wilde und leidenschaftliche Seite der Lazzaroni kam u. a. bei den großen Festivitäten zur Entfaltung, allen voran bei der jährlichen Blutsverflüssigung des hl. Gennaro. Ein weiteres wichtiges Ereignis war die *Cuccagna,* wo v. a. (aber nicht nur) Kinder auf einen „Schlaraffenbaum" *(albero della cuccagna)* kletterten, um eine oben befestigte Speise herabzuholen. Der bourbonische König Ferdinand IV. galt bis zum Beginn der Französischen Herrschaft auch als *Re Lazzarone.* Der „Lazzaroni-König" machte sich nicht selten mit dem Volk gemein und trieb diese proletarischen Spielchen auf die Spitze.

Phrygische Mütze:
Ölgemälde im Palazzo Reale

Schließlich veränderte der zunehmende motorisierte Straßenverkehr das Gesicht der Stadt: Staus zur Rushhour gehören zum gewohnten Bild, derweil die neue Metro die Verkehrsströme unter die Erde verlegte. Krisen gehörten auch in der 2. Hälfte des 20. Jh. zum gewohnten Bild: 1972/73 wütete eine verheerende Choleraepidemie. Die Seuche forderte über 20 Menschenleben und bedeutete einen herben Rückschlag für die touristische Entwicklung Süditaliens. 2007 hielt die **Müllkrise** die Region in Atem. Müllhaufen verpesteten tage- und wochenlang die Straßen der Stadt und legten strukturelle Mängel bloß – es fehlte an Müllverbrennungsanlagen, illegale Deponien waren ein gefundenes Fressen für die örtlichen Camorra-Clans (→ S. 342 f.), die sich an der Notlage bereicherten. Andererseits erlebte die Stadt durchaus erkennbare Fortschritte: Besonders unter dem Linksdemokraten Antonio Bassolino, der zwischen 1993 und 2000 als Bürgermeister die Geschicke der Stadt am Golf lenkte, erlebte Neapel eine wirtschaftliche, soziale und städtebauliche Renaissance. Die ansprechend gestaltete Uferpromenade zwischen der Piazza del Plebiscito und Mergellina geht u. a. auf seine Initiative zurück.

Neapel besichtigen

Hinsichtlich der Zahl an Sehenswürdigkeiten nimmt Neapel unbenommen einen Spitzenrang unter den europäischen Metropolen ein. Dazu gesellen sich diejenigen Attraktionen, die gegenwärtig nicht zugänglich sind – Baudenkmäler, an denen der Zahn der Zeit nagt und die dem vielerorts grassierenden Verfall anheimgegeben sind. Weil das Geld für die Restaurierung fehlt, werden die betreffenden Denkmäler kurzerhand geschlossen (→ Kasten, S. 59). Die meisten Attraktionen liegen in der Altstadt und sind bequem zu Fuß vom Hauptbahnhof *(Napoli Centrale)* erreichbar. Auch die Sehenswürdigkeiten links und rechts der Via Toledo zwischen Piazza Dante und Piazza del Plebiscito werden am besten zu Fuß oder alternativ mit der Metrolinie 1 angesteuert. Gleiches gilt für das am Altstadtrand gelegene Archäologische Nationalmuseum (Linie 1 und 2). Wer indes einen größeren Radius wählt und sich für die Sehenswürdigkeiten auf den Hügeln sowie in der Peripherie interessiert, sollte am besten auf öffentliche Nahverkehrsmittel zurückgreifen. Eine Besonderheit sind die Standseilbahnen *(funiculari)*, die an verschiedenen Stellen das Zentrum mit luftig gelegenen Aussichtspunkten auf den Hügeln verbinden. Die Fahrt allein ist bereits ein für jedermann erschwingliches Erlebnis!

Sehenswertes zwischen Hauptbahnhof und Dom

Das Bahnhofsviertel ist nicht gerade ein Vorzeigequartier – das verbindet die Stadt am Golf mit zahlreichen anderen Metropolen. Unglücklicherweise entpuppt es sich als das Stadtviertel, das Neuankömmlinge als Erstes zu Gesicht bekommen: Klischees einer dreckigen, chaotischen, lauten und vielleicht sogar unsicheren Metropole scheinen sich umgehend zu bestätigen, wobei der Bahnhofsvorplatz **(Piazza Garibaldi)** nach einem aufwändigen Facelifting die Vorurteile ausnahmsweise Lügen straft. Die moderne Shoppingpassage mit dem Zugang zur Metro ist vom Feinsten, der Individualverkehr wurde eingeschränkt, wovon die zahlreichen Gästehäuser und Hotels am Bahnhofsplatz profitieren.

Zwischen Hauptbahnhof und Altstadt liegen ärmlich wirkende Wohn-

Chiesa Santa Maria Donnaregina Nuova

quartiere mit nur geringer Aufenthaltsqualität, in denen zunehmend Migranten aus vieler Herren Länder den Ton angeben. Einzig der breite **Corso Umberto I,** der das Bahnhofsviertel mit dem Stadtzentrum verbindet, macht eine Ausnahme und bietet Neuankömmlingen die Option, schnurstracks die „besseren Gegenden" der Stadt anzusteuern. Auf der anderen Seite versäumt man auf diese Weise das eine oder andere Juwel, das den Besuch lohnt: die Gemäldegalerie im Gebäude der sozial engagierten Bruderschaft Pio Monte della Misericordia, die grandiose Chiesa San Giovanni a Carbonara oder auch diverse Sehenswürdigkeiten hinter dem **Dom,** z. B. das Museum MADRE und das Kirchenschatzmuseum mit den zwei Kirchen Santa Maria Donnaregina. Weiteres Highlight ist der **Fischmarkt,** auf dem sieben Tage in der Woche eine hektische Betriebsamkeit herrscht.

Ein ganz besonderes Stadtviertel ist die „Gabel" *(forcella):* Gleich einer Astgabel bilden hier die Gassen ein „Y". Wegen der Camorra mieden einst Stadtführer das Quartier und nahmen auf dem Weg zum Dom lieber einen

Umweg in Kauf. Heute scheint die Gefahr, wenn je eine bestanden hat, vorbei. Interessantestes Bauwerk hier ist ein ehemaliges Hospiz und Waisenhaus, das als Sammelbecken für Kinder diente, die von ihren Eltern ausgesetzt wurden. Aus der Not heraus bzw. aus Mangel an besserem Wissen erhielten sämtliche Waisenkinder den Einheitsnamen *Esposito* („Ausgesetzter" bzw. „Ausgesetzte"). Noch heute hören auffallend viele Neapolitaner auf den Nachnamen „Esposito" …

Porta Nolana (Fischmarkt)

Direkt an der Endhaltestelle gleichen Namens der Circumvesuviana-Vorortbahn gelegen, ist das Stadttor aus dem 15. Jh. häufig das erste Bauwerk, das Tagesbesucher von Neapel zu sehen bekommen. In der frühen Neuzeit führte durch das robust gemauerte Tor die Ausfallstraße nach Nola. Direkt dahinter verbreitet der Fischmarkt Atmosphäre und Flair – und versorgt nebenbei die örtliche Gastronomie an sieben Tagen in der Woche mit frischen Muscheln und Meeresfrüchten. Außerdem gibt es hier Obst, Gemüse, Kleidung und CDs.

Stadtrundgang: Kurzvisite – Neapel an einem Tag

Startpunkt des Rundgangs ist die Piazza Garibaldi mit dem **Hauptbahn-hof**. Vom jenseitigen Ende des Platzes biegen Sie, mit dem Rücken zum Bahnhof, halblinks in den **Corso Umberto I** ein. Danach folgen Sie der Straße, die das Bahnhofsviertel mit der repräsentativen Neustadt verbin-det, bis zur achteckigen Piazza Nicola Amore. Hier halten Sie sich rechts und laufen auf der Via Duomo zum **Dom San Gennaro** (→ S. 34 f.).

Nach der Dombesichtigung geht es auf besagter Via Duomo ein kurzes Stück zurück, bis die **Via Tribunali** rechts abzweigt. Bei der belebten Alt-stadtgasse handelt es sich faktisch um die antike Hauptstraße *(decuma-nus maximus)*, wobei in der griechischen Epoche das Straßenniveau deut-lich tiefer lag. Nach 250 Metern markiert eine Kreuzung mittelalterlicher Gassen, die **Piazza San Gaetano,** die Lage des einstigen antiken Forums (→ S. 37 f.). Die unscheinbare Kreuzung ist das Herz der mittelalterlichen Altstadt Neapels. Von hier kann man in den in den Bauch der Stadt ab-steigen **(Napoli Sotterranea)** oder den Komplex **San Lorenzo Maggiore** mit den Überresten der griechischen Stadt erkunden.

Von der Via Tribunali zweigt nach links die berühmte **Krippengasse** ab und endet wenig später am Spaccanapoli. Dem „Spalt von Neapel" folgen

Sie nach rechts, vorbei an der **Statue des Gottes Nil** und an der gleichnamigen Bar mit dem **Maradona-Altar** gegenüber. An der antiken Nil-Skulptur wen-den Sie sich auf der Via Nilo nach rechts und bie-gen bei erster Gelegenheit wieder links ab. Nach we-nigen Schritten stehen Sie vor dem Eingang der **Cap-pella Sansevero** (→ S. 41).

Zurück am Spaccanapoli nehmen Sie die ursprüngli-che Gehrichtung wieder auf und folgen dem „Gas-senspalt" bis zum Sakral-komplex **Santa Chiara** (→ S. 42 f.). Hier empfiehlt sich die Besichtigung des Kreuz-gangs, der sich gut mit einer WC- und Kaffeepause verbinden lässt. Danach setzen Sie den Weg auf dem Spaccanapoli bis zur **Piazza del Gesù Nuovo** fort.

Zentral: Piazza del Gesú Nuovo

Auf dem Platz mit dem 40 Meter hohen **Obelisco dell'Immacolata** (1747) befinden sich das Touristenbüro und der Eingang zur barocken **Chiesa del Gesù Nuovo** (→ S. 43). Nach dem Besichtigungsstopp verlässt die Route die Altstadt auf der halblinks bergab führenden Calata Trinità Maggiore und quert eine Hauptverkehrsstraße. Orientierung bietet der Brunnen auf der anderen Straßenseite, die Fontana di Monteoliveto. Dahinter führen Treppen zum Eingang der **Chiesa di Sant'Anna dei Lombardi** (→ S. 45).

In Fortsetzung der bisherigen Gehrichtung gelangen Sie zur **Via Toledo**, auf der es links weitergeht. Die Geschäftsstraße passiert den Eingang zur **Galleria Umberto I** und endet auf der weitläufigen **Piazza del Plebiscito** im Herzen der repräsentativen Neustadt mit der Chiesa San Francesco di Paola, dem **Palazzo Reale** und dem Café Gambrinus. Von hier ist es nur ein kurzes Stück zur **Piazza Municipio**. Sie passieren die erwähnte Einkaufspassage (Galleria Umberto I) und das **Teatro San Carlo**, bevor das **Castel Nuovo** mit dem prächtigen Marmorportal (→ S. 48 f.) abschließend ins Blickfeld rückt. Zurück zum Ausgangspunkt der Tour geht es mit der Metrolinie 1.

Porta Capuana

Das Stadttor aus dem Jahr 1484 wirkt wie ein Triumphbogen und stand ursprünglich einmal an einer anderen Stelle. Das eigentliche Portal in der Mitte ist ein Werk der Renaissance und besteht aus Carrara-Marmor. Das großformatige Bauwerk auf der anderen Straßenseite ist das **Castel Capuano** aus der normannischen Herrschaftsepoche. Heute beherbergt das trutzige Gebäude u. a. eine Bibliothek.

Chiesa San Giovanni a Carbonara

Das über eine Freitreppe erreichbare ehemalige Augustinerstift liegt auf halbem Weg zwischen Bahnhof und Nationalmuseum. Das Ensemble in wenig anheimelnder Umgebung enthält einige großartige Kunstschätze aus dem späten Mittelalter und der Renaissance, u. a. das monumentale **Grabmal des Königs Ladislaus** (1376–1414) aus dem Haus der Anjou. Das Kunstwerk im Stil eines Hochaltars wurde 1428 vollendet und ruht auf vier Figuren – allegorische Darstellungen der Tugenden Mäßigung, Stärke, Vorsicht sowie Großmut. Die Schöpfer des Grabmals stammten wohl aus der Lombardei oder der Toskana. Sehenswert sind ferner die Fresken aus der 2. Hälfte des 15. Jh. in der **Cappella Caracciolo del Sole** unmittelbar hinter dem Grabmal und die Marmorarbeiten aus der Renaissance in der **Cappella Caracciolo di Vico**. Zeitweilig diente der Sakralkomplex in der Renaissance als Zentrum des Humanismus und der Wissenschaften. Nach Zerstörungen im Zweiten Weltkrieg wurden den Kirchen und Kreuzgänge aufwändig restauriert und wiederhergestellt.

■ Mo 9–13, Di 9–18 Uhr. Via Carbonara 4.

Pio Monte della Misericordia

Die renommierte Wohlfahrtsorganisation gründeten 1602 sozial engagierte Adelige. Heute ist der Stiftungssitz ein Museum: Das Hauptwerk in der Kapelle mit achteckigem Grundriss ist das von Caravaggio zu Beginn seines Neapelaufenthalts für die karitative Institution geschaffene Altargemälde „Sieben Werke der Barmherzigkeit" *(Sette opere di Misericordia)*. Die Galerie im Obergeschoss präsentiert Werke u. a. aus der Blütezeit des neapolitanischen Barocks.

■ Mo–Sa 9–18, So 9–14.30 Uhr. 7 €, erm. 5 €. Via Tribunali 253, www.piomontedellamisericordia.it.

Duomo San Gennaro

Weil der in spiritueller Hinsicht wichtigste Sakralbau komplett in die Stadtlandschaft integriert ist, macht er von außen eher wenig her. Ein bescheidener Vorplatz gibt nur wenig Raum für die Freitreppe zum Eingangsportal. Innen sticht zunächst die Barockausstattung ins Auge, die in Neapel natürlich standesgemäß-üppig ausfällt. Aus kunsthistorischer und spiritueller Perspektive bedeutender sind die beiden Seitenkapellen, die hinsichtlich ihrer Dimensionen Querschiffen gleichen. Linker Hand gelangen Besucher in die **Basilika Santa Restituta,** die den Status einer eigenständigen Kirche im Domkomplex genießt. Tatsächlich handelt es sich um den Rest des 324 n. Chr. von Kaiser Konstantin gegründeten Vorgängerbaus. Noch heute befinden sich hier die Reliquien der hl. Restituta, die Urlauber aus Ischia möglicherweise als Inselpatronin wiedererkennen (→ S. 111). Um 1300 fiel der rückwärtige Teil des alten Doms dem Neubau zum Opfer. Eintrittspflichtig ist die von der Basilika zugängliche Taufkapelle **San Giovanni in Fonte.** Bemerkenswert ist die achteckige Trommelkuppel, die – wie die Mosaikreste – auf orientalische Einflüsse schließen lässt und aus dem 4. Jh. n. Chr. stammt.

Auf der gegenüberliegenden Seite des Hauptschiffs befindet sich die **Kapelle des hl. Januarius** *(Cappella del*

Tesoro di San Gennaro) mit der berühmten Phiole, die bei der jährlichen Blutwunder-Zeremonie ins Zentrum der Aufmerksamkeit rückt (→ Kasten, siehe unten). Die auch für neapolitanische Verhältnisse ungewöhnlich üppige Ausstattung finanzierte das städtische Bürgertum nach dem glücklichen Ende einer Pestepidemie. Für die Kunstwerke verpflichtete man die damalige Crème de la Crème und scheute dabei keinerlei Kosten. Herausragend sind die Fresken aus dem 17. Jh. von Domenichino und Giovanni Lanfranco und der Hochaltar von Francesco Solimena.

Übrigens: Wenn über Mittag der Dom geschlossen hat, ist die Kapelle weiter über die Domschatzkammer (→ unten) zugänglich.

▪ **Dom:** Mo–Sa 8.30–13.30 und 14.30–19.30, So 8–13 und 16.30–19.30 Uhr. **Baptisterium:** 9.30–12 und 16.30–19, So 8–12 Uhr. 1,50 €.

Museo del Tesoro di San Gennaro

Die Domschatzkammer birgt einige Highlights, u. a. das prächtige Juwelenkollier des hl. Januarius *(Collana di San Gennaro)*, das 1679 der Künstler Michele Dato fertigte. Ein Blickfang ist auch

Neapel ↓ Karte S. 24

Duomo San Gennaro: Blutwunder oder Scharlatanerie?

San Gennaro, um 305 n. Chr. verstorbener Bischof und Märtyrer, ist gleichzeitig Patron der Kathedrale sowie Schutzheiliger der Stadt Neapel. Rationalisten mokieren sich in schönster Regelmäßigkeit über einen seltsamen Hype, der zwei- bis dreimal im Jahr veranstaltet wird und sich um den Heiligen als Hauptperson dreht. Besser gesagt: um ein paar Phiolen mit einer rostrot-braunen Substanz. Die Neapolitaner glauben, dass die sorgsam in einer Seitenkapelle des Doms verwahrten Ampullen das (eingetrocknete) Blut des hl. Januarius enthalten. Geht es der Stadt und den Bewohnern gut, dann verflüssigt sich das Blut im Zuge eines Kirchenrituals, das alljährlich am ersten Maiwochenende und am 19. September, dem Namenstag des Heiligen, stattfindet. Schwierig wird es dann, wenn das Wunder seine Schuldigkeit versagt und sich das Blut nicht verflüssigt. Jeder Neapolitaner weiß von Katastrophen zu berichten, bei denen dies geschah: Beim Erdbeben im Jahr 1980 starben über 2000 Menschen. Und wurde nicht 1988, inmitten der goldenen Jahre, der Fußballverein SSC Neapel nur Zweiter – hinter dem ungeliebten Rivalen Inter Mailand? Andererseits ist bei Neapolitanern das Schicksalsjahr 1631 fest im Gedächtnis verankert, als lediglich die auratische Kraft – und das Blut – des Heiligen die große Pestkatastrophe als Folge eines Vesuvausbruchs zu verhindern half. An das Ereignis gedenkt u. a. die *Guglia di San Gennaro* auf der Piazza Riario Sforza.

Im Zeitalter der heraufziehenden Naturwissenschaften haben immer wieder Menschen den Miracolo di San Gennaro als Scharlatanerie bezeichnet. Ein Chemiker verwies z. B. auf das Phänomen der Thixotropie, der zufolge feste Stoffe bei der Berührung mit bestimmten Substanzen ihre „Fließeigenschaft" schlagartig verändern.

Schatzkammer des hl. Januarius: Blick in die prächtige Kuppel

die Bischofsmütze aus dem Jahr 1713 (*Mitra Gemmata*), die mit 198 Smaragden, 168 Rubinen sowie 3328 Diamanten bestückt ist. Der Museumsrundgang schließt auch den Besuch der Sakristei ein, außerdem ist die barocke Seitenkappelle des Doms mit der Blutphiole zugänglich.

■ Mo–Fr 9–16.30, Sa/So bis 17.30 Uhr. 8 €. Via Duomo 149, www.museosangennaro.it.

Complesso Monumentale Donnaregina (Museo Diocesano)

Zum versteckt hinter dem Dom gelegenen Sakralkomplex gehören zwei Kirchen: eine prächtig ausgestattete Kirche im Stil des Barocks (*Donnaregina Nuova*) sowie dahinter das ältere Gotteshaus im gotischen Stil mit Wandfresken, die zu den am besten erhaltenen in der ganzen Region zählen (*Donnaregina Vecchia*).

Die beiden Kirchen gehörten zu einem frühmittelalterlichen Nonnenkloster, das bei einem schweren Erdbeben 1293 zerstört und danach im gotischen Stil wieder aufgebaut wurde. Königin Maria d'Ungheria, Ehegattin Karls von Anjou, steuerte die finanziellen Mittel bei – ihr Grabmal zählt zu den künstlerisch hochwertigsten Marmorwerken aus der gotischen Epoche und befindet sich im Hauptschiff an der rechten Seitenwand. Ebenfalls sehenswert sind die Fresken aus dem 14 Jh. in der *Cappella Loffredo*. Diese befindet sich schräg gegenüber in der Nähe des Eingangs zur Linken. Vom einstigen Kreuzgang führt eine Treppe zur Chorempore mit weiteren Fresken (ebenfalls 14. Jh.), die bei einem Brand des Dachstuhls 1390 schwer beschädigt wurden. Dargestellt werden u. a. Szenen aus dem Jüngsten Gericht und aus der Passion Christi.

Der barocke „Neubau" des Komplexes wurde 1617 begonnen und präsentiert sich heute im typischen Überschwang neapolitanischen Barocks. Namhafte Künstler wie Francesco Solimena oder Luca Giordano steuerten Werke zur Ausstattung bei. Den schönsten Blick auf den Innenraum genießt

Neapel → Karte S. 24

man oben von den Emporen, die gleichzeitig die wichtigen Kirchenschätze präsentieren *(Museo Diocesano)*.

■ Tägl. außer Di 9.30–16.30, So bis 14 Uhr. 6 €. Largo Donnaregina, www.museodiocesano napoli.it.

Museo d'Arte Contemporanea Donna Regina (MADRE)

Das große Museum für Gegenwartskunst befindet sich unweit des Doms am Altstadtrand im Palazzo Donna Regina. Nach einer umfangreichen Kernsanierung präsentiert das Haus seit 2005 auf 8000 m² Gemälde und Skulpturen ausgewählter Künstler der Moderne. Besondere Schwerpunkte sind die Konzeptkunst, die Avantgarde und die Arte Povera – eine in den 1960er- und 1970er-Jahren in Norditalien beheimatete Kunstrichtung, die für Installationen bevorzugt Alltagsmaterialien verwendete. Der erste Sammlungsbereich widmet sich Künstlern mit biografischem Bezug zur Stadt Neapel. Vorgestellt werden u. a. Arbeiten von Mimmo Paladino, Anish Kapoor, Sol LeWitt, Rebecca Horn und Jeff Koons. Ein zweiter Sammlungsbereich stellt Werke bekannter Künstler seit den 1950er-Jahren vor, z. B. von Gerhard Richter, Roy Lichtenstein und Andy Warhol. Angeschlossen sind ein Café, eine Mediathek sowie eine Kunstbuchhandlung.

■ Tägl. außer Di 10–19.30, So bis 20 Uhr. 8 €, erm. 4 €. Via Settembrini 79, www.madre napoli.it.

Sehenswertes in der Altstadt

Das mittelalterlich geprägte Stadtviertel zwischen Via Duomo und Piazza Dante bzw. zwischen Corso Umberto I und dem Archäologischen Nationalmuseum ist einerseits kompakt, andererseits ein komplexer Kosmos, der althergebrachte Seh- und Denkgewohnheiten zuweilen stark strapaziert. Letzteres macht den spezifischen Reiz der neapolitanischen Altstadt aus. Schnurgerade verlaufende Gassen erleichtern die Orientierung; sie ergeben ein Schachbrettmuster, das interessanterweise exakt dem Verlauf der antiken Straßenzüge entspricht. Die Hauptstraße *(decumanus maximus)* zur Zeit der griechischen Neapolis war die heutige Via Tribunali, die kerzengerade den Dom mit der Piazza Dante am anderen Ende des Quartiers verbindet. An der Abzweigung der Krippengasse lag in der Antike die **Agora** bzw. das **Forum.** Zwei Säulen des einstigen römischen Dioskurentempels schmücken die Renaissance-Fassade der Chiesa San Paolo Maggiore, die sich heute anstelle der antiken Forumsbauten an der Piazza San Gaetano erhebt. Namhafter als die Via Tribunali ist eine parallel verlaufende Gasse, die auf viele Namen hört, den meisten Neapolitanern jedoch als „Spalt Neapels" *(Spaccanapoli)* ein Begriff ist. In der Tat spaltet diese Gasse das Altstadtquartier radikal in zwei Hälften. Am besten ist dieser Effekt vom Castel Sant'Elmo auf dem Vomero-Hügel zu erkennen. Wie populär der Name noch heute ist, zeigt u. a. die Tatsache, dass sich eine Tarantella-Musikgruppe nach dieser Gasse benannt hat. Die Hauptflaniermeile mit zahlreichen Geschäften, Bars, Restaurants und – natürlich – Sakralbauten präsentiert sich zu jeder Tages- und Nachtzeit für Ortsfremde wie Einheimische als hochattraktives Pflaster! Die berühmte **Krippengasse** verbindet den Spaccanapoli mit der anfangs erwähnten Via Tribunali.

Einigen Flaneuren ist vermutlich nicht bewusst, dass sich unter dem heutigen Straßenniveau die Überbleibsel aus der Antike befinden. Im Mittelalter setzten die Bewohner ihre Häuser schlicht auf die vorhandenen Fundamente; und bis heute benutzen sie die darunterliegende Bausubstanz aus griechisch-römischer Zeit als Keller. An mehreren Stellen gibt es die Möglichkeit,

von der Moderne in die Antike hinab-
zusteigen: im Komplex San Lorenzo
Maggiore oder im Rahmen einer Führung durch den **Untergrund von Neapel**
(*Napoli Sotterranea*). Der berühmte
„Bauch Neapels" bietet jedoch weit
mehr als Einblicke in antike Bausub-
stanzen, denn während des letzten
Weltkriegs nutzten die Neapolitaner die
Katakomben als Luftschutzbunker.
Grandios ist das überwiegend aus der
römischen Epoche stammende unterirdische Zisternensystem!

Bei den zahlreichen Besichtigungs-
optionen sollte man nicht vergessen,
dass die Altstadt mehr als Kirchen,
Klöster und Kreuzgänge bietet. Das
Quartier präsentiert sich als durchweg
freundliches und stets stimmungsvolles Panoptikum des neapolitanischen Alltags mit alternativer Kunst
im öffentlichen Raum, charmanten
Hinterhöfen, frisch gewaschener Wäsche zwischen Wohnhäusern u. v. m.
1995 wurde die Altstadt zum **Welt-
kulturerbe** erklärt.

Antike Wasserversorgung

Napoli Sotterranea
(Neapels Untergrund)

Die Führung durch den „Bauch Neapels" konfrontiert Besucher mit der
über 5000 Jahre währenden Geschichte
Neapels, in der sich eine labyrinthische
Parallelwelt unter Tage gebildet hat.
Die Gesamtlänge des Systems aus
Grotten und Tunnels unter der Altstadt
beträgt über 100 km! Der eine Teil der
geführten Tour begutachtet zunächst
eine der berühmt-berüchtigten *bassi* –
der fensterlosen, im Winter stets klam-
men Erdgeschosswohnungen der urbanen Unterschichten. Am museal herge-
richteten *basso* lässt sich gut erkennen,
dass man sozusagen Seite an Seite mit
den antiken Ruinenresten lebte (und
teilweise immer noch lebt), in diesem
Fall den Resten des **römischen Theaters** aus dem 4. Jh. v. Chr. Angeblich
trat der nach öffentlicher Zustimmung
gierende Kaiser Nero hier vor Publikum
auf! Beinahe noch interessanter ist der
zweite Teil der Führung durch das v. a.
in römischer Zeit gewachsene System
unterirdischer **Zisternen und Wasserleitungen.** Die Besucher schieben sich,
teilweise mit Kerzen in der Hand, durch
Gänge in klaustrophobischer Enge,
dann wieder weitet sich die Szenerie
und der Blick fällt auf bizarre Tuff-
steinkavernen. Wo die Einwohner im
Zweiten Weltkrieg Schutz vor Bomben
suchten, züchtet man heute Kräuter
oder lagert Wein (Letzteren gibt es im
Shop am Ausgang zu kaufen).

■ Führungen tägl. 10–18 Uhr zu jeder vollen
Std. (ital.), engl. Führungen um 10, 12, 14, 16
und 18 Uhr. 10 €, erm. 8 €, Kinder (5–10 J.) 6 €.
Piazza San Gaetano 68, www.napolisotterra-
nea.org.

San Lorenzo Maggiore

Der Komplex an der Abzweigung der
Krippengasse von der Via Tribunali
besteht aus drei Teilen: der Basilika,
dem Kloster sowie den Ausgrabungen
aus der Antike unterhalb des Gottes-

Lustiges Panoptikum: Neapels einzigartige Krippengasse

hauses. Kirche und Kloster gehörten im Mittelalter dem Franziskanerorden an, den Sakralbau im Stil der französischen Gotik initiierte König Karl von Anjou im letzten Drittel des 13. Jh. Das ungewöhnlich breit konzipierte Hauptschiff endet am architektonisch besonders schön gelungenen Chorumlauf. Ebenfalls im Chor ist an zwei Stellen mit Plexiglas das originale Bodenmosaik abgedeckt; es stammt von der frühchristlichen Vorgängerkirche aus dem 6. Jh., die dem hl. Laurentius geweiht war.

Das angrenzende Kloster mit dem freskenverzierten Refektorium *(Sala Sisto V.)* aus dem 17. Jh. und dem schmucken Kapitelsaal *(Sala Capitolare)* birgt den Zugang zu den **Ausgrabungen aus griechisch-römischer Zeit.** Zu sehen ist der ehemalige Cardo Maximus nebst angrenzenden Geschäften, u. a. mit Wäscherei, Bäckerei und einer Stoffhandlung. Eine stimmungsvolle Beleuchtung verleiht den erstaunlich gut konservierten Relikten aus der Antike einen ganz spezifischen Reiz. Der Rundgang endet schließlich im **Museum,** das

in verschiedenen Räumen Fundobjekte aus der Antike, darunter Sarkophage und Keramiken, sowie sakrale Kunst präsentiert. Ein Modell veranschaulicht die exakte Lage des römischen Theaters (→ S. 38) in der heutigen Altstadt.

▪ Tägl. 9.30–17.30 Uhr. 9 €, erm. ab 6 €, Kombiticket mit Galleria Borbonica (→ unten) 15 €, erm. 10 €. Piazza San Gaetano, www.sanlorenzo maggiorenapoli.it.

Via San Gregorio Armeno (Krippengasse)

Was bei uns der Tannenbaum, ist für Neapolitaner die Krippe. Aus diesem Grund herrscht in den Kunsthandwerksboutiquen beiderseits der Krippengasse in der Vorweihnachtszeit der größte Trubel. Die neapolitanische Krippenkunst ist jedoch weit mehr als gelebte christliche Volksfrömmigkeit, denn wer genauer hinsieht, entdeckt in den Auslagen Figuren, die im Weihnachtskontext eigentlich nichts verloren haben: Politiker, Fußballspieler, Stars aus dem aktuellen Showbiz oder Prominente, die – aus welchen Gründen auch immer – im jeweiligen Jahr in

Marmorstatue für den Flussgott im Altstadtzentrum

die Schlagzeilen geraten sind. Manche verorten daher die Ursprünge dieser Tradition in vorchristlichen Zeiten. Das 18. Jh. brachte die Blüte der Krippenkunst: Während man im höfischen Kontext Figuren aus feinem Porzellan bevorzugte, war man beim einfachen Volk etwas sparsamer und formte die Figuren aus Holz-Draht-Gestellen, an die man Tonköpfe befestigte. Auf diese traditionelle Art entstehen die Figuren noch heute, wobei zunehmend Billigware aus Fernost den einheimischen Künstlern das Leben erschwert. Neben Krippenfiguren findet man in den Vitrinen häufig das rote Hörnchen (corno) – ein beliebter Glücksbringer (→ S. 25).

Chiesa e Chiostro di San Gregorio Armeno

Die Kirche und der Kreuzgang sind – über jeweils getrennte Treppenaufgänge – von der Krippengasse aus zugänglich und werden angesichts des Rummels rund um die Verkaufsstände gerne übersehen. Der Sakralbau entpuppt sich als typischer Vertreter neapolitani-

scher Barockkunst mit einer prachtvollen Freskenausstattung, die beinahe vollständig vom neapolitanischen Barockkünstler Luca Giordano stammt. Der wunderbar weitläufige Kreuzgang wiederum wirkt im Gegensatz zum Stadtgetümmel wie eine Oase. Ein Augenschmaus ist der marmorne Barockbrunnen in der Mitte mit allerlei verschlungenen Figuren und Meerestieren.

■ **Kirche:** Mo–Sa 9–12, sonn- und feiertags 9–13 Uhr. Eintritt frei. **Kreuzgang:** Mo–Fr 9.30–13, Sa/So 9.30–13 und 15–18 Uhr. 4 €, erm. 3 €.

Statua del Nilo

Auf einer Platzerweiterung am Spaccanapoli steht auf einem Marmorsockel die unscheinbare Statue des antiken Flussgottes Nil. Es handelt sich tatsächlich um ein Kunstwerk aus römischer Zeit, das in den Wirren der Völkerwanderungen verloren ging und erst im 12. Jh. wieder aufgefunden wurde. Der im Mittelalter fehlende Kopf wurde 1667 hinzugefügt. Die Bar gegenüber heißt standesgemäß *Bar Nilo*. Wer hineinschaut, entdeckt an der Wand einen **Altar für Diego Maradona.** Der argentinische Fußballprofi, bekannt durch die „Hand Gottes" im Länderspiel 1986 gegen England, wurde 1987 und 1990 mit dem SSC Neapel italienischer Fußballmeister. Hiesigen Tifosi gilt er noch immer als sakrosankt.

Cappella Sansevero

Die Privatkapelle der Adelsfamilie Sansevero ist von außen unscheinbar, birgt aber ein bemerkenswertes Kunstwerk, das man sich nicht entgehen lassen darf. Es handelt sich um die Statue des **Verhüllten Leichnam Christi** (*Cristo velato*), die der neapolitanische Meister Giuseppe Sanmartino 1753 schuf. Von atemberaubender Anmut ist das Leinentuch aus Marmor, das auf die Betrachter der „Pietella" wie ein transparentes Tuch wirkt, obwohl es in Wahrheit aus einem Stück mit dem Rest der Statue angefertigt wurde. Es handelt

sich in der Tat um ein kolossales Meisterwerk der Barockkunst! Zudem beherbergt das Kirchlein zwei anatomische Modelle, die ein wenig an Gunther von Hagens und seine platinierten menschlichen Körper erinnern. Die „Skulpturen" – es handelt sich um einen Mann und eine schwangere Frau – entstanden ebenfalls im 18. Jh. Wissenschaftliche Untersuchungen ergaben 2008 die Echtheit der Skelette, das Netz der Blutgefäße hingegen ist künstlich und besteht aus Draht und farbigem Wachs. Die an ein Wunderkabinett gemahnenden Ausstattungsstücke gaben immer wieder zu Spekulationen Anlass, zumal der damalige Eigentümer der Privatkapelle Freimaurer war, dem man beste Beziehungen zur alchimistischen Szene nachsagte (→ Kasten, siehe unten).

▪ Tägl. außer Di 9–19 Uhr. 8 €, erm. 6 €. Via Francesco De Sanctis 19–21, www.museosan severo.it.

Freimaurer, Erfinder, Alchimist: Raimondo, Fürst von Sansevero

Raimondo di Sangrio (1710–1771), Fürst von Sansevero, war eine schillernde Figur im barocken Neapel. Der Soldat in Diensten der Bourbonen erhielt in Rom eine fundierte Jesuitenausbildung, bevor er sich in Neapel niederließ und in der Hauptsache wissenschaftliche Forschungen betrieb. Zahlreiche Freimaurersymbole in der Privatkapelle der Familie Sansevero (→ siehe oben) lassen vermuten, dass Raimondo Mitglied in den Geheimbünden der Freimaurer und Rosenkreuzer war. Im Lauf der Zeit stieg er sogar bis zum Logenmeister auf. Vielen Zeitgenossen, v. a. den Vertretern der Kirche, war das Treiben des Adeligen jedoch überaus suspekt. Den Gipfel der Absonderlichkeiten markierten die Skelette, die noch heute in der Kapelle ausgestellt sind. Hinter vorgehaltener Hand wurde gemunkelt, Raimondo habe lebenden Menschen eine Art alchimistisches Zauberserum injiziert, um das augenblickliche Erstarren des Gefäßapparates zu erwirken. Tatsächlich kaufte er eins dieser Modelle der menschlichen Anatomie einem Arzt aus Sizilien namens Giuseppe Salerno ab, nachdem er es auf einer öffentlichen Ausstellung entdeckt hatte. Das zweite Modell, die schwangere Frau, gab er danach bei dem Arzt in Auftrag.

Sant'Angelo a Nilo

Die Stiftskirche wäre eventuell kaum eines Blickes wert, wenn sich innen nicht ein ganz besonderes kunsthistorisches Kleinod befände. Es handelt sich um das Grabmal des Kardinals Brancaccio, weswegen das Gotteshaus auch als *Cappella Brancaccio* bekannt ist. Die sechs Skulpturen – fünf stehend, eine liegend – schufen mit Donatello und Michelozzo zwei bedeutende Renaissancebildhauer. Bemerkenswert sind die Faltenwürfe der Gewänder!

■ Mo–Sa 8.30–13 und 16.30–18.30, So 8.30–13 Uhr. Eintritt frei.

San Domenico Maggiore

Karg wirkt die Fassade der Dominikanerkirche von außen, innen überwältigt üppiger Barock. Die prächtige Ausstattung erzeugt einen stimmigen Gesamteindruck und verhehlt dabei nicht, dass es sich ursprünglich um ein gotisches Bauwerk handelte. Übrigens studierte 1239–1244 Thomas von Aquin am Studium Generale der Universität von Neapel; der Dominikaner sollte in der Folge zu einem der bedeutendsten Kirchenlehrer des Mittelalters werden. Seltsamerweise führt vom Vorplatz am Spaccanapoli eine Treppe hinauf und in die Kirche, wobei man das Gotteshaus durch eine Türe direkt am Hauptaltar betritt! Im Kloster nebenan werden die Kirchenschätze ausgestellt, die sich bei einer Führung begutachten lassen.

■ **Kirche:** Tägl. 10–19 Uhr. Eintritt frei. **Kloster und Museum:** Tägl. 10–18 Uhr. Führungen 5 €, erm. 4 € (kompakt), 7 €, erm. 5 € (ausführlich). Piazza San Domenico Maggiore 8a, www.museosandomenicomaggiore.it.

Santa Chiara

Der ehemalige Klarissinnenkonvent zählt zu den Hauptsehenswürdigkeiten der Stadt. Die Fenster der riesigen Kirche im Zentrum des Klosterkomplexes lassen nur wenig Licht hinein, und auch sonst wirkt das hoch aufragende gotische Längsschiff auf den ersten Blick etwas karg. Eigenartigerweise verzichtet der Sakralbau auf Querhaus und Chor, was konzeptionelle Gründe hat: Der benachbarte Klarissinnenkonvent musste nämlich integriert werden, ein Problem, das die Architekten im 14. Jh. mit einem komplett vom Innenraum abgetrennten Nonnenchor lösten. Das Längsschiff wird auf beiden Seiten von Kapellen flankiert, die u. a. als Grabkapellen neapolitanischer Herrscher fungierten. Das kunsthistorisch bedeutendste Grabmal befindet sich hingegen am Hochaltar. Hier ruhen die sterblichen Reste Roberts von Anjou, Mitte des 14. Jh. schufen die florentinischen Künstler Giovanni und Pacio Bertini das Monumentalgrab. Ein Bombenangriff am 4. August 1943 richtete schwere Zerstörungen in der Kirche an.

Sehenswert ist auch der **Kreuzgang** südlich der Kirche. Einzigartig sind die Säulen, Balustraden und Sitzbänke, die mit farbigen Majolikaplatten gefliest sind. Der spielerisch-leichte Gesamteindruck will so gar nicht zur monastischen Strenge passen, schließlich leben heute noch immer einige franziskanische Minderbrüder dem Kloster. Den Majolikakreuzgang schuf 1739 der bedeutende neapolitanische Maler und Rokokobildhauer Domenico Antonio Vaccaro. Den Umbau der mittelalterlichen Klosteranlage im Stil des Barock sponserte u. a. die Königin Maria Amalia von Sachsen, Frau des Bourbonenkönigs Karl III., mit nicht geringen finanziellen Mitteln. Vom Seitenflügel des Kreuzganges ist ein übersichtliches, aber sehenswertes **Museum** zugänglich *(Museo dell'Opera)*: Die gezeigten Exponate illustrieren Aspekte der Baugeschichte und stammen aus unterschiedlichen Epochen von der Gotik bis zum Barockzeitalter. Außerdem sind vom Museum die freigelegten Reste einer **Therme aus römischer Zeit** zugänglich. Es handelt sich um die größte

Oase der Ruhe: Der Majolika-Kreuzgang von Santa Chiara

bislang entdeckte Thermenanlage im Stadtgebiet; die wichtigsten Funde aus dem Grabungsareal werden ebenfalls nebenan im Museum präsentiert.

■ Kirche: 7.30–13 und 16.30–20 Uhr. Kloster: Mo–Sa 9.30–17.30, So 10–14.30 Uhr. 6 €, erm. 4,50 €. Via Santa Chiara 49c, www.monastero disantachiara.it.

Chiesa Gesù Nuovo

Von außen ist dieses Gotteshaus aus gutem Grund nicht als ein solches erkennbar: Denn ursprünglich befand sich hinter der Diamantquaderfassade mit den Pyramidenspitzen aus Stein der Palazzo der Adelsfamilie Sanseverino. Im Zeitalter der Renaissance entwickelte sich der Palast zu einem der bedeutendsten kulturellen Zentren der Stadt. Nach der gescheiterten Revolte Ferrante Sanseverinos gegen die spanischen Herrscher wurde das Familieneigentum beschlagnahmt; es handelte sich um eben jene Ereignisse, die u. a. Torquato Tasso dazu zwangen, seine Heimat Sorrent zu verlassen (→ S. 209). Als man zur Förderung der Gegenrefor-

mation nach einem geeigneten Ort für die Jesuiten suchte, baute man 1584–1601 das Profananwesen in einen Sakralkomplex um. Nachdem 1688 die Kuppel nach einem Erdbeben eingestürzt war, verpasste man der Kirche ein barockes Kleid, das an Prunk und Protz schwerlich zu übertrumpfen ist. Im Eingangsportal ist das Konterfei des 1987 heiliggesprochenen Wunderdoktors Giuseppe Moscati eingelassen. Der fromme Arzt half u. a. 1906 bei einem Vesuvausbruch den betroffenen Menschen.

Im Zentrum der **Piazza Gesù Nuovo** steht eine üppig ausstaffierte Mariensäule aus weißem Marmor (*Obelisco dell'Immacolata*). Das Barockkunstwerk ersetzte Mitte des 18. Jh. ein Reiterstandbild an gleicher Stelle zu Ehren des spanischen Königs Philipp V.

Chiesa di Santa Maria delle Anime del Purgatorio ad Arco

Im Volksmund heißt der Sakralkomplex an der Via dei Tribunali „Kirche der Totenköpfe". Und in der Tat zieren die barocken *Memento mori* nicht nur

Santa Maria del Purgatorio: Rauminstallation zum Totenkult

die Balustrade vor dem Portal. Bis ins letzte Drittel des 20. Jh. hinein war die Unterkirche, das heutige Hypogäum, ein wichtiges Epizentrum des **neapolitanischen Totenkults** (→ Kasten, S. 26). Die enge Verflechtung des Sakralbaus mit dem Totenkult wird schon bei der Gründung 1616 durch die Bruderschaft *Opera Pia del Purgatorio ad Arco* sichtbar: Deren Aufgabe war, bei Begräbnissen mittelloser Menschen finanzielle Hilfe zu leisten. In der Folge fungierte die Kirche als Ort, an dem für die Seelen im Fegefeuer gesorgt wurde. Das Hypogäum unterhalb der barocken Kirche stand dabei symbolhaft für das Purgatorium. Die Besucher werden von einem abgedunkelten Sakralkomplex, in dem eine moderne Installation auf den Totenkult einstimmt, empfangen. Eine Treppe führt von der Oberkirche zum eigentlichen „Friedhof" darunter. In der Sakristei befindet sich ein bescheidenes Kirchenschatzmuseum.

▪ Jan. bis März tägl. 10–14, Sa bis 17 Uhr, April bis Dez. Mo–Sa 10–18, So bis 14 Uhr. Führungen fakultativ möglich. 6 €, erm. 5 €. Via dei Tribunali 39, www.purgatorioadarco.it.

Sehenswertes in der Neustadt

„Neustadt" ist nicht ganz zutreffend, denn zu ihr gehören Geschäfts- und Wohnquartiere aus unterschiedlichen Epochen: vom ausgehenden Mittelalter bis zum 20. Jh. Beispielhaft dafür steht das zwischen der Via Toledo und den Abhängen des Vomero-Hügels gelegene **Spanische Viertel** *(Quartieri Spagnoli)*. Obwohl in der Tat neuzeitlichen Ursprungs, wirkt es aber atmosphärisch wie eine übergangslose Fortsetzung der eigentlichen „Altstadt" nach Südwesten.

Gegründet wurde das Viertel Mitte des 16. Jh. unter der Ägide der spanischen Vizekönige als Heimat der Soldaten von der iberischen Halbinsel. Heute sticht die beeindruckende Höhe der Gebäude ins Auge, und tatsächlich handelt es sich um eines der am dichtesten besiedelten Viertel in der ohnehin unter notorischem Platzmangel leidenden Stadt. Noch immer werden Fremde zuweilen davor gewarnt, diese Gassenschluchten bei Dunkelheit zu betreten, obwohl die Zeiten längst vorbei sind, in denen ein Besuch dieses Viertels gefährlich war. Bewohner aus zweifelhaften Milieus und Zuwanderer aus aller Herren Länder sorgten für eine vergleichsweise hohe Kriminalitätsrate. Allerdings wurde dieser Trend inzwischen gestoppt.

Das Herz der repräsentativen Neustadt ist die **Piazza del Plebiscito**. Der entfernt an den ungleich berühmteren Petersplatz in Rom erinnernde, 25.000 m² große Platz erhielt zur Zeit der Franzosenherrschaft sein heutiges Gesicht. Namentlich gemahnt sie an die Volksabstimmung am 21. Oktober 1860, in deren Folge das Königreich beider Sizilien ins vereinigte Königreich Italien inkorporiert wurde. Eingerahmt wird der verkehrsberuhigte Platz von der Basilica San Francesco di Paola auf der einen und vom Palazzo Reale auf der anderen Seite. Nur einen Steinwurf entfernt moderiert ein weiterer wichtiger Kulminationspunkt, die **Piazza del Municipio**, den Übergang zum Hafenbereich. Auch hier ziehen zwei wuchtige Gebäuderiegel die Blicke auf sich: der Maschio Angioino (*Castello Nuovo*) mit seinen charakteristischen Rundtürmen und auf der anderen Seite der neoklassizistische Palazzo San Giacomo, der heute das Rathaus beherbergt. In der Epoche der griechischen Besiedelung lag genau an dieser Stelle der Hafen, was mittelbar die seit Jahren existierende Baustelle erklärt: Denn bei Grabungsarbeiten für die Metro entdeckte man Überreste aus der Antike, die sorgfältig zu einem neuen Stadtbahn-Haltestellenmuseum hergerichtet werden. Architektonisch ebenfalls bemerkenswert ist der Hafenterminal aus der Epoche des Faschismus (*Stazione Marittima*). Der 1934–1936 erbaute Komplex gilt als exzellentes Beispiel für den Italienischen Realismus (*razionalismo italiano*) und fungiert

heute als Entree für Kreuzfahrtgäste, die hier an Land gehen. Neapel zählt heute zu den zehn wichtigsten Kreuzfahrtdestinationen im Mittelmeerraum.

Andere wichtige Plätze sind die **Piazza Dante** und die **Piazza Bellini**. Sie liegen nur einen Steinwurf voneinander entfernt und markieren die Schnittstelle zwischen Neu- und Altstadt. Während die Piazza Dante wegen der verkehrsgünstigen Lage ein häufig gewählter Treffpunkt ist, konzentriert sich rund um die Piazza Bellini das Nachtleben.

Chiesa di Sant'Anna dei Lombardi

Die der hl. Anna geweihte Kirche liegt am Übergang der Altstadt zur Neustadt und gilt als bestes Beispiel toskanischer Renaissance in der Stadt am Golf. 1411 begonnen, fungierte der Sakralkomplex in der Folge als eine Art „Hofkirche" der Aragonier unter Leitung der Olivetaner (ein benediktinischer Zweigorden). Im Zweiten Weltkrieg wurde der Komplex durch Bomben stark beschädigt. Unter den namhaften Künstlern, die hier ihre Spuren hinterließen, ist v. a. **Giorgio Vasari** zu nennen, dessen 1550 erschienene „Vite" (Künstlerbiografien) bis heute als Standardwerk der Kunstgeschichte gelten. In der Sakristei schuf der Maestro 1544 die Wandgemälde. Die schmucken Intarsienarbeiten wiederum stammen von Fra Giovanni da Verona. Sehenswert ist auch das Oratorium mit der *Cappella del Compianto* aus dem Jahr 1492. Die Skulpturengruppe aus Cartapesta mit Jesus Christus, Maria, Evangelisten und Heiligen stammt von Guido Mazzoni aus Modena. Auch die Seitenkapellen des Hauptschiffs lohnen einen ausführlicheren Blick.

■ **Kirche:** Mo–Fr 8.30–19, Sa 9–19, So 9.30–13 und 15–19 Uhr. **Kloster und Museum:** Tägl. außer So 9.30–18.30 Uhr. 5 €, erm. 3 €. Piazza Monteoliveto.

Stazioni dell'arte

Auf dem Weg von der Piazza Garibaldi zum Nationalmuseum nimmt die Metro-

Neapel → Karte S. 24

linie 1 nicht direkten Kurs, sondern macht um die Altstadt einen weiten Bogen. Viele Attraktionen der repräsentativen Neustadt sind über die Metrostationen auf diese Weise gut zu erreichen. Ein weiterer Anreiz, der für die Benutzung der U-Bahn spricht, sind die kunstvoll gestalteten Haltestellen. Für das Projekt Stazioni dell'arte gewann die Schirmherrin, die Region Kampanien, seit 2006 namhafte Architekten und Designer. Die Vorgabe lautete, dass die Kunst stets den Kontext zum jeweiligen Stadtviertel suchen muss, in dem sich die Metrohaltestelle befindet. 2012 kürte der britische „Daily Telegraph" die Station „Toledo" – zugänglich von der Via Toledo – zur schönsten U-Bahn-Haltestelle Europas. Ebenfalls einen Besuch wert sind die Haltestellen „Università", „Museo" und „Materdei".

Via Toledo: Kunst in der Metro

Palazzo Zevallos Stigliano

Das imposante Barockpalais ließ Mitte des 17. Jh. der spanische Kaufmann Giovanni Zevallos erbauen, der zuvor für das Filetgrundstück die damals beachtliche Summe von 12.500 Dukaten berappen musste. Heute ist das Haus im Besitz des Bankhauses Intesa Sanpaolo, das im Obergeschoss eine Galerie eingerichtet hat. Herausragendes Gemälde unter den Schätzen vom 17. bis frühen 20. Jh. ist das „Martyrium der hl. Ursula" (Martirio di Sant'Orsola). Es handelt sich mutmaßlich um das letzte Bildnis aus der Hand des Barockmalers **Caravaggio.** Der Besuch lohnt sich auch wegen der vorbildlich restaurierten Prunksäle. Sehenswert im Erdgeschoss ist zudem der glasüberdachte Innenhof.

▪ Di–Fr 10–19, Sa/So bis 20 Uhr. 3 €, bis 18 J. frei. Via Toledo 185, www.gallerieditalia.com.

Galleria Umberto I

Die Passage zwischen Via Toledo und Teatro San Carlo gehört zum Pflichtprogramm jedes Sightseeing-Programms. Sie entstand 1887–1890 nach dem stilistisch-architektonischen Vorbild der Galleria Vittorio Emanuele II in Mailand. Voraus ging ein 1985 verabschiedetes Stadterneuerungsgesetz, das nach neun Choleraepidemien endlich die unhaltbaren hygienischen Zustände zu eliminieren helfen sollte. In den Innenfassaden sind hin und wieder Symbole der Freimaurer zu erkennen, im Fußboden sind unterhalb der Glaskuppel Mosaike mit Darstellungen der Tierkreiszeichen eingelassen. Managementfehler führten dazu, dass – trotz der ausgezeichneten Lage – einige Geschäfte und Büros in der Passage nicht vermietet sind.

Basilica San Francesco di Paola

Die Fertigstellung der Piazza Plebiscito (→ S. 45) erlebte Joachim Murat nicht mehr. Dessen Nachfolger und Vorgänger, der Bourbone Ferdinand IV., ließ auf dem planierten Grundstück, auf dem zuvor ein in der Franzosenzeit geschleiftes Kloster gestanden hatte, die Kirche im klassizistischen Stil errichten. 1836 weihte der Papst eigenhändig den Sakralbau ein, der ein wenig an das Pantheon in Rom erinnert. Die monumentale Größe der Kuppel erschließt sich Betrachtern am besten von innen; schlanke Säulen mit korinthischen Kapitellen säumen die Rotunde.

▪ Tägl. 8.30–12 und 16–19 Uhr. Piazza Plebiscito.

Galleria Borbonica

Den Abstieg in den „Bauch Neapels" bietet nicht nur die Altstadt, sondern auch die Neustadt – und zwar an gleich mehreren Stellen. Hauptsehenswürdigkeit ist ein 430 m langer **Fluchttunnel aus bourbonischer Zeit** vom Stadtpalast nach Santa Lucia. Er liegt 25 m unter der Erde und sollte ein rasches Entkommen der Könige in der notorisch unruhigen Epoche politischer Umwälzungen ermöglichen. Während des Zweiten Weltkriegs wurden einige Teile des Gangs zu Hallen erweitert, um der Bevölkerung Schutz vor Bomben zu bieten. Als echter Hingucker erweisen sich obendrein ausrangierte Autos und Motorräder aus der Nachkriegszeit. Die betagten Karossen sind über und über mit Staub bedeckt und zeigen, dass die Grotten, bevor sie 2005 wiederentdeckt und für die Öffentlichkeit zugänglich gemacht wurden, als Parkplatz dienten.

▪ Fr–So 10–17 Uhr. Zugänglich im Rahmen einer Führung (ital./engl.) um 10, 12, 15 und 17 Uhr. Reservierungen sind zu empfehlen! Es gibt Führungen unterschiedlicher Länge und Dauer, die an unterschiedlichen Orten beginnen, es lohnt deshalb vorab der Blick auf die Homepage! Ein günstiger Einstieg für die Standard-Tour liegt an der Via Gennaro Serra (5 Min. vom Palazzo Reale, der Weg ist ausgeschildert). 10 €, erm. 5 €, Kombiticket mit San Lorenzo Maggiore (→ S. 38 f.) 15 €, erm. 10 €. Vico del Grotone, www.galleria borbonica.com.

Palazzo Reale

Maßgeblicher Architekt der bourbonischen Stadtresidenz war der 1543 im Tessin geborene Renaissancekünstler Domenico Fontana. Zu einem Zeitpunkt, als das Königreich Neapel im Zuge der Unità längst im vereinigten Königreich Italien aufgegangen war, ließ der Savoyer Umberto I. (nach ihm sind der Corso Umberto und die Galleria Umberto benannt) in den Fassadennischen zur Piazza Plebiscito die Königsstatuen aufstellen, auf die örtliche Stadtführer bei ihren Touren gerne hinweisen. Es handelt sich nacheinander um den Normannen Roger II., den Staufer Friedrich II., Karl von Anjou, Alfons V. von Aragon, Karl V., Karl VII., den Franzosen Joachim Murat sowie Vittorio Emanuele II. von Piemont-Savoyen. Die Besichtigung der historischen Säle im 1. Stockwerk lohnt sich v. a. dann, wenn die Zeit für einen Abstecher zum Bourbonenschloss in Caserta nicht ausreicht. Neben den prunkvoll ausgestatteten Gemächern der Beletage ist das 1768 vom florentinischen Architekten Ferdinando Fuga geplante Hoftheater erwähnenswert. Ein weiterer Höhepunkt ist abschließend die königliche Hofkapelle (Cappella Palatina) mit einem wunderbaren Barockaltar aus dem Jahr 1674, in dem u. a. vergoldete Bronze, Achat, Jaspis, Amethyst sowie Lapislazuli verarbeitet sind. Außerdem beherbergt der Palazzo Reale die Nationalbibliothek (Biblioteca Nazionale).

▪ Tägl. außer Mi 9–19 Uhr. 6 €, erm. 4 €. Piazza del Plebiscito 1.

Teatro San Carlo

Das königliche Theater ist eine neapolitanische Institution und zählt zu den Hauptsehenswürdigkeiten der Stadt. Eine Führung sollte man sich nicht entgehen lassen, denn der Zuschauersaal ist schlicht eine ästhetische Sensation. Lange war das 1735 in der Rekordzeit von nicht einmal sechs Monaten vollendete Opernhaus mit 3300 Plätzen das größte in der Welt. Die Liste namhafter Künstler, die auf diesen Brettern als Komponisten oder Sänger große Erfolge feierten, ist lang: Franco Corelli, Gaetano Donizetti, Vincenzo Bellini oder der 1873 aus Neapel gebürtige Enrico Caruso. Unter den legendären Tenören des 18. Jh. mit engelsgleichen Stimmen waren auch einige Kastraten, z. B. Farinelli (eigentlich Carlo Broschi) oder Caffarelli (Gaetano Majorano). Selbst ein Kulturbanause wie König Ferdinand IV. war Stammgast im „San Carlo", wobei er es allerdings nicht weit in die Loge hatte: Das Bühnenhaus ist nämlich mit dem benachbarten Palazzo Reale (→ S. 47) verbunden und fungiert architektonisch als Flügel des Stadtschlosses.

▪ Führungen tägl. 10.30–16.30, auf Engl. 11.30 und 15.30 Uhr (ca. 45 Min.). 9 €, erm. 7 €. Via San Carlo 98f, www.teatrosancarlo.it.

Maschio Angioino (Castel Nuovo)

Das „Neue Schloss" mit seinen zinnenbewehrten Türmen ist ein Wahrzeichen Neapels und stammt aus dem 13. Jh.

Der Grund, warum es als „neu" bezeichnet wird, liegt an der Existenz des noch etwas älteren Castel dell'Ovo (→ S. 49). Nachdem Karl I. von Anjou seine Residenz im Anschluss an die Sizilianische Vesper 1282 von Palermo nach Neapel verlegt hatte, suchte er einen standesgemäßen Herrschersitz in der Stadt. Den geeigneten Platz fand er auf der heutigen Piazza Municipio (→ S. 45) – fast in Sichtweite zu dem Ort, an dem 1268 sein Widersacher Konradin der Staufer unter dem Fallbeil starb. Besondere Beachtung verdient der prächtige **Triumphbogen aus Marmor.** Das bedeutendste profane Renaissancewerk der Stadt schuf der Bildhauer und Maler Francesco Laurana 1453–1464. Dargestellt wird der triumphale Einzug des Königs Alfons V. von Aragon, der eine Zeitenwende in der politischen Ereignisgeschichte Unteritaliens einläutete. Bis 2006 tagte im Maschio Angioino das Regionalparlament Kampaniens. Der Kauf der Eintrittskarte lohnt sich v. a. wegen des grandiosen **Saals der Barone** (*Sala dei Baroni*), der 1330 von Giotto mit Fresken ausgeschmückt wurde, die leider

Maschio Angioino: Renaissanceportal zwischen mittelalterlichen Türmen

Neapel → Karte S. 24

Blick von Mergellina auf das Castel dell'Ovo am Abend

nicht mehr erhalten sind. Doch auch ohne Wandbemalung ist der Blick ins 28 m hohe Deckengewölbe auf jeden Fall sein Eintrittsgeld wert. Giotto soll auch in der benachbarten **Cappella Palatina** im Stil der französischen Gotik künstlerisch tätig gewesen sein, allerdings zerstörte 1456 ein Erdbeben die Ausstattung vollständig. Nur an den Chorfenstern sind noch wenige Reste der ursprünglichen Bemalung erkennbar.

■ Tägl. außer So 8.30–18.30 Uhr, im Winter bis 18 Uhr. 6 €, erm. 3 €. Piazza Castello.

Castel dell'Ovo

Die „Ei-Festung" ist die älteste Befestigungsanlage Neapels und verdankt ihren Namen einer Legende: Der Dichter Vergil, der angeblich in Neapel auf den Hügeln begraben liegt, schenkte einst den Stadtvätern ein Ei. Er prophezeite, dass Neapel solange bestehen bleiben würde, wie dieses Ei unversehrt bliebe. Darauf schichtete man meterhohe Mauern um das kostbare Stück, und siehe da: Über die Jahrhunderte ist die Stadt trotz vieler Katastrophen niemals zerstört worden! Wahrscheinlich diente die Halb-

insel aus Tuff mit dem Namen Megaris, auf dem die Festung errichtet wurde, schon zur Zeit der Magna Graecia als Handelsplatz. In der römischen Kaiserzeit wurde sie erstmals befestigt; im hohen Mittelalter residierte hier der Normannenkönig Roger II. Karl von Anjou verlegte im 13. Jh. wiederum seinen Amtssitz ins neu errichtete Castel Nuovo (→ S. 48 f.). Die heutige Bausubstanz stammt aus aragonesischer Zeit. Im 15. Jh. liegen auch die Ursprünge der kleinen Fischersiedlung unterhalb des Kastells (*Borgo Marinai*). Wer länger bleibt, sollte hier unbedingt einmal die schmackhaften Fischspezialitäten kosten! Eine Besichtigung des Kastells ist möglich, von den oberen Terrassen eröffnen sich hübsche Blicke auf die Stadt.

■ Mo–Sa 9–19, So bis 13.30 Uhr, im Sommer werktags abends 1 Std. länger. Eintritt frei.

Villa Comunale (Stadtpark)

Als kleine Oase der Erholung inmitten hektischer Urbanität und breiter Straßenschneisen erweist sich das schmale Parkareal am Lungomare Caracciolo. Im Zentrum der Anlage steht das Gebäude einer der ältesten biologischen Forschungsstationen weltweit. Die *Stazione Zoologica* wurde 1872 vom deutschen Zoologen Anton Dohrn gegründet, einem Brieffreund Darwins und Erforscher der Phylogenese (stammesgeschichtliche Entwicklung aller Lebewesen). Das **Aquarium** im Haus kann gegenwärtig nicht besichtigt werden, Informationen unter www.szn.it.

Villa Pignatelli

Einst residierte in der blendend weißen Prachtvilla Ferdinand Dalberg-Acton, Sohn des Marinekommandeurs und Diplomaten britischer Abstammung John Acton. Letzterer stieg unter der Ägide Ferdinands IV. bis zum Finanzminister auf, was eventuell den fast verschwenderischen Prunk der Räumlichkeiten erklärt. Die Vorzeigeimmobilie ging danach durch verschiedene Hände, bis sie 1867 nach Zwangsverkauf an einen Spross der Familie Pignatelli-Cortés überging (ein Vorfahr war Hernán Cortés, der Eroberer Mexikos). Highlight des Rundgangs ist der Salon im neopompejanischen Stil mit halbkreisförmigem Grundriss und farbigen Wandmalereien. Im Nebenhaus befindet sich eine ansehnliche Sammlung von Kutschen, Droschken, Reitpeitschen und Geschirr **(Museo delle Carrozze).**

▪ **Museum:** Tägl. außer Di 8.30–17 Uhr. 5 €, erm. 2,50 €. **Park:** Der Park öffnet auch Di vormittags. 2 €. Via Riviera di Chiaia 200.

Palazzo delle Arti (PAN)

Der gediegene Palazzo im Stadtteil Chiaia war im 17. Jh. die Stadtresidenz des Fürsten Francesco di Sangro aus San Severo. Im einstigen Adelspalais befindet sich heute ein Mehrsparten-Kulturzentrum mit Archiv, Bibliothek sowie hochkarätigen Wechselausstellungen zur modernen Kunst.

▪ Tägl. 9.30–19.30 Uhr. Eintrittspreis abhängig von Wechselausstellungen. Via dei Mille 60.

Pulcinella: neapolitanischer Komiker mit Narrenfreiheit

Die heitere Figur mit der schwarzen Maske und dem weißen Gewand ist aus dem Straßenbild Neapels schwerlich hinwegzudenken. Sie entstammt dem süditalienischen Volkstheater und hat ihren Weg bis zur Commedia dell'arte Norditaliens gefunden. *Il pulcinella* verkörpert den bauernschlauen Tölpel – um keine witzig-

intelligente Antwort verlegen und stets in der Lage, sich aus prekären Situationen herauszumanövrieren. Logisch, dass sich v. a. die Lazzaroni (→ Kasten, S. 29) mit dem Charakter identifizierten. Aber auch im Marionettentheater im Palazzo Reale brachte der Narr unter johlendem Beifall des Hofstaats seine Späße unter die Leute. 15 km nördlich von Neapel gibt es in Acerra ein Pulcinella-Museum (Informationen im Internet unter www.pulcinellamuseo.it).

Gutbürgerliche Wohngegend zwischen Lungomare und Vomero

Sehenswertes auf den Hügeln

Wer sich auf die Hügel begibt, erlebt auf einen Schlag ein völlig anderes Neapel. Wie unschwer zu erkennen, wohnt hier meistenteils das gehobene Bürgertum. Gepflegte Wohnhäuser sowie Villen mit Gärten bestimmen das Bild, in den Straßen schlägt spürbar ein ruhigerer Takt. Immer wieder fällt der Blick von **Aussichtsterrassen** über die Stadt und auf den Golf. Die schönsten Rundblicke genießt man vom Parco Virgiliano, vom Castel Sant'Elmo oder von der Certosa San Martino. Die beiden letztgenannten Attraktionen sind relativ bequem vom Stadtzentrum aus mit **Standseilbahnen** *(funicolari)* erreichbar (→ Unterwegs in Neapel), während man für die eher abgelegenen Ziele nicht selten längere Fußmärsche in Kauf nehmen oder mit dem öffentlichen Bus fahren muss.

Der **Vomero** ist der Hügel, den Neapelbesucher in der Regel als Erstes zu Gesicht bekommen. Er wird vom mächtigen Castel Sant'Elmo gekrönt, das wie kaum ein zweites Bauwerk die Silhouette der Stadt prägt. Direkt unterhalb, von unten erst auf den zweiten Blick erkennbar, befindet sich mit der Certosa San Martino eine bedeutende Sehenswürdigkeit, die man keinesfalls verpassen sollte! Der Vomero ist ein eigenständiger Stadtteil und wurde erst im 19. Jh. überbaut. Heute leben hier ca. 50.000 Menschen.

Westlich des Vomero schließt sich der 6 km lange Tuffsteinrücken des **Posillipo** an. Er verdankt seinen Namen einer Römervilla, die von ihrem Eigentümer elegisch *Pausilypon*, „Villa Sorgenfrei", getauft wurde. Wegen der vielen Spuren aus der Antike wurde der „Posillip" im 18. und 19. Jh. nachgerade zur Chiffre für die Italien- und Antikensehnsucht der prominenten Reisenden der Grand Tour. Ob sich jedoch das viel gepriesene **Grab des Vergil** *(Tomba di Virgilio)* tatsächlich hier oben befindet, ist mehr als zweifelhaft. Vom Jachthafen bzw. Regionalbahnhof **Mergellina** führt eine schmale Zufahrt zur vermeintlichen Ruhestätte des Dichters (Mitte Okt. bis Mitte April tägl. außer Di 10–14.50 Uhr, sonst 9–19 Uhr). Stadtauswärts fällt der Hügel zum Capo Posillipo und zur Insel Nisida am Übergang zum Golf von Pozzuoli ab. Ziemlich weit weg von Neapel wähnt man sich auch im kleinen Fischerdorf **Marechiaro** mit seinem kleinen Naturhafen sowie einer Handvoll einfacher Restaurants.

In die Gegenrichtung blickt man vom Vomero auf den dritten Stadthügel mit dem ehemals königlichen Jagdschloss **Capodimonte.** Der Bauboom im 20. Jh. überrollte diesen Hügel und verschlang die bourbonischen Jagdgründe. Einzig der Park hinter dem Schloss zeugt noch vom einstigen Idyll. Heute beherbergt das Schloss die bedeutendste Gemäldegalerie Süditaliens. Zwischen Capodimonte und Vomero breitet sich der faszinierende Bezirk **Sanità** aus. Nirgends ist Neapel so neapolitanisch wie in diesem vernachlässigten Wohnviertel, das Ortsfremde häufig schon nach kurzer Zeit wie den guten Freund von nebenan willkommen heißt. Wo einst frühchristliche Friedhöfe lagen, schlägt heute das spirituelle Herz Neapels. Mit dem Cimitero delle Fontanelle befindet sich in der Sanità noch heute eine bedeutende Stätte des **neapolitanischen Totenkults** (→ Kasten, S. 26). Das atmosphärisch reiche Quartier lag in der Antike außerhalb der griechischen *Neapolis* und beherbergt überdies einige sehenswerte Katakomben. Sie belegen, dass zu jener Zeit stets die Toten vor den Toren der Stadt bestattet wurden. Dass heute die Attraktionen des Stadtviertels zugänglich sind und sich Ortsfremde hier sicher bewegen können, ist zu einem großen Teil der privaten Stiftung *L'Altra Napoli* ("Das andere Neapel") Ernesto Albaneses zu verdanken. Der in der Sanità geborene und heute in Rom lebende Impressario setzte sich für die sozial benachteiligten Heran-

wachsenden ein und gab ihnen in der Tourismusbranche eine Perspektive – das Privatquartier im Kloster an der **Basilica di Santa Maria della Sanità** (→ Übernachten, S. 65) ist ebenfalls das Resultat eines Stiftungsprojekts!

Galleria Nazionale Capodimonte

Als König Karl VII. von Bourbon das Kunststück gelang, den Löwenanteil der berühmten **Farnesischen Sammlungen** zu erben, betraute er 1738 den Architekten Giovanni Medrano mit dem Bau eines Schlosses, das künftig Teile der Sammlung beherbergen sollte. Medrano hatte zuvor bereits an der Errichtung des Teatro San Carlo mitgewirkt. Seit 1957 ist das Schloss Capodimonte ein Museum, das mit ca. 150.000 Besuchern jährlich zu den bedeutenden Attraktionen der Stadt zählt. Die erwähnte Sammlung Farnese nimmt 30 Räume im 1. Obergeschoss ein, zu ihr gehören berühmte Meisterwerke bildender Kunst wie z. B. Giorgio Vasaris „Allegorie der Gerechtigkeit", Raffaels Porträt des Kardinals Farnese oder Tizians „Danaä" (weitere Gemälde aus der bekannten Serie des Malers hängen im Prado sowie im Kunsthistorischen Museum Wien). Im gleichen Stockwerk befinden sich zudem die Prunkräume der Beletage mit Lüstern, Antiquitäten sowie zahlreichen historischen Gemälden. Etwas weniger prunkvoll und hochkarätig bestückt nimmt sich das 2. Obergeschoss aus. Die 40 Räume präsentieren Gobelins, Ölgemälde, Altarbilder u. v. m. aus unterschiedlichen Epochen vom Mittelalter bis ins 18. Jh. Sie stammen aus dem Bestand der Galleria Napolitana, der ehemaligen Gemäldesammlung der Bourbonen. Das 3. Obergeschoss wiederum widmet sich **Werken zeitgenössischer Kunst.** Ein Highlight hier ist u. a. das Pop-Art-Gemälde von Andy Warhol mit dem feuerspeienden Vesuv. Weitere Künstler der Moderne sind Joseph Beuys, Mimmo Paladino, Sig-

Eindrucksvoller Friedhof unter Tage: Die Katakomben des Hl. Januarius

mar Polke und Hermann Nitsch. Dem letztgenannten österreichischen Aktionskünstler und schrillen Provokateur ist übrigens in Neapel noch ein eigenes Museum gewidmet (www.museo nitsch.org)!

■ Tägl. außer Mi 8.30–19.30 (1. Stockwerk), 9.30–17 Uhr (2./3. Stockwerk). 12 €, erm. 6 €, unter 18 J. frei. Via Miano 2 (Stadtbus ab Piazza Dante und mit Hop-On-Hop-Off-Bus von der Piazza Municipio), www.museocapodimonte. beniculturali.it.

Catacombe San Gennaro

Der Zugang zu dieser beeindruckenden Welt unter Tage befindet sich etwas unterhalb der monumentalen Kuppelbasilika unweit des Schlosses Capodimonte. Im 2. Jh. n. Chr. befand sich hier lediglich die Grabstelle eines römischen Ehepaars. Die Ausweitung des Areals begann im 4. Jh., als hier die sterblichen Reste des sechsten Bischofs von Neapel Agrippinus beigesetzt wurden. Aufgrund diverser kolportierter Wundertaten wurde der Stadtpatron von der Kurie später heiliggesprochen. Als

obendrein auch noch die verehrten Knochen des San Gennaro hierher überführt wurden, nahm der Zustrom der Pilger fortwährend zu. Das unterirdische Areal wurde auf zwei Etagen ausgebaut und umfasste nun eine Gesamtfläche von 5000 m². Der allmähliche Verfall des Höhlenheiligtums begann nach dem Diebstahl der Reliquien des für Neapel so wichtigen Patrons (→ Kasten, S. 35).

■ Stdl. Führungen (engl./ital.) Mo–Sa 10–17, So bis 13 Uhr. Kombiticket mit Catacombe San Gaudioso (→ unten) 9 €, erm. ab 5 €. Via Capodimonte 13, www.catacombedinapoli.it.

Cimitero delle Fontanelle

Der nur zu Fuß erreichbare Friedhof im Stadtteil Sanità ist nichts für Zartbesaitete. Die monumentale Grotte aus Tuffstein entpuppt sich als ein Beinhaus aus dem 16. Jh., in dem sich Schädel und Knochen stapeln. Als die verheerende Pestepidemie 1665 über die Hälfte der neapolitanischen Bevölkerung dahinraffte, wurde die Friedhofshöhle aus der Not heraus zum Massengrab. In der Folge ließen eine Hungersnot und eine Choleraepidemie die Zahl der anonym hier Bestatteten weiter anwachsen. Bis ins letzte Drittel des 20. Jh. hinein fungierte der Friedhof als Epizentrum des hiesigen **Totenkults** (→ Kasten, S. 26). Zahlreiche Spuren der christlich-heidnischen Frömmigkeit – z. B. geschmückte Holzkästchen mit Schädeln „adoptierter" Seelen – sind bis heute zu sehen. Der Name *Fontanelle* verweist im Übrigen auf den einstigen Quellenreichtum der Gegend!

▪ Tägl. 10–17 Uhr. Eintritt frei. Führungen nach telefonischer Vereinbarung über die Kooperative Insolitaguida (kostenpflichtig). Via Fontanelle 80, ☏ 338-9652288, www.cimiterofontanelle.com.

Catacombe San Gaudioso

Der bedeutendste Friedhof Neapels aus frühchristlicher Zeit befindet sich unter der Basilika Santa Maria dell Sanità im Herzen des Viertels Sanità. Angeblich lebte im 5. Jh. n. Chr. der gebürtig aus Nordafrika stammende hl. Gaudiosus in den vermutlich auf griechisch-römi-

sche Zeit zurückgehenden Katakomben, wo er nach seinem Tod bestattet wurde. Nachdem die Katakomben im Mittelalter der Vergessenheit anheimgefallen waren, wurden sie im Zuge der Stadtexpansion über die Grenzen der Stadtmauern Neapels hinaus im 16. Jh. wiederentdeckt. Wie der Cimitero delle Fontanelle (→ S. 53 f.) dienten die Katakomben im Zeitalter diverser Katastrophen später als Massengrab. Nur ein Teil der großen unterirdischen Stadt ist heute im Rahmen einer Führung zugänglich. Der Rundgang beginnt und endet in der auch ohne Katakombenbesuch überaus interessanten Kirche.

▪ Stdl. Führungen (engl./ital.) tägl. 10–13 Uhr. Kombiticket mit Catacombe San Gennaro (→ oben) 9 €, erm. ab 5 €. Piazza Sanità 14, www.catacombedinapoli.it.

Palazzo Spagnolo

Bester Ausgangspunkt für einen Rundgang durch das Stadtviertel Sanità sind die Piazza Cavour und das Archäologische Nationalmuseum. Das erste Ge-

Spanische Baukunst in Neapel: der Palazzo Spagnolo

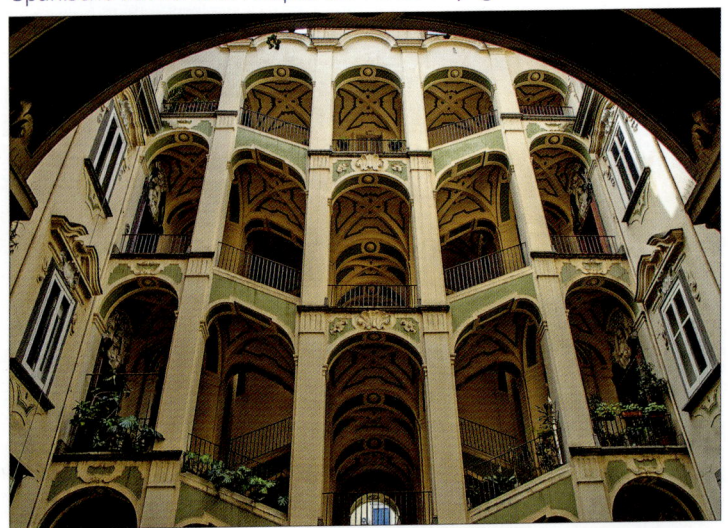

Prachtblick vom Belvedere der Certosa di San Martino

bäude von Rang, auf das die Tour trifft, ist der „Spanische Palast" aus dem Jahr 1738 in der Via Vergini 19. Vom frei zugänglichen Hof fällt der Blick auf ein monumentales Doppeltreppenhaus, das für die zivile Barockarchitektur in Neapel typisch ist. Beispiele findet man auch andernorts im Stadtzentrum, doch nirgendwo sonst in solch ästhetischer Vollendung!

Castel Sant'Elmo

Bevor im 14. Jh. Robert von Anjou die Spitze des Vormero-Hügels befestigte, befand sich an dieser Stelle eine Kapelle, die dem hl. Erasmus geweiht war. Der Volksmund wandelte in der Folge den Namen des Heiligen zu *Elmo* ab. Während der Masaniello-Revolte (→ Geschichte, S. 337) verschanzte sich hier der Vizekönig und wartete die Niederschlagung des Aufstands ab. Heute bietet die sternförmig angelegte Festung mit ihren Bastionen den vielleicht schönsten Rundblick auf Neapel. Außerdem beherbergt das Kastell das **Museo del Napoli Novecento** mit Ge-

mälden und Skulpturen unterschiedlicher Stilrichtungen des 20. Jh.

■ Tägl. 8.30–18.30 (Kastell), tägl. außer Di 9.30–17 Uhr (Museum). 5 €, erm. 2,50 €. Via Tito Angelini 22 (10 Min. von der Funiculare-Bergstation Morghen).

Certosa di San Martino

Einen schönen Ausblick auf Neapel vor dem Hintergrund des Vesuvs bietet sich vom Belvedere der Kartause. Einst, als hier noch Kartäusermönche wohnten, gebührte dieses Privileg dem Prior, heute sind die Panorama-Terrassen allen zugänglich, die am Eingang ein Ticket für das **Museo Nazionale di San Martino** gelöst haben. Der Komplex aus dem 14. Jh. profitierte vom Schutz durch das benachbarte Kastell (→ oben), erfuhr im Zuge der Gegenreformation ab 1589 eine umfangreiche Generalüberholung und Erweiterung im barocken Geschmack der Zeit und wurde schließlich anlässlich des Heiligen Jahres 2000 grundlegend saniert. Für die Besichtigung der Anlage mit ihren zahlreichen Kunstschätzen sollte man genügend Zeit einplanen. Vom lang gestreckten ersten Hof gelangt man zunächst in die Klosterkirche, die mit Kunstwerken des 17. Jh. prachtvoll dekoriert ist. Für die Anfertigung der Gemälde wurde die damalige Crème de la Crème der Barockmeister betraut (u. a. Battistello Caracciolo und Guido Reni). Vom Parlatorium bzw. von der Sakristei gelangt man anschließend in den weitläufigen Kreuzgang. Das kulturhistorische Museum mit seinen teils hochkarätigen Exponaten – u. a. einer wertvollen Krippenpräsentation – ist wiederum vom ersten Hof erreichbar. Die Museumsräume öffnen sich auf der anderen Seite schließlich zur eingangs erwähnten Aussichtsplattform.

■ Tägl. außer Mi 8.30–19.30 (letzter Einlass 18.30 Uhr). 6 €, erm. 3 €. Largo San Martino 5 (15 Min. von der Funiculare-Bergstation Morghen).

Villa Floridiana (Museo Duca di Martina)

Die Villa im neoklassizistischen Stil auf dem Vomero-Hügel ist von einem englischen Landschaftspark umgeben und blickt auf den Golf von Neapel. Sie beherbergt ein hochkarätig bestücktes Porzellan- und Keramikmuseum. Die rund 200 Exponate stammen aus unterschiedlichen Ländern, eine große Abteilung widmet sich dem Porzellan aus Ostasien. Holzintarsienmöbel und andere Antiquitäten runden den Sammlungsbestand ab.

■ **Park:** April bis Okt. tägl. 8.30–19, Nov. bis März 8.30–17 Uhr. Eintritt frei. **Museum:** Tägl. außer Di 8.30–17 Uhr (letzter Einlass 16.15 Uhr). 4 €, erm. 2 €. Via Cimarosa 77 (10 Min. von den Funiculare-Bergstationen Fuga und Cimarosa).

Parco Archeologico di Posillipo

Die Villa des begüterten Römers Publius Vedius Pollio aus dem 1. Jh. v. Chr. **(Villa Pausilypon)** gehört trotz der nicht einfachen Erreichbarkeit zu den lohnenswerten Zielen am Posillipo-Hügel. Einen Paukenschlag landet gleich zu Beginn ein 770 m langer Zugangstunnel – die **Grotta di Seiano.** Er bildet den einzigen Zugang zum antiken Areal, das auf diese Weise entrückt den Golf von Neapel überblickt. Neben Grundmauern von Wohnhäusern sind Reste eines Theaters zu begutachten, das einmal rund 2000 Zuschauer fasste. Nach seinem Tod vererbte der Eigentümer die Villa „Sorgenfrei" dem Kaiser Augustus. Heute ist der Landschaftspark ein integraler Bestandteil des **Parco Sommerso di Gaiola,** der die Küste unterhalb der Villa unter gesonderten Schutz stellt. Das Küstenschutzgebiet umfasst auch die Unterwasserfauna und -flora, zudem fand man Spuren römischer Hafenanlagen am Meeresgrund. Ein Besucherzentrum organisiert Bootstouren und Schnorchelexkursionen (→ Aktivitäten, S. 62).

■ Zugang im Rahmen einer Führung nach Voranmeldung (1:30 Std.). Di–Fr 12, So 10, 11 und

Grotta di Seiano: antike Ingenieurskunst vom Feinsten

12 Uhr. 6 €, erm. 3,50 €. Unbedingt den Personalausweis mitbringen! Discesa Coroglio 36 (ANM-Bus C 1 vom Bhf. Campi Flegrei), ☎ 328-5947790, www.gaiola.org.

Città della Scienza

Das verwahrloste Industrierevier am Rand der Bucht von Pozzuoli wäre normalerweise keinerlei Erwähnung wert – gäbe es da nicht das Science Center, das auf die Zielgruppe Familie mit Kindern zugeschnitten ist. Ausstellungen und interaktive Mitmachstationen regen an, über die Themen Meeresbiologie, Klimawandel, Licht, technische Innovationen *made in Italy* sowie die menschliche Anatomie nachzudenken. Ein Planetarium, Events und ein ohne Ticket zugängliches Café-Restaurant runden das Angebot ab.

■ Mo–Sa 9–17, So 10–18 Uhr. 10 €, erm. 7 € (Science Center), 5 € (Planetarium). Via Coroglio 57–104 (Bus 607 oder C 1 vom Bhf. Campi Flegrei), www.cittadellascienza.it.

Archäologisches Nationalmuseum

Antikes Medusenhaupt als Mosaik

Der wuchtige Palazzo am Rande der Altstadt wurde 1585 vom spanischen Vizekönig als Reiterkaserne geplant und diente in der Folge zunächst als Internat der Universität Neapel *(Palazzo degli Studi)*. Ende des 18. Jh. betrauten die Bourbonen Ferdinando Fuga mit dem Umbau des Gebäudes zum Universalmuseum.

Heute beherbergt der Palazzo eine der bestbestückten Antikensammlungen der Welt und ist deshalb eine Pflichtanlaufstelle kulturinteressierter Reisender. Wer die Skulpturen, Mosaike und anderen Exponate, die auf einer Fläche von über 12.000 m² präsentiert werden, in gebotener Tiefe betrachten möchte, sollte für den Besuch einen kompletten Tag einplanen! Der gezeigte Bestand speist sich aus zwei historischen Sammlungen: zum einen der **Sammlung Farnese** im Erdgeschoss, zum anderen den Funden aus den bekannten Ausgrabungsstätten **Pompeji und Herculaneum,** die im Obergeschoss präsentiert werden. Beide Etagen sind durch eine doppelläufige Treppenhausempore *(Scalone monumentale)* miteinander verbunden. Ebenfalls vom Treppenhaus zugänglich ist das Zwischengeschoss mit den römischen Mosaiken. Außerdem befinden sich hier Exponate aus dem sog. **Geheimkabinett** *(Gabinetto segreto)*: Mosaike, Fresken und Figuren mit erotischen Darstellungen, die überwiegend aus Pompeji stammen.

Sammlung Farnese: Den Sammlungsbestand, der im Kern über 400 antike Skulpturen umfasste, trug die römische Adelsfamilie Farnese seit dem 16. Jh. zusammen. Nach dem Aussterben der

Detail aus der Alexanderschlacht im Archäologisches Nationalmuseum

männlichen Erblinie fiel ein großer Teil der damals schon weltberühmten Sammlung ans Königreich Neapel, wo sie zunächst im Schloss Capodimonte Aufnahme fand. Dass die Stadt am Golf seit dem 18. Jh. zum Ziel zahlreicher Bildungsreisender wurde, verdankte sie u. a. auch dem exzellenten Ruf der Kunstwerke. Zu den bekanntesten Monumentskulpturen zählen der **Farnesische Herkules** sowie der **Farnesische Stier.** Beide stammen aus den Caracalla-Thermen in Rom, wurden Mitte des 16. Jh. bei Ausgrabungen entdeckt und der Farnesischen Sammlung einverleibt. Als Hingucker erweist sich ferner die Statue der **Venus Kallipygos,** die kokett über die Schulter ihren wohlgeformten Allerwertesten einer eingehenden Betrachtung unterzieht.

Römische Mosaikabteilung/Gabinetto Segreto: Bevor die besten in Pompeji und Herculaneum zutage geförderten Schätze 1822 nach Neapel wanderten, wurden sie unweit von Herculaneum auf dem königlichen Landsitz in Portici *(Reggia di Portici)* der staunenden

Weltöffentlichkeit präsentiert. Allerdings längst nicht alle, denn die pompejanischen Statuen, Malereien, Mosaiken und diversen Alltagsaccessoires mit eindeutig erotischen sowie obszönen Motiven trieben den gestrengen moralischen Sittenwächtern des 18. und 19. Jh. die Schamesröte ins Gesicht. Betreffende Erotika betrachtete man daher als Verschlusssache und steckte sie ins Geheimkabinett, wo sie ausschließlich jene zu sehen bekamen, deren „sittliche Eignung" unzweifelhaft war. Inzwischen steht das Kabinett allen Besuchern offen; zu den bekanntesten und meistabgebildeten Darstellungen zählt der **Hirtengott Pan,** der ungeniert mit einer Ziege kopuliert. Auch die angrenzende Abteilung römischer Mosaike bietet etliche Highlights, u. a. natürlich das großartige Mosaik der **Alexanderschlacht** (→ Foto, s. oben). Es stammt aus dem Haus des Fauns in Pompeji.

Antikenfunde aus den Großgrabungen (Fresken, Vasen, Bronzen): Das 1. Obergeschoss bietet eine Fülle wertvoller Gegenstände aus griechischer und rö-

mischer Zeit, allen voran die Prunk-
stücke aus der legendären **Villa dei
Papiri** in Herculaneum. Ihre Erforschung seit der Mitte des 18. Jh. löste
einen ungeahnten Hype des europäischen Bildungsbürgertums aus, denn
etwa 1800 verkohlte Schriftrollen, die
man in der Villa fand, riefen die Sehn-
sucht der Aufklärung wieder wach,
endlich einer antiken Bibliothek teil-
haftig zu werden. Leider erfüllte sich
der Wunsch nicht, die Villa selbst ist
mittlerweile nicht mehr zugänglich.
Einen Schwerpunkt bilden darüber hinaus römische Fresken, u. a. wunderbare Darstellungen vom **Isis-Tempel** in
Pompeji. Wer dann noch nicht genug
hat, widmet sich der antiken Klein-
kunst in Vitrinen: hochwertige Keramik, Münzen, ziselierter Silber- und
Goldschmuck oder Vasen, deren Au-
ßenflächen mit Farbschichten aus
Schmuckstein relieffartig verziert sind.
Diese **Kameo-Technik** wird noch heute
von Kunsthandwerkern aus Torre del
Greco unterhalb des Vesuvs praktiziert
(→ Einkaufen, S. 63).

■ Tägl. außer Di 9–17.30 Uhr. 15 €, erm. 13 €,
unter 18 J. frei. Aufgrund des Andrangs empfiehlt es sich, Eintrittstickets über die Muse-
umshomepage zu reservieren! Piazza Museo 19,
www.museoarcheologiconapoli.it.

Giambattista Vico (1668–1744) und die Biblioteca Girolamini

Manchmal ist die Erwähnung einer Sehenswürdigkeit auch dann
erhellend, wenn es streng genommen nichts zu besichtigen gibt.
In diesem Fall geht es um eine Bibliothek, die zweitälteste Italiens,
die sich nur einen Steinwurf weit vom Dom entfernt befindet. Allerdings weist kein Wegweiser auf dieses Kleinod der bibliophilen
Kultur hin, das 1586 von Mönchen aus dem Orden der Oratorianer
ins Leben gerufen wurde. Den klerikalen Büchersammlern ist es
zu verdanken, dass die heiligen Hallen wertvolle Erstdrucke u. a.
von Galileo, Kopernikus und Kepler enthalten. Zu den Beständen
zählt auch der Nachlass des italienischen Philosophen Benedetto
Croce. Ein Grund für die überaus vorbildliche Bestückung der Institution lag v. a. am Engagement des Humanisten Giambattista
Vico. Der Verfasser der *Scienza Nuova* („Prinzipien einer Neuen
Wissenschaft über die gemeinsame Natur der Völker") wohnte
praktischerweise gleich nebenan und kümmerte sich mit Verve
und Leidenschaft ums Büchermekka.

Im 21. Jh. wurden die hehren Hallen zum Schauplatz eines Schur-
kenstücks, das am Ende fast nur Verlierer kannte: Der inzwischen
verurteilte vormalige Bibliotheksdirektor Marino Massimo De Caro hatte sich nämlich 2011/12 systematisch an den Beständen ver-
griffen und viele der wertvollen Exponate gewinnbringend verhö-
kert. Pikant war überdies, dass De Caro als Duzfreund und Zögling
des Berlusconi-Vertrauten Marcello dell'Utri gilt, dem wiederum
gute Verbindungen zum organisierten Verbrechen nachgesagt werden. Die Bibliotheksbestände sind gegenwärtig von der Staatsan-
waltschaft konfisziert und können daher nicht besichtigt werden.

Neapel → Karte S. 24

Basis-Infos

Information Das **Infobüro** befindet sich an der Piazza Gesù Nuovo in der Altstadt. Mo–Sa 9.30–17, So bis 13 Uhr. ☏ 081-5512701, www. visitnaples.eu.

Weitere **Infopoints** gibt es am Airport in der Ankunftshalle, im FS-Bahnhof Napoli Centrale (Nähe Gleis 24), im Maschio Angioino (Castel Nuovo) sowie vor dem Archäologischen Nationalmuseum.

Neapel-App. Praktische Informationen zum Stadtbesuch, einen interaktiven Stadtplan und einen ÖPNV-Verbindungsrechner liefert der „Naples Pass" (ital./engl.). Die App ist zwar nicht kostenlos, enthält jedoch zahlreiche Ermäßigungen sowie kostenlose Eintritte. Basisversion für 3 Tage 19 €, Luxusversion mit freier Fahrt im städt. ÖPNV und freiem Eintritt in Museen 42 €. Die App gibt es für Android und

iOS. Information im Internet unter www. naplespass.eu.

„Gira Napoli" von Lumilab ist eine nützliche **ÖPNV-App** für Neapel – für Android, iOS und Windows.

Gepäckaufbewahrung Im Airport (1. OG des Abflugterminals) und im Hauptbahnhof (Napoli centrale).

Ärztliche Versorgung **Pronto Soccorso (Krankenwagen/Erste Hilfe):** ☏ 118 oder ☏ 081-7528282.

Ospedale Cardarelli. Das Krankenhaus befindet sich außerhalb des Stadtzentrums und ist u. a. mit der Metrolinie 1 erreichbar (Haltestelle Policlinico). Via Antonio Cardarelli 9, ☏ 081-7471111, www.ospedalecardarelli.it.

Anreise

Pkw. Vierspurig ausgebaute Zubringer verbinden die Autobahn A 1 (von/nach Rom) bzw. A 3 (von/nach Salerno) mit dem Stadtzentrum. Die „Tangenziale" ist die Stadtautobahn (Maut durch Münzeinwurf), die vom Flughafen in westlicher Richtung zu den Phlegräischen Feldern führt.

Flugzeug. Busse und Taxis verbinden den Internationalen Flughafen Capodichino mit dem Zentrum von Neapel (→ S. 345). Die Metro vom Airport ins Zentrum verkehrt frühestens ab 2022.

Bahn. Die meisten Fernzüge aus Rom oder Reggio di Calabria steuern den Hauptbahnhof

Napoli Centrale an (→ Unterwegs in Neapel), einige wenige Regionalzüge halten auch an den Bahnhöfen Mergellina und Montesanto.

Schiff. Kreuzfahrtschiffe legen an der zentralen Stazione Marittima an. Am benachbarten Porto di Massa starten und enden die Autofähren *(traghetti)* nach Sardinien, Sizilien, Ischia, Procida, Capri und Sorrent. Am Molo Beverello legen Schnellboote *(aliscafi)* nach Procida, Ischia, Capri und Sorrent an. Auch von Mergellina starten und enden Schnellboote *(aliscafi)* nach Ischia, Capri und Sorrent. Die **Ticketschalter** befinden sich an den Anlegestellen.

Unterwegs in Neapel

Infos/Tickets Informationen zum Nahverkehr liefern die Internetseite der Azienda Napoletana Mobilità unter www.anm.it sowie die Gratis-App „Gira Napoli".

Tickets Sie werden am Schalter oder Automaten gelöst und vor Fahrtantritt entwertet. Die Billets erlauben die Fahrt mit verschiedenen Verkehrsmitteln, z. B. Metrolinie 1, Bus und Funiculare. Für Vorortbahnen und FS-Züge müssen Extratickets gelöst werden. Die einfache Fahrt im Stadtgebiet kostet 1,10 €, ein Tagesticket 3,50 €, das Wochenticket 12,50 €.

Bus/Tram **Bus.** Das dichte Busnetz ist alles andere als leicht zu durchschauen, in vielen Fällen helfen jedoch die Beschriftungen außen. Wichtige und günstig gelegene Halte- und Umsteigepunkte sind die Piazza Garibaldi (Stazione Centrale) und die Piazza Dante. Eine Übersicht der Buslinien finden Sie im Internet unter www.anm.it.

Capo Posillipo. Die Buslinie 140 verbindet Mergellina mit abgelegenen Zielen an der Küste westlich von Neapel.

Tram. Die Straßenbahnlinie 1 verbindet den Hauptbahnhof mit dem Hafen und dem Teatro

Metroplan Neapel

San Carlo. Vor Taschendieben wird auf dieser Strecke allerdings gewarnt!

Funiculare Vier Standseilbahnen verbinden die tiefer gelegenen Gefilde mit den Hügeln, allein drei führen auf den Vomero hinauf, die vierte verbindet Mergellina mit dem Posillipo. In mehrfacher Hinsicht verkehrsstrategisch günstig ist die **Funiculare Centrale** von der Via Toledo auf die Spitze des Vomero-Hügels. Der gewöhnliche ÖPNV-Fahrschein ist auch für die Standseilbahnen gültig.

Metro Linie 1. Es handelt sich bislang um die einzige effizient nutzbare Linie. Sie verbindet die Piazza Garibaldi mit der nördlichen Stadtperipherie und soll frühestens 2022 bis zum Airport weitergeführt werden. Bemerkenswert im Stadtzentrum sind die künstlerisch hochwertig gestalteten Haltestellen (→ S. 45 f.).

Bahn Napoli Centrale. Am Hauptbahnhof (FS) starten und enden die meisten Fern- und Regionalzüge. Umstieg in die Metro (Linie 1), in die Circumvesuviana (z. B. nach Sorrent) und in die Busse zum Flughafen vom Bahnhofsvorplatz (Piazza Garibaldi).

Regionalbahnhöfe. Einige Regionalzüge (u. a. nach Caserta oder Salerno) halten zudem in den Bahnhöfen Montesanto und Mergellina.

Vorortbahnen Circumvesuviana. Züge in Richtung Vesuv, Pompeji und Sorrent beginnen an der Porta Nolana und halten im Tiefgeschoss des FS-Bahnhofs. Für die meisten Reisenden dürfte die Linie nach Sorrent von Interesse sein, denn auf ihr befinden sich wichtige Ziele wie Ercolano und Pompei.

Circumflegrea. Die Züge verbinden den Regionalbahnhof Montesanto mit Ortschaften im Einzugsbereich der Phlegräischen Felder.

Linea Cumana. Startpunkt der Züge ist ebenfalls der Regionalbahnhof Montesanto, Ziel ist die Gegend rund um Bacoli und Capo Miseno. Günstig gelegene Haltestelle in Pozzuoli in der Nähe des Fährterminals nach Ischia und Procida.

Linie 2. Bei der Linie, die den FS-Bahnhof mit Pozzuoli verbindet, handelt es sich um eine Bahnstrecke, die zwischen Neapel und Pozzuoli zur Metro umdefiniert wurde. Sie wird daher folgerichtig von der staatlichen Eisenbahngesellschaft Trenitalia betrieben. Am Hauptbahnhof fahren die Züge von den tiefer gelegten Gleisen 1 und 4 ab.

Linie 6. Diese Linie befindet sich noch im Bau und soll zukünftig Mergellina mit dem Stadio San Paolo, Spielstätte des SSC Neapel, und in der Gegenrichtung mit der Piazza Municipio (Umstieg zur Linie 1) verbinden. Der Eröffnungstermin stand zum Zeitpunkt der letzten Recherche 2019 noch nicht fest, erfolgt jedoch frühestens 2020.

Pkw Der **Verkehr** ist gewöhnungsbedürftig und Parkplätze sind chronisch knapp. Daher sollte man das Autofahren in Neapel möglichst vermeiden. Alternative: Das Fahrzeug am Flughafenparkplatz (P 1) abstellen und mit dem Bus (5 €) ins Zentrum fahren.

Parken im Zentrum. Die blau gekennzeichneten Parkplätze sind zumeist gebührenpflichtig (Parkscheinautomaten). Gebührenpflichtiger Zeitraum i. d. R. 8–24 Uhr. 2,50 €/Std. Parkhäuser in Neapel ähneln eher winzigen Parkgaragen, häufiger gibt es sie zwischen Hauptbahnhof (Piazza Garibaldi) und Porta Capuana. Relativ gut vom Lungomare Caracciolo aus erreichbar ist das Parkhaus Quick Morelli. 24 Std. offen, 4–5 €/Std. (Via Domenico Morelli 40, www.quickparking.it).

Taxi ✆ 081-8888, www.taxinapoli.it. Preise nach Taxameter, Aufschläge für Fahrten in der Nacht und großes Gepäck. Taxistände befinden sich u. a. am Airport, am FS-Bahnhof (Piazza Garibaldi), an der Piazza Dante und am Castel dell'Ovo.

Mietfahrzeuge Pkw. Um den Stadtverkehr zu vermeiden, sind die Autovermietungen am Flughafen vorzuziehen (→ S. 345). Die Counter der einschlägigen Verleihfirmen befinden sich aus Platzgründen nicht in der Ankunftshalle, sondern außerhalb (10 Min. Fußweg, kostenloser Shuttlebus).

Fahrräder. E-Bikes für 5 €/Std. oder 20 € am Tag verleiht die Firma Neapoli Solare in der Nähe der Piazza del Gesù Nuovo. Auch geführte Stadttouren mit dem Fahrrad. Via Domenico Capitelli 31, ✆ 081-0127430, www.neapolisolare.it.

Aktivitäten

Fahrrad Der einzige ausgewiesene **Radweg** in Neapel führt am Lungomare entlang und verbindet die Piazza del Plebiscito mit dem Hafen Mergellina. Wer möchte, kann oberhalb der Küste zum Fischerdorf Marechiaro oder zum Parco Virgiliano weiterradeln (→ Mietfahrzeuge, oben).

Biketour Naples. Das junge Unternehmen organisiert Stadttouren sowie Ausflüge an die Küste westlich von Neapel mit dem Drahtesel. Auch Kajak-Touren entlang der Küste unterhalb des Posillipo-Stadthügels. ✆ 335-1525480, www.biketournapoli.com.

Sightseeing Hop On-Hop Off. Die offenen roten Busse fahren das ganze Jahr über auf zwei Linien durch die Stadt, man kann für eine Besichtigung aussteigen und danach mit dem nächsten Bus weiterfahren. Auch Shuttlebusse nach Caserta und Pompeji. Zentrale Abfahrtsstelle am Teatro San Carlo. 23 €, erm. 11,50 €. Das Ticket ist 24 Std. gültig. ✆ 335-7803812, www.napoli.city-sightseeing.it.

Sprachschule Centro Italiano. Die renommierte Sprachschule hat ihren Sitz in der Nähe der Universität. Italienischkurse für alle Leistungsstufen, auch Business-Italienisch und verschiedene kulturelle Aktivitäten. Vermittlung von Quartieren für Studierende. Vicolo Santa Maria dell' Aiuto 17, ✆ 081-5524331, www.centroitaliano.it.

Wassersport Parco Sommerso di Gaiola. Nicht weit von der Villa Pausilypon (→ S. 56) bietet das Besucherzentrum des Unterwasser-Küstenschutzgebietes **Bootstouren** an. Der Glasboden erlaubt einen Blick auf die Küstenflora und -fauna und auf die archäologischen Relikte am Meeresboden. Wer einen Tauchschein besitzt, kann zudem Tauchgänge unternehmen, auch **Schnorcheln** ist im Angebot. Interessenten melden sich im Centro Visite. Besser vorher anrufen! April bis Sept. tägl. 10–16 Uhr, Okt. tägl. außer Mo 10–14 Uhr, Nov. bis März Di, Do und Sa 10–14 Uhr. Discesa Gaiola (keine Zufahrt mit öffentlichen Verkehrsmitteln), ✆ 081-2403235, www.areamarinaprotettagaiola.it.

Einkaufen

Einkaufsstraßen Die Via San Gregorio Armeno ist das Bermudadreieck der **Krippenkunst** (→ S. 39 f.). In der Via Santa Maria di Costantinopoli wiederum sind Restauratoren und Antiquare zu Hause. Bücher kauft man am besten in der Via Port'Alba und an der Piazza Dante. Die Via Toledo und das Viertel Chiaia eignen sich ebenfalls für eine Shoppingtour.

Gediegen geht es auf der Via Chiaia zwischen Via Toledo und dem Rione Chiaia zu. Im Viertel Chiaia wiederum sind die einschlägigen **internationalen Marken** vertreten. Schick präsentiert sich die Via Carlo Poerio nebst Querstraßen – mit edlen Boutiquen, Galerien und Antiquitätengeschäften.

Einkaufstempel: Galleria Umberto I

Besondere Gechäfte Feltrinelli. Größte Buchhandlung der Stadt und in ganz Italien vertretene Kette. Auch Musik, wenige Wanderkarten sowie fremdsprachige Literatur. Im gemütlichen Lesecafé werden kleine Snacks serviert. Mo–Fr 9–21 Uhr, Sa bis 22, So 10–14 und 16–22 Uhr. Via Santa Caterina (Via Chiaia 23), ☎ 029-194 7777, www.lafeltrinelli.it.

Gerolomini Gallery. Das Zentrum des seit der Antike praktizierten Kameo-Kunsthandwerks (→ S. 59) befindet sich zwischen Dom und Krippengasse (ein weiteres Kameo-Geschäft liegt auf dem Vomero-Hügel Nähe Castel Sant'Elmo). Bildschöne und auch erschwingliche Schmuckstücke, der Herstellungsprozess wird auf Nachfrage erläutert. Via Tribunali 116, ☎ 081-0332576, www.gerolominigallery.it.

Libreria Neapolis. Die winzige, edel bestückte Buchhandlung von Annamaria Cirillo ist eine Institution in Neapel. Ausnahmsweise befindet sie sich nicht in der Büchergasse, sondern in der Krippengasse. Via San Gregorio Armeno 4, ☎ 081-5514337, www.librerianeapolis.it.

Giuseppe e Marco Ferrigno. Hinter dem Familiennamen steckt eine ganze Dynastie von Krippenbaumeistern, eine echte Institution in Neapels berühmter Krippengasse (seit 1836). Im bunt dekorierten Geschäft befindet sich auch ein kleiner Vorführtisch. Via San Gregorio Armeno 8, ☎ 081-5523148, www.arteferrigno.com.

M. Cilento & Fratello. Die Familienschneiderei (seit 1780) war schon in bourbonischer Zeit ein angesehener Betrieb. Heute präsentiert sich die Boutique beinahe schon als Museum. Die Kernkompetenz sind edle, handgenähte Krawatten, es gibt jedoch auch Handtaschen, Ledergürtel, Regenschirme und Schuhe. Riviera di Chiaia 203 (neben der Villa Pignatelli), ☎ 081-5513363, www.cilento1780.it.

Wochenmärkte Mercato di Porta Nolana. Der Umgangston ist rau, der Besuch dennoch ein Erlebnis: Meeresfrüchte satt, Obst und Gemüse, auch Kleidung und Tonträger. Hinter der Porta Nolana. Mo–Sa 8–18, So bis 14 Uhr.

Mercato Borgo Sant'Antonio Abate. Einer der traditionsreichsten Straßenmärkte Neapels findet tägl. auf der 800 m langen Via Sant'Antonio Abate nördlich der Piazza Garibaldi statt. Unersprießliche Umgebung, herbe Freundlichkeit, gemischtes Sortiment.

Mercato Rione Sanità. Stimmungsvoll und mit reichlich Lokalkolorit präsentiert sich der tägl. stattfindende gemischte Markt zwischen der Metrostation Piazza Cavour und dem Palazzo Spagnolo an der Via Fuori Porta San Gennaro.

Veranstaltungen

Information Über aktuelle Veranstaltungen informieren Tageszeitungen und das Internet unter www.napolidavivere.it oder www.napoli today.it/eventi. Tickets sind u. a. in der Feltri- nelli-Buchhandlung (→ Einkaufen) oder online unter www.azzurroservice.net erhältlich. Das Magazin „Qui Napoli" enthält ebenfalls Veran- staltungstipps, dazu weitere Infos wie Öff- nungszeiten, Metro- und Schiffsfahrpläne (www.inaples.it).

Feste & Festivals Maggio dei Monumenti. Das größte kulturelle Festival bietet Veranstal- tungen und Events – mit Konzerten, Lesungen und Führungen. Das Motto wechselt jährlich, einige Sehenswürdigkeiten sind kostenlos zu- gänglich. Ende April bis Anfang Juni. www. comune.napoli.it.

Napoli Pizza Village. Für eine Woche ver- wandelt sich der Lungomare Caracciolo in ein großes Pizzadorf. Es handelt sich um eines der größten Volksfeste Süditaliens: Pizzabäcker aus vielen Ländern zeigen auf 30.000 m² ihre Künste, erwartet werden ca. 1 Mio. Besucher, Konzerte, Ausstellungen und Pizza-Backkurse runden das Programm ab. Mitte Juni. www.pizzavillage.it.

Patronatsfest San Gennaro. Das wichtige Blutwunderereignis (→ Kasten, S. 35) des nea- politanischen Patrons San Gennaro wird in der ganzen Stadt enthusiastisch gefeiert. 19. Sept.

Notte Bianca. Festlich beleuchtete Gassen und Häuser, Geschäfte haben bis zum frühen Morgen geöffnet, obendrein treten Musiker und Straßenkünstler auf. Jedes Stadtviertel hat seine eigene „Weiße Nacht", z. B. Vomero (En- de Okt.) oder Sanità (Mitte Dez.).

Silvester. Großes Festival auf der Piazza del Plebiscito mit Feuerwerk; Konzerte und Partys auf der angrenzenden Via Caracciolo. 31. Dez.

Königsloge im Teatro San Carlo

Bühnen Teatro San Carlo. Das wichtigste Opernhaus Süditaliens (→ S. 47 f.) ist ein Muss für alle Kulturinteressierten. Opern- und Kon- zertkarten sind, je nach Vorstellungslänge, ab ca. 25 € zu haben. Ticketoffice: Mo–Sa 10–21, So 10–18 Uhr. Via San Carlo 98f, ☎ 081- 7972331, www.teatrosancarlo.it.

Teatro Bellini. Die populäre Bühne zwischen Piazza Dante und Nationalmuseum steht stell- vertretend für die rund 20 Theater Neapels. Ti- cketoffice: Mo–Fr 10.30–13.30, Sa 10.30–13 Uhr. Via Conte di Ruvo 14, ☎ 081-5499688, www. teatrobellini.it.

Übernachten   → Karte S. 66/67

Empfehlenswerte Unterkünfte in Nähe des Hauptbahnhofs sind rar gesät. Wer indes mit öf- fentlichen Verkehrsmitteln Abstecher ins Hinter- land oder an die Golfküste unternimmt, wohnt andererseits hier logistisch überaus günstig. Bei Altstadtquartieren sollte man sich ggf. bei der Bu- chung nach einer Parkmöglichkeit erkundigen. Ein Campingplatz befindet sich in Pozzuoli (→ S. 78).

***** Grand Hotel Vesuvio **28** Renom- miertes Traditionshotel an der Küstenpromena- de gegenüber Castel dell'Ovo, zahlreiche Holly- woodgrößen nächtigten hier. Auch Enrico Caru- so war ein regelmäßiger Gast, nach dem welt- berühmten Tenor ist das Gourmetrestaurant benannt. 160 Zimmer und 21 Suiten, Innenpool, Dachgarten mit Aussichtsterrasse. DZ ab 290 €. Via Partenope 45, ☎ 081-7640044, www.vesuvio.it.

**** Palazzo Caracciolo **5** Komforthotel in einem Palazzo mit arkadengesäumtem Hof zwi- schen Hauptbahnhof und Nationalmuseum.

Neapel → Karte S. 24

159 Zimmer, die ruhigeren liegen zum Hof. Restaurant mit mediterraner Küche, Bar, Hotelparkplatz gegen Aufpreis. DZ ab 160 €. Via Carbonara 112, ✆ 081-0160111, www.sofitel.com.

**** Hotel Una 7 Repräsentatives Stadthotel in einem Palazzo an der Piazza Garibaldi, innen überwiegt hochwertiges modernes Design mit frischen Farben. Die Hotelkette betreibt Häuser in 14 weiteren italienischen Städten. 89 komfortable Zimmer, Restaurant, Bar und Aussichtsterrasse. DZ ab 145 €. Piazza Giuseppe Garibaldi 9/10, ✆ 081-5636901, www.gruppouna.it.

meinTipp ***** Hotel Piazza Bellini 10** Modernes, freches Design im historischen Ambiente, obendrein perfekt gelegen, ruhig und von jungen Inhabern außergewöhnlich gut geführt. Quartier in der oberen Mittelklasse, 48 Zimmer. Kein Restaurant, aber mit genügend Ausgehoptionen in der Nachbarschaft. Standard-DZ ohne Balkon ab 100 €. Via S. M. di Costantinopoli 101, ✆ 081-451732, www.hotelpiazzabellini.com.

*** Hotel Toledo 18 Günstig im Spanischen Viertel gelegenes Hotel in einem Palazzo aus dem 18. Jh. Ruhige Seitengasse, 19 wohnliche Zimmer, ständig besetzte Rezeption, bei gutem Wetter wird auf der bepflanzten Dachterrasse gefrühstückt. Kein Restaurant. DZ ab 95 €. Via Montecalvario 15, ✆ 081-406800, www.hoteltoledo.com.

*** Hotel La Stazione 6 Ordentliches Logis in unmittelbarer Nähe zum Hauptbahnhof. Junge Betreiber, minimalistisches Hotelkonzept ohne Frühstück, 20 blitzsaubere Zimmer in der 1. Etage, zugänglich vom Hinterhof, teils mit kleinem Balkon. Idealer Standort für einen Kurzbesuch! DZ ab 90 €. Piazza Garibaldi 60, ✆ 081-19005517, hotellastazione@libero.it, Reservierung über die gängigen Buchungsportale.

B&B Piazza Dante 13 Familiäre, gut geführte Privatunterkunft in Toplage direkt an der Piazza Dante. 4 Zimmer, 2 nach vorne raus zur Piazza – hell, allerdings nicht unbeeinträchtigt vom Verkehrslärm. Überdurchschnittliches Frühstück mit vielen hausgemachten Spezialitäten. DZ ab 75 €. Vico Mastellone 16, ✆ 081-0153543, www.bbdante.it.

B&B Casa del Monacone 2 Die schön gestaltete Privatunterkunft befindet sich im ehemaligen Kloster neben der Basilica S. Maria della Sanità im Herzen des gleichnamigen Stadtteils und wird von der Cooperativa La Paranza betrieben, die die Führungen in den Katakomben koordiniert. 6 geräumige Zimmer im 2. Stock, ausgestattet mit Antikmöbeln und moderner Kunst, Terrasse, Blick auf den Kreuzgang. DZ ab 73 €. Via Sanità 124, ✆ 081-7443714, www.casadelmonacone.it.

Hostel of the Sun 19 Ausgezeichnet geführte Privatherberge in Hafennähe, junges Publikum, gesellige Atmosphäre. Doppel- und Mehrbettzimmer in den beiden obersten Etagen teilen sich gemeinsame Bäder, einige Doppelzimmer mit privatem Bad. Frische Farben, angenehmes Ambiente. Platz im Mehrbettzimmer ab 20 €, DZ ab 60 €. Via G. Melisurgo 15, ✆ 081-4206393, www.hostelnapoli.com.

BenBo (Bed'n Boarding) 1 Auf den ersten Blick krudes Übernachtungskonzept direkt am Airport. Winzige Schlafkapseln mit einer Liege, Gemeinschaftsbäder, die Rezeption ist durchgängig besetzt. Modern gestaltet und sauber, ideal für eine späte Ankunft am Flughafen oder bei einem frühen Rückflug. Schlafkapsel 35 €. Viale F. Ruffo di Calabria, ✆ 081-19730800, www.bednboarding.com.

Essen & Trinken

→ Karte S. 66/67

Zi Teresa 29 Alteingesessenes Restaurant mit Pizzeria am Borgo Marinai. Fein eingedeckte Tische am stimmungsvollen Hafen, köstliche Früchte des Meeres in allerlei Varianten, Beilagen- und Nachtisch vom Büfett, knusprige Pizza aus dem Holzofen. Menü ab 45 €, Pizza ab 8 €. Mo Ruhetag. Via Borgo Marinari 1, ✆ 081-7642565, www.ziteresa.it.

Osteria Da Carmela 9 Ganz in der Nähe der Piazza Bellini kann man den Köchen durch die Glasscheibe bei der Arbeit zuschauen. Lokaltypische Küche mit Niveau, der Schwerpunkt liegt auf der Cucina di Mare. Appetitliche Vorspeisen, leckere Dolci, fein gedeckte Tische. Menü um 40 €. So abends geschlossen (außer Mai und Dez.). Via Conte di Ruvo 12, ✆ 081-5499738, www.osteriadacarmela.it.

Taverna dell'Arte 17 Kultivierte Einkehr (wie der Name nicht anders vermuten lässt) im Studentenviertel. Gesamtitalienische Küche mit dezenten internationalen Anleihen, höflicher Service, geschmackvolles Interieur. Menü um 35 €. Tägl. außer So ab 19 Uhr. Rampe San Giovanni Maggiore 1a (etwas versteckt), ✆ 081-5527558, www.tavernadellarte.it.

Altstadt Neapel

Museo Archeologico Nazionale

Piazza Museo Nazionale

V. Scalzi

V. S. Rosa

Pessina

Piazza Cavour

Piazza Bellini

S. Maria Regina Coeli

S. M. Donna Regina

MADRE

V. Carbonara

Santa Caterina

C. Rosaroll

Via

Corso

V. Casanova

Cimitero delle Fontanelle

Duomo San Gennaro

V. Apostoli

Porta Capuana

Piazza Principe Umberto

V. Firenze

V. Bologna

Costantinopoli

Anticaglia

Girolomini

Via Duomo

Tribunali

E. Nicola

Castel Capuano

A. Poerio

S. Pietro ad Aram

Stazione Centrale (FS)

Piazza Garibaldi

V. Sapienza

S. Paolo Maggiore

S. Maria del Purgatorio

Piazza S. Gaetano

Pio Monte d. Misericordia

S. Lorenzo Maggiore

„Krippen-gasse"

SS. Annunziata

Via Pica

V. Port'Alba

San Domenico

S. Gregorio Armeno

Capella San Severo

Via Libani

Palazzo Cuomo

Porta Nolana

Via Garibaldi

Via Nolana

V. Pta Dante

V. Tarsia

Spirito Santo

Via Roma

Gesù Nuovo

Piazza Gesù Nuovo

S. Angelo a Nilo

V. Croce

Piazza N. Amore

Umberto I

V. G. Savarese

Santa Croce

Stazione Circumvesuviana

Via E. Cosenz

Palazzo Gravina

S. Chiara

Palazzo Penne Mezzocannone

Archivio di Stato

Università

Corso

Piazza Mercato

S. Maria del Carmine

Piazza G. Pepe

Via A. Vespucci

Nuova Marina

Via Marinella

Montesanto

V O M E R O

Quattro Giornate

Vanvitelli

Piazza Vanvitelli

Funicolare di Montesanto

Castel S. Elmo

Certosa di S. Martino

Parco Villa Floridiana

Funic. di Chiaia

Funicolare Centrale

Ferrovia Cumana

Museo Duca di Martina

Amedeo

U-Bahn

Piazza Amedeo

PAN

C h i a i a

Villa Pignatelli

27 26

25

Piazza dei Martiri

Pozzuoli

Riviera   di   Chiaia

Villa Comunale

Aquarium

Piazza Vittoria

Via Caracciolo

Via Partenope

Staz. Mergellina

Mergellina

Via Mergellina

Viale Principessa Elena

Piazza della Repubblica

Via Caracciolo

30

Piazza Sannazaro

Funic. Posillipo

31

Posillipo

Schnellfähren

M e r g e l l i n a

Procida, Ischia, Capri, Sorrent

Übernachten

1 Bed'n Boarding
2 Casa del Monacone
5 Palazzo Caracciolo
6 Stazione
7 Una
10 Piazza Bellini
13 Piazza Dante
18 Toledo
19 Hostel of the Sun
28 Vesuvio

Essen & Trinken
3 Cantina del Gallo
4 O' Scugnizzo
8 Di Matteo
9 Da Carmela
14 Tandem
17 Taverna dell'Arte
20 Dei Borboni
22 A' Cucina Ra Casa Mia
23 Brandi
25 Antichi Sapori
   Partenopei
27 Belledonne
29 Zi Teresa
30 La Vela

Cafés
11 Intramoenia
12 Nilo
15 Liquid Spirit
16 Gay Odin
21 La Sfogliatella Mary
24 Gambrinus
26 Cimmino
27 Belledonne
31 Chalet Ciro

Neapel

220 m

mein Tipp Antichi Sapori Partenopei 25 Auf neapolitanische Küche spezialisiertes Restaurant, erlesene Cucina di Mare e Terra. Wohnzimmeratmosphäre, nur wenige Tische drinnen und auf dem Trottoir. Freundlicher und verbindlicher Service, hier stimmt einfach alles! Ausgezeichnete Weinauswahl. Menü ab 30 €. Tägl. mittags und abends geöffnet. Via Chiaia 124, ☎ 081-0383493.

A' Cucina Ra Casa Mia 22 Urgemütliche Trattoria in der Nähe der Piazza Plebiscito bzw. am Übergang zum Spanischen Viertel. Ruhige Seitengasse, zünftige Ausstattung, traditionelle neapolitanische Küche (Fisch- und Fleischgerichte). Menü um 30 €. Di zu. Via Carlo de Cesare 14, ☎ 081-4976297, www.acucinaracasamia.it.

Cantina del Gallo 3 Typisch neapolitanische Nachbarschafts-Trattoria im Stadtteil Sanità mit relaxtem Service, nichts für Italienanfänger! Pizzaofen brennt bereits am Mittag, Antipasti mit viel Frittiertem, Makkaroni mit Bohnen aus dem Ofen, nur Innenplätze. Menü um 20 €, Pizza um 5 €. Tägl. geöffnet. Via A. Telesino 21 (auf dem Weg zum Cimitero Fontanelle), ☎ 081-5441521, www.cantinadelgallo.com.

Locanda dei Borboni 20 Bodenständiges und familiäres Lokal im Spanischen Viertel. Rustikal gestalteter Innenraum mit wenigen Tischen, die Außenplätze in der Gasse sind wegen der Mopeds weniger zu empfehlen. Typische neapolitanische Küche, auf der Speisekarte überwiegen Fischgerichte. Am Abend kommen ab und an Straßenmusiker vorbei. Menü um 25 €. Tägl. mittags und abends geöffnet. Vico Lungo del Gelso 42, ☎ 081-0480861.

Tandem 14 Ragù lieben die Neapolitaner fast noch mehr als Pizza, weshalb sich das Altstadtlokal über mangelnden Zuspruch nicht zu beklagen braucht. Kredenzt wird Pasta mit Soße in allerlei Varianten, auch Weinbar, nur wenige Tische innen und draußen. Ragù ab 8 €,

Menü um 20 €. Tägl. außer Mo mittags und abends (für den Abend besser reservieren). Mehrere Standorte, u. a. Via Paladino 51 (☎ 081-19002468) oder Piazza del Gesù Nuovo (☎ 081-19133823), www.tandem.napoli.it.

Brandi 23 Es handelt sich um *die* Traditionspizzeria schlechthin! 1780 ist erstmals eine Pizzeria an diesem Ort aktenkundig, 1889 kreierte man hier die Pizza Margherita! Eine Tafel an der Gasse weist auf das bewegende kulinarische Momentum hin. Ein freundlicher Promitreff, alles was Rang und Namen hat, kehrte hier ein. Mo und Di mittags zu, sonst mittags und abends geöffnet. Salita S. Anna di Palazzo 1/2, ☎ 081-18087926, www.brandi.it.

Di Matteo 8 Traditionspizzeria der einfachen Art: volkstümlich, lokaltypisch, und die Pizzas sind sehr lecker! Wenige Tische im Hinterzimmer, weitere Sitzplätze im Obergeschoss. Nichts für einen längeren Aufenthalt! Auch Pizza außer Haus. Pizza 4–7 €. So Ruhetag. Via Tribunali 96, ☎ 081-455262, www.pizzeriadimatteo.com.

O' Scugnizzo 4 Alteingesessenes Pastalokal mit angeschlossener Pizzeria (seit 1949), wenige Schritte vom Hauptbahnhof entfernt. Volkstümlich, bodenständig, typisch neapolitanisch, kommunikativ. Hausgemachte mediterrane Gerichte, alles kommt frisch auf den Tisch, wenige Freiplätze auf der Veranda. Menü ab 15 €, Pizza ab 4,50 €. So Ruhetag. Corso Novara 15–19, ☎ 081-206867.

La Vela 30 Das authentische Fischlokal befindet sich im abgelegenen Fischerdorf Marechiaro (→ S. 52) und ist ausnahmsweise nicht mit öffentlichen Verkehrsmitteln zu erreichen. Der Seniorchef verbrachte 3 Jahre in Nürnberg. Schmackhafte Fischgerichte, bodenständiges Ambiente, Hafenblick von der verglasten Veranda. Menü 30–35 €. Tägl. ab 12 Uhr geöffnet. Calata Ponticello di Marechiaro, ☎ 081-5751095.

Cafés/Nachtleben   → Karte S. 66/67

Die erste Anlaufstelle für Nachtschwärmer ist die Piazza Bellini in der Altstadt. Ein weiteres Bermudadreieck ist der Rione Chiaia hinter der Piazza dei Martiri. Rund um die Via Belledonne lockt die Konzeptgastronomie ein junges, betuchtes Publikum an. Studentisch geprägte Szenekneipen befinden sich zwischen der Piazza Bovio und dem Spaccanapoli.

Bar Nilo 12 Grundsolide Kaffeebar am Spaccanapoli gegenüber der Nil-Skulptur. Wenige

Tische, WC außerhalb, brühheißer Kaffee. Das Besondere ist der Maradona-Altar mit Anspielung an die „Hand Gottes". Der geniale Argentinier spielte jahrelang für den Fußballclub SSC Neapel. Tägl. ab 7.30 Uhr geöffnet, So ab 16.30 Uhr zu. Via San Biagio dei Librai 130, ☎ 081-5517029.

Gambrinus 24 Das bekannteste Kaffeehaus Neapels mit Traumlage an der Piazza Plebiscito ist die ultimative Antwort der Golfmetropole

Das „Gambrinus" ist das Vorzeige-Kaffeehaus Neapels

auf die Kaffeehauskultur Wiens. Das fürstliche Ambiente schuf 1890 der Architekt Antonio Curri; Gemälde, Skulpturen sowie Accessoires lieferten namhafte Künstler – alles in allem ein wunderbares Museum des Fin de Siècle. Auch feine Konditorei, das Ambiente bezahlt der Gast, der Espresso kostet 3,50 €! Tägl. ab 7 Uhr bis in die Nacht hinein. Via Chiaia 1, ℅ 081-417582, www.grancaffegambrinus.com.

Liquid Spirit 15 Die gediegene Wein- und Cocktailbar versteckt sich ein wenig in der 2. Reihe hinter dem Spaccanapoli. Hübsche Sitzplätze im Untergeschoss zwischen restaurierten Mauern aus griechischer und römischer Zeit. Am Wochenende Konzerte (Jazzmusik). Via Pallonetto (Via Santa Chiara 14b), ℅ 081-19506951, www.liquidspirit.it.

Intramoenia 11 Nettes und kultiviertes Lesecafé an der Piazza Bellini, beliebter Treff für einen Aperitif. Tische und Stühle auf der Piazza, haufenweise Grünpflanzen sorgen drinnen für Wintergartenatmosphäre. Bruschette und andere Snacks setzen keine Maßstäbe, jedoch leckerer hausgemachter Kuchen. Tägl. 10–2 Uhr. Piazza Bellini 70, ℅081-451652, www.intramoenia.it.

Enoteca Belledonne 27 Volkstümliches Weinlokal, Tapasbar und Ristorante mitten im Ausgehbezirk Chiaia. Große Auswahl kampanischer und gesamtitalienischer Weine, Biere, italienisch-spanisch-mediterrane Küche im gemütlichen Nebenraum. Snacks (7–10 €) sowie vollwertige Gerichte (um 15 €). Mo ab 16.30 Uhr, Di–Sa mittags und abends geöffnet, So ab 19 Uhr. Via Belledonne a Chiaia 18, ℅ 081-403162, www.enotecabelledonne.it.

Gran Caffè Cimmino 26 Klassische italienische Kaffeebar in Chiaia, beliebter Vorabendtreff mit Sitzplätzen im Zeltpavillon in der Gasse. Verführerische Süßwarentheke, auch leckeres Eis. Tägl. 7–24 Uhr. Via Gaetano Filangieri 13, ℅ 081-418303.

Pasticcerie/Gelaterie Gay Odin 16 Die Traditions-Schokoladenmanufaktur (seit 1800) ist in der Stadt mit mehreren Filialen vertreten, u. a. am Spaccanapoli sowie am Ausgang der Galleria Umberto zur Via Toledo mit leckerem Eis. Qualität garantiert, auch wenn es etwas teurer ist! Tägl. 9.30–20, So ab 10 Uhr. Via Benedetto Croce 61 (Spaccanapoli), ℅ 081-5510794, www.gay-odin.it.

La Sfogliatella Mary 21 Ein guter Platz, um unkompliziert die neapolitanischen Sfogliatelle zu probieren. Ideale Lage am Ausgang der Galleria Umberto I zur Via Toledo, keine Sitzplätze. Tägl. 8–20.30 Uhr. Galleria Umberto I 66, ℅ 081-402218.

Chalet Ciro 31 Am Hafen von Mergellina verabredet sich vorzugsweise ein junges Publikum zum Eisessen und genießt dabei den abendlichen Prachtblick auf Castel dell'Ovo vor dem Hintergrund des Vesuvs. Hochwertiges Speiseeis, eine Spezialität ist Eiskonfekt in vielerlei Varianten, auch Pasticceria und kleine Snacks. Tische und Stühle draußen. Tägl. ab 7 Uhr bis tief in die Nacht hinein. Via Caracciolo, ℅ 081-669928.

Procida und die Phlegräischen Felder

Der Vulkanismus ist das Alleinstellungsmerkmal an der Küste westlich von Neapel samt der vorgelagerten Insel Procida. Auf Schritt und Tritt stolpert man über Krater, Tuffgestein und bradiseismische Phänomene. Wichtigste Ausflugsziele sind Pozzuoli und Procida.

Seit 2003 sind die „brennenden Felder" (Campi Flegrei) ein Regionalpark und stehen unter besonderem Schutz. Angesichts von 140.000 Einwohnern auf einer Fläche von 28 km² keine geringe Herausforderung!

Die Phlegräischen Felder (*Campi Flegrei*) zählen zu den spannendsten Gegenden in der Umgebung von Neapel. Vielerorts treten Schwefeldämpfe aus der Erde oder man blickt in kochendheiß brodelnde Schlammlöcher. Zwischen Pozzuoli und dem Kap von Miseno liegen 40 Krater, davon 25 an Land, die übrigen im Meer. Sämtliche vulkanischen Hotspots sind mit einer riesigen Magmablase im Erdinneren verbunden – ein sog. Supervulkan, von denen es auf der Erde nur etwa 20 gibt! Vulkanischen Ursprungs sind auch jähe Hebungs- und Senkungsbewegungen der Erdkruste. Das Phänomen – es sind keine Erdbeben – wird als Bradisismus (→ S. 322) bezeichnet. Am deutlichsten sind die verheerenden Zerstörungen in Pozzuoli und Baia sichtbar.

Auch Liebhaber der Antike sind in den Phlegräischen Feldern am richtigen Ort. Wo sonst gibt es die Option, auf dem Meeresgrund liegende antike Artefakte durch den Glasboden eines Boots zu betrachten? Dass trotz der geschilderten Vorzüge hier keine Urlaubsstimmung aufkommt, liegt zum Teil an der Zersiedelung der Landschaft. Hinzu kommt, dass die Phlegräischen Felder vergleichsweise schwierig zu bereisen sind: Busfahrten sind selbst für Einheimische ein Abenteuer mit vielen unbekannten Variablen, und die mangelhafte Beschilderung der touristischen Ziele ist für Autofahrer nicht selten eine Zumutung. Ein Navi leistet gute Dienste! Allenfalls im Badeort Miseno kommt Ferienstimmung auf.

Die Insel Procida gehört geologisch zu den Phlegräischen Feldern. Sie steht jedoch eindeutig im Schatten der beiden prominenteren Inseln Capri und Ischia. Vielerorts bricht die Küste steil zum Meer ab. Badetaugliche Stellen sucht man muss mit der Lupe – sie liegen alle im hinteren Teil der Insel. Procida verbreitet kein Urlaubsflair, dafür jede Menge Atmosphäre – mit authentischen Milieu- und Alltagsszenen. Ein Highlight und ein Fest für Fotografen sind die verschachtelten, bunt verputzten Häuser an der Marina di Corricella, wo sich Tagesbesucher nach der Besichtigung der Altstadt zum Mittagessen an der Mole einfinden. Wegen der dichten Besiedelung ist Procida zum Wandern ungeeignet. Bestes Fortbewegungsmittel ist der öffentliche Bus oder das E-Bike, das am Hafen geliehen werden kann. Die Terra Murata und die Marina di Corricella besichtigt man besser zu Fuß. Die Überfahrt erfolgt von Neapel, Pozzuoli oder Ischia.

Was anschauen?

Pozzuoli: Eine Vielzahl von Attraktionen lässt sich in und um Pozzuoli entdecken, z. B. den jüngsten bradiseismischen Katastrophen wieder hergestellten Altstadthügel, das Amphitheater oder am Stadtrand den Solfatara-Krater. Beste Besichtigungstage an der Küste westlich von Neapel sind Samstag und Sonntag, denn dann haben die meisten Attraktionen geöffnet! → **S. 74 ff.**

Castello Aragonese: Das frühneuzeitliche Kastell bewacht die Bucht von Pozzuoli. Das Museum im Kastell bewahrt die wichtigsten Antikenfunde aus dem Gebiet der Phlegräischen Felder. → **S. 81**

Kyme (Cuma): Der nördlichste Vorposten der Region entpuppt sich als weitere Ausgrabungsstätte von Rang. Die wichtigsten Spuren hier haben ausnahmsweise nicht die Römer, sondern Griechen hinterlassen. → **S. 84 f.**

Isola di Procida: Wichtigste Sehenswürdigkeit ist die Terra Murata mit der Abtei des Erzengels Michael. Sie steht alljährlich während der Karfreitagsprozession im Fokus. In der Umgebung verweisen immer wieder Schilder auf Drehorte berühmter Leinwandstreifen, die auf Procida gedreht wurden. → **S. 86 ff.**

Wo wandern?

Wegen starker Zersiedelung ist die Küste westlich von Neapel kein Wandermekka. Kürzere Wanderungen sind allerdings auch hier möglich: am Kap von Miseno (→ S. 83) oder rund um Lago d'Averno und Monte Nuovo (→ S. 76).

Wo übernachten?

Für längere Aufenthalte empfiehlt sich die Gegend weniger, sieht man vom Badeort Miseno oder von Procida ab. Verkehrstechnisch günstig liegt der Hauptort der Phlegräischen Felder Pozzuoli, zumal von hier auch die Fähren nach Ischia ablegen.

Procida und die
Phlegräischen Felder

2 km

Pozzuoli

Der Hauptort der Küstenregion westlich von Neapel war in römischer Zeit ein wichtiger Hafen. Spuren aus der Antike finden sich auf Schritt und Tritt. Einige vulkanische Hotspots befinden sich in der unmittelbaren Umgebung des quicklebendigen Städtchens.

Der Hauptort an der gleichnamigen Bucht war lange Zeit der wichtigste römische Hafen am Tyrrhenischen Meer und behauptete auch nach der Zeitenwende – mit dem Ausbau des Hafens Ostia vor den Toren Roms – seine Rolle. Heute ist Pozzuoli für die meisten Reisenden häufig nur Durchgangsstation auf dem Weg nach Ischia oder Procida. Dieser Umstand spiegelt sich auch in der touristischen Infrastruktur wider, die keineswegs auf längere Ferienaufenthalte ausgelegt ist. Auf der anderen Seite rechtfertigen die zahlreichen Attraktionen in der Stadt und in der Umgebung durchaus einen längeren Zwischenstopp. Außerdem ist Pozzuoli ein gut geeignetes Basislager, um die häufig nur mit einem höheren Zeitaufwand erreichbaren Ziele rund ums Kap von Miseno zu erforschen.

Wenige Schritte vom Fährterminal entfernt befinden sich die Reste des römischen Marktplatzes, die ohne den Kauf einer Eintrittskarte vom Straßenniveau einsehbar sind. Überragt wird der betriebsame Fährhafen von der Rione Terra – dem seit römischer Zeit durchgängig besiedelten Altstadthügel.

Im letzten Drittel des 20. Jh. hatten bradiseismische Erdbewegungen (→ S. 322) das historische Zentrum zerstört und unbewohnbar gemacht. Zwar sind die Restaurierungsarbeiten inzwischen abgeschlossen, die Gebäude jedoch gleichen unbeseelten Kulissen – die Rückeroberung durch die Bewohner lässt noch auf sich warten. Geführte Touren durch die Gebäudekeller geben – wie bei San Lorenzo Maggiore in der Altstadt von Neapel – Einblicke in die Bausubstanz in vorchristlicher Zeit.

Zwischen Hafen und Rione Terra liegt das kompakt strukturierte Geschäftszentrum mit seinen verkehrsberuhigten Gassen rund um die gastliche Piazza della Repubblica. Jede Menge Geschäfte und Straßencafés sind auf kurzen Wegen erreichbar und v. a. am Abend erstaunlich belebt. Jenseits des Rione Terra säumt die Küstenlinie Richtung Neapel der gepflegte Lungomare Pertini und lädt zum entspannten Bummel ein.

Die übrigen Attraktionen, allen voran das Amphitheater und der Solfatara-Krater, liegen außerhalb des Zentrums und sind zu Fuß oder mit Bus bzw. Vorortbahn erreichbar. Ähnliches gilt auch für den Lago d'Averno und den Monte Nuovo zwischen Pozzuoli und Baia. Letztgenannte Ziele lohnen auch deshalb einen Abstecher, weil sie sich mit kürzeren oder längeren Spaziergängen verbinden lassen – eine der wenigen Optionen an der ausufernd besiedelten Küste.

Geschichte

Griechische Flüchtlinge aus Samos waren im 5. Jh. v. Chr. die ersten historisch verbürgten Siedler auf dem fast uneinnehmbar wirkenden Altstadthügel. 194 v. Chr. wurde die Griechenstadt namens *Dikaiarcheia* („Gerechte Regierung") zur römischen Kolonie *Puteoli* („Kleiner Brunnen"). Griechen wie Römer lockte der natürlich geschützte Hafen, über den in der Folge das für Rom

Procida und die Phlegräischen Felder → Karte S. 72

Der Solfatarakrater oberhalb der Bucht von Pozzuoli

bestimmte Getreide umgeschlagen wurde. Die Nähe zu Capua und zur Via Appia trugen ebenfalls dazu bei, dass Pozzuoli zum bedeutendsten römischen Stützpunkt am Golf von Neapel aufstieg. Angeblich ließ der Kaiser Caligula 39 n. Chr. eine Schiffsbrücke bis in die Nachbarstadt Baia errichten und ritt, geschmückt mit dem Panzer Alexanders des Großen, zu Pferd „über das Wasser" – er wollte somit den Folgen einer unheilvollen Prophezeiung entgehen. Bereits früh etablierten sich in Pozzuoli eine jüdische und christliche Gemeinde, und keinesfalls zufällig machte 60 n. Chr. Apostel Paulus auf dem Weg nach Rom in der Hafenstadt Station. Nach dem Zerfall des Römischen Reichs konnte die Stadt nicht mehr an ihre ruhmreiche Vergangenheit anknüpfen. Im 15. Jh. zerstörten Erdbeben die Bausubstanz auf dem Altstadthügel. Mitte des 16. Jh. wurde nach Dekret des Vizekönigs von Neapel die Rione Terra mit Residenzen für den kirchlichen und weltlichen Adel rund-

Der römische Marktplatz von Pozzuoli

erneuert. Die frühneuzeitlichen Paläste wurden jedoch allesamt Opfer der bradiseismischen Katastrophe in den 1980er-Jahren – seitdem ist der Altstadthügel unbewohnt.

Sehenswertes

Macellum (Serapis-Tempel): Die einige Meter unterhalb des Straßenniveaus in der Nähe des Hafens gelegene archäologische Stätte kann selbst nicht betreten werden, ist jedoch von drei Seiten aus gut einsehbar. Es handelt sich um die Überreste eines römischen Marktplatzes aus dem 1./2. Jh. n. Chr. Die kreisförmige Empore mit den Säulenresten wurde lange Zeit etwas vorschnell als Serapis-Tempel *(Tempio di Serapide)* bezeichnet, da man hier 1750 eine Statue des ägyptisch-hellenistischen Gottes fand. Vulkanologen dienten die antiken Säulen als präziser metrischer Index zur Messung bradiseismischer Hebungs- und Senkungsbewegungen (→ S. 322).

Rione Terra: Der wuchtige Altstadthügel ist seit dem 5. Jh. v. Chr. besiedelt und beherbergt zahlreiche Relikte aus zurückliegenden Epochen. Als Geologen 1970 bradiseismische Erdbewegungen ankündigten, wurde die zum damaligen Zeitpunkt ziemlich verwahrloste Altstadt zwangsevakuiert und seit den 1990er-Jahren in mühseliger Detailarbeit wieder hergestellt. Zum Zeitpunkt der letzten Recherche 2019 präsentierte sich der Rione Terra zwar zur Gänze wiederhergestellt, aber noch menschenleer. Zukünftig soll hier ein Touristenquartier mit Gästehäusern und Restaurants entstehen. Sehenswert ist auch die **Kathedrale** aus der Zeit der spanischen Herrschaft (→ unten). Zu empfehlen sind darüber hinaus geführte Rundgänge durch die Kellergeschosse. Sie enthüllen beträchtliche **Überreste aus römischer Zeit:** Fundamente von Handwerksbetrieben und Geschäften sowie den Verlauf der Straßen in der Antike. Dieses „Pompeji unter Tage"

Anfiteatro Flavio: Abenteuerspielplatz der Antike

Procida und die Phlegräischen Felder   ↓ Karte S. 72

wurde bei Aufräumarbeiten in den 1990er-Jahren wiederentdeckt und für die Nachwelt konserviert.

■ **Zugang:** Am besten vom Infobüro (→ S. 77) aus zu Fuß über den gepflasterten Viadukt.

■ **Information/Führungen:** Sa/So 9–17 Uhr, Führungen auf Englisch um 9 und 15 Uhr. Dauer: 1 Std. 5 €, erm. 2,50 €. Eine Reservierung (telefonisch, im Internet oder am gleichen Tag im Infopoint am Eingang zum Rione Terra) wird empfohlen. ☎ 081-19936286, www.rioneterra pozzuoli.com.

Kathedrale: Die Basilika auf der Spitze des Altstadthügels wurde ebenfalls ein Opfer des Bradisismus (→ S. 322) und war deshalb ein halbes Jahrhundert lang nicht zugänglich. Erst 2014 öffnete sie ihre Tore wieder für Gottesdienste und Besucher. Heute präsentiert sich die Hauptkirche des Rione Terra stilistisch kunterbunt: Moderne Bauelemente mit viel Stahl und Glas kontrastieren mit Marmor, Stuck und Deckenfresken aus barocker Zeit. Hinzu kommen die Reste des römischen Augustustempels, in der Hauptsache Säulen, die in den beiden Seitenwänden als tragende Stützen mit eingearbeitet sind. 1946 wurde das alte Dach der Barockkirche bei einem Brand

schwer beschädigt und wurde komplett ersetzt. Das **Museo Diocesano** nebenan präsentiert die Kirchenschätze.

■ **Kirche:** Sa 9.30–13 und 15–19.30 Uhr, So 9.30–13 und 15–18.30 Uhr. Im Aug. So geschlossen, in der Karwoche Sa/So ebenfalls zu.
■ **Museum:** Sa 9–13 und 15–19 Uhr, So 10–13 Uhr. 5 €, erm. 3 €.

Anfiteatro Flavio: Die größere von ursprünglich einmal zwei Arenen in der römischen Hafenstadt Puteoli fasste etwa 20.000 Zuschauer. Der elliptische Bau ist in der Mitte ca. 75 m lang und bis zu 43 m breit. Aus Platzgründen – die gab es offensichtlich bereits in der Antike – lag dieses Vergnügungszentrum nicht im Stadtzentrum, wie es von der Logistik her eigentlich geboten gewesen wäre, sondern außerhalb auf der Anhöhe. Der Bau aus dem 1. Jh. n. Chr. wurde in wesentlichen Teilen in der Mitte des 19. Jh. freigelegt, wobei die Ausgrabungsarbeiten erst kurz nach Ende des Zweiten Weltkriegs zum Abschluss kamen. Am interessantesten sind die unterirdischen Gänge, die komplett begehbar sind. Überall liegen Säulenreste und Kapitelle herum – ein Abenteuerspielplatz für Altertumsinteressierte!

■ Tägl. außer Di 9 Uhr bis 1 Std. vor Sonnenuntergang. 4 €, erm. 2 €. Kombiticket mit Museum und Ausgrabungsstätte Baia und Cuma (gültig an 2 aufeinanderfolgenden Tagen) 8 €, erm. 4 €. Via Terracciano 75 (5 Min. zu Fuß von der Metrohaltestelle in Richtung Stadtzentrum), www.pafleg.it.

Vulcano Solfatara: Der elliptische Krater am Stadtrand hat eine Länge von 700 m und gehört zum schlummernden Supervulkan unter den Phlegräischen Feldern *(Campi Flegrei)*. Schwefelgelb gefärbte Steine, heiße Fumarolen sowie brodelnder Schlamm zählen zu den sichtbaren vulkanologischen Phänomenen, auf die die Besucher beim Kraterrundgang treffen. Auf drei Seiten von steilen Wänden umgeben und zum Teil von Vegetation bedeckt, öffnet sich der vor fast 4000 Jahren entstandene Krater zur Bucht von Pozzuoli. Die größte Austrittsstelle von schwefelhaltigem Wasserdampf *(Bocca Grande)* dient u. a. Wissenschaftlern zu Forschungszwecken, während zwei Saunagrotten am Kraterboden bereits in römischer Zeit zu Heilzwecken genutzt wurden *(Stufe Antiche)*. Ein nennenswerter Kur- und Therapiebetrieb florierte auch im 19. Jh., als zahlreiche Reisende im Zuge der Grand Tour den Krater aufsuchten. Heute befinden sich im Kraterrund u. a. eine einladende Bar und ein Campingplatz (→ Übernachten/Essen & Trinken).

■ Gegenwärtig ist der Krater aufgrund der gestiegenen vulkanischen Aktivitäten nicht zugänglich. Der Zeitpunkt der Wiedereröffnung wird im Internet bekannt gegeben. Via Solfatara 161 (CTP-Bus P 9, SEPSA-Bus M 1 oder 15 Min. zu Fuß vom FS-Bhf. „Pozzuoli Solfatara"), www.vulcanosolfatara.it.

Außerhalb

Lago d'Averno und Monte Nuovo: Der „Neue Berg" wenige Kilometer westlich von Pozzuoli ist tatsächlich „neu", seine Entstehung liest sich wie ein Krimi: Beim letzten großen Vulkanausbruch auf den Phlegräischen Feldern 1538 stülpte er sich buchstäblich wie ein Phönix – begleitet von Erdstößen und einem Regen aus Asche, Schlamm und Steinen – auf die heutige Höhe von 133 m empor. Die Geburt des Berges dauerte nur 48 Stunden! Vom Besucherzentrum am Ortsrand von Arco Felice führen Treppen und Pfade hinauf zum Kraterrand. Wer es sich zutraut, auf nicht markierten Wegen Richtung Westen weiterzuwandern, gelangt zum Lago d'Averno. In seinem Epos „Aeneis" lokalisierte der römische Dichter Vergil an dem Vulkansee (Maar) den **Eingang zur Unterwelt.** Die Ruine eines römischen Tempels ist der sichtbare Rest einer vormals intensiveren Nutzung der Uferzeile in der Antike. Die Weinberge sind ebenfalls ein Erbe aus römischer Zeit. 2010 geriet das Gewässer in internationale Schlagzeilen, als es von Anti-Mafia-Einheiten beschlagnahmt wurde. Der inhaftierte Eigentümer mit mutmaßlichen Verbindungen zur Camorra hatte das Areal zwei Jahre davor käuflich erworben. Der See lässt sich auf einem Uferweg entspannt umrunden, eine Handvoll Bars und Restaurants runden das Angebot ab.

Pech und Schwefel

Angler am Hafen vor der Kulisse des Rione Terra

▪ Vom Cumana-Bhf. Lucrino führt eine 850 m lange Stichstraße zum Lago d'Averno. Der Monte Nuovo liegt dabei zur Rechten.

▪ **Oasi Naturalistico Monte Nuovo:** Mo–Fr 9 Uhr bis 1 Std. vor Sonnenuntergang. Sa/So 9–13 Uhr. Eintritt frei. Via Virgilio.

Praktische Infos

Einwohner 81.100 Einwohner

Information Das **Infobüro** befindet sich an der Porta Napoli zwischen Rione Terra und Lungomare. Di–Fr 9–18, Sa–Mo 9–13 Uhr. Largo Matteotti 1a, ✆ 081-5261481, www.info campiflegrei.it.

Anfahrt/Verbindungen Pkw. Gute Erreichbarkeit über die Stadtautobahn A 56 *(tangenziale ovest)* von Neapel. **Parkplätze** in Hafennähe sind ausgeschildert.

Langzeitparkplätze. Bei der Vermittlung von Parkplätzen für Ischia-Urlauber hilft das Reisebüro Marser. Auch Buchung von Fährtickets sowie Verleih von Rädern und Pedelecs. Via dell'Emporio 3, ✆ 331-2319565, www.marser.it.

Bahn. Mit der Metrolinie 2 vom Hauptbahnhof Neapel via Mergellina, die Bahnstation „Pozzuoli Solfatara" liegt im oberen Ortsteil (günstig für den Besuch des Solfatara-Kraters und des Amphitheaters).

Mit der Ferrovia Cumana ab Napoli-Montesanto. Der Bahnhof befindet sich in Nähe des Hafens und der Altstadt, Züge verkehren etwa alle 20 Min.

Bus. Öffentliche Busse in Richtung Baia und Capo Miseno halten nahe dem Cumana-Bahnhof an der Via Roma.

Schiff. Die Ticketbüros der Fährgesellschaften Caremar, Medmar und Gestour befinden sich am Hafen oder in unmittelbarer Nähe desselben. Vom Hafen Pozzuoli aus verkehren nur Fähren, keine Schnellboote. Preisbeispiele: Pozzuoli–Ischia 10,50 €, erm. 7,90 €. Pozzuoli–Procida 10,50 €, erm. 9,30 € (inkl. Aufenthaltssteuer).

Auskunft und Reservierung: Caremar (✆ 081-18966690, www.caremar.it), Medmar (✆ 081-3334411, www.medmargroup.it), Gestour (✆ 081-8531405, www.minicrocieregestur.com).

Taxi. ✆ 392-8157900, www.taxipozzuoli.com.

Mietfahrzeuge Fahrräder. Der Fahrradladen „A Ruota Libera" in einer Seitengasse zwischen Hafen und Hauptpiazza verleiht Mountain- und E-Bikes. Di/Do vormittags zu, sonst 9.30–13 und 16.30–20 Uhr. Via Maria Puteolana 6, ✆ 081-19185132.

Übernachten ** Hotel Gli Dei.** Luxuriöses Hotel etwas oberhalb des Solfatara-Kraters, an den Wochenenden bei italienischen Hochzeitsgesellschaften beliebt. Der moderne Bau mit Außenpool und Restaurant blickt auf die Bucht von Pozzuoli. 36 Komfortzimmer, fast alle mit großer Veranda. Ganzjährig geöffnet. DZ ab 92 €. Via Coste d'Agnano 21, ✆ 081-5263191, www.hotelglidei.com.

***** Hotel Darsena.** Stadtpension versteckt in einer Seitengasse zwischen Hafen und Rione

Terra. Exzellent geführt, 12 helle, freundliche Zimmer mit guten Bädern, die meisten mit Terrasse oder kleinem Balkon. Kostenpflichtiger Parkplatz, kein Restaurant. DZ ab 60 €. Ganzjährig geöffnet. Wenige Schritte weiter befindet sich ein B&B unter gleicher Leitung. Via Magazzini 35–37 (B&B Via Magazzini 31), ☎ 081-3031281, www.hoteldarsenapozzuoli.it.

B&B Aria di Mare Dimorra. Privatquartier mit Familienanschluss zwischen Rione Terra und Hafen. 2 Zimmer teilen sich ein Bad. Freundlich, preiswert und günstig gelegen. DZ ab 60 €. Via dell'Emporio 2a, ☎ 081-19187878, www.ariadimaredimorra.it.

Camping Volcano Solfatara. Gut geführter Zeltplatz am Rand des Solfatara-Kraters, der bei der letzten Recherche 2019 jedoch für einen längeren Zeitraum geschlossen hatte (der Termin der Wiedereröffnung wird auf der Homepage veröffentlicht). Bei Ostwind eventuell leichte Beeinträchtigungen durch Schwefeldämpfe. Ruhig, schattig, auch mit freundlichen Bungalows. Der Krater ist für Gäste gratis zugänglich. Weihnachten bis Mitte Jan. zu. 2 Pers., Zelt und Auto ab 32 €, Bungalow für 2 Pers. ab 48 €. Via Solfatara 161, ☎ 081-5262341, www.campeggiovulcano solfatara.it.

Essen & Trinken Ristorante Scapricciatiello. Die erste Option in der Einkehrzeile an den Resten des römischen Macellums. Frischer Fisch in allen Varianten, vom ganzen Hummer bis zu gegrillten Sardellen, auch Fleischgerichte. Aufmerksamer Service, geschmackvoll gedeckte Tische drinnen wie draußen. Menü um 30–35 €. So abends und Di geschlossen. Via Serapide 3, ☎ 081-5264054, www.ristorante scapricciatiello.it.

Taverna del Mare. Feines Fischrestaurant in einer schmalen Seitengasse ganz in der Nähe der Gastronomiemeile am Hafen. Gediegener Innenraum, fein gedeckte Tische draußen in der Gasse, Fisch in allen Varianten, stimmungsvoll und freundlich. Menü ab 25 €. Mo mittags und Di ganztägig geschlossen. Via Maria Puteolana 12, ☎ 366-59073538.

Mein Tipp **Vini e Cucina.** Restaurant zwischen Piazza und Hafen, versteckt in einer Seitengasse. Gediegen-rustikale Ausstattung mit Plätzen auf zwei Etagen, keine Außenbewirtung. Traditionelle neapolitanische Küche mit vielen regionalen Zutaten sowie Fisch- und Fleischgerichten. Menü um 25 €. Tägl. außer Di ab 19.30 Uhr, Sa/So auch mittags, So abends geschlossen. Via Caldaia 17, ☎ 081-3417997.

Ristorante Sileno. Stimmungsvolle, alteingesessene Lokalität zwischen Cumana-Bahnhof und Macellum, gemütliche Innenplätze, die Außenplätze setzen hingegen keine Maßstäbe. Der Schwerpunkt liegt auf schmackhafter Meeresküche, am Abend auch Pizza. Menü um 25 €, Pizza ab 5 €. Di Ruhetag. Via A. M. Sacchini 27a, ☎ 081-5262757.

Pozzuoli: gepflegtes Stadtzentrum mit Aufenthaltsqualität

Im Castello Aragonese befindet sich ein sehenswertes Museum

Baia

Heute ist das Hafenstädtchen nur noch ein Schatten vergangenen Glanzes, aber dennoch einen Besuch wert. Wichtigste Attraktionen sind die Thermen aus römischer Zeit und das Kastell mit dem archäologischen Museum.

Das mondäne Kur- und Erholungsbad der Römer lag in direkter Nachbarschaft des Hafens von Puteoli und des Flottenstützpunkts Misenum. Am Übergang von der Republik zur Kaiserzeit galt das römische *Baiae* geradezu als Chiffre für verschwenderischen Luxus. Vertraut man der Überlieferung, zelebrierten hier die Reichen und Schönen zwischen sprudelnden Thermalquellen lasterhaft-dekadente Sexorgien und extravagante Partys. Caesar, Cicero, Caligula und Nero bauten hier prachtvolle Residenzen. Bis zum Ende des 4. Jh. hatte das angesagte Trendbad Konjunktur, ehe die bradiseismische Senkungsbewegung (→ S. 322) den ganzen Prunk und Pomp unter die Oberfläche des Meeres schob. Heute reiben sich Besucher angesichts trostloser Mezzogiorno-Tristesse die Augen und bringen den real existierenden Zustand schwerlich mit der Vorstellung von der verflossenen römischen Komfortoase in Einklang. Ihrer erhöhten Lage am Hang ist es zu verdanken, dass große Teile der Thermenanlage den bradiseismischen Schub überstanden haben und besichtigt werden können (*Parco Archeologico*). Was indes im Meer versank, ist nur von Bord eines Spezialbootes aus zu begutachten (*Parco Sommerso*). Zwischen Baia und dem Nachbarort Bacoli liegt trutzig über dem Meer das Castello Aragonese, das eines der sehenswertesten archäologischen Museen Kampaniens beherbergt. Ebenfalls in der Peripherie befindet sich der Lago Fusaro:

Wenige Schritte vom Cumana-Bahnhof entfernt öffnet sich vom gepflegten Uferpark der Blick auf eine künstliche Insel. Das kleine Barockpalais auf der Insel *(Casino Reale)* stammt aus bourbonischer Zeit und dient als beliebte Kulisse für Hochzeitsfotos.

Sehenswertes

Parco Sommerso: Die Ausnahmestellung des 2002 gegründeten Küstenschutzparks beruht darauf, dass nicht nur die Unterwasserflora und -fauna konserviert werden, sondern auch archäologische Überreste des einst florierenden römischen Kurbades *Baiae*. Fundamente kaiserlicher Residenzen sowie Spuren des Handelshafens lassen sich durch den gläsernen Boden des Spezialbootes *Cymba* ausgiebig begutachten. Allerdings ist eine Exkursion nur bei gutem Wetter und ruhiger See zu empfehlen, denn die Mosaiken, Skulpturen und Straßenpflaster liegen rund 5 m unter dem Meeresspiegel. Angesichts vorhandener Optionen ist es fast schon logisch, dass sich am Hafen von Baia eine lebhafte Tauch- und Schnorchelscene etabliert hat (→ Tauchen, S. 81)!

◾ Das Boot „Cymba" startet vom Hafenpier. Sa, So und feiertags nach Voranmeldung. 12 €. ☏ 349-4974183, www.baiasommersa.it.

Parco Archeologico: Die römischen Thermen verdanken ihrer erhöhten Hanglage, dass sie trotz der Senkung der Erdoberfläche nicht vom Meer verschluckt wurden. Die von der Küstenstraße unmittelbar hinter der Hafenzeile zugängliche Ausgrabungszone lässt jedoch nur noch wenig von der einstigen Pracht und Herrlichkeit erahnen. Die Besichtigung lohnt sich natürlich trotzdem, denn der antike Kurort war auch wegen seiner innovativen Architektur in aller Munde. Das ausgeklügelte Labyrinth von Bädern wurde vom Ingenieur und Unternehmer Caius Sergius Orata im 1. Jh. v. Chr. direkt über den thermischen Hotspots erbaut. Einige Warmwasserbecken nutzte er zudem zur Fisch-

Parco Archeologico: Was von den römischen Thermen übrig blieb

zucht. Die teilweise erst im 2. Jh. n. Chr. errichteten Kuppeldächer maßen im Durchmesser bis zu 30 m und gehörten zu den größten im Römischen Reich. Dass die erwähnten Bauten heute unter der Bezeichnung „Tempel" firmieren *(Tempio di Diana, Venere e Mercurio)*, ist allerdings irreführend, denn es handelt sich nicht um Kultbauten, sondern schlicht um Thermen!

■ Tägl. außer Mo 9 Uhr bis 1 Std. vor Sonnenuntergang. 4 €, erm. 2 €, Kombiticket mit Amphitheater in Pozzuoli, Museum im Kastell und Cuma 8 €, erm. 4 € (gültig an 2 aufeinanderfolgenden Tagen). Via Sella di Baia, www.pafleg.it.

Museo Archeologico dei Campi Flegrei (Castello Aragonese):

Das Kastell liegt auf einer Anhöhe zwischen Baia und Bacoli und wurde seit 1495 unter aragonischer Herrschaft errichtet. Nach dem letzten großen Ausbruch der Phlegräischen Felder 1538, in der Ära der spanischen Vizekönige, wurde die Festungsanlage umgebaut und erhielt ihr heutiges Gesicht. Das Archäologische Museum im Inneren zeigt auf drei Stockwerken antike Fundobjekte aus dem gesamten Gebiet westlich von Neapel. Die 1. Etage fokussiert sich auf Pozzuoli und die unmittelbare Umgebung, zu sehen gibt es u. a. ein rekonstruiertes Modell des Macellums (→ S. 74). Die 2. Etage legt den Schwerpunkt auf griechische und römische Exponate aus *Cuma*; ein Blickfang ist das samnitische Kammergrab mit einem Fresko, das eine Bankettszene zeigt. Das weitaus kleinere Obergeschoss wiederum thematisiert ausschließlich den Altstadtberg von Pozzuoli *(Rione Terra)*. Außerdem ist die Dachterrasse des Kastells zugänglich, die einen ausgezeichneten Ausblick auf die Bucht von Pozzuoli gewährt.

■ Tägl. außer Mo 9–14 Uhr, letzter Einlass um 13 Uhr. 4 €, erm. 2 €, Kombiticket mit Amphitheater in Pozzuoli, Thermen (Parco Archeologico) und Cuma 8 €, erm. 4 € (gültig an 2 aufeinanderfolgenden Tagen). Via Castello 39, www.pafleg.it.

Casino Reale (Casina Vanvitelliana):

Das ehemalige Jagdschloss für den Bourbonen Ferdinand IV. wurde 1782 von Luigi Vanvitelli – dem kongenialen Architekten der Reggia di Caserta – geplant und unter Federführung seines Sohnes Carlo vollendet. Es steht dekorativ auf einer künstlichen Insel im Lago di Fusaro und ist über einen Holzsteg vom gepflegten Uferpark erreichbar. Unter den illustren Gästen, die der Regent hier beherbergte, waren der österreichische Kaiser Franz I. und Wolfgang Amadeus Mozart.

■ **Park:** Tägl. 8–20 Uhr. Eintritt frei. **Casino Reale:** April bis Okt. Sa/So 10–20 Uhr, Nov. bis März 10–18 Uhr. 3 €. Piazza Gioacchino Rossini 2 (5 Min. vom Cumana-Bahnhof Fusaro), www.parcovanvitelliano.it.

Praktische Infos

Anfahrt/Verbindungen Pkw. Von Pozzuoli bzw. von der Tangenziale der Beschilderung in Richtung Bacoli folgen. **Bahn.** Vom Cumana-Bahnhof Fusaro führt ein Fußweg in 15 Min. nach Baia. **Bus.** Vom Cumana-Bahnhof Lucrino fahren regelmäßig Busse via Baia nach Bacoli.

Tauchen Subaia Campania Divers. Die exzellent geführte Tauchbasis am Hafen organisiert Tauch- und Schnorchelgänge, u. a. zu den Unterwasserfunden aus der römischen Epoche. Anfängerkurse um 95 €, Tauchgang ohne Guide 40 €, Schnorcheln ab 30 €. Via Lucullo 51, ☏ 081-8545547 oder 333-5393675, www.subaia.com.

Essen & Trinken Locanda del Testardo. Fischristorante an der Ortsdurchfahrt hinter der Hafenzeile, pfiffig-rustikales Innenleben mit urtümlichem Hinterhofgarten. Ausgezeichnete Meeresküche. Menü ab 25 €. Tägl. außer Mo ab 19.30 Uhr, Sa/So auch mittags geöffnet. Via Lucullo 100, ☏ 081-8687701.

mein Tipp **La Tortuga Baia.** Freundlicher, entspannter Meeresfrüchtetempel an der Hafenzeile in Baia mit Plätzen im kühlen Gewölbe oder im luftigen Zeltpavillon am Hafen. Fisch in vielerlei Varianten, das Degustationsmenü kostet 30 €. Di Ruhetag, sonst mittags und abends geöffnet. Via Molo di Baia 11, ☏ 081-8688847.

Procida und die Phlegräischen Felder ↓ Karte S. 72

Bacoli und Capo di Miseno

An der Spitze der Halbinsel, die den nördlichen Abschluss des Golfs bildet, läuft die Landschaft westlich von Neapel zur Hochform auf. Nicht nur Fans römischer Hinterlassenschaften kommen hier auf ihre Kosten, sondern auch Spaziergänger und Wasserratten.

Die äußerste Spitze der Halbinsel ragt wie ein felsiger Bug ins Meer. Dessen charakteristische Gestalt ist am besten von der Fähre nach Procida und Ischia zu erkennen. Wer sich zu Fuß zum Leuchtturm ganz im Süden begibt, gelangt zu mehreren herrlich gelegenen Aussichtspunkten und sieht die Fähren zu den Inseln gleichsam aus der Vogelperspektive. Die von vulkanischen Aktivitäten zerklüftete Landschaft besteht u. a. aus mehreren kreisrunden Seen, deren Ufer der Naherholung der Bewohner dienen. Am langen **Sandstrand** (*Spiaggia Miliscola*) mit seinen zur Badesaison überaus lebhaften Strandcafés herrscht Ferienstimmung pur; die nöti-

Antike Kathedrale des Wassers

ge Infrastruktur mit Hotels und Restaurants liefert der kleine Ort Miseno am Ende der Straßenzufahrt. Es wirkt wie das Ende der Welt – allenfalls ein schmales Sträßchen untertunnelt den Berg und endet wenig später an einer Handvoll Häuser kurz vor dem Leuchtfeuer. Wo heute am Porto di Miseno Fischerboote und Jachten vor Anker liegen, war einst die bedeutendste Kriegsflotte Roms stationiert. Ende des 1. Jh. v. Chr. beauftragte Octavianus, späterer Kaiser Augustus, den Feldherrn und Konsul Marcus Vipsanius Agrippa mit dem Ausbau des bereits von den griechischen Kolonisten genutzten Naturhafens. Von Miseno aus wurden u. a. der Ägyptenfeldzug gesteuert sowie die Getreidelieferungen an Rom gesichert. 915 n. Chr. verwüstete ein Sarazeneneinfall die Reste der römischen Anlagen; was den Ansturm überstand, wurde in jüngster Zeit Opfer des neuzeitlichen Baubooms. Einige Spuren aus der Antike haben jedoch die Wirren der Zeit überstanden und lassen sich sogar begutachten – entweder mit einem kurzen Blick durch den Absperrzaun oder im Rahmen einer geführten Tour. Wiederum andere Attraktionen öffnen nach Voranmeldung gegen ein kleines Trinkgeld. Die wichtigste Sehenswürdigkeit ist die **Piscina Mirabilis** in Bacoli, der größten und lebhaftesten Ortschaft zwischen Pozzuoli und dem Capo Miseno. Bei dem Wunderwerk römischer Ingenieurstechnik handelt es sich um einen 70 m langen und ca. 25 m breiten unterirdischen Wasserspeicher zur Flottenversorgung. Die Zisterne mit einem Fassungsvermögen von 12.600 m³ wird von Säulen gestützt; die wasserdicht verputzten Wände changieren in den unmöglichsten Farben, was der antiken „Kathedrale des Wassers" eine ganz eigene, grandiose Aura verleiht (tägl. außer Mo 9–13.30 und 14.30–19 Uhr nach telefonischer Anmeldung, ☎ 333-6853278 oder 333-5730225, Via Piscina Mirabile 27, der Weg ist ausgeschildert).

Weitere Attraktionen sind der **Cento Camerelle,** eine weitere Zisterne am Ortsrand von Bacoli, die **Grotta della Dragonera,** eine in den Tuffstein gegrabene Grotte mit den Überresten eines antiken Spa-Bereichs, sowie der **Sacello degli Augustali:** Die Ruinen des Kaiserkult-Tempels sind von der Ortsdurchfahrt Miseno einsehbar und können – wie die anderen Ziele – eventuell nach Voranmeldung besichtigt werden. Auskünfte geben das Infobüro und die *Associazione Culturale Misenum* (☎ 081-5233199, www.misenum.org).

Praktische Infos

Information Das **Infobüro** befindet sich am Lago Miseno mit seinem gepflegten Uferpark am Ortsrand von Bacoli. Mo/Do 8.30–13.30, Di/Mi und Fr 8.30–18, Sa 9–14 Uhr. Villa Comunale, ☎ 379-1030885.

Anfahrt/Verbindungen Weil das ergründliche Bussystem selbst Einheimische vor unlösbare Rätsel stellt, ist das **Auto** hier die beste Option. Eine geeignete Alternative ist das **Fahrrad,** das in Pozzuoli geliehen werden kann (→ S. 77). Mit dem **Bus** (EAV) von Neapel nach Bacoli, von der Haltestelle Via Roma/Via Risorgimento fährt wiederum ein EAV-Bus weiter nach Miseno (jeweils alle 30 Min.).

Baden **Spiaggia Miliscola.** Die einzige längere Sandstrandpartie an der Küste westlich von Neapel befindet sich im Ferienort Miseno. Zahlreiche Strandcafés. An Wochenenden und zur italienischen Hauptferienzeit sehr voll und z. T. auch laut, zu anderen Zeiten beinahe ungetrübtes Badevergnügen.

Wandern **Capo Miseno.** An der Tunneleinfahrt oberhalb von Miseno den Schildern zum Agriturismo Cetrangelo folgen, vor dem Toreingang zum Landbauernhof geht es rechts den Treppenweg hoch. Auf der anderen Seite des Hügels gabelt sich der Weg: Der Pfad nach links

Fährschiff am Kap von Miseum

führt auf die mit Macchia bewachsene Anhöhe mit einigen Aussichtspunkten, rechts steuert der Weg das abgesperrte Leuchtturmareal jenseits des Tunnels an.

Übernachten/Essen **Venustas Park Hotel.** 6 Apartments für 2–3 Pers. mit Küchenzeile für Selbstversorger und großzügiger Terrasse in einem gepflegten Neubau am Strand von Miseno. Geflieste Böden, Parkplatz im Hof, im Sommer bisweilen Beeinträchtigung durch laute Musik. Eigenes Strandrestaurant. Mai bis Okt., Vermietung nur wochenweise ab 450 €. Via Dragonara 35, ☎ 081-5231134, www.venustas parkhotel.it.

B&B Dea Fortuna. Vorbildlich geführtes Privatquartier zwischen dem Strand von Miseno und dem Kap, moderne Villa in exquisiter Lage, 10 Min. zu Fuß ans Meer. 2 komfortable, geschmackvoll möblierte Zimmer mit Terrasse und schmucken Bädern. Ganzjährig offen. DZ 65–130 €. Via Faro 37–39, ☎ 333-7219091, www.deafortuna.net.

Ristorante Tuna. Eine von mehreren Optionen an der Gastro-Meile am Porto di Miseno, Fisch in allerlei Varianten, natürlich auch – der Name der Lokalität lässt grüßen – Thunfisch. Gepflegte, atmosphärisch schöne Sitzplätze direkt an der Mole. Menü ab 20 €. So abends und Mi geschlossen, sonst mittags und abends. Via della Shoah 33, Loc. Casevecchie, ☎ 081-5235646.

Blick auf den ehemaligen Akropolishügel von Kyme

Kyme (Parco Archeologico di Cuma)

Die Ausgrabungen der ehemaligen griechischen Kolonie Kyme liegen hoch über dem Tyrrhenischen Meer. Höhepunkt der Besichtigung ist die Grotte der geheimnisvollen Sibylle von Kyme.

Die älteste griechische Kolonie auf dem italienischen Festland gruppierte sich um den heute bewaldeten Akropolis-Hügel, der die Küstenlinie nördlich des Kaps von Miseno dominiert. Mitte des 8. Jh. v. Chr. von Siedlern aus der nahe gelegenen Insel Ischia gegründet, wehrte man in der Folge mehrfach Angriffe der Etrusker ab (u. a. in der Seeschlacht von Kyme 474 v. Chr.), um ein halbes Jahrhundert danach einer anderen Volksgruppe, den Samniten, zu unterliegen. Mit dem Ausbau des Hafens in Pozzuoli verlagerte sich schließlich unter römischer Herrschaft das politische und wirtschaftliche Gewicht endgültig in Richtung Golf von Neapel. Dass die Kolonie in der Antike auch nach dem Ende der Blütezeit ein hohes Ansehen genoss, verdankte sie dem Ruf, der den Weissagungen der **Sibylle von Kyme** vorauseilte – auch wenn die prophetischen Bücher mittlerweile auf dem Kapitol in Rom eine neue Heimat gefunden hatten (→ Kasten, S. 85). Außerdem war die Kolonie, die in römischer Zeit *Cumae* genannt wurde, Keimzelle des Apollon-Kults, der sich von Kyme-Cumae in der römischen Welt verbreitete. Die Fundamente des Apollon-Tempels gehören zu den eindrücklichsten Resten der einstigen griechischen Stadt.

Die leider mit öffentlichen Verkehrsmitteln schwierig erreichbare Ausgrabungsstätte besticht sowohl durch ihre Ausdehnung als auch durch ihre Vielschichtigkeit. Eine 800 m lange Stichstraße führt, flankiert vom fußballfeldgroßen Areal aus römischer Zeit, zum Kassenhaus. Hinter dem Eingang quert man zunächst ein fast haushohes Tuffsteingewölbe, bevor sich die Wege in drei Richtungen verzweigen. Nach links geht es in die **Grotte der Sibylle** (*Antro della Sibilla*): Es handelt sich um einen ca. 130 m langen und nur spärlich beleuchteten Gang, von dem diverse Abzweigungen in verliesähnlichen Kammern enden. Am hinteren Ende zur Linken dürfte sich die antike Orakelstätte befunden haben. Der halblinks ansteigende Treppenweg führt, vorbei u. a. an mehreren Aussichtsplattformen und den Resten des Apollon-Tempels, auf die bewaldete Kuppe des **Akropolis-Hügels** mit den eindrucksvollen Resten des Zeus-Tempels aus dem 6. Jh. v. Chr. Der Ausblick auf die Küste und auf das ländlich geprägte Umland entlohnt für die Mühen des Anstiegs. Die dritte Wegalternative leitet Besucher auf Treppen in einen grottenähnlichen Gang (*Crypta Romana*). Es handelt sich um einen kleinen Teil des weitläufigen Tunnelverbindungssystems, das der geniale Militärstratege Agrippa (→ S. 82) im Auftrag des späteren Kaisers Augustus anlegen ließ. Weil das Projekt nicht zum Abschluss geführt wurde, nutzte die frühchristliche Gemeinde diesen Höhlengang als Friedhof. Sollte zukünftig die äußere Römerstadt zur Besichtigung freigegeben werden, können Besucher durch das Grottenverlies direkt zum Forumsareal vorstoßen.

■ Besichtigung **Parco Archeologico.** Tägl. 9 Uhr bis 1 Std. vor Sonnenuntergang. 4 €, erm. 2 €, Kombiticket mit Amphitheater in Pozzuoli sowie Thermen und Kastell in Baia (gültig an 2 aufeinanderfolgenden Tagen) 8 €, erm. 4 €. Via Monte di Cuma 1, www.pafleg.it.

Anfahrt/Verbindungen Pkw. Der Weg nach Cuma ist von Baia (Ortsteil Fusaro) ausgeschildert.

Bahn. Der Circumflegrea-Bahnhof zwischen Küste und Ausgrabungsstätte eignet sich nur bedingt als Option, da die Vorortbahn von Neapel nur von Juli bis Sept. an Sonn- und Feiertagen verkehrt.

Bus. Vom Cumana-Bahnhof in Pozzuoli (Via Miliscola–Fasano) mit der Linie P12R nach Licola. Abfahrten ca. alle 2 Std., 14-mal tägl., sonn- und feiertags 8-mal. Oder mit dem EAV-Bus vom Cumana-Bahnhof Fusaro, die Haltestelle befindet sich schräg gegenüber vom Eingang zum Casino Reale (→ S. 81).

Essen & Trinken Bar dell'Acropoli. Einkehr mit gemütlichen Sitzplätzen im schattigen Garten an der Bushaltestelle zu Beginn der Stichstraße. Getränke und kleine Snacks, auch Weinverkauf mit guter Auswahl. Via Monte di Cuma 1 (SP Cuma–Licola), ℘ 081-8040382.

Bücherverbrennungen in der Antike: die Sibylle von Kyme

Im Altertum galt die Sibylle als wahrsagende Tempelpriesterin, die ihr Werk in der Regel zurückgezogen in einer Grotte verrichtete. Der Sibyllen-Kult entstand wahrscheinlich ursprünglich in Persien und gelangte über Griechenland ins Abendland. Im 1. Jh. v. Chr. differenzierte der römische Historiker Marcus Terentius Varro in einem seiner Werke nicht weniger als zehn Sibyllen – die wichtigste in Italien war die Sibylle von Kyme. Seit dem 6. Jh. v. Chr. stand sie dem Orakel an der Küste Kampaniens vor. Vergil und Ovid erwähnten sie in ihren Werken, und Varro überlieferte eine Episode aus dem 5. Jh. v. Chr., demzufolge Sibylle von Kyme einst neun Bücher mit Weissagungen besaß. Die Tempelpriesterin bot dem römischen König Tarquinius Superbus an, die wertvollen Bücher zu kaufen, worauf dieser zunächst ablehnte, dann jedoch zugriff, als sie damit begann, fragliche Werke zu verbrennen. Auf diese Weise gelangte ein Rest dieser Bücher nach Rom und wurde im Jupiter-Tempel auf dem Kapitol sorgfältig verwahrt. In Krisensituationen, Katastrophen und bei Auftreten unheilvoller Omen wurden die **Sibyllinischen Bücher** regelmäßig zu Rate gezogen; zu ihrer Bewachung wurden zwei, später sogar zehn Wächter bestallt. Sämtliche Schutzpräventionen konnten indes nicht verhindern, dass die Schätze 83. v. Chr. beim Brand des Jupiter-Tempels verloren gingen. Die pragmatischen Römer ersetzten anschließend den Verlust umgehend durch eine neue Sammlung prophetischer Weissagungen.

Procida und die Phlegräischen Felder → Karte S. 72

Procida: Paradeblick auf die Marina di Corricella

Insel Procida

Kühn steht die Abtei des Erzengels Michael an der Felskante und blickt vom höchsten Punkt der Insel über den Golf. Rundherum mittelalterliche Häuser mit Patina, in den Gassen trocknet die Wäsche. Auf halbem Weg zur Kirche blickt man von der Kanonenbastion auf die wunderbare Marina di Corricella mit ihren verschachtelten Würfelhäusern.

Das kleinste Eiland im Golf von Neapel ist ein Reiseziel für Individualisten. Der Tourismus spielt hier eine Nebenrolle, denn traditionell leben die *Procidani* von der Seefahrt: Seit Generationen rekrutieren die italienische Marine und Reedereien aus vielen Ländern der Erde Offiziere, Matrosen u. a. Bootspersonal von der Insel. Außerdem nennt die Insel eine nennenswerte Fischfangflotte ihr Eigen. Das bezaubernde Fischerflair lässt sich am besten am Bilderbuchhafen **Marina di Corricella** erleben, wo Boote vor dem Hintergrund des Festungshügels im klaren Meerwasser vor Anker liegen und die Fischer tagsüber ihre Netze flicken. Fischfangquoten und der verstärkte Rückgriff der Reedereien auf Billiglohnkräfte aus Schwellenländern ließen allerdings in jüngerer Zeit die Einnahmen weniger üppig sprudeln. Vor diesem Hintergrund gewinnt der Tourismus eine neue Bedeutung, wobei mitnichten zu befürchten steht, dass die Öffnung der Insel mit der Preisgabe der eigenen Identität einhergeht. Denn genau das ist es, was Gäste an Procida schätzen und lieben: eine Insel, die sich ihre Ursprünglichkeit bewahrt und den bodenständigen Charme nicht eingebüßt hat. Eine Massendestination wird aus Procida ohnehin niemals werden, dafür fehlen die nötigen Zutaten. Das Eiland verfügt weder über Thermen wie Ischia, noch ist hier etwas vom hochtrabenden Jet-set-Esprit Capris zu spüren.

Auf einer Fläche von nur 4,1 km² leben ca. 10.500 Menschen, was einer relativ großen Bevölkerungsdichte entspricht. Procida ist das geologische Bindeglied zwischen Ischia und der Küste westlich von Neapel mit dem Kap von Miseno. Außerdem ist die Insel ein integraler Teil des Regionalparks *Campi Flegrei*. Die meisten besuchen das Eiland im Rahmen eines Tagesausflugs und bleiben nur für wenige Stunden. Wer länger verweilt und sogar auf Procida nächtigt, lernt weitere faszinierende Facetten der Inselschönheit kennen: die Abendstimmung an der Marina di Corricella, die Strände rund um die Marina Chiaiolella und die verschwiegenen Zitronengärten im Innern der Insel. Egal, ob Stippvisite oder längerer Ferienaufenthalt – jeder Besucher landet zunächst mit der Fähre an der **Marina Grande.** Der an der Inselnordseite gelegene Hafen wird von einer Zeile verwitterter Häuser gesäumt, die schon mal einen kleinen Vorgeschmack auf mehr gibt. Hier konzentriert sich ein gewichtiger Teil der Infrastruktur, häufig geht es laut und hektisch zu, kein Ort zum Bleiben also, weshalb die meisten Besucher umgehend den Schildern Richtung Abbazia San Michele folgen und sich auf den (zuweilen schweißtreibenden) Weg zur **Terra Murata** begeben. Auf halber Strecke zum Altstadthügel erweitert sich die verkehrsberuhigte Gasse zur **Piazza dei Martiri** mit der Statue des Risorgimento-Protagonisten Antonio Scialoja in der Mitte. Als Finanzminister gehörte er der zweiten Regierung des frisch vereinigten Königreichs Italien an; er starb 1877 hier auf der Insel. Von der Piazza zweigt die Via San Rocco in Richtung Corricella, dem alten Fischerhafen auf der anderen Inselseite, ab. Um zur historischen Keimzelle Procidas – der **Terra Murata** – zu gelangen,

geht es von der Piazza weiter stramm bergauf. Man passiert den kuppelbekrönten Santuario Santa Maria delle Grazie und genießt anschließend von der Kanonenbastion den Paradeblick auf Corricella, bevor das Sträßchen einen Knick macht und das Altstadttor passiert. Auf dem Altstadthügel empfiehlt sich natürlich der Besuch der **Kathedrale,** die dem hl. Erzengel Michael geweiht ist und von den umliegenden Wohngebäuden bis zur Unkenntlichkeit zugebaut ist.

Zwei Inselbuslinien steuern auf verschlungenen Routen den abgelegenen Inselteil mit dem für Reisende aus dem Norden wegen der zahlreichen Vokale nur schwierig aussprechbaren Namen **Chiaiolella** an. Der Abstecher lohnt sich besonders für Wasserratten, denn vom kreisrunden Jachthafen – ein ehemaliger Vulkankrater – sind die schönsten Inselstrände zugänglich. Der beliebteste und deshalb auch meistfrequentierte Sandstrand ist die Spiaggia del Ciracciello. Zwei Tuffsteinfelsen im Wasser mit Wahrzeichencharakter bilden die Grenze zur etwas ruhiger gelegenen Spiaggia del Ciraccio. Eine Handvoll Hotels, Restaurants und Lidos komplettieren das Freizeitareal der Insel. Außerdem befindet sich an der Marina di Chiaiolella der Brückendamm zur vegetationsreichen **Insel Vivara.** Das ca. 0,4 km² große, sichelförmige Eiland ist der Rest eines vor rund 55.000 Jahren entstandenen Kraters und steht unter Naturschutz. Gegenwärtig darf das Inselchen nicht betreten werden.

Geschichte

Aus der Antike finden sich auf Procida nur spärliche Spuren. Mit Sicherheit aber war die Insel von Griechen und Römern bewohnt, man kultivierte u. a. Wein und erbaute Ferienvillen am Strand. Nach dem Zusammenbruch des Römischen Reichs wandelte sich Procida unter byzantinischer Herrschaft

Eine Insel wie eine Leinwandkulisse: Procida als Drehort

Eigentlich muss man am Setting nicht mehr viel ändern, denn die ästhetisch geschlossene Architektur von Procida schafft den perfekten Rahmen für die Verfilmung nostalgischer, sozialromantischer Genreszenen. Der bekannteste Streifen, der 1994 teilweise auf Procida gedreht wurde, ist **„Der Postmann"** *(„Il Postino")*. Der Film spielt in den 1950er-Jahren und erzählt vom Dichter Pablo Neruda, der sein Exil auf den Liparischen Inseln verbringt. Auf einer tieferen Ebene handelt das cineastische Werk von Freundschaft, Liebe und der Funktion von Kunst im Lebensalltag. Zahlreiche Stelltafeln auf der Insel weisen auf Drehorte hin oder erzählen Anekdoten im Zusammenhang mit den dreimonatigen Dreharbeiten. Bei einigen Szenen wirkten Einheimische als Statisten mit, Hauptdarsteller Massimo Troisi starb nur einen Tag nach Ende des Drehs an einem Herzinfarkt. 2010 benannte die Kommune einen Platz in Corricella nach dem Schauspieler *(Piazza Massimo Troisi)*. An den Film erinnert heute ferner die *Spiaggia del Postino* am Pozzo Vecchio.

Ein weiteres Leinwandepos, das 1999 zu einem kleineren Teil auf der Insel entstand, ist **„Der talentierte Mr. Ripley"** *(„The Talented Mr. Ripley")*. An der Verfilmung des gleichnamigen Kriminalromans von Patricia Highsmith war ein Staraufgebot an Schauspielern beteiligt – u. a. Jude Law, Cate Blanchett, Matt Damon und Gwyneth Paltrow. Drehorte waren u. a. die Piazza Marina Grande und die Piazza dei Martiri.

Erinnerungen an eine Sternstunde der Filmgeschichte

zum Inselasyl für jene Festlandbewohner, die vor dem langobardischen Eroberungszug hierher flüchteten. Die heutige dichte Besiedelung hat in dieser Zeit ihren Ursprung. Der vom Meer her uneinnehmbare Berg, die heutige Terra Murata, war für eine Befestigung wie geschaffen, was jedoch nichts daran änderte, dass die Insel nach üblichem historischem Strickmuster nacheinander an die Normannen, Staufer, Anjous und Aragonesen fiel. Immer wieder war Procida Ziel von Angriffen osmanischer Korsaren. Besonders heftig fielen die Verwüstungen 1534 beim Einfall des Flottenadmirals Khair ad-Din aus, dessen Beiname *Barbarossa* nichts mit dem gleichnamigen Stauferkaiser zu tun hatte. Zahlreiche Inselbewohner wurden versklavt, ihre Häuser zerstört. Erst gegen Ende des 16. Jh. nahm die Zahl der Piratenangriffe ab. Als Reaktion auf die Überfälle verstärkten die Vizekönige die Befestigungen, die Terra Murata erhielt ihr heutiges Gesicht. Im 18. Jh. wandelten die Bourbonen das einstige Feudallehen Procida in ein königliches Jagdgebiet um. Außerdem legten sie die Basis für die Marine- und Seefahrtstradition, indem sie ihre Flottenaktivitäten hierher verlagerten. Es begann eine Blütezeit, in deren Folge die Bevölkerungszahl am Ende des Jahrhunderts auf 16.000 Einwohner anstieg.

Sehenswertes

Die wichtigsten Sehenswürdigkeiten befinden sich innerhalb der **Terra Murata.** Die „gemauerte Erde" (*terra murata*) auf dem steilen Felsen über dem Meer ist das urbane, kulturelle und strategische Zentrum der Insel und ersetzte in der frühen Neuzeit eine mittelalterliche Siedlung an gleicher Stelle. Letztere gruppierte sich um die Abtei der Benediktiner, von der noch einige wenige Spuren erhalten geblieben sind (→ unten). Die Terra Murata besteht aus betagten, teils leerstehen-

In der Abtei San Michele

Procida und die Phlegräischen Felder → Karte S. 72

den Wohnhäusern, Befestigungswällen, Sakralbauten und Residenzen des weltlichen und kirchlichen Adels.

Palazzo d'Avalos: Bis zum Beginn des 18. Jh. lenkte die Familie d'Avalos für zwei Jahrhunderte die Geschicke der Insel. Der gleichnamige Renaissance-Palazzo aus dem 15. Jh. in der Terra Murata fungierte als deren Residenz, die 1830 in ein Gefängnis umgewandelt wurde. Bis 1988 war das Gefängnis in Betrieb. Die Zellen, Gärten und Trakte können im Rahmen einer Führung nach Voranmeldung besichtigt werden.

◾ Tägl. außer Mo 9.30–14 Uhr. 10 €, erm. ab 5 €. Via Terra Murata 33, ✆ 333-3510701, visite davalos@comune.procida.na.it.

Abbazia di San Michele: Die vollständig mit den umliegenden Wohngebäuden der Terra Murata verschmolzene Kathedrale ist am besten vom Boot oder von der Terrasse des benachbarten Museums aus erkennbar. Der Sakralbau geht auf eine im 10. Jh. gegründete Benediktinerabtei zurück, deren

Fundamente erhalten sind. Die heutige Kirche liegt auf einem Felsen ca. 90 m über dem Meer und ist ein „Neubau" aus dem 16. Jh., nachdem osmanische Korsaren (→ Geschichte) die alte Abtei zerstört hatten. Weil der dreischiffige Bau über keine Fassade verfügt, betritt man den Innenraum auf der Chorseite. Dabei queren Besucher das Päpstezimmer – mit den Konterfeis diverser Päpste und Kardinäle.

Den kunstvollen Majolikafußboden schuf derselbe Meister, der bereits bei der Gestaltung des Kreuzgangs Santa Chiara in Neapel federführend beteiligt war. Eingelassen im Fußboden sind die Grabplatten mit den Farben der vier traditionellen Bruderschaften (weiß, rot, gelb und tiefblau). Im Chor flankieren die Statue des Erzengels zwei Ölgemälde aus dem Jahr 1690. Sie dokumentieren das Zutun Michaels bei der Befreiung der Insel vom osmanischen Herrschaftsintermezzo. Hervorzuheben sind ferner die vier Seitenkapellen auf der – vom Chor aus betrachtet – rechten Seite und das archaische Taufbecken an der hinteren Rückwand: Das Becken aus Marmor nutzten ursprüng-lich Griechen aus Euböa, um dem Gott Dionysos Wein zu spenden.

Vom Innenraum führt eine Treppe zur Bibliothek mit ca. 8000 Folianten. Die Bibliothek und zwei ältere Kapellen mit einem Beinhaus der Unterkirche sind momentan aus baulichen Gründen nicht zugänglich. Im Beinhaus wurden einst die Toten mumifiziert und in der Osmanenzeit angeblich sogar über eine Rampe *(scolatoio)* direkt ins Meer „entsorgt".

▪ Di–Sa 10–12.45 und 15–17 Uhr, So/Mo 10–12.45 Uhr. Via San Michele, www.abbazia sanmicheleprocida.it.

Casa di Graziella (Museo): Das Heimatmuseum in der 2. Etage eines Palazzo neben der Abtei erinnert an den französischen Lyriker Alphonse de Lamartine. Während seiner Italienreise 1811/12 pflegte er mit einem Mädchen aus Procida eine amouröse Eskapade, die er Jahrzehnte später in seinem Roman „Graziella" aufarbeitete. Die Ausstellung zeigt in mehreren Räumen Küchenutensilien und Einrichtungsaccessoires aus dem 19. und frühen 20. Jh., von der Dachterrasse entfaltet sich ein wunderbares 360-Grad-Panorama.

Malerische Genreszenen an der Marina Corricella

Procida und die Phlegräischen Felder → Karte S. 72

■ Nov. bis März 10–13 Uhr, April bis Okt. 10–13 und 15–17 Uhr, Juli/Aug. nachmittags 16–18 Uhr, So nachmittags und Mo zu. 3 €.

Marina Corricella: Der älteste Fischerort der Insel liegt in einer sichelförmigen Bucht zwischen der Terra Murata und der Punta Pizzaco. Den schönsten Ausblick auf das ästhetisch und atmosphärisch einzigartige Ensemble genießt man von der Kanonenbastei am Aufgang zur Terra Murata. Die in unterschiedlichen Farbtönen getünchten Häuser mit ihren Treppchen, Loggien, Kuppeldomen und Balkonen stapeln sich dicht an dicht am Steilhang und spiegeln sich bei ruhiger See im Hafenbecken – ein Fest für Maler, Filmemacher, Fotografen oder solche, die das beschauliche Fischerflair einfach nur für sich genießen wollen. Corricella ist autofrei und nur über Treppenwege bzw. abschüssige Pflasterstraßen zu erreichen. Mittags und abends beleben sich die Fischrestaurants am Hafen, die selbstverständlich alle bei guter Witterung Tische und Stühle nach draußen stellen. Die vielleicht beste Zeit für einen Besuch ist der spätere Nachmittag oder frühe Abend, wenn Einheimische in Grüppchen beisammenstehen und parlieren, derweil die Kinder daneben Fußball spielen.

Basis-Infos

Information Das **Infobüro** befindet sich neben den Fährticketschaltern am Hafen. Tägl. 10–18 Uhr (allerdings nicht zuverlässig geöffnet). Stazione Marittima, ✆ 081-8960454, www. visitprocida.com.

Verbindungen Pkw. Das Auto ist auf Procida nutzlos und sollte deshalb besser auf dem Festland bleiben.

Bus. Die Inselbusse starten an der Marina Grande hinter dem Fährterminal. Linie C 2 fährt zur Terra Murata, Linien L 1 sowie L 2 steuern Chiaiolella an. Einzelticket 1,50 €.

Schiff. Ein Verbindungsrechner im Internet befindet sich auf der Seite des Infobüros (→ oben). Autofähren von Ischia Porto und Casamicciola Terme und von Neapel und Pozzuoli. Schnellboote *(aliscafi)* von Neapel. Preisbeispiel: Schnellboot von/nach Neapel 14,40 € (einfache Fahrt). Gebühr für Gepäck 1,50 €, die Aufenthaltssteuer von 2 € wird automatisch auf den Fährpreis aufgeschlagen.

Fährgesellschaften: Caremar (www.caremar.it), Aliscafi/SNAV (www.snav.it), Medmar (www. medmargroup.it), Gestour (www.minicrociere gestur.com).

Taxi. Taxistände am Hafen (Fährterminal) und in Chiaiolella. ✆ 360-297048, www.taxiprocida.it.

Gepäckaufbewahrung Miratour. 5 €/Tag für ein Gepäckstück, das Reisebüro am Hafen gibt auch nützliche Informationen. Tägl. außer So 9.30–13 und 16–19 Uhr. Via Roma 104, ✆ 081-8968089.

Mietfahrzeuge Fahrräder/Scooter. Die Agentur „General Rental" am Fährhafen verleiht E-Bikes (20 €/Tag) sowie Scooter (30–35 €). Tägl. 8.30–20 Uhr. Via Roma 112, ✆ 081-8101132, www.generalrental.it.

Ärztliche Versorgung Guardia medica. Via Libertà, ✆ 081-8101213.

Veranstaltungen Settimana Santa. Die Karfreitagsprozession auf Procida gehört zu den berühmtesten in ganz Italien! Im Zentrum steht der „Umzug der Mysterien" *(Prozessione dei Misteri)* mit überlebensgroßen Figuren, die von Einheimischen in liebevoller Handarbeit hergestellt werden. Ebenfalls von Bedeutung ist die Prozession am Gründonnerstag unter Beteiligung der Bruderschaft der Weißen *(Confraternita dei Bianchi)*. Der Veranstalter des großen Mysterienumzugs am Freitag ist die traditionsreiche *Congregazione dei Turchini*; zwei betende Brüder sind sogar auf dem Majolikafußboden der Kathedrale verewigt. Wegen des frühen Beginns der Prozession sollte man zuvor die Nacht auf der Insel verbringen!

Sagra del Mare. Das Traditionsspektakel erinnert an die Beziehung der Insel zur Seefahrt. Samstag wird aus den Inselschönheiten die *Graziella* (→ S. 90 f.) gekürt, Sonntagabend endet das Fest traditionell mit einem Konzert an der Marina Grande. Letztes Wochenende im Juli.

Patronatsfest. Zu Ehren des Erzengels Michael. 8. Mai und 29. Sept.

Baden/Wassersport Baden. Die Strände in Hafennähe, die *Spiaggia della Silurenza* im Norden und der dunkle Kiesstrand *Chiaia* im Süden, sind weniger empfehlenswert. Etwas einladender ist die *Spiaggia del Postino* (→ Kasten, S. 88) an der Cala del Pozzo Vecchio.

Spiaggia del Ciracciello e Ciraccio. Ein lang gestrecktes, relativ schmales Sandstrandband verbindet die Punta Serra mit der Brücke zur Halbinsel Vivara. Das Bademekka Procidas ist auch wegen des flachen Wassers rundum familientauglich, Bagni und Restaurants sorgen für die nötige Infrastruktur.

Kajaktouren. Die Organisation ASD Kayak Procida bietet u. a. geführte Inselumrundungen an. Die Runde dauert 4 Std., die Basis befindet sich am Ciracciello-Strand. Via Marina Chiaiolella 30, ☏ 348-3487880, www.procidainkayak.it.

Übernachten

**** Albergo La Vigna 2 Restaurierter Palazzo am Ende einer Seitengasse im Centro storico zwischen Hafen und Terra Murata, 13 geräumige und komfortable Zimmer, einige mit Terrassenzugang, ein großes Plus ist der weitläufige Weingarten mit Sitzplätzen nach hinten raus. Wellnessbereich, Frühstück in der ehemaligen Kapelle. DZ ab 90 €. Via Principessa Margherita 46, ☏ 081-8960469, www.albergolavigna.it.

meinTipp ***** Hotel Solcalante** 9 Familiengeführtes Hotel in einem umgebauten Bauernhaus oberhalb der Spiaggia del Ciraccio. 12 Zimmer, die schönsten mit großer Gartenveranda, weitläufiger und gepflegter Garten mit Sonnenterrasse sowie Bar, kleiner Spa-Bereich. Das Restaurant **Acqua Pazza** 9 („Verrücktes Wasser") kredenzt inseltypische Gerichte und steht auch Gästen von außerhalb zur Verfügung. Ganzjährig geöffnet. DZ ab 90 €. Via Serra 1, ☏ 081-8101856, www.solcalante.it.

*** Hotel La Corricella 8 Empfehlenswertes Mittelklassehotel und einzige Quartieroption an der Marina Corricella. 9 Zimmer mit Terrasse in einem verschachtelten Altbau oberhalb der Hafenzeile, das Restaurant **La Lampara** 8 gehört zu den besten Einkehroptionen auf Procida. Mitte März bis Okt. geöffnet. DZ ab 80 €. Via Marina Corricella 88, ☏ 081-8960609 (Ristorante) bzw. 081-8967575 (Hotel), www. hotelcorricella.it.

Essen & Trinken
5 Caracalè
6 Il Maestrale
7 Il Postino
8 La Lampara
9 Acqua Pazza
10 La Pergola
11 Pizzeria Fuego

Cafés
1 Dal Cavaliere
7 Il Postino

Übernachten
2 La Vigna
3 Casa Terra Murata
4 Camping Punta Serra
8 La Corricella
9 Solcalante

Procida

500 m

B&B Casa Terra Murata  Hoch gelobtes Privatquartier in der Terra Murata, einzige Option auf dem historischen Stadthügel. Moderne Innenausstattung, freundlich und professionell geführt, 8 verschiedenfarbig gestaltete Komfortzimmer im sanierten Altbau. Kooperation mit dem Lido Vivara am Ciracciello-Strand. DZ ab 75 €. Via San Michele 9, ☏ 081-8969385, www.terramurata.it.

Camping Punta Serra **4** Schattiger Platz in einem ruhigen Teil der Insel gelegen, die Strände von Pozzo Vecchio und Ciraccio liegen in bequemer Reichweite. Klein und familiär, einfache Ausstattung, Bushaltestelle vor dem Eingang. Juni bis Sept. geöffnet. 2 Pers. und Zelt ab 20 €. Via Serra 4, ☏ 081-8969519.

Essen & Trinken

Eine inseltypische Gebäckspezialität heißt *Lingua di Procida*. Die zungenförmigen Blätterteigteilchen gibt es mit unterschiedlichen Füllungen, z. B. Limonencreme; am besten schmecken sie in den Bars an der Marina Grande. Zitronen aus Procida sind auch unverzichtbarer Bestandteil der Meeresküche. Eine beliebte Sommerspezialität ist Zitronensalat *(Insalata di Limoni di Procida)*. Von den Gärten der Insel finden auch Wein und Artischocken den Weg in die örtlichen Gastronomiebetriebe.

Ristorante Caracalè **5** Der Name „Schöner Platz" ist keineswegs übertrieben, denn der Blick auf den Hafen von Corricella ist hier in der Tat berauschend. Geschmackvoll dekorierte Tische, stilvoll gestalteter Innenraum, vorzügliche Fischküche. Menü um 30 €. Di Ruhetag, Juli/Aug. tägl. geöffnet. Via Marina di Corricella 62, ☏ 081-8969192.

Il Postino **7** Volkstümliches Restaurant an der Marina di Corricella, freundlich, herrlich unaufgeräumter Innenraum, Requisiten aus dem gleichnamigen Film an der Wand. Der Schwerpunkt liegt auf frischer Meeresküche. Tische und Stühle draußen auf der stimmungsvollen Hafenmole. Menü um 25 €. Tägl. ab 8 Uhr. Via Marina di Corricella 43, ☏ 339-4006579.

MeinTipp **Ristorante La Pergola** **10** Ländliches Ausflugsrestaurant oberhalb der Spiaggia del Ciraccio. Freundliche, unverfälschte Gastlichkeit, rustikales Innenleben, herrliche Außenplätze unter einer Zitronenpergola. Neben Fisch- sind frisch zubereitete Kaninchengerichte Spezialität des Hauses. Menü ab 30 €. Mo Ruhetag, öffnet ab 20 Uhr, So ab 13 Uhr. Via Salette 10, ☏ 081-8969918.

Il Maestrale **6** Das Fischrestaurant ist eindeutig der Platzhirsch an der Restaurantzeile am Hafen von Corricella. Im Sommer mittags oft brechend voll, exquisite Meeresküche, auch vegane sowie glutenfreie Meeresfrüchtegerichte. Außen-

sitzplätze auf der urgemütlichen Piazzetta. Menü ab 25 €. Tägl. außer Mo mittags und abends. Via Marina di Corricella 29, ☏ 081-8101889.

Pizzeria Fuego **11** Modern gestaltete Einkehr für ein jüngeres Publikum an der Hafenzeile in Corricella. Krosse Holzofenpizza satt, auch fantasievolle Geschmacksvarianten. Dazu frische Fischgerichte von ausgezeichneter Qualität, große Craft-Bier-Auswahl. Freiplätze auf dem Trottoir. Pizza ab 5 €. Di Ruhetag, ansonsten mittags und abends. Via Marina di Corricella 45, ☏ 081-1869556.

Bar Dal Cavaliere **1** Kaffee- und Cocktailbar gegenüber der Kirche an der Marina Grande. Große Terrasse mit Hafenblick, verführerische Süßwarentheke, der perfekte Ort, um sich die Wartezeit auf die Fähre zu vertreiben. Tägl. von 6 Uhr bis tief in die Nacht geöffnet. Via Roma 42, ☏ 081-8101074.

Treppe zur Marina di Corricella

Procida und die Phlegräischen Felder ↓ Karte S. 72

Ischia

Dank der Thermalquellen und der schönen Strände blickt Ischia auf eine lange Tradition als Ferienziel zurück. Die vulkanische Erde sorgt für üppig blühende Gärten, das Klima ist ganzjährig mild auf der größten Insel im Golf von Neapel.

Fläche: 46,3 km²

Einwohner: ca. 67.500

Hauptort: Ischia Porto

Höchste Erhebung: Monte Epomeo (789 m)

Internet: www.ischia.it

Die Insel ist die bekannteste Badedestination im Golf von Neapel und eignet sich wie kein anderes Ziel als Standortquartier für einen längeren Ferienaufenthalt. Einst als Kurinsel für ältere Semester aus dem deutschsprachigen Raum – Stichwort: Fangopackungen – bekannt geworden, öffnete sich Ischia in jüngerer Zeit für andere Zielgruppen: Auch Familien mit Kindern sowie jüngere Menschen amüsieren sich inzwischen hier prächtig, ohne dass die Insel ihre eigene Identität preisgab. Das Preisniveau ist moderat, die touristische Infrastruktur lässt nur wenige Wünsche offen. Neben Baden steht Wandern hoch im Kurs, gleichwohl die Wege nicht immer leicht zu finden sind. Größere Küstenorte wie Ischia Porto oder Forio bieten hohe Lebensqualität und vielfältige Einkaufsmöglichkeiten, in ländlich geprägten Regionen auf der Südhälfte dominiert die Landwirtschaft. Ischia ist ein bekanntes Weinanbaugebiet und der erste Flecken Italiens, der in der Antike durch griechische Seefahrer besiedelt wurde. Den schönsten Blick auf die Insel genießt man vom Gipfel des Monte Epomeo – mit fast 800 m die höchste Erhebung Ischias.

Zwar gibt es auch auf Ischia einiges zu sehen, kulturelle Sehenswürdigkeiten geben jedoch ausnahmsweise einmal nicht den Ton an. Die Insel ist ein Gesamtkunstwerk – mit einer bezaubernden Landschaft, stimmungsvollen Städtchen, freundlichen Bewohnern sowie wunderschön gelegenen Stränden. Die wichtigste Inselressource sind jedoch die Thermalquellen (→ Kasten, S. 101), die den Touristenboom so recht erst ermöglichten. Einige Hotels und Gästehäuser verfügen über ein eigenes Thermalbad, schöner ist das Badeerlebnis jedoch in einer öffentlichen

Therme: Die größte und bekannteste sind die „Poseidon-Gärten" – mit über 20 Wasserbecken, einer 6 ha großen Terrassenlandschaft sowie einem 500 m langen Privatstrand!

Die Saison erstreckt sich von Ostern bis Oktober, im Winter sind die Thermalbäder und die meisten Quartiere geschlossen. Bestes Fortbewegungsmittel ist der öffentliche Bus, ein entspanntes Vergnügen ist die Inselrundfahrt mit dem Scooter, den es in allen größeren Orten für wenig Geld zu leihen gibt.

Wie hinkommen?

Die günstigsten Häfen für eine Überfahrt mit Fähre oder Schnellboot sind Neapel und Pozzuoli. Im Sommerhalbjahr ist Ischia zudem regelmäßig mit Capri verbunden. Die Autofähren von Neapel und Pozzuoli legen häufig auf dem Weg einen Zwischenstopp auf Procida ein (→ S. 86 ff.).

Was anschauen?

Castello Aragonese: Das kulturelle Wahrzeichen liegt spektakulär auf einem steilen Lavafels im Meer, verbunden mit dem Ort Ischia Ponte durch einen Brückendamm. Bei dem Kastell handelt es sich nicht um eine Burg im eigentlichen Sinn, sondern um eine ehemalige Stadt, die im Mittelalter und in der frühen Neuzeit die bedeutendste Siedlung der Insel war. → S. 135 f.

Giardini La Mortella: Der Landschaftspark auf halber Strecke zwischen Forio und Lacco Ameno lässt nicht nur Botanikerherzen höherschlagen. Seit 1991 ist das vormalige Privatrefugium des britischen Komponisten William Walton öffentlich zugänglich. Auf einer Fläche von 2 ha sind über 3000 Pflanzenarten beheimatet; Bäche, Brunnen, Fontänen und ein Museum komplettieren das Kunstwerk. → S. 117

Villa Arbusto: Die Keimzelle der griechischen Besiedelung befand sich in der Peripherie des heutigen Küstenortes Lacco Ameno. Die archäologischen Hinterlassenschaften aus der Antike werden in einem kleinen, aber sehenswerten Museum präsentiert, von dem man einen schönen Blick auf den Ort genießt. Wichtigstes Exponat ist der sog. Nestorbecher. → S. 112

Wo baden?

Spiaggia dei Maronti: Der längste und populärste Strand! Lidos mit Bar und Restaurants sorgen für das nötige Ambiente, in der Saison verkehrt zwischen dem Strand und dem Küstenort Sant' Angelo das Taxiboot. → S. 125

Baia di San Montano: Viele bezeichnen die Bucht bei Lacco Ameno als schönsten Strand. Zur Hälfte müssen sich Wasserratten ihn aber mit der mondänen Negombo-Therme teilen. → S. 110 f.

Baia di Cartaromana: Ein Ziel für Individualisten ist die mit dem Taxiboot von Ischia Ponte zugängliche Bucht, die bereits von den Römern als Hafen genutzt wurde. → S. 135

Procida/Pozzuoli/
Neapel

Perrone
Bagnitielli
**Castiglione
Parco Termale**

**Casamicciola
Terme**

M. Rotaro
266

M. Montagnone

**Ischia
Porto**

Punta Molino

*Spiaggia dei
Pescatori*

**Ischia
Ponte**

**Castello
Aragonese**

M. Toppo

Scogli di
Sant'Anna

M. Trippodi

Cartaromana

S. Michele

Fiaiano

Aquädukt

S. Antuono

Pilastri

Campagnano

*Punta
Pisciazza*

Torre di Sopra

Buonapane

Barano

Piedimonte

*Madonna di
Montevergine*

M. di Vezzi
400

rodi-
uelle

Vatoliero

Piano Liguori

S. Pancrazio

*Punta della
Cannuccia*

Testaccio

M. Barano

*Scarrupata
(Steilküste)*

aronti

M. Cotto

*Punta
S. Pancrazio*

*Punta
della
Signora*

*Capo
Grosso*

350 m

Ischia

Ischia – Blick vom Hafen von Forio auf den Monte Epomeo

Die Thermeninsel

Hier kommt schon in wenigen Minuten nach der Ankunft Urlaubsstimmung auf: Die traditionsreiche Kur- und Ferieninsel führt ein Eigenleben im Golf von Neapel und hat atmosphärisch nur wenig gemein mit der pulsierenden Metropole und den wirtschaftlich-sozialen Problemen auf dem Festland. Der Eindruck, den Reisende bereits bei der Ankunft erhalten, verfestigt sich im Verlauf des Aufenthalts: Ischia ist ein properes, recht dicht besiedeltes Eiland mit gepflegten Häusern sowie üppigen Gärten. Klima und Topografie sorgen jedoch für ein starkes Ungleichgewicht in der Besiedelung, denn das Gros der Bevölkerung lebt auf der Nordseite. Das Städteband zwischen dem Castello Aragonese im Osten und der Altstadt von Forio im Westen entpuppt sich verkehrsreich und zersiedelt. Ganz anders präsentiert sich der spärlich besiedelte Inselsüden, der stark von der Landwirtschaft geprägt ist. Die Steilküsten im Süden lassen eine Bebauung nur in Ausnahmefällen zu, z. B. im sehenswerten Ort **Sant'Angelo,** der nicht zufällig zu den populärsten Ausflugszielen Ischias zählt. Bundeskanzlerin Angela Merkel verbringt hier regelmäßig ihren Osterurlaub. Auch der längste und beliebteste Sandstrand, die *Spiaggia dei Maronti*, befindet sich im Inselsüden. Hier geht es deutlich geruhsamer zu als im Norden; auf entlegenen Terrassen gedeihen auf fruchtbarer Vulkanerde Wein, Tomaten und Artischocken; die dreirädrige *ape* („Biene") – Lieblingsfortbewegungsmittel der Bauern auf dem Weg zu den Feldern – dominiert den Alltag. Auch auf der Nordseite der Insel sind diese wendigen Zweitakter verbreitet, allerdings in anderer Funktion: als **Mikrotaxi.** Die schmucken Fahrzeuge sind ein beliebtes Fotomotiv und können bis zu sechs Personen transportieren. Die Fahrt ist indes ein verhältnismäßig teures Vergnügen! Das effiziente öffentliche Busnetz (→ S. 104) bietet weitaus preiswertere Fortbewegungsmöglichkeiten, meist sind die Busse rappelvoll. Tickets gibt es wie immer in ausgewählten Tabacchi-Geschäften und manchmal auch gegen Aufpreis beim Fahrer. Die wichtigste Straße führt um die Insel herum, die meisten Ziele lassen sich bequem über sie ansteuern. Der Einfachheit halber wird der Inselrundkurs in den Ortskapiteln als **Ringstraße** bezeichnet.

Der Wohlstand der Insel verdankt sich im Wesentlichen der vulkanischen Aktivität. Die Insel selbst indes ist kein Vulkan, auch wenn die Silhouette des Monte Epomeo – mit knapp 800 m die höchste Erhebung Ischias – dies impliziert. Es handelt sich vielmehr um einen **vulkantektonischen Horst,** entstanden vor rund 33.000 Jahren, als sich eine unterirdische Magmakammer füllte und ihren Deckel – bestehend aus älteren Eruptivablagerungen – emporschob. Aus erdgeschichtlicher Sicht handelt es sich also um ein junges Eiland! Nichtsdestotrotz gibt es vulkanische Hotspots auf Ischia: Vielerorts trifft man auf dampfende Fumarolen, z. B. am Hang des Epomeo oder unter der Meeresoberfläche am Maronti-Strand. Die Insel ist geradezu übersät von Kratern. Besonders augenfällig ist dies bereits bei der Ankunft mit der Fähre in Ischia Porto, denn der kreisrunde Hafen ist nichts anderes als ein Kratersee (Maar). Spuren von Lavaströmen lassen sich bei näherem Hinsehen an vielen Orten auf der Insel erkennen, einige kapartige Vorsprünge bestehen gar zur Gänze aus erstarrtem Eruptivgestein. Der letzte Ausbruch ereignete sich 1301 im Nordosten, wo heute ebenmäßig gerundete Kuppen das Landschaftsbild prägen.

Wichtigstes Erbstück vulkanischer Aktivität sind natürlich, neben fruchtbarer Ackerkrume, die **Thermalquellen** (→ S. 101). Die großen Thermalparks sind ganzheitliche Wohlfühlzonen mit konservativen Benutzungsregeln und keine Familienspaßbäder! Sie liegen zwischen Casamicciola Terme im Norden und Sant'Angelo im Süden und öffnen üblicherweise zwischen Ostern und Oktober. Wer indes lieber zum Vergnügen planschen und baden will, sollte auf die zahlreichen herrlich gelegenen Sandstrände ausweichen. Nicht zufällig liegen die meisten Quartiere ganz in der Nähe der Strände und Thermen – in der Hauptsache großzügig konzipierte Hotelanlagen mit eigenem Thermalpool. Bettenburgen, All-Inclusive-Oasen und andere Begleiterscheinungen des Massentourismus fehlen erfreulicherweise!

Geschichte

Dem antiken Mythos zufolge wurde einst der Riese Typhon, Sohn der Gaia und des Tartaros, nach einem epischen Kampf mit dem Göttervater Zeus von Letzterem im Monte Epomeo eingesperrt (andere Mythenvarianten identifizieren seinen Kerker mit dem Ätna). Einige Ausbruchsversuche manifestierten sich auf der Erdoberfläche als vulkanische Aktivität und in Form von Erdbeben. Nach Fürsprache der Aphrodite entließ der Göttervater den Riesen aus der Haft und verwandelte seine Tränen in heiß sprudelnde Quellen. Noch heute sind Orte oder Flurnamen wie *Bocca* („Mund") oder *Ciglio* („Augenbraue") nach Körperteilen des Titanen benannt. Um 770 v. Chr. gelangten Griechen aus Euböa hierher und gründeten bei Lacco Ameno eine Siedlung mit dem Namen **Pithekoussai.** Der Name leitete sich wahrscheinlich vom griechischen Wort *pithos*, „Tonkrug", ab. Plausibel ist das deshalb, weil Ischia genügend Ton für die hellenischen Keramiker lieferte. Ausgrabungen förderten Funde zutage, die auf eine florierende Produktion schließen lassen. Zudem betätigten sich die Einwanderer in der Eisenverhüttung. Der wertvollste Fund indes stammte nicht von der Insel, sondern wurde vermutlich aus Korinth importiert: Es handelt sich um den sog. **Nestorbecher,** heute das Prunkstück des Archäologischen Museums in der Villa Arbusto. Nach nur wenigen Jahrzehnten gaben die Griechen ihren Inselstützpunkt auf und zogen ans Festland, wo sie die Stadt *Kyme* gründeten – Auftakt einer ganzen Reihe griechischer Siedlungsgründungen in Unteritalien. Im Zuge der kriegerischen Auseinandersetzungen mit den Etruskern verbündete sich Kyme mit der Griechenkolonie Syrakus, deren Heerführer nach der erfolgreichen „Schlacht von Kyme" 474 v. Chr. erstmals den steilen Kastellberg von Ischia Ponte befestigte. Das Kastell fiel in der Folge zunächst an *Parthenope* (Neapel) und schließlich an die Römer, die ihre neue Kolonie **Aenaria** tauften. Angesichts der römischen Vorliebe für Thermen verwundert es ein wenig, warum auf Ischia nicht mehr Spuren aus der Antike erhalten geblieben sind. Indes verzeichnete die Insel seit 91 v. Chr. eine enorme Zunahme vulkanischer Aktivität, was dazu geführt haben dürfte, dass den Römern buchstäblich der Boden unter den Füßen zu heiß

Ischia Ponte:
schwer zugängliches Kastell

wurde. Im Zeitalter des Augustus jedenfalls wurde der „Staatsbesitz" Ischia gegen die weitaus friedlichere Insel Capri eingetauscht – Startschuss für den Aufstieg der Nachbarinsel zum vorübergehenden Nabel des Römischen Weltreichs.

Mit dem Niedergang Roms wurde es ruhig um Ischia. Zwar besetzten in der Folge die jeweils in Unteritalien herrschenden Mächte und Kräfte pro forma auch den Kastellberg, eine allzu große strategische Bedeutung maßen sie der Insel allerdings nicht bei. Der uneinnehmbar wirkende Festungsberg entwickelte sich zur Fluchtburg für die *Ischitani*, die hier Schutz vor Piratenüberfällen suchten. Zur Zeit des Burgumbaus durch die Aragonesen waren solche Invasionen geradezu an der Tagesordnung, weshalb die Bevölkerung überall auf der Insel abnahm, im **Castello Aragonese** jedoch rapide anstieg. Als die Invasionen in der zweiten Hälfte des 18. Jh. nachließen, entvölkerte sich der Burgfels wieder, an der Küste entstanden neue Siedlungen und Städte. Gegen Ende des 19. Jh. erwachte das Interesse ausländischer Gäste am landschaftlich bezaubernden und vom Klima begünstigten Eiland. Künstler zog es hierher, zunehmend erinnerte man sich außerdem an das touristische Potenzial der Thermalquellen. Den ersten neuzeitlichen Führer über die Bäder verfasste 1588 ein Arzt aus Kalabrien namens Giulio Jasolino. Der Zeitpunkt war nicht zufällig, denn ein halbes Jahrhundert zuvor hatten die bradiseismischen Erdbewegungen (→ S. 322) auf den Phlegräischen Feldern dazu geführt, dass dort die thermische Aktivität plötzlich zurückging. Darauf erinnerte man sich des Quellenreichtums der Insel im Golf und begann mit der Erforschung des Thermalwassers. Doch erst in der zweiten Hälfte des 20. Jh. stieg Ischia zur populären **Kur- und Ferieninsel** mit ihren weiträumig angelegten Thermalparks auf (→ S. 101).

Thermalgärten
auf Ischia

Nachweislich wussten bereits Griechen und Römer die natürliche Heilkraft des Wassers auf Ischia zu schätzen. Heiße Quellen und Fumarolen verdanken ihre Existenz einer Magmakammer ca. 2500 m unter der Erde: Regenwasser sickert ein, reichert sich über besagter Kammer mit Mineralien und kleinen Gesteinspartikeln an und heizt sich auf. Die geringe Dichte des Wassers und die Vergrößerung des Volumens führen dazu, dass das Wasser zurück an die Erdoberfläche drängt. Um die Bezeichnung **Thermalwasser** führen zu dürfen, muss es beim Austritt mindestens 20 °C aufweisen – das Wort *thermos* aus dem Altgriechischen bedeutet „warm" oder „heiß". Auf Ischia weist das Wasser beim Austritt nicht selten eine Temperatur von über 70 °C auf, was für direkte Anwendungen zu heiß ist. Das Wasser wird daher auf Badetemperatur heruntergekühlt. Die Heilwirkung hängt natürlich von seinen Inhaltsstoffen ab: Natrium, Kalium, Hydrogenkarbonat und Chlorid sind die wichtigsten Ingredienzien, auch Eisen, Schwefel oder Radon lassen sich bei einigen Quellen nachweisen. Die meisten Austrittsstellen befinden sich in Küstennähe, weshalb auch die heutigen Thermalparks allesamt am Meer liegen.

Das **Spektrum der Anwendungen** ist vielfältig und reicht von Erkrankungen des Bewegungsapparats, Hautleiden, Herz-Kreislauf-Problemen, Atemwegs- und Verdauungsbeschwerden bis zu Nierenkrankheiten. Entsprechend deckt auch das Therapieangebot ein breites Spektrum ab – von Bewegungsbädern (Balneotherapie) über Inhalationen in Dampfgrotten bis zu den einschlägig bekannten Fangopackungen. Letztgenannte erweisen sich auf Ischia als besonders einfach durchführbar, denn der rohe Tonheilschlamm liegt hier quasi vor der Haustür: *Fango* ist ein Ortsteil von Forio und liegt hoch oben am Hang des Epomeo! Während in den 1960er-Jahren noch hauptsächlich Heiltherapien im Zentrum der Anwendungen standen, rücken heutzutage – dem globalen Trend folgend – verstärkt Wellnessangebote für breitere Zielgruppen in den Fokus.

Der **Besuch eines Thermalgartens** gehört traditionell zum Pflichtprogramm jeder Ischiareise. Häufig gleichen die Thermen großzügig dimensionierten Gartenanlagen, die sich wegen der Hanglage auf Terrassen erstrecken und in denen man sich regelrecht verlieren kann. Die berühmteste Therme sind die Poseidon-Gärten im Westen der Insel. Die Großtherme bedeckt eine Fläche von 6 ha, verfügt über 20 Schwimmbecken, diverse Saunagrotten und einen weitläufigen Privatstrand. Einige Thermalparks haben obendrein ein eigenes Restaurant, mehrere Bars sowie ein Hotel. Andererseits muss man nicht eine öffentliche Therme besuchen, um in den Genuss des Wassers zu gelangen. Denn inzwischen haben die meisten größeren Hotels auf Ischia eine eigene Thermalabteilung und bieten diverse Therapien unter kompetenter Leitung an. Die Eintrittspreise der öffentlichen Thermen sind vergleichsweise hoch. Wer ohne zu baden einen Thermalpark besichtigen möchte, kann in einigen Einrichtungen ein preiswertes Besuchsticket lösen; häufig wird diese Option gegen Abend ab 18 Uhr angeboten. In den Schwimmbecken herrscht i. d. R. Badekappenpflicht, wobei man Kopfbedeckungen auch vor Ort kaufen kann.

Reisepraktische **Informationen zu den wichtigsten Thermalparks** der Insel finden Sie bei den jeweiligen Orten.

Ischia → Karte S. 96/97

Die Spiaggia di San Pietro wenige Schritte vom Zentrum entfernt

Ischia Porto

Der Ort dient dem Ankommen und Abreisen, die wenigsten Gäste verweilen hier länger. Das zuweilen sehr lebhafte Städtchen verfügt über exzellente Einkaufsmöglichkeiten und eine perfekte Infrastruktur. Zusammen mit Ischia Ponte sowie dem Kastell im Osten bildet es den Inselhauptort.

Der offizielle Name der Stadt ist – wie jener der Insel – *Ischia*. Der Zusatz *Porto*, der zwecks besserer Unterscheidung häufig angehängt wird, verweist darauf, dass sich hier der wichtigste Hafen befindet. 80 % der Feriengäste betreten hier erstmals die Insel. Entsprechend geschäftig geht es im Umkreis der Schiffsanlegestellen zu, denn die Neuankömmlinge wollen rasch und effizient zu ihren Quartieren gelangen. Lediglich eine Minderheit von ihnen bleibt in der Inselhauptstadt, die ein paar gewichtige Vorzüge aufweist: Nirgends sonst kann man so gepflegt einkaufen wie in den Straßen und Gassen westlich des Hafens. Die mit Oleandern bepflanzte Via Roma und der Corso Vittoria Colonna bieten eine reichhaltige

Auswahl an Geschäften und Cafés und verwandeln sich nachmittags und am Abend in eine wenigstens teilweise verkehrsberuhigte **Flaniermeile.** Ein weiterer Vorzug der einwohnerstärksten Stadt Ischias liegt in ihrer Infrastruktur. Der Busbahnhof liegt lediglich wenige Schritte von der Schiffsanlegestelle entfernt, es existiert ein zentrumsnaher Sandstrand *(Spiaggia di San Pietro)*, an Thermenhotels und Restaurants herrscht kein Mangel. Auch die jugendlichen Nachtschwärmer kommen in Ischia Porto auf ihre Kosten. Stimmungsvoll geht es v. a. abends, wenn der Fährverkehr ruht, an der *Riva Destra* zu. Auf den ersten Blick erscheint der Vergleich mit dem namhaften „rechten Ufer" *(Rive Droite)* in

Paris überambitioniert – in puncto Flair muss sich die kulinarische Meile an der rechten Hafenflanke jedoch keineswegs hinter der französischen Hauptstadt verstecken.

Der runde **Kraterhafen** wurde Mitte des 19. Jh. von den Bourbonen angelegt. Ursprünglich befand sich an der Stelle ein fischreicher Maar-See vulkanischen Ursprungs, den die Einheimischen *Pantaniello* nannten. In der Mitte stand auf einer kleinen Insel ein basilianisches Heiligtum, dem hl. Nikolaus geweiht. Nachdem man 1670 einen Isthmus angelegt hatte, der den Krater mit dem Meer verband, realisierte 1854 König Ferdinand II. das Vorhaben, der Insel Ischia zu einem zeitgemäßen Hafen zu verhelfen. Eine Gedenktafel an der Hafeneinfahrt erinnert an das Projekt.

Besichtigenswertes im engeren Sinn gibt es ansonsten kaum, die wenigen erwähnenswerten Besonderheiten sind – wie der Hafen – dem Vulkanismus geschuldet: Südöstlich des Zentrums befindet sich eine ausgedehnte Naherholungszone, die auf Karten und Stadtplänen schlicht als **Pineta** bezeichnet wird. Eigentlich handelt es sich um eine Sammelbezeichnung für gleich mehrere öffentliche Grünzonen, die von den Ausfallstraßen in Richtung Ischia Ponte oder Pilastri zugänglich sind. Die *Pineta Villari* wurde z. B. um 1850 unter Federführung des bourbonischen Hofbotanikers Giovanni Gussone angelegt. Zwischen bizarren Brocken aus erkalteter Lava setzte der Maestro neben Pinien mediterrane Heil- und Gewürzpflanzen wie Myrten, Lorbeer oder Rosmarin. Die Lava stammt im Übrigen vom letzten großen Vulkanausbruch 1301 n. Chr. Der Lavastrom zog sich vom Arso-Krater im Inselinneren in Richtung Küste und formte die *Punta Molino* zwischen Hafen und Ischia Ponte. Auch die vom Hafen sichtbare bewaldete Kuppe des **Monte Montagnone** zählt zu den jungen vulkanischen Formen der Insel. Erst im 1. Jh. n. Chr. bildete sich die vollständig ebenmäßige, 252 m hohe Erhebung heraus.

Basis-Infos

Einwohner ca. 19.800 Einwohner

Information Das **Infobüro** befindet sich im Gebäude der Gemeindeverwaltung am Hafen. Mo–Fr 9–13.30 Uhr. Via Iasolino 3, ☎ 081-5074231, www.ischia.it.

Gepäckträger/Gepäckaufbewahrung Gepäckträger sind an den orange-roten Westen erkennbar. Gepäckaufbewahrung *(deposito bagali)* am Hafen, 5 €/Stück und pro Tag. Via Iasolino 45, ☎ 328-8340729, www.ischia servizi.com.

Ärztliche Versorgung Guardia medica. Via Mirabella 13, ☎ 081-983292.

Baden Spiaggia di San Pietro. Zwar gibt es schönere Sandstrände auf Ischia, dafür ist der Stadtstrand unkompliziert erreichbar. Bagni und Strandbars bieten nur wenig Raum für das eigene Handtuch.

Spiaggia degli Inglesi. Die familientaugliche Alternative liegt abseits und ist deshalb beinahe noch ein Insidertipp. Romantische Felsbucht mit kleinem Sandstreifen, Verleih von Sonnenschirm und Liege sowie Restaurant und Bar. 1 km auf der Ringstraße in Richtung Casamicciola Terme, in einer Linkskurve (Parkplatz, Bushaltestelle) zweigt der Treppenweg ab.

Einkaufen Sorgeto. Kultiviertes Geschäft für Kosmetika „Made in Ischia" von hoher Qualität.

Orientierung mit künstlerischer Note

Bodylotion, Seife, Cremes u. v. m., teils auf Basis von Thermalwasser. Tägl. 9–22 Uhr, im Winterhalbjahr So zu, im Febr. geschlossen. Corso Vittoria Colonna 264, ☎ 081-993548.

Veranstaltungen Über aktuelle Events in Ischia Porto und auf der Insel informiert das Internetportal www.ischianews.com (nur auf Italienisch).

Wandern Die Alternative zum öffentlichen Bus ist der Fußweg nach **Ischia Ponte.** Die Route orientiert sich dabei stets so weit als möglich an der Küste. Von der Spiaggia di San Pietro führt der Weg via Punta Molino zur Spiaggia dei Pescatori, wo bereits das **Castello Aragonese** ins Blickfeld rückt. Einfache Gehzeit: ca. 45 Min.

Hin & weg/Verbindungen

Pkw Es gibt nur wenige Argumente, das eigene Auto mit auf die Insel zu nehmen. Für die Bewohner Kampaniens ist sogar das Übersetzen mit dem Auto untersagt.

Parkplätze sind inselweit knapp; im Zentrum von Ischia Porto beträgt die Höchstparkdauer 2 Std.; ausgewiesene Parkplätze außerhalb des Zentrums: ca. 2 €/Std., 7 €/Tag.

Taxi. Taxistände u. a. am Hafen und an der Piazza dei Eroi (Kreisverkehr). Preisbeispiel: Ischia Porto – Sant'Angelo: 40 €. ☎ 081-902664, www.isclatravel.com.

Bus Busbahnhof. Unmittelbar in Hafennähe gelegen, hier starten/enden die meisten Linien. Einzelfahrt 1,50 € (beim Fahrer 2 €), Tagesticket

4,50 €, Wochenticket 14,50 € (die beiden Letztgenannten gibt es nur am Busbahnhof). Die Hauptlinien verkehren ca. alle 15–30 Min., Nebenlinien ca. alle 60–80 Min.

Ringlinien. Den wichtigsten Beitrag für den ÖPNV leisten die zwei Ringlinien. Die Buslinie *Circulare Destra* (CD) verkehrt im Uhrzeigersinn einmal um die Insel, *Circulare Sinistra* (CS) in umgekehrter Richtung.

Die wichtigsten Buslinien auf Ischia:

Linie CD: Ischia Porto–Barano–Serrara-Fontana–Sant'Angelo–Forio–Lacco Ameno–Casamicciola Terme–Ischia Porto.

Linie CS: Ischia Porto–Casamicciola Terme–Lacco Ameno–Forio–Sant'Angelo–Serrara-Fontana–Barano–Ischia Porto.

Linie 1: Ischia Porto–Casamicciola Terme–Lacco Ameno–Forio–Sant'Angelo (und zurück).

Linie 2: Ischia Porto–Casamicciola Terme–Lacco Ameno–Forio–Citara-Strand/Poseidon Therme (und zurück).

Linie 5: Ischia Porto–Maronti-Strand (und zurück).

Linie 7: Ischia Porto–Ischia Ponte (und zurück).

Linie C12/C13: Ischia Porto – Cartaromana–Campagnano (und zurück).

Schiff Autofähren/Schnellboote. Regelmäßige Verbindungen von/nach Procida, Pozzuoli und Neapel, während der Saison verkehren zusätzlich Boote zwischen Ischia und Capri sowie Sorrent. An der linken Hafenseite legen Autofähren an, im Zentrum Schnellboote.

Die **Ticketbüros der Reedereien** liegen im Hafenareal verstreut. *Caremar:* von/nach Neapel (Porto di Massa/Molo Beverello), Procida und Pozzuoli (☎ 081-984818, www.caremar.it). *Medmar:* gleiche Ziele, jedoch weniger Verbindungen (☎ 081-992803, www.medmarnavi.it). *Alilauro:* Schnellboote u. a. von/nach Neapel (Molo Beverello), Capri sowie Sorrent (☎ 081-4972238, wwww.alilauro.it), *Gestur:* wenige

Shopping in Ischia Porto

Schnellboote von/nach Pozzuoli (☎ 081-8531405, www.minicrocieregestur.com).

Inselrundfahrten. *Ischia Cruises* veranstaltet Bootstouren rund um die Insel (3. Std., ca. 20 €) und Tagesausflüge nach Capri, Procida und an die Amalfiküste. April bis Okt. ☎ 081-983636, www.ischiacruises.it.

Mietfahrzeuge   Fratelli del Franco. Etwas preiswerter als die zahlreichen Verleihoptionen am Hafen. Pkw ab 70 €, Scooter ab 25 €, E-Bike ab 25 €, MTB ab 15 €/Tag. Via Alfredo de Luca 131, ☎ 081-991334, www.noleggiodelfrancoischia.com.

Übernachten

Relais Corte degli Aragonesi **10** Piekfeine Luxusunterkunft mitten im Zentrum mit großem Garten nach hinten raus. 6 komfortable, geräumige Zimmer in der 1. Etage eines vorbildlich sanierten Palazzo. Lounge, Bar und exklusives Ristorante. Ostern bis Okt. geöffnet. DZ ab 200 €. Corso Vittoria Colonna 108, ☎ 081-4972254, www.cortedegliaragonesi.it.

**** Hotel Floridiana Terme **6** Traditionslogis im Ortszentrum in einer Jahrhundertwendevilla (1900), umgeben von einem Palmengarten. Thermalwasserpool (innen und außen), kleiner Spa-Bereich, Restaurant, 65 komforta-

ble Zimmer und Suiten mit gefliesten Böden und teils mit Meerblick. Gesetztes Kurpublikum. Mitte April bis Okt. geöffnet. DZ ab 172 €. Corso Vittoria Colonna 153, ☎ 081-991014, www.hotelfloridianaischia.com.

*** Albergo Rivamare **5** Ordentliches Mittelklassehotel am Ende einer ruhigen Seitengasse unmittelbar an der Spiaggia di San Pietro. 26 helle, nicht besonders geräumige Zimmer, die meisten mit Terrasse/Balkon. Kein Restaurant, Frühstückssaal mit Terrasse am Meer. Mitte April bis Anfang Okt. geöffnet. DZ ab 80 €. Via Enea 28, ☎ 081-992121, www.rivamareischia.it.

mein Tipp **B&B Relais Bijoux 12** Vorbildlich geführtes Privatlogis hoch über Ischia Porto mit Pool sowie Prachtblick auf den Golf. Der einzige Nachteil sind die weiten Wege ins Zentrum (ca. 20 Min. zu Fuß). Komfortable Zimmer mit Veranda davor, Vorgarten, gutes Frühstück, auf Wunsch kostenloser Transfer zum Hafen mit Mikrotaxi. DZ ab 75 €. Via Pendio del Lapillo 1b, ☏ 081-3331034, www.relaisbijouxischia.it.

B&B Villa Fortuna Holiday Resort 11 Gepflegtes Vorstadthaus mit Garten, ca. 15 Min. zu Fuß ins Zentrum und zum Hafen. 8 behagliche Zimmer, die schöneren mit Balkon oder Terrasse, preiswert, ordentlich und exzellent geführt. DZ ab 50 €. Via Dello Stadio 70, ☏ 081-18744759, www.villafortuna ischia.it.

Essen & Trinken   → Karte S. 105

Enoteca Un attimo di Vino 1 Feiner Meeresfrüchtetempel an der Riva Destra, rustikal und stimmungsvoll innen, lauschige und v. a. ruhige Plätze auf der Veranda. Keine Speisekarte, kredenzt wird frischer Fisch des Tages. Exquisite Weinauswahl. Menü um 40 €. Tägl. ab 19 Uhr, in der Vor- und Nachsaison Di geschlossen. Via Porto 103, ☏ 081-19528411.

La Terrazza di Mimi 2 Gehobenes Fischrestaurant am Ende der kulinarischen Hafenmeile. Erhöht liegende Sitzplätze auf der Panoramaterrasse, leckere Fischsuppe, Kaninchen nach Vorbestellung. Mo Ruhetag, sonst mittags und abends geöffnet. Menü um 40 €. Via Porto 98–100, ☏ 081-905574.

Ristorante Pantera Rosa 4 Eine der zahlreichen Einkehroptionen an der Riva Destra mit Hafenblick von der Veranda. Der kontaktfreudige Besitzer spricht Deutsch, schmackhafte Meeresküche, eine Pastaspezialität sind *scialatelli* mit Zucchini und Garnelen. Auch Fleisch und Steinofenpizza stehen auf der Karte. Menü um 30 €, Pizza ab 6 €. Tägl. ab 11, So ab 12 Uhr, Jan. bis Mitte März geschlossen. Via Porto 53, ☏ 081-992483.

Cecilia 9 Restaurant mit Pizzeria mitten im Zentrum, hier kehren auch Einheimische gerne ein. Alteingesessener bodenständiger Familienbetrieb (seit 1957), Tische im schmucklosen, weiß getünchten Innenraum, keine Außenbewirtschaftung. Schwerpunkt liegt auf *cucina di mare*, auch einige Fleischgerichte. Mittags und abends geöffnet. Menü ca. 30 €, Pizza ab 7 €. Via Edgardo Cortese 7–9, ☏ 081-991850.

Aenaria Beach 3 Lido, Ristorante und Pub an der Spiaggia di San Pietro. Rustikaler Holzbau, wenige Tische auf der Veranda direkt an den Strandliegen. Schmackhafte Meeresküche, alles kommt frisch auf den Tisch. Zur Badesaison Mai bis Sept. tägl. 9–22 Uhr, macht in der Nebensaison am späteren Nachmittag zu. Menü um 30 €. Via Venanzio Marone 8, ☏ 328-0326087.

Bar/Gelateria Gran Caffè Vittoria 8 Traditionsbetrieb am Hauptcorso im Stadtzentrum. Üppig bestückte Süßwarentheke, die einem das Wasser im Munde zusammenlaufen lässt. Auch Eis und Kaffeebar. Etwas teurer, Freiplätze auf der Piazza. Tägl. ab 7 Uhr bis tief in die Nacht geöffnet. Corso Vittoria Colonna 110, ☏ 081-991649.

Nachtleben Alchemie Friends Club 7 Ausgehmekka am zentralen Corso, Allround-Club mit Cocktailbar (tägl. ab 17 Uhr) und Diskothek (Fr–So). Junges Publikum. Salate (ab 8 €) und gemischte kalte Platten (um 15 €). Corso Vittoria Colonna 117–123, ☏ 081-0190565.

An der Spiaggia di San Pietro

Nachmittags am Hafen von Casamicciola Terme

Casamicciola Terme

Das traditionsreiche Kurbad im Inselnorden befindet sich wider Erwarten nicht unten an der Hafenzeile, sondern oberhalb auf einer natürlichen Geländestufe. Die besten Zeiten des Thermenquartiers gehören allerdings trotz der hohen Übernachtungszahlen der Vergangenheit an.

Die Gebäude und Straßen der „Oberstadt", die vom Durchgangsverkehr der Küstenstraße unbeeinträchtigt bleibt, verströmen einen gewissen „gestrigen" Charme. Das spröde Erscheinungsbild ist auch zahlreichen Baustellen geschuldet – die Folge eines **Erdbebens** mit der Stärke 4, das 2017 fast 3000 Bewohner obdachlos machte und vier Todesopfer forderte!

Das Gemeindegebiet war schon in der Bronzezeit besiedelt, zudem brachten Grabungen Keramikscherben aus der griechischen Epoche zutage. Von den reichlich sprudelnden **Thermalquellen** machten wiederum die Römer ausgiebigen Gebrauch. Heute sind die zwei Traditionsbäder in der Oberstadt in privater Hand und sichtlich in die Jahre gekommen: Eine der ältesten Heilanstalten der Insel ist die Rita-Quelle, wo das 72 °C heiße Austrittswasser für die Anwendungen herunter-

gekühlt werden muss. Etwas weiter unterhalb sprudelt an der Piazza Bagni die historische Gurgitello-Quelle. Der imposante Palazzo mit Patina *(Antiche Terme Belliazzi)* wurde Mitte des 19. Jh. von den Bourbonen errichtet und ersetzte ein im Zerfall befindliches Vorgängerbad. Das Neubauprojekt fiel mitten in eine Blütezeit, in der Casamicciola Terme das Fremdenverkehrsmekka der Insel schlechthin war. Unter den illustren Feriengästen, die sich in den damals noch spärlich besiedelten Hügeln erholten, tummelte sich allerlei Prominenz; u. a. weilten hier Henrik Ibsen und Giuseppe Garibaldi. 1883 richtete ein Erdbeben schwere Zerstörungen an und setzte der Blüte schlagartig ein Ende.

Im Zuge des Wiederaufbaus nach dem Beben entstand an der Küste ein neues Zentrum, was zu einer zweigeteilten Struktur führte: Während die

Thermenhotels nämlich weiterhin verstreut in der Oberstadt liegen, befinden sich die meisten Restaurants, Straßencafés und Geschäfte unten am Meer. Aus diesem Grund ist der Shuttlebus im Serviceportfolio örtlicher Hoteliers fest verankert. An der Küste entlastet der **Jacht- und Fährhafen** die begrenzten Kapazitäten im benachbarten Ischia Porto. Jenseits der Ringstraße lädt eine gepflegte Uferzeile mit der Piazza Marina als verkehrsberuhigtem Fixpunkt zum Flanieren ein. Die meisten Tagesbesucher verzeichnet mit Abstand der moderne **Castiglione-Thermalpark** auf halber Strecke zwischen Casamicciola und Ischia Porto. Ohnehin bekommen die meisten Durchreisenden lediglich das untere Zentrum zu Gesicht, in die Oberstadt gelangen in der Regel nur diejenigen, die oben ihr Standortquartier aufgeschlagen haben. Den schönsten Blick auf Hafen und Uferzeile genießt man von der Balustrade über der Plattform am Meer, auf der Keramiktöpfe und -skulpturen einen interessanten Kontrast zum azurblauen Meer ergeben. Unweit des Aussichtspunktes dümpelt ein halb verfallener Palazzo vor sich hin. Es handelt sich um das einstige Volksbad der 1610 in Neapel gegründeten Institution *Pio Monte della Misericordia* (→ S. 34). Die karitative Einrichtung finanzierte den Ärmsten der Armen einen kostenlosen, 15-tägigen Kuraufenthalt auf der Insel! Ursprünglich befand sich das Bad an der Piazza Bagni, nach dem Erdbeben 1883 wurde es an der Küste wieder aufgebaut.

Praktische Infos

Einwohner ca. 8300 Einwohner

Information Das **Infobüro** befindet sich an der Promenade neben dem Zeitungskiosk. Mo–Sa 8.30–13.30 Uhr. Piazza della Marina 62, ☏ 081-5072521, www.procasamicciola.it.

Anfahrt/Verbindungen Bus. Die Inselbusse von und nach Ischia Porto halten im Zentrum am Hafen, die Linien 3, 4 und 14 fahren von der Piazza della Marina hinauf ins Thermenviertel.

Schiff. Autofähren verkehren zwischen Casamicciola Terme und Neapel (Molo Beverello) sowie Procida. *SNAV* (☏ 348-7013471, www.snav.it). Wenige Verbindungen auch von/nach Pozzuoli. *Medmar* (☏ 081-5267736, www.medmarnavi.it).

Mietfahrzeuge Pkw/Scooter. Autoverleih am Hafen bzw. an der Küstenstraße (seit 1976). Pkw und Scooter ab 35 €/Tag, E-Bike ab 5 €/Std. und 25 €/Tag. Ostern bis Sept. tägl.

Keramikkunst verziert die Küstenpromenade in Casamicciola Terme

8–19 Uhr. Via Tommaso Morgera 13–15, ☎ 081-995222, www.ischiarentacar.it.

Baden Kleinere Strandabschnitte mit Liege- und Sonnenschirmverleih sind fußläufig vom Hafen aus erreichbar.

Thermen Castiglione Parco Termale. Einer der größten Thermalparks der Insel zwischen Hafen und Ischia Porto, eine Zugseilbahn bringt die Gäste hinunter ans Meer. 10 Becken, davon eines mit Meerwasser, weitläufiger Park mit Privatstrand, Sauna, Kneippbecken, Massage- und Fangotherapiebereich. Indikationen sind Erkrankungen der Atemwege und des Bewegungsapparats. Mit Vier-Sterne-Hotel und Restaurant. Mitte April bis Mitte Okt. 9–19 Uhr. 28 €, erm. 24 €, Abendbesichtigung ab 18 Uhr 3 €. Via Castiglione 62, ☎ 081-982551, www.termecastiglione.it.

Terme Santa Rita/Antiche Terme Belliazzi. Die beiden Traditionsheilquellen befinden sich in der Oberstadt und haben die besten Tage bereits gesehen. Medizinische Anwendungen sind nichtsdestotrotz möglich, zudem können die historischen Bäder der Therme Belliazzi auf freundliche Nachfrage an der Kasse evtl. besichtigt werden. www.termesrita1info.com und www.termebelliazzi.it.

Wandern Monte Rotaro/Bosco della Maddalena. Die ebenmäßige, mit Pinien bewaldete Kuppe des 266 m hohen Monte Rotaro ist der Hausberg von Casamicciola. Es handelt sich um einen Vulkan, der zu Beginn des 4. Jh. n. Chr. letztmals aktiv gewesen ist. Vom Krater *(Fondo d'Oglio)* steigen heiße Fumarolen auf. Ein Netz von Wanderwegen zieht sich durch das ausgedehnte Waldgebiet im Dreieck Casamicciola Terme, Ischia Porto und Barano.

Übernachten *** Terme Manzi Hotel.** Die nobelste Unterkunft von Casamicciola Terme, günstig im Zentrum gelegen, 58 Zimmer und Suiten mit Balkon in einem weiß getünchten, blitzsauberen Komplex mit 4 Etagen. 2 Thermalpools, 1600 m² großer Wellness- und Spa-Bereich, feines Restaurant. April bis Mitte Okt. geöffnet. DZ ab 250 €. Piazza Bagni 4, ☎ 081-994722, www.termemanzihotel.com.

*** Hotel Terme La Pergola. Erstaunlich großes, dennoch familiengeführtes Thermenhotel im oberen Ortsteil. Weitläufige grüne Anlage, 70 Zimmer, die meisten mit Balkon/Terrasse, einige wenige mit Meerblick. Großer Thermenbereich mit mehreren Becken, hochwertiges Restaurant, die Küche verwendet viele Zutaten aus Eigenanbau. April bis Okt. sowie über Weihnachten/Neujahr geöffnet. Shuttleservice. DZ ab 110 €. Via Casamennella 1, ☎ 081-994902, www.lapergola-ischia.it.

Mein Tipp ****** Grifo Hotel.** Hoch über der Ringstraße in Richtung Ischia Porto gelegenes modernes Anwesen mit Außenpool. Ausgezeichnet geführt, himmlische Ruhe, der Pinienwald liegt vor der Tür. 29 Komfortzimmer lassen wenige Wünsche offen, einige mit großer Terrasse oder Balkon. Restaurant, Shuttleservice, gediegener Wellnessbereich. Mitte April bis Okt. geöffnet. DZ ab 90 €. Via Monte Tabor 29, ☎ 081-980182, www.grifohotel.it.

*** Hotel Bel Tramonto. Bäuerliches Flair am oberen Ortsrand, das terrassierte Anwesen blickt auf den Nachbarort Lacco Ameno. 16 etwas nüchtern möblierte Zimmer mit Veranda oder Terrassenzugang sowie Fliesenböden. Das Restaurant serviert lokaltypische Gerichte und steht auch auswärtigen Gästen offen, abends auch Pizza (Menü ab 20 €, Pizza ab 5 €). Gartenpool. Jan. geschlossen. DZ ab 60 €. Via Castanito 124, ☎ 081-994493, www.hotelbeltramonto.it.

Essen & Trinken Ristorante Il Turacciolo. Gemütlich-zwanglose Atmosphäre an der Küstenstraße westlich vom Hafen. Frische Salate, die Speisen werden mit viel Liebe kunstvoll garniert. Auch Enoteca. Wenige Tische, eine Reservierung ist zu empfehlen. Menü um 30–35 €. Ostern bis Sept. tägl. mittags und abends geöffnet. Corso Luigi Manzi 113, ☎ 081-995708.

Pizzeria Catari. Einfache landestypische Einkehr im oberen Ortsteil an der Straße Richtung Fango. Unverfälschte Gastfreundschaft, knusprige Pizza; Sitzplätze drinnen oder unter der Pergola im Hof. Kleine Preise. Nur abends, Di Ruhetag. Piazza Maio 27, ☎ 081-996885.

La Bottega del Pane. Kernkompetenz dieser modernen Bäckerei an der Hafenpromenade sind frisch mit Käse, Tomaten, Salat und Thunfisch belegte Brötchen. Keine Sitzplätze, sondern alles zum Mitnehmen. Qualitativ hochwertige Frischetheke, auch Getränke, Pizza u. v. m. Tägl. geöffnet. Corso Luigi Manzi 33, ☎ 081-996777, www.bottegapane.it.

Bar Calise. Qualitätsbetrieb mit Tradition an der Hafenpromenade (seit 1925), betreibt auch Filialen in Ischia Porto und in Forio. Pasticceria, Pizzasnacks, Eis, Frühstücksbar. Sitzplätze draußen auf der Piazza, etwas teurer. Tägl. außer Mo 6–20 Uhr. Piazza della Marina 26, ☎ 081-991270, www.barcalise.com.

Am Küstenweg zwischen Lacco Ameno und Forio

Lacco Ameno

Einer der schönsten Küstenorte an der Nordküste Ischias. Die Promenade ist vom Feinsten, die Wege in die Badebucht San Montano mit der Negombo-Therme sind kurz. Wahrzeichen ist der pilzförmige Tuffstein im Hafenbecken.

Weil die geschäftige Küstenstraße das Ortszentrum landeinwärts umgeht, wirkt der gepflegte, verkehrsberuhigte Lungomare fast schon mondän. Den Feriengästen gefällt es hier jedenfalls ausnehmend gut! Ein beliebtes Fotomotiv ist der bizarre **Tuffsteinpilz** (fungo) wenige Meter von der Mole entfernt im Meer, der sich auf zahlreichen Inselpostkarten wiederfindet. Ein Grund für die hohe Lebensqualität liegt am Engagement des Mailänder Verlegers und Filmproduzenten Angelo Rizzoli in den 1950er- und 1960er-Jahren. Der Impresario stiftete das einzige Hospital der Insel, das luxuriöse Fünf-Sterne-Domizil Regina Isabella (→ Übernachten) wurde auf seine Initiative hin erbaut. Hier logierten nicht wenige namhafte Leinwandstars, die in Rizzolis Filmen mitspielten. Viele Insulaner wirkten dabei als Komparsen mit. Das

Archäologische Museum in der **Villa Arbusto** widmet dem Wohltäter eine eigene Abteilung. Die übrigen Objekte in dem wenige Schritte über dem Zentrum gelegenen Anwesen stammen hingegen aus der griechischen Antike. Der Grund, warum sich das wichtigste Archäologische Museum der Insel hier befindet, liegt am Monte Vico, der sich wie ein Vorgebirge aus der „Lieblichen Ebene" (Lacco Ameno) erhebt. Bei Ausgrabungen 1965 wurde klar, dass sich hier einst die Akropolis der griechischen Stadt *Pithekoussai* befand (→ Geschichte, S. 99). Heute schmücken u. a. ein pompöses Fünf-Sterne-Resort und ein Küstenwachturm aus dem 15. Jh. die auffällige Erhebung nordöstlich des Zentrums.

Jenseits des geschichtsträchtigen Vorgebirges liegt abseits der ausgetretenen Pfade die in wunderbarer Landschaft eingebettete **Baia di San Montano.** Hinter einem feinen Sandstrand befindet sich die Negombo-Therme, die in der Ersten Liga der Thermalgärten Ischias spielt. Die San-Montano-Bucht ist aber noch aus einem weiteren Grund von Interesse: Hier soll sich nämlich um ca. 300 n. Chr. ein Teil jenes Dramas abgespielt haben, das der hl. Restituta postum die Ehre einbrachte, zur Schutzpatronin von Lacco Ameno und der gesamten Insel erhoben zu werden. Der Legende zufolge soll die in Afrika geborene Frau in der Regierungszeit der römischen Kaiser Valerian oder Diokletian das Martyrium erlitten haben. Die bekennende Christin wurde wegen ihrer Missionstätigkeit gefoltert und dann in ein brennendes Boot gesetzt, das den Wellen des Mittelmeers überlassen wurde. Ein von Gott gesandter Engel lotste das Boot jedoch nach Ischia, wo die äußerlich unversehrt gebliebene sterbliche Hülle in besagter Bucht anlandete. Die Legende gehört heute zum Einmaleins des Mythenschatzes der Insel. Alljährlich Mitte Mai beim Patronatsfest gedenken Einheimische der göttlichen Wunders. Der Vorgängerbau des heutigen Doms von Neapel, von dem im linken Querhaus noch Teile erhalten geblieben sind, war der hl. Restituta geweiht.

Oberhalb von Lacco Ameno liegt der ländlich geprägte Weiler **Fango,** der namentlich an die berühmten Fangopackungen erinnert. In der Tat verwendeten bereits die alten Römer die Tonerde vulkanischen Ursprungs aus Fango für ihre Heil- und Wellnesstherapien. Angereichert wird der Rohschlamm mit Thermalwasser, Algen und anderen organischen Stoffen. Nach 60 Tagen ist die entzündungshemmend und schmerzlindernd wirkende Erde zur Anwendung bereit. Bei klarer Sicht sind von Fango sogar die Pontinischen Inseln weit draußen im Meer erkennbar. Der Archipel gehört bereits zur nördlichen Nachbarregion Latium.

Sehenswertes

Chiesa Santa Restituta: Die der Patronin Ischias (→ oben) geweihte Kirche im Ortszentrum wurde beim Erdbeben 1883 schwer in Mitleidenschaft gezogen und stark verändert mit einer klassizistischen Fassade wieder aufgebaut. Innen erzeugen die Stützsäulen aus Holz sowie die Holzkassettendecke einen ästhetisch stimmigen Gesamteindruck. Das eigentlich Bemerkenswerte am Sakralbau ist jedoch, dass sich unterhalb einige Relikte der griechischen Siedlung *Pithekoussai* befinden. Entdeckt wurden diese eher zufällig Mitte des 20. Jh. bei Reparaturarbeiten. Zu besichtigen sind u. a. Überreste der frühchristlichen Vorgängerkirche, Urnengräber und Spuren einer „Gewerbezone" aus griechischer Zeit mit Schmiede und Keramikbrennofen. Zu den jüngsten Entdeckungen zählt ein Baptisterium mit Friedhof. Einige Vitrinen präsentieren ausgewählte

In der Chiesa Santa Restituta

Fundstücke wie Münzen, Amulette sowie Spielzeug aus Ton wie Esel, Pferde, Puppen und auch Boote. Letztere waren in einer Urne verborgen!

■ Zum Zeitpunkt der letzten Recherche 2019 war die Ausgrabungsstätte unterhalb der Kirche wegen Umbaus geschlossen. Der Wiedereröffnungstermin stand noch nicht fest.

Villa Arbusto (Museo Archeologico di Pithecusae): Das Archäologische Museum befindet sich in aussichtsreicher Lage zwischen Zentrum und Ringstraße in einem ehemaligen Landadelspalais aus dem zu Ende gehenden 18. Jh. Nachdem die Villa durch mehrere Hände gegangen war, erwarb 1952 Angelo Rizzoli (→ S. 110) das Areal. Seit 1999 ist die Villa mit angeschlossenem Garten ein Museum, das zuvorderst die vom deutschstämmigen Archäologen Giorgio Buchner Mitte des 20. Jh. entdeckten Funde der griechischen Siedlung *Pithekoussai* präsentiert. Das bedeutendste Exponat ist der **Nestorbecher** *(Coppa di Nestore)* aus der Mitte des 8. Jh. v. Chr. Es handelt sich offenbar um einen Weinkelch und um eines der frühesten Zeugnisse der griechischen Kultur Süditaliens. Die Becherinschrift lautet übersetzt: „Ich bin der Becher des Nestor, und wer aus mir trinkt, wird von Leidenschaft für die schöne Aphrodite ergriffen." Präsentiert werden zudem einige prähistorische Funde sowie Exponate aus der römischen Siedlungsepoche.

■ Tägl. außer Mo 9–18.30 Uhr. 5 €, erm. 4 €. Corso Angelo Rizzoli 210, www.pithecusae.it.

Villa Colombaia: Die Ferienvilla des italienischen Filmregisseurs Luchino Visconti (1906–1976) befindet sich am Wanderweg von der San-Montano-Bucht zum Francesco-Strand bei Forio. Durch Literaturverfilmungen wie z. B. „Der Leopard" *(Il Gattopardo)* oder „Tod in Venedig" (nach der gleichnamigen Novelle von Thomas Mann) wurde der Maestro auch im deutschsprachigen Raum bekannt. Leider ist das frisch restaurierte Anwesen nebst Museum nach feierlicher Eröffnung 2006 recht bald wieder der Vergessenheit anheimgefallen. In den letzten Jahren war die Besichtigung daher nicht möglich, es ist aber nicht auszuschließen, dass sich dies zukünftig wieder ändert. Im Park neben der Villa befindet sich das Grab des Filmemachers.

Praktische Infos

Einwohner ca. 4800 Einwohner

Information Das **Infobüro** befindet sich im Stadtturm (Torre Comunale) an der Chiesa Santa Restituta. Tägl. außer So 9.30–12.30 und 16.30–19.30 Uhr. Piazza Santa Restituta 1 (Via Rosario 49), ☎ 331-8131388, www.prolocolacco ameno.altervista.org.

Anfahrt/Verbindungen Bus. Die Ringlinien-Busse (CS/CD) sowie Busse der Linie 1 umfahren das Zentrum auf der Küstenstraße, wichtigste Haltestelle ist die Piazza Girardi am Beginn des Lungomare.

Mietfahrzeuge Fahrräder. Der einzige E-Bike-Spezialist Ischias heißt „Only Green" und hat seine Verleihstelle am Kreisverkehr, wo die Uferpromenade von der Ringstraße abzweigt.

Wahrzeichen: der Tuffsteinpilz

Im Zentrum von Lacco Ameno liegen Boote vor Anker

E-Bikes 25 €/Tag, auch Scooter sowie City- und Mountainbikes. Via IV Novembre 6 (Piazza Girardi), ✆ 081-996313, www.only-green.it.

Ärztliche Versorgung Ospedale Anna Rizzoli. Das einzige Krankenhaus der Insel liegt oberhalb der Küstenstraße in Richtung Casamicciola Terme. Via Fundera 2, ✆ 081-5079111.

Veranstaltungen Patronatsfest. Zu Ehren der Märtyrerin und Schutzpatronin der Insel Santa Restituta. Theatralische Bootsprozession in der Bucht von San Montano, Feuerwerk. 16.–18. Mai.

Baden Baia di San Montano. Landschaftlich herausragend schön gelegener Sandstrand, eine Hälfte gehört zur Negombo-Therme, die andere Hälfte ist fest in der Hand eines Lido (1,50 € Eintritt). 20 Min. zu Fuß vom Ortszentrum, die Bucht ist ausgeschildert.

Thermen Negombo Parco Termale. Einer der schönsten und beliebtesten Thermalparks der Insel mit Natrium-Chlorid-Sulfat-Wasser. Wunderbare Lage in der San-Montano-Bucht, Privatstrand, tropisches Gartenambiente, Hotel, Ristorante und Bar, 11 Becken, türkisches Bad. Die Zufahrt von Lacco Ameno ist ausgeschildert. April bis Okt. tägl. 8.30–19 Uhr. 33–35 €, erm. 22–23 €, ab 13.30 Uhr preiswerter. Baia di San Montano, ✆ 081-986152, www.negombo.it.

Wandern Forio. Ein empfehlenswerter Spaziergang führt von der Baia di San Montano durch den Zaro-Wald zu den Mortella-Gärten

(→ S. 117). Unterwegs passiert man die Villa des Filmregisseurs Luchino Visconti, wunderbare Ausblicke gewährt die Punta Caruso. Die Wanderung lässt sich über den Francesco-Strand bis Forio fortsetzen. Ausgangspunkt ist das Steinportal an der Zufahrtsstraße oberhalb der Bucht. Gesamtgehzeit: ca. 2:30 Std.

Übernachten Lacco Ameno beherbergt die nobelsten Quartiere Ischias. Das preiswerte Segment ist in Küstennähe dagegen so gut wie gar nicht vertreten. Lediglich die Lokalitäten in Fango (der Ort gehört offiziell zu Forio, liegt aber näher an Lacco Ameno) haben sich ein bodenständiges Preisniveau bewahrt.

*****S Albergo della Regina Isabella. Eines der nobelsten Inselquartiere, im Zentrum von Lacco Ameno gelegen. 128 Zimmer und Suiten mit Blick aufs Meer oder auf den Garten. Feines Restaurant, eigene Therme mit Spa-Bereich. Innen bis aufs Detail nach höchsten Qualitätskriterien ausgestattet (Murano-Glas, handbemalte Majolika, etc.). DZ ab 135 €. Piazza Santa Restituta 1, ✆ 081-994322, www.reginaisabella.com.

**** Carlo Magno/***La Beccaccia. Zwei zusammengehörige Hotels in Fango oberhalb der Strada Borbonica. 2 Thermalwasserpools, 70 Zimmer (4-Sterne-Standard), 33 Zimmer (3-Sterne), die meisten mit eigener Veranda. Das Ristorante befindet sich oben im Hotel Beccaccia und steht auswärtigen Gästen offen (Jan./Febr. Di Ruhetag, abends auch Pizza, Menü um 25 €). Mitte März bis Mitte Nov.

(Carlo Magno), ganzjährig (Beccaccia). DZ ab 110 € (4 Sterne), ab 60 € (3 Sterne). Via Baiola 215, ☏ 081-900098 bzw. ☏ 081-994510, www.hotelcarlomagnoischia.com bzw. www.hotelristorantelabeccacciaischia.it.

*** Hotel La Serinella. Mittelklassehotel am verkehrsberuhigten Lungomare, gepflegtes Gebäude direkt am Wasser mit empfehlenswertem Ristorante. 15 Zimmer im mediterranen Stil mit Terrasse, eigener Strandabschnitt. Mitte April bis Anfang Nov. geöffnet. DZ ab 110 €. Corso Angelo Rizzoli 41, ☏ 081-994743, www.lasirenella.net.

*** Hotel Villa Angelica. Unterkunft in der 2. Reihe hinter der Küstenstraße, 5 Gehmin. ins Zentrum. Schattiger Hof, in der Lobby ein Konzertpiano und eine Vogelvoliere. 20 Zimmer, teils mit Balkon und Gartenblick. Kleiner Thermalwasserpool mit Innen- und Außenbereich, konservativer Charme, unter österreichischer Leitung. Mitte April bis Mitte Okt. geöffnet. DZ ab 110 €. Via IV Novembre 22, ☏ 081-994524, www.villaangelica.it.

Essen & Trinken Osteria Le Stufe. Schicke Osteria am Aufgang zur Villa Arbusto. *Cucina di mare* mit Niveau, nur wenige Gerichte, die Primo-Spezialitäten stehen mit Kreide auf der Tafel. Gute Weine aus ganz Italien, innen rustikaler Edelschick, nur wenige Tische draußen. Menü ab 30 €. Tägl. außer Mi ab 19.30 Uhr geöffnet. Corso Angelo Rizzoli 210, ☏ 328-6250584.

La Cantina del Mare. Exquisite Einkehr mit frischem Konzept an der Uferpromenade. Schmackhafte Fischküche, ausgezeichnete Weine, gediegene Ausstattung, die Inhaber werben mit der sog. Mittelmeerdiät *(Dieta Mediterranea)*. Menü ab 35 €. Tägl. mittags und abends geöffnet. Corso Angelo Rizzoli 20, ☏ 081-9918579.

Ristorante Il Delfino. Bodenständiges Fischristorante an der Uferpromenade mit lauschiger Speiseterrasse direkt am Wasser. Antipasti, Primi und Secondi nach traditioneller Machart, alteingesessener Betrieb (seit 1920), Menü um 30 €, mittags preiswerte Touristenmenüs. Mo Ruhetag. Corso Angelo Rizzoli 106, ☏ 081-900252, www.ildelfino.eu.

Terra Madre. Bäckerei mit Pizza- und Frischetheke am Lungomare. Wurst- und Käseplatten und frische Salate zu kleinen Preisen, auch Frühstücksbistro. Modern gestaltetes Interieur, Tische auf dem Trottoir. Tägl. mittags und abends ab 19 Uhr. Corso Angelo Rizzoli 22, ☏ 081-995082, www.terramadreischia.it.

Bar Il Triangolo. Café, Konditorei, Gelateria und Pizzeria im Ortszentrum, Blick auf den Tuffsteinpilz von der Außenterrasse. Allerlei hausgemachte Leckereien, ein idealer Platz für die Mittagspause. Tägl. ab 7 Uhr. Corso Angelo Rizzoli 2, ☏ 081-994364, https://triangoloischia.business.site.

Gedenken an das himmlische Wunder in der San-Montano-Bucht

Beliebter Nachmittagstreff: Chiesa Santa Maria del Soccorso

Forio

Auf einem Sporn im äußersten Westen von Ischia liegt Forio, dessen architektonisches Wahrzeichen die weißgetünchte Chiesa Santa Maria del Soccorso hoch über dem Meer ist. In der Umgebung lohnen zwei sehenswerte botanische Gärten den Besuch.

Die nach Ischia Porto größte Stadt lädt nach Herzenslust zum Einkaufsbummel ein. Das verkehrsberuhigte Zentrum endet an einer ins Meer ragenden Landspitze mit der blendend weißen **Chiesa Santa Maria del Soccorso.** Das Gotteshaus ist immerhin so bedeutend, dass Papst Johannes Paul II. ihm 2002 einen Besuch abstattete. Die dem offenen Meer zugewandte Lage im Inselwesten machte die Stadt in der Vergangenheit anfällig für Piratenüberfälle. Verheerend wirkte sich v. a. im 16. Jh. die Invasion des osmanischen Korsaren Khair ad-Din aus, der in den Geschichtsbüchern der Nachbarinsel Procida ebenfalls einen prominenten Eintrag hinterließ (→ S. 89). Vielerorts wurde daher die Küstenbefestigung ausgebaut. Ein eindrückliches Beispiel im Stadtzentrum ist der Torrione („Wachturm"), der heute eine kleine Kunstausstellung beherbergt. Der zinnenbewehrte Rundturm besitzt, was Gästen zumeist entgeht, zwei Zwillingsbrüder, die sich im verschachtelten rückwärtigen Teil der Altstadt verbergen und auf krummen Gassen zu erreichen sind. Die meisten Besucher wagen sich aber nicht so weit ins Gassenlabyrinth hinein, sondern genießen das Flair rund um die zentrale Fußgängerzone mit ihren Cafés und Geschäften. Wie ein Strich zieht sich der Corso Umberto durch das Zentrum und erweitert sich in Richtung Landspitze zur Piazza Giacomo Matteotti, wo eine große Menge an Bars und Cafés um Kundschaft buhlt. Seit den 1950er-Jahren lag hier das gesellige Zentrum einer **Künstlerkolonie,** deren Protagonisten sich bei

Maria Senese in der *Bar Internazionale* zum Plausch trafen. Unter den Kreativen aus aller Herren Länder waren Maler, Filmleute und Literaten wie Truman Capote, Luchino Visconti oder Ingeborg Bachmann. Sie verwandelten das bis dato bescheidene Fischerdorf in den „**Kultursalon**" der Insel.

Die Stadtumgebung präsentiert sich stark zersiedelt. Südlich und nördlich nehmen leicht zugängliche Sandstrände Forio gleichsam in die Zange: im Norden die *Spiaggia di Chiaia* und die *Spiaggia di San Francesco*, im Süden die *Spiaggia di Citara*. Der Citara-Strand ist nicht nur aufgrund seiner fantastischen Lage recht beliebt, am Ende der Stichstraße befindet sich mit den Poseidon-Gärten (*Giardini Poseidon Terme*) zudem der **größte Thermalpark Ischias**. Hinsichtlich mediterraner Gärten wartet die Umgebung noch mit zwei weiteren Besonderheiten auf, die zu den Pflichtdestinationen botanisch interessierter Reisender gehören: Die **Mortella-Gärten** (*Giardini La Mortella*) oberhalb des Francesco-Strands sind eine der schönsten Grünanlagen in der gesamten Region. Kaum weniger lohnend ist der Besuch der Ravino-Gärten (*Giardini Ravino*) an der Ringstraße oberhalb des Stadtzentrums mit ihren beeindruckenden Kakteen und Sukkulenten. Nicht zuletzt zeigt sich von Forio der Monte Epomeo von seiner vielleicht beeindruckendsten Seite. Zu Beginn der Geländestufe zum Falanga-Wald (→ Wanderung 1, S. 380 ff.) erkennt das bloße Auge gerade eben noch die weiß getünchte **Chiesa Santa Maria al Monte.** Den 400 m hoch gelegenen Kuppelbau stifteten 1596 Großgrundbesitzer aus dem Süden Kampaniens als Sühne für einen Mord am damaligen Bischof von Forio. Der markierte Wanderweg vom Zentrum zum Gotteshaus setzt jedoch keine Maßstäbe. Besser ist es, diesen Aussichtspunkt von der anderen Inselseite bzw. vom Gipfel des höchsten Inselbergs aus anzusteuern.

Sehenswertes

Torrione (Museo Civico): Der vom Hafen gut erkennbare Küstenwachturm aus grauem Tuff und Trachyt verleiht dem Zentrum einen wehrhaften Anstrich. 1480 erbaut, diente der Rundturm im 19. Jh. vorübergehend als Kerker, bevor er in ein Kulturzentrum umgewandelt wurde. Die Rotunde im Sockelgeschoss wird für Konzerte und Wechselausstellungen genutzt, das Obergeschoss präsentiert Werke des Bildhauers, Malers und Poeten Giovanni Maltese (1852–1913), der drei Jahrzehnte im Turmhaus nebenan wohnte und arbeitete. Die Gipsfiguren des Meisters erzeugen einen ästhetisch wunderbaren Raumeindruck, außerdem verfasste der aus einer Bauernfamilie stammende Skulpteur bitter-satirische Gedichte in heimischer Mundart.

▪ April bis Okt. tägl. außer Mo 10–12.30 und 19.30–22 Uhr, Nov. bis März 9.30–12.30 und 17–19 Uhr. 2 €, erm. 0,50 €. Via Torrione 32, www.iltorrioneforio.it.

Chiesa Santa Maria del Soccorso: Das schneeweiß getünchte Gotteshaus den felsigen Absatz am äußersten Ende der Altstadt. Von drei Seiten von Meer umtost, präsentiert es sich je nach Tageszeit in wechselndem Licht. Bei Sonnenuntergang genießen Liebespaare die romantische Stimmung. Anklänge an die Seefahrt vermitteln auch die Segelschiffmodelle im Kircheninnern, es handelt sich um Votivgaben heimischer Fischer (Maria del Soccorso ist die Schutzpatronin der Seefahrer). Der Sakralbau war im 14. Jh. Teil eines heute nicht mehr existenten Augustinerklosters und wurde danach mehrfach umgebaut, was die Melange unterschiedlicher Stile erklärt. Neben einem wertvollen Kruzifix gebührt der Statue der Muttergottes mit Kind die größte Aufmerksamkeit im Inneren.

Märchengarten nicht nur für Botaniker: Giardini Ravino

Giardini Ravino: Der 5000 m² große Botanische Garten befindet sich oberhalb des Zentrums an der Ringstraße und ist ein Mekka für Kakteen- und Sukkulentenliebhaber. Auch sonst gibt es zahlreiche Raritäten zu bestaunen, u. a. ein seltenes Exemplar der Wollemi Pine *(Wollemia nobilis)*. Lange Zeit galt der Baum als ausgestorben, bevor er 1994 in Australien per Zufall wieder entdeckt wurde. Davor kannte man das „lebende Fossil" nur von Versteinerungen. Die Wollemi Pine war – wie die Dinosaurier – vor rund 65 Mio. aus den Wäldern verschwunden. Ein wunderbares Café, eines der schönsten der Insel, lädt nach dem Rundgang zur wohlverdienten Rast ein. Außerdem kann man auf dem Anwesen übernachten.

■ Ende März bis Mitte Nov. tägl. außer Di/Do 9 Uhr bis Sonnenuntergang. 10 €, erm. 5 €. Via Provinciale Panza 140b, www.ravino.it.

Giardini La Mortella: Der kunstvoll gestaltete mediterrane Landschaftspark oberhalb vom Francesco-Strand zählt zu den schönsten Gartenanlagen Italiens und ist unbedingt einen Besuch wert. Das Areal war jahrelang im Besitz des englischen Komponisten William Walton, der 1983 auf Ischia verstarb. Seit 1949 lebte er mit seiner argentinischer Ehefrau Susana auf der Insel und schuf mit ihr den ca. 2 ha großen Landschaftspark, der heute rund 3000 verschiedene Pflanzen beherbergt. Brunnen, Wasserbecken, Fontänen und terrassierte Parzellen schaffen ein Ambiente, in dem Besucher sich stundenlang verlieren können. Zum Garten gehören ein Nymphäum (Quellheiligtum), ein Konzertsaal sowie ein Museum zur Wirkungsgeschichte des Komponisten. Zu den illustren Gästen zu Lebzeiten des Stifters und Künstlers zählten u. a. Charlie Chaplin, Paul Hindemith und Prinz Charles. Seit 2004 gehört die Grünanlage zum elitären Kreis der „Schönsten Parks Italiens" *(Parco Più Bello d'Italia)*.

■ April bis Anfang Nov. Di, Do, Sa und So 9–19 Uhr (letzter Einlass um 18 Uhr). 12 €, erm. ab 7 €. Via Francesco Calise 39, www.la mortella.org.

Basis-Infos

Einwohner ca. 10.300 Einwohner

Information Der **Infopoint** befindet sich am Entree zur Altstadt, direkt am Parkplatz. In der Saison tägl. 8–20 Uhr. ℘ 081-19751999, www.forioischia.it.

Anfahrt/Verbindungen Pkw. Ausgewiesene Parkplätze am Altstadtring in Hafennähe. 2 €/Std., 8 €/Tag.

Taxi. Taxistand an der zentralen Bushaltestelle am Altstadteingang.

Bus. Die zentrale Haltestelle befindet sich am Knick der Ringstraße in Hafennähe (CS/CD, Linie 1). Busse der Linie 2 fahren zum Citara-Strand (Poseidon-Therme).

Schiff. In den Sommermonaten Fährbetrieb mit Schnellbooten von Forio via Procida nach Neapel (Molo Beverello). Der Ticketschalter befindet sich im Gebäude der Guardia Costiera am Hafen. *Alilauro* (℘ 081-4972238, www.alilauro.it).

Mietfahrzeuge Zahlreiche Verleihoptionen im Stadtzentrum, am Hafen sowie am Citara-Strand, u. a. **Noleggio Citara:** Scooter ab 25 €/Tag. Auch Pkw, Mountain- und E-Bikes. Piazzale di Citara, ℘ 339-4820960, www.noleggiocitara.it.

Ärztliche Versorgung Guardia medica. Via Provinciale Panza 45, ℘ 081-998655.

Veranstaltungen Patronatsfest. Feierliche Prozession zur Kirche Santa Maria al Monte am Hang des Monte Epomeo. 12. Sept.

Aktivitäten

Bootstouren Capitan Morgan. Inselrundfahrten mit Badestopp (27 €, erm. 15 €) und Ausflüge nach Sorrent (40 €, erm. 30 €) und Procida mit Inselrundfahrt (21,50 €, erm. 15 €) in den Sommermonaten. Der Ticketschalter befindet sich gegenüber dem Taxistand am Hafen. ℘ 081-985080, www.capitanmorgan.it.

Ischia Cruises. Inselrundfahrten (22 €) und Fährboote nach Capri (23 € für die einfache Fahrt). Ticketschalter am Hafen-Parkplatz. ℘ 081-983636, www.ischiacruises.it.

Einkaufen Markt. Die Markthalle mit Fisch-, Obst- und Gemüseständen befindet sich im Stadtzentrum. Tägl. außer sonn- und feiertags 8–14 Uhr.

Serpico. Das Feinkostgeschäft im Stadtzentrum ist eine Inselinstitution, zu den Kunden zählte allerlei Prominenz – von Charly Chaplin bis König Ludwig II. von Bayern. Rustikales Interieur, Salami, Limonenhonig und Rucolino. Jetzt auch mit feudal eingerichtetem Seifen- und Biokosmetik-Geschäft, zugänglich vom Seiteneingang. Piazza Giacomo Matteotti 13, ℘ 081-997162, www.serpico.it.

Baden Spiaggia di Chiaia. Der am nächsten zum Stadtzentrum gelegene Sandstrand ist in 10 Min. zu Fuß erreichbar. Strandbäder und einfachere Restaurants in lockerer Abfolge.

Spiaggia di San Francesco. Wunderbar gelegener Sandstrand am Übergang zur Steilküste, die Mortella-Gärten sind in bequemer Reichweite. Strandbäder und Restaurants sorgen für die nötige Infrastruktur.

Spiaggia di Citara. Einer der längsten und beliebtesten Strände Ischias zwischen Forio und der Punta Imperatore. Die Poseidon-Gärten befinden sich am Ende des Strandabschnitts.

Thermen Giardini Poseidon Terme. Der größte Thermalpark Ischias am südlichen Ende des Citara-Strands, gegründet in den 1960er-Jahren von dem deutschen Humanmediziner Gernot Walde. 6 ha große Terrassenanlage mit viel Grün, 20 Schwimmbecken, Privatstrand, Bistro, Sauna, Wellness- und Gesundheitszentrum. Buslinie 2 von Ischia Porto endet am Eingang zur Therme. Mitte April bis Okt. 9–19 Uhr. Tagesticket 33 €, erm. 16,50 €, ab 13 Uhr 28 €, erm. 14 €, im Aug. etwas teurer. Parkbesichtigung für 6 € ab 18 Uhr. Via Giovanni Mazzella 87, ℘ 081-9087111, www.giardiniposeidonterme.com.

Wandern Lacco Ameno. Vorbei am Chiaia- und Francesco-Strand führt der Weg über die Punta Caruso und an der Villa des Regisseurs Luchino Visconti (→ S. 112) vorbei zur San Montano-Bucht. Wer mag, der kann auf dem Weg die Mortella-Gärten besichtigen.

Monte Epomeo. Auf kleinen Asphaltsträßchen durch die zersiedelte Peripherie zur Chiesa Santa Maria al Monte und weiter durch

Forio

150 m

den Falanga-Wald zum Gipfelkamm des Epomeo. Kurz hinter dem Knick der Ringstraße auf rot-weiße Markierung achten. Einfache Gehzeit zum Gipfel: ca. 2:30 Std.

Übernachten

**** Hotel Tritone 1 Der unangefochtene Platzhirsch unter den Hotels am Francesco-Strand. Weitläufige Anlage mit verspielten Wohntrakts, üppiger Garten, Pool, Sonnenterrasse über dem Meer, Privatstrand. 200 elegante Zimmer, Restaurant, Parkplatz. Mitte April bis Anfang Nov. DZ ab 130 €. Via Tommaso Cigliano 34, ☎ 081-987471, www.hoteltritone ischia.it.

**** Tenuta del Poggio Antico 10 Noble Landvilla hoch oben in der Peripherie. Himmlische Ruhe, 9 Zimmer, Panoramablick,

Thermalpool, Sonnenterrasse im Garten, Hotelparkplatz. Nebenan befindet sich die empfehlenswerte Trattoria Bellavista (Mai Do–So, Juni bis Sept. tägl. außer Di mittags/abends). DZ ab 100 €. Via Bellomo 2 (Loc. Montecorvo), ☎ 081-986123, www.ilpoggioatico.com.

**** Hotel Terme Parco Maria 🔟🔟 Luxushotel mit eigener Therme an der Ringstraße über dem Citara-Strand. 80 Zimmer, teilweise mit Balkon und Blick auf Forio. Hotelparkplatz, Restaurant, Bar, freundlich und gut geführt. DZ ab 80 €. Via Provinciale Panza 296, ☎ 081-907322, www.parcomaria.it.

*** Hotel Lord Byron 🔟 Gutes Mittelklassehotel im Stadtzentrum, die Einfahrt befindet sich an der Ringstraße. Ausstattung im englischen Stil. 31 Zimmer, einige mit Terrasse/Balkon, Beautysalon, Pool und Restaurant. Mitte April bis Mitte Nov. geöffnet. DZ ab 100 € (Mindestaufenthalt 2 Nächte). Via Giovanni Castellaccio 21, ☎ 081-997518, www.hotellordbyron.it.

Pensione Di Lustro 🔟 Traditionsquartier mitten im Zentrum mit Retro-Charme, 1949 logierte hier der Autor und Schauspieler Truman Capote mit seinem Lebensgefährten. 10 Zimmer mit Stilmöbeln im Obergeschoss eines sanierten Palazzo, teilweise ist die Originalkeramik aus dem 17. Jh. in den Bädern erhalten. Dachterrasse, kleiner Innenhof, seit Generationen in Familienhand. Auf Wunsch kocht die Eigentümerin. Einfacher Standard, ganzjährig geöffnet. DZ ab 65 €. Via Filippo Di Lustro 9, ☎ 081-997163.

Ring Hostel 🔟 Gesellige Herberge mit internationalem Flair in einem Altbau im hinteren Teil der Altstadt, engagiert von einem jungen Inhaberpaar geführt. Relaxte Atmosphäre, viele Freizeitangebote, Privat- und Mehrbettzimmer, Dachterrasse. Ganzjährig geöffnet. DZ ab 50 € (geteiltes Bad) bzw. 65 € (privates Bad), Platz im Mehrbettzimmer ab 20 €. Via Gaetano Morgera 80, ☎ 081-997531, www.ringhostel.com.

Essen & Trinken   → Karte S. 119

Die Via Cristoforo Colombo am Hafen ist die Antwort Forios auf die Riva Destra in Ischia Porto – Restaurants und Cocktailbars reihen sich hier aneinander. Eine reiche Auswahl an Straßencafés und Eisdielen gibt es auf der Piazza Giacomo Matteotti im Stadtzentrum.

Umberto a Mare 🔟 Hochwertiges Meeresfrüchteristorante direkt unterhalb der Fischerkirche Maria del Soccorso. Exklusives Ambiente, das Lokal ist in den Tuffsteinfels hineingebaut. Meerblick von der Veranda, auch Zimmervermietung (DZ ab 150 €). Degustationsmenü um 65 €, Menü à la carte ab 45 €. Ostern bis Okt. tägl. mittags/abends. Via Soccorso 2, ☎ 081-997171, www.umbertoamare.it.

Ristorante Il Saturnino 🔟 Vornehmes Fischrestaurant an der Hafenzeile, vom Guide Michelin geadelte Küche. Kleine Karte mit saisonal wechselnden Gerichten und Frischegarantie. Nur wenige Tische im luftigen Vorbau mit Hafenblick. Degustationsmenü um 50 €, nach Vorbestellung Kaninchenmenü für 40 € (ab 2 Pers.). In der Nebensaison Di/Mi geschlossen, sonst tägl. mittags/abends geöffnet. Via Marina sul Porto 17, ☎ 081-998296, www.ristorantesaturnino.it.

Ristorante Montecorvo 🔟 Landrestaurant weit oben in der Peripherie im Ortsteil Montecorvo. Terrassenanwesen im Grünen, himmlische Sitzplätze auf der Veranda, ausgezeichne-

te und stets frische Küche, der Schwerpunkt liegt auf Fleisch- und Gemüsegerichten. Fixmenüs ca. 30–40 €. Im Sommer tägl. mittags und abends geöffnet, ansonsten besser vorher anrufen. Via Montecorvo 103 (von Forio und Panza ab Ringstraße ausgeschildert), ☎ 081-998 029, www.montecorvo.it.

Mein Tipp **Locanda di Vito** 🔟 Gastrotempel oberhalb des Citara-Strands bzw. im Ortsteil an der Ringstraße zwischen Forio und Panza. Blick vom verglasten Speiseraum auf und aufs Meer. Pizza, Fisch und Fleisch werden vor den Augen der Gäste am Holzkohlegrill zubereitet. Wenige Plätze draußen auf dem Hof. Menü um 25 €, Pizza (auch mittags) ab 5 €. Mi Ruhetag. Via Provinciale Panza 217, ☎ 371-3720580.

La Meridiana 🔟 Snackbar und Ristorante am Francesco-Strand. Pasta, Bruschetta, Eis, Kaffee und Kuchen, auch Pizza und Komplettmenüs. Lauschige Sitzplätze auf der Veranda am Meer, Vermietung von Sonnenschirm und Liege. Menü ab 30 €, Pizza ab 7 €. Nur mittags und nachmittags in der Badesaison. Via Tommaso Cigliano 116,   ☎ 081-902723,   www.lameridiana ischia.it.

La Bella Napoli 🔟 Alteingesessenes Lokal an der Gastromeile am Hafen, stimmungsvoll, sehr beliebt und oft brechend voll. Gemütliches Innenleben mit wenigen Tischen, luftige

Veranda. Fisch- und Fleischgerichte, Salate, abends auch Pizza, der Schwerpunkt liegt auf der Meeresküche. Menü ab 20 €, Pizza ab 6 €. In der Vor- und Nachsaison Di Ruhetag, sonst tägl. mittags und abends. Via Marina sul Porto 8, ℰ 081-986392, www.bellanapoliischia.it.

Bar Maria 7 Der einstige Künstlertreff, die illustre *Bar Internazionale* (→ S. 115 f.), wur-

de 1989 saniert und unter dem neuen Eigentümer wiedereröffnet. Fotos an den Wänden erzählen von den alten Zeiten. Kaffeespezialitäten, Eis, gute Weine, Aperitifs, frisch gepresste Säfte. Schöne Sitzplätze auf der Piazza. Tägl. außer Mo ab 8 Uhr, am Wochenende rund um die Uhr. Piazza Giacomo Matteotti 15/16, ℰ 081-989241.

Panza

Die Agrarhochburg im Inselsüden ist das wichtigste Weinanbaugebiet der Insel. Schmale Asphaltwege führen vom dörflichen Zentrum zur Sorgeto-Bucht und zur Punta Imperatore mit dem Leuchtturm hoch über dem Meer.

Panza liegt auf einer natürlichen Geländestufe zwischen Forio, Sant'Angelo und dem Monte Epomeo. Das werktags und in der Hauptferienzeit erstaunlich lebhafte Zentrum befindet sich abseits der Ringstraße, wird jedoch von den wichtigen Buslinien angesteuert. Gäste auf dem Weg nach Sant'Angelo streifen daher fast zwangsläufig das dörflich geprägte Ortszentrum. Die touristische Bedeutung von Panza ist zwar begrenzt, dennoch lohnt sich der Abstecher aus mehreren Gründen: Einer davon ist das außerhalb des Ortszentrums gelegene

Weinmuseum des Traditionsbetriebs *Casa D'Ambra*. Seit 1888 kultiviert die Winzerfamilie an den Südhängen des Monte Epomeo Wein. Die Ausstellung im Stil eines Heimatmuseums führt in die Geschichte des Weinanbaus auf Ischia ein und erläutert wichtige Elemente der hiesigen Winzerkulturen (→ Kasten, S. 122). Die besten Anbaubedingungen Ischias bietet das – auch von Forio aus zugängliche – Dorf Montecorvo oberhalb der Ringstraße am Epomeo-Hang. Die Weingärten umgeben hier charakteristische Trocken-

Ischia → Karte S. 96/97

Weingut am Hang des Monte Epomeo oberhalb von Panza

mauern *(parracine)* aus grünem Tuff, die dem Austrocknen der Felder entgegenwirken. Praktisch für die Bauern, weil die häufig abgeschiedenen Felder selten bewässert werden müssen!

Grüner Epomeo-Tuff dominiert auch das Ortsbild von **Ciglio** an der Ringstraße zwischen Panza und Serrara-Fontana. Besonders augenfällig ist dies an der Chiesa di San Ciro – einer Rhapsodie in Grün am Steilhang etwa 200 m über dem Meer. Kaum weniger auffällig ist wenige Schritte weiter das Ausflugsrestaurant aus grünen Tuffsteinquadern. Das Haus ruht wie ein Vogelnest auf einem Felsensolitär unweit der Ortsdurchfahrt (→ Übernachten/Essen). Die beliebtesten Ausflugsziele in der Umgebung von Panza befinden sich jedoch am Meer: Am westlichen Rand des weitläufigen, landwirtschaftlich genutzten Plateaus beginnt der Wanderweg zur **Punta Imperatore.** Am besten ist der Leuchtturm vom Citara-Strand unterhalb zu erkennen. Ein antiker Mythos erzählt, wie einst vor diesem Gestade Göttervater Zeus ein Boot des Recken Odysseus in Stein verwandelte. Noch heute ist der Felsen im Wasser auf den Landkarten als *Nave* („Schiff") verzeichnet. Ein weiteres Ausflugsziel ist die **Baia di Sorgeto** südlich von Panza. Die zu Fuß bequem erreichbare Felsbucht ist v. a. wegen der Unterwasser-Fumarolen an sonnigen Tagen stark frequentiert. Die Wasserratten aalen sich in flachen Steinbassins, in denen sich Meer- und Thermalwasser

Das älteste Gewerbe der Insel – Weinkultivierung auf Ischia

Bevor sich Ischia in den 1960er-Jahren zur Ferieninsel wandelte, war der Weinanbau die Haupterwerbsquelle der Bewohner. Insbesondere die von der Sonne verwöhnte Südseite eignet sich hervorragend zur Kultivierung der Reben, die Winzerkulturen blicken auf etruskische und griechische Wurzeln zurück! Eine der ältesten autochthonen Rebsorten ist *Biancolella*, aus der ein trockener Weißwein von strohgelber Farbe gekeltert wird. Die *Forastera*-Rebe gelangte dagegen erst im Verlauf des 19. Jh. auf die Insel und dient der Veredelung sowie zum Schutz der anderen Reben vor Krankheiten. Kennern ist außerdem auch der Name *Per' e'Palummo* ein Begriff. Übersetzt heißt der Dialektausdruck „Taubenfuß", eine Anspielung auf die eigenartige Form der Traube. Der Rotwein besticht durch eine rubinrote Farbe und einen samtig-weichen Abgang. Die sprichwörtliche Würze erhalten die Inselweine durch mediterrane Kräuter, die manche Bauern beim Gärungsprozess hinzufügen. Ausgefeilte Pressmethoden, die ebenfalls auf eine jahrhundertealte Tradition zurückblicken, reduzieren zudem die Bildung von Fruchtsäure und Tannin. Beides im Übermaß ist der Weinqualität nicht zuträglich. Mitte des 19. Jh. vernichtete die aus den USA eingeführte Reblaus die meisten ischitanischen Rebenkulturen. Die Katastrophe bedeutete einen empfindlichen Rückschlag, von dem sich die Winzer der Insel nie mehr vollständig erholten.

Das **Weinmuseum** in der Peripherie von Panza informiert ausführlich über die wesentlichen Aspekte des Weinanbaus auf Ischia (→ S. 123).

vermischen. Ein Café sorgt für das leibliche Wohl, außerdem kann man sich mit erdiger Fangocreme einpinseln. Von historischer Bedeutung ist die **Punta Chiarito** mit dem gleichnamigen Luxushotel oberhalb der Bucht (→ Übernachten/Essen). Archäologen entdeckten hier oben Überreste eines griechischen Dorfes. 300 Metall- und Keramikartefakte konnten geborgen werden, außerdem stieß man auf Fundamente dreier Landhäuser. Vor 2700 Jahren bedeckte ein Vulkanausbruch die antike Siedlung mit einer dicken Lavaschicht. Einige Funde können in der Villa Arbusto in Lacco Ameno begutachtet werden.

Praktische Infos

Einwohner ca. 7300 Einwohner

Information Das **Infobüro** befindet sich am oberen Ende der Dorfpiazza und organisiert u. a. Ausflüge zu ausgewählten Winzerbetrieben. Tägl. außer Di 8.30–13.30 Uhr. Piazza San Leonardo 1, ✆ 081-908436, www.prolocopanzaischia.it.

Einkaufen/Museum Casa D'Ambra (Museo del Contadino). Weinverkauf und Museum (→ S 121), gezeigt werden die Requisiten der traditionellen Winzerkultur. Mo–Fr 9–13.30 und 15.30–19, Sa 9–13.30 und 16.30–19 Uhr. Via Mario d'Ambra 16 (an der Ringstraße oberhalb des Ortszentrums auf Ausschilderung achten), ✆ 081-907246, www.dambravini.com.

Punta Chiarito. Das Nobelhotel über der Sorgeto-Bucht (→ Übernachten/Essen) verfügt über eine Felsenkeller-Cantina. Empfehlenswerte kalte Platten (Mittagsbistro), Verkauf von diversen Produkten in überragender Qualität (Wein, Olivenöl, Honig, Konfitüre u. v. m.). Via Sorgeto 51, ✆ 081-908102, www.puntachiarito.it.

Veranstaltungen Sagra del Vino. Traditionelles Weinfest an der Piazza San Leonardo, seit 50 Jahren ein Fixpunkt im Eventkalender der Insel. Mitte Aug.

Baden Baia di Sorgeto. Eine Stichstraße verbindet die Bucht, bekannt für die thermische Aktivität unter Wasser, mit dem Zentrum von Panza bzw. mit der Straße nach Sant'Angelo (Schild „Località Sorgeto"). Sie endet an gebührenpflichtigen Parkplätzen, vom Belvedere führt eine im Treppenweg hinunter zum Strandcafé. Vorsicht, denn das Wasser ist an manchen Stellen kochend heiß!

Wandern Punta del Imperatore. Bis zur Bar *Faro* auf schmalen Teersträßchen, dann auf Wirtschafts- und Wanderwegen bis zum Belvedere oberhalb des Leuchtturms. Auf dem gleichen Weg wieder zurück.

Monte di Panza. An der Bar *Lina* auf der Hauptpiazza zweigt eine Stichstraße in Richtung Sorgeto-Bucht ab. Am Wanderwegweiser dem links abzweigenden Wirtschaftsweg folgen, der sich später zum Pfad verengt. Im Frühjahr und Frühsommer gelb blühender Ginster, immer wieder Ausblicke auf Sant'Angelo, ein Abstecher führt hinab zur wildromantischen **Baia Pelara**.

Übernachten/Essen **** Punta Chiarito Resort. Exklusive Traumlage über der Sorgeto-Bucht, Weinkeller (→ Einkaufen), das Mittagsbistro serviert qualitativ hochwertige Inselspezialitäten und steht auch auswärtigen Besuchern offen. 26 Zimmer, Pool, Garten, Restaurant, Shuttleservice. DZ ab 110 €, Zimmer in der Dependance („Villa Caterina") etwas preiswerter. Via Sorgeto 51, ✆ 081-908102, www.puntachiarito.it.

L'Arca. Eine Inselinstitution in Ciglio, Prachtblick auf Panza, surreale Lage auf einem Fels, wenige Tische, familiäre Atmosphäre, herzhafte Landküche, auch Fisch. Menü um 30 €, mittags preiswerte Touristenmenüs um 15 €. Ostern bis Okt. tägl. mittags und abends. Via Ciglio 119 (Serrara-Fontana), ✆ 320-8706019.

Trattoria Il Ritrovo. In der bodenständigen Einkehr an der Ringstraße gehen auch die Einheimischen gerne essen. Fisch- und Fleischgerichte, abends auch Pizza, stilvoll tafeln drinnen, die wenigen Tische auf dem Trottoir sind weniger zu empfehlen. Tägl. – auch in den Wintermonaten – mittags und abends geöffnet. Menü um 25 €, Pizza ab 5 €. Via Provinciale Panza–Suchivo, ✆ 081-909495.

Pizzeria Da Luca. Alteingesessenes Lokal an der Ortsdurchfahrt (seit 1950). Keramikdesign innen wie außen, bereits mittags brennt der Steinofen, abends hin und wieder Livemusik. Touristenmenü um 15 €, Pizza ab 6 €. Ostern bis Okt. tägl. außer Mo mittags und abends geöffnet. Via Leonardo Impagliazzo 140, ✆ 081-907846.

Pasticceria Mike. Freundliche Einkehr im Ortszentrum, Nähe Hauptpiazza. Schmackhaftes Gebäck aus eigener Produktion, krosses Brot, Pizzasnacks, Eis sowie Kaffee. Außenplätze an der Ortsdurchfahrt. Tägl. geöffnet. Via Leonardo Impagliazzo 146.

Ischia → Karte S. 96/97

Kleine urbane Perle im Inselsüden: Sant'Angelo

Sant'Angelo und der Maronti-Strand

Ein Hauch von Jetset weht durch die mondäne Ortschaft an der Südküste. Das Zentrum ist verkehrsberuhigt, vom kleinen Hafen aus steuern in der Badesaison Taxiboote den ellenlangen Maronti-Strand an. In einer Felsspalte hinter dem Strand versteckt sich die skurrile Cavascura-Therme.

Der piekfeine Küstenort am südlichsten Punkt der Insel gehört zu den Touristenmagneten. Die Gründe für die Popularität liegen auf der Hand: ein peinlich sauberer Ortskern frei von Autoverkehr, Sandstrände direkt vor der Tür und die wunderbare mediterrane Architektur mit Loggien, Arkaden, flachen Kuppeldächern und steilen Treppchen. Das orientalisch anmutende Häuserensemble fügt sich dabei perfekt in die spektakuläre Steilküstenlandschaft ein – mit der vorgelagerten **Felsinsel La Roia** als markanter Landmarke. Ein Vulkanausbruch unter Wasser brachte das Vorgebirge aus grauem Trachyt hervor, dessen Spitze um 1000 n. Chr. ein Benediktinerkloster schmückte. Geweiht war die Abtei dem Erzengel Michael, ein Umstand, den heute der Ortsname *Sant'Angelo* reflektiert. Vom

Kloster ist nichts mehr vorhanden, nur die Reste eines aragonesischen Küstenwachturms haben sich auf der Hügelkuppe erhalten. Die Halbinsel ist durch einen Damm mit dem „Festland" und der tagsüber stets belebten Piazzetta am Hafen verbunden. Hinter diesem klassischen Entree entfaltet sich die eigentliche städtebauliche Perle am Steilhang mit steilen Gassen und Treppenwegen. Ganz oben befindet sich die Pfarrkirche, die natürlich dem hl. Michael geweiht ist. Der Fußweg zum Maronti-Strand führt an ihr vorbei. Sant'Angelo ist nicht nur der vornehmste, sondern auch der teuerste Ort Ischias. Ein Hauch von Jetset umgibt die Piazzetta und den wundervoll gelegenen Naturhafen, derweil in den Gassen leise Elektrokarren das Gepäck der Übernachtungsgäste vom Ende der

Fahrstraße zu den Hotels bringen. Den schönsten Blick auf das ästhetisch stimmige Ensemble genießt man von der vorgelagerten Halbinsel aus.

In der Touristensaison bringen Taxiboote die Feriengäste vom Hafen zum **Maronti-Strand** *(Spiaggia dei Maronti)*, dem längsten Strand Ischias. Der zwei Kilometer lange Streifen aus Sand und feinem dunklen Kies ist auch zu Fuß zu erreichen und verfügt auf der Ostseite zudem über eine Straßenanbindung von Barano bzw. von der Inselhauptstadt. Eine Attraktion bilden die Unterwasser-Fumarolen in der Mitte des Strandes. Heiße unterirdische Quellen erlauben das Baden und Planschen hier auch in der Wintersaison. Obendrein eignen sie sich sogar zum Kochen: Ein rohes Ei ist bereits nach wenigen Minuten hartgekocht, das Hühnchen in Alufolie nach einer halben Stunde „dampfgegart". Die relative Nähe zweier **Thermalbäder,** die gegensätzlicher kaum sein könnten, tragen zusätzlich zur Attraktivität des Maronti-Strands bei: zum einen die Aphrodite-Apollon-Gärten, ein moderner Thermalpark mit allem Drum und Dran, auch wenn sie nicht unbedingt zur Ersten Liga der Badeparadiese auf Ischia zählen. Zum anderen die archaische Cavascura-Therme, die sich bar jeglicher Infrastruktur auf das Wesentliche beschränkt – der wohltuenden Wirkung des Heilwassers. Gut vorstellbar, dass hier bereits die alten Griechen und Römer auf dieselbe Weise Bäder und Schlammkuren genossen! Wasserfluten und Erdrutsche nagen kontinuierlich am Maronti-Strand, weshalb immer wieder Berghänge gesichert und Sand neu aufgeschüttet werden muss. Einst war der Strand auf ganzer Länge begehbar, heute ist dies häufig nicht mehr möglich.

Basis-Infos

Anfahrt/Verbindungen **Pkw.** Kurz hinter Panza zweigt die Stichstraße nach Sant'Angelo ab, eine weitere Zufahrt von Barano endet am östlichen Ende des Maronti-Strands. **Parkplätze** sind jeweils vorhanden (3 €/Std.).

Bus. Busse aus Ischia Porto (CS, CX, Linie 1) halten am Wendehammer 500 m vor dem Ortszentrum. Die Linie 5 verkehrt zwischen Ischia Porto und dem östlichen Ende des Maronti-Strands.

Taxi. Taxistände befinden sich in der Nähe der Bushaltestelle in Sant'Angelo und am östlichen Ende des Maronti-Strands.

Schiff. Taxiboote verkehren in der Badesaison regelmäßig vom Hafen zum **Maronti-Strand,** (4 € pro Pers.), seltener in die **Sorgeto-Bucht.** Auch längere Bootstouren ab 4 Pers. Cooperativa San Michele, ☎ 081-904460.

Mietfahrzeuge **Pkw/Scooter/E-Bikes.** Die Firma *Alex Auto* betreibt einen Verleihkiosk in der Nähe der Bushaltestelle in Sant'Angelo. Pkw ab 35 €/Tag, Scooter ab 25 €, E-Bike 12 €. Via Chiaia delle Rose 5, ☎ 081-908010, www. alexautoischia.com.

Veranstaltungen **Patronatsfest.** Zu Ehren des Erzengels Michael. 29. Sept.

Aktivitäten

Baden/Wassersport **Spiaggia di Sant' Angelo.** Der Sandstrand auf beiden Seiten vom Brückendamm ist zwar wunderschön, aber auch sehr belebt. Die vom Hafen abgewandte Seite ist fest in der Hand diverser *Bagni,* die Sonnenschirme und Liegen verleihen.

Spiaggia dei Maronti. Der längste und bekannteste Strand Ischias ist von Sant'Angelo zu Fuß oder mit dem Taxiboot erreichbar. Von Ischia Porto führt eine Straße via Barano zum östlichen Ende des Strands, wo sich die meisten Strandrestaurants und -cafés befinden. Berühmt ist der Sand- und Vulkanschotterstrand auch wegen seiner heißen Fumarolen am Meeresgrund, außerdem befindet sich die Cavascura-Therme in bequemer Reichweite.

Wassersport. Das Unternehmen *Nemo Ischia* organisiert Kajak- und Schnorchel-Exursionen

Ischia → Karte S. 96/97

Paradeblick auf Sant'Angelo mit der Felsinsel La Roia

rund um Sant'Angelo. Auch Kurse für Erwachsene und Kinder (PADI, PSS, NAUI). Via Sant'Angelo 94, ✆ 366-1270197, www.nemo ischia.it.

Thermen Parco Termale Tropical. Kleinerer Thermalpark am oberen Ortseingang von Sant'Angelo. 9 Becken, Whirlpool, Sauna, Restaurant und Bar. April bis Okt. 9–18 Uhr. 22 €, nach 13 Uhr 15 €, erm. 8 € (bis 11 J.). Via Ruffano 26, ✆ 0081-999242, www.parcotropical.it.

Giardini Termali Aphrodite-Apollon. Therme am Fußweg zum Maronti-Strand in der Nähe der Fumarolen. Das Bad gehört zum Hotel-Resort Miramare. 10 Becken, terrassierte Anlage mit viel Grün, Naturgrottensauna. Mitte April bis Okt. tägl. 9–18 Uhr. 22 € (erm. 8 €), ab 13 Uhr 15 €. Via Petrelle 15, ✆ 081-999219, www.aphroditeapollon.it.

Terme di Cavascura. Thermen wie zu Römerzeit, fast gänzlich ohne moderne Infrastruktur. Schon der Weg dorthin durch einen ausgewaschenen Hohlweg ist ein Erlebnis. Massagen, Duschen und Bäder in kleinen Kabinen, das Wasser wird frisch eingelassen. Terrasse mit kleinem Barbetrieb. 14 € (Mineralbad, Dusche, Sauna), Besuchsticket 1 €. Mitte April bis Mitte Okt. tägl. 8.30–18 Uhr. Via Cavascura 1, ✆ 081-905564, www.cavascura.it.

Wandern Maronti-Strand. Der Wanderweg führt nicht am Strand entlang, sondern auf ansteigenden Gassen hoch zur Kirche und danach oberhalb der Küste nach Osten. Es geht mehrmals auf und ab, bevor der Weg auf Höhe der Cavascura-Therme am Strand endet. Bereits im Ortszentrum weisen unscheinbare Schilder zu den Fumarolen und zur Therme auf den richtigen Einstieg hin. Am Weg liegen die Aphrodite-Apollon-Therme und mehrere empfehlenswerte Unterkünfte und Restaurants. Reine Gehzeit: ca. 45 Min.

Serrara. Wegen der 350 Höhenmeter bis zum Belvedere in Serrara ist dieser Rundweg nur konditionsstarken Wanderern zu empfehlen. Gleicher Einstieg wie zum Maronti-Strand und an der ersten Gabelung hinter der Kirche die linke Alternative wählen (Hinweisschild). Für den Rückweg von Serrara auf das braune Schild an der Kirche Nähe Belvedere achten. Der Abstieg endet am Maronti-Strand. Gehzeit: ca. 3 Std.

Übernachten

Gegen Nachmittag verschwindet in Sant'Angelo sowie am Maronti-Strand – je nach Jahreszeit früher oder später – die Sonne. Weil viele Quartiere nur zu Fuß erreichbar sind, sollte man sich bei der Buchung nach einem Gepäcktransport erkundigen.

**** Miramare Sea Resort. Beste Übernachtungsadresse in Sant'Angelo, Bundeskanzlerin Angela Merkel verbringt hier ihren Osterurlaub. Ruhige Lage in Hafennähe, Privatstrand, Restaurant, Wellnesscenter mit 5 Thermalpools, 80 elegante Zimmer mit Terrasse/

Balkon. Ostern bis Mitte Okt. DZ ab 230 €. Via Comandante Maddalena 29, ℡ 081-999219, www.miramaresearesort.it.

*** Hotel Margherita. Hotelneubau am Ortsrand von Succhivo oberhalb von Sant'Angelo. Ruhige Hanglage, Zitrusbäume, kleiner Pool mit Meerblick. 6 helle, freundliche Zimmer, Bar und ausgezeichnetes Restaurant. 5 Min. zur Bushaltestelle. Mitte März bis Mitte Nov. und Weihnachten/Neujahr. DZ ab 125 €. Via Succhivo 2 (im Zentrum beschildert), ℡ 081-907768, www.hmargherita.it.

*** Hotel Ferdinando Terme. Familiäres Hotel oberhalb der Fumarolen am Maronti-Strand. Ausgezeichnetes Restaurant, eigene Hoteltherme, 28 Zimmer, größtenteils mit Balkon oder Terrasse. Ostern bis Okt. DZ ab 110 €. Via Fondolillo 4 (Località Fumarole), ℡ 081-999269, www.hotelferdinandoischia.com.

*** Hotel Conte. Ordentliches Mittelklassehotel, Traumlage auf der Halbinsel Roia, bester Blick auf Sant'Angelo, seit 1939 in Familien-hand. 39 Zimmer, die schönsten nach vorne mit aussichtsreicher Veranda, gutes Frühstück, Restaurant. Ostern bis Mitte Okt. DZ ab 80 €. Via Nazario Sauro 42, ℡ 081-999214, www.ischiahotelconte.it.

Agriturismo Il Giardino del Nonno. Weitläufiges und gepflegtes Gartenanwesen oberhalb des Maronti-Strands, 18 Zimmer in Bungalows über dem Restaurantbereich (→ s. unten) mit Capri-Blick, alle mit Terrasse/Balkon. Im Berg gelegene Therme mit Grottenambiente, Pool, Yogaraum. April bis Mitte Nov. DZ ab 90 €. Via Fondolillo 9 (Località Fumarole), ℡ 081-999833, www.ilgiardinodelnonno.it.

Camping Mirage. Gepflegte Platzanlage am östlichen Abschnitt der Spiaggia dei Maronti, vorwiegend Wohnwagen und Wohnmobile, das Zelten ist jedoch möglich. Strandcafé mit Restaurant und Verleih von Sonnenschirmen und Liegen (Karibikflair). April bis Okt. 2 Pers. mit kleinem Zelt ab 28 €. Via Maronti 37, ℡ 347-3781562, www.campingmirage.com.

Essen & Trinken

Ristorante Deus Neptunus. Der römische Gott des Meeres ist Programm: Fisch- und Meeresfrüchtetempel, maritimes Design in Blau und Weiß, stilvoll tafeln drinnen oder auf der schattigen Terrasse über dem Steilufer am Ende der Zufahrtsstraße. Menü 35–40 €. Ostern bis Ende Okt. tägl. mittags und abends geöffnet. Via Chiaia delle Rose 13, ℡ 081-999135.

MeinTipp **Agriturismo Il Giardino del Nonno.** „Großvaters Garten" liegt aussichtsreich oberhalb des Maronti-Strands, der Fußweg von Sant'Angelo führt am Anwesen vorbei. Liebevoll gepflegt, die Betreiber arbeiteten früher als Fischer. Das ausgezeichnete Restaurant serviert Fisch- und Fleischgerichte, Gemüse aus dem eigenen Garten. April bis Mitte Nov. Menü um 35 €. Auch Zimmervermietung (→ s. oben). Via Fondolillo 9 (Località Fumarole), ℡ 081-999833, www.ilgiardinodelnonno.it.

Taverna Pietropaolo Stalino. Bodenständiges Restaurant am Weg zur Cavascura-Therme. Familiäres Ambiente, stimmungsvolle Veranda (Plastikstühle), herzhafte *cucina casareccia*, leckere hausgemachte *Dolci*. Menü um 25 €. Im Sommerhalbjahr mittags, am Abend nach Voranmeldung. Spiaggia dei Maronti, ℡ 081-905870.

Le Petrelle. Abgelegene Strandbar mit Restaurant am östlichen Ende des Maronti-Strands, betrieben von zwei fidelen Schwestern. Entspannte, familiäre Atmosphäre. Fischgerichte, die hausgemachten Dolci genießen den besten Ruf, Biofruchtsäfte. Wenige Tische auf der schmalen Veranda. Menü um 30 €. Mittagsbetrieb, Sa/So auch am Abend. Via Maronti 91, ℡ 347-6168754, www.ristorantele-petrelle.it.

Da Pasquale. Vielleicht die beste Pizza im Ort, auf Treppenwegen erreichbar (seit 1966), der Weg ist ausgeschildert. Auch Salate sowie ausgewählte Fisch- und Fleischgerichte, keine Außenbewirtschaftung. Steinofenpizza ab 8 €. April bis Anfang Nov. tägl. mittags und abends geöffnet, in der Vor- und Nachsaison Di Ruhetag. Via Sant'Angelo 79, ℡ 081-904208, www.dapasquale.it.

Dal Pescatore. Bar, Pasticceria, Gelateria, Pizzeria und Ristorante auf der Piazzetta. Tische und Stühle unter weißen Sonnenschirmen, Innenplätze im hellen Tonnengewölbe und im Obergeschoss. Snacks und Salate um 15 €, Pizza ab 8 €, Meeresküchenmenüs ab 40 €. Mitte März bis Mitte Okt. tägl. ab 8 Uhr. Piazzetta Sant'Angelo 5, ℡ 081-999206, www.dalpescatore.info.

Serrara liegt aussichtsreich hoch über dem Meer

Serrara-Fontana und der Monte Epomeo

Der Monte Epomeo ist die höchste Erhebung der Insel. Beste Ausgangspunkte für eine Gipfeltour sind die zwei landwirtschaftlich geprägten Weiler Serrara und Fontana.

Gäste können jahrelang ihre Ferien auf Ischia verbracht und dennoch nie einen Fuß in die zwei entlegenen Bergdörfer Serrara und Fontana gesetzt haben. Die Isolation führte in der Vergangenheit sogar dazu, dass sich hier ein eigener Inseldialekt entwickelte, der merkwürdigerweise sizilianische Anklänge aufweist. Heute kann man hingegen von einer isolierten Lage nicht mehr sprechen, seit beide Dörfer über die Inselrundroute an die stärker urbanisierten Teile Ischias angebunden und daher leichter zu erreichen sind. Noch immer geht es hier jedoch deutlich geruhsamer zu als andernorts. Hoch über dem Maronti-Strand leben die Menschen in der Hauptsache von der Landwirtschaft; die Tuffsteinkeller haben sommers wie winters eine gleichbleibend kühle Temperatur und eignen sich daher hervorragend zum Lagern der Agrarerzeugnisse wie Wein oder Gemüse. In Serrara lohnt sich ein Zwischenstopp aufgrund der fantastischen Aussicht auf Sant'Angelo und Panza vom **Belvedere.** Rund 2 km weiter wartet Fontana zwar mit keiner klassischen Sehenswürdigkeit auf, gilt jedoch mit 450 Höhenmetern als höchstgelegenes Dorf Ischias.

Die entrückte Höhenlage macht beide Dörfer als Ausgangspunkt für Exkursionen auf den **Monte Epomeo** geradezu prädestiniert (→ Wanderung 1, S. 380 ff.). Die mit 788 m höchste Erhebung der Insel ist ein klassischer Aussichtsberg mit 360-Grad-Panorama. Zwar führen aus jeder Himmelsrichtung Pfade und Wege zu den beiden Gipfelplattformen, die kürzeste und deshalb meistfrequentierte Route beginnt bzw. endet in Fontana. An manchen Tagen kann man die relativ bequeme Strecke sogar auf dem Maultier zurücklegen. Trotz der Fumarolen, die sich dann und wann am Berghang zeigen, handelt es sich beim Monte Epomeo um keinen Vulkan, sondern um einen sog. vulkantektonischen Horst. Darunter verstehen Geologen eine Tuffsteinscholle, die durch Erdbewegungen an die Oberfläche gelangte. Verursacht wurde die tektonische Verschiebung vor etwa 33.000 Jahren, als Magma aufstieg und dabei den über der Kammer liegenden Deckel aufbrach. Unterhalb der erstaunlich schroff in den mediterranen Himmel ragenden Tuffsteindome befinden sich Reste einer Einsiedelei sowie eine in den Berg hineingebaute Kirche. Letztere entstand gegen Ende des 15. Jh. und ist dem hl. Nikolaus aus Bari geweiht. Für das leibliche Wohl sorgt heute ein Ausflugsrestaurant, dessen Innenraum Einheimische 1965 ins Gestein gegraben haben (→ Essen & Trinken). Von jeder Seite präsentiert sich der Berg von anderer Gestalt. Während die Flanken im Norden und Westen so steil sind, dass die Wanderer daran zweifeln, ob ein Aufstieg überhaupt möglich ist, präsentiert sich der Berg aus der Gegenrichtung als sanft abfallende schiefe Ebene. Bewirtschaftete Felder erstrecken sich hier bis zum Gipfelkamm. Eine Besonderheit an der Nordflanke ist das Waldgebiet auf einem 400–600 m hoch gelegenen Absatz **(Bosco della Falanga).** Neben wenigen Wanderern kommen gelegentlich Einheimische auf Maultieren hierher, um Holz für Pizzaöfen zu sammeln. Der Mischwald mit Eichen und Esskastanienbäumen wurde früher mehr als heute von den Einwohnern genutzt, wie Vorratsgruben, verlassene Höhlen und Trockenmauern beweisen.

Praktische Infos

Wandern Vom Belvedere in Serrara führen Wege nach **Sant'Angelo** und zur **Spiaggia dei Maronti.**

Monte Epomeo. Die kürzeste und bequemste Route zum Gipfel beginnt an der Piazza in Fontana. Einfache Gehzeit: ca. 1 Std.

Essen & Trinken   Ristorante Bracconiere. Gemütliches Ausflugsrestaurant oberhalb von Serrara, Wanderung 1 führt daran vorbei (→ S. 380). Rustikaler Verandavorbau

Ischia → Karte S. 96/97

Wanderweg in der Gipfelzone des Monte Epomeo

aus Holz, deftige Hausmannskost mit Niveau, u. a. Wildschwein- und Kaninchengerichte. Der Weg lohnt sich! Menü um 25 €. Di Ruhetag. Via Falanga 42, ☎ 081-999436,

La Grotta da Fiore. Gipfelbar und Ristorante auf dem Monte Epomeo, resolut geleitet von zwei Schwestern. Hinreißende Bruschetta, Schinken und Ziegenkäse hausgemacht, Salat und Gemüse aus Eigenanbau. Kaninchen nach Vorbestellung. Sitzplätze in der Tuffgrotte und auf der Sonnenterrasse. März bis Nov. mittags,

Juli/Aug. nach Voranmeldung auch am Abend. Einzelgerichte 5–11 €. Via Epomeo 21, ☎ 339-1654739, www.epomeolagrotta.com.

Bar La Floreana. Einkehr am Belvedere von Serrara, Sitzplätze unter einer Zitronenpergola sowie aussichtsreich auf dem Trottoir. Vitaminreiche Obst- und Gemüsesäfte, Verkauf von exzellenten Likören aus eigener Produktion (Limoncello, Rucolino), Sa/So am Abend Pizzeria. Großzügige Öffnungszeiten. Via Ciglio 4, ☎ 081-999570.

🚶 **Wanderung 1: Ischia – Auf dem Gipfel des Monte Epomeo**   → S. 380
Gipfelwanderung mit steilen Passagen und hinreißenden Ausblicken.

Barano

Das je nach Fahrtrichtung erste bzw. letzte Dorf auf der landwirtschaftlich geprägten Inselsüdseite ist ein beliebter Ausgangspunkt für Wanderungen. Eine Straße verbindet den Ort in Höhenlage mit dem Maronti-Strand.

In der stark zersiedelten Hügellandschaft im Süden der Insel weist Barano erst auf den zweiten Blick ein erkennbares Zentrum rund um die Piazza San Rocco auf. Eingefasst wird diese „gute Stube" von zwei Kirchen im typischen Landbarock, der Chiesa San Sebastiano und der Chiesa San Rocco. Nur knapp einen Kilometer nordwestlich befindet sich an der Ringstraße der Ortsteil **Buonopane,** der aus mehreren Gründen interessant ist. Erstens ist Buonopane Schauplatz eines der wichtigsten Inselevents: Hinter dem Zungenbrecherwort *Ndrezzata* verbirgt sich ein traditioneller Volkstanz, der am Ostermontag, am Patronatstag Johannes des Täufers Ende Juni und zu diversen weiteren Gelegenheiten aufgeführt wird. Die Ursprünge des ausschließlich von Männern mittels Schwert und Stock inszenierten Tanzes liegen im Mittelalter

oder gar in der griechischen Antike. Der zweite Grund für einen Abstecher hierher liegt in der **Nitrodi-Quelle** *(Fonte delle Ninfe Nitrodi)*. Nachweislich verehrten die Römer bereits im 1. Jh. v. Chr. das Quellheiligtum und nutzten die heilende Wirkung des Wassers. 12.000 Liter pro Stunde kommen hier bis zu 29 °C warm aus dem Berg. Es hilft gegen Hautbeschwerden sowie inneren Erkrankungen. Die Nitrodi-Quelle wird zwar offiziell als Thermalpark geführt, Pools und sonstige Freizeitangebote sucht man hier jedoch vergeblich. Die Anwendungen beschränken sich auf Wasserduschen sowie -bäder in kleinen gemauerten Nischen. Angeschlossen sind eine Kosmetikabteilung sowie ein Aromatherapiepark mit rund hundert mediterranen Kräutern und Heilpflanzen. Die ländlich geprägte Umgebung ist von Wein-

Barano: die Häuser von Testaccio oberhalb des Marontistrands

und Gemüseanbau geprägt. Immer wieder haben Menschen den Tuffstein zu Kellern ausgehöhlt, in denen Material zur Feldarbeit aufbewahrt und Ernteerzeugnisse konserviert werden. Einst lagerte man in den Kellern obendrein Schnee! Zumeist sind sie niet- und nagelfest verrammelt, hin und wieder können Ortsfremde jedoch einen neugierigen Blick hineinwerfen. Durch den hinreißend gelegenen Ortsteil **Testaccio** führt die in der Badesaison viel befahrene Straße zum östlichen Ende des Maronti-Strands.

Praktische Infos

Einwohner ca. 10.100 Einwohner

Thermen Fonte delle Ninfe Nitrodi. Vom Hauptort Barano kommend am Ortseingang von Buonopane auf Ausschilderung achten, ein Treppenweg führt vom Parkplatz zum Eingang der Therme. Wer ein preiswertes Besuchsticket löst, erhält einen Wellnessdrink mit Honig, Kräutern und Quellwasser. März, April und Nov. 10.30–17.30 Uhr, Mai und Okt. 9.30–18 Uhr, Juni bis Sept. 9–19 Uhr. 12–15 €, erm. 9–10 €, Besuchsticket inkl. Kurzführung 5 €. Via Pendio Nitrodi, ☎ 081-990528, www.fonteninfe nitrodi.com.

Veranstaltungen Ndrezzata. Aufführungen des traditionellen Tanzrituals (→ oben) finden im Dorf Buonopane statt. Ostermontag und am 23./24. Juni.

Wandern Wege führen von der zentralen Piazza in Barano über den 503 m hohen **Monte Trippodi** – ein erloschener Vulkan – nach Ischia Porto. Wer mag, kann vom Monte Trippodi alternativ zum Gipfel des Epomeo weiterwandern. Der Einstieg ist die Gasse unmittelbar rechts der Chiesa San Rocco am oberen Abschluss des Platzes.

Essen & Trinken La Cantina di Nitrodi. Bar und Ristorante am Treppenabgang zur Nitrodi-Quelle. Landestypisch, urig und freundlich. Einfacher Holzverschlag mit Terrasse. Bohnensuppe, Grillsteaks, Kaninchen, auch Fisch. Menü um 20–25 €. Nur Mittagsbetrieb. Via Nitrodi 6 in Buonopane, ☎ 081-905789.

 **Wanderung 2:
Ischia – Von Barano nach Campagnano** → S. 382
Abwechslungsreiche Wanderung durch den ländlichen Teil der Insel.

Wanderweg bei Campagnano, im Hintergrund die Insel Capri

Pilastri und Campagnano

Das Scharnier zwischen Inselnord- und Inselsüdhälfte wird von den meisten Gästen entweder als Durchgangsstation genutzt oder links liegengelassen. Architektonisches Wahrzeichen ist ein frühneuzeitliches Aquädukt.

Zwischen der ausufernden Peripherie von Ischia Porto und dem ländlich geprägten Ort Barano liegt auf halber Strecke **Pilastri** – Verkehrsknotenpunkt sowie Schnittstelle zwischen dem urbanen Norden und dem dörflichen Süden der Insel. Auffälligstes Bauwerk ist ein Aquädukt (*Acquedotto dei Pilastri*), den die Ringstraße unterquert. Das Bauwerk erinnert an römische Wasserleitungen, ist jedoch frühneuzeitlichen Ursprungs. Als Folge tektonischer Bewegungen verschwand gegen Ende des 15. Jh. eine Quelle, weshalb die Bewohner von Ischia Ponte an einem Trinkwasserengpass litten. Daher veranlassten die Vizekönige in Neapel 1581 den Bau eines Aquädukts. Aufgrund einer feh-

lerhaften Wasserdruckberechnung verzögerte sich jedoch die Inbetriebnahme. Als zudem noch das Geld ausging, half nur noch der bischöfliche Segen, um das ingenieurtechnische Meisterwerk 1685 endlich seiner Bestimmung zu übergeben.

Campagnano ist in erster Linie als Ausgangspunkt von Wanderungen interessant, Wanderung 2, die ab S. 382 beschrieben ist, endet hier. Die meisten Exkursionen haben den abgeschiedenen Bauernweiler Piano Liguori oder die atemberaubende Naturlandschaft an der Punta San Pancrazio zum Ziel. Andere wiederum steuern das markante Hügelensemble an, dessen bis zu 400 m hohe Erhebungen von Resten einstiger Küstenwachtürme besetzt sind *(Collina di Campagnano)*. Blickt man von Ferne auf Ischia, bemerkt man erst, wie sehr der vegetationsreiche Hügel neben dem Epomeo die Inselsilhouette prägt. Ein weiterer Grund hierherzukommen, ist der fantastische Blick auf die Cartaromana-Bucht und auf das Castello Aragonese. Möglicherweise wollte in der frühen Neuzeit auch der Landadel auf das Privileg der schönen Aussicht nicht verzichten und errichtete deshalb hier das eine oder andere Herrenhaus. Das Ortszentrum markiert die Chiesa dell'Annunziata aus dem 17. Jh. mit dem bunten Majolikaschmuck.

Praktische Infos

Verbindungen Bus. Mit der Linie CD von Ischia Porto und der Linie CS von Barano. Linien C 12/C 13 pendeln zwischen Ischia Porto und Campagnano.

Übernachten/Essen * La Capannina.** Hotel und Ristorante in Campagnano, der kurze Fußweg ist von der Kirche ausgeschildert. Herber Charme, toller Blick auf die Cartaromana-Bucht. 12 Zimmer und 4 Apartments, das Restaurant serviert inseltypische Hausmannskost (Fisch- und Fleisch). Menü um 30 €, Pizza ab 6 €. Mitte März bis Anfang Nov. geöffnet. DZ ab 50 €. Via Campagnano 4, ℘ 081-901017, www.hotellacapannina.it.

Ristorante Barracuda. Im Zentrum von Campagnano gelegene Einkehr, der Inhaber spricht Deutsch und zeigt den Gästen auf Nachfrage gerne sein privates **Muschelmuseum.** Große Sonnenterrasse, gepflegtes Ambiente. Kleine, saisonal wechselnde Auswahl, Schwerpunkt liegt auf Fisch, abends auch Pizza. Menü um 30 €. Ostern bis Okt. tägl. mittags und abends geöffnet. Via Campagnano 62, ℘ 081-19368647, www.ristorantebarracuda.it.

Piano Liguori. Das einfache Ausflugsrestaurant im gleichnamigen Weiler ist nur zu Fuß zu erreichen. Prachtblick von der Speiseterrasse auf den Golf, ehrlicher Familienbetrieb, viele Zutaten aus Eigenanbau. Bruschetta, Antipasti nach Art des Hauses, Pastagerichte, auch Kaninchen. Menü ab 15 €. Ostern bis Okt. mittags geöffnet. Via Piano Liguori 14 (1 Std. zu Fuß von Campagnano), ℘ 081-989062.

Ischia → Karte S. 96/97

Der Aquädukt in Pilastri entstand in der Ära der Vizekönige

Castello Aragonese: Keimzelle der Geschichte Ischias

Ischia Ponte und
die Cartaromana-Bucht

Ischia Ponte bildet mit Ischia Porto die einwohnerstärkste Kommune auf Ischia. Aus jeder Richtung zeigt sich das uneinnehmbar wirkende Kastell auf einem vorgelagerten Felsen als postkartentaugliches Fotomotiv. Wichtigste Badedestination ist die Baia di Cartaromana.

Das Kastell, kulturelles Wahrzeichen der Insel, geht mit dem markanten Trachytfelsen im Meer regelrecht eine Symbiose ein. Im Schatten der steilen Felsflanken liegt eine Handvoll Fischerboote und Jachten vor Anker, seit der frühen Neuzeit verbindet ein 200 m langer Brückendamm die vorgelagerte Insel mit dem „Festland". Wie die ersten griechischen Siedler im 5. Jh. v. Chr. imstande waren, den Felsen – das Resultat einer vulkanischen Eruption vor 300.000 Jahren – zu befestigen, ist aus heutiger Sicht schleierhaft. Der Burghügel blieb im gesamten Mittelalter bis ins 19. Jh. ein Hotspot der Inselgeschichte: Hier residierte über einen langen Zeitraum der einzige Bischof Ischias; in der Blütezeit im 16. Jh. bewohnten den Felsen rund 1900 Familien; die beeindruckende Zahl von 13 Kirchen spricht für sich. Auch wenn das trutzige Erscheinungsbild dies nahe-

legt, handelte es sich faktisch weniger um ein Kastell, sondern um eine befestigte Stadt – mit einfachen Wohngebäuden, terrassierten Parzellen für die Landwirtschaft und repräsentativen Palästen für die weltlich-geistliche Obrigkeit. Nachdem 1809 die Bomben englischer Fregatten im Krieg gegen die Franzosen den Burgberg in Schutt und Asche gelegt hatten, nutzten die Bourbonen in der zweiten Hälfte des 19. Jh. die Ruinen zeitweilig als Gefängnis für politische Opponenten. Heute befindet sich die Anlage in privater Hand, für die Besichtigung der zahlreichen Attraktionen sollten kulturinteressierte Besucher mindestens zwei Stunden einplanen. Ein Lift verbindet das Kassenhaus bequem mit der Oberstadt, das herrlich gelegene Café zählt zu den schönsten Aufenthaltsoasen der Insel.

Unmittelbar jenseits des Brückendamms schließt sich die Altstadt von

Ischia Ponte an. Die Patina alternder Fassaden, lebendiger Fischeralltag, Galerien und barocke Kirchen ergeben ein gelungenes urbanes Ambiente, das zum Flanieren einlädt. Cafés, Restaurants und Eisdielen sorgen für Flair – und bringen nebenbei das Kunststück fertig, sich nicht voll und ganz dem Tourismus auszuliefern. Hervorgegangen ist der kompakte Ortskern aus einem Fischerdorf namens *Celsa*, erst nach dem Bau der Brücke zum Kastellhügel bürgerte sich der heutige Name ein (das italienische Wort *ponte* heißt „Brücke"). In der zweiten Hälfte des 20. Jh. interessierten sich immer wieder Filmemacher für **Ischia Ponte als Drehort:** 1952 entstanden hier Szenen aus dem Hollywoodstreifen „Der rote Korsar" *(„The Crimsome Pirate")* mit Burt Lancaster; auch die Verfilmungen des Patricia-Highsmith-Romans „Der talentierte Mr. Ripley" entstanden zum Teil hier – und zwar sowohl die 1960 gedrehte französische Fassung mit Alain Delon („Nur die Sonne war Zeuge") als auch das Hollywood-Remake 1999 u. a. mit Matt Damon und Gwyneth Paltrow. Jedes Jahr erinnert das renommierte internationale Filmfest an die Tradition als Drehort.

Vom kleinen Hafen in Ischia Ponte verkehren Taxiboote zur nahegelegenen **Baia di Cartaromana.** Die wildromantische Felsbucht ist zuvorderst als Baderevier beliebt. Auch eine Solequelle befindet sich hier, die immerhin so namhaft ist, dass Giovanni Boccaccio sie im 14. Jh. in seinem „Decamerone" erwähnte. Historisch bedeutender noch sind die Relikte aus römischer Zeit, die sich heute mehrere Meter unter dem Meeresspiegel befinden. In der Antike befand sich hier ein Gewerbegebiet mit metallurgischen Werkstätten. Der römische Name der Insel *Aenaria* weist auf die Bronzeverarbeitung hin (das lateinische *aenum* bedeutet „Bronze"). Augenfälliger indes sind die Ruinen am Steilufer: Diese entstammen nicht der Antike, sondern sind die Überbleibsel eines Sakralbaus aus ersten Hälfte des 16. Jh., geweiht der hl. Anna. Frauen mit Kinderwunsch pilgerten bevorzugt hierher. Noch heute heißen die Klippen im Meer **Sankt-Anna-Felsen** *(Scogli di Sant'Anna)*. Über der Cartaromana-Bucht erhebt sich ein **Küstenwachturm** aus aragonesischer Zeit, der wahlweise als *Torre di Michelangelo* oder als *Torre di Guevara* verzeichnet ist. Ob sich hier indes der Renaissancekünstler Michelangelo mit der illustren Adligen Vittoria Colonna zum Liebesstelldichein verabredete, mag dahingestellt sein. Verbürgt ist lediglich, dass die schriftstellerisch talentierte Dame einige Jahre im Exil auf der Insel weilte und 1509 im Kastell den Bund der Ehe einging. Der Hauptcorso in Ischia Porto ist nach ihr benannt.

Sehenswertes

Castello Aragonese: Der 113 m hohe Felsen aus erstarrter Lava war zwar bereits in der Antike befestigt, erhielt aber erst Mitte des 15. Jh. unter König Alfons von Aragon sein heutiges Gesicht. Aus dieser Zeit ist auch erstmals eine Holzbrücke aktenkundig, die die Hauptinsel mit dem Felssolitär verband und später durch den heutigen Brückendamm ersetzt wurde. Aus diesem Grund stammen die meisten der heute zu besichtigenden Sehenswürdigkeiten aus aragonesischer Zeit, wohingegen sich nur wenige Spuren aus dem Mittelalter in die Gegenwart gerettet haben. Für den Rundgang empfiehlt es sich, zunächst mit dem Aufzug hochzufahren und abschließend zu Fuß zurück zum Ausgang zu gehen. Das Areal mit einer Fläche von 56.000 m² steht nur in Teilen zur Besichtigung offen, der höchstgelegene Bereich des Festungsbergs besteht aus baufälligen Ruinen und war zuletzt komplett gesperrt. Wegen der Aussichtspunkte lohnt es sich, auch die abgelegenen Bereiche anzusteuern.

Zu den Besichtigungshöhepunkten zählt u. a. die Ruine der **Kathedrale**

(Cattedrale dell'Assunta), die im Ansatz noch erkennen lässt, dass es sich ursprünglich um ein romanisches Gotteshaus handelte. 1509 gab hier Vittoria Colonna (→ S. 102) dem Markgrafen von Pescara Ferrante d'Avalos das Jawort. Der Sakralbau ersetzte eine ältere Kapelle, die kurzerhand zur **Krypta** umfunktioniert wurde. Sehenswert hier sind die Freskenreste aus der Schule Giottos. Die Kunstwerke stammen aus dem 14. Jh. und zählen zu den bedeutendsten erhaltenen Schätzen des Kastells. Die Kappelle diente als Grablege der Adelsfamilien. Der zweite wichtige Sakralbau auf dem Kastellberg ist die barocke **Chiesa dell' Immacolata** aus dem 18. Jh. mit der auffälligen Kuppel. Sie wird heute für wechselnde Kunstpräsentationen genutzt und gehörte einst zum benachbarten Klarissinnenkloster *(Convento di Santa Maria della Consolazione)*, in dem sich heute ein Hotel befindet (→ Übernachten/Essen & Trinken). Unter der Kirche liegt der berühmt-berüchtigte **Nonnenfriedhof** *(Cimitero delle monache)*, der bei Besuchern regelmäßig veritable Gruselschauer erzeugt:

Badestelle in der Cartaromana-Bucht

Die sterbliche Hülle wurde nämlich auf eine Steinbank mit Loch gesetzt, in das die Verwesungssekrete flossen, während der Corpus allmählich zum Skelett vertrocknete. Derweil meditierten die Nonnen in dem wenig erquicklichen Ambiente über die Vergänglichkeit des Seins. Den Rundgang komplettieren u. a. ein Kunst- und Ausstellungsbereich, **Reste eines Sonnentempels** und nicht zuletzt das Foltermuseum.

▪ Tägl. 9 Uhr bis zum Sonnenuntergang. Im Sommer abends ab und an Konzerte. 10 €, erm. 6 €, Kinder bis 9 J. frei. Via Pontile Aragonese, www.castelloaragoneseischia.com.

Museo del Mare: In dem von einer Seitengasse aus zugänglichen Palazzo dell'Orologio befindet sich auf drei Etagen ein kunterbuntes Sammelsurium an Exponaten: Muscheln, Briefmarken, Fischereirequisiten, Schiffsmodelle, vergilbte Fotografien mit alten Inselansichten u. v. m. Einst beherbergte der Palazzo aus dem 16. Jh. mit dem charakteristischen Uhrturm das Rathaus, bevor es vorübergehend als Schule diente.

▪ April bis Juni und Sept./Okt. tägl. außer Mo 10.30–12.30 und 15–19 Uhr, Juli/Aug. 10.30–12.30 und 18.30–22 Uhr, Nov. bis März 10–12.30 Uhr, Febr. geschlossen. 2,50 €. Via Luigi Mazzella 7, www.museodelmareischia.it.

Praktische Infos

Verbindungen Bus. Linie 7 verbindet Ischia Porto mit Ischia Ponte, die Linien C 12/C 13 verkehren zwischen Ischia Porto und der Cartaromana-Bucht. Eine Alternative zur Busfahrt ist der 45-min. **Fußweg** von Ischia Porto (→ S. 104).

Schiff. Taxiboote verbinden in der Badesaison Ischia Ponte mit der Cartaromana-Bucht, Abfahrten vom Castello Aragonese oder an der Via Pontano gegenüber Albergo Miramare. Preis ist Verhandlungssache (4,50–7 €). Auch Rundfahrten (1 Std. für 9 €/Pers.). ☎ 081-984854, www.ischiabarche.com.

Baden Spiaggia dei Pescatori. Der Sandstreifen nördlich von Ischia Ponte ist der Strand, der am leichtesten zugänglich ist. Der Fußweg nach Ischia Porto führt daran vorbei. Toller Blick auf das Kastell v. a. am Nachmittag und Abend!

Baia di Cartaromana. Die romantische Felsbucht ist mit dem Taxiboot oder per Linienbus erreichbar. Ein Strand im engeren Sinn existiert nicht, aber von der Straße führen Treppen zu diversen Hotels und Restaurants mit Strandbadbetrieb. Von künstlichen Stegen gelangt man ins Wasser. Die *bagni* sind hermetisch voneinander abgeriegelt, man kann daher nicht zu Fuß an der Bucht entlanggehen.

Spiaggia di Cartaromana Vecchia. Nicht ganz leicht zu erreichen und deshalb fast noch ein Insidertipp! Um zur idyllisch gelegenen Badestelle zu gelangen, muss man nämlich den Bus rechtzeitig verlassen (an der Abzweigung nach links, braunes Hinweisschild zur Bucht) und dann zu Fuß geradeaus zum Friedhof im Ortsteil San Michele laufen. Hier beginnt der Stichweg zum Strand, wo das Restaurant *Da Maria* kulinarische Bedürfnisse befriedigt.

Einkaufen Ischia Salumi. Spezialitäten von der Insel – Wurst, Fleisch, Käse, Wein und Bier aus kleinen Privatbrauereien *(birre artigianali)*. Die meisten Produkte werden auf einem Hof bei Barano hergestellt. Auch gut, um sich mit einem Picknick-Sandwich zu versorgen. Spezialität ist die Salami aus Kaninchenfleisch. Jan./Febr. Betriebsferien. Via Luigi Mazzella 100, ℰ 081-992411.

Veranstaltungen Ischia Film Festival. Seit 2003 finden die Internationalen Filmspiele jährlich im Castello Aragonse statt, in mehreren Kategorien werden Preise vergeben: Kurz- und Dokumentarfilme sowie Werke abseits handelsüblicher Sparten. Ende Juni/Anfang Juli. www.ischiafilmfestival.it.

Festa a Mare agli Scogli di Sant'Anna. Die Bootsprozession im Schatten des Kastells mit Feuerwerk ist ein sinnliches Großereignis, seit 1938. Ende Juli. www.festadisantanna.it.

Übernachten Albergo Il Monastero. Exklusive Klosterunterkunft im Castello Aragonse. Räumlichkeiten im ehemaligen Konvent Santa Maria della Consolazione. Renoviertes Haus aus dem 16. Jh., Zimmer und Suiten teils mit Meerblick, Aussichtsterrasse, kein Restaurant. Mitte April bis Okt. geöffnet. DZ ab 105 €. Castello Aragonse, ℰ 081-992435, www.albergoilmonastero.it.

*** Hotel Don Felipe. Ordentliches Mittelklassehotel oberhalb der Cartaromana-Bucht. Pool und Privatstrand, Sonnenterrasse, Restaurant. 24 Zimmer mit Fliesenboden, teilweise mit Veranda/Balkon, Prachtblick vom terrassierten Anwesen auf Bucht und Kastell. Ostern

bis Anfang Okt. geöffnet. DZ ab 80 €. Via Nuova Cartaromana 121, ℰ 081-993899, www.hotel donfelipe.it.

** Villa Antonio. Trotz der nur 2 Sterne eine exzellente Übernachtungsoption südlich des Kastells, das Haus klebt förmlich am Steilhang. 20 mitunter möblierte Zimmer, Garten, Bar, Terrasse, Privatstrand. Beliebt, daher rechtzeitig buchen! DZ ab 100 €. April bis Okt. geöffnet. Via S. G. Giuseppe della Croce 77, ℰ 081-982660, www.villantonio.it.

Giardino Eden. Albergo, Restaurant und Beachclub an der Cartaromana-Bucht, hier stimmt ganz einfach fast alles! 7 komfortable Zimmer im Haupthaus am Steilhang, Vermietung von Liege und Sonnenschirm auf dem Steg und auf der vorgelagerten Klippe. Gutes Ristorante (Menü ab 40 €), gepflegter Gesamteindruck. DZ ab 115 €. Via Nuova Cartaromana 62, ℰ 081-985015, www.giardinoedenischia.it.

Essen & Trinken Chalet Primavera. Feines Restaurant in einem Holzverandabau in Kajütenform am Beginn der Spiaggia dei Pescatori. Umfangreiche Speisekarte, Fisch- und Grillfleischspezialitäten, abends auch Holzofenpizza, Barbetrieb. In der Vor- und Nachsaison Mo Ruhetag. Menü um 30 €, Pizza ab 7 € (nur abends). Via Pontano 15, ℰ 081-992809.

Da Cocò. Restaurant und Bar unmittelbar am Brückendamm zum Castello Aragonese. Bar nach vorne raus mit Fischerflair, fein eingedeckte Tische im Restaurant nach hinten raus. Alteingesessen (seit 1951). Frische Meeresküche, Kastellblick von der Terrasse. Menü um 30 €. Mi Ruhetag. Piazzale Aragonese 1, ℰ 081-981823, www.ristorantecocoischia.com.

meinTipp **Ristorante Da Ciccio.** Alteingesessener Familienbetrieb im Altstadtzentrum (seit 1963), am Abend stimmungsvoll und sehr beliebt. Traditionale Inselküche, der Schwerpunkt liegt auf Fischgerichten, es gibt aber auch Kaninchengerichte. Gute Weinauswahl, korrekter Service, der Inhaber spricht Deutsch. Entspanntes Sitzen auf dem Trottoir. Menü ab 25 €, preiswertere Mittagskarte mit kleinen Snacks (Einzelgerichte um 8–17 €). Mo abends geschlossen. Via Luigi Mazzella 32, ℰ 081-991686.

Gelateria Da Luciano. Für viele das vielleicht beste Eis auf der ganzen Insel! Theke ohne Sitzgelegenheiten im Altstadtzentrum, auch Eis ohne Zucker. Via Luigi Mazzella 140, ℰ 081-0123228.

Capri

Die namhafteste Insel im Golf von Neapel entpuppt sich als ein Gesamtkunstwerk mit grandioser Natur, gepflegten Gärten und Villen in spektakulärer Lage. Und dann ist da noch die Blaue Grotte, das mit Abstand berühmteste Ausflugsziel.

Fläche: 10,4 km²

Einwohner: ca. 14.000

Bevölkerungsdichte: 1366 Einw./km²

Kommunen: Capri-Stadt, Anacapri

Höchste Erhebung: Monte Solaro (589 m)

Internet: www.capritourism.com

In Evergreens besungene Sonnenuntergänge, Caprifischer-Romantik und teure Boutiquen, zugeschnitten auf die Bedürfnisse des internationalen Jetset-Publikums – die vertrauten Bilder verkennen, dass Capri zunächst einmal eine grandiose Naturkulisse ist, die sich am besten zu Fuß erschließt. Anders als Ischia und Procida besteht Capri nicht aus Tuff, sondern aus Sedimenten. Die schroffen Felsen erinnern an die Amalfiküste, die beim Blick vom höchsten Berg, dem Monte Solaro, zum Greifen nah ist. Agaven und Kiefern nutzen selbst den kleinsten Absatz über dem Meer, um prächtig zu gedeihen. Die Villen prominenter Wahl-Capresen in spektakulärer Aussichtslage fügen sich selbstverständlich in das Setting ein und bilden ein Gesamtkunstwerk, das seinesgleichen sucht. Der erste Prominente, der die Vorzüge des Eilands erkannte und es zu seiner Wahlheimat erkor, war der römische Kaiser Tiberius. Neben der Blauen Grotte zählen die Überbleibsel seiner Regierungszentrale zu den Hauptattraktionen.

Aufgrund der gehobenen Preise besuchen die meisten Gäste die Insel im Rahmen eines Tagesausflugs. In der Saison kommen täglich Tausende Touristen an der Marina Grande an, bevölkern die Gassen von Capri-Stadt und Anacapri und kehren am späten Nachmittag wieder in ihr Festlandquartier zurück. Wer indes mehr als nur die Inseloberfläche kennenlernen will, sollte wiederkommen oder – noch besser – auf Capri übernachten. Wenn die Tagesgäste weg sind, atmet die Insel spürbar durch und präsentiert sich als das, was sie wirklich ist: einer der faszinierendsten Landstriche im Mittelmeerraum.

Urlauber, die nur einen Tag erübrigen können, sollten den Aufenthalt gut

planen und sich vor allem für eine Inselhälfte entscheiden: Für Capri-Stadt nebst umliegenden Attraktionen oder für die „Bergseite" mit Anacapri, dem Monte Solaro und der Villa di San Michele. Für die Blaue Grotte sollte man ebenfalls genug Zeit einplanen; bester Startpunkt ist die Marina Grande.

Wie hinkommen?

Die meisten Tagesbesucher wählen die vergleichsweise kurze Fahrt von Sorrent, die im günstigen Fall nur 20 Minuten dauert. In der Saison ist Capri außerdem mit allen wichtigen Häfen der Region verbunden: mit Neapel, Ischia, Positano, Amalfi und Salerno. Auf den Ticketpreis wird bei der Hinfahrt die Gästesteuer *(tassa di soggiorno)* aufgeschlagen. Ein eigenes Auto ist auf Capri eher hinderlich und sollte auf dem Festland bleiben.

Was anschauen?

Grotta Azzurra: Eines der wenigen Ausflugsziele, das nicht zu Fuß, sondern besser mit dem Bus oder per Boot angesteuert wird, ist die Blaue Grotte. Mit kleinen Booten geht es durch einen schmalen Felstunnel ins Innere, das – je nach Sonnenwinkel und Strahlenstärke – in den unmöglichsten Blautönen leuchtet. Die Abwicklung ist routiniert, die Aufenthaltsdauer drinnen in Stoßzeiten kurz. → **S. 162 ff.**

Villa Jovis: Der ehemalige Palast des römischen Kaisers Tiberius war für eine kurze Zeit politischer Nabel eines Weltreichs. Die Überbleibsel sind durchaus ansehnlich, noch mehr fasziniert die atemberaubende Lage an der Steilkante über dem Meer. → **S. 151 f.**

Villa di San Michele: Spektakulärer könnte ein Grundstück kaum gelegen sein wie die Villa des schwedischen Prominentenarztes Axel Munthe am Ortsrand von Anacapri. Antiquitäten schmücken Zimmer und Gärten, der Blick auf den Golf von Neapel ist berückend. → **S. 158 f.**

Monte Solaro: Capri steckt voller Aussichtsplätze, einer schöner und spektakulärer als der andere. Ein 360-Grad-Panorama bietet der Gipfel des höchsten Berges. Wer den Fußweg scheut, nimmt in Anacapri den Lift. Die Bar auf dem Gipfel serviert Getränke und Snacks. → **S. 158**

Wo baden?

Punta Carena: Anders als Ischia ist Capri keine Badedestination. Einstiege ins Wasser gibt es jedoch auch hier, z. B. an der Marina Piccola oder – besser noch – an der Punta Carena. Die Punta Carena mit dem einzigen Leuchtfeuer der Insel ist mit dem Bus von Anacapri erreichbar, eine charmante Alternative ist die Vespa, die man auf Capri leihen kann. → **S. 164**

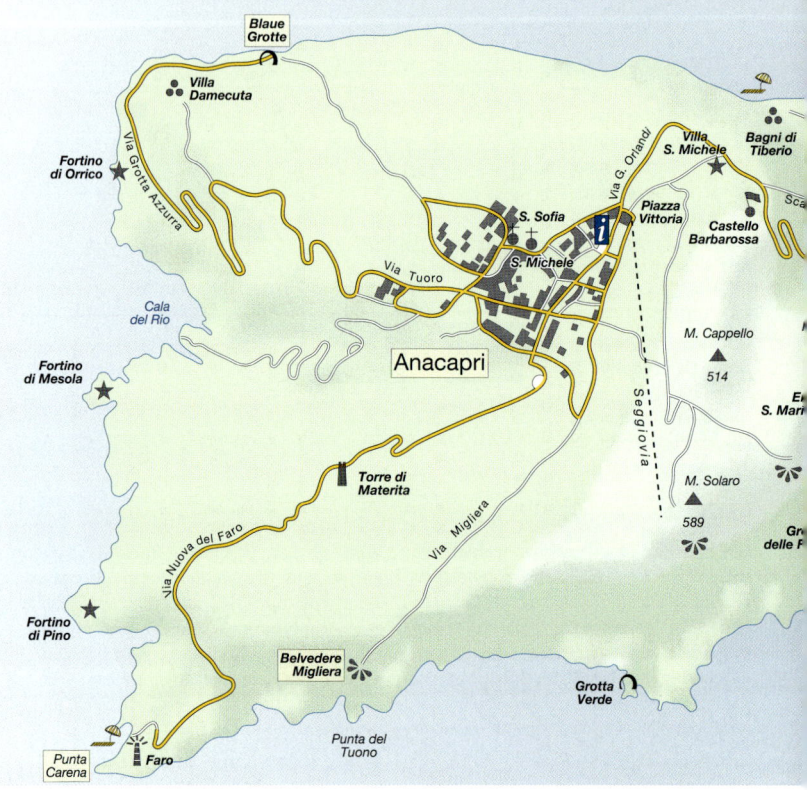

Inselgeheimnisse

Die Schönheit am südlichen Abschluss
des Golfs von Neapel steckt voll von
Geschichten über exaltierte Aussteiger,
steinreiche Snobs, verkannte (und nicht
verkannte) Künstler und weltabgewandte Philosophen. Abseits von Trubel
und Hektik schufen sie sich auf diesem
herrlichen Eiland ein ganz persönliches
Paradies. Bereits bei der Ankunft mit
der Fähre entfaltet die Insel ihre ganze
legendäre Pracht. Der Kalksteinfels im
Meer zählt zu den berühmtesten Destinationen des Mittelmeerraums, wozu
die Blaue Grotte *(Grotta Azzurra)* zu
einem nicht unwesentlichen Teil beigetragen hat. Auf den ersten Blick wirkt
Capri überschaubar, erst vor Ort ent-

hüllt die Insel ihre Komplexität und
landschaftliche Vielgestaltigkeit. Bis
auf wenige Ausnahmen präsentiert
sich die Küste extrem zerklüftet, die
zahlreichen Buchten und Meereshöhlen
verstärken den Eindruck noch. Geologisch gesehen ist Capri die Fortsetzung
der Halbinsel von Sorrent (→ S. 198 ff.),
lediglich durch eine Meerenge, die
Bocca Piccola, von ihr getrennt.

Wegen des hohen Preisniveaus besuchen die meisten Touristen Capri im
Rahmen eines Tagesausflugs. Der Vorteil der eingesparten Übernachtung erweist sich als Bumerang, denn alles
Wichtige lässt sich unmöglich an
einem Tag „abhaken". Wer sich nicht
im Strom der vielen anderen Tagesbesucher über die Insel bewegen möchte,
der sollte erwägen, doch für zumindest

Capri

300 m

eine Nacht auf Capri zu bleiben: Am ersten Tag konzentriert man sich auf die Attraktionen in und um **Capri-Stadt**; bei der nächsten Gelegenheit erforscht man ausgiebig die **„Bergseite"** mit Anacapri, dem Monte Solaro, der Punta Carena und der Blauen Grotte. Die Zweiteilung der Insel ist auch auf die Standortwahl übertragbar: Entweder es bietet sich ein Quartier in Capri-Stadt oder in Anacapri an, wobei Ruhesuchende generell im hinteren Ortsteil von Anacapri am besten aufgehoben sind. Wer hingegen beweglich sein möchte und kurze Wege in alle Inselteile schätzt, wird eventuell Capri-Stadt bevorzugen. Ideal ist z. B. die ruhige Wohngegend zwischen Kreisverkehr und Marina Piccola. Entlang der Via Marina Piccola sowie im oberen Abschnitt der Via Mulo gibt es vielversprechende Unterkünfte mit kurzen Wegen zum Strand, zum Supermarkt, zur Bushaltestelle und zu den Einkehrmöglichkeiten im Ortszentrum.

Wer länger bleibt oder mehrmals wiederkommt, erkennt, dass Capri weit mehr ist als ein landschaftlich hinreißend gelegenes Shoppingparadies für Snobs. Wer Capri wirklich erleben will, muss zu Fuß gehen! Nicht der häufig übervollen Busse wegen (das öffentliche Nahverkehrssystem ist nicht preiswert, aber exzellent organisiert), sondern wegen der zuweilen unglaublichen Blumenpracht in den Hinterhofgärten. Capri ist ein **Paradies für Wanderer** und zeigt sich gerade fernab der bekanntesten Attraktionen von seiner besten Seite. Allerdings bedingt die topografische Struktur, dass das Wandern auf der Insel keinesfalls einfach ist. Selbst für die vergleichsweise kurze Runde zur Villa Malaparte und zur Punta Tragara (→ Wanderung 3, S. 385 f.) benötigt man wegen der zahlreichen Stufen ausreichend Kondition. Bei den Wegen rund um den Monte Solaro sowie auf der Bergseite der Insel kommt zur Kondition auch noch die Trittsicherheit als notwendige Voraussetzung hinzu.

Geschichte

Trotz einiger paläontologischer Spuren in Meeresgrotten sowie auf dem Areal des Edelhotels Quisisana in Capri-Stadt, wo man u. a. Knochen eines Urelefanten fand (die Entdeckung belegt, dass Capri einst mit der Halbinsel von Sorrent verbunden war), beginnt die eigentliche Geschichte Capris erst mit der römischen Antike bzw. genauer mit der Verlegung des Regierungssitzes von Rom auf die Insel 26 n. Chr. durch **Kaiser Tiberius.** Die Palastruine zählt heute zu den Besichtigungshighlights auf Capri. Die Verlegung der Regierungszentrale ging nicht ohne Begleitgeräusche vonstatten. Besonders Teile des imperialen Hofstaates, jahrzehntelang die Nähe zur Macht gewohnt, fühlten sich brüskiert und leisteten Widerstand. Der Dissens mag ein Grund dafür gewesen sein, warum das überlieferte Bild des Imperators wenig schmeichelhaft ausfällt. Tacitus, der ganze zwölf Kaiservillen auf der Insel erwähnt, und v. a. Sueton schilderten Tiberius als pädophilen Lüstling, der sich in seiner Eremitage auf Capri ungehindert seinen perversen Trieben überließ und systematisch minderjährige Knaben sexuell missbraucht haben soll. Bis heute heißt der senkrecht ins Meer abfallende Felssims an der Villa Jovis, von dem der Kaiser angeblich die Abgeurteilten werfen ließ, **Salto di Tiberio.** In jüngerer Zeit stellen Historiker vermehrt dieses Bild infrage. Tibe-

rius fühlte sich wohl eher von den Intrigen des hauptstädtischen Politikbetriebs abgestoßen, verliebte sich in das felsige Eiland im Golf – und gab deshalb in den letzten Regierungsjahren seinen eskapistischen Neigungen nach. Während des Regierungsexils auf Capri büßte der Senat an Macht ein, in der Ewigen Stadt waren Verhaftungen und Hinrichtungen an der Tagesordnung. Es herrschte ein Klima des Misstrauens, das insgesamt wenig dazu angetan war, das überlieferte Bild des Herrschers allzu positiv erscheinen zu lassen. Der Nachfolger von Kaiser Tiberius verlegte den Regierungssitz wieder nach Rom, und Capri fiel in einen jahrhundertelangen Dornröschenschlaf.

Ins Fadenkreuz der politischen Ereignisgeschichte geriet Capri wieder im Oktober 1808, als König Joachim Murat die Insel den Engländern militärisch abtrotzte und seinem Königreich beider Sizilien eingliederte. Zwei Jahre zuvor hatten die Briten als Schutzmacht der von

den Franzosen vertriebenen Bourbonen Capri besetzt. Auf diese Weise verfügte das antinapoleonische Bündnis über einen Stützpunkt im Golf und einen Stachel im Fleisch des Königs von Neapel. Die herrliche Wanderung von der Blauen Grotte zur *Punta Carena* streift die britischen Festungsbatterien aus jener Zeit (→ S. 387 ff.). Das 19. Jh. verzeichnete obendrein die „Wiederentdeckung" des paradiesischen Eilands durch Reisende der **Grand Tour.** In den goldenen Jahren zwischen 1850 und dem Zweiten Weltkrieg wählten begüterte Schriftsteller, Maler, Adelige, Intellektuelle und Industrielle Capri als Feriendomizil oder Dauerwohnsitz – die Villen dieser „europäischen Weltbürger" in teils stupender Alleinlage gehören heute zu den wichtigsten Attraktionen der Insel. Eine vollständige Auflistung derer, die es damals hierher zog, würde sämtliche Dimensionen sprengen: Rainer Maria Rilke und Friedrich Alfred Krupp, Axel Munthe und Maxim Gorki, August Kopisch und Curzio Malaparte (→ Kasten, S. 163 und S. 150). Zum beliebten Treff der Reisenden avancierte das 1825 aus der Taufe gehobene *Hotel Pagano*, das heute unter anderem Namen immer noch existiert. Für die abendliche Geselligkeit suchte die deutschsprachige Klientel bevorzugt die damals berühmte Lokalität *Zum Kater Hiddigeigei* auf. Die Bedeutung der Ausländerkolonien belegen auch die Gründung der Deutschen Evangelischen Kirche sowie der **Cimitero Acattolico** etwas unterhalb des Kreisverkehrs in Capri-Stadt. Der 1878 errichtete Friedhof avancierte zur letzten Ruhestätte für alle auf Capri gestorbenen Fremden ungeachtet ihrer Herkunft, ethnischen Zugehörigkeit oder Religion. Hier ruhen darüber hinaus auch zahlreiche Freidenker, darunter nicht wenige Italiener, die sich postum über die konfessionellen Schranken hinwegzusetzen wünschten.

Blick vom Monte Solaro auf die Kleinseite mit Capri-Stadt

Capri → Karte S. 140/141

Marina Grande

Ein Ort zum Ankommen und Abfahren, weniger ein Ort zum Bleiben. Der Fährhafen von Capri ist das betriebsame Entree zur Insel, die Standseilbahn bringt Neuankömmlinge von der Marina hinauf nach Capri-Stadt.

Der Hafen an der Inselnordseite ist der erste Ort, den Capri-Gäste zu Gesicht bekommen. Die Meisten streben vom Fährschiff umgehend zum Bahnhof der *funicolare*, der komplett in die Hafenzeile integriert ist, und fahren mit der Standseilbahn hinauf nach Capri-Stadt. Besonders vormittags bilden sich an der Abfahrtsstelle deshalb hin und wieder längere Schlangen. Andere nehmen den Inselbus oder bewältigen die Treppen hoch zur berühmten Piazzetta in Capri-Stadt zu Fuß. Noch schweißtreibender ist der Weg nach Anacapri über die **Phönizische Treppe** *(Scala Fenicia)*. Bis zur Eröffnung der Straße 1877 waren die 967 Stufen die einzige Verbindung zwischen beiden Orten. Griechen oder Phönizier errichteten den Treppenweg möglicherweise in der Antike.

Heute dient er den einheimischen Bauern zum Gütertransport. In der Vergangenheit wurden hin und wieder Teile des Weges nach heftigem Regen vorübergehend gesperrt. Der Einstieg erfolgt in der Nähe des ältesten Sakralbaus Capris: Die **Chiesa di San Costanzo** war bis 1560 die Bischofskirche der Insel. 1990 brachten Restaurierungsarbeiten eine Mauer aus dem 5. Jh. n. Chr. und einen römischen Fußboden zum Vorschein. Bereits im 18. Jh. stibitzten die Bourbonen für den Bau der Schlosskapelle in Caserta drei tragende Säulen, die ursprünglich zur **Villa von Kaiser Augustus** gehörten. Von dieser haben sich wiederum nur wenige Reste am Strand westlich der Marina Grande erhalten *(Bagno di Tiberio)*.

Blick vom Deck der Fähre auf die Marina Grande

Praktische Infos

Information Das **Infobüro** am Schnellboot-anleger verkauft u. a. brauchbare Inselpläne. Tägl. außer So 8.30–16.15 Uhr. ☏ 081-8370634, www.capritourism.com.

Gepäck Aufbewahrung. Am Hafen in der Nähe der Standseilbahn und in Capri-Stadt unterhalb der Piazzetta. Tägl. 8–20 Uhr. 3 €/ Gepäckstück.

Gepäcktransport. Die Cooperativa Portuali Capresi hat ihren Sitz am Zeitungskiosk am Hafen. Das Gepäck wird ins Hotel geliefert, falls keine Treppen- oder Fußgängerwege dazwischen liegen. ☏ 081-8370896.

Verbindungen Schiff. Die Marina Grande ist der einzige Fährhafen Capris. Fähren der staatlichen Fährgesellschaft Caremar sowie Schnellboote privater Reedereien von Sorrent, Neapel und – seltener – von Ischia bzw. von der Amalfiküste verkehren von ca. 6 Uhr bis ca. 20 Uhr. Tickets gibt es an den Schaltern an den Terminals, erhebliche Preisunterschiede existieren nicht.

Sorrent: 19,50–20,70 €, Fahrzeit 20–30 Min. Neapel: 20,30–21,70 €, Fahrzeit ca. 50 Min. Amalfi und Ischia: 22–24,50 €, Fahrzeit jew. ca. 1 Std. Die genannten Preise gelten für Schnellboote *(aliscafi)* und für die einfache Fahrt, langsamere Fähren *(traghetti)* sind preiswerter.

Eine Übersicht über die Fährverbindungen bietet die Seite www.capritourism.com.

Bootstouren/Blaue Grotte. Verschiedene Agenturen am Hafen verkaufen Inselrundfahrten mit Halt an der Blauen Grotte oder Bootstransfers direkt zur Grotte, Preisvergleiche lohnen sich nicht. *Grotta Azzurra:* 16 € (hinzu kommen 14 € für den Eintritt und das kleine Boot vor der Grotte), Inselrundfahrt: 18 €, ca. 2 Std. Die Kooperative Motoscafisti Capri betreibt den Ticketpavillon am Anfang des Fähranlegers. ☏ 081-8375646, www.motoscafisti capri.com.

Funicolare. Die Standseilbahn verbindet den Hafen mit der Piazzetta in Capri-Stadt. 2 €.

Bus. Inselbusse fahren von der Marina Grande nach Capri-Stadt und nach Anacapri. 2 €, bei Umstieg (z. B. in Anacapri zur Blauen Grotte) muss ein neues Ticket gelöst werden, Übergepäck kostet extra. Tickets gibt es am Schalter oder beim Fahrer (etwas teurer).

Taxi. ☏ 081-8376464, eine Fahrt z. B. nach Anacapri kostet 25 €.

Mietfahrzeuge Scooter. Zahlreiche Optionen an der Hafenzeile. 25 €/2 Std., 55 € für einen Tag. Z. B. Via Don Giobbe Ruocco 55, ☏ 081-3620083, www.capriscooter.com.

Baden Bagno di Tiberio. Der wildromantische Strand ist eine der wenigen Badestellen auf Capri überhaupt und vom Hafen in 15–20 Min. zu Fuß erreichbar. Der Einstieg befindet sich an der Via Cristoforo Colombo nach Capri-Stadt: An der weiten Linkskehre kurz vor der Chiesa San Costanzo auf Ausschilderung nach rechts achten. Wo einst die kaiserliche Villa aus römischer Zeit stand, verleiht heute im Sommer ein Bagno Sonnenschirm und Liege.

Taxiboote zum Strandbad legen am Pier hinter dem Busbahnhof ab. 12 € inkl. Bagni-Eintritt. Mai bis Sept. tägl. ab 9.30 Uhr, das Restaurant öffnet ab 12 Uhr. ☏ 081-8370703, www.bagni tiberio.com.

Wandern Treppenweg nach Capri-Stadt. Der Einstieg befindet sich an der platzartigen Erweiterung der Hafenzeile. Nach wenigen Schritten knickt die Via Truglio nach links ab. In der Folge quert der Fußweg 2-mal die Straße nach Capri-Stadt und endet oben an der Via Roma kurz vor der Piazza Umberto I.

Phönizische Treppe. Der Fußweg nach Anacapri beginnt unmittelbar rechts von der etwas oberhalb gelegenen Chiesa San Costanzo, führt zunächst an Gärten vorbei und geht später in den historischen Treppenweg über, der oben an der Villa San Michele endet. Gehzeit: ca. 1 Std.

Veranstaltungen Patronatsfest. Die Silberstatue des Schutzheiligen San Costanzo ist Gegenstand einer Prozession. 14. Mai.

Festa della Madonna della Libera. Eine weitere Prozession beginnt ebenfalls an der ehem. Bischofskirche San Costanzo und führt hinunter zum Meer. Mitte Sept.

Übernachten ** ★★ Belvedere e Tre Re. Der ansprechend sanierte Palazzo liegt nur einen Steinwurf vom Hafen entfernt. Ideal für eine Kurzvisite, wenn man sich nicht mit Gepäck abmühen will und an Komfort keine höheren Ansprüche stellt! 20 Zimmer mit gefliesten Böden und einfachen Bädern, meist mit Veranda oder Terrasse und Meerblick. Nüchterner Frühstücksraum. April bis Okt. geöffnet. DZ ab 110 €. Via Marina Grande 264, ☏ 081-8370345, www. belvedere-tre-re.com.

B&B Palazzo a Mare. Die freundliche Privatunterkunft auf dem Weg zum Bagno di Tiberio ist nur zu Fuß erreichbar. Ein geräumiges Zimmer und ein großzügiges Familienapartment mit gefliesten Böden, viel Ruhe, ansprechender Garten mit Zitronenbäumen. Ideal, wenn man den Inselaufenthalt auch mit Baden verbinden möchte. DZ ab 83 €. Via Palazzo a Mare 29, ☎ 081-8379583, Buchung über die gängigen Internetportale.

Essen & Trinken Da Paolino. Hinreißend gelegenes Ristorante auf knapp halber Strecke zwischen Hafen und Bagno di Tiberio (→ Baden). Wunderbare Sitzplätze unter Zitronenbäumen, ein typischer Familienbetrieb, spezialisiert auf regionale Küche, auch Pizza aus dem Holzofen. Menü um 40 €. Mitte April bis Okt. tägl. geöffnet. Via Palazzo a Mare 11, ☎ 081-8376102, www.paolinocapri.com.

L'Approdo. Vom Schnellbootanleger aus betrachtet das letzte Restaurant an der langen Hafenzeile, unmittelbar vor der Schranke zum *Porto turistico*. Fischristorante und Pizzeria, familiär geführt, Sitzplätze innen auf der erhöhten Veranda, Außenplätze vor dem Eingang. Hier kommen die Früchte des Meeres in den unterschiedlichsten Varianten auf den Tisch, auch Pizza. Menü um 35 €, Pizza ab 7 €. Anfang Nov. bis Febr. geschlossen. Piazza Angelo Ferraro 8, ☎ 081-8378990, www.approdocapri.com.

Beachclub Da Gemma. Die ursprünglich in Capri-Stadt gelegene Traditionseinkehr (seit 1934) befindet sich heute hinter dem Busbahnhof direkt am Meer. Restaurant, Strandbad und Bar in einer Hand und auf 2 Etagen. Die lauschigeren Außenplätze sind unten. Fisch- und Fleischgerichte (Menü ab 45 €, Sandwichs für den Mittagsimbiss ab 10 €), Vermietung von Sonnenschirm und Liege am eigenen Strandabschnitt. Ostern bis Mitte Okt. tägl. geöffnet, Juni bis Sept. bis in den späteren Abend. Via Marina Grande, ☎ 081-8374014, www.dagemma.com.

Capri-Stadt   ca. 7200 Einwohner

Das Zentrum von Capri-Stadt ist die wunderschöne Piazza Umberto I. In der Saison füllt sie sich jeden Nachmittag mit Tagesbesuchern, die hier ihren Rundgang beschließen. Gassen und Treppenwege führen zu den zahlreichen Attraktionen und Sehenswürdigkeiten, die meist nur zu Fuß zu erreichen sind.

Der legendären **Piazza Umberto I** eilt ein magischer Ruf voraus. Es liegt wahrlich nicht an mangelnder Anmut, sondern vielmehr am gewaltigen Andrang der Tagesgäste sowie am hohen Preisniveau der beiden Cafés am Platz, dass sich die Begeisterung bei Capri-Neulingen dessen ungeachtet zunächst in Grenzen hält. Nachmittags können die Massen sogar enervierend sein; dann strömen die Tagesgäste von allen Seiten auf die „Piazzetta", um nach einer kurzen oder längeren Atempause mit der *funicolare* hinunter zur Marina Grande zu fahren. Wer es sich leisten kann, sollte in dem Zeitraum den Platz meiden und besser die ruhige Vorabendstunde für den entspannten Aperitivo reservieren. Dann präsentiert sich die „Piazzetta" als das, was sie unbestritten ist: einer der schönsten Plätze der Welt!

Nicht wenige streben von der Piazzetta im Sog der übrigen Gäste sofort in die Via Vittorio Emanuele, die einige Meter weiter in die Via Camerelle übergeht. Und spätestens hier findet man das zweite Klischee Capris bestätigt – das des versnobten Shoppingparadieses. **Edelboutiquen** einschlägig bekannter Marken reihen sich aneinander, Mode, Schuhe, Accessoires, alles vom Feinsten und für den großen Wunschzettel konzipiert. Geschultes Personal taxiert Kunden sowie Möchtegern-Käufer mit routinierten Blicken und sortiert diejenigen aus, denen das Etikett der High Society nicht anhaftet – und das sind die meisten Tagesgäste. Wendet man sich von der Piazza in die andere Richtung und läuft die Treppenstufen zum Eingang der Chiesa Santo Stefano hinauf, taucht man in der Folge – unbehelligt von den

Capri-Stadt mit dem Campanile der Chiesa Santo Stefano

meisten Besuchern – in eine orientalisch anmutende Gasse ein, die in vielfacher Hinsicht an die unterirdischen Gänge Amalfis erinnert *(Via Madre Serafina)*. Die Via Castello führt danach zu einem verschwiegenen Aussichtspunkt, der einen wunderbaren Blick auf die Südseite Capris mit den Faraglioni-Felsen gewährt *(Belvedere Cannone)*.

Die Gemeinde Capri (hier zum besseren Verständnis Capri-Stadt genannt) bedeckt die komplette Osthälfte der Insel und erstreckt sich nach Osten bis zur Steilkante mit der **Villa Jovis** hoch über dem Meer. Bei der „Villa des Zeus" handelt es sich um den ehemaligen Regierungssitz des römischen Kaisers Tiberius. Heute sind die Palastruinen die wichtigste Ausgrabungsstätte der Insel. Der gut ausgeschilderte Fußweg windet sich zunächst durch weiß getünchte Gassen und wird später ansteigend von Trockenmauern flankiert, die hin und wieder einen Blick auf hinreißend gelegene Gärten gewähren. Die üppige Blumenpracht ist ein weiteres typisches Signum, das für diese wunderbare Insel steht – auf gemütlichen Rundgängen durch die Osthälfte lässt sie sich am besten erschließen. Je weiter von der Piazzetta weg, so die Faustregel, desto ruhiger wird es. Eine Ausnahme von der Regel macht nur die empfehlenswerte – und wegen der vielen Stufen nicht unanstrengende – Runde über den Arco Naturale und die Villa Malaparte zur **Punta Tragara.** Der Fußweg ist zu jeder Zeit erstaunlich frequentiert (→ Wanderung 3, S. 385 f.). Wer jedoch lediglich zum Belvedere an der Punta Tragara möchte, um den Paradeblick auf die **Faraglioni** zu genießen, kann sich das Schwitzen auf Treppenwegen ersparen, denn die oben erwähnte Shoppingmeile endet an diesem Aussichtspunkt!

Sehenswertes

Museo Ignazio Cerio: Gegenüber dem Portal der Chiesa San Stefano befindet sich der Eingang zu einem Palazzo aus dem 14. Jh., das ein kleines, hochinteressantes Museum zur Inselgeschichte birgt. Vier Räume präsentieren Objekte zur Geologie, Paläontologie und Archäologie Capris. Sie stammen überwiegend aus dem Fundus des Naturforschers Ignazio Cerio (1840–1921), der in diesem Palazzo lebte. Zu den Prunkstücken der Sammlung zählen eine Kopfbüste von Livia, der Frau von Kaiser Tiberius, sowie eine Osiris-Statuette. Eine Wandinschrift zitiert den Schriftsteller Sueton, der erstmals einen Besuch von Kaiser Augustus auf Capri erwähnte, womit die Inselhistorie in der Antike ihren Anfang nahm. Von der Terrasse genießt man den vielleicht schönsten Blick auf die Piazzetta. Angeschlossen sind ein Konzertsaal und eine Studienbibliothek.

■ Mo 10–13, Di 12–20, Mi 10–16, Do 11–20, Fr 12–20, Sa 11–16 Uhr. 3 €, erm. 1 €. Piazzetta Ignazio Cerio 5, www.centrocaprense.org.

Chiesa di Sant'Anna: Das von außen mehr als unscheinbare Gotteshaus liegt versteckt in den schmalen Nebengassen von Capri-Stadt. Sehenswert im Innern ist ein Fresko in der Apsisrundung, das den segnenden Christus zeigt. Darunter befinden sich Maria, Petrus sowie ein namenloser Bischof. Auch der Stifter – ein Angehöriger der Familie Paragallo – wurde im Kunstwerk aus dem Ende des 14. Jh. verewigt. Ein weiteres Wandbild zeigt den Gelehrten Thomas von Aquin – standesgemäß mit Buch! Sehenswert ist auch der Majolikafußboden.

■ Tägl. außer So 14–18 Uhr. Via Madonna Delle Grazie.

Giardini di Augusto: Bis 1918 hieß das Areal nach dem deutschen Stahlmagnaten Friedrich Alfred Krupp, der die Parkanlagen anlegen ließ, dessen Wunsch nach einem Wohnhaus auf Capri sich jedoch nicht erfüllte. Nach dem Ersten Weltkrieg widmete man die Gärten dem römischen Kaiser Augustus, der gemeinhin als Entdecker der Insel gilt und Capri regelmäßig aufsuchte – noch bevor Kaiser Tiberius seine Regierungszentrale hierher

verlegte (→ S. 142). Botaniker erfreuen sich am üppigen Blumendekor, andere genießen den Prachtblick vom Belvedere. Außerdem befindet sich am Park das Denkmal für **Wladimir Iljitsch Lenin.** Der Revolutionär weilte 1908 als Gast des Schriftstellers Maxim Gorki auf der Insel und ging hin und wieder mit den Einheimischen auf Fischfang.

■ März bis Mitte Nov. tägl. 9.30–20 Uhr. 1 €.

Certosa di San Giacomo (Museo Diefenbach): Das 1371 erbaute gewaltige Kartäuserkloster wurde im 16. Jh. um den Kreuzgang erweitert und nach der Einnahme Capris 1808 von Joachim Murat zu einer Kaserne umfunktioniert. Nachdem im 20. Jh. für kurze Zeit Augustiner-Chorherren die heiligen Hallen nutzten, befindet sich seit 1975 in der Kartause ein Museum für den deutschen Maler **Karl Wilhelm Diefenbach.** Der Anhänger der Alternativ-, Lebensreform- und Freikörperkulturbewegung starb 1913 auf Capri, gilt als Ahnherr der Hippies und ist hierzulande beinahe vergessen. Seine großformatigen Bilder stecken voller Symbole der christlichen und neuheidnischen Religiosität. 2015 wurde ein Asteroid nach ihm benannt.

■ Tägl. außer Mo 10–17 Uhr, Juni bis Aug. bis 18 Uhr. 6 €, erm. 4 €.

Die Certosa di San Giacomo

Scoglio Monacone: verlassenes Felsidyll auf der „Kleinseite"

Punta Tragara/Faraglioni: Von der Piazzetta in Capri-Stadt führen die beiden Shoppingmeilen – die Via Vittorio Emanuele sowie die Via Camerelle – zum Belvedere an der Punta Tragara. Das Fünf-Sterne-Hotel am Wendehammer wurde 1920 unter Beteiligung des Architekten Le Corbusier erbaut. Während des letzten Weltkriegs saß hier das US-amerikanische Militärkommando; die Inschrift an der Fassade verweist darauf, dass hier u. a. General Eisenhower und Sir Winston Churchill logierten. Hauptargument für den Gang zur Punta Tragara ist jedoch der unvergleichliche Ausblick auf die **Faraglioni-Felsen.** Es handelt sich um drei Karstkegel im Meer, die zum landschaftlichen Wahrzeichen Capris wurden. Die vom Festland aus betrachtet erste Klippe ist mit 109 m auch die höchste und wird mit dem Element Erde identifiziert *(Faraglione di Terra).* Die mittlere ist an der natürlichen Tunneldurchfahrt zu erkennen, die Boote bei der Caprirundfahrt zur Gaudi der Touristen passieren *(Faraglione di Mezza).* Die äußerste der Klippen ist knapp über 100 m hoch; Biologen ist sie wegen der geheimnisvollen Blauen Eidechse *(Lucertola azzurra)* ein Begriff *(Faraglione di Fuori).* Hinter den drei Felsen befindet sich ein viertes, legendenumwobenes Eiland namens **Scoglio del Manacone.** Nicht wenige vermuten in den alten Mauern auf der Insel sogar das Grab des Kaisers Augustus.

Villa Malaparte: Der Schriftsteller und Publizist Curzio Malaparte (→ Kasten, S. 150) ließ seine Villa 1938–40 nach eigenen Vorstellungen errichten. Die charakteristische Freitreppe auf dem Dach erinnerte ihn z. B. an den Ausblick, den er unfreiwillig während des Exils auf die Stufen zur Kirche von Lipari genoss. Sein Refugium nannte er ein „Haus wie ich: traurig, hart und streng" *(casa come me: triste, dura, severa).* In seinem Testament vermachte Malaparte das Haus dem Volk des von ihm so bewunderten Mao Tse-tung. Allerdings fochten die Erben den letzten Willen an, worauf sich ein langer Rechtsstreit anschloss. Heute ist die Villa in privater Hand. Den schönsten Blick auf die in der Tat beeindruckende Architektur genießt man vom Wasser aus.

Grenzgänger zwischen Ideologien: Curzio Malaparte (1889–1957)

Der Sohn eines sächsischen Tuchfabrikanten hieß mit bürgerlichem Namen eigentlich Kurt Erich Suckert. Der Name Malaparte hingegen bezeichnet ein Pseudonym, das der Schriftsteller und Journalist ganz unbescheiden keinem Geringerem als Napoleon entlehnte: Hieß jener *Bonaparte* („Der gute Teil"), inszenierte sich der Künstler als sein antagonistisches Gegenstück – als *bad boy* bzw. als „schlechter Teil" *(Malaparte)*. Als freiwilliger Frontsoldat erlitt er im Weltkrieg infolge eines Gasangriffs einen irreparablen Lungenschaden und wurde 1918 mit der italienischen Tapferkeitsmedaille ausgezeichnet. Als Chefredakteur bei der Tageszeitung „La Stampa" verdiente er sich seine ersten Sporen; berühmt machten ihn hingegen Bücher, in denen er die Kriegsgräuel eindrücklich beschrieb, wie z. B. „Kaputt" (1944) oder „Die Haut" (1949). Die Kritiker monierten zuweilen aber auch einen reißerischen, auf bloße Effekte zielenden Stil seiner Publikationen. Zeit seines Lebens kokettierte Malaparte mit verschiedenen ideologischen Strömungen und wechselte dabei mehrfach sprunghaft die Seiten: In den 1920er-Jahren stand er dem Faschismus nahe, überwarf sich jedoch später mit den Parteigranden. 1933 wurde er verhaftet und verbrachte danach fünf Jahre im Exil auf Lipari. Nach dem Ende des Zweiten Weltkriegs sympathisierte er wiederum mit dem Kommunismus; seine Villa auf Capri vermachte er vor seinem Tod der Volksrepublik China. Zu diesem Zeitpunkt hatte er sich längst wieder dem katholischen Glauben angenähert, obwohl einige Biografen bezweifeln, dass die letzte ideologische Wende von nachhaltiger Absicht getragen war.

Blickfang: die Villa Malaparte

Grotta di Matermania: Zwischen dem Arco Naturale und der Villa Malaparte quert der Rundweg ein weiteres Naturdenkmal. Funde und Ausgrabungen belegen, dass die natürliche Karstgrotte in der Antike Schauplatz unterschiedlicher Sakralrituale war, u. a. befand sich hier eine Mithras-Kultstätte. Die Mauern wiederum stammen von einem Quellheiligtum (Nymphäum) aus der römischen Kaiserzeit. Außerdem vermuten Archäologen, dass hier obendrein die phrygische Gottheit Kybele verehrt wurde.

Arco Naturale: Das Naturdenkmal entpuppt sich als fotogener Karstbogen, der aus großer Entfernung sogar vom Boot aus zu erkennen ist. Über Millionen von Jahren haben natürliche Erosionsprozesse den weichen Kalk gelöst und diese bizarre Form hinterlassen. Vom Rundweg zur Punta Tragara (→ Wanderung 3, S. 385 f.) führt ein kurzer Abstecher zum Karstbogen, der Fußweg ist vom Zentrum in Capri-Stadt ausgeschildert.

Villa Lysis: Nach einem handfesten Päderastieskandal flüchtete der Aristokrat und Dichter **Jacques d'Adelswärd-Fersen,** Spross einer schwedischen Familie, die durch die Gründung eines Stahlunternehmens zu Reichtum gelangt war, 1903 aus Paris nach Capri. In der Nähe der Villa Jovis erwarb er ein Stück Land in abgeschiedener Lage und beauftragte einen französischen Architekten mit dem Bau einer Prunkvilla im neoklassizistischen Stil. Verarbeitet wurden ausschließlich erstklassige Materialien, das Anwesen öffnet sich mit Loggien, Veranden und Gartenterrassen zum Golf von Neapel. Der Graf starb 1923 an einer Überdosis Kokain. Eine lateinische Inschrift am Eingang enthüllt, was dem Exzentriker dessen Refugium bedeutete: „Amori et dolori sacrum" („Heiligtum der Liebe und des Schmerzes"). Die Villa Lysis ist nach dem Freund des attischen Philosophen Sokrates benannt – eine zarte Reminiszenz an die homosexuellen Neigungen ihres Eigentümers. Das Anwesen ist ausschließlich per Fußmarsch erreichbar (→ Wandern, S. 152).

■ Mai bis Dez. tägl. außer Mi 10–18 Uhr, Nov. und Dez. bis 16 Uhr, Juni bis Aug. bis 19 Uhr. 2 €.

Villa Jovis: Beides scheint uns heute gleichermaßen unwahrscheinlich: einmal, dass von hier elf Jahre lang, von 26–37 n. Chr., das römische Weltreich

Karstphänomen an der Steilküste: der Arco Naturale

Capri → Karte S. 140/141

regiert wurde, und zum Zweiten, dass es überhaupt möglich war, an der senkrechten Abbruchkante einen Palast zu bauen. Leider ist von der einst 7000 m² großen „Burg des Tiberius", wie Plinius der Ältere den Palast nannte, bis auf die Grundmauern wenig erhalten. Marmor, Fresken und Bodenmosaiken fielen jahrhundertelanger Verwahrlosung zum Opfer oder wurden von Einheimischen als Baumaterial verwendet. Außerdem richteten Erdbeben schwere Zerstörungen an. Angeblich soll ein schweres Beben just am Todestag des Kaisers Tiberius (→ Geschichte, S. 142) den Leuchtturm zum Einsturz gebracht haben. Er soll eine Höhe von sage und schreibe 130 m erreicht haben und galt – mit dem ungleich namhafteren Leuchtturm von Alexandria – als ein Weltwunder! Die Fundamente des gewaltigen Baus befinden sich noch vor dem Kassenhäuschen zur Rechten *(Torre del Faro).* Das Besondere an der Villa ist ihr architektonisches Konzept, das sich radikal von der in Rom gepflegten

Tradition repräsentativen Bauens abwandte. Vorbild war die hellenische Architektur, erkennbar u. a. an der fehlenden Achsensymmetrie im Wohngeschoss und an der fehlenden Schnittstelle nach außen, wo ansonsten die Cäsaren in Rom die Empfänge zelebrierten. Letzteres war auf Capri gar nicht nötig, denn der Senat und andere Repräsentanten waren in Rom verblieben, weshalb Tiberius die ausgewählten Gäste direkt in seinen Gemächern empfing. Die Kommunikation mit der Hauptstadt geschah über das Leuchtfeuer, zudem benötigte Kaiser Tiberius für die Schiffspassage in die Ewige Stadt nur drei Tage.

Der Palast besaß inklusive der oberen Aussichtsplattform sieben Etagen, die durch eine breite Doppeltreppe miteinander verbunden waren. Zu den beeindruckenden Überresten gehört im Palastzentrum die gewaltige Zisterne, die u. a. die kaiserliche Therme mit Wasser versorgte. Heute steht an der äußersten Spitze der Felsanhöhe *Lo Capo* die Chiesa Santa Maria del Soccorso aus dem 19. Jh. – ein ausgezeichneter Picknickplatz mit grandiosem Ausblick auf die sorrentinische Halbinsel! Ausblicke auf die Steilküste Capris gewährt obendrein der handtuchbreite Hain kurz vor dem Eingang zur Villa *(Parco Astarita)*.

▪ Juni bis Sept. tägl. außer Di 10–19 Uhr (letzter Einlass 18.15 Uhr), April/Mai und Okt. 10–18 Uhr, März und Nov./Dez. 10–16 Uhr. 6 €, erm. 4 €.

Basis-Infos

Information Das **Infobüro** befindet sich im Erdgeschoss des Glockenturms an der Piazza Umberto I. Mo–Sa 8.30–13.30 und 14–16.15, So 9.30–13 und 14–17.15 Uhr. ℰ 081-8370686, www.capritourism.com.

Verbindungen Funiculare. Die Bergstation der Standseilbahn von der Marina Grande liegt direkt unterhalb der Piazza Umberto I.

Bus. Der Busbahnhof befindet sich in der Via Roma, kurz vor der Piazza Umberto I. Busse verkehren von hier nach Anacapri, zur Marina Grande und Marina Piccola. 2 €.

Taxi. Einen Taxistand findet man ebenfalls an der Via Roma. ℰ 081-8370543.

Mietfahrzeuge Rent a Scooter. Die preiswerteste Option befindet sich am Kreisverkehr. 25 €/2 Std., 50 € pro Tag. Via Roma 70, ℰ 081-8375863, www.caprirentscooter.com.

Ärztliche Versorgung Ospedale. Via Provinciale Anacapri 5 (Nähe Kreisverkehr), ℰ 081-8381205, Nacht- und Feiertagsdienst: ℰ 081-8375716.

Wandern Monte Solaro. Der technisch anspruchsvolle Zustieg von Capri-Stadt auf den Monte Solaro überwindet eine kurze steile Geländestufe, die bei Nässe nicht zu empfehlen ist *(Passetiello)*. Der Einstieg befindet sich in der Nähe des Kreisverkehrs unterhalb

des Krankenhauses (am Beginn der Via Torina auf Wegweiser achten).

Marina Grande. Der Fußweg vom Belvedere an der Piazza Umberto I ist ausgeschildert.

Marina Piccola. Wenn die Via Krupp gesperrt ist, ist die am Kreisverkehr beginnende Via Mulo die einzige Fußwegoption hinunter zur Marina Piccola.

Villa Lysis/Villa Jovis. Der empfehlenswerte Rundweg führt im hinteren Abschnitt auch durch die wilde Landschaft der Osthälfte Capris *(Sentiero delle Calanche)*. Auf der Piazzetta mit dem Rücken zum Monte Solaro durch den linken Torbogen ins Gassengewirr der Altstadt einbiegen (Via Longano) und den Schildern, vorbei an der Chiesa San Michele alla Croce, in Richtung Villa Jovis folgen. An der Villa Moneta links (Wegweiser) und gleich darauf wieder links (ohne Wegweiser). Gehzeit: ca. 2 Std.

Einkaufen Die teuren Markenboutiquen befinden sich in der Nähe der Piazza Umberto I: in der Via Vittorio Emanuele, die in die Via Camerelle übergeht, und in der Via le Botteghe.

Carthusia. Die noble Parfümerie ist gleich mit mehreren Geschäften auf der Insel vertreten. Der Legende nach war die „Erfindung" des Duftstoffs einer Notsituation geschuldet: Als 1380 Königin Johanna von Anjou die Insel

Blick von oben auf die weltberühmte Piazzetta

besuchte, benötigte der Prior des Klosters San Giacomo in aller Eile einen Willkommensgruß und kreierte ein Blumenbouquet, dem in der Folge ein betörender Duft entströmte ... Tägl. 9–18 Uhr. Via Matteotti 2d, ☎ 081-8375393, www.carthusia.com.

Capri Watch. Die Armbanduhren-Zifferblätter mit dem eigenwilligen mediterranen Design sind visuell ein Begriff, seit die Firma im großen Rahmen Tennisevents sponsert. Es gibt aber auch klassische Produktlinien (ab 150 € aufwärts). Das Stammgeschäft ist ganzjährig ab 9 Uhr geöffnet. Via Camerelle 21, ☎ 081-8377148, www.capricapri.com.

Capri Laboratorio. Die kleine Modeschneiderei hat sich auf ausgefallene Accessoires für stilbewusste Frauen spezialisiert. Ausgefallene Designs, ein Hingucker sind luftige Tücher aus Kaschmir, die mit alten Inselansichten bedruckt sind. März bis Okt. Via Ignazio Cerio 6, ☎ 081-8376296.

Veranstaltungen The Island of Art. Alle zwei Jahre Open-Air-Performances, Installationen, Skulpturen im öffentlichen Raum rund um Capri und Anacapri. Die 3. Auflage fand 2018 statt. Sept. bis Dez. www.theislandof art.org.

Capri ↦ Karte S. 140/141

Wanderung 3:
Capri – Villa Malaparte und Punta Tragara   → S. 385
Der Klassiker unter den Wanderwegen auf Capri.

Übernachten   → Karte S. 155

Die teuren Hotels bieten einen Gepäcktransport mit schmalen Elektrowagen an, die auch durch die engsten Gässchen passen. Bei den

Hotels überwiegt eindeutig das Luxussegment, die preiswerten Quartiere sind an einer Hand abzuzählen. Eine strategisch günstige Standortwahl ist die Via Mulo unterhalb des Kreisverkehrs, denn von hier sind fast alle Inselteile bequem erreichbar.

***** Tiberio Palace **5** Die Luxusbleibe im Zentrum von Capri-Stadt lässt hinsichtlich Komfort und Servicequalität nur wenige Wünsche offen. 46 Zimmer und Luxussuiten, überwiegend mit Balkon oder Terrasse und Meerblick, Restaurant mit Sonnenterrasse (im Sommer auch mit koscherer Küche), Wellnessbereich mit stilvoll gestaltetem Innenpool. Ostern bis Mitte Okt. geöffnet. DZ ab 405 €. Via Croce 11–15, ☎ 081-9787111, www.capritiberiopalace.it.

**** Hotel della Piccola Marina **12** Ausgezeichnetes Hotel mit 40 luxuriösen Zimmern, alle mit Veranda oder großem Balkon. Von den oberen Etagen Meerblick Richtung Marina Piccola, ruhig gelegen, großer Pool mit Sonnenterrasse, Fitnessraum, Spa-Bereich mit türkischem Bad, kein Restaurant. Mitte April bis Okt. geöffnet. DZ ab 185 €. Via Mulo 14–16, ☎ 081-8379642, www.hoteldellapiccolamarina.it.

**** Gatto Bianco **10** Blitzsauberes Quartier im Zentrum von Capri-Stadt, der Eingang liegt im Hinterhof versteckt, die weiße Katze weist den Weg! Alles ist weiß getüncht und strahlt in hellen Farben. 40 modern eingerichtete Zimmer, kein Restaurant. Mitte Dez. bis Mitte März geschlossen. DZ ab 155 €. Via Vittorio Emanuele 32, ☎ 081-8370203, www.gattobianco-capri.com.

mein Tipp *** Capri Wine Hotel **2** Etwas unterhalb an der Straße zur Marina Grande gelegenes, ruhiges und ausgezeichnet geführtes Mittelklassehotel. 10 tadellose Zimmer und Suiten, meist mit Veranda oder Terrasse, nicht alle mit Aussicht. Das große Plus ist der gepflegte Garten mit Zitronen, Wein und Artischocken. Aussichtsterrasse, Lounge sowie Degustations-Bar. Der Inhaber spricht Englisch. Jan./Febr. geschlossen. DZ ab 105 €. Via Marina Grande 69, ☎ 081-8379173, www.capriwinehotel.com.

* Pensione Guarracino **13** Einfaches und ruhig gelegenes Familienhotel zwischen Capri-Stadt und der Marina Piccola, kurze Wege ins Zentrum und hinunter zum Strand. 13 Zimmer mit Balkon oder Veranda, ordentlicher Gesamteindruck. Frühstücksterrasse, kein Restaurant. Ganzjährig geöffnet. DZ ab 100 €. Via Mulo 13, ☎ 081-8377140, guarracino@capri.it.

B&B Parco Augusto **15** Kleine Privatunterkunft nur wenige Schritte von den Augustus-Gärten entfernt mit freundlichem Inhaber. 3 farblich unterschiedlich gestaltete Zimmer, jeweils mit kleiner Privatterrasse, auf der das Frühstück eingenommen wird. Fantasievolle Bäder. Ostern bis Okt. geöffnet. DZ ab 100 €. Viale Matteotti 8a, ☎ 081-8370868, www.bnbparcoaugusto.com.

B&B La Musa **11** Das familiäre und freundliche Privatdomizil ist in Capri-Stadt fast schon eine Budget-Unterkunft! 3 Zimmer mit Balkon und Blick auf die Via Marina Piccola, konservative Einrichtung, einfache Bäder, Basisfrühstück auf der Gartenveranda. DZ ab 75 €. Via Marina Piccola 22 (Zugang von der Via Tonina), ☎ 081-8378019, www.lamusacapri.com.

Essen & Trinken

Rund um die Piazza Umberto I müssen Inselgäste mit gesalzenen Preisen rechnen. Dies gilt auch bzw. erst recht für den einfachen Cappucino oder Aperitivo in einer der Piazzetta-Bars.

Terrazza Brunella **14** Das schicke Ristorante mit der grandiosen Panoramaterrasse gehört zum ebenfalls empfehlenswerten 4-Sterne-Hotel Villa Brunella **14** unterhalb. Sorrentinische und capresische Spezialitäten mit Anspruch und Niveau, korrekter Service, fein gedeckte Tische in der Vollglasveranda. Menü 50–60 €, etwas preiswertere Mittagskarte. Ostern bis Mitte/Ende Okt. tägl. geöffnet. Via Tragara 24a, ☎ 081-8370122, www.terrazzabrunella.com.

Michel'Angelo **8** Das versteckt liegende Altstadtlokal ist auf Capri fast noch ein Geheimtipp. Freundlicher Service, ambitionierte Küche, der Fokus liegt auf Fisch. Hausgemachte Primi und Dolci, u. a. gibt's glutenfreie Pastagerichte. Gehobenes Ambiente, modern gestalteter Innenraum, keine Außenplätze. Preiswerte Mittagsmenüs (2 Gänge um 20 €), à la carte um 40 €. Mi Ruhetag, Jan./Febr. zu. Via Sella Orta 10 (in der Via Botteghe auf Schild achten), ☎ 081-8377220, www.caprimichelangelo.com.

Pulalli Wine Bar **6** Das kleine Ristorante mit Weinbar befindet sich im Glockenturm an der Piazzetta. Nur wenige Tische innen, heiß begehrt sind die aussichtsreichen Verandaplätze.

Capri-Stadt

150 m

Vorzügliche Küche, eine Spezialität sind deftige Fleisch-Secondi, aber auch Fischgerichte stehen zur Wahl. Exzellente Weinkarte. Menü um 40 €. Di Ruhetag. Piazza Umberto I 4, ☏ 081-8374108.

Le Grottelle 7 Das in eine Grotte hineingebaute Ausflugsristorante liegt am Stichweg zum Arco Naturale. Zünftig-rustikales Innenleben, stimmungsvolle Terrasse im Grünen. Deftige Landküche nach traditioneller Machart, Fisch- und Fleischgerichte, leckere Dolci, auch Bar. Menü ab 35 €. April bis Okt. tägl. außer Di geöffnet, in der Vor- und Nachsaison nur mittags. Via Arco Naturale 13, ☏ 081-8374108.

meinTipp **Da Verginiello 9** Der alteingesessene Familienbetrieb (seit 1961) sorgt kontinuierlich dafür, dass Qualität auf den Tisch kommt. Familiäres Ambiente, auch Einheimische kommen gerne hierher. Bodenständige Küche, der Schwerpunkt liegt auf Fischgerichten, abends auch Pizza. Terrasse, Wintergartenveranda mit Golfblick. Menü um ca. 30 €. Tägl. mittags und abends geöffnet, Mitte Nov. bis Febr. zu. Via Lo Palazzo 25, ☏ 081-8370944.

Ristorante Lo Sfizio 3 Der Fußweg zur Villa Jovis führt an dem Lokal im hinteren Ortsteil von Capri-Stadt vorbei. Einladend gedeckte Tische auf dem Trottoir, Hausspezialität ist – neben Pizza – Hühnchen vom Grill. Menü um 40 €, Pizza ab 10 €. Di Ruhetag, im Dez. 1 Woche zu. Via Tiberio 7e, ☏ 081-8374128, www. losfiziocapri.com.

Capri Pasta 4 Hochwertiger Feinkost-Imbiss in einer schmalen Seitengasse der Via Botteghe. Leckere Gemüse- und Pasta-Teller zu – für Capri-Verhältnisse – relativ günstigen Preisen. Nur wenige Stehplätze. Im Sommerhalbjahr So nachmittags zu, im Winter Mo Ruhetag, sonst tägl. bis 20 Uhr. Via P. Canale 12, ☏ 081-8370147, www.capripasta.com.

Bar Jovis 1 Ruhig gelegene Gartenbar mit Restaurant kurz vor der Villa Jovis. Freundlich und entspannt, Snacks und Speisen von ausgezeichneter Qualität. Alles andere als preiswert. Ostern bis Okt. tägl. geöffnet, in der Nebensaison 11–15 Uhr. Via Tiberio 77, ☏ 081-8375117, www.barjoviscapri.com.

Die Via Krupp verbindet Capri-Stadt mit der Marina Piccola

Marina Piccola

Der kleine Naturhafen mit dem winzigen Badestrand an der Insel-
südseite wird von den meisten Tagesgästen links liegengelassen.
Der namhafteste Verbindungsweg zwischen Capri-Stadt und der
Marina Piccola ist die Via Krupp.

Strände sind auf Capri rar – hier gibt es
einen! Sogar ein wenig Sand wurde in
der kleinen Bucht aufgeschüttet, wobei
Wasserratten in der Badesaison schon
ein wenig Geduld mitbringen müssen,
bis ein kleines Fleckchen für das eigene
Handtuch frei wird. Nirgendwo sonst
lässt sich der Blick auf die Faraglioni-
Klippen (→ S. 149) so unverstellt genießen wie von der Marina Piccola an
der Inselrückseite. Der großartigste
Verbindungsweg zwischen Capri-Stadt
und der Marina ist die **Via Krupp.** Der
1902 mit Geldmitteln des Stahlunter-
nehmers Friedrich Alfred Krupp den
Felswänden abgetrotzte Serpentinen-
weg ist wegen Erosion und Stein-
schlaggefahr hin und wieder gesperrt –
so auch während der letzten Recherche

2019. Krupp konnte sich nicht lange an
seiner spektakulären Infrastruktur-
maßnahme erfreuen, denn er starb
noch im selben Jahr in der Villa Hügel
in Essen. Manche vermuteten gar einen
Suizid, da er kurz zuvor von einer
italienischen Journaille der Päderastie
bezichtigt worden war. Die an Kaiser
Tiberius gemahnenden Exzesse hätten
vorgeblich in einer Ufergrotte an der
Marina stattgefunden.

Die kleine vorgelagerte Felsplatte
mit dem exklusiven Strandbad ist als
Scoglio delle Sirene auf Landkarten
verzeichnet. In Konkurrenz zu den
Felsinseln Li Galli vor der Amalfiküste,
verortete man hier den mythischen Sitz
der Sirenen (→ S. 232).

Praktische Infos

Verbindungen Wer nicht zu Fuß auf der **Via Krupp** (falls geöffnet) oder vom Kreisverkehr in Capri-Stadt auf der **Via Mulo** hinunter zur Marina Piccola wandert, nimmt von Capri-Stadt den **Bus** oder das **Taxi**.

Bootsverleih. ℡ 339-6192151.

Baden Zwei kleine Strandparzellen zwischen Felsen sind öffentlich zugänglich, der Rest befindet sich in der Hand von Strandbädern mit Umkleidekabinen und Bar- und Restaurantbetrieb.

Essen & Trinken Lo Scoglio delle Sirene. Exklusiver Beachclub mit Restaurant, Bar und Schirm- und Liegestuhlverleih auf dem vorgelagerten Sirenenfelsen. Die Traumlage schlägt sich auf das üppige Preisniveau nieder. Menü um 50 € (nur mittags), sonst Snacks und Getränke, verbesserungsfähiger Service. Ostern bis Okt. geöffnet. Via Mulo 77, ℡ 081-8370221, www.loscogliodellesirenecapri.com.

Anacapri

Die zweite Gemeinde von Capri liegt auf einem topografischen Absatz, der landwirtschaftlich intensiv genutzt wird. Öffentliche Busse verbinden das lebhafte Zentrum mit der Blauen Grotte und der Punta Carena, ein Sessellift führt von Anacapri hinauf auf den Monte Solaro. Wichtigste Attraktion ist die Villa des schwedischen Arztes Axel Munthe.

Westlich des Bergmassivs, das Capri in zwei Teile teilt, erstreckt sich der Ort Anacapri mit dem touristischen Hauptanziehungspunkt: die Villa San Michele. Ein großer Teil der Tagesgäste besucht das Anwesen des schwedischen Prominentenarztes Axel Munthe mit seinem Garten in atemberaubender Alleinlage. Die Sphinx an der Gartenbalustrade, der ganz Capri zu Füßen liegt, ist eines der bekanntesten Postkartenmotive der Insel! Kaum weniger Betrieb herrscht im verkehrsberuhigten Zentrum mit den beiden sehenswerten

Eine klassische Capri-Ansicht bietet sich auf dem Solaro-Gipfel

Kirchen San Michele und Santa Sofia. Erstere gehört mit dem berühmten Paradiesfußboden zum Pflichtprogramm kulturell Interessierter, bei der zweiten Kirche im hinteren Ortsteil fallen an der Fassade die beiden anmutigen Heiligenfiguren auf. Sie verdienen mehr als nur einen flüchtigen Blick!

Ebenfalls postkartentauglich ist der Blick von der Tiberius-Statue auf dem Gipfel des 589 m hohen **Monte Solaro** zu den Faraglioni-Klippen. Ein Lift verbindet das Zentrum Anacapris mit dem Ausflugscafé auf dem höchsten Punkt der Insel, wo an klaren Tagen fantastische Fernsicht herrscht. Der Weg hier hoch lohnt sich daher bei gutem Wetter, erst recht für passionierte Wanderer mit gutem Schuhwerk, die nach der Einkehr auf dem Gipfel zur zünftigen Bergtour aufbrechen (→ Wanderung 4, S. 387 ff.). Das Hochplateau ist v. a. im Frühjahr ein Mekka für botanisch interessierte Naturliebhaber, und auch wer sich einfach nur an herrlichen Ausblicken auf die zerklüftete Felsküste erfreut, ist auf dem „Dach Capris" gut aufgehoben. Ein einfacher Wanderweg verbindet die Gipfelregion mit dem Eremo Santa Maria Cetrella und einem weiteren göttlichen Aussichtspunkt.

Anacapri ist darüber hinaus Ausgangspunkt für einen Besuch des Leuchtturms an der **Punta Carena** (→ S. 164) und der **Blauen Grotte** (→ S. 162 f.) – zumindest wenn man sich der berühmtesten Sehenswürdigkeit Capris von der Landseite her mit dem Bus oder zu Fuß nähern möchte. Beide Ziele verbindet außerdem ein Wanderweg, der diverse Festungsanlagen über der Steilküste aus dem frühen 19. Jh. abklappert *(Sentiero dei Fortini)*.

Sehenswertes

Casa Rossa: Die rot getünchte Villa im maurischen Stil im Zentrum von Anacapri ließ der US-amerikanische Offizier John Clay MacKowen Ende des 19. Jh. erbauen, nachdem er nach Capri kam, um auf der Insel seinen Ruhestand zu genießen. Die Inspiration für das sehenswerte Bauwerk lieferte der benachbarte Sarazenenturm. Ähnlich wie Axel Munthe (→ unten) war MacKowen ein begeisterter Sammler von Antiquitäten, die er in sein burgähnliches Wohnrefugium einbaute. Heute befindet sich in den Räumen eine kleine Kunstgalerie mit Gemälden aus der Sammlung des italienischen Landschaftsmalers Carlo Perindani (1899–1986). Von der Terrasse hat man einen schönen Blick auf Anacapri.

▪ April/Mai und Okt. tägl. außer Mo 10–16 Uhr, Juni bis Sept. 10–13.30 und 17.30–20 Uhr. 3,50 €. Via G. Orlandi 78.

Chiesa San Michele: Das Hauptargument für einen Besuch der barocken Pfarrkirche im Zentrum von Anacapri ist – neben den spirituellen Aspekten – der grandiose **Majolikafußboden**. Das Meisterwerk schuf 1761 der Star unter den damaligen Majolikakünstlern Neapels, Leonardo Chiaiese. Zentrales Thema ist die Vertreibung aus dem Paradies. Lediglich der Blick aus der Vogelperspektive enthüllt den Engel im Zentrum, der – das Schwert in der Hand – Adam und Eva das Hausverbot für den biblischen Garten Eden erteilt. Rund um die zentrale Personengruppe ordnen sich friedlich zusammen lebende Tiere an: Enten, Einhörner, Dromedare, Ziegen, Hyänen oder Äffchen. Überraschend ist die große Anzahl exotischer Tiere wie Elefanten oder Krokodile! Ein Blick von oben ist vor der 1. Etage möglich, die über eine gusseiserne Wendeltreppe zugänglich ist.

▪ März bis Anfang Nov. tägl. 9–19 Uhr. 2 €.

Villa San Michele: Der schwedische Armen- und Prominentenarzt und Kosmopolit Axel Munthe war Leibarzt der schwedischen Königin Viktoria, führte eine Privatpraxis in Rom direkt an der Spanischen Treppe und ließ sich gegen Ende des 19. Jh. auf Capri nieder. Das auf einer kühnen Felsterrasse gelegene

Ein Blickfang im Zentrum von Anacapri: die Casa Rossa

Wohnhaus samt Sphinxterrasse mit fantastischem Weitblick zählt heute zu den touristischen Highlights der Insel. Bereits zu Lebzeiten des Mediziners schrieben sich u. a. Rainer Maria Rilke, Henry James und Oscar Wilde ins Gästebuch ein. Die Vita des Doktors ist außerordentlich gut dokumentiert, nicht zuletzt wegen seiner Lebenserinnerungen, die noch immer zur Standardliteratur eines Capriaufenthalts zählen (→ Reiseliteratur, S. 372). Der Tierfreund Axel Munthe engagierte sich für den Vogelschutz und richtete auf seinem Grundstück eigens ein Schutzgebiet für Vögel ein. Insbesondere das Schicksal der Wachteln, die damals generalstabsmäßig mit Schlingen gefangen und in andere Teile Italiens exportiert wurden, lag ihm am Herzen. Außerdem war Munthe ein leidenschaftlicher Sammler von Antiquitäten, die heute in den Wohnräumen, Innenhöfen, Laubengängen und Loggien ausgestellt sind: Bodenmosaike, Büsten, Skulpturen, Mobiliar und Marmorfragmente von der Antike bis in die Neuzeit. Längst nicht alles stammt von der Insel, vieles trug er im Verlauf seines Lebens zusammen, um es hier seinen

Mitmenschen zu präsentieren. 1948 vermachte Axel Munthe sein Lebenswerk mit Villa dem schwedischen Staat, der zwei Jahre später eine Stiftung ins Leben rief. Sie verfolgt u. a. den Zweck, die Schenkung zu verwalten und den Kulturaustausch zwischen Schweden und Italien zu fördern.

■ Mai bis Sept. tägl. 9–18 Uhr, April und Okt. 9–17 Uhr, März 9–16.30 Uhr, Nov. bis Febr. 9–15.30 Uhr. 8 €, bis 10 J. frei. Viale Axel Munthe 34, www.villasanmichele.eu.

Castello Barbarossa: Die Burgruine sitzt auf einer Felsnase zwischen der Villa San Michele und dem Gipfelkamm des Monte Solaro. Seit dem 10. Jh. ist eine Burg an dieser Stelle aktenkundig, die im Verlauf des Mittelalters vielfach verändert und schließlich von dem osmanischen Flottenadmiral Khair-ad-Din zerstört wurde. Dieser hörte auf den Kriegsnamen „Rotbart" (*Barbarossa*), was die Bezeichnung der anschließend nicht wieder aufgebauten Festungsanlage erklärt. Der Name des Kastells hängt deshalb wider Erwarten nicht mit Stauferkaiser Friedrich Barbarossa zusammen! Das Areal gehört der Stiftung Axel Munthe, die auch die

Villa San Michele verwaltet. Geführte Touren für Gruppen koordiniert die italienische Umweltschutzorganisation Legambiente nach Voranmeldung.

■ Anmeldung zu Gruppenführungen: ☎ 338-4054400, www.legambientecapri.it.

Eremo Santa Maria Cetrella: Von der Einsiedelei aus dem 15. Jh. haben Wanderer den vielleicht schönsten Blick auf die südliche Steilküste und die Faraglioni-Felsen. Sie ersetzte einen heidnischen Tempel für die Göttin Venus. Auch bei geschlossener Kirche lohnt der Abstecher hierher für ein zünftiges Picknick. Innen überzeugt das Kirchlein durch ein besonders gelungenes, weiß getünchtes Deckengewölbe. Hinter dem Gebets- und Andachtsraum können noch Mönchszellen begutachtet werden. Zudem öffnet sich der Komplex nach hinten zu einer fantastischen Gartenveranda, die die Lage der Eremitage an der steilen Bergwand noch einmal veranschaulicht.

■ Für eine Besichtigung der Kirche wenden Sie sich ans Infobüro Anacapri (→ unten).

Villa Damecuta: Die spärlichen Überreste der römischen Villa aus der Regierungszeit von Kaiser Tiberius werden hier eher der Vollständigkeit halber erwähnt. Sie liegen zwischen Anacapri und der Blauen Grotte und können be-

Aussichtslage: Santa Maria Cetrella

sichtigt werden. Die archäologischen Grabungen fanden 1937–48 statt und wurden von Axel Munthe (→ S. 158 f.) durch eine großzügige Grundstücksschenkung gefördert. Von der Bushaltestelle führt die Via Maiori zum Ruinenareal, die Gehzeit beträgt etwa eine Viertelstunde.

■ Tägl. außer Mo 10–12 und 16–19 Uhr. Eintritt frei.

Basis-Infos

Einwohner ca. 6900 Einwohner

Information Das **Infobüro** befindet sich in der Fußgängerzone wenige Schritte von der Piazza Vittoria entfernt. Mo–Sa 8.30–13.30 und 14–16.15 Uhr. Via G. Orlandi 19, ☎ 081-8371524, www.comunedianacapri.it.

Verbindungen Bus. Busse halten an der zentralen Piazza Vittoria – mit kurzen Wegen zur Villa San Michele, in die Altstadt und zum Sessellift. Der Busbahnhof liegt, von Capri-Stadt aus betrachtet, noch eine Station weiter an der Ortsdurchfahrt. Dort Umstieg in die Busse in Richtung Grotta Azzurra und Punta Carena. 2 €, beim Umstieg muss ein neues Ticket gelöst werden (auch beim Fahrer möglich, dann etwas teurer).

Sessellift (Seggiovia). Der Lift verbindet die Talstation an der zentralen Piazza Vittoria mit dem Gipfel des Monte Solaro. Mai bis Okt. tägl. 9.30–17 Uhr, März/April bis 16 Uhr, Nov. bis Febr. bis 15.30 Uhr. Hin- und Rückfahrt 12 €, einfache Fahrt 9 €. www.capriseggiovia.it.

Taxi. ☎ 081-8371414, eine Fahrt z. B. nach Capri-Stadt kostet 20 €.

Mietfahrzeuge Oasi Motor. Scooter gibt es für 25 €/2 Std. und 50 € am Tag. Mo–Sa 9–19 Uhr. Via Pagliari 10 (Verleihstationen an der Piazza Caprile 3a und an der Marina Grande), ☎ 081-8372444.

Wandern Scala Fenicia. Die ehrwürdige Phönizische Treppe verbindet Anacapri mit der

Marina Grande, der Fußweg beginnt an der Villa San Michele.

Monte Solaro. Wanderung 4 (→ S. 387 ff.) beschreibt den Aufstieg auf den höchsten Gipfel Capris ausführlich. Geübte Bergwanderer können zudem vom Eremo Santa Maria Cretella über den *Passetiello* hinunter nach Capri-Stadt laufen.

Einkaufen   Ceramiche Tavassi. Der renommierte Keramikbetrieb betreibt einen Shop mit Demonstrationsraum im Zentrum von Anacapri. Hochwertige Zier- und Gebrauchskeramik, geschmackvolle klassische oder moderne Dekors. Via G. Orlandi 129, ℘ 081-8382067.

Veranstaltungen   The Island of Art. Open-Air-Performances, Installationen, Skulpturen im öffentlichen Raum u. v. m.; 2015 fand das Kunstfestival erstmals in und um Capri-Stadt sowie Anacapri statt. Sept. bis Dez.

Ferragosto. Großer Auftrieb zu Mariä Himmelfahrt am Eremo Santa Maria Cetrella. 15. Aug.

🚶 **Wanderung 4:**
Capri – Vom Monte Solaro zur Blauen Grotte   → S. 387
Die wilde Seite Capris – schwindelerregende Abgründe und Meerblick satt.

ⓘ Übernachten

Erstaunlicherweise findet man hier nur vergleichsweise wenige Luxusunterkünfte. An komfortablen, familiär geführten Mittelklassehotels mangelt es hingegen nicht. Wunderbar entspannt lässt es sich im weitläufig parzellierten hinteren Ortsteil von Anacapri wohnen.

**** Casa Mariantonia. Gediegenes Hotel an der Fußgängerzone im hinteren Altstadtteil Anacapris. 9 geräumige, hübsch möblierte Zimmer mit eleganten Bädern, alle mit Veranda oder Terrasse, jedoch nicht alle mit Ausblick. Großer Pool und hinreißender Zitronen- und Orangengarten. Im Erdgeschoss befindet sich eine Weinbar. Das Restaurant „La Zagara" mit herrlichen Sitzplätzen unter Zitronenbäumen zählt zu den schicksten und teuersten Einkehradressen auf Capri (Menü ab 50 €). März bis Nov. geöffnet. DZ ab 100 €. Via G. Orlandi 180, ℘ 081-8372923, www.casamariantonia.com.

*** Villa Ceselle. Das gut geführte Mittelklassehotel mit gepflegtem, großem Garten liegt im weitläufig parzellierten hinteren Ortsteil von Anacapri, das Zentrum ist in 10 Min. zu Fuß erreichbar. 13 komfortable, helle Zimmer und Suiten mit Balkon/Terrasse, kein Restaurant. Ostern bis Okt. geöffnet. DZ ab 100 €. Via Monticello 1d, ℘ 081-8382236, www.villa ceselle.com.

* Villa Eva. Das an den blauen Kaminen gut erkennbare Gebäude ist schon architektonisch eine Augenweide – eine expressionistische Mischung aus mediterranen und maurischen Stilelementen. An der nordwestlichen Peripherie in Richtung Blauer Grotte gelegen, Gäste sollten gut zu Fuß sein! 12 freundlich eingerichtete Zimmer, kein Restaurant. DZ ab 90 €. Via la Fabbrica 8, ℘ 081-8371549, www.villaeva.com.

mein Tipp **B&B Monte Solaro.** Freundliche, professionell geführte Privatunterkunft am Solaro-Hang oberhalb von Anacapri. Große Aussichtsterrasse, alle Zimmer mit Veranda, wo bei gutem Wetter das Frühstück serviert wird. Garten mit Bohnen, Kirsch- und Zitronenbäumen. Ideal für Wanderer, die den steilen Weg von Anacapri nicht scheuen (Gepäck wird transportiert). Eigentümer spricht Englisch. Jan./Febr. geschlossen. DZ ab 110 €. Via Monte Solaro 30, ℘ 081-8382124, www.montesolarocapri.com.

B&B Il Vicolo. Das günstig gelegene Altstadtquartier wird von einem freundlichen Ehepaar geführt. Wenige Minuten zu Fuß ins Zentrum, 3 tadellose Zimmer öffnen sich zur Veranda mit Ausblick über einen Hofgarten zum Monte Solaro. Helle Räume mit hohen Decken, die Einrichtung ist funktional, italienisches Basisfrühstück. DZ ab 80 €. Via Boffe 47 (versteckt in einer Seitengasse), ℘ 081-8371377, www.il vicoloanacapri.it.

Agriturismo del Sole. Capris einziger Agriturismo-Betrieb liegt auf halber Strecke zwischen Anacapri und der Punta Carena. Properes Natursteinhaus im Grünen, nur zu Fuß erreichbar!

Capri → Karte S. 140/141

5 Zimmer, jeweils mit Veranda, 2 im Haupthaus, die übrigen im einfacheren Nebenhaus. Das rustikale Restaurant mit hübschen Außenplätzen serviert herzhafte Landküche und steht am Abend auch auswärtigen Gästen offen. DZ ab 85 €. Via Migliara 15, ☎ 081-2139449, Buchung über die gängigen Buchungsportale.

Essen & Trinken

Taberna degli Amici. In der Osteria mit angeschlossener rustikaler Bierbar werden Gäste wie Freunde willkommen geheißen. Vorwiegend Fisch-, aber auch Fleischgerichte werden mit Hingabe und Sorgfalt zubereitet und kredenzt. Keine Außenplätze. Tägl. außer Mi ab 19.30 Uhr. Menü ca. 40 €. Via Caprile 5 (an der Durchfahrtsstraße im hinteren Ortsteil), ☎ 081-8370475.

L'Angolo del Gusto. Das familiär geführte Restaurant an der Chiesa Santa Sofia kredenzt lokaltypische *cucina anacaprese,* zu den Spezialitäten zählen Kaninchen- und Pilzgerichte. Stilvoll eingerichteter Innenraum, stimmungsvolle Außenplätze in der Gasse davor. Menü um 40 €. In den Wintermonaten nur am Wochenende geöffnet. Via Boffe 2, ☎ 081-8373467.

mein Tipp **Trattoria il Solitario.** Die freundliche und familiäre Trattoria im Ortszentrum ist über einen kurzen Stichweg von der Fußgängerzone erreichbar. Auf traditionelle Rezepte spezialisierte Küche, ein typisches Gericht ist z. B. hausgemachte Pasta mit Sugo aus Kaninchenfleisch, garniert mit auf der Insel produziertem Schafskäse. Heimelige Innenplätze, Vorgarten mit Hängematte, Gartenveranda nach hinten raus. Menü um 30–35 €. Tägl. mittags und abends geöffnet, Jan./Febr. Betriebsferien. Via G. Orlandi 96, ☎ 081-8371382, www.ilsolitarioanacapri.com.

Le Arcate. In dem bodenständigen Lokal mit Pizzeria an der Ortsdurchfahrt essen auch die Einheimischen mit Vorliebe. Krosse Pizza aus dem Holzofen mit dünnem Teig, Fisch und Fleisch-Secondi kommen frisch auf den Tisch, opulente Weinkarte mit exzellenten Weinen aus ganz Italien. Keine Außenplätze. Menü um 40 €, Pizza ab 7 €. Im Febr. geschlossen. Via de Tommaso 24, ☎ 081-8373588.

Pizzeria Aumm Aum. Lautmalerisch steht der Name der Einkehr für schmackhaft und lecker – und es ist nicht übertrieben! Schon mittags brennt das Holzfeuer im Pizzaofen, Innenraum ohne Esprit, aber ansprechende Sitzplätze im Hinterhofgarten. Fleisch- und Fischgerichte. Menü um 25 €, Pizza ab 7 €. Mo geschlossen. Via Rio Caprile 18, ☎ 081-8373926.

Gelateria Capri Cream. Kleines Eiscafé visà-vis der Casa Rossa im Zentrum von Anacapri. Eis im Brötchen *(brioche),* (glutenfreie) frisch gebackene Waffeln, eine Hausspezialität ist Ricotta-Feigen-Eiscreme. Wenige Plätze innen und außen. Di Ruhetag. Via G. Orlandi 123, ☎ 081-8373196.

Bar La Canzone del Cielo. Das „Lied des Himmels" trägt den Namen völlig zu Recht! Von der Gipfelbar auf dem Monte Solaro fällt der Blick in alle Himmelsrichtungen, Liegestühle, Loungeatmosphäre auf der Sonnenterrasse, Snacks, Kaffee und gekühlte Getränke. März bis Mitte Nov. geöffnet. ☎ 081-8371877.

Blaue Grotte

Die Blaue Grotte *(Grotta Azzurra)* ist mehr als nur eine Sehenswürdigkeit – sie ist ein Mythos. Noch bevor August Kopisch (→ Kasten, S. 163) 1826 das Naturdenkmal „entdeckte" und die Grotte in der Folge für den Fremdenverkehr professionell erschlossen wurde, kannten es Einheimische als „Höllenloch", so der Dichter Hans Christian Andersen, in dem böse Geister sowie Dämonen ihr Unwesen trieben. Außerdem fanden Archäologen zahlreiche antike Statuen, u. a. eine Poseidonfigur, die sich heute in der Casa Rossa im Zentrum von Anacapri befindet. Möglicherweise wurde die Grotte zu Lebzeiten von Kaiser Tiberius als Quellheiligtum genutzt (angeblich gab es einen Geheimgang zu der zeitweilig von ihm genutzten Villa Gradola). Zugänglich ist die Grotte heute vom Wasser aus: die flachen Kähne der einstigen Capri-Fischer schwimmen durch ein 1,5 m hohes Karstloch, das außerhalb der Öffnungszeiten mit einer Eisenkette versperrt wird, ins Innere. Das eigentliche Grottenwunder, der Innenraum, ist etwa 60 m lang, 25 m breit und 22 m hoch, wenn man die Wassertiefe hinzurechnet. Den typischen blauen Lichtreflexionen verdankt das Karstphänomen seinen Namen. Sie ergeben sich durch die Tatsache, dass das Licht nur gebrochen das Höhleninnere erreicht. Das Einfallstor liegt dabei unterhalb der Wasseroberfläche und filtert die roten Farbbestandteile des Sonnenlichtes heraus. Übrig bleibt das blaue Spektrum, was die ganz besondere Licht- und Raumwirkung im Inneren erklärt.

Während bei zu hohem Seegang ein Besuch der Blauen Grotte nicht möglich ist, empfiehlt sich die Besichtigung bei absoluter Windstille ebenfalls nicht. Denn dann verschwindet der Effekt der magischen Lichtspiegelung aufgrund des sich zu wenig kräuselnden Wassers. An manchen Tagen herrscht vor dem Eingang zur Höhle viel Betrieb; Besucher müssen sich dann auf längere Wartezeiten einstellen!

Ein Schwimmausflug mit Folgen: August Kopisch (1799–1853)

Der Historienmaler und Schriftsteller aus Breslau ist den meisten Menschen wegen der Heinzelmännchen ein Begriff. Erfunden hat August Kopisch die Sage über die hilfreichen Nachtarbeiter jedoch nicht – seine 1836 publizierte Ballade machte sie lediglich einem weiteren Kreis bekannt. Ähnlich verhält es sich mit der Blauen Grotte, als deren Entdecker er gemeinhin gilt, obwohl das Naturwunder schon in der Antike bekannt war. Dennoch kann er es sich zugutehalten, zur Popularisierung der Meereshöhle maßgeblich beigetragen zu haben. Kopisch, der seit einem Schlittschuhunfall an einer lahmen Hand litt, begab sich zu Heilungszwecken nach Italien, wo er 1826 in Neapel u. a. August von Platen-Hallermünde traf. Während dieser Reise gelangte er auch mit seinem Freund, dem Maler Ernst Fries, nach Capri, wo er – zusammen mit einem Capreser Fischer und dem Herbergsvater des Pagano (→ S. 143) – die Meeresgrotte einer ausgiebigen Untersuchung unterzog. Kopisch war ein exzellenter Schwimmer, eine Eigenschaft, die ihm an jenem 17. August 1826 ausgezeichnet zupass kam. Augenzeugen berichteten noch Jahre später, dass er angesichts der magischen Lichtverhältnisse in der Höhle lautstark gejauchzt haben soll.

Kopischs „Entdeckung" wäre eventuell folgenlos geblieben, hätten nicht viele Reisende und Dichter die Kunde von diesem Naturwunder aufgegriffen und literarisch weiterverarbeitet. Zu den einflussreichsten Italienromanen zählte der 1828 erschienene „Improvisator" des dänischen Märchendichters Hans Christian Andersen. Am Schluss des Capribesuchs, der im Stil romantischer Schauerromane skizziert wird, heißt es: „Wie ein blaues, brennendes Feuer, das alles erhellte, war das Wasser unter uns. […] Rot wie frische Rosenblätter glänzten die Tropfen, die durch die Ruderschläge aufspritzten. Es war eine Feenwelt, das seltsame Reich der Geister."

Capri → Karte S. 140/141

Verbindungen Bus. Regelmäßige Verbindungen zur *Grotta Azzurra* vom Busbahnhof in Anacapri.

Schiff. Inselrundfahrten mit Halt an der Grotte sowie Bootstransfers starten von der Marina Grande (→ S. 145).

Fußweg von Anacapri: Ohne Inselplan ist der Weg trotz (unvollständiger) Ausschilderung auf Anhieb nicht leicht zu finden. Einstieg ist die Via Boffe an der Chiesa Santa Sofia im Ortszentrum von Anacapri. Im stärker abschüssigen hinteren Ortsteil führt schließlich die Via Vecchia Grotta Azzurra hinunter zur Grotte. Gehzeit: ca. 1 Std.

Öffnungszeiten/Eintritt Tägl. 9–17 Uhr, in den Wintermonaten schließt die Grotte – je nach Sonnenstand – bereits früher. Egal auf welchem Weg man sie erreicht: Besucher gelangen nur auf den kleinen Fischerkähnen ins Höhleninnere. Bei hohem Wellengang ist die Höhle geschlossen. Am eindrücklichsten sind die Lichteffekte, wenn die Sonne hoch am Himmel steht. Die Aufenthaltsdauer in der Höhle beträgt nur wenige Minuten. 14 €.

Belvedere di Migliera und Punta Carena

Die meisten Tagesgäste werden den achteckigen **Leuchtturm an der Punta Carena** lediglich im Rahmen der Inselumrundung vom Boot aus zu Gesicht bekommen. Für alle, die länger auf der Insel verweilen, lohnt sich jedoch der Abstecher zum romantisch-felsigen Bade- und Sonnenuntergangsplatz: Hier die Sonne im Meer versinken zu sehen, das hat in der Tat etwas! Der Leuchtturm *(faro)* wurde 1862 noch unter den Bourbonen begonnen und nahm fünf Jahre später den Betrieb auf. Die Reichweite des Signallichts beträgt 25 Seemeilen (umgerechnet 46 km) – der Leuchtturm gibt daher, nach Genua, das leistungsstärkste Signal in der ganzen tyrrhenischen Küste! Oberhalb der Punta Carena ist der **Belvedere Migliera** zumeist nur Einheimischen ein Begriff. Der Wanderweg vom Monte Solaro zum Leuchtturm (→ Wanderung 4, S. 387 ff.) streift die Aussichtsplattform am Westhang des höchsten Inselbergs, die schmale Via Migliera von Anacapri endet kurz davor. Am Belvedere erinnert eine Tafel an den Sonderling, Maler, Autodidakten und Begründer des Internationalen Privatstaats (IPS) Willy Kluck. Der „Eremit von Migliere", wie ihn die Einheimischen nannten, lebte seit den 1920er-Jahren in seinem „Einsamkeitswürfel" auf Capri.

Verbindungen Bus. Regelmäßige Verbindungen zur Punta Carena vom Busbahnhof in Anacapri.

Baden Unterhalb des Leuchtturms befindet sich in der Nähe der Strandbar Maliblù eine frei zugängliche Badestelle zwischen Felsen.

Wandern Sentiero dei Fortini. Der aussichtsreiche Festungsweg oberhalb der Steilküste verbindet die Blaue Grotte mit der Punta Carena (→ Wanderung 4, S. 387 ff.).

Anacapri. Vom Belvedere Migliera führt die wenig befahrene Via Migliera nach Anacapri.

Übernachten/Essen Lido del Faro. Vorzügliches und herrlich gelegenes Fischrestaurant am Meer unterhalb des Leuchtturms. Sonnenuntergangsdinners mit hohem Kultfaktor, angeschlossen ist ein Beachclub mit Bar, Pool und Verleih von Sonnenschirmen und Liegen. Außerhalb der Badesaison nur abends geöffnet. Etwas teurer, aber der Weg lohnt sich. Loc. Punta Carena, ✆ 081-8371798, www.lido faro.com.

Mein Tipp **Da Gelsomina alla Migliera.** Bei Einheimischen beliebtes Ausflugsrestaurant kurz vor dem Belvedere Migliera mit großer Panoramaterrasse. Anacapresische Küche nach traditioneller Machart, abends auch Pizza aus dem Steinofen, hausgemachte Dolci. Kostenloser Shuttle von Anacapri. Zum familiengeführten Anwesen gehören ein großer Außenpool sowie eine Pension. 12 Zimmer überwiegend mit Meerblick ab 130 €. Menü um 40 €. Di Ruhetag, Mitte Jan. bis März zu. Via Migliera 72, ✆ 081-8371499, www.dagelsomina.com.

Blick auf die Punta Carena

Vesuv, Pompeji und Herculaneum

Die Küste südlich von Neapel steht im Zeichen des Vesuvs und der beiden Römerstädte Pompeji und Herculaneum, die beim großen Vulkanausbruch 79 n. Chr. zerstört wurden. Jahrhundertelang ruhten sie in Vergessenheit, bis man 1738 mit den archäologischen Ausgrabungen begann.

Goldene Meile (Miglio d'oro): Ganz in der Nähe der Ausgrabungszone von Herculaneum ließ der neapolitanische Adel seit dem Beginn des 18. Jh. prachtvolle Landsitze erbauen. Einige dieser „Vesuvvillen" können heute besichtigt werden.

Zwischen den Vesuv-Ausläufern und der Küste hat sich ein Gürtel von Siedlungen breitgemacht. Sie gehen beinah nahtlos ineinander über und haben den Charakter von Vorstädten Neapels. Darunter sind klangvolle Namen wie Torre Annunziata, Portici oder Torre del Greco. Hier wohnt überwiegend das Kleinbürgertum, das im Speckgürtel der Metropole Arbeit findet und täglich pendelt. Entsprechend gut ist das Verkehrssystem: Parallel zur Autobahn nach Salerno verläuft die Vorortbahn **Circumvesuviana.** Sie verbindet Neapel mit Sorrent, wichtige Stationen sind Pompei, Ercolano und Castellamare di Stabia. Wer vom Krater des Vesuvs auf die dicht besiedelte Küste blickt, kann mit bloßem Auge kaum erkennen, wo die Ausgrabungszonen Pompeji und Herculaneum liegen, und gänzlich unmöglich ist dies bei weniger bekannten Juwelen der Antike wie dem Antiquarium von Boscoreale oder der Villa Oplontis in Torre Annunziata.

Der Vesuv

Zehn große und zahllose kleinere Ausbrüche verzeichnet die Geschichte des berühmten Vulkans. Der bekannteste Ausbruch zerstörte 79 n. Chr. Pompeji und Herculaneum. Die Briefe, die der römische Prominente Plinius damals schrieb, sind die ersten Augenzeugenberichte einer Naturkatastrophe überhaupt. Sämtliche Ausbrüche mit demselben Muster werden bis heute von Vulkanologen als plinianische Eruption bezeichnet. Die Initialausbrüche des Vesuvs waren teilweise so heftig, dass der Berg im Verlauf der Geschichte mehrfach die Form veränderte. Heute ist der Vesuv die wichtigste topografische Landmarke am Golf. Auf den ersten Blick wirkt der so gefährliche Berg harmlos: Die Vorstädte Neapels ziehen sich bis zu seinen fruchtbaren Hängen hinauf. Und irgendwo in diesem Häusermeer liegen die alten Römerstädte Pompeji und Herculaneum!

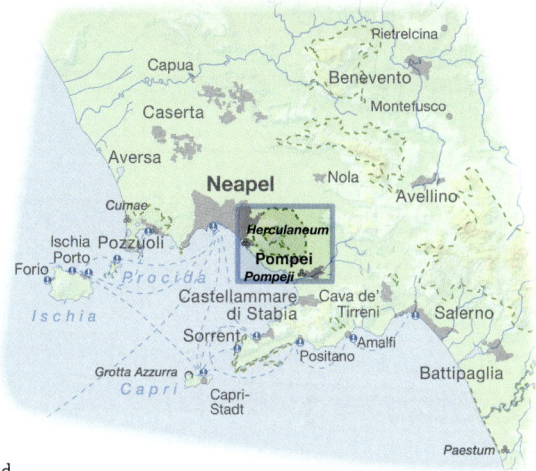

Pompeji

Die vielleicht berühmteste Ausgrabungsstätte der Welt ist ein Pflichtziel am Golf von Neapel. Erstbesucher sind überrascht von der Größe der römischen Stadt. Für die Begehung sollte man genügend Zeit einplanen – selbst ein Tag reicht kaum für sämtliche Attraktionen aus! Highlights sind u. a. das Amphitheater, das Forum Romanum, das Haus des Fauns, die Thermen und die außerhalb der antiken Stadt gelegene Villa dei Misteri. Die meisten Gäste kommen im Rahmen eines Tagesausflugs hierher und reisen mit der Vorortbahn von Sorrent oder Neapel, der Circumvesuviana, an. Es gibt aber auch Gründe für einen Übernachtungstopp in der neuen Stadt neben der Ausgrabungszone: Pompei entpuppt sich als properer Ort mit hoher Lebensqualität und vielen hochwertigen Hotels und Restaurants. Von hier aus sind die antiken Stätten an der Küste mit Auto oder Bahn unkompliziert erreichbar.

Herculaneum

Im Unterschied zu Pompeji präsentiert sich Herculaneum überschaubarer – und besser erhalten. Letzteres hat mit der Lage zu tun: Herculaneum befand sich 7 km Luftlinie vom Krater entfernt und war beim Ausbruch unmittelbar pyroklastischen Strömen ausgesetzt. Als Folge wurde Herculaneum 79 n. Chr. durch eine kompakte Schicht vulkanischer Ablagerungen vollständig versiegelt. Pompeji lag etwas weiter vom Epizentrum entfernt und wurde unter einem meterdicken Teppich aus Asche, Lava und Steinen begraben. Überaus imposant ist die Lage von Herculaneum unterhalb des modernen Städtchens Ercolano. Meterhoch ragen die Tuffsteinwände über den römischen Ruinen auf. Herculaneum ist biederer als Pompeji: Es fehlt das Grelle, Aufregende und Exzentrische, das in Pompeji so fasziniert. Obwohl man hier zehn Jahre früher als in Pompeji mit den Ausgrabungen begann, fühlte sich die Weltöffentlichkeit von Pompeji ungleich stärker angezogen. Am Übergang vom 19. zum 20. Jh. galt Pompeji sogar als Chiffre für eine dem Untergang geweihte Kultur schlechthin.

Vesuv, Pompeji und Herculaneum

2 km

Der Vesuv

Erstaunlich handzahm wirkt der Krater vom oberen Rand. Dabei handelt es sich um einen der gefährlichsten Vulkane der Erde. Seit dem Jahr 1944 ruht der Vesuv und wandelte sich zu einem Ausflugsziel. Wie eine Karawane schlängeln sich an manchen Tagen die zahlreichen Besucher auf dem Pfad vom Parkplatz hinauf zum Gipfel.

Beim Vesuv bestimmt das Bewusstsein das Sein: Wüsste man nicht um die Gefährlichkeit des Berges, würde man ihn gnadenlos unterschätzen. Lieblich gehen die ebenmäßigen Hänge in die umliegende Ebene über, und auch die Gipfelhöhe von 1281 m ist alles andere als ehrfurchtgebietend. Der Laie kann oben am Kraterrand ohnehin keinerlei vulkanische Aktivitäten ausmachen, allenfalls eine Handvoll Fumarolen sind bei genauerem Hinsehen zu erkennen. Und doch handelt es sich beim Vesuv um einen schlafenden Riesen, der jederzeit wieder Unheil stiften kann. Seit 1841 beobachtet eine **vulkanologische Forschungsstation** (*Osservatorio Vesuviano*) am Südhang penibel seismische und geodätische Vorgänge und zeichnet fleißig Daten auf. Mit seiner Vielzahl an Sensoren und Messapparaten ist der Vesuv der vielleicht am gründlichsten erforschte und bestüber-

wachte Vulkan der Erde. Dennoch vermag gegenwärtig keiner genau zu bestimmen, wann er wieder erwachen wird. Die Einheimischen nennen ihn zuweilen *Scartellato*, was im neapolitanischen Dialekt so viel bedeutet wie „der Bucklige". Allenthalben ist man hier an die dräuende Gefahr gewöhnt – auf die latente Bedrohung reagieren die Einheimischen mit Fatalismus und euphemistischem Wortwitz. Als der Staat den Menschen in der mutmaßlich am stärksten betroffenen Zone (→ Kasten, S. 171) einen Wegzug mit 30.000 € pro Person schmackhaft zu machen versuchte, nahmen nur wenige das Angebot an. Die überwiegende Mehrheit blieb.

Beim Vesuv handelt es sich um einen Doppelvulkan, der im Verlauf der Geschichte mehrfach sein Gesicht veränderte. Der ursprüngliche Kegel wurde beim Ausbruch 79 n. Chr. weggesprengt. Übrig blieb eine Caldera mit einem Durchmesser von ca. 4 km, von der heute an der Nordostseite ein spärlicher Rest, der Monte Somma, erhalten geblieben ist. Vom oberen Abschnitt der Fahrstraße ist der alte Kraterrand am besten zu erkennen. Er unterscheidet sich durch die kräftigere Vegetation vom eigentlichen Vesuvkegel, Gran Cono genannt, der das Ergebnis jüngerer Eruptionen ist. Während der karge Binnenkegel kaum mehr als Flechten, Macchia sowie einige Kiefern als Bewuchs aufweist und fast schon lebensfeindlich wirkt, gedeihen am Monte Somma Steineichen, Kastanien, Buchen und sogar Birken. Der Somma-Vesuv bedeckt eine Fläche von 480 km² und ist seit 1995 ein Nationalpark *(Parco Nazionale del Vesuvio)*. Wandern auf eigene Faust ist nicht möglich, die Parkverwaltung bietet jedoch geführte Exkursionen in Begleitung speziell geschulter Guides an. Die Mehrheit der Besucher wählt die Fahrstraße von Ercolano oder Torre del Greco und läuft vom Parkplatz auf einer Höhe von ca. 1000 m hinauf zum Krater. Ein Drittel des Kraterrands ist begehbar, der Ausblick auf den Golf berückend. Oft hüllt sich jedoch der Gipfel in Wolken – in diesem Fall sollte man umdisponieren und einen anderen Tag für den Ausflug wählen.

Geschichte

Der Vesuv ist seit rund 400.000 Jahren aktiv. Vor 39.000 Jahren wurde bei dem bislang stärksten Ausbruch die Vulkanasche bis nach Russland getragen. Nach längerer Ruhepause zerstörte um 1700 v. Chr. eine Eruption ein Dorf aus der Bronzezeit bei Pompeji. Die Aschewolke nahm damals Kurs auf Avellino, weshalb dieser Ausbruch als Avellino-Eruption (Pomici di Avellino) in die Geschichtsbücher eingegangen ist. Die mythologischen Erzählungen aus der römischen Epoche – u. a. habe Vulkanus, Gott der Schmiede und des Feuers, im Vesuv für andere Gottheiten Rüstungen und Waffen gefertigt – legen nahe, dass die Römer mit den Indikatoren vulkanischer Aktivität vertraut waren.

Blick über Massa Lubrense auf den Vesuv

Die Folgen der Pompeji-Eruption 79 n. Chr. sahen sie indes nicht voraus. Trotz erkennbarer Vorzeichen wurden die Anwohner von der Katastrophe gänzlich unvorbereitet überrascht. Die moderne Forschung zeichnet ein exaktes Bild vom Verlauf des Ausbruchs: Demnach zertrümmerte eine gewaltige Explosion den Pfropfen, der die Magmakammer locker verschloss, und sprengte die Vulkanspitze weg. Anschließend stieg eine Eruptionssäule aus Dampf, Gasen, Asche, Bims, Lapilli (nussgroße Steinchen) und Gesteinsbrocken bis 30 km in die Stratosphäre. Der Himmel verdunkelte sich, die Säule fiel in sich zusammen, und auf die in Windrichtung gelegenen Städte wie Pompeji oder Stabiae regnete es Gesteinspartikel. Auf den Zusammenfall der Eruptionssäule folgten pyroklastische Ströme, Glutwolken apokalyptischen Ausmaßes, die lawinenartig die Hänge des Vesuvs herabrollten und Herculaneum vernichteten. Wie eine Decke legte sich das vulkanische Auswurfmaterial auf die Umgebung des Berges. Mancherorts erreichte diese Schicht eine Höhe von 20 m!

Nach dem Initialausbruch 79 n. Chr. folgte eine längere Ruhephase, ehe 1631 das schlafende Ungeheuer erneut erwachte: Die Vulkanspitze wurde bei der Explosion weggesprengt, Asche fiel auf Neapel, Lava- und Schlammströme zerstörten Torre Annunziata und andere Orte an der Vesuvküste, 4000 Menschen starben. Rund 20 weitere größere Ausbrüche sind seither belegt, der letzte ereignete sich 1944 in der Endphase des Zweiten Weltkriegs. Zum ersten Mal wurden Bewohner evakuiert (→ Kasten, S. 171), zwei Dörfer und 80 Bomber der U.S. Air Force wurden unter einer Lavaschicht begraben. Die zurückliegende Aktivität verhinderte jedoch nicht, dass der gefährliche Berg seit der frühen Neuzeit mehr und mehr zu einem beliebten Touristenziel wurde. Auch die Italienreisenden aus dem Norden ließen es sich in der Regel nicht nehmen, von Neapel einen Ausflug zum Krater zu unternehmen. Ab 1880 konnten Besucher ganz bequem mit der Standseilbahn (funiculare) fast bis zum Gipfel hinauffahren. Der populäre neapolitanische Ohrwurm „Funiculì, Funiculà" wurde anlässlich

Vesuv: am Kraterrand des Gran Cono

der Eröffnung der Vesuvbahn komponiert und zählt noch heute zum Standardrepertoire der Volksmusiker in und um Neapel. Nach dem letzten Ausbruch 1944 wurde die zerstörte Seilbahn durch die heutige Fahrstraße ersetzt.

Geordnete Flucht – Evakuierungspläne für den Ernstfall

Der Vulkan ruht lediglich, er ist keineswegs erloschen. Im Fall einer erneuten Eruption wird es in der dicht besiedelten Region am Golf vermutlich zu einem Horrorszenario kommen – eventuell sogar übler als das, was 79 n. Chr. geschah. Daher erarbeitete die staatliche Zivilschutzbehörde in Neapel einen Plan, der im Katastrophenfall die schrittweise Evakuierung der Bevölkerung vorsieht. Im Gegensatz zu schwer prognostizierbaren Erdbeben kündigen sich Vulkaneruptionen in der Regel vorher an – lediglich die exakte Zeit des Ausbruchs bleibt ungewiss. Auf einer Katastrophenschutzübung wurden die Maßnahmen unter Beteiligung von etwa 1000 Helfern auf Praxistauglichkeit getestet. Offensichtlich mit Erfolg!

Natürlich können nicht alle 3 Mio. Menschen, die im Großraum Neapel leben, gleichzeitig evakuiert werden. Die Katastrophenexperten haben daher die mutmaßlich betroffenen Gebiete in drei Zonen unterteilt: Evakuiert wird vorerst lediglich in der am meisten gefährdeten **roten Zone.** Hier gehen die gefürchteten pyroklastischen Wolken nieder; und wer sich nicht rechtzeitig in Sicherheit gebracht hat, besitzt nicht den Hauch einer Überlebenschance. 600.000 Menschen leben in der roten Zone. Auch die **gelbe Zone** ist wegen des Steinbrockenhagels stark gefährdet. Relativ glimpflich kommt die **blaue Zone** davon, die allenfalls vom Ascheregen betroffen sein dürfte. Aber auch dieser hat, wie das Beispiel Pompeji zeigt, fatale Auswirkungen.

Katastrophenszenarien stützen sich auf Vorannahmen, die bezweifelt werden können. So wird den Zivilschutzexperten u. a. vorgeworfen, dass sie bei ihren Plänen von einer Eruption mit geringerer Vehemenz als 79 n. Chr. ausgegangen sind. Was passiert dagegen bei einer noch heftigeren Eruption? Ein weiterer Kritikpunkt betrifft die den Evakuierungsmaßnahmen zugrunde gelegte Windrichtung. Denn bei Süd- oder gar Ostwind sind gänzlich andere Gebiete betroffen. Wie lautet Plan B, wenn der Wind woanders her weht?

Praktische Infos

Information Infos gibt es vor Ort bei den Nationalparkguides (→ unten) oder im Internet auf der Seite der Nationalparkverwaltung: www.parconazionaledelvesuvio.it.

Öffnungszeiten/Eintritt Nov. bis Febr. tägl. 9–15 Uhr, März/Okt. bis 16 Uhr, April bis Juni und Sept. bis 17 Uhr, Juli/Aug. bis 18 Uhr. Bei schlechtem Wetter schließt das Kassenhaus. 10 €, erm. 8 €.

Vesuv, Pompeji und Herculaneum → Karte S. 168

Im Eintrittspreis ist eine Informationseinführung durch einen **Nationalparkguide** enthalten (je nach Verfügbarkeit auch auf Engl./Dt.). Die Guides freuen sich über ein Trinkgeld!

Anfahrt/Verbindungen   Auf den Vesuv führt eine Straße, die an einem Parkplatz auf ca. 1000 m endet. Vom Parkplatz mit dem Kassenhaus führt ein gut ausgebauter Fußweg zum Krater.

Pkw. Die Autobahn A 3 auf der Ausfahrt „Ercolano" oder „Torre del Greco" verlassen und den braunen Hinweisschildern zum Vesuv folgen. Oberhalb der Waldgrenze passiert die Straße Lavafelder, zuvor zweigt eine Stichstraße zum Vulkanobservatorium ab. **Parkplätze** sind in der Hauptsaison und am Wochenende knapp (ca. 6 €/Tag).

Bus. April bis Sept. verkehrt 10-mal tägl. der EAV-Bus von **Pompei** zum Vesuv. Start ist der Busbahnhof Nähe Amphitheater, weitere Stopps am Circumvesuviana-Bahnhof und an der Villa dei Misteri. Die Fahrtzeit beträgt ca. 1 Std. (3,10 €).

Zwischen dem Bahnhof von **Ercolano** und dem Vulkan pendelt der Vesuvio-Express. Kosten: 20 € inkl. Eintritt zum Vesuv. In der besucherschwachen Zeit wartet der Fahrer am Bahnhof länger auf Fahrgäste. Ab 9 Uhr alle 40 Min., die Fahrtzeit beträgt ca. 20 Min.

An den Eingängen zur Ausgrabungsstätte in **Pompeji** bieten verschiedene Agenturen Busausflüge zum Vesuv an. Kosten: 10–22 €, in der Saison mehrere Abfahrten tägl., einige Touren werden ganzjährig durchgeführt. Eine charmante Option ist die alte Forststraße (*Strada Matrone*) zu einem weit weniger belebten Parkplatz auf der Krater-Südseite. Die Fahrzeuge von **Busvia** starten am Circumvesuviana-Bhf. „Villa dei Misteri". Tägl. 9–22 Uhr. 22 € inkl. Kratereintritt. Infos unter www.busviadelvesuvio.com.

Wandern   Vom Parkplatz führt ein Fußweg in 20 Min. zum Kraterrand. Insgesamt sollten Besucher für den Kraterbesuch ca. 1:30–2 Std. einkalkulieren. Für das feine, häufig rutschige Lavageröll ist festes Schuhwerk zu empfehlen. Auch sollten Wind- und Kälteschutz bei dem Ausflug mit im Gepäck sein. Individuelles Wandern ohne Begleitung durch einen Guide ist im Vesuv-Nationalpark ist nicht erlaubt!

Geführte Wanderungen: Bei Voranmeldung bietet die Nationalparkverwaltung 11 geführte Touren verschiedener Länge und unterschiedlichen Schwierigkeitsgrades an (auch auf Engl./Dt.). Tourenbeschreibungen unter www.parconazionaledelvesuvio.it.

Essen & Trinken   **Zwei Bars** sorgen am Parkplatz für das leibliche Wohl, am Kraterrand öffnen bei gutem Wetter diverse Kioskbetriebe. **Achtung**: Außer in den beiden Bars gibt es im gesamten Gipfelbereich keine Toiletten!

Herculaneum (Scavi di Ercolano)

Das antike Herculaneum ist nach Pompeji die bedeutendste archäologische Stätte der Region. Meterhoch über den römischen Ruinen liegt die neue Stadt Ercolano. Wunderschöne Villen aus der Zeit der Bourbonen zieren die „Goldene Meile" südlich der Ausgrabungszone.

Kleiner, bescheidener, besser erhalten – so lautet das einhellige Fazit derer, die beide Ausgrabungsstätten, Pompeji und Herculaneum, aufgesucht haben. Hinzu kommt die relative Ruhe, zumindest, falls keine Schulklassen unterwegs sind. Im Unterschied zur stets betriebsamen Stadt Pompeji finden jährlich gerade mal 300.000 Besucher den Weg hierher. Während Pompeji in der römischen Epoche eine – selbst in der Hauptstadt – viel beachtete Colonia war, begnügte man sich hier mit dem weniger glamourösen Status eines Municipium. Herculaneum handelte nicht mit sündhaft teurem Luxus, die Menschen huldigten nicht prominenten Gladiatoren, auch ein Bordell ist hier nicht aktenkundig geworden. Alles andere gibt es ebenfalls zu bestaunen: Kultbauten am Forum, Thermen, Villen mit Gärten (teilweise mit zwei Geschossen!) und bemerkenswert gut erhaltene Mosaike und Fresken. Die stark urbanisierte und insgesamt wenig er-sprießliche Neustadtumgebung ver-leiht dem „Zeitfenster der Antike" ei-nen beinahe surrealen Anstrich. Die enge Bebauung ist auch der Grund dafür, dass nur rund ein Viertel der römischen Siedlung freigelegt werden konnte. Vieles schlummert – wohl für alle Zeiten – metertief unterhalb der modernen Nachfolgesiedlung. An drei Seiten ist das Ausgrabungsareal von hohen Tuffsteinböschungen eingefasst; zusammen mit der Gegenwartsarchi-tektur an den Bruchkanten vermitteln sie Besuchern ein Gefühl von räumli-cher Geschlossenheit und Struktur. An der offenen Seite im Westen befand sich im Altertum der Hafen. Der Vul-kanausbruch, der Herculaneum der vollständigen Vernichtung anheimgab, verschob die Küstenlinie um 400 m nach Westen, weshalb das Meer heute aus dem Sichtfeld verschwunden ist. Untersuchungen in Hafennähe haben zudem ergeben, dass man bereits Jahr-zehnte vor der apokalyptischen Kata-strophe mit den Folgen seismisch-tek-tonischer Verschiebungen kämpfte. Das Absinken der Erdoberfläche erinnert an den Bradisismus (→ S. 322) in Pozzuoli. Der schlagartig gestiegene Meeres-spiegel führte dazu, dass auf einmal ganze Sockelgeschosse im Wasser stan-den. Als Konsequenz gab man diese Untergeschosse auf und stockte prag-matisch oben auf.

Ercolano liegt 8 km südöstlich von Neapel und fügt sich heute nahtlos in den lückenlosen Zivilisationsteppich an der Vesuvküste ein. Die gewonne-nen Eindrücke aus Herculaneum lassen sich anschließend gut im Museum ver-tiefen: Es verzichtet ungewöhnlicher-weise auf Objekte, lässt dafür jedoch mit großen multimedialen Bildern die Römerstadt vor ihrer Zerstörung wie-derauferstehen. Ein weiterer Anzie-hungspunkt sind die Vesuvvillen an der sog. **Goldenen Meile** (*Miglio d'oro*). Die Straße, die unter der Herrschaft der

Kultbau am Decumanus Maximus

Bourbonen im 18. Jh. von Neapel nach Süden führte, schmückten einst viele Orangen- und Zitronenbäume (daher der Name „Goldene Meile"). Später wandelte sie sich in einen Boulevard mit schmucken Vorstadtvillen. Den Anfang hatte 1735 Karl von Bourbon mit der Grundsteinlegung seines neuen Palastes in Portici gemacht. Drei Jahre später begannen, einen Steinwurf vom Palast entfernt, die Grabungsarbeiten in Herculaneum. Das war insofern praktisch, weil die wertvollsten Schät-ze gleich nebenan öffentlichkeitswirk-sam präsentiert werden konnten. Erst nach der Gründung des Nationalmu-seums (→ S. 57 ff.) wurden die Expo-nate nach Neapel transferiert. Gegen Ende des 19. Jh. wurde sogar eigens von Neapel eine Straßenbahnlinie nach Torre del Greco verlegt. Sie rückte die

Vesuvküste näher an die Metropole heran und machte die Goldene Meile im Volk populär. Einige der Villen und Rokokoparks in und um Ercolano können heute wieder besichtigt werden.

Geschichte

Weil historische Zeugnisse über die Anfänge der Besiedlung fehlen, schießen die Spekulationen munter ins Kraut. Der ursprüngliche Name *Herakleion*, angelehnt an den mythischen Stadtgründer Herakles, lässt vermuten, dass es sich um eine griechische Kolonie handelte, die nach handelsüblichem Muster nach dem Bundesgenossenkrieg im 1. Jh. v. Chr. endgültig an Rom fiel. Für die Anwesenheit der Griechen gibt es jedoch keinerlei Belege. Fest steht, dass die Siedlung mit etwa 4000 Einwohnern deutlich kleiner als Pompeji war und wahrscheinlich nicht über den Vorortstatus zur „Neuen Stadt" *(Neapolis)* hinauskam. Die Menschen betrieben Ackerbau und Fischfang oder lebten von den handwerklichen Erzeugnissen. Einige ausgegrabene Villen lassen jedoch auf einen hohen Lebensstandard schließen, sieht man einmal davon ab, dass auch hier die meisten Bewohner Sklaven oder rechtlose Arbeiter waren. Der römische Geograf Strabo skizziert das Bild eines von der Natur begünstigten Landstrichs mit einem sicheren Hafen, bevor 79 n. Chr. der **Ausbruch des Vesuvs** alles Leben buchstäblich verkohlte, erstickte und mit einer meterhohen Tuffsteinschicht bedeckte. In mehreren aufeinander folgenden Wellen stürzten bis zu 500 °C heiße, pyroklastische Wolken den Vesuvhang herab und ließen sämtliches organisches Material in Sekundenschnelle verdunsten. Die Glutwolken drangen in jede Ritze, stampften Mauern ein und rissen mit, was nicht niet- und nagelfest war. Sie führten zudem jede Menge festes Gestein mit sich, das allmählich erkaltete und die unter ihr liegende zerstörte Stadt für Jahrhunderte versiegelte.

Auch vor dem Beginn der systematischen Ausgrabung 1738 durch die Bourbonen – zehn Jahre früher als in Pompeji – war die Kenntnis von der Lage Herculaneums nicht in Verges-

Ein karbonisierter Brotlaib – Glücksfall für die Wissenschaft

Die Karbonisierung bedeutet z. B. in der metallverarbeitenden Industrie eine Oberflächenversiegelung mittels einer schwärzenden Kohleschicht. Bei den Ausgrabungen in Herculaneum wurden Kichererbsen, Feigen und Walnüsse gefunden, die unter Zuführung der extremen Hitze bei der Vulkaneruption 79 n. Chr. karbonisierten. Auch Holzmöbel und Hausstützbalken blieben so für die Nachwelt erhalten. Ein berühmter Fund aus Herculaneum stammt aus dem Haus der Hirsche (→ S. 177) und ist ein karbonisierter Brotlaib. Auf der Kruste hat sich ein Stempelabdruck eingraviert, demzufolge dieser Laib einem ehemaligen Sklaven von Quintus Granius Verus gehörte. Wohnte der Freigelassene im Haus der Hirsche? Und warum stempelte man einen Brotlaib? Während diese Fragen vielleicht für immer unbeantwortet bleiben, gibt uns karbonisiertes organisches Material andererseits wertvolle Aufschlüsse über antike Ernährungsgewohnheiten. Die Artefakte machen z. B. deutlich, dass die Küche damals längst nicht so eiweißarm gewesen ist, wie Wissenschaftler bislang unterstellten.

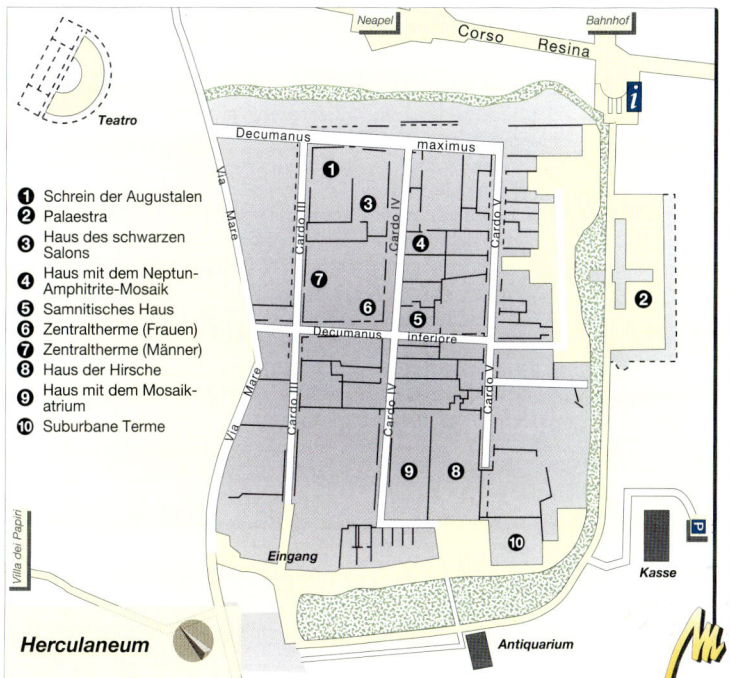

Vesuv, Pompeji und Herculaneum → Karte S. 168

❶ Schrein der Augustalen
❷ Palaestra
❸ Haus des schwarzen Salons
❹ Haus mit dem Neptun-Amphitrite-Mosaik
❺ Samnitisches Haus
❻ Zentraltherme (Frauen)
❼ Zentraltherme (Männer)
❽ Haus der Hirsche
❾ Haus mit dem Mosaik-atrium
❿ Suburbane Terme

senheit geraten, wie die vereinzelt in Umlauf geratenen Fundobjekte verschiedener Schatzsucher zeigten. Unter Aufsicht der Militäringenieure schritten die Arbeiten überraschend zügig fort. Bis 1760 waren die wichtigsten Trakte bereits freigelegt bzw. erforscht, u. a. die **Villa dei Papiri:** Die 1800 verkohlten Papyrusrollen, die man in der außerhalb der Stadt gelegenen Landvilla fand, galten im 18. Jh. als Weltsensation; leider ist das Anwesen (bislang) nicht zur Besichtigung freigegeben. Nach üblichem Muster präsentierte man die geborgenen Schätze der staunenden Öffentlichkeit im Palazzo Reale unweit des Ruinenfeldes im Nachbarort Portici. 1969 wurde das Dorf Resina über der Ausgrabungszone aus Marketinggründen in *Ercolano* umbenannt. Heute hat der Ort ca. 53.000 Einwohner und gehört zur Metropolregion Neapel.

Rundgang und Höhepunkte

Mit der Eintrittskarte erhalten die Besucher der Ausgrabungszone einen Plan mit den wichtigsten Gebäuden. Von der Kasse führt der Zugangsweg in einem Halbkreisbogen um die Ausgrabungsstätte herum, wobei sich interessante Ausblicke auf das Ruinenfeld vor dem Hintergrund des Vesuv-Kraters ergeben. Auf der anderen Seite des Weges präsentiert ein moderner Gebäudetrakt regelmäßig wechselnde Ausstellungen. Nach dem üblichen Ordnungsprinzip römischer Städte strukturieren schachbrettartig angeordnete Straßenzüge mit grobem Pflaster die Ausgrabungszone. Die vom Hafen in Richtung Vesuv verlaufenden Straßen heißen *cardines*, die rechtwinklig abzweigenden *decumani*. Wichtigste Horizontalachse ist der *decumanus maximus* mit diversen öffentlichen Kultbauten. Wo genau sich das römische Forum befand, ist jedoch unklar, weil die moderne Stadt Ercolano weitere Ausgrabungen unter den neuen Gebäuden verhinderte. Dies ist vor Ort gut zu erkennen, denn die Kultbauten an der senkrechten Tuffsteinböschung ließen sich nur unvollständig freilegen. Der Rest schlummert noch immer metertief unter vulkanischer Erde. Wie in Pompeji sind in Herculaneum nicht alle Attraktionen jederzeit zugänglich, das außerhalb gelegene **römische Theater** (→ S. 178) ist mit einem Extraticket im Rahmen einer Führung zugänglich. Für den Besuch der Ausgrabungsstätte sollte man 2–3 Std. einplanen. Größere Taschen und Gepäckstücke sind in der Ausgrabungszone nicht erlaubt; sie können im Kassenhaus an der Garderobe abgegeben werden.

■ April bis Okt. 9–19.30 Uhr (letzter Einlass um 18 Uhr), Nov. bis März 9–17 Uhr (15.30 Uhr). 13 €, erm. 2 € (bis 25 Jahre). Corso Resina 1, www.ercolano.beniculturali.it.

Schrein der Augustalen 1: Zwei entsprechende Inschriften lassen vermuten, dass das Eckhaus Cardo III/Decumanus Maximus einst als Zentrum des Kaiserkults diente. Gesichert ist dies jedoch keineswegs, dazu ist die Indizienlage zu dünn. Sehenswert im Schrein (cella) neben dem Atrium, das architektonisch an Privathäuser erinnert, sind die Fresken im 4. Pompejanischen Stil (→ Kasten, S. 333). Zwei mythologische Szenen zeigen den (legendären) Stadtgründer Herakles – einmal mit dem Flussgott Acheloos, die andere mit den Göttinnen Juno (Hera) und Minerva (Pallas Athene).

Palaestra 2: Der römische Sport- und Ertüchtigungsplatz am östlichen Abschluss des Decumanus Maximus ist nur zu einem Teil freigelegt und wegen der Säulenvorhalle gut zu erkennen. Die Blickfangfunktion dieser Säulen mit den Resten korinthischer Kapitelle wird durch die platzartige Erweiterung des Decumanus verstärkt. Früher befand sich im Zentrum der Anlage ein

Herculaneum: farbenprächtiges Neptun-Amphitrite-Mosaik

kreuzförmiges Becken, das noch im Boden verborgen ist. Von der ehemals üppigen Marmorausstattung ist das meiste verloren gegangen oder zerstört, nur wenige Artefakte können heute im Archäologischen Nationalmuseum in Neapel bewundert werden.

Haus des schwarzen Salons 3: Das vom Decumanus Maximus zugängliche Stadthaus mit einer Fläche von 600 m² gehörte einst einem Mitglied der städtischen Elite. An der Straßenfront befanden sich drei Läden, u. a. wickelte hier ein „Bleigießer" seine Geschäfte ab (in der römischen Antike waren Wasserrohrleitungen häufig aus Blei, was langfristig häufig zu Vergiftungssymptomen führte). Sehenswert ist der große Kolonnadenhof *(peristylium)* im rückwärtigen Bereich; benannt wurde dieses Areal nach dem Salon mit Malereien vor schwarzem Hintergrund – augenscheinlich eine lokale Mode!

Haus mit dem Neptun-Amphitrite-Mosaik 4: Aus Mangel an Platz verzichteten die Eigentümer auf den eigentlich obligatorischen Garten; dafür legten sie sich bei der Ausgestaltung des Nymphäums umso mehr ins Zeug. Das farbenprächtige Mosaik (→ Foto, S. 176) zeigt den Meeresgott Neptun nebst seiner Gemahlin Amphitrite und ist zum Wahrzeichen Herculaneums geworden. Vielleicht war der Hausherr im Mittelmeerhandel involviert und importierte die blauen Glasscherben aus Ägypten.

Samnitisches Haus 5: Ebenfalls am Cardo IV befindet sich der Zugang zu einem Wohnhaus aus vorrömischer Zeit. Der zweigeschossige Bau wurde später mehrfach umgebaut und besticht durch ein hohes, elegantes Atrium mit Stuckverzierungen und Marmorimitaten (echter Marmor wurde erst im Zeitalter von Kaiser Augustus en vogue). Der langjährige Grabungsleiter Amadeo Maiuri (→ Kasten, S. 180) rekonstruierte hier die geneigten Dächer, die das Regenwasser ins zentrale Bassin *(impluvium)* abfließen ließen. Auch an anderen Details im Atrium ist der Wille zur Rekonstruktion bei genauerem Hinsehen gut zu erkennen.

Thermen: Dass eine verhältnismäßig kleine Stadt wie Herculaneum über mehrere Thermen verfügte, lässt auf ein beträchtliches Gästeaufkommen schließen. Neben den **Suburbanen Thermen 10** am südöstlichen Stadtrand können die Zentralthermen besichtigt werden. Erstere befanden sich vor der Katastrophe praktischerweise am Meer, weshalb sich die Römer nach der Schwitzkur gleich im Salzwasser abkühlen konnten. In der Nähe des Eingangs zur Therme steht unübersehbar die **Marmorstatue** eines gewissen Marcus Nonius Balbus. Der außerhalb Herculaneums kaum bekannte Emporkömmling nichtadeliger Abstammung *(homo novus)* war ein großer Wohltäter der Stadt, sein Name ist in zahlreichen Inschriften verewigt. Die **Zentralthermen** hingegen waren in eine **Männer- 7** und **Frauentherme 6** unterteilt. Der vielleicht schönste Raum ist der Umkleidebereich *(apodyterium)* der Frauen mit einem wunderbaren Fußbodenmosaik, das allerlei Meeresgetier zeigt.

Haus der Hirsche 8: In der Nähe der Balbus-Statue (→ oben) liegt ein 200 m² großes Anwesen, das durch einen großzügig dimensionierten Garten ergänzt wird. Einige Räume blickten vor der Katastrophe aufs Meer. Von beachtlicher Qualität sind die farbigen Fußbodenplatten aus importiertem Marmor, außerdem wissen im Garten die Marmorskulpturen zu gefallen. Obendrein fand man hier einen karbonisierten Brotlaib (→ Kasten, S. 174) – eines der berühmtesten Artefakte Herculaneums! Nicht zugänglich war zur Zeit der letzten Recherche das nebenstehende **Haus mit dem Mosaikatrium 9** mit ähnlich kunstvoller Haus- und Gartenausstattung.

Außerhalb der Ausgrabungszone

Teatro di Ercolano: Das antike Theater liegt außerhalb der Ausgrabungsstätte und kann im Rahmen einer geführten Tour besichtigt werden. Die Bühne aus der römischen Kaiserzeit fasste ca. 2500 Zuschauer, gespielt wurden Satiren und Komödien. Beim Erdbeben 62 n. Chr., das auch in Pompeji schwere Schäden anrichtete (→ S. 182) wurde der Bau erheblich in Mitleidenschaft gezogen. Das römische Theater liegt 25 m unter der modernen Stadt Ercolano. Besucher steigen daher auf Treppen hinab und laufen durch feuchte und teils sehr enge Gänge. Gutes Schuhwerk ist vonnöten, zu Beginn der Führung werden Helme und Regencapes ausgeteilt.

▪ Führungen nach Voranmeldung So vormittags zu jeder vollen Std. Führungen in Engl. um 10 und 12 Uhr. 10 €, erm. 2 € (Teilnehmer müssen volljährig sein). Anmeldung an der Kasse der Ausgrabungsstätte (→ oben), telefonisch oder – mit Aufpreis – online. ✆ 848-800288, www.ticketone.it.

Museo Archeologico Virtuale: Der Museumstempel ohne Altertumsobjekte befindet sich zwischen Bahnhof und Ausgrabungsstätte und ist eine geniale Ergänzung zum Besuch der antiken Stätten. Computeranimierte Projektionen auf große Leinwände in mehreren abgedunkelten Räumen machen das römische Herculaneum in seiner Blütezeit vor der Zerstörung wieder lebendig, deutschsprachige Texte werden per Knopfdruck eingeblendet. Im Anschluss vermittelt die 3-D-Filmanimation des verhängnisvollen Vesuvausbruchs eine Vorstellung von dem, was sich 79 n. Chr. abgespielt haben könnte (ital./engl.).

▪ März bis Mai tägl. 9–17.30 Uhr, Juni bis Sept. 10–18.30 Uhr, Okt. bis Febr. tägl. außer Mo 10–16 Uhr. 10 €, erm. 8 €. Via IV Novembre 44, www.museomav.it.

Ville Vesuviane: Auf respektable Überbleibsel der *Miglio d'oro*, der Prunkmei-

Ercolano: Inszenierung im Museo Archeologico Virtuale

le aus dem 18. Jh. (→ S. 173 f.), trifft man u. a. 500 m südöstlich der Ausgrabungszone am Corso Resina. Die einzige Vesuvvilla, die zum Zeitpunkt der letzten Recherche 2016 von innen besichtigt werden konnte, ist die **Villa Campolieto**. Der 1775 vollendete Adelspalazzo entstand unter Mitwirkung von Luigi Vanvitelli – dem Architekten der Bourbonenresidenz zu Caserta. Sehenswert sind die Kolonnadenterrasse, das Treppenhaus sowie die freskengeschmückten Säle im Obergeschoss. Die Räumlichkeiten stehen ansonsten leer und werden ab und an für Veranstaltungen genutzt. Wegen des Parks und der Lage über dem Meer lohnt außerdem der Abstecher zur **Villa Favorita.** Sie wurde 1768 vollendet, federführend hier war mit Ferdinando Fuga ein weiterer bourbonischer Hofarchitekt.

▪ **Villa Campolieto:** Di–Fr 10–18, Sa/So 10–13 Uhr. 5 €. Corso Resina 283. **Park Villa Favorita:** Mo–Sa 8.15–19.30, So 8.30–13 und 16.30–19.30 Uhr. Eintritt frei. Via Gabriele D'Annunzio 36, www.villevesuviane.net.

Praktische Infos

Information Das **Infobüro** befindet sich am oberen Eingang zur Ausgrabungsstätte. Tägl. 9–19 Uhr, im Winter bis 17 Uhr. Corso Resina 187, ☏ 081-0120930.

Anfahrt/Verbindungen Pkw. Die Ausgrabungsstätte ist ab der Ausfahrt der A 3 Neapel-Salerno ausgeschildert. Gebührenpflichtige **Parkplätze** befinden sich vor dem Eingang.

Bahn. Vom Bahnhof der Circumvesuviana Neapel–Sorrent „Ercolano-Svavi" sind es 10 Min. zur Ausgrabungsstätte, nächstgelegener Circumvesuviana-Bahnhof für die Vesuvvillen ist „Miglio d'oro".

Einkaufen Wochenmarkt. Reichlich Auswahl am Museum zwischen Ausgrabungsstätte und Bahnhof (Traversa II Mercato). Fr vormittags.

Übernachten/Essen ✶✶✶S Hotel Andris. Moderner Hotelpalazzo im oberen Stadtteil San Vito. Pool, aussichtsreiche Lage am Vesuvhang. 22 unterschiedlich gestaltete Zimmer

Eingang zur Villa Favorita

ohne Balkon und mit Möbeln aus Kirschbaumholz. Bar, Hotelparkplatz, das Ristorante steht auch auswärtigen Gästen offen (Mo geschlossen, sonst ab 18 Uhr). DZ ab 90 €. Via San Vito 130, ☏ 081-7396105, www.andrishotel.it.

Eco Hostel Floreale. Die liebevoll und mit Fantasie gestaltete Privatherberge würde man in der Umgebung kaum vermuten. Landhaus mit Patina 500 m östlich des Villa-Favorita-Parks, freundlich, junges Publikum. Gemeinschaftszimmer und 3 Privatzimmer mit Bad, kostenloser Verleih von Rädern an Hausgäste. Gefrühstückt wird bei gutem Wetter im Hof. Mitte Jan. bis März zu. DZ ca. 50 €, Platz im Gemeinschaftsraum 15 €. Via Gabriele d'Annunzio 28, ☏ 081-18676870, www.ecohostel floreale.com.

Le Scuderie di Villa Favorita. Bar, Bistro und Café in der Nähe der Villa Campolieto und in Gehentfernung zur archäologischen Zone. Die Räumlichkeiten atmen das Flair der „Miglio d'oro". Leichte Mittagsgerichte, abends auch Pizza. Hübsche Sitzplätze im teilweise überdachten Innenhof. Tägl. außer Mo von 7.30 Uhr bis tief in die Nacht. Corso Resina 330, ☏ 081-777 8052, www.scuderievillafavorita.it.

Großmeister archäologischer Inszenierungen: Amadeo Maiuri

Der studierte Archäologe Amadeo Maiuri stand 37 Jahre, von 1924 bis 1961, der *Soprintendenza di Napoli* vor. In dieser Funktion leitete er nicht nur das Archäologische Nationalmuseum, sondern beaufsichtigte darüber hinaus die Ausgrabungen in Pompeji und Herculaneum. In seiner Ära wurden u. a. die Villa dei Misteri ausgegraben, die Monumentaltempel zu Paestum erforscht und die Höhle der Sibylle von Kyme entdeckt. Weil Maiuri sich und seinen Mitarbeitern ein großes Arbeitspensum auferlegte, hat er entsprechend viel hinterlassen, das heute in mühseliger Detailarbeit für die Nachwelt erhalten werden muss. Nach 1961 fanden Ausgrabungen nur noch sporadisch statt.

Maiuri steht aber auch für eine bestimmte Epoche der Archäologie am Golf: für die Phase der Rekonstruktion der Häuser und Kultstätten zum Zweck ihrer Musealisierung. Pompeji und Herculaneum sollten sich als glänzende Freilichtmuseen präsentieren und langfristig Touristenströme an den Golf lenken. Der „Herr der Steine" löste mit anderen Worten endlich das ein, was der französische Diplomat und Schriftsteller François-René de Chateaubriand 1826 vorschlug: „Meines Erachtens könnte man [...] die Dinge lassen, wo und wie sie gefunden wurden. Man könnte die Dächer, die Decken, die Fußböden, die Fenster reparieren, um die Zerstörung der Fresken und der Mauern zu verhindern [...]. Wäre das nicht das wunderbarste Museum der Welt?" Unter Maiuri wurden erstmals sensible Abschnitte komplett überdacht, um sie vor Witterungseinflüssen zu schützen und dennoch zugänglich zu machen. Die abgeschrägten Ziegeldächer in Herculaneum fügen sich – obwohl modern – dennoch harmonisch ins Gesamtbild ein. Auf der anderen Seite übertrieb es der Maestro

mit der Rekonstruierung ab und an, indem er zusammenfügte, was partout nicht zusammengehört. Ein Beispiel ist das Zimmer der jungen Weberin im Haus mit dem Neptun-Amphitrite-Mosaik in Herculaneum, wo der verständliche Wunsch nach einer emotional anrührenden Inszenierung zu einer veritablen Täuschung der Besucher geführt hat. Denn der Webstuhl stammt ursprünglich nicht aus diesem Haus, während das Skelett wiederum keinem Mädchen, sondern einem Knaben zugehörig war. In anderen Fällen orientierte Maiuri im Übereifer die Innengestaltung der Wohnhäuser an den Vorgaben Vitruvs (→ Kasten, S. 184), obwohl die Grabungsdokumentation eine andere Interpretation nahelegt.

Maiuri ließ die
Villa dei Misteri freilegen

Pompeji (Scavi di Pompei)

Die vom Vesuv 79 n. Chr. vollständig zerstörte und meterhoch verschüttete römische Stadt ist eine Pflichtdestination am Golf von Neapel. Die heutige Neustadt überzeugt mit hoher Lebensqualität; in unmittelbarer Umgebung befinden sich weitere sehenswerte römische Villen sowie ein interessantes Museum.

„Im Osten erschien eine schaurige, schwarze Wolke", schilderte Augenzeuge Plinius der Jüngere in einem seiner zwei berühmten Briefe an den Historiker Tacitus, „kreuz und quer von Schlangenlinien durchzuckt, die sich in langen Flammengarben spalteten, Blitzen ähnlich, nur größer ..." Was der Adressat der Zeilen zum damaligen Zeitpunkt freilich nicht ahnen konnte, war das Ausmaß einer der größten Naturkatastrophen der Menschheitsgeschichte. Binnen weniger Stunden und Tage führte der Initialausbruch des Vesuvs 79 n. Chr. die römische Zivilisation an der Golfküste – die *Campania felix* – ihrem Untergang entgegen. Die Küstenlinie verschob sich um 800 m nach Westen, die Provinz- und Hafenstadt Pompeji wurde buchstäblich von der Landkarte ausradiert. Der grausige Todeskampf der Bewohner ist in der – fiktionalen und nicht-fiktionalen – Literatur (→ Literatur, S. 371) hinreichend oft beschrieben worden. Dennoch läuft heutigen Besuchern der Ausgrabungszone ein Schauer über den Rücken, wenn sie z. B. mit den Gipsabdrücken der Menschen und Tiere im Augenblick des Todes konfrontiert werden. Der auf den ersten Blick makabre Einfall stammte 1863 vom Archäologen Giuseppe Fiorelli, der die dramatischen Sterbeszenen für die Nachwelt festhalten wollte. Auch ohne Gipsabdrücke können sich Besucher eines gewissen mulmigen Gefühls kaum erwehren – schließlich ist der Vesuv, Ursache des Übels, in Pompeji omnipräsent. Bereits 1817 erschien der erste

Pompeji: am Forum Romanum

Führer durch die Ausgrabungen, unter den berühmten Gästen waren Goethe und Mozart, Bill Clinton und Helmut Kohl, Pablo Picasso und Le Corbusier. Fachwissenschaftler wie Laien sind von der Vorstellung fasziniert, 2000 Jahre alte Geschichte lebendig und hautnah zu erleben. Denn Asche und Gestein haben hier die römische Epoche gleichsam versiegelt und für die Nachwelt bewahrt. Vor der Erforschung Pompejis war die Kenntnis der Antike bruchstückhaft, wohingegen die Ruinen der Stadt ein zusammenhängendes Bild vermitteln, das Wahlkampfaktivitäten ebenso einschließt wie Bordellbesuche.

Zwischen Ausgrabungsareal und FS-Bahnhof befindet sich das kompakte, **moderne Stadtzentrum**. In den rechtwinklig angeordneten Straßenzügen finden sich Restaurants, Bars und Pubs; Pompei wartet obendrein mit einem eigenen Theater auf und verfügt über ein vergleichsweise umtriebiges Nachtleben. Auffallend viele junge Existenzgründer verleihen dem Zentrum mit inspirierenden, frischen Ideen einen beinahe schon kreativen Anstrich. Orientierung bietet der 82 m hohe Kampanile der Wallfahrtskirche Beata Maria Vergine, die jährlich über 4 Mio. Pilger anlockt – das ist mehr, als die antike Ausgrabungsstätte an zahlenden Gästen vorzuweisen hat! Im Zentrum der Verehrung steht die **Madonna des Rosenkranzes** (*Madonna del Rosario*), deren geheiligtes Bildnis erst 1875 nach Pompei gelangte. Besagter Transfer war die Initialzündung für die Entwicklung des „neuen" Pompei zur heutigen wohlhabenden Stadt. Einen weiteren Entwicklungsschub verdankt sie dem Engagement des aus Apulien stammenden Juristen Bartolo Longo. Der 1980 heiliggesprochene Advokat widmete sich ausgiebig der Rosenkranzandacht, initiierte später den Bau der grandiosen Wallfahrtskirche und gründete mehrere karitative Einrichtungen, u. a. ein Waisenhaus für Mädchen.

Die wichtigsten Attraktionen in der unmittelbaren Umgebung stehen sämtlich wieder im Zeichen der römischen Antike: Zwei Circumvesuviana-Haltestellen von Pompei entfernt lohnt sich aufgrund ihres exzellenten Erhaltungszustands der Besuch der **Villa Oplontis** im Nachbarort Torre Annunziata. Sie war einst Teil einer Gewerbesiedlung, die verwaltungstechnisch Pompeji angegliedert war und ebenso beim Vesuvausbruch 79 n. Chr. verschüttet wurde. Gleiches gilt natürlich auch für die Landvillen in Boscoreale. Neben der Villa Regina, die von außen besichtigt werden kann, befindet sich hier ein sehenswertes **Archäologisches**

Museum (*Antiquarium*), das u. a. die römische Agrarwirtschaft an den Vesuvhängen thematisiert.

Geschichte

Das durch einen Lavastrom in vorgeschichtlicher Zeit entstandene Plateau von Pompeji war bereits in der jüngeren Steinzeit besiedelt. Ende des 7. Jh. v. Chr. bewohnten Griechen die strategisch günstig gelegene Anhöhe. Sie erbauten mehrere Tempel, u. a. ein wichtiges Apollo-Heiligtum, und ersetzten den bisherigen Mauerwall aus Tuffstein durch eine neue Befestigung aus Kalk. Ende des 5. Jh. fiel die Stadt in die Hände der Samniten, bevor mit der Niederlage Hannibals am Ende des Zweiten Punischen Krieges 201 v. Chr. Rom die Kontrolle übernahm. Die Samniten blieben jedoch zunächst tonangebend und verloren erst am Ende des Bürgerkrieges ihre Autonomie. Seit dem 2. Jh. v. Chr. entwickelte sich eine intensive Bautätigkeit, in deren Folge neue Kultbauten sowie prächtige Anwesen mit ausgedehnten Gärten entstanden. Auch das Amphitheater stammt aus dem republikanischen Zeitalter. In der Kaiserzeit setzte sich der Romanisierungsprozess fort: Repräsentativbauten für den Kaiserkult sowie ein neuer Marktplatz (*macellum*) entstanden im Zentrum; das Bürgertum profitierte vom florierenden Export von Öl, Wein sowie der legendären Fischsoße (*garum*). Allenthalben kleidete man sich nach der neuesten Mode, auch die Innendekoration der Häuser passte sich wechselnden Vorlieben an. Einen tiefen Einschnitt bedeutete das schwere Erdbeben 62 n. Chr., das zahlreiche öffentliche und private Gebäude zum Einsturz brachte. In den folgenden 17 Jahren reduzierte sich die Bevölkerung – sie betrug in der Blüte ca. 20.000 Einwohner –, der Stil der Innendekoration wurde schlichter, die Stadt glich einer Großbaustelle. Große Teile des Forums, u. a. der Ort für die Gerichtsbarkeit (*basilica*), waren überhaupt nicht nutzbar.

Scavi di Pompeji: Überblick über das Ausgrabungsgelände

Am 24. August 79 n. Chr. setzte der Vesuvausbruch den Bemühungen zum Wiederaufbau ein jähes Ende und begrub die Stadt binnen vier Tagen unter einer 5 m hohen Decke aus Asche und kleinen Gesteinsfragmenten *(lapilli)*.

Obwohl die obersten Blöcke des Amphitheaters stets aus der Aschedecke herausragten und in der Folge die Bewohner Steine aus dem Altertum für den Bau ihrer Häuser verwendeten, verschwand die Existenz der verschütteten antiken Städte am Vesuv aus dem Bewusstsein. Erst 1748 initiierten die Bourbonen die ersten Ausgrabungen in Pompeji, wobei die Anfangszeit eher einer unkoordinierten „Schatzsuche" glich, wie einige Zeitgenossen despektierlich bemerkten. Man scherte sich nicht groß um Mauern, sondern grub tiefe Gänge und Schächte, um die wertvollen Filetstücke zu bergen. Was nicht dazu taugte, als „schönes Objekt" im Palast zu Portici präsentiert zu werden, wurde teilweise bewusst zerstört, damit sich private Schatzräuber nicht an den Gegenständen bereichern konnten. Erst gegen Ende des 19. Jh. erwachte das Bedürfnis nach systematischen Ausgrabungen unter dem Postulat der Bewahrung: Es schlug die Geburtsstunde der Archäologie als Grabungswissenschaft. Mit dem Ziel, das „wunderbarste Museum der Welt" – das Zitat stammt von dem französischen Schriftsteller und Politiker Chateaubriand – zu schaffen, wurden nun die Mosaiken und Wandmalereien an Ort und Stelle belassen. Die Wissenschaft verfügte damals jedoch nicht über die nötige Erfahrung, weshalb man bei der Wahl der modernen Materialien zum Schutz der antiken Stätten häufig danebengriff: Bis in die 1970er-Jahre wurden zum Stützen der Mauern minderwertiger Zement oder ausrangierte Metallgitter verwendet. Inzwischen weiß man natürlich um die Probleme, die sich aus der Kombination unverträglicher Materialien ergeben. Sonneneinstrahlung und Feuchtigkeit trugen und tragen das Ihrige dazu bei, dass Pompeji „ein zweites Mal zerstört" wird, wie Beobachter von Zeit zu Zeit anprangern. Als 2010 nach starken Regenfällen ein Haus der Gladiatoren zusammenfiel, ging ein kollektiver Aufschrei durch die internationalen Gazetten. Als Folge dieses Zwischenfalls stellte 2012 die EU-Kommission 105 Mio. € für den Erhalt des einzigartigen Menschheitserbes bereit *(Grande Progetto Pompei)*.

„Schöner Wohnen" in der Antike

Während das römische Landgut als *villa rustica* bezeichnet wurde, hieß das typische Wohnhaus in der Stadt *domus*. Die architektonischen Regeln für die Grundstruktur eines Hauses lieferte seit dem 1. Jh. v. Chr. der einflussreiche Theoretiker Marcus Vitruvius Pollio, bekannter als Vitruv. Sein Handbuch „De Architectura" erweist sich für Archäologen als wertvolle Quelle für die Rekonstruktion der Häuser in Pompeji und Herculaneum.

Das römische Haus verfügt über zwei zentrale Teile: **Atrium** und **Garten.** Unter einem Atrium versteht man einen rechteckigen Raum mit einem nach innen geneigten Dach. Die Öffnung in der Dachmitte, durch die Regenwasser in das Wasserbecken im Boden *(impluvium)* läuft, lässt den Raum wie einen Innenhof wirken. Rings ums Atrium sind die Schlafzimmer angeordnet. In der Antike gab es in den Erdgeschossräumen praktisch kaum Fenster, weshalb die Zimmer häufig dunkel waren. Künstliche Lichtquellen waren Wachslampen aus Bronze oder Keramik, geheizt wurden Wohnhäuser generell nicht. Tagsüber hielt man sich ohnedies lieber im Freien auf, v. a. natürlich im Garten – dem eigentlichen „Wohnzimmer". Kein Wunder, dass die Zierpflanzenzucht unter dem Vesuv praktisch ständig Konjunktur hatte. Beliebte Pflanzen in pompejanischen Gärten waren u. a. Akanthus, Lorbeer und Buchsbaum. Um den Garten gruppierten sich Wohnräume, Küche und Latrine. Viele Häuser verfügten darüber hinaus noch über ein Obergeschoss, das jedoch in den allermeisten Fällen nicht mehr erhalten ist.

Beim Lebensstandard herrschten innerhalb Pompejis große Unterschiede. Auch hinsichtlich Erhaltungszustand und Größe der einzelnen Wohnungen bestanden teils beträchtliche Differenzen. Während manche Häuser perfekt in Schuss gehalten wurden, zeigte sich andernorts gepflegte Verwahrlosung. Eines der größten Anwesen in Pompeji ist das Haus des Fauns (→ S. 193). Mit einer Fläche von ca. 3000 m² besaß es die Dimension eines Palastes. Wie üblich, wurden Besucher am Eingang mit einem **Bodenmosaik** willkommen geheißen. Das vielleicht am häufigsten kopierte Mosaik hat allerdings nichts mit Willkommenskultur zu tun, sondern schreckt im Gegenteil eher ab: Es handelt sich um die Warnung vor dem bissigen Hund *(cave canem)* im Haus des Tragischen Poeten.

Vorbildlicher Garten in einer Römervilla an der Via dell'Abbondanza

Rundgang

Die berühmteste Ausgrabungsstätte der Welt überrascht Besucher immer wieder – allein angesichts der enormen Ausdehnung der antiken Stadt. Ein Tag reicht kaum aus, um alle Attraktionen ausführlich zu begutachten. In Zahlen liest sich das so: Bis zu 25.000 Besucher am Tag verteilen sich auf einer Gesamtfläche von 66 ha mit über 3000 Kultstätten und Gebäuden. Dabei sind lediglich 40 % der Gesamtfläche der Stadt bislang freigelegt! Allerdings sind nicht alle Trakte jederzeit zugänglich. Manche werden restauriert und dürfen nicht betreten werden, andere sind nur unzureichend vor Verfall und Erosion geschützt und wurden deshalb von den verantwortlichen Archäologen der *Soprintendenza Pompei* „aus dem Spiel genommen". Zuletzt waren sogar ganze Viertel mit Bauzäunen verriegelt. Bei einem längeren Tagesaufenthalt ist wegen der Ausblicke der ansprechend angelegte **Stadtmauerweg** eine Empfehlung; ob er tatsächlich begehbar ist, klärt sich jedoch erst vor Ort.

Die Besucher erhalten beim Kauf der Eintrittskarte einen Begleitplan, der als Führer durch die Ausgrabungen dient. Der Haupteingang liegt bequem schräg gegenüber dem Circumvesuviana-Bahnhof *(Porta Marina Inferiore)*, der Ausgang wenige Schritte weiter unten *(Porta Marina Inferiore)*. Wer vom FS-Bahnhof kommt, muss hingegen zuerst die Neustadt queren und gelangt über den Nebeneingang am Amphitheater in die römische Stadt *(Piazza Anfiteatro)*. An der Villa dei Misteri befindet sich ein weiterer Ausgang. Zwischen Forum und Forumstherme können sich Gäste im **Café-Bistro** stärken, mitgebrachte Wasserflaschen können an Brunnen aufgefüllt werden – es handelt sich um Trinkwasser! Wegen des holprigen Basaltpflasters empfiehlt sich solides Schuhwerk, eine Kopfbedeckung sollte mitgeführt werden. Größere Taschen dürfen nicht mitgenommen werden; für sie gibt es Schließfächer am Eingang.

Für die große Mehrheit der Besucher beginnt der Pompeji-Rundgang am Stadttor nach Westen *(Porta Marina)*. Vom Stadtentree gelangen die Besucher binnen Kurzem auf das weitläufige **Forum,** wo sich Straßen und Wege in zwei Hauptrichtungen verzweigen: Zunächst führt die *Via dell'Abbondanza* („Straße der Fülle") – die längste Achse der Ausgrabungsstätte – vom Forum strikt nach Osten und endet an der Porta Sarno in der Nähe des **Amphitheaters.** Zahlreiche Sehenswürdigkeiten sind direkt von der Straßenachse zugänglich oder über kürzere oder längere Stichwege zu erreichen. Anschließend empfiehlt sich – sofern geöffnet – zur Erholung der Stadtmauerweg, der in einem Bogen zurück zur Porta Ercolano führt. Zwischen dem Nordwest-Eingang und dem Forum liegen weitere Attraktionen wie Thermen, prächtige Privatanwesen und Ladengeschäfte. Den Rundgang beschließt als letztes großes Highlight die außerhalb der Stadtmauer gelegene **Villa dei Misteri.**

▪ April bis Okt. Mo–Fr 9–19.30, Sa/So 8.30–19.30 Uhr (letzter Einlass 18 Uhr), Nov. bis März Mo–Fr 9–17, Sa/So 8.30–17 Uhr (letzter Einlass 15.30 Uhr). 15 €, erm. 2 €, Kombiticket mit Villa Oplontis und Museum Boscoreale 18 € (gültig an 3 aufeinanderfolgenden Tagen). Via Villa dei Misteri 2, www.pompeiisites.org.

> An manchen Tagen bilden sich vor den Kassen lange Schlangen. Wartezeiten lassen sich bei einer **Vorab-Ticketbuchung** reduzieren – entweder in Agenturbüros am Circumvesuviana-Bhf. oder online z. B. unter www.getyourguide.de (Eintrittskarten gegen einen geringen Aufpreis).

Porta Marina **1**: Unmittelbar neben dem Stadttor befand sich in der Antike der Hafen, der beim Vulkanausbruch vollständig zerstört wurde. Der ansteigende Pflasterweg von der Kasse zum

Stadtentree überbrückt den Höhenunterschied zwischen Meeresniveau und dem Plateau von Pompeji. Wie bei den meisten anderen Zuschreibungen handelt es sich bei der „Porta Marina" um eine Wortschöpfung der Archäologen, nicht um einen authentischen Begriff römischer Zeit. Das große Tonnengewölbe *(Opus caementitium)* entstand in der Ära des Feldherrn Sulla um 80 v. Chr. und war Fuhrwerken und Lasttieren vorbehalten. Fußgänger nutzten den kleineren Durchgang links daneben.

Suburbane Thermen ❷: Unterhalb des Zugangs zum Stadttor befinden sich die Vorstadtthermen (Terme suburbane). Sie liegen außerhalb der Stadtmauer, die spätestens unter Sulla nicht mehr ihren ursprünglichen Verteidigungszwecken diente. Die 1992 abgeschlossene Rekonstruktion veranschaulicht, dass der im Verlauf des 1. Jh. n. Chr. vollendete Bade- und Wellnesskomplex den damals modernsten Standards entsprach. Am bekanntesten sind die Freskentafeln mit erotischen Motiven in den Umkleideräumen. Die Vermutung, dass man hier der Prostitution frönte, konnte allerdings von wissenschaftlicher Seite nicht bestätigt werden.

Forum ❸: Das politische, wirtschaftliche und gesellschaftliche Zentrum der antiken Stadt liegt überraschenderweise nicht in der Mitte, wie eigentlich üblich, sondern am Rand. Dies ist dem Umstand geschuldet, dass Pompeji im Verlauf der Blütezeit ins Hinterland wuchs und somit einst zentral gelegene Bereiche an die Peripherie rückten. Am römischen Markt- und Versammlungsplatz waren bedeutende öffentliche Kult- und Repräsentativbauten ansässig. Sie entstanden in unterschiedlichen Epochen, was den wenig geschlossenen Gesamteindruck der Anlage erklärt. Früher wie heute war das Forum eine Fußgängerzone – der Verkehr blieb außen vor. In den Straßen nördlich des Forums entdecken auf-

merksame Besucher indes ab und an einen „Zebrastreifen", Basaltsteine, mittels derer Fußgänger die Seite wechseln konnten, ohne mit Nässe, Schmutz und Kot in Berührung zu kommen!

Apollo-Tempel ❹: Das älteste Gebäude am Forum war eines der bedeutendsten Kultbauten in der samnitischen Epoche, ein Vorgängerbau stammt gar aus dem 6. Jh. v. Chr. Die Namensgebung des Tempels sowie diverse Fundobjekte verweisen auf die Epoche der Griechen und Etrusker. Ein Blickfang ist die Bronzestatue des bogenschießenden Apollon im Säulenhof. Es handelt sich um eine Replik, das Original – ebenfalls

❶ Porta Marina
❷ Suburbane Thermen
❸ Forum
❹ Apollo-Tempel
❺ Kornspeicher
❻ Jupiter-Tempel
❼ Macellum
❽ Gebäude der Eumachia
❾ Basilika
❿ Lupanar
⓫ Stabianer Thermen
⓬ Zentraltherme
⓭ Isis- und Äskulap-Tempel
⓮ Großes Theater
⓯ Odeion
⓰ Quadroportikus
⓱ Dreieckiges Forum
⓲ Haus des Julius Polybius
⓳ Haus des Octavius Quartio
⓴ Haus der Venus in der Muschel
㉑ Haus der Julia Felix
㉒ Amphitheater
㉓ Palaestra
㉔ Forumsthermen
㉕ Haus des tragischen Poeten
㉖ Haus des Fauns
㉗ Haus des Chirurgen
㉘ Via dei Sepocri
㉙ Villa des Diomedes
㉚ Villa der Mysterien

ohne Bogen – steht im Archäologischen Nationalmuseum Neapel. Höhepunkte im Veranstaltungsreigen in der Antike waren die Ludi Apollinaris, mehrtägige Sommerfeierlichkeiten zu Ehren von Apollon und Diana sowie Initiationsritual junger Mädchen und Knaben.

Kornspeicher 5: Der vermutlich erst nach dem Erdbeben 62 n. Chr. errichtete Obst- und Gemüsemarkt *(Forum olitorium)* dient heute als improvisiertes archäologisches Lager. Unter den gezeigten Artefakten befinden sich u. a. Krüge, Flaschen und Amphoren, in denen Öl, Wein und Garum (Fischsoße) aufbewahrt wurden. Auch einige

Gipsabdrücke von Opfern des Vulkanausbruchs (z. B. ein sterbender Hund) sind hier zu bestaunen.

Jupiter-Tempel 6: Die beherrschende Stelle an der nördlichen Schmalseite des Forums weist dem Capitolium eine zentrale städtebauliche und kultische Bedeutung zu. Hier wurden in einst voneinander abgetrennten Bereichen neben dem Göttervater Jupiter auch Juno (Hera) sowie Minerva (Pallas Athene) verehrt, deren Statuen weit sichtbar auf erhöhten Podesten standen. Erbaut wurden die Tempel im 2. Jh. v. Chr. zu einem Zeitpunkt, als Jupiter Apollon als wichtigste Gottheit

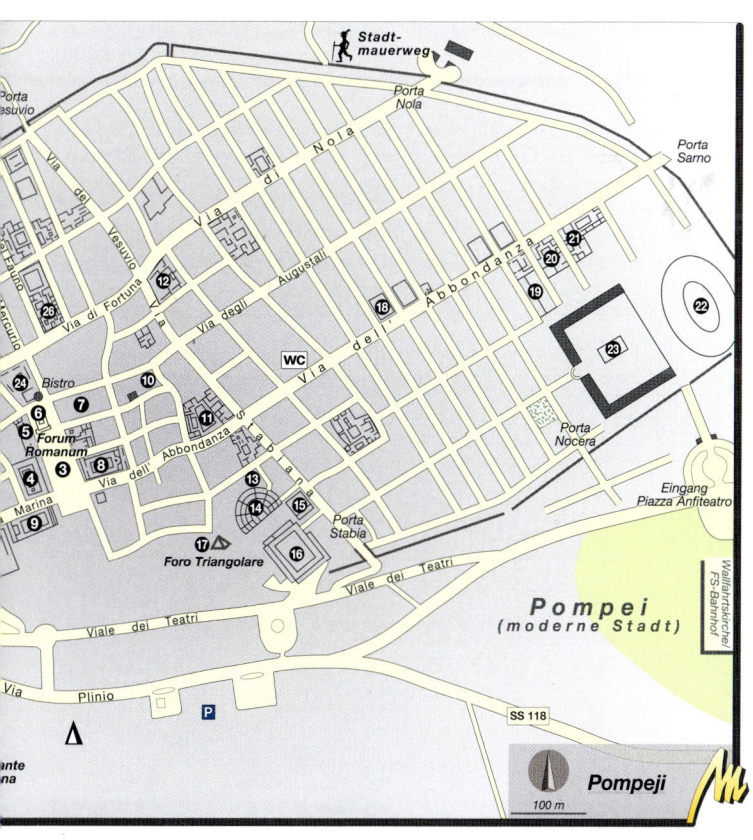

ablöste. Während die Architektur des Apollo-Tempels (→ S. 186 f.) noch griechischen Tempelvorbildern folgte, ist das Kapitol bereits ein typisches Beispiel römischer Sakralarchitektur. Auf beiden Seiten des Jupiter-Tempels befanden sich mit Marmor verkleidete Ehrenbogen, von denen die Backsteinfundamente erhalten geblieben sind.

Macellum 7: Der weitläufige Lebensmittelmarkt an der Nordostecke des Forums war einer der betriebsamsten Treffpunkte im antiken Pompeji. Das beim Erdbeben 62 n. Chr. stark in Mitleidenschaft gezogene Areal enthielt einen Bereich, der dem Kaiserkult vorbehalten war, wie Fragmente einer Statue zeigten, die man in den Nischen einer Seitenwand fand. Der Marktplatz verfügte einst über einen mit korinthischen Säulen geschmückten Haupteingang und über zwei Nebenzugänge. Außerdem haben sich Freskenreste im 4. Pompejanischen Stil (→ Kasten, S. 333) erhalten.

Gebäude der Eumachia 8: Das Anwesen an der Ostseite des Forums zählt zu den größten und weitläufigsten Gebäuden im Stadtzentrum. Inschriften weisen eine Venuspriesterin namens Eumachia, die einer reichen pompejanischen Familie entstammte, als Stifterin aus. Der künstlerisch hochwertige, u. a. mit Akanthusranken verzierte Marmorrahmen am Eingang schmückte indes ursprünglich den Zugang zum nebenstehenden Vespasian-Tempel. Umstritten ist die Funktion des Gebäudes in der Antike. Eventuell verlieh das Gebäude einst dem städtischen Sklavenmarkt einen würdigen Rahmen, auch eine kultische Nutzung ist nicht auszuschließen.

Basilika 9: Für den Bau des prachtvollsten Forumsbaus im 2. Jh. v. Chr. musste eine ganze Parzelle von Privathäusern weichen. Genutzt wurde die Basilika als Beratungssitz der Magistralen, möglicherweise diente sie auch der Rechtsprechung oder als Versammlungsplatz der Kaufleute. Die drei Schiffe des beim Erdbeben 62 n. Chr. schwer beschädigten Innenraums wurden von einem Walmdach überdeckt, das zwei Säulenreihen mit ionischen Kapitellen stützten. Die Innenwände zierten einst reicher Stuckdekor.

Lupanar 10: Das städtische Bordell liegt in einer von der Via dell'Abbon-

Scavi di Pompeji: Blick über das Forum Romanum

Scavi di Pompeji: Kultbau am Forum Romanum

danza abzweigenden Seitengasse und ist ein obligatorischer Pflichtstopp jeder Gruppenführung, was den etwaigen Besucherstau am Eingang erklärt. Die Sexarbeiterinnen in der Antike stammten größtenteils aus dem Orient und aus Griechenland. Die engen, dunklen Zimmer waren durch Vorhänge vom Flur abgetrennt, angebotene Liebesdienste verdeutlichen die kleinen Fresken im Flur. Die Vielzahl an Graffitis, die Archäologen in der Stadt fanden, deutet darauf hin, dass Prostitution auch an anderen Orten in der Stadt gang und gäbe war.

Stabianer Thermen 11: Der Thermalkomplex an der Via dell'Abbondanza/Ecke Via Stabiana verfügte über einen abgeteilten Männer- und Frauenbereich, wobei Letzterer deutlich kleiner dimensioniert ist. Das Zentrum des Komplexes markiert ein weiträumiger Innenhof mit einem Schwimmbecken. Die Stabianer Thermen zählen zu den ältesten römischen Thermenbauten überhaupt! Die ältesten Spuren lassen sich auf das 3. Jh. v. Chr. datieren, allerdings wurde in der Folge mehrfach an- und umgebaut sowie modernisiert. Ein

Schwitzbad *(destricatrium)*, in dem man sich mit Öl und Sand waschen konnte, stammt z. B. aus dem 1. Jh. v. Chr. Wie üblich sind die Innenbereiche in Umkleidekabinen, Kalt- *(frigidarium)* und Warmwasserbäder *(calidarium)* unterteilt. Bäder mit mittlerer Badetemperatur hießen indes *tepidarium* – auch sie zählen zum Standard römische Badetempel. Ein Highlight ist der Raum für Schwitzkuren *(laconicum)*, den einige Freskenreste zieren. Beim Gewölbe wurde „Zement" verwendet, es handelt sich um einen Prototyp späterer römischer Monumentalkuppeln.

Zentraltherme 12: Die jüngste und flächenmäßig größte der drei innerstädtischen Thermalkomplexe war zum Zeitpunkt des Ausbruchs des Vesuvs 79 n. Chr. nur im Rohbau fertiggestellt. Das ehrgeizige Projekt wurde unter der Herrschaft Kaiser Neros in Angriff genommen und sollte nach Fertigstellung hinsichtlich Architektur und Ausstattung alle früheren Thermen in den Schatten stellen. Einzig abgetrennte Bereiche für Männer und Frauen fehlen hier im Gegensatz zu den anderen Thermen vollständig.

Isis- und Äskulap-Tempel 13 : Die beiden kleinräumigen Kultbauten unmittelbar neben dem Theater waren in der Antike weit über die Grenzen Pompejis hinaus ein Begriff und stehen exemplarisch für die Vielzahl orientalischer Kulte in der Stadt. Der Isis-Kult ist dabei die älteste Verehrungsform aus dem Osten, die in Pompeji seit dem 2. Jh. v. Chr. en vogue war. Welcher großen Beliebtheit er sich erfreute, zeigt der Umstand, dass der Isis-Tempel als erstes religiöses Gebäude nach dem Erdbeben 62 n. Chr. wieder aufgebaut wurde. Mozart ließ sich bei seinem Besuch 1770 vom Sakralbau vielleicht für das Bühnenbild der „Zauberflöte" inspirieren. Die reiche Ausstattung befindet sich heute im Archäologischen Nationalmuseum. Der wesentlich bescheidenere Tempel nebenan war dem Gott der Heilkunde gewidmet und v. a. bei den ärmeren sozialen Schichten populär.

Großes Theater 14 : Die südliche Abbruchkante des Lavaplateaus bot ideale topografische Voraussetzungen für den Bau eines Theaters, dessen Zuschauerränge im halbkreisförmigen Grundriss schlicht auf den Böschungswall „aufgesetzt" wurden. Das Theater war seit dem 2. Jh. v. Chr. ein Zentrum des kulturellen und gesellschaftlichen Lebens und fasste rund 5000 Zuschauer. Die Ehrenlogen an den Seiten wurden später hinzufügt, desgleichen der von Osten ins Theater führende Zugangskorridor. Gespielt wurden Tragödien und Komödien, die *orchestra* zwischen Bühne und Zuschauerrängen entspricht dem Orchestergraben moderner Opernhäuser und diente dem Chor für Gesang und Tanz.

Odeion 15 : Das kleine Theater unmittelbar nebenan wurde in den Anfangsjahren der römischen Kolonie um 80 v. Chr. erbaut, ist also jüngeren Datums und diente hauptsächlich einem gebildeten Publikum als Veranstaltungsort für Lesungen und Konzerte. Auch hier

sind die Zuschauerränge halbkreisförmig angeordnet. Das Theater war einst komplett überdacht *(teatrum tectum)* und bot Platz für etwa 1300 Zuschauer.

Quadroportikus 16 : Den weitläufigen quadratischen Kolonnadenhof unmittelbar südlich beider Theaterbauten zierten an allen vier Seiten dorische Säulen aus grauem Tuff. Die Verbindungswege zum Theater lassen darauf schließen, dass die Anlage als Theaterfoyer für gesellige Treffs diente. Nach dem Erdbeben 62 n. Chr. wurde der Quadroportikus in eine Gladiatorenkaserne umgewandelt. Während die gefundenen Waffen heute im Museum in Neapel ausgestellt sind, schmücken großformatige Skulpturen zeitgenössischer Künstler das Karree. Sie ergeben im Verbund mit den antiken Ruinen eine reizvolle Mischung aus Neu und Alt.

Dreieckiges Forum 17 : Das *Foro Triangolare* komplettiert das kulturelle und religiöse Zentrum am südlichen Stadtrand mit seinen Theatern und Tempeln. Während man am Forum (→ S. 186) den offiziellen Staatskulten huldigte, verehrte man hier seit der archaischen Periode die eher – aber nicht ausschließlich – „heterodoxen" Kulte. Den Namen hat die Anlage vom dreieckigen Grundriss, der wiederum dem Verlauf der Stadtmauer bzw. der Abbruchkante des Lavaplateaus geschuldet war. Der sog. Dorische Tempel war der Verherrlichung des Herkules sowie der Minerva gewidmet. Heute eignen sich die schattig gelegenen Steine hervorragend für eine Picknickpause.

Haus des Julius Polybius 18 : Das ungewöhnlich reich ausgestattete Gebäude an der Via dell'Abbondanza ist ein rares Beispiel für eine Wohnvilla aus samnitischer Zeit (3. Jh. v. Chr.). Weltweit Beachtung fand ein interdisziplinäres Forschungsprojekt der Universität Neapel, das mittels modernster Methoden wie z. B. Erbgutanalysen exakt rekonstruierte, auf welche Weise der Vulkanausbruch das Leben in der Stadt

Die Venus in der Muschel war die Patronin der römischen Kolonie

vernichtete und wie die Menschen in den Häusern auf die Katastrophe reagierten. Eine hochschwangere Frau verharrte u. a. mehrere Stunden im Haus, bevor sie starb, weil sie in ihrem Zustand die Stadt nicht verlassen wollte.

Haus des Octavius Quartio 19: Das erstaunlich große Privatanwesen erstreckte sich über einen ganzen Häuserblock (*insula*) und wurde nach dem Erdbeben 62 n. Chr. in zwei getrennte Parzellen aufgeteilt, wovon eine an einen anderen Eigentümer überging. Während das Atrium keine Maßstäbe setzt, durchziehen den großen Garten mit einem Tempel in der Mitte künstliche Wasserkanäle. Vom kleinen Garten wiederum sind die prächtig mit hochwertigen Fresken im 4. Pompejanischen Stil ausgeschmückten Räume zugänglich.

Haus der Venus in der Muschel 20: Die römische Göttin der Schönheit und Liebe war die persönliche Schutzgöttin des Feldherrn Sulla, unter ihm wandelte sich Pompeji zur *Colonia Cornelia Veneria Pompeianorum*. Die Wohnvilla aus dem 1. Jh. v. Chr. unmittelbar neben dem Haus des Octavius Quartio

(→ oben) beherbergt ein wunderbares Fresko der Venus in der Muschel, der Patronin der römischen Kolonie. Auch sonst überraschen die Innenräume mit faszinierendem Dekor.

Haus der Julia Felix 21: Unmittelbar östlich schließt sich an die Via dell'Abbondanza eine weitere Villa mit einem wahrhaft idyllischen Gartengrundstück an, das einst der begüterten Römerin Julia Felix gehörte. Es handelt sich um eines der ersten Wohnhäuser Pompejis, die ausgegraben wurden. In einer Inschrift nach dem Erdbeben 62 n. Chr. gab die Besitzerin kund, einen Teil des Anwesens zu vermieten. Viel Platz bot das Grundstück allerdings nicht, denn den größten Teil der Fläche nimmt der noch heute exzellent in Schuss gehaltene Garten ein. An der Ostseite schließt sich der ehemalige Rindermarkt an, heute werden hier Reben kultiviert.

Amphitheater 22: In der Großarena an der Südostecke der Stadt wurden u. a. Tierhatzen und Gladiatorenkämpfe veranstaltet. Sie wurde um 70 v. Chr. erbaut, fasste dereinst über 20.000 Zuschauer und gilt als eine der wenigen erhaltenen Großbauten aus republikanischer Zeit. Im Unterschied zu den zeitlich später errichteten Amphitheatern, wie z. B. das Anfiteatro Campano in Capua, sind hier die Sitzplätze auf den Zuschauerrängen über Außentreppen erreichbar. Im Jahr 59 n. Chr. geriet das Amphitheater in die Schlagzeilen, als sich „Hooligans" aus Pompeji und Noca eine blutige Schlägerei lieferten. Es gab mehrere Tote, als Konsequenz setzte der Senat in Rom die Wettkämpfe für mehrere Jahre aus. Das vorerst letzte Großspektakel lieferte 1972 die Gruppe Pink Floyd, die für einen Musikfilm hier sechs ihrer Lieder einspielte – allerdings vor leeren Rängen!

Palästra 23: Die 140 m lange und ebenso breite Platzanlage aus dem 1. Jh. n. Chr. mit dem Schwimmbad in der Mitte wird an drei Seiten von Säulengängen eingefasst. In der römischen Antike diente sie unterschiedlichen Zwecken, u. a. als Trainings- und Ertüchtigungsareal der pompejanischen Jugend. Darüber hinaus trainierten hier die Gladiatoren für die Wettkämpfe im Amphitheater nebenan. Das Karree bot genügend Raum, um selbst große Schlachten nachzustellen. Archäologen entdeckten hier mehrere Truhen mit Gladiatorenwaffen aus Bronze, u. a. einen kunstvoll gearbeiteten Helm mit einer Darstellung vom Untergang Trojas. Heute wird die Palästra für Ausstellungen genutzt.

Forumsthermen 24: Unmittelbar nördlich des Jupiter-Tempels am Forum (→ S. 187) schließen sich die Forumsthermen an. Einer Inschrift zufolge entstanden sie um 700 v. Chr. und wurden unmittelbar nach der Erdbebenkatastrophe wieder aufgebaut und um einen Frauentrakt erweitert. Wie die Stabianer Thermen (→ oben) verfügten sie über Umkleidekabinen und Warm- und Kaltwasserbecken, beheizt wurden sie mittels eines ausgeklügelten Systems von Leitungen, die selbst die Wände erwärmten. Besonders bemerkenswert ist die detailreiche Ausstattung des Männerumkleideraums mit geschmückten Ablagenischen und einem stuckverzierten Gewölbe.

Haus des tragischen Poeten 25: Die wegen der Mosaikinschrift *Cave canem* („Vorsicht bissiger Hund") zu Ruhm gelangte Villa fungierte als Romanku-

Römervilla mit Garten in der Nähe des Amphitheaters

Moderne Kunst in antiken Ruinen: die ehemalige Gladiatorenschule

lisse für den berühmten Pompeji-Roman Edward Bulwer-Lyttons aus dem Jahr 1838 (→ Literatur, S. 371). Eine Rekonstruktion des Londoner Architekten Nicholas Wood wurde 2001 in einer Sonderausstellung der Universität Leipzig gezeigt. Quelle dieses beeindruckenden Wiederbelebungsversuchs waren die bahnbrechenden Computeranimationen des italienischen Ingenieurs Gaetano Capasso.

Haus des Fauns 26: Die wohl berühmteste Privatvilla Pompejis befindet sich ebenfalls an der Via di Fortuna nordöstlich des Hauses des tragischen Poeten. Mit einer Fläche von 2490 m² glich das elegante Anwesen aus dem 2. Jh. v. Chr. eher einem Palast als einem Wohnhaus. Im Atrium ist eine Replik des namensgebenden tanzenden Fauns zu bewundern, außerdem entdeckten die Archäologen hier das berühmte Mosaik mit der Darstellung der Alexanderschlacht (→ Foto, S. 58). Das aus ca. 1,5 Mio. Steinen zusammengesetzte Werk illustriert die Begegnung Alexanders des Großen mit dem Perserkönig Dareios III. in der Schlacht von Gau-

gamela. Das Original befindet sich im Archäologischen Nationalmuseum Neapel. Die weiteren Dekorationen in den Innenräumen sind weitgehend dem 1. Pompejanischen Stil zuzuordnen. Wer hier einst residierte, ist nicht bekannt. Im Übrigen wurde das bereits 1830–1832 ausgegrabene Areal zunächst „Casa di Goethe" getauft – in Gedenken an August von Goethe, den Sohn des Dichterfürsten, der 1832 in Rom starb.

Haus des Chirurgen 27: Das äußerlich schlichte Gebäude steht stellvertretend für zahlreiche andere sehenswerte Häuser im Bar- und Geschäftsquartier nördlich des Forums. Es stammt aus der samnitischen Zeit im 3. Jh. v. Chr. und ist eines der ältesten Gebäude Pompejis. Die traditionelle Bauweise ist anhand der senkrecht und waagerecht angeordneten Steinstrukturen an den Innenwänden ablesbar. Benannt wurde das Haus nach den chirurgischen Instrumenten, die Archäologen hier zutage förderten.

Zwischen Porta Ercolano und Villa die Misteri: Vom nördlichen Stadttor Pompejis führte die Ausfallstraße über Herculaneum geradewegs nach Neapel.

Links und rechts der Via dei Sepocri ("Gräberstraße") grub man zahlreiche Nekropolen aus, die belegen, dass sich die Gräber in der römischen Epoche stets außerhalb der Stadtgrenzen befanden. Ein Blickfang zur Linken ist die monumentale Grabstätte, die einem schlanken Rundtempel auf erhöhtem Podium zum Verwechseln ähnelt **28**. Dahinter erstreckt sich über eine Fläche von 3500 m² die **Villa des Diomedes 29**. Bei der *Villa suburbana* ("Vorstadtvilla") handelt es sich um eines der ersten Komplexe, die nach der Wiederentdeckung Pompejis Anfang des letzten Drittels des 18. Jh. ausgegraben wurden. Vom Reichtum der – unbekannten – Bewohner zeugte ein Vermögen von zehn Gold- und 88 Silbermünzen, die Archäologen neben einer Leiche fanden. Es handelte sich um einen ungewöhnlich reichen Fund!

Villa der Mysterien 30: Ihren Namen erhielt die Mysterienvilla in der nordwestlichen Peripherie der Ausgrabungszone aufgrund ihrer prachtvollen Fresken im 2. Pompejanischen Stil. Höhepunkt der Besichtigung des Anwesens aus dem 2. Jh. v. Chr. ist der **Mysteriensaal** (→ Foto, S. 180), der mit

Replik des berühmten Fauns

den besterhaltenen römischen Wandmalereien überhaupt aufwartet. Das Bildprogramm ist rätselhaft, könnte sich aber auf einen weiblichen Initiationsritus im Zusammenhang mit dem Dionysos-Kult beziehen. Zu erkennen sind u. a. Theatermasken, Bacchantinnen, Faune und allerlei mythologische Wesen. Auch eine Frau, die sich der rituellen Geißelung unterzieht, ist zu erkennen. Besonders eindrucksvoll sind die leuchtenden Farben. Das intensive Rot verdankt sich Zinnober aus Spanien – ein äußerst kostspieliger Rohstoff zur Gewinnung von Farbpigmenten. Die Vorstadtvilla wurde im 1. Jh. v. Chr. grundlegend erneuert, wobei der angeschlossene Landwirtschaftsbereich – u. a. wurde hier Wein gekeltert – radikal erweitert wurde. Beim Umbau entstand auch der Mysterienfries.

Außerhalb des Ausgrabungsgeländes

Santuario Madonna del Rosario: Die römisch-katholische Marienwallfahrtsstätte im Stadtzentrum ist eine junge Institution, denn erst gegen Ende des 19. Jh. nahm der Pilgerzustrom hierher Fahrt auf. Das wundertätige Gnadenbild mit der Muttergottes befindet sich in der auf das Prächtigste ausgestatteten Pontifikatskirche. Der 1891 eingeweihte Sakralbau im neobarocken Stil wurde wegen des außerordentlichen Zuspruchs seit 1934 um zwei Seitenschiffe und den Chorumlauf zur heutigen beachtlichen Größe erweitert. Abseits steht der kaum zu übersehende, schlanke Glockenturm; ein Lift bringt die Besucher bequem zur Aussichtsplattform in luftiger Höhe. Zum Wallfahrtsbetrieb gehören außerdem mehrere Bet- und Beichtkapellen, ein Souvenirladen für Devotionalien und ein kleines Museum.

■ **Kampanile:** April bis Okt. tägl. 9–13 und 15.30–19 Uhr. 2 €, erm. 1 €. **Museo:** Mo–Sa 8–13 und 15.30–19, So 8–20 Uhr. Eintritt frei. Piazza Bartolo Longo 1, www.santuario.it.

Antiquarium Boscoreale: Im heutigen Nachbarort von Pompei grub man am Ende des 19. Jh. eine Villa und mehrere landwirtschaftliche Anwesen *(Villa rustica)* aus römischer Zeit aus. Die Villa Pisanella wurde berühmt, als man hier 1895 eine Vielzahl fein gearbeiteter Silberschalen und -becher fand. Der sog. **Schatz von Boscoreale** *(Tesoro di Boscoreale)* gelangte später nach Paris und ist heute im Louvre zu bewundern. Das sehr sehenswerte archäologische Museum in unersprießlicher Umgebung zeigt in zwei Räumen zum einen Fundobjekte aus der Villa Pisanella sowie aus der Villa Regina, die neben dem Museumsneubau zu besichtigen ist. Zum anderen widmet sich die Ausstellung dem Thema Landwirtschaft im Altertum. Eine Frauenskulptur aus der Villa dei Papiri in Herculaneum weist Farbreste auf, die bestätigen, dass klassische Skulpturen früher farbig bemalt waren.

■ April bis Okt. 8.30–19.30 Uhr (letzter Einlass 18 Uhr), Nov. bis März 8.30–18.30 Uhr (17 Uhr). 7 € (Kombiticket mit Villa Oplontis) und 18 € (Kombiticket mit Villa Oplontis & Pompeji, gültig an 3 aufeinanderfolgenden Tagen). Viale Villa Regina 1 (von der Ausfahrt der A 3 „Boscoreale" ausgeschildert; günstiger Circumvesuviana-Bhf. mit kurzer Gehdistanz ist „Villa Regina"), www.pompeiisites.org.

Villa Oplontis: Die 1964 entdeckte Patriziervilla aus dem 1. Jh. v. Chr. wird alternativ auch als *Villa Poppaea* bezeichnet. Bestimmten Indizien zufolge gehörte das Anwesen einst zum beträchtlichen Immobilienfundus der Kaiserfamilie Nero (Poppaea Sabina war die zweite Gattin von Kaiser Nero). Hinsichtlich der gehobenen römischen Wohnkultur stellt das Anwesen mit einer bebauten Fläche von 3000 m² sämtliche anderen Villen an der Vesuvküste in den Schatten! Die bemerkenswert gut erhaltenen Malereien im Großen Saal, im Atrium oder im Esszimmer *(triclinium)* gehören zumeist dem 2. Pompejanischen Stil (→ Kasten, S. 333) an. Ein Höhepunkt ist – neben den freskengeschmückten Räumen –

der Innenhof *(peristylium)*, der an drei Seiten von Wandelgängen umgeben ist. Integraler Teil des Anwesens waren zudem ein weitläufiger Garten mit Schwimmbad, ein Weinkeller und ein Dienstbotentrakt, bestehend aus mehreren Kammern. Seit 1997 gehört die Villa Oplontis – wie Pompeji und Herculaneum – zum **UNESCO-Weltkulturerbe.**

■ April bis Okt. 8.30–19 Uhr (letzter Einlass 18 Uhr), Nov. bis März 8.30–17 Uhr (15.30 Uhr). 7 € (Kombiticket mit Museum Boscoreale) und 18 € (Kombiticket mit Boscoreale und Pompeji, gültig an 3 aufeinanderfolgenden Tagen). 5 Gehminuten vom Circumvesuviana-Bahnhof „Torre Annunziata", der Weg ist ausgeschildert. Via Sepolcri, www.pompeiisites.org.

Praktische Infos

Information Das **Infobüro** befindet sich am Hauptplatz gegenüber dem Sanktuarium im Erdgeschoss der Casa del Pellegrino. Mo–Fr 9–13.30 Uhr. Via Sacra 1, ☎ 081-8508451, www.pompeiturismo.it.

Anfahrt/Verbindungen Pkw. Das Ausgrabungsgelände liegt nicht weit von der A 3 entfernt (Ausfahrt „Pompei ovest"). Gebührenpflichtige **Parkplätze** gibt es an der Via Roma in der Nähe des Haupteingangs zur Ausgrabungsstätte, z. B. Parking I due Cesari (3 €/ Std.). Preiswerter ist es im Zentrum bzw. Nähe Nebeneingang Amphitheater, z. B. Eden Parking (2 €/Std.).

Bahn. Pompei hat mehrere Bahnhöfe, was auf den ersten Blick etwas verwirrt. Am **FS-Bahnhof** halten Trenitalia-Regionalzüge von und nach Neapel und Salerno. Die Piazza mit dem Sanktuarium ist vom Bahnhof in 10 Min. erreichbar, die Ausgrabungszone in 15–20 Min.

Die meisten Besucher der Ausgrabungsstätte kommen am **Circumvesuviana-Bahnhof** an („Pompeji Scavi/Villa dei Misteri"). Züge von und nach Neapel und Sorrent verkehren alle 30 Min.; der Bahnhof liegt gegenüber dem Haupteingang zur Ausgrabungsstätte. In der Unterführung unter den Gleisen befindet sich die **Gepäckaufbewahrung** (4 €/Gepäckstück).

Bus. April bis Sept. verkehrt etwa 10-mal tägl. ein Bus zwischen Pompei und dem **Vesuv.** Die Busse fahren i. d. R. direkt gegenüber dem Circumvesuviana-Bahnhof ab. Zudem bieten private Agenturen mit einem Kiosk am Circumvesuviana-Halt Verbindungen per Minibus zum Vulkan an (→ S. 172).

Taxi. ℘ 081-8638060, www.taxipompei.it.

Mietfahrzeuge   Scooter. Moto Rent Pompei. Die Vespa gibt es ab 35 €/Tag. Via Plinio 45, ℘ 334-7550070, www.motorentpompei.it.

Veranstaltungen/Feste   Pompei Events. Über aktuelle Ausstellungen, Events, Konzerte und Theater- und Opernaufführungen in der Ausgrabungsstätte informiert die Seite der Soprintendenza. www.pompeiisites.org.

Patronatsfest. Am Namenstag der Madonna del Rosario. 8. Mai.

Übernachten   ** Forum Hotel.** Elegante Unterkunft in einem dreigeschossigen Palazzo mitten im Stadtzentrum mit kurzen Wegen zur Ausgrabungsstätte und zum Sanktuarium. 36 modern eingerichtete Zimmer, Hinterhoflounge, Ristorante, Bar und Hotelparkplatz. DZ ab ca. 65 €. Via Roma 99, ℘ 081-8501170, www.hotelforum.it.

*Mein*Tipp **** Diana.** Gut geführtes Mittelklassehotel in einer ruhigen Seitenstraße Nähe FS-Bahnhof. 32 tadellose Zimmer ohne Balkon, hübsche Gartenbar nach hinten raus mit Tischen unter Orangen- und Zitronenbäumen. Modernes Ambiente, Hotelparkplatz, kein Restaurant. DZ ab 50 €. Vicolo Sant'Abbondio 12, ℘ 081-8631264, www.pompeihotel.com.

B&B Casa di Plinio. Von einem jungen Paar engagiert geführte Privatunterkunft in einem traditionellen Landhaus. Der Eingang zur Ausgrabungsstätte liegt in bequemer Reichweite. 6 tadellose, z. T. etwas dunkle Zimmer im mediterranen Landhausstil, Frühstücksraum mit hohem Deckengewölbe, Parkmöglichkeit im Hof. DZ ab 70 €. Via Stabiana 3, ℘ 081-8598960, www.lacasadiplinio.com.

Hostel Deluxe Agorà. Zentral gelegene Privatherberge, der junge Betreiber ist Archäologe und mit der Ausgrabungsstätte bestens vertraut. Relaxte Atmosphäre, junges Publikum, ruhiger Hinterhofgarten, Bar. 6 Doppel- und Familienzimmer sowie 2 Schlafsäle. Platz im Mehrbettzimmer ab 20 €, DZ ab 42 €. Im Jan. geschlossen. Via Duca d'Aosta 15–19, ℘ 081-0582826, www.agorapompei.com.

Camping Villaggio Spartacus. Einer von 4 Zeltplätzen in der Nähe des Haupteingangs zur Ausgrabungsstätte. Gepflegte Anlage, auch Holzbungalows, Minimarkt, Pizzeria sowie Bar. Aufgrund der Nähe der Eisenbahn und Autobahn nicht für einen längeren Aufenthalt geeig-

net. Ganzjährig geöffnet. 2 Pers., Zelt und Auto ab 17 €, Bungalows ab 30 €. Via Plinio 127, ℘ 081-8624078, www.campingspartacus.it.

Essen & Trinken   Il Principe. Das ganz besondere Restaurant hat sich auf das Kochen nach antiken Rezepten spezialisiert. Gegrilltes, Meeresfrüchte u. v. m., alles auf hohem Niveau. Moderner Innenraum mit fein gedeckten Tischen, wenige Freiplätze auf dem Trottoir. Menü um 40 €. So abends geschlossen. In der Neustadt in der Nähe des Zugangs zum römischen Amphitheater gelegen. Via Colle San Bartolomeo 4–8, ℘ 081-8505566, www.ilprincipe.com.

Ristorante Caupona. Konzeptgastronomie für Familien und Kleingruppen in der Nähe des Haupteingangs zur Ausgrabungsstätte. Hier lässt es sich in einem nachgestellten Ambiente speisen wie die alten Römer, auf Wunsch werden Gäste mit einer römischen Toga gewandet! Menü um 35 €. Tägl. 12–16 und 19–23 Uhr. Via Masseria Curato 2 (Zugang von der Via Plinio), ℘ 081-18557911, www.caupona.it.

Stuzzico by Lucius. Kleine Trattoria am Nebeneingang zur Ausgrabungsstätte, grundsolide lokaltypische *cucina casareccia*, Pasta mit Meeresfrüchten, Antipastiplatten, ausgewählte Weine der Region u. v. m. Gemütlicher Innenraum mit wenigen Tischen, keine Freiplätze. Menü um 20 €. Mi Ruhetag. Via Plinio 7, ℘ 081-8505665.

Add'u Mimi. Familiäre Trattoria im Zentrum von Pompei, unweit des Nebeneingangs zur Ausgrabungsstätte. Gepflegte Vorbauveranda im Hinterhof mit Holz, Stroh und Naturstein, die kleine Karte bietet regionaltypische *cucina casalinga*. Fisch- und Fleischgerichte, gute Auswahl kampanischer Weine. Menü 15–20 €. Fr geschlossen. Via Roma 61, ℘ 081-8635451, www.addumimi.it.

Hortus. Gepflegtes Bistro gegenüber dem Haupteingang zur Ausgrabungsstätte, ansprechendes Sitzen im Freien mit nachgestelltem Zitronengartenambiente. Frische Fruchtsäfte, Paninis, Sandwiches (für 7–13 €) sowie Pizza. Auch Kaffeebar. Hurtiger Service, ausgerichtet auf die eiligen Tagesbesucher. Ganzjährig geöffnet. Piazza Porta Marina Superiore, ℘ 081-5364566, www.pompei-hortus.it.

Bar Campana (Bottega di Caffè speciali). Reizendes Café am FS-Bahnhof mit Kaffee aus der eigenen Rösterei. Auch leckere Kuchen. Wenige Tische drinnen und draußen auf dem Trottoir. Auch als Frühstücksbar eine gute Option. Tägl. außer Mo 8–18 Uhr. Via Sacra 44, ℘ 081-19664530.

Gut erhalten: das antike Theater

Halbinsel von Sorrent

Die bäuerlich geprägte Halbinsel ist ein kleines Paradies zwischen zwei Meeresbuchten. Immer wieder rückt die Insel Capri ins Blickfeld. Das wichtigste Städteziel ist Sorrent, der schönste Strand liegt auf der Südseite in Marina di Cantone.

Ausgezeichnetes Wanderrevier
Wege verlaufen zwischen schattigen Zitronenhainen oder aussichtsreich auf schmalen Pfaden über der Küste. Wanderkarten gibt es kostenlos bei den Infobüros.

Wer das geflügelte Wort vom „glücklichen Kampanien", heute in den Mund nimmt, meint vorrangig die Halbinsel von Sorrent. Zitronenhaine prägen das landschaftliche Bild, in die engen Buchten schmiegen sich anmutige Dörfer. Tourismus und authentischer Alltag harmonieren hier noch weitgehend reibungsfrei. Unangefochtener Hauptort ist die Stadt Sorrent, die auf eine lange Tradition als Fremdenverkehrsmekka zurückblickt. Täglich legen hier die Boote nach Capri ab, auch die Ausgrabungszonen der Vesuvküste sind von Sorrent aus mit der Bahn gut zu erreichen. Daher ist es kein Wunder, dass sich die Stadt bei Gästen außerordentlicher Beliebtheit erfreut und über ein prall gefülltes Unterkunftsverzeichnis verfügt. Geografisch zählt die Halbinsel zu den Monti Lattari, aus geologischer Sicht firmiert Capri als natürliche Verlängerung der Halbinsel.

Ein typisches Bild der Zitronenküste sind die Netze in den Gärten und Plantagen – grüne Netze für Oliven und schwarze zum Schutz der Zitronen. Die Netzkultur findet man nur auf der nördlichen, dunklen Seite der Halbinsel, die so etwas wie ein zu Landschaft geronnenes Yin-Yang-Zeichen ist. Tuffsteinmauern, Bewuchs und kleine Bauerndörfer tragen zum schattigen Bild der Landschaft bei, die zur Gänze dem Golf von Neapel zugewandt ist. Im Gegensatz dazu gehört die lichte Seite der Halbinsel – steiler, wegeloser und kaum besiedelt – bereits zum Golf von Salerno. Ein ideales Wanderrevier! Das beliebteste Ausflugsziel auf der lichten Seite ist Marina del Cantone. Der Schotterstrand platzt hier an sonnigen Wochenenden aus allen Nähten.

Romantischer ist das Bad im Meer in der Nachbarbucht Recommone, zu der man zu Fuß oder per Boot gelangt.

Wie hinkommen?

Shuttlebusse verbinden die Stadt Sorrent mit dem internationalen Airport in Neapel. Unkompliziert ist die Anreise auch vom Hauptbahnhof Neapel mit der Vorortbahn (Circumvesuviana). Obendrein ist Sorrent per Boot von Capri und Neapel aus erreichbar. Die Agrardörfer auf der Halbinsel wiederum sind mit Lokalbussen an Sorrent angeschlossen. Ein eigenes Auto ist von Vorteil bei einem Quartier weitab vom Schuss im Grünen.

Was anschauen?

Sorrent: Der Hauptort der Halbinsel präsentiert sich als Gesamtkunstwerk ohne Top-Sehenswürdigkeit und bietet eine überragende Lebensqualität. Von vielen Aussichtspunkten in der Altstadt fällt der Blick über das Wasser auf den Vesuv. Sehenswert sind u. a. die Villa Correale und die Werkstätten der Holzintarsienkünstler. → S. 207

Was unternehmen?

Monte di San Costanzo: Der schönste Aussichtsberg der Halbinsel von Sorrent ist unkompliziert von Termini zu Fuß erreichbar. Von der Kirche am Gipfel fällt der Blick über den Golf von Neapel und den Golf von Salerno; Capri, Ischia, die Vesuv- und Amalfiküste liegen einem zu Füßen. → S. 219

Punta della Campanella: Vom „Glöckchen-Kap" am südlichen Ende des Golfs ist Capri zum Greifen nah. Weil aufgrund der Steilküste und der gefährlichen Meeresströmungen hier keine Boote anlegen, kann man die wildromantische Landspitze nur zu Fuß erreichen. → S. 219

Monte Faito: Bequemer geht es kaum: In Castellammare di Stabia vom Zug in die Seilbahn umsteigen, und schon kurze Zeit danach liegt einem der ganze Golf zu Füßen! → S. 202

Wo übernachten?

Sorrent (→ S. 206 ff.) verfügt über eine ausgezeichnete touristische Infrastruktur und bietet vielfältige Einkaufsmöglichkeiten. Auffallend häufig hört man auf den Straßen Englisch – auch bei Einheimischen! Kein Wunder, dass sich der Ort großer Beliebtheit erfreut. Einziges Manko ist das hohe Preisniveau. Wer preisgünstig logieren will, sollte besser auf ländlich gelegene Orte wie Massa Lubrense (→ S. 218), Nerano (→ S. 222) oder Sant'Agata (→ S. 225) ausweichen. Inzwischen sind aber viele Quartiere auch hier keineswegs billig!

**Halbinsel
von Sorrent**

2 km

Castellammare di Stabia

Die Großstadt an den Hängen der Monti Lattari bildet das geografische Scharnier zwischen der Vesuvküste und der Halbinsel von Sorrent. Vom Altstadtbahnhof fährt eine Kabinenseilbahn hinauf auf den Monte Faito, wohingegen in der Neustadtperipherie zwei römische Villen zu besichtigen sind.

Die römische Siedlung Stabiae war einst ein luxuriöser Villenstandort in bäuerlich geprägter Umgebung. Sie verfügte obendrein über heiße Thermen sowie über einen Hafen, an dem beim Ausbruch des Vesuvs 79 n. Chr. Plinius der Ältere anlegte, um anderntags am Strand tot zusammenzubrechen. Die im 16. und 17. Jh. eher zufällig entdeckten und seit Mitte des 18. Jh. zu einem Teil freigelegten Römervillen lagen am Rand einer natürlichen Ge-ländestufe *(Collina di Varano)* mit Prachtblick auf den Golf. Zwei der antiken Anlagen – die Villa Arianna sowie die Villa San Marco – können heute besichtigt werden. Erstere stammt aus dem 2. Jh. v. Chr. und verfügt über ansehnliche Reste von Wandmalereien. Die Villa San Marco wurde dagegen in augusteischer Zeit erbaut; hier wissen v. a. das Atrium sowie der von Säulenhallen gesäumte Hof *(peristylium)* zu gefallen. Wer jedoch andere Villen der Vesuvküste – z. B. die Villa Oplontis in Torre Annunziata – bereits kennengelernt hat, wird hier kaum auf Überraschendes stoßen. Hinzu kommt die schwierige Erreichbarkeit der Ausgrabungsstätten, die etwa 800 m weit auseinander liegen (tägl. 8.30–17 Uhr, April bis Okt. bis 18 Uhr; Eintritt frei; nächster Circumvesuviana-Bahnhof ist „Via Nocera").

Mehrere chronisch verstopfte Zufahrtsstraßen enden als Sackgasse am Eingang zur Altstadt, die ästhetisch wie atmosphärisch keine Maßstäbe setzt. Zudem mangelt es an einer touristischen Infrastruktur, sodass der Ort trotz günstiger strategischer Position zwischen Vesuv, Amalfiküste und Sorrent als Standortquartier kaum eine Rolle spielt. Allenfalls der zentrale Circumvesuviana-Bahnhof dient auf dem Weg zum Monte Faito (→ S. 202) als Umsteigestation zur Seilbahn (funivia). An der Küstenstraße in Richtung Vico Equense liegt das mittelalterliche Kastell, von dem sich der Ortsname Castellammare ableitet. Von erhöhter Warte blickt es auf eine schwerlich zu übersehende Werft (cantiere navale), die nicht nur größter Arbeitgeber der Stadt ist, sondern auch auf eine erkleckliche Tradition zurückblickt. Hier ließ John Acton – Minister, Militär und Vertrauter der Königin Maria Carolina – am Ende des 18. Jh. einige Fregatten bauen, die den Grundstock der projektierten Flotte für das Königreich Neapel bilden sollten. Die Niederlage gegen die Franzosen setzte den Bemühungen ein Ende.

Oberhalb von Castellammare liegt am Hang der Monti Lattari der Ort Gragnano – eine namhafte Pastahochburg, die in ganz Italien einen exzellenten Ruf besitzt. Pastamanufakturen sind hier bereits im 16. Jh. belegt. Für den Pastatransport wurde 1885 eigens die erste italienische Eisenbahnlinie von Neapel nach Portici bis hierher verlängert. Die Ruinen von 30 Wassermühlen in der Umgebung bezeugen die vormalige Wirtschaftsaktivität. Noch heu-

te findet man Pasta aus Gragnano in den Regalen zahlreicher Feinkostläden. Die Straße von Castellammare nach Amalfi streift das unter der Verkehrsbelastung ächzende Ortszentrum und windet sich in vielen Serpentinen bergwärts. Kurz vor dem Tunnel nach Agerola quert sie das Agrardorf Pimonte. Zu den Landwirtschaftsprodukten der Bergregion zählen Fior di Latte, Salami, Haselnüsse, Feigen, Oliven und Wein. Letztgenannter ist unter der herkunftsgeschützten Bezeichnung „Gragnano DOC" in den regionalen Weinhandlungen erhältlich.

Praktische Infos

Einwohner ca. 67.000 Einwohner

Anfahrt/Verbindungen Pkw. Schnelle Anfahrt von Pompei, die Küstenstraße in Richtung Sorrent untertunnelt das Stadtzentrum. Für einen Besuch der zwei Römervillen nach der Ausfahrt „Gragnano" auf Hinweisschild achten.

Bahn. Castellammare liegt an der Circumvesuviana-Linie Neapel–Sorrent.

Funivia del Monte Faito. Die Talstation der Kabinenseilbahn befindet sich am zentralen Circumvesuviana-Bahnhof. Die Bergstation liegt auf 1092 m Höhe, eine Fahrt dauert 8 Min. Anfang/Mitte April bis Mitte Sept. tägl. 10–17 Uhr. Einfache Fahrt 5,50 €, Hin- und Rückfahrt 8 €.

Übernachten ** Grand Hotel La Medusa.** Luxuspalazzo oberhalb des Stadtzentrums in der Nähe der beiden Römervillen. Ausgezeichnet geführt, exotischer Garten, Spa-Bereich, Ristorante, 49 komfortable Zimmer. DZ ab 145 €. Passeggiata Archeologica 5, ☎ 081-8723383, www.lamedusahotel.com.

Römisches Stabiae:
das Atrium der Villa San Marco

Halbinsel von Sorrent ↓ Karte S. 200

Vico Equense und der Monte Faito

Von der Vesuvküste kommend, ist der erste Ort auf der Halbinsel von Sorrent in den meisten Fällen nur eine Durchgangsstation. Viele Italiener kennen Vico Equense als „Pizzahauptstadt" und fahren zum Essen hierher. Zudem ist es ein exzellenter Ausgangspunkt für Abstecher in die Monti Lattari.

Seit Küstenstraße und Vorortbahn die Steilküste durch lange Tunnels umfahren, ziehen auch die Gästeströme an der mit etwa 21.000 Einwohnern erstaunlich groß gewachsenen Stadt vorbei. Die besten Tage von Vico Equense als Ferienort liegen deshalb in der Vergangenheit. Dennoch lohnt das lebhafte Zentrum, besonders die beiden kleinen Museen, einen Besuch: Über das örtliche Infobüro (→ unten) zugänglich ist das **Antiquarium Silio Italico.** In drei Sälen zeigt es Funde aus etruskischen und griechischen Nekropolen (8.–3. Jh. v. Chr.). Ein weiterer Raum präsentiert Filmplakate vertrauter und vergessener Leinwandstreifen, die auf der Halbinsel von Sorrent und an der Amalfiküste gedreht wurden (Mo–Fr 9–13, Di und Do 15.30–18.30, Sa 9.30–12.30 Uhr, Eintritt frei). Wenige Schritte weiter stellt das **Museo Mineralogico Campano** in einem Kloster aus dem 17. Jh. rund 3500 Mineralien und Fossilien aus der Region zur Schau. Die Objekte stiftete der Ingenieur Pasquale Discepolo, der im Lauf seines Lebens die umfangreiche Sammlung zusammentrug (Di–Sa 9–13 und 17–19, So 9–13 Uhr; 2,50 €; Viale Rimembranza 1, www.museomineralogico campano.it).

Das Zentrum ist die Piazza Umberto I mit dem Delphinbrunnen in der Mitte. Vieles spielt sich hier sowie beiderseits der vom Platz abgehenden Straßen ab. Vom Stadtzentrum führt eine schmale Stichstraße hinunter zur Stadt-Marina ans Meer. Auch der Ortsteil **Seiano,** dessen Ausläufer die Straße nach Sorrent berührt, verfügt über einen Hafenzugang mit kleinem Strand und einer Handvoll Hotels und Fischrestaurants *(Marina di Aequa).* Nicht ohne Reiz ist auch der Abstecher in die beschaulichen Dörfer an den landwirtschaftlich intensiv genutzten Hängen der Monti Lattari. Für den Ausflug sollte man ein wenig Zeit einplanen, denn die komplette Runde von Seiano durch die Berge nach Vico Equense zieht sich über 20 Kilometer. Eine Stichstraße führt von der SS 269 ins entlegene Dorf **Santa Maria del Castello** auf einer Seehöhe von 685 m. Auf der anderen Seite blickt man bereits auf die Amalfiküste und den Golf von Salerno. Wanderung 8 verbindet auf einem steilen Maultierpfad Positano mit dem Bauernweiler (→ S. 397 ff.).

Ein weiterer Abstecher endet auf dem 1131 m hohen **Monte Faito.** Dichte Buchen- und Eichenwälder wurden in der Vergangenheit forstwirtschaftlich genutzt, heute ist es der Wald aus Sendeantennen, der als Erstes ins Auge sticht. Vom Belvedere genießt man einen fantastischen Rundblick auf den Golf von Neapel. Alternativ zur Straße verbindet eine Kabinenseilbahn den Bahnhof von Castellammare di Stabia mit dem Gipfel (→ S. 201). Auf holprigem Teerweg gelangen Besucher von der Bergstation der Bahn zum meist fest verrammelten **Santuario di San Michele.** Es erinnert daran, dass der Erzengel hier oben im 9. Jh. dem hl. Antoninus von Sorrent im Gebet erschienen sein soll.

Die Madonna wacht über den Monte Faito, im Hintergrund der Vesuv

Praktische Infos

Information Das **Infobüro** befindet sich im Stadtzentrum. Mo–Fr 9–13, Di/Do 15.30–18.30 Uhr. Corso Filangieri 100, ☏ 081-8015752, www.vicotourism.it.

Anfahrt/Verbindungen Pkw. Die Küstenstraße umgeht das Zentrum von Vico Equense und streift den Teilort Seiano (SS 145). **Parkplätze** im Zentrum sind knapp, die besten Optionen gibt es unten an der Marina.

Bahn. Vico Equense ist Haltepunkt der Circumvesuviana-Züge von Neapel und Sorrent. Die Haltestelle Seiano liegt etwas außerhalb.

Bus. EAV-Busse steuern vom Bahnhof Vico Equense die Marina und die Dörfer oberhalb in den Bergen an, u. a. auch Santa Maria del Castello. 4-mal tägl. fährt ein Bus auf den Monte Faito.

Baden Vico Equense ist ebenso wie Sorrent keine Badedestination. Erfrischungsoptionen bestehen aber beiderseits des Altstadthügels an der **Marina di Vico** (Spiaggia Postali) und in Seiano an der **Marina di Aequa.**

Übernachten * Hotel Astoria.** Günstig am Circumvesuviana-Bahnhof gelegenes Stadthotel. Der Eingang ist so unscheinbar, dass man zuerst einmal daran vorbeiläuft. Moderne Ausstattung und gut geführt, die 23 Zimmer blicken mehrheitlich auf den Vesuv. Frühstücksterrasse und Privatstrand an der Marina di Vico. Einziges Manko ist die Straße vor dem Haus. DZ ab 75 €. Corso Filangieri 25, ☏ 081-8015700, www.astoriavico.com.

***** Sant'Angelo a Belvedere.** Das sympathische Berghotel befindet sich am Belvedere des Monte Faito unterhalb der Bergstation, der Bus hält direkt davor. 5 Zimmer mit Balkon oder Terrasse, Restaurant mit herzhafter kampanischer Landküche. März bis Okt. geöffnet. DZ um 60 €. Piazzale dei Capi, ☏ 081-8793042, www.santangelofaito.it.

Agriturismo Sorgente del Melo. Der nach einer alten Quelle benannte Bauernhof befindet sich in Santa Maria del Castello. Der Inhaber ist mit den Wanderwegen in der Umgebung bestens vertraut. Hier leben glückliche Schweine, angebaut werden u. a. Artischocken und Zwiebeln. 5 einfache Zimmer, stimmungsvolles und rustikal eingerichtetes Restaurant mit exzellenter Landküche (Menü um 20 €). DZ ab 60 €. Via Tessa 2 (an der Straße ausgeschildert), ☏ 081-8023701, www.lasorgentedelmelo.it.

Camping Sant'Antonio. Günstig gelegener Zeltplatz direkt hinter der Küstenpromenade in Seiano. Trotz Zitronen- und Olivenbäumen wenig Schatten, Vermietung von Bungalows für max. 4 Pers. Mitte März bis Okt. geöffnet. 2 Pers., Zelt und Auto ab 28 €, Bungalow ab 50 €. Via Arcoleo 21, ☏ 081-8028570, www.campingsantantonio.it.

Essen & Trinken Torre del Saracino. Von außen pures Understatement, entpuppt sich das Ristorante im Sarazenenturm an der Marina di Seiano als eine der besten kulinarischen Adressen der ganzen Halbinsel (2 Michelinsterne). Sitzplätze im modern eingerichteten Nebenhaus oder draußen auf der Veranda, im Turm steht eine alte Ölpresse. Zur Auswahl stehen 3 Menüs, die man sich aus Einzelposten zusammenstellt (120–180 €). Mo, So abends und Di mittags geschlossen. Via Torretta 9, ☏ 081-8028555, www.torredelsaracino.it.

Mein Tipp **Taverna Torre Ferano.** Die Slow-Food-Osteria liegt weit oberhalb von Vico Equense in den Bergen. Von Gartenterrassen umgebenes Landhaus, eigener Wein- und Gemüseanbau. Traditionelle Küche mit kreativen Akzenten und mit Anspruch. Rustikaler Innenraum mit kleiner Aussichtsterrasse, Außer-Haus-Verkauf von Wein, Olivenöl und Limoncello. Menü ca. 25 €. Tägl. ab 12 Uhr. Via Raffaele Bosco 810 (von Seiano kommend auf der SS 269 in Richtung Monte Faito rechts), ☏ 081-8024786, www.torreferano.it.

Titos. Ristorante und Pizzeria im Zentrum mit großen Kapazitäten drinnen wie draußen auf der Terrasse. Fein eingedeckte Tische, korrekter Service, Meeres- und Landküche hält sich in etwa die Waage. Menü ab 30 €, Pizza ab 8 €. Jan./Febr. geschlossen, sonst tägl. mittags und abends geöffnet. Corso Filanghieri 67, ☏ 081-8015092, www.titosristorante.it.

Zi Peppe. Das bodenständige Ausflugsristorante mit angeschlossener Bar befindet sich an der Ortsdurchfahrt in Santa Maria del Castello. Herzhafte, authentische *cucina casareccia* mit Gerichten zu kleinen Preisen. Tägl. mittags und abends geöffnet. Via Santa Maria del Castello 17, ☏ 081-8023825.

Gelateria Gabriele. Traditionsbetrieb (seit 1968) im Zentrum mit mehrfach prämierten kulinarischen Erzeugnissen *(prodotti tipici).* Eis, Süßgebäck sowie eine unübertroffene Auswahl an Käsespezialitäten. Online-Shop. Tägl. außer Di 9–14 und 16–24 Uhr. Corso Umberto I, ☏ 081-8798744, www.gabrieleitalia.com.

Meta, Piano di Sorrento und Sant'Agnello

Ursprünglich einmal eigenständige Ortschaften, sind die drei Städte heute mit Sorrent zu einer „Großstadt" zusammengewachsen. Wie Sorrent liegen sie auf einem Tuffsteinplateau mit Zugang zum Meer.

Neuankömmlinge, die zum ersten Mal auf der Küstenstraße von Vico Equense in Richtung Sorrent reisen, geraten angesichts der überwältigenden Szenerie ins Staunen. In der Tat wird hier „große Oper" gespielt, besonders nachmittags, wenn die Sonne das lotrecht zum Meer hin abfallende Tuffsteinplateau vor dem Hintergrund der Berge in zarte Farben hüllt. Beim Zivilisationsteppich handelt es sich jedoch mitnichten um Sorrent, wie manche Reisende anfangs meinen. Die Stadt Sorrent markiert lediglich den hinteren Abschluss besagten Plateaus, die anderen Orte heißen nacheinander Meta, Piano di Sorrento und Sant'Agnello. Es handelt sich um ursprünglich eigenständige Orte, die sich im Verlauf der Zeit vergrößerten

und den Eindruck einer zusammenhängenden Großstadt vermitteln. Entsprechend macht die anfängliche Faszination rasch einer Ernüchterung Platz, sobald Reisende auf der Ortsdurchfahrt im chronischen Verkehrsstau stecken. Wer das Bestimmungsziel Sorrent erreichen möchte, muss das Nadelöhr der drei Ortskerne passieren! Für Fußgänger und Anwohner an der Ortsdurchfahrtsstraße ist dieser Verkehrsinfarkt alles andere als erfreulich. Aus diesem Grund stehen Meta, Piano und Sant'Agnello auf der Hitliste begehrter Urlaubsstandorte nicht sehr weit oben. Eine Ausnahme ist Sant'Agnello, denn die Nähe zu Sorrent adelt den Ort zur geeigneten Standortalternative mit zahlreichen Unterkünften.

Die Vorzüge dieser drei Orte enthüllen sich erst auf den zweiten Blick: In den Straßen abseits der Ortsdurchfahrt zeigt sich der süditalienische Alltag von der authentischen Seite und nur wenig beeindruckt vom Fremdenverkehr, der Sorrent in Atem hält. Neben lebhaften Zentren verfügen die Orte über kleine Strandpartien, verwitterte Hafenzeilen sind durch zuweilen holprige Abfahrten mit der Oberstadt verbunden. An der Bergseite enden die Gassen nicht selten vor verrammelten Toren zu lauschigen Zitronengärten. Das Alltagsleben zeigt sich von seiner ländlichen, entspannten Seite, auch wenn es hier nicht allzu viel zu tun gibt.

Praktische Infos

Verbindungen Bahn. Alle drei Orte verfügen über eine Circumvesuviana-Haltestelle, an der Züge von und nach Sorrent und Neapel halten.

Bus. Der EAV-Stadtbus von Sorrent fährt durch alle Orte hindurch, in Meta hin und wieder auch hinunter an den Strand (auf Beschriftung achten).

Einkaufen Cassano 1875. Kleine Likörmanufaktur an der Marina von Piano di Sorrento, alteingesessener Betrieb mit hübsch dekoriertem Verkaufsgeschäft, in dem die Produktion stattfindet. Neben Limoncello auch Verkauf von Honig, Wein und Keramik. Via Marina di Cassano 40, ☎ 081-5323883, www.limoncellodisorrento.net.

Übernachten ✶✶✶✶ Hotel Corallo. Eleganter Uferpalazzo in Sant'Agnello, das Zentrum von Sorrent ist in 30 Min. zu Fuß erreichbar. Große Sonnenterrasse mit Pool und Meerblick, Lift zum Strand, erstklassiges Restaurant. 53 komfortable Zimmer, nicht alle mit Meerblick. DZ ab 130 €. Ostern bis Okt. geöffnet. Via Nuovo Rione Cappuccini 12, ☎ 081-8073355, www.hotelcorallosorrento.com.

Seven Hostel. Die private Jugendherberge befindet sich in Sant'Agnello, das Zentrum von Sorrent liegt nur eine Bahnstation entfernt. Modernes Ambiente, entspannte Atmosphäre mit Bar, Privatzimmern und Schlafsälen mit 6–12 Betten. Ganzjährig offen. Bett im Schlafsaal ab 20 €, DZ ab 60 € (Frühstück kann hinzugebucht werden). Via Iommella Grande 99, ☎ 081-5342182, www.sevenhostel.com.

Camping I Pini. Große Platzanlage in Piano di Sorrento mit gutem Zeltboden, der Pool wird auch von Schulklassen genutzt, Supermarkt 5 Min. entfernt. Auch Bungalowvermietung. 2 Pers., Zelt und Auto ab 25 €. Corso Italia 242, ☎ 081-8786891, www.campingipini.com.

Essen & Trinken Osteria Arcadia. Die familiäre Osteria an der Hauptstraße in Piano ist zünftig in eine Grotte hineingebaut. Abends ziehen die Wohlgerüche herzhafter Gerichte durch den Speiseraum, am besten bespricht man die Menüfolge am Tisch mit dem Patron (spricht Deutsch). Fisch- und Fleischgerichte. Menü ca. 25 €. Tägl. außer Di mittags und abends geöffnet. Corso Italia 199 (im Zentrum von Piano), ☎ 081-8787076.

MeinTipp La Conca. Herausragendes Ambiente am Golden Beach von Meta, gepaart mit exzellenter Fisch- und Meeresfrüchteküche. Von jungen Inhabern engagiert geführtes Restaurant mit hinreißenden Außenplätzen direkt am Wasser sowie mit Blick auf die Steilküste. Jahreszeitlich wechselnde Karte, Frischegarantie. Menü ab 30 €. Ganzjährig mittags geöffnet, Mai bis Okt. auch abends. Via del Mare in Meta (III Traversa Alimuri), ☎ 081-5321495, www.ristorantelaconca.net.

Sorrent (Sorrento)

Die Stadt ist ein Sehnsuchtsziel der Italienreisenden und fest in der Hand der Tourismus- und Freizeitwirtschaft. Trotz der hohen Gästezahlen gehört Sorrent zu den Zielen am Golf, die man unbedingt gesehen haben sollte. Vom Fährhafen an der Marina Piccola legen die Schiffe nach Capri ab.

Nirgendwo sonst ist die „klassische Italienreise" so klassisch wie in Sorrent.

Und nirgends zeigt sich die Silhouette des Vesuvs so charakteristisch wie von

Romantischer Fischerhafen im Ortsteil Marina Grande

den Aussichtsterrassen im Zentrum. Das urbane Zentrum der Zitronenküste besticht durch eine hohe Lebensqualität und bietet eine ungeahnte Fülle an so ziemlich allen Dingen, nach denen das Herz verlangt. Das Preisniveau ist durchweg hoch, von Touristenfallen im Zentrum sollte man lieber Abstand halten. In der Hauptsache punktet die Innenstadt mit reichlich mediterranem Flair und einer beneidenswerten Anzahl fantastischer Aussichtspunkte. Hart auf Kante des senkrecht abfallenden Tuffsteinplateaus genäht sind auch die vielen exklusiven Traumhotels, die mit bildschönem Keramikschmuck und romantischen Gärten die Fantasie der Gäste beflügeln. Dass traditionell viele Urlauber aus dem angelsächsischen Raum nach Sorrent kommen, beweisen u. a. die Tea Rooms im Zentrum. Englischkenntnisse sind, wen wundert es, ausnahmsweise weitverbreitet! Abgesehen von dem Naturspektakel an der Steilabbruchkante gibt es eine ganze Reihe von Attraktionen in der Stadt, die eine Besichtigung lohnen: z. B. den Kreuzgang San Francesco, das Museum in der Villa Correale, den Sedile Dominova, die Marina Grande mit dem Fi-scherhafen und nicht zuletzt die Werkstätten *(botteghe)* der **Holzintarsien-künstler.** Letztere deuten auf eine wichtige Kunsthandwerkstradition hin, die ihren Ursprung in Kleinasien hatte, im 16. Jh. in Sorrent zur Blüte gelangte und Mitte des 19. Jh. durch Handwerker aus Nizza eine stilistisch-technische Auffrischung erfuhr. Die spezifisch sorrentinische Intarsientechnik *(arte della tarsia)* erinnert in ihrem Formenreichtum ein wenig an pompejanische Mosaikarbeiten – das *opus tesselatum* aus der Antike (gemeint ist hier eine gitterartige Anordnung der Steinchen). Heute leidet das Kunsthandwerk erheblich unter Billigimporten aus Fernost. Ein Museum dokumentiert die Entwicklung der Intarsienkunst in Sorrent.

Ein schöner Ausflug führt westwärts zum **Capo Sorrento.** Von der Bushaltestelle an der Küstenstraße in Richtung Massa Lubrense führt ein Fußweg hinunter ans Meer. Zwischen rauen Felsenriffs, spritzender Wassergischt und einer abenteuerlichen Badestelle befinden sich die Reste der römischen Villa des Pollius Felix. Ein weiterer Abstecher von derselben Küstenstraße visiert den kleinen Fischerweiler **Marina di Puolo** an. Am Meer treffen die Besucher auf herrlich verwitterte Fassaden und eine Handvoll einfacher Restaurants und Bars. Eine schmale Stichstraße endet an gebührenpflichtigen Parkplätzen oberhalb der Marina. Von erwähnter Bushaltestelle am Capo Sorrento führt außerdem ein Fußweg nach Marina di Puolo.

Geschichte

Die Griechen kannten die Siedlung als *Syrentón*, die Römer nannten sie dann *Surrentum*. Die Übersetzung aus dem Griechischen lautet „Zusammenfluss", was sich auf tückische Strömungen im Meer oder auch auf den Sirenenmythos beziehen könnte. Immerhin ist es von hier bis zu den Sirenenfelsen bei Capri und vor Positano nur ein Katzensprung! Neben den Griechen siedelten hier in vorchristlicher Zeit Osker und andere altitalische Stämme. Im 20. Jh. fand man am Ortsrand von Sant'Agata zahlreiche oskische Gräber, die die These stützen. Im Vergleich zu den ungleich glanzvolleren Zentren an der Golfküste waren die Griechenstadt und Römerkolonie auf der Halbinsel relativ unbedeutend. Den Verlauf des antiken *decumanus maximus* zeichnet heute die Via San Cesareo – die Parallelgasse zum Corso Italia – nach, während sich das Forum an der Stelle befand, wo heute der dekorative *Sedile Dominova* die Blicke auf sich lenkt. Ebenfalls aus römischer Zeit, wenigstens teilweise, stammen einige Reste der landseitig verlaufenden Stadtmauer unweit der Kathedrale *(antiche mura)*. Sorrent war vom Meer her so gut wie uneinnehmbar, die Achillesferse auf der anderen Seite hingegen verlangte nach dem Bau eines Forts. Dies misslang 1133, als sich die Normannen der Stadt bemächtigten und in ihr wachsendes Imperium eingliederten. Von nun an vollzog sich die urbane Entwicklung im Rahmen der politischen Ereignisgeschichte Süditaliens. 1558 erfolgte die Eroberung und Plünderung durch den osmanischen Heerführer Turgut Rais, der mit seinen Raubzügen v. a. im Süden Kampaniens fürchterliche Zerstörungen anrichtete. Der Überfall fiel bereits in die Lebens- und Wirkungszeit von Torquato Tasso (→ Kasten, S. 209), dem Goethe später mit einem gleichnamigen Drama ein Denkmal setzte.

Sant'Antonio Abate: Hier schlägt das spirituelle Herz von Sorrent

Verrückt und genial: der Dichter Torquato Tasso (1544–1595)

Der zentrale Platz in Sorrent ist die Piazza Tasso. Auf dieser steht, ein wenig abseits, die Skulptur des italienischen Renaissancedichters, dessen tragische Vita Johann Wolfgang von Goethe zu einem Drama animiert hat, das 1807 in Weimar uraufgeführt wurde. Bereits die Jugend verlief turbulent, weil Vater Bernardo ein Gefolgsmann des Adeligen Ferrante Sanseverino war, der wiederum nach der gescheiterten Revolte gegen die spanischen Vizekönige in Neapel in Ungnade fiel. Als unmittelbare Folge mussten Vater und Sohn gemeinsam ins Exil, zunächst nach Rom und dann nach Urbino in den Marken, wo Torquato Tasso die Dichtkunst für sich entdeckte. Das eigentliche Drama vollzog sich aber erst 1565, als der soeben mit ersten dichterischen Weihen versehene Torquato eine Stelle am Hof zu Ferrara annahm. Dort feilte er an seinem Hauptwerk, ein Epos mit dem Titel „Das befreite Jerusalem" (*La Gerusalemme liberata*), das er nach über 15 Jahren Arbeit 1574 vollendete. Danach vermehrten sich ganz allmählich Anzeichen schleichenden Verfalls: Phasen der Melancholie und des Wahns wurden immer häufiger sichtbar, ein Krankheitsbild, das man heute wahrscheinlich als Schizophrenie bezeichnen würde. Als er dann auch noch der Versuchung erlag, ein Verhältnis mit der herzoglichen Prinzessin anzufangen, sank sein Stern vollends. Mehr als sieben Lebensjahre verbrachte er insgesamt in Haft!

Die Ahnen Torquato Tassos entstammten übrigens einem Grafengeschlecht aus Bergamo. Aus einer Seitenlinie dieser Familie ging später das Adelshaus Thurn und Taxis (Torre e Tasso) hervor.

Sehenswertes

Obwohl Sorrent seit mindestens 420 n. Chr. Bischofssitz ist, zählt die Kathedrale (Duomo Santi Filippo e Giacomo) nicht zu den Hauptsehenswürdigkeiten der Stadt. Ein markanter Blickfang ist jedoch der barocke Glockenturm am Corso Italia – der Haupteinkaufsstraße im Stadtzentrum. Zwischen Boulevard und Meer breitet sich die Altstadt aus, wobei hier die Faustregel gilt: je weiter weg von der Piazza Tasso und der Steilkante zum Meer, desto ruhiger wird es in den Gassen. Auch wenn der Weg etwas weiter ist, sollte man den Abstecher zum alten Fischerhafen, der Marina Grande, nicht versäumen. Hier geht es weitaus beschaulicher zu als an der Marina Piccola, die sichtlich unter dem Tagesausflugsverkehr nach Capri ächzt. Sogar eine kleine Werft gibt es an der Marina Grande!

Basilica Sant'Antonino Abate: Nicht in der Kathedrale, sondern in der äußerlich unscheinbaren Barockkirche neben dem Teatro Tasso schlägt das spirituelle Herz der Stadt. Der prächtig ausgestattete Sakralbau ist dem Schutzheiligen von Sorrent geweiht, dem hl. Antoninus. 1558 wurden die Gebeine des Benediktinerabts, der in den Wirren der Völkerwanderung Augenzeuge der Zerstörung des Mutterklosters Montecassino durch die Langobarden war, neben der Stadtmauer entdeckt. Heute ist das Gotteshaus als Pontifikatskirche direkt dem Papst unterstellt. Besonders die Besichtigung der Krypta mit zahlreichen ausgestellten Pilgervotivgaben lohnt sich.

Sedile Dominova: Die um 1400 erbaute Loggia gehört zu den wenigen erhaltenen Ratsgebäuden Kampaniens. Viele wurden zerstört, als der Bourbone Ferdinand IV. im 19. Jh. die kommunalen Selbstverwaltungsrechte beschnitt. Die Loggia war einst Versammlungsort des städtischen Adels und dient heute unverkennbar als sozialer Treffpunkt älterer Männer. Letzteres ist bemerkenswert, da sich der gemeinnützige Verein für gegenseitige Unterstützung (*Società Operaia di Mutuo Soccorso*) bereits seit 1877 um die sozialen Belange der Einheimischen kümmert! Beachtenswert sind außerdem die farbenfrohen Fresken und die hochwertige Illusionsmalerei aus dem 18. Jh. Letztere stammt vom neapolitanischen Künstler Ignatio Chianese.

Kreuzgang San Francesco

Chiostro San Francesco und Villa Comunale: Die ehemalige Konventskirche der Franziskanermönche wird heute vorzugsweise für Trauungen genutzt. Das obligatorische Brautfoto wird im Anschluss an die Zeremonie nebenan im dekorativen Kreuzgang geschossen, der daher freitags und samstags häufig für Besucher gesperrt ist. Während der Saison wird der orientalisch anmutende Kreuzgang für Kunstausstellungen genutzt. Der Zugang erfolgt vom Park an der Steilkante des Tuffplateaus. Von der Terrasse öffnet sich ein herrlicher Blick auf den Golf von Neapel. Ein Aufzug verbindet die Anlage mit dem Strand. Unmittelbar westlich schließt sich das Terrain des Hotels Tramontano an. Es handelt sich um das Geburtshaus des Dichters Torquato Tasso (→ Kasten, S. 209).

Museobottega della Tarsilignea: Das Museum im hinteren Teil der Altstadt zeigt auf drei Etagen Meisterwerke der Holzintarsienkunst (→ S. 207) vom 19. Jh. bis in die Gegenwart. Auch die Ausstellungsräume im historischen Palazzo lohnen bereits den Besuch. Die ständige Präsentation verdeutlicht, wie sich dieses Kunsthandwerk seit den 1830er-Jahren als Reaktion auf die Nachfrage vermögender ausländischer Italienreisender nach künstlerisch hochwertigen Souvenirs entwickelte und dabei auf ältere Traditionen zurückgriff. In der Blüte der Kunsthandwerkstradition besaß Sorrent sogar eine eigene Holzintarsienschule. Erläutert werden darüber hinaus die eingesetzten Materialien sowie Verarbeitungstechniken. Das Museum veranstaltet Kurse, in denen Interessierte die Grundlagen der Holzintarsienkunst erlernen.

■ April bis Okt. tägl. 10–18.30 Uhr, Nov. bis März 10–17.30 Uhr. 8 €, erm. 5 €. Via San Nicola 28, www.museomuta.it.

Museo Correale di Terranova: Die Villa zwischen Sorrent und Sant'Agnello liegt in einem weitläufigen Park und zeigt auf drei Stockwerken ein buntes

Illusionsmalerei vom Feinsten im Sedile Dominova

Sammelsurium von Antikenfunden, Gemälden u. a. mit romantischen Genreszenen aus der Epoche der Grand Tour, Antikmobiliar sowie Porzellan und Keramik aus aller Welt. Ein Teil der Villa wird für Wechselausstellungen genutzt. Außerdem verwahrt die Bibliothek einige Handschriften von Torquato Tasso im Original (→ Kasten, S. 209). Vor der Museumseröffnung 1924 fungierte der zweiflügelige Repräsentationsbau aus dem 18. Jh. als Sommerresidenz der Grafen von Terranova. Die gezeigten Kunstwerke entstammen überwiegend dem Familienbesitz. Durch den Park mit Zitronen- und Orangenbäumen führt ein Weg, der an einer Aussichtsterrasse mit kleiner Bar hoch über dem Meer endet.

▪ Di–Sa 9.30–18.30, So 9.30–13.30 Uhr, Nov. bis März tägl. außer Mo 9.30–13.30 Uhr. 8 €, erm. 5 €. Via Correale 50, www.museocorreale.it.

Basis-Infos

Einwohner ca. 16.700 Einwohner

Information Das **Infobüro** befindet sich in der Eingangslobby des Foreigner Clubs (→ Essen & Trinken). Mo–Fr 8.30–18, Sa 9–13 Uhr. Via Luigi de Maio 35, ✆ 081-8074033, www.sorrentotourism.com.

Anfahrt/Verbindungen **Pkw.** Ab Castellammare di Stabia verläuft die Küstenstraße (SS 145) häufig durch Tunnels, später quert sie nacheinander die Orte Meta, Piano di Sorrento und Sant'Agnello.

Parkraum in Sorrent ist knapp, am besten schon bei der Hotelbuchung nach Parkplätzen fragen. Tiefgaragen gibt es u. a. an der Zufahrt zur Marina Piccola (auf Capri darf das Auto nicht mitgeführt werden!) und am Bahnhofsvorplatz. Verkehrsgünstig in Altstadtnähe liegt das Parkdeck Ulysse (Via dl Mare) und das Parkhaus Achille Laura (in der Nähe der Villa Correale).

Parkgebühren (Pkw): 2 €/Std. an der Straße (blau markierte Parkflächen), 24 €/Tag in Parkhäusern.

Langzeitparkplätze für **Capri-Besucher:** Die Firma „Car Valet" vermittelt Parkplätze und hat einen Kiosk am Fährhafen. Organisation von Shuttlebussen zum Hafen, Fährtickets u. v. m. (✆ 081-8771477, www.cooperativatasso.com). Zudem gibt es eine Garage an der Stichstraße zum Fährhafen (Garage Marina Piccola, 18 € für 6 Std., 30 €/Tag, www.garagesorrento.com).

Bahn. Sorrent ist Endhaltestelle der Circumvesuviana von Neapel via Ercolano und Pompei. Die Fahrtzeit von und nach Neapel beträgt rund 1 Std. Es gibt langsamere Züge und einige wenige, die schneller unterwegs sind und nicht überall halten. In Ercolano und Pompei halten alle Züge. Preisbeispiel von Sorrent nach Neapel: 4,10 €.

Der „Campania Express" verkehrt von Mitte März bis Okt. 4-mal tägl. zwischen Neapel und Sorrent. Die Fahrtzeit beträgt 50 Min., Tickets kosten 8 € (15 € hin und zurück). Unterwegs halten die Züge u. a. in Pompei und Ercolano.

> Am Bahnhof Sorrent können Eintrittskarten für Pompeji vorgebucht werden. Gut, um eventuelle lange Wartezeiten am Eingang zu verkürzen!

Bus. SITA-Busse fahren vom Bahnhofsvorplatz nach Amalfi bzw. steuern Orte auf der Halbinsel von Sorrent an. Die Busse nach Positano und Amalfi sind häufig voll, daher rechtzeitig am Bussteig sein! Preisbeispiel: Sorrent–Positano 2 €, das SITA-Tagesticket kostet 10 €.

EAV-Stadtbusse verkehren innerhalb von Sorrent, z. B. zwischen Bahnhof und der Marina Piccola bzw. der Marina Grande oder zwischen Meta und Massa Lubrense. Letztere halten nicht am Bahnhofsvorplatz, sondern oberhalb der Bahntrasse an der Via degli Aranci. Kurzstrecke 1,30 €, Fahrten bis 1 Std. 1,70 €.

6-mal tägl. fährt vom Bahnhof ein Bus über Castellammare und Pompei zum **Flughafen Neapel.** Das Ticket kostet 10 €. Infos unter www.curreriviaggi.it.

Schiff. Der Fährhafen Marina Piccola trägt die Hauptlast des Tagesausflugsverkehrs nach Capri. Dementsprechend betriebsam geht es dort zu den Stoßzeiten am frühen Vormittag und späten Nachmittag zu. Tickets für die Überfahrt gibt es an den zahlreichen Countern der Fährgesellschaften (Fahrzeiten und Tarife → S. 145).

Taxi. Taxistände befinden sich am Bahnhof (☏ 081-8772484) und an der Piazza Tasso (☏ 081-8782204).

Gepäckaufbewahrung In der Tiefgarage am Bahnhofsvorplatz. 1 €/Std. und 5 €/Tag.

Ärztliche Versorgung Azienda Sanitaria Locale Napoli. Das Krankenhaus befindet sich im Stadtzentrum. Corso Italia 1, ☏ 081-5331111.

Feste & Veranstaltungen Patronatsfest. Zu Ehren des städtischen Schutzheiligen Antonino di Sorrent. 14. Febr.

Settimana Santa. Schwarz und weiß gekleidete Bruderschaften formieren sich zu beeindruckenden Prozessionen (auch in Meta, Sant'Agnello, Piano di Sorrento). Karfreitag.

La Magia del Natale. Suggestive Weihnachtsbeleuchtung und jede Menge Krippenkunst. Adventszeit bis zum Dreikönigstag.

Tarantella Sorrentina. Die süditalienische Tanz- und Musiktradition basiert auf schnellen Rhythmen und Instrumentalbegleitung u. a. durch Schellentrommel, Akkordeon und Gitarre. Beste Option, diesen ekstatischen Tanz kennenzulernen, ist der Fauno Notte Club. Piazza Torquato Tasso 13, ☏ 081-8781021.

Bühne/Kunst **Teatro Tasso.** Das Stadttheater führt von April bis Okt. tägl. um 21.30 Uhr das „Sorrento Musical" auf, ein auf den Geschmack der Feriengäste abzielendes Folklorespektakel. Karten gibt es ab 25 €. Piazza Sant'Antonino, ☏ 081-8075525, www. teatrotasso.it.

Villa Fiorentino. Die vorbildlich sanierte Villa am Corso wird von der *Fondazione Sorrento* für wechselnde Kunstausstellungen genutzt, der Fokus liegt auf moderner Malerei und Skulptur. Tägl. 10–13 und 16–20 Uhr. 5 €. Corso Italia 53, ☏ 081-8782284, www.fondazionesorrento.com.

Aktivitäten

Baden Spiaggia San Francesco. Von der Villa Comunale an der Franziskanerkirche fährt ein Aufzug hinunter zum Stadtstrand. 1 €.

Bademöglichkeiten gibt es außerdem am **Capo Sorrento** und in **Marina di Puolo.**

Einkaufen Museobottega della Tarsialignea. Verkaufsausstellung örtlicher Intarsienkünstler (→ S. 210). Via San Nicola 28, ℡ 081-8771942, www.alessandrofiorentino collection.it.

Limonoro. Qualitätsadresse im Stadtzentrum für Limoncello und andere süße Köstlichkeiten: Zitronenbonbons, Marmelade oder Schokolade – zum Degustieren und zum Mitnehmen. Schickes Verpackungsdesign (seit 1905). Tägl. 9–22 Uhr. Via San Cesareo 67c, ℡ 081-8771693, www.limonoro.it.

Gloves/Concetta Pane. Die sorrentinische Ledermanufaktur besitzt zwei Geschäfte in der Haupteinkaufsgasse von Sorrent. Das Kultlabel „L'Artigiano Sorrentino" schmückt Taschen jeglicher Couleur und Ledergürtel für die modebewusste Frau von Welt. Via San Cesareo 71–73, ℡ 081-8783415.

Kochkurse Quanto basta. Die exklusive Akademie führt kulinarisch Interessierte in die süditalienische Kochkunst ein. Seminar inkl. Mittags- oder Abendmenü 90 €, mit Fisch 130 €. Via Fuorimura 20, ℡ 081-8781115, www. quantobastasorrento.com.

Mietfahrzeuge Jolly. Die Allroundagentur vermietet Boote, Pkw, Räder und Scooter. Scooter ab 35 €/Tag, Fahrräder 18 €/Tag und E-Bikes 22 €/Tag. Dependancen in Amalfi und Positano. Via degli Aranci 180 bzw. Corso Italia 3, ℡ 081-8773450 oder 081-8782403, www. jollyrent.com.

Freeway. Eine zweite Universalagentur mit freundlichem sowie kompetentem Service. Pkw ab 65 €/Tag, Scooter ab 35 € und City-Bikes für 18 €. Das Geschäft befindet sich an der Hauptstraße, 250 m nordöstlich des Bahnhofs. Corso Italia 234, ℡ 081-18377811, www. freewaysorrento.com.

Hertz. Die internationale Autovermietungsagentur besitzt eine Dependance ganz in der Nähe des Bahnhofs. Corso Italia 261b, ℡ 081-8071646, www.hertz.it.

Pescaturismo Ausfahrten mit dem Fischerboot starten von der **Marina Grande.** Touren gehen entlang der Halbinsel und zur Insel Capri. Auch Nachtfahrten. Ein echtes Erlebnis! Nach der Rückkehr gibt es eine zünftige Fischmahlzeit. April bis ca. Anfang Nov. Via Montecorbo 1a, ✆ 333-5924734, www.salboatsorrento.com.

Sightseeing **Hop On-Hop Off.** Die offenen roten Busse starten an der Piazza De Curtis in Sant'Agnello, halten an der zentralen Piazza Tasso und fahren dann über Positano nach Amalfi oder machen eine Runde über die Halbinsel. Unterwegs kann man aussteigen und zu einem späteren Zeitpunkt mit dem nächsten Bus weiterfahren. Shuttlebusse nach Pompeji und zum **Vesuv.** März bis Okt. 12 €, erm. 6 € für die sorrentinische Halbinsel. Via degli Aranci 128, ✆ 081-18257088, www.sorrento. city-sightseeing.it.

Sprachschule **Sant'Anna Institute.** Die renommierte Schule hat ihre Räume in einer Villa mit Garten etwas oberhalb der Marina Grande. Der einwöchige Italienisch-Basiskurs kostet ab 220 €. Via Marina Grande 16, ✆ 081-8075599, www.sorrentolingue.it.

Wandern Kürzere Spazierwege führen von der Küstenstraße in Richtung Massa Lubrense hinunter ans **Capo Sorrento** sowie nach **Marina di Puolo.**

Zitronengärten Geführte Spaziergänge durch die Zitronengärten sollte man sich in und um Sorrent nicht entgehen lassen. Die versteckten Juwele liegen häufig mitten in der Stadt! Eine Limoncello-Verkostung ziert oft den Schluss der Verkaufsveranstaltung. Zahlreiche Anbieter, u. a. „Vivaio Ruoppo", Via Bernardino Rota 2, ✆ 081-8773219, www.ruoppo.it.

🚶 **Wanderung 5: Rundwanderung um Sorrent**   → S. 389
Mittelschwere Wanderung auf der Halbinsel rund um Sorrent.

Übernachten   → Karte S. 212/213

Im Luxussegment herrscht kein Mangel, der Engpass besteht bei den einfachen, preiswerten Quartieren. Nostalgischer Schick überwiegt in den Traditionshotels an der Bruchkante: im Grandhotel Excelsior Vittoria (www.exvitt.it), im Hotel Bellevue Syrene (www.bellevue.it) und im Hotel Tramontano (www.hoteltramontano.it). Ein privates Hostel befindet sich unweit vom Zentrum in Sant'Agnello (→ S. 206).

★★★★ La Tonnarella 2 Familiengeführtes Hotel an der Küstenstraße nach Massa mit eigenem Privatstrand (Zugang mit Aufzug), der auch Auswärtigen gegen Gebühr offensteht. 24 gut ausgestattete Zimmer und Suiten, Frühstücksterrasse, Restaurant, Parkplatz. Das Zentrum ist zu Fuß erreichbar. Mitte April bis Okt. geöffnet. DZ ab 153 €. Via Capo 31, ✆ 081-8781153, www.latonnarella.com.

★★★★ Antiche Mura 13 Elegantes Großhotel in einem gediegenen Palazzo mit 54 Zimmern und Suiten. Im rückwärtigen Teil Sorrents oberhalb des Mühlen-Canyons gelegen, daher etwas preiswerter als die anderen Hotels am Meer. Tadellos geführt, Pool im Zitronengarten, Bar, kein Restaurant. Hotelparkplatz, 5 Min. zu Fuß zur Piazza Tasso. Ganzjährig geöffnet. DZ ab 100 €. Via Fuorimura 7, ✆ 081-8073523, www.hotelantichemura.com.

★★★ La Badia 8 Engagiert geführtes Mittelklassehotel oberhalb von Sorrent, von der Straße nach Sant'Agata über eine Privatzufahrt erreichbar. 15 Min. zu Fuß ins Zentrum, 42 Zimmer und Suiten, die wenigsten mit Meerblick, Keramikfußboden, Gartenpool, Parkplatz, Aufzug, Restaurant. Im Garten, der früher den Benediktinern gehörte, werden Oliven kultiviert. Der Großvater der Eigentümerin war Holzintarsienkünstler! DZ mit Meerblick ab 120 €. Mitte April bis Okt. geöffnet. Via Nastro Verde 8, ✆ 081-8781154, www.hotellabadia.it.

La Piazzetta Sorrentina 6 Das noble Gästehaus mit 11 Zimmern in unterschiedlicher Größe sowie familientauglichen Apartments befindet sich im Obergeschoss eines Stadthauses. Moderne Ausstattung, gut geführt, tadelloser Gesamteindruck. Kein Restaurant. Ganzjährig geöffnet. DZ ab 100 €. Via San Francesco 1 (etwas versteckter Eingang am Durchgang zum Hinterhof), ✆ 081-8781736, www. lapiazzettasorrento.com.

Blick vom Hotel Bellevue Sirene

Halbinsel von Sorrent → Karte S. 200

B&B Casa Astarita Das private Wohlfühllogis befindet sich mitten im Geschehen, Zugang über einen atmosphärischen Hinterhof. 6 Zimmer in der 1. Etage, in verschiedenen Farben geschmackvoll gestaltet, teils mit hohen Deckengewölben. Gut geführt, Vermittlung von Parkplätzen. DZ ab 70 €. Corso Italia 67, ℘ 081-8774906, www.casastarita.com.

Camping Santa Fortunata Campogaio 3 Guter Zeltplatz zwischen Stadtzentrum und Capo Sorrento. Zitronen- und Olivenbäume spenden Schatten. Minimarkt, Strandzugang, Pool, Restaurant, Vermietung von Bungalows. April bis Anfang Nov. offen. 2 Pers., Zelt und Auto ab 24 €. Ein weiterer Campingplatz, Camping Nube D'Argento, befindet sich näher am Zentrum. Via Capo 39, ℘ 081-8073574, www.santafortunata.com.

Essen & Trinken   → Karte S. 212/213

Wer Fisch, Muscheln und Meeresfrüchte liebt, sollte den Weg zur Marina Grande nicht scheuen. Der noch sehr ursprünglich gebliebene Fischerhafen ist kulinarisch immer einen Abstecher wert, das stimmungsvolle Flair gibt es gratis dazu!

Caruso 9 Die berühmteste Feinschmeckeradresse Sorrents befindet sich wenige Schritte von der Piazza Tasso entfernt. Zahlreiche Devotionalien an den Innenwänden erinnern an den Tenor Enrico Caruso. Raffinierte sorrentinische und kampanische Küche mit kreativen Akzenten, appetitlich garniert und kultiviert aufgetischt. Dreigangmenü 60 €. Tägl. mittags und abends. Via Sant'Antonino 12, ℘ 081-8073156, www.ristorantemuseocaruso.com.

Circolo dei Forestieri 4 Erschwingliches Lokal mit angeschlossener Kaffee- und Aperitivo-Bar mit Prachtblick von der Panoramaterrasse *(Terrazza delle Sirene)*. Hervorgegangen ist das Restaurant aus dem Foreigners Club. Große Kapazitäten mit vielen Tischen drinnen wie draußen, empfehlenswerte Pasta (u. a. auch glutenfreie Gerichte), auch Pizza. Menü um 40 €, Pizza ab 7 €. Tägl. mittags und abends geöffnet. Via Luigi de Maio 35, ℘ 081-8773263, www.circolodeiforestieri.com.

mein Tipp **Trattoria da Emilia** 7 Familiäres und alteingesessenes Fischrestaurant an der Marina Grande mit hoch gelobter Küche. Zubereitet werden die Gerichte nach traditioneller sorrentinischer Art, eine Primo-Spezialität sind Gnocchi mit Meeresfrüchten, die Dolci sind hausgemacht. Stimmungsvolles Sitzen direkt am Meer. Menü um 40 €. Im Winter Di Ruhetag, sonst tägl. mittags und abends geöffnet. Via Marina Grande 62, ℘ 081-8072720, www. daemilia.it.

O' Murzill' **11** Die volkstümliche wie boden-ständige Trattoria versteckt sich ein wenig im Ortszentrum. Fisch- und Fleischgerichte mit einem für Sorrent-Verhältnisse guten Preis-Leistungs-Verhältnis, wenige Sitzplätze innen und draußen auf dem Trottoir. Menü um 25 €. Tägl. mittags und abends geöffnet, 2 Wochen zwischen Ostern und Pfingsten zu. Via dell'Accademia 17, ☏ 081-0202371.

Pizzeria Da Franco **10** Im rustikal möblierten Innenraum hängen die Schinken von der Decke. Holztische und -bänke, geschwinder Service und unkomplizierte Abwicklung. Neben Pizza auch Sandwichs und allerlei aus der Frischetheke. Günstig und gut, wenn man gegen Plastikteller und -besteck nichts einzuwenden hat. Tägl. ab 9 Uhr bis tief in die Nacht geöffnet. In Vico Equense, am Corso Filangieri, betreibt der Inhaber eine Dependance. Corso Italia 265, ☏ 081-8772066.

La Cantinaccia del Popolo **5** Eine kulinarische Perle in unromantischer Neustadtumgebung. Macelleria mit förmlich überquellender Spezialitätentheke (Fleisch, Schinken, Wurst sowie Käse), die Spezialität des Hauses sind saftige Steaks. Rustikale Holztische und -bänke, man wählt an der Theke aus, was man essen möchte. Preiswert, etwas für Italienkenner! Mo Ruhetag. Vico III Rota 3, ☏ 366-1015497.

Acqu'e Sale **1** American Bar und Pizzeria unten am Fährhafen, ideal für die Einkehr nach dem Capri-Ausflug. Ambitionierte Pizzakultur, gleich 2 imposante Holzöfen glühen! Die Spezialität heißt *Frusta Sorrentina*, ein Pizzabrot befüllt mit Mozzarella, Sherrytomaten und Olivenöl für 8 €. Moderne Einrichtung mit kleiner Veranda. Die Bar öffnet bereits um 7 Uhr, Mo Ruhetag. Piazza Marinai d'Italia 2, ☏ 081-19005967, www.acquesale.it.

Gelateria Primavera **12** Die Prominenten-Eisdiele im Zentrum ist weit über die Grenzen der Region hinaus bekannt. Fotos an der Wand zeigen, wer hier schon alles eingekehrt ist. Eine Hausspezialität ist Zitroneneis. Üppige Preise, angeschlossen ist eine Pasticceria. Tägl. ab 9 Uhr offen. Corso Italia, 142, ☏ 081-8073252, www.primaverasorrento.it.

Nachtleben   English Inn **15** Das alteingesessene Pub (seit 1973) ist eine Institution in Sorrent und erinnert namentlich an die Beliebtheit der Stadt im angelsächsischen Raum. Große Bierauswahl, auch Wein und Cocktails, Sandwichs und komplette Menüs. Mit Biergarten nach hinten raus, auch Zimmervermietung. Tägl. ab 9 Uhr bis in die Nacht geöffnet. Corso Italia 55–57, ☏ 081-8782570, www.englishinn.it.

Massa Lubrense

Umgeben von Zitronengärten und Olivenhainen liegt das Agrarzentrum auf einer natürlichen Geländestufe zwischen Hügeln und Küste. Beschaulich präsentiert sich der schmucke Hafen im Ortsteil Marina della Lobra.

Von großer Tradition als ehemaliger Bischofssitz zeugt im Ortszentrum die einstige Kathedrale mit dem prächtigen Majolikafußboden. Sie ist alljährlich das Ziel der Karfreitagsprozession, die in puncto Atmosphäre einem Vergleich mit den namhafteren Prozessionen in Sorrent und auf der Insel Procida durchaus standhält. In der Peripherie und in den umliegenden Ortsteilen zeugt eine Phalanx von Klöstern und Palazzi mit verwitterten Fassaden von einer reichen Geschichte. Ein Beispiel ist der Weiler **Annunziata,** der in normannischer Zeit gegründet wurde und

die älteste mittelalterliche Siedlung in diesem Bereich der Halbinsel ist. In beneidenswerter aussichtsreicher Lage 200 m über dem Meer fallen der Turm *(Torre Turbolo)* aus dem Beginn des 17. Jh., die Reste eines aragonesischen Kastells und die trutzige Chiesa Santa Maria Annunziata auf. Bis 1465 residierte hier sogar der Bischof, ehe er nach Massa ins Zentrum zog. Am Ende der Straße liegt der ehemalige Landsitz des Schreibers des Königs von Neapel. 1808 unterzeichnete Joachim Murat in diesem Haus den Vertrag, der die britische Besetzung von Capri beendete. Ein

Zu jeder Tages- und Jahreszeit stimmungsvoll: Marina della Lobra

anderer Ortsteil, **Schiazzano,** ist u. a. für die Käsereien ein Begriff. Hier wird eine landestypische Käsespezialität, der Provolone di Monaco, produziert.

Der bei Urlaubern beliebteste Teilort ist der reizende Küstenweiler **Marina della Lobra.** Die Zufahrtsstraße von der zentralen Piazza in Massa endet als Sackgasse am natürlich geschützten Hafenbecken, wo Fischerboote und Jachten vor Anker liegen. Breite Treppenwege zwischen verwitterten Fassaden sorgen für jede Menge mediterraner Atmosphäre, zwei Restaurants sowie eine Bar befriedigen die kulinarischen Wünsche der Gäste. Ein Ausnahmezustand herrscht jährlich beim Gedenkfest an die Fischer und Seeleute, die auf dem Meer ihr Leben verloren haben (→ Veranstaltungen). Das Ziel der Bootsprozession ist die Madonna del Vervece. Es handelt sich um eine Skulptur, die 1975 an einem vorgelagerten Felsen 12 m tief ins Meer versenkt wurde.

Praktische Infos

Einwohner ca. 4500 Einwohner

Information Das **Infobüro** befindet sich an der zentralen Piazza. Juni bis Sept. tägl. 9–13 und 16–20 Uhr, Okt. bis Mai tägl. 9–13 Uhr. Viale Filangieri 11, ☎ 081-5339021, www.massa lubrenseturismo.it.

Verbindungen Bus. SITA-Busse nach Sorrent und Sant'Agata halten an der zentralen Piazza, sporadisch auch Direktbusse nach Amalfi. Massa ist außerdem Endhaltestelle der EAS-Stadtbusse von Sorrent.

Schiff. Tagestouren nach Capri und an die Amalfiküste veranstaltet die Cooperativa Sant' Antonio. Capri-Ausflüge beinhalten eine Inselrundfahrt mit Stopp an der Blauen Grotte. Bei hohem Wellengang fallen die Fahrten aus. Ostern bis Okt. tägl. nach Voranmeldung. Capri: ab 45 €/Pers., Amalfi ab 40 €. Piazza delle Sirene 2, ☎ 081-8081638, www.coopsantonio.com.

Einkaufen Wochenmarkt. Im Ortsteil San Francesco. Fr vormittags.

Azienda Agricola Il Convento. Shopping im Kloster: Olivenöl, ausgezeichneter Zitronen- und Orangenlikör aus eigener Produktion, Wein und Kräuterschnäpse, die Verkaufsstelle befindet sich in der Sakristei! Seit 2014 auch Bioanbau, angeschlossen ist ein Agriturismo (→ Übernachten). Nur nach telefonischer Voranmeldung. Via Leonardo Liparulo 12 (Piazza San Francesco di Paola), ☎ 081-8089400, www. ilconvento.biz.

Feste Settimana Santa. Stimmungsvolle Prozession im Zentrum von Massa. Karfreitag.

Madonna del Vervece. Teils völlig überfüllte Boote machen sich vom Hafen an der Marina della Lobra zum vorgelagerten Felsen auf, um der im Meer versenkten Muttergottes zu huldigen. 1. oder 2. So im Sept.

Wandern　Wanderwege verbinden Massa Lubrense mit Sorrent (Gehzeit: ca. 1:30 Std.) und mit Termini (ca. 2 Std.). Für den Fußweg von der zentralen Piazza in Massa hinunter an die Marina della Lobra gibt es gleich mehrere Alternativen. Eine Wanderkarte hängt am oberen Ende der Dorfpiazza aus.

Wassersport　**Punta Campanella Diving.** Tauchbasis in Marina della Lobra, Tauch- und Schnorchelexkursionen führen rund um die Halbinsel sowie nach Capri. Kurse nach PADI-Standard. Schnorcheln ab 50 €, geführte Tauchgänge ab 100 €/Pers. ☏ 338-4712360, www.puntacampanelladiving.com.

Übernachten/Essen　**Casa Lubra Relax.** Der freundlich und familiär geführte Palazzo im Ortsteil Schiazzano ist ein leuchtendes Juwel! 6 stilvoll möblierte Zimmer gruppieren sich um einen Hinterhof, Frühstücksterrasse mit kleinem Pool, Parkett, Antikmöbel, auf Wunsch

Kirche von Marina della Lobra

Abendessen. Angeschlossen ist eine Kochschule. Mitte Nov. bis Mitte Dez. geschlossen. DZ ab 100 € Via Salita di Schiazzano 6, ☏ 081-8082167, www.lubracasarelax.it.

Agriturismo La Lobra. Die Unterkunft befindet sich am oberen Ortsrand von Marina della Lobra und ist von der Straße über eine beschilderte kurze Zufahrt erreichbar. 9 Zimmer mit Balkon oder Terrasse, Restaurant mit herrlichen Sitzplätzen unter Zitronenbäumen. Serviert wird herzhafte Landküche, die Pasta ist hausgemacht (Menü 20 €). Olivenöl und Limoncello aus Eigenproduktion. DZ ab 70 €. Via Fontanella 17, ☏ 081-8789073, www.lalobra.it.

Azienda Agricola Il Convento. Modernes, ruhig gelegenes Landhaus im Ortsteil San Francesco, umgeben von Zitronenbäumen. Hergestellt werden Olivenöl, Zitronenlikör und Wein (→ Einkaufen). 6 Zimmer, davon 2 mit Terrasse und Meerblick oberhalb der Abtei San Francesco di Paola. Auf Wunsch wird abends für Hausgäste gekocht. April bis Mitte Nov. geöffnet. DZ ab 70 €. Via L. Liparulo 12, ☏ 081-8089400, www.ilconvento.biz.

MeinTipp **Ristorante La Torre One Fire.** Landrestaurant mit ausgezeichneter Küche im abgelegenen Ortsteil Annunziata. Gediegen-rustikales Innenleben, stimmungsvolle Plätze auf der Veranda. Auf der Speisekarte findet man Fisch- und Fleischgerichte, wobei der Schwerpunkt auf der Meeresküche liegt. Herzliche Gastfreundschaft. Menü um 35 €. In der Vor- und Nachsaison Di zu, sonst tägl. mittags und abends geöffnet. Via Annunziata 7, ☏ 081-8089566, www.latorreonefire.it.

Da Michele. Das Restaurant etwas oberhalb des Hafens von Marina della Lobra ist seit 1950 in Familienhand. Regionaltypische Küche nach traditioneller Machart, leckere Antipasti und hausgemachte Dolci. Sitzplätze in der frontverglasten Holzveranda oder draußen auf der überdachten Terrasse mit Hafenblick. Menü um 30 €, Holzofenpizza ab 6 €. In der Vor- und Nachsaison Di zu, Nov. bis Mitte März geschlossen. Via Fontanella 12, ☏ 081-8789871, www.ristorantedamichele.net.

Angelo's Bar. Stimmungsvolle Plätze in Marina della Lobra mit Blick auf das Hafenbecken, Cocktails, gekühlte Getränke, Snacks und frische Spezialitäten aus der Region. Der Inhaber spricht Deutsch, niedrige Preise, in der Tat eine der besten Bars weit und breit! Ostern bis Okt. bis in den späteren Abend geöffnet. Via Cristoforo Colombo 90, ☏ 081-8089026.

Hoch über dem Golf von Salerno: Monte San Costanzo

Termini und die Punta Campanella

Das Dorf Termini liegt aussichtsreich auf dem Höhenrücken der Halbinsel von Sorrent. Von der Piazza fällt der Blick auf Capri, Wanderwege verbinden das Ortszentrum mit der Punta Campanella und dem Monte San Costanzo.

In Termini ist nur scheinbar Endstation – denn wer bis hierher gekommen ist, muss sich entscheiden: Entweder geht es auf der einen Seite hinunter nach Massa Lubrense – und zum Golf von Neapel – oder in die Gegenrichtung nach Marina del Cantone am Golf von Salerno. Doch bevor es weitergeht, sollte man im Ortszentrum auf dem Belvedere eine ausgiebige Rast einlegen und den wunderbaren Blick auf Capri genießen. Noch spektakulärer ist das 360-Grad-Panorama vom 486 m hohen Gipfel des **Monte San Costanzo.** Dieser ist von allen Seiten am weiß getünchten Kirchlein auf dem höchsten Punkt zu erkennen (→ Wanderung 6, S. 393). Die unmittelbar benachbarte Erhebung ziert eine Wetterstation. Ebenfalls nur auf Schusters Rappen erreichbar ist die

Spitze der Halbinsel von Sorrent: Die **Punta Campanella,** „Glöckchen-Kap", verdankt ihren Namen einer Legende, der zufolge 1558 die mit Raubgut aus Sorrent beladenen Schiffe des Osmanen Turgut Rais (→ S. 208) am Kap vorbeisegelten. In dem Augenblick erhob sich ein schwerer Sturm, worauf aller Ballast über Bord fliegen musste – u. a. die aus der Basilika Sant'Antonino in Sorrent stammende Glocke. Seither hört man der Überlieferung zufolge alljährlich am 14. Februar, am Namenstag des Heiligen, Glockengeläut vom Meeresboden. Eine andere Interpretation erklärt den Namen mit der Alarmglocke im Küstenwachturm am Kap. In der Antike stand hier ein der Göttin Minerva geweihter Tempel.

Auf dem Weg zur Punta Campanella rückt Capri ins Blickfeld

Praktische Infos

Verbindungen Bus. SITA-Busse von und nach Sorrent, Massa Lubrense und Marina del Cantone halten im Ortszentrum von Termini. Tägl. bis zu 10 Verbindungen.

Baden Cala di Mitigliano. Die romantische Badebucht ist nur per Boot oder zu Fuß von Termini aus erreichbar. Von der Piazza im Zentrum zunächst dem Schild in Richtung Punta Campanella folgen, dann hinter der Linkskurve rechts hinunter ans Meer. Einfache Gehzeit: ca. 45 Min.

Wandern Fußwege führen von Termini in alle Richtungen: auf den Monte San Costanzo, via Nerano nach Marina del Cantone, nach Sant' Agata sowie nach Massa Lubrense. Eine für den Autoverkehr gesperrte Straße verbindet den Belvedere mit der Punta Campanella; Gehzeit hin und zurück: ca. 2:30 Std. (der Weg ist ab der zentralen Piazza ausgeschildert).

Einkaufen La Campanella. Kleiner Keramikladen im Ortszentrum, die Künstlerin arbeitet im Hinterzimmer und ist unverkennbar Katzenliebhaberin. Zier- und Gebrauchskeramik

mit frischen, sommerlichen Dekors. So geschlossen. Via Campanella 3, ✆ 081-8685323.

Feste Carnevale di Termini. Seit 1981 wichtigste Fasnachtveranstaltung der Halbinsel. Musik, Tanz und Spezialitäten in Hülle und Fülle, großes Feuerwerk am Faschingsdienstag.

San Costanzo. In einer Prozession wird die Statue des hl. Konstantin vom höchsten Punkt der Halbinsel nach Termini gebracht, wo sie bis Juli in der Dorfkirche zu sehen ist. Der Tag der Prozession ist die einzige Gelegenheit, das Sanktuarium von innen zu sehen. 14. Mai.

Essen & Trinken Trattoria Eughenes. Landestypischer geht es kaum noch als in diesem familiären und bodenständigen Lokal! Herber Charme, gekocht wird mit Leidenschaft und Passion, traditionelle Hausmannskost (Fisch und Fleisch), keine Speisekarte, wechselnde Tagesgerichte. Rustikal eingedeckte Tische im Innengewölbe, wenige Verandaplätze an der Ortsdurchfahrt. Menü 20–25 €. Kein Ruhetag. Via Roncato 9–11 (von der Piazza Richtung Massa Lubrense auf der linken Seite), ✆ 081-8081989.

 Wanderung 6:
Halbinsel von Sorrent – Monte di San Costanzo → S. 393
Leichte Rundwanderung auf den Gipfel des Monte di San Costanzo mit großartigen Panoramen.

Nerano und Marina del Cantone

Das Bergdorf Nerano ist schon zur Gänze dem Golf von Salerno zugewandt. Tief unterhalb liegt in Marina del Cantone der bekannteste Badestrand der Halbinsel von Sorrent.

Wegen des Badestrands ist Marina del Cantone im Sommerhalbjahr besonders an Wochenenden gut frequentiert. Die Wasserqualität ist ganz ausgezeichnet, seit vielen Jahren weht an der Marina die Blaue Flagge (Bandiera Blu). Der Strand selbst besteht aber aus grobem Schotter, und in der Hauptbadesaison findet man zwischen den Bagni mit den Liegen und Sonnenschirmen kaum ein freies Plätzchen für das Handtuch. Das Preisniveau in Strandnähe ist durchweg hoch! Ein landschaftlich bezaubernder Küstenpfad verbindet den Badeort mit der wildromantisch von Kalkfelsen eingerahmten Nachbarbucht Recommone.

Zwischen der Marina und Termini liegt der hübsche Bauernweiler Nerano, der mit beiden Orten durch Fahrstraße und Fußwege verbunden ist. Das Bergdorf ist eine Etappenstation und Ausgangs- und Endpunkt vieler Wanderwege, von denen nicht wenige wegen des steilen Terrains nicht ohne Anspruch sind. Beliebt ist die aussichtsreiche Route zur entlegenen Baia di Ieranto. Die wildromantische Bucht mit Paradiespotenzial ist Teil eines größeren Küstenschutzgebietes, dem auch die Punta Campanella (→ S. 219) angehört. Eine Besonderheit der Schutzzone ist die Integration der Unterwasserflora und -fauna. Für die Einhaltung der Schutzbestimmungen sorgt die angesehene Umweltstiftung Fondo Ambiente Italiana (FAI).

Praktische Infos

Anfahrt/Verbindungen   Pkw. Gebührenpflichtige Parkplätze befinden sich am Ende der Straße in Marina del Cantone.

Bus. Regelmäßige, jedoch nicht sehr häufige Verbindungen zwischen Sorrent und Marina del Cantone (SITA).

Baden/Wassersport   Lido L'Africano. Relaxte Strandbar mit Verleih von Sonnenschirmen und Liegen. Alteingesessener Betrieb (seit 1956). Getränke, frische Salate und Snacks zu kleinen Preisen, auch komplette Menüs. Liege und Sonnenschirm in der Nebensaison bereits ab 6 €/Tag. ℡ 338-3757561.

Diving Sorrento. Die professionelle Tauchschule hat ihre Basis auf dem Campingplatz Nettuno (→ unten). Kurse nach den Standards von FIPSAS-CMAS, PADI, FIAS und NAUI, auch geführte Tauchgänge sowie Kurse für Kinder und Jugendliche. Via A. Vespucci 39, ℡ 081-8081051, www.divingsorrento.com.

Bootstouren Die Cooperativa Sant'Antonio mit Sitz in Massa Lubrense (→ S. 216) organisiert Bootstouren nach **Capri** und an die **Amalfiküste.** Die Gäste werden in Marina del Cantone am Pier abgeholt. Ostern bis Okt. tägl. nach Voranmeldung. Capri: ab 45 €/Pers., Amalfi ab 40 €. Piazza delle Sirene 2, ℡ 081-8081638, www.coopsantonio.com.

Wandern   Baia di Ieranto. Ein Klassiker ist der Stichweg von Nerano zur Ieranto-Bucht, Badesachen sollten auf alle Fälle mitgenommen werden, auch wenn der Einstieg zwischen den Felsen nicht ganz einfach ist. Der markierte Einstieg zum Wanderweg befindet sich in Nerano an der Ortsdurchfahrt mit Blick auf das Meer auf der rechten Seite. Einfache Gehzeit: ca. 1 Std.

Monte San Costanzo. Die Flanke des Aussichtsgipfels (→ S. 219) dominiert die Badebucht von Marina del Cantone. Der Steilaufstieg von Nerano ist nur geübten Wanderern zu empfehlen. Gleicher Einstieg wie zur Baia di Ieranto, dann rechts in den Wald (bei Nässe nicht empfehlenswert).

Recommone-Bucht. Der jederzeit aussichtsreiche Spaziergang von Marina del Cantone in die Nachbarbucht ist auch für botanisch Interessierte eine gute Option. Einfache Gehzeit: ca. 20 Min.

Halbinsel von Sorrent ↓ Karte S. 200

Übernachten/Essen   *** Locanda del Capitano.

Schmuckes Haus oberhalb des Strands von Marina del Cantone direkt am Wendehammer. Traditionslogis (seit 1967). 10 Zimmer auf drei Etagen, gepflegt, sehr ordentlicher Gesamteindruck. Die Taverna kredenzt Meeresküche und ist ebenfalls zu empfehlen (Degustationsmenü ab ca. 70 €). Nov. bis März geschlossen. DZ ab 180 €. Piazza delle Sirene 10/11, ☎ 081-8081028, www.tavernadelcapitano.it.

Quattro Passi. Schicke Einkehr im modernen Stil am unteren Ortsausgang von Nerano. Die vielfach preisgekrönte Küche kreist um Fischspezialitäten, die Karte wechselt saisonal, der ganze Stolz des Eigentümers ist der Weinkeller mit rund 15.000 Flaschen! Lounge, Organisation von Kochkursen und Vermietung von Zimmern mit Veranda (DZ ab 160 €). Terrasse mit Pool und Garten. Degustationsmenü mit 4–10 Gängen 80–160 €, vegetarisches Menü 60 €. Mitte März bis Okt. Di–Fr 12–22, Sa 12–24, So 11–22 Uhr. Via A. Vespucci 13, ☎ 081-8081271, www.ristorantequattropassi.it.

La Conca del Sogno. Die sich über mehrere Terrassen am Ufer erstreckende Anlage liegt exklusiv in der Recommone-Bucht, Gäste werden auch mit dem Wassertaxi von Marina del Cantone abgeholt. Gutes, wenn auch keineswegs preiswertes Fischrestaurant, Beachclub und Bar. Auch Vermietung von hellen Komfortzimmern mit Terrasse (ab 160 €). Menü ab 40 €. Via Amerigo Vespuc-ci 25, ☎ 081-8081036, www.concadelsogno.it.

mein Tipp **Lo Scoglio.** Das bodenständige, familiäre und freundliche Strandrestaurant überzeugt auf der ganzen Linie. Auf den Tisch kommen frische Fischspezialitäten in allerlei Varianten, das Gemüse stammt aus dem eigenen Garten. Terrasse auf einem Holzsteg über dem Wasser. Vermietung von Zimmern mit Terrasse (DZ ab 120 €, 2 Nächte Mindestaufent-

halt). Menü ab 35 €. April bis Okt. geöffnet. Piazza delle Sirene 15, ☎ 081-8081026, www.hotelloscoglio.com.

Camping Nettuno. Oberhalb der Marina gelegene Anlage an einem Küstenwachturm mit eigener Straßenzufahrt. Am Berghang befindet sich eine stattliche Anzahl an Bungalows, die ab und an auch von Schulklassen belegt werden. Minimarkt, Restaurant, Tauchschule (→ oben). April bis Okt. geöffnet. 2 Pers., kleines Zelt und Auto ab 22,50 €, Bungalow für 2 Pers. ab 40 € (ohne Frühstück). Via A. Vespucci 39, ☎ 081-8081051, www.villaggionettuno.it.

Sant'Agata sui due Golfi

Das sympathische Agrarzentrum hoch über Sorrent ist ein beliebter Start- und Endpunkt von Wanderungen. Von den zahlreichen Aussichtspunkten in der Umgebung blickt man auf den Golf von Neapel und auf den Golf von Salerno.

Bereits bei der Anfahrt auf Sorrent erblickt man auf dem Höhenrücken den Ort mit dem Privileg, Sichtkontakt auf zwei Buchten zu haben, den Golf von Neapel und den von Salerno. Deshalb der Beiname *sui due Golfi* – über zwei

Marina del Cantone ist das beliebteste Baderevier der Halbinsel

Golfe. Besagten Anblick gibt es aber eher in der Theorie, es sei denn, man begibt sich vom lebhaften Ortszentrum an die Peripherie und steigt dort z. B. auf den Hügel, der von einem Benediktinerinnenkloster namens **San Paolo al Deserto** bekrönt wird. Auf luftiger Höhe von über 450 m ist der Blick in der Tat berückend (Dachterrasse: April bis Sept. tägl. 10–12 und 17–19 Uhr, Okt. bis März 10–12 und 15–17 Uhr). Natürlich ist das Kloster, in dem noch immer Nonnen leben, beileibe nicht die einzige Aussichtsoption. Hinreißende Panoramen bieten auch die Straße von Sant'Agata über den Sattel Colli di Fontanelle nach Positano (SS 145) sowie die Wanderung 7 (→ S. 395).

Sant'Agata bleibt herrlich unbeeinflusst vom Treiben einen Stock tiefer in Sorrent. Reisende, die hier mit offenen Armen empfangen werden, haben das Gefühl, als hätte sich hier oben in den letzten Jahrzehnten nichts Wesentli-ches verändert. Im Zentrum lohnt ein kurzer Blick in die Pfarrkirche Santa Maria delle Grazie. Als Blickfang erweist sich der Hauptaltar mit seinen farbigen Marmorintarsien feinster Machart. Das Meisterwerk schufen vermutlich im 16. Jh. Künstler aus Florenz. Die meisten Besucher hingegen nutzen den Ort als Ausgangspunkt für eine Wanderung, weshalb Bergschuhe mit Profilsohle bei Einheimischen ausnahmsweise keine irritierten Blicke auslösen. Wer sich von hier auf Schusters Rappen in Richtung Golf von Salerno wendet, wird vom jähen Landschaftswandel überrascht: Passé sind Zitronenhaine, stattdessen erlaubt karger Bewuchs raumgreifende Ausblicke auf die Küste von Amalfi. Ein Stichweg verbindet das Zentrum mit der wildromantischen Crapolla-Bucht. Abgesehen davon, dass sich Wanderern hier eine seltene Bademöglichkeit bietet, ist Einheimischen die dem

Golfblick von Sant'Agata

Apostel Petrus geweihte Abtei, die Chiesa San Pietro a Crapolla, hoch und heilig. Sie soll einen heidnischen Tempel an gleicher Stelle ersetzt haben. Die meisten Besucher wählen allerdings nicht den Fußmarsch hierher, sondern das Charterboot.

Praktische Infos

Einwohner ca. 3000 Einwohner

Information Das **Infobüro** befindet sich im Ortszentrum vor der Kirche Santa Maria delle Grazie. Verkauf von guten Wanderkarten. März bis Ende Okt. tägl. 9.30–13 und 17.30–20 Uhr. Corso Sant'Agata 12, ☎ 081-5330135, www.prolocoduegolfi.it.

Verbindungen **Bus.** Einige – nicht alle! – SITA-Busse, die zwischen Sorrent und Amalfi in Sant'Agata verkehren, halten. Busse fahren ferner nach Termini und Marina del Cantone.

Mietfahrzeuge **Professionnel Auto.** Vermietung von Pkw (ab 80 €/Tag), Scooter (ab 40 €), Pedelecs (ab 20 €) und City-Bikes (ab 10 €), Inhaber spricht Englisch. Mo–Sa 9–13 und 14–18 Uhr. Via dei Campi 7 (Nähe Corso Sant'Agata), ☎ 081-8780949, www.professionnelauto.it.

Wandern **Crapolla-Bucht.** Der blau markierte Wanderweg beginnt am südlichen Ende des Corso Sant'Agata unmittelbar rechts vom Hotel Montana (Via Pigna).

Marina del Cantone. Der rot-weiß markierte Alpenvereinsweg beginnt ebenfalls am Hotel Montana (→ oben), verläuft aussichtsreich oberhalb der Steilküste, ist aber aufgrund des schwierigen Abstiegs zur Recommone-Bucht nur geübten Bergwanderern zu empfehlen.

Termini. Zwei Wege verlaufen mehr oder weniger auf der Kammhöhe nach Termini, von dort z. B. entweder weiter nach Marina del Cantone, auf den Monte San Costamzo oder hinunter nach Massa Lubrense.

Übernachten/Essen ****** Oasi Olimpia Relais.** Exklusivbleibe zwischen Ortszentrum und Kloster Il Deserto, in einer aussichtsreich gelegenen Villa, die 1892 vom deutschen Adeli-

gen Max Brandmeyer errichtet wurde. Familiäres Ambiente, 11 Zimmer und Suiten mit Balkon oder Terrasse, Restaurant, großer Park mit Tennisplatz und Pool. Ostern bis Okt. geöffnet. DZ ab 155 €. Via Deserto 26, ☎ 081-8080560, www.oasiolimpiarelais.it.

Agriturismo Fattoria Terranova. Großes, professionell geführtes Landgut 1 km östlich von Sant'Agata, das Terrassenanwesen blickt auf den Golf von Salerno. 6 Zimmer bzw. Apartments, Gartenpool, im exzellenten Restaurant sind auch auswärtige Gäste willkommen (Menü um 20 €). Auch Vermietung einer geräumigen Ferienwohnung in Sorrent. Eigenprodukte sind u. a. Limoncello, Marmelade, Olivenöl und eingelegtes Gemüse. DZ ab 75 €. Via Nastro Azzurro 23 (ab Hotel Reginella beschildert), ☎ 081-5330234, www.fattoriaterranova.it.

Don Alfonso 1890. Feinschmeckermekka in einem restaurierten Palazzo im Zentrum, eine Institution auf der Halbinsel von Sorrent. Gediegenes Ambiente, viele Produkte aus eigener Produktion und aus eigenen Gärten, im Weinkeller lagern über 25.000 Flaschen. Vermietung großer Zimmer und Suiten (DZ ab 300 €). Degustationsmenü um 150 €. Ende März bis Okt. geöffnet. Corso Sant'Agata 11–13, ☎ 081-8780026, www.donalfonso.com.

Ristorante Lo Stuzzichino. Die freundliche, kultivierte Einkehr im Ortszentrum ist spezialisiert auf traditionelle sorrentinische Küche. Bodenständiges Ambiente, Innen- und Außenplätze sind in frischen Farben dekoriert. Viele regionale Produkte, hausgemachte Dolci, abends auch Pizza, opulent bestückter Weinkeller. Traditionsmenü um 35 €. In der Nebensaison Mi Ruhetag, sonst täglich mittags und abends geöffnet. Via Deserto 1a, ☎ 081-5330010, www.ristorantelostuzzichino.it.

Bar Orlando. Die Bar im Zentrum mit Terrasse ist seit 3 Generationen in Familienhand, berühmt wurde sie durch den früheren Besitzer Alfredo Cilento, der einer Katze angeblich das Rauchen beibrachte. Selbst in den USA berichteten Zeitungen darüber! Gute Paninis und andere Snacks mit Zutaten aus dem eigenen Garten, alles kommt frisch auf den Tisch. Mi Ruhetag. Corso Sant'Agata 2f, ☎ 081-8780063.

Halbinsel von Sorrent → Karte S. 200

 ## Wanderung 7: Halbinsel von Sorrent – Rund um Sant'Agata sui due Golfi → S. 395
Wenig anspruchsvolle Rundwanderung für Naturliebhaber.

Die Amalfiküste

Für viele Reisende ist sie der schönste Küstenabschnitt im gesamten Mittelmeerraum. Ganz sicher gehört sie zu den spektakulärsten Steilküsten in ganz Europa. Besichtigungshöhepunkte sind Positano, Amalfi und Ravello.

Die Amalfiküste ist kein Billigreiseziel. Wer den Geldbeutel etwas entlasten will, wählt ein Standortquartier im touristisch weniger belebten Abschnitt zwischen Minori und Vietri sul Mare.

Erfahrene Italienreisende fühlen sich fast an Cinque Terre in Norditalien erinnert. Aber eben nur fast, denn hinsichtlich Dramatik halten die „Fünf Gemarkungen" den Vergleich mit der Amalfiküste nicht stand. Um Positano ist die Landschaft am spektakulärsten: Vom höchsten Punkt der Monti Lattari, dem Monte San Michele, fallen die Kalkwände kompromisslos zum Meer ab. Gemüse-, Zitronen- und Weinfelder schmiegen sich auf waghalsige Terrassen, die Bauern in mühseliger Plackerei den Steilwänden abgetrotzt haben. Logisch, dass sich hier auch die Stadtplaner der vertikalen Stoßrichtung angepasst haben: Positano ist das anschaulichste Beispiel einer radikal vertikal angelegten Ortschaft, die vom Hafen bis hinauf zur Chiesa Nuova 200 Meter überwindet. Andere Orte wie Amalfi, Minori und Maiori wiederum liegen wie Tortenstücke in tief eingeschnittenen Seitentälern, obwohl auch hier zahlreiche Treppenwege vom allseits waltenden Prinzip der Vertikalität künden.

Auf dreierlei Weise lassen sich die Natur- und Kulturschönheiten der Küste bereisen: auf der Küstenstraße, mit dem Boot oder auf Schusters Rappen. Egal welches Fortbewegungsmittel man wählt – die meisten Wege beginnen und enden in Amalfi. Hier erreicht die Küstenstraße von Sorrent erstmals wieder Meeresniveau, bevor sie sich danach wieder in schwindelerregende Höhen schraubt. Immer wieder fällt der Blick aus teils beträchtlicher Höhe auf verschwiegene Buchten, die auf schmalen Treppen (häufig in privater Hand) und per Boot erreichbar sind. Überhaupt ist die Bootsfahrt dringend zu empfehlen, denn vom Meer aus lässt sich die majestätische Küste entspannt genießen. Amalfi und Positano sind die günstigsten Ausgangspunkte für die Bootstour. Eine fantastische Möglichkeit, tiefer in die Topografie und den ländlichen Alltag einzutauchen, bieten Wanderungen. Die Amalfiküste ist ein ideales Wanderrevier, und nicht zufällig ist ein großer Teil der hinten im Buch beschriebenen Touren hier verortet! Trotz der Nähe zum Meer, sollte man Badeferien eher woanders machen. Eine Handvoll Strände gibt es aber auch hier, u. a. in Positano, Amalfi, Minori, Maiori und Erchie.

Wie hinkommen?

Von Neapel kommend gibt es zwei Alternativen: die Anfahrt über Salerno oder Sorrent. Beide genannten Städte wiederum sind Ausgangspunkte für die SITA-Busse, die etwa stündlich die Amalfitana entlangfahren. Egal, woher man kommt – am Umsteigeknoten Amalfi beginnen und enden alle Linien. Wer mit dem Auto fährt, sollte mit knappen (und teuren) Parkplätzen rechnen. Nebenrouten über Agerola und Ravello verbinden die Amalfiküste mit der Vesuvregion und der Autobahn.

Was anschauen?

Dom von Amalfi: Wichtigste Attraktion der ehemaligen Seerepublik ist der Dom St. Andreas. Als Blickfang erweist sich die bunte Mosaikfassade im romanisch-orientalischen Stil. Ein weiteres Highlight ist der Kreuzgang nebenan. Zu Wohlstand gelangte Amalfi im Mittelalter durch den Handel und die Herstellung von Büttenpapier. → S. 245 ff.

Die Villen von Ravello: Die Kulturhauptstadt oberhalb von Amalfi bietet eine Fülle von Attraktionen. Herausragend in jeglicher Hinsicht sind die beiden Patriziervillen Rufolo und Cimbrone. Von den Gärten und Balustraden fällt der Blick auf die spektakuläre Amalfiküste. → S. 256 ff.

Vietri sul Mare: Das Keramikzentrum am östlichen Ende der Amalfiküste ist ein beliebtes Ausflugsziel. Überall stößt man auf Kunst aus Keramik, hinter jeder Türe verbirgt sich ein Keramikgeschäft. Im Ortsteil Raito empfiehlt sich der Besuch des Keramikmuseums. → S. 269 ff.

Salerno: Das Zentrum ist gespickt mit Attraktionen – vom normannischen Dom bis zu den Ladengeschäften an der Via dei Mercanti. Ein besonderes Schmankerl ist der himmlisch gelegene Kräutergarten – Reminiszenz an die mittelalterliche Medizinschule. → S. 281

Paestum: Ein lohnender Abstecher nach Süden führt von Salerno zu den Tempeln von Paestum. Viele zeigen sich überrascht vom guten Erhaltungszustand der Sakralbauten aus griechischer Zeit. → S. 287 ff.

Trecase
Bosco-
trecase
Boscoreale
Scafati
Pagani
Nocera Inf.
Nocera Sup.
Rocca-
piemor
Neapel
SP6
Neapel
SS18
Santa Luci
Pompeji
Pompei
Sarno
Angri
SS18
Villa Oplontis
Torre
Annunziata
A3
Corbara
Cava de'
Tirreni
Cesinola
SS145
Sant'Antonio
Abate
Capitignano
Corsano
Santa Maria la Carità
Fontaniello
Cesarano
Tramonti
Pendolo
Abbazia della
SS. Trinità
Castellammare
di Stabia
Casola
di Napoli
Lettere
Castello S. Nicola
de Thoro Plano
Corpo di Cava
Keramikmuseum
Albori
Rai
Pozzano
Gragnano
Castello
Pimonte
SS366
Monte
Faito
1131
Monte dell'
Avvocata
1014
Vico Equense
Resicco
Sant. dell'
Avvocata
Massaquano
S. Michele
Monte
San Michele
1444
Monti Lattari
Scala
Minori
Seiano
Fornacelle
Moiano
Maiori
Ravello
SS163
Preazzano
Agerola
Camporà
Badia S. Maria
de'Olearia
Cetai
S. Maria
del Castello
Montepertuso
Pogerola
Atrani
Erchie
Sorrento
Arola
Nocelle
S. Larzzaro
Amalfi
Capo d'Orso
Positano
SS163
Praiano
Alto
Conca dei Marini
Marina di Conca
Capo di Conca
Fue
Praiano
(Vettica Maggiore)
Furore
Marina di Praia
Grotta dello Smeraldo
Capo Sottile
Li Galli
Capri,
Sorrento
Mare Tirreno

Amalfiküste

2 km

Städtebauliches Juwel mit orientalischem Flair

Positano

Das Jetset-Ziel an der Amalfiküste lohnt trotz des Gästeauftriebs unbedingt einen Besuch. Wesentlich ruhiger ist es ein Stockwerk höher in den beiden Bergdörfern Montepertuso und Nocelle. Der berühmteste Wanderweg der Amalfiküste, der Weg der Götter, endet in Positano.

Normalerweise bleibt die Amalfiküste standhaft gegenüber den Avancen des internationalen Jetset-Tourismus. Die Ausnahme von der Regel ist Positano. Deshalb verwundert es auch nicht, dass in den 1960er-Jahren ausgerechnet hier der Bikini den Ruch des Skandalösen verlor und salonfähig wurde. Prêt-à-porter ist auch gegenwärtig wichtig für das hiesige Selbstverständnis, denn als Markenbegriff genießt „Moda Positano" in Italien noch immer einen exzellenten Ruf. Zahlreiche Boutiquen bestätigen den Ruf, der beliebteste Stoff ist Leinen, es dominieren sommerliche Farben und florale Muster. Die Mehrzahl der Gäste kommt per Ausflugsboot nach Positano, weshalb während der Saison um den Bootsanleger herum starkes Gedränge herrscht. Je weiter man sich vom Strand entfernt, desto ruhiger wird es jedoch. Diese Ruhe hat jedoch einen Preis, der mit Schweiß bezahlt wird, denn der Ort ist von einem Geflecht anstrengender Treppenwege durchzogen. Wer von der Bar Internazionale in der Oberstadt hinunter zum Strand läuft und anschließend treppauf wieder hoch, weiß, was er geleistet hat! Nicht ohne Grund bezeichnete der amerikanische Autor John Steinbeck in einem vielzitierten Essay Positano als „einzige senkrechte Stadt der Welt". Der Schriftsteller steht stellvertretend für eine Reihe prominenter Italienreisender, die seit der Entdeckung der im

Verfall befundenen mittelalterlichen Siedlung hierher kamen: Pablo Picasso, Tennessee Williams, Stefan Andres, Elizabeth Taylor, Richard Burton. Die bis heute nicht abreißende Faszination, die Positano ausstrahlt, schlägt sich in einem gehobenen Preisniveau nieder, das den Vergleich zu Capri nicht scheut und alle Lebensbereiche durchdringt.

Die vertikale Stadtanlage sorgt dafür, dass sich von den Treppen immer wieder Sichtachsen auf orientalisch anmutende Fassaden, bunte Veranden und üppige Bougainvilleen eröffnen. Regelmäßig rückt die im Sonnenlicht gleißende Majolikakuppel der **Chiesa Santa Maria Assunta** in den Blick. Im Zentrum der spirituellen Verehrung steht eine schwarze Madonna, um die sich mehrere Legenden ranken. „Posa, posa!" („Absetzen!") soll sie ausgerufen haben, als sie – als Beutegut auf einem Sarazenenschiff – an Positano vorübersegelte. Sehenswert ist der Überrest des Mosaikfußbodens aus byzantinischer Zeit. Am abseits stehenden Kampanile verdient das marmorne Halbrelief einen Blick. Es stellt ein Fabel-Seeungeheuer dar, das ein wenig an den biblischen Walfisch von Ravello erinnert (→ S. 256). Die mythische Bestie, die zu zahllosen spekulativen Interpretationen Anlass gab, bezeichnen Einheimischen als *Pistrice*. Unter der Kirche befinden sich die Überreste einer römischen Villa aus dem 1. Jh. v. Chr. sowie die Krypta aus dem 11. Jh., die beide im Rahmen einer geführten Tour besichtigt werden können (**Museo Archeologico Romano, MAR**). Kurz nach dem Vesuvausbruch 79 n. Chr. wurde die antike Villa von einer ca. zwei Meter dicken Lawine aus pyroklastischem Schlamm verschüttet. Die sehenswerten Fresken im Inneren legten Archäologen erst in jüngster Zeit frei. Außerdem gibt es die Überbleibsel eines alten Begräbnisplatzes zu sehen; erst nach dem Verbot der Bestattungen innerhalb der Städte unter Napoleon, wurde im 18. Jh. der neue Friedhof vor den Toren von Positano angelegt (tägl. 9–21 Uhr, Führungen ca. jede Std., auch auf Engl., Anmeldung am Ticketkiosk am Glockenturm, 15 €, bis 12 Jahre frei, ☎ 333-2085821, www.marpositano.it).

Am Treppenweg von Montepertuso hinunter nach Positano

Ländlich-beschaulich geht es in den beiden Ortsteilen **Nocelle** und **Monte-pertuso** zu. Sie liegen entrückt an den Steilhängen der Monti Lattari und waren bis ins 20. Jh. hinein ausschließlich zu Fuß erreichbar. Das letzte Straßenstück von Montepertuso nach Nocelle wurde erst 2001 fertiggestellt! Nocelle markiert den Endpunkt des viel begangenen „Götterweges" (→ Wanderung 9, S. 400 f.). Wer am Schluss der Tour keine Lust mehr verspürt, den beschwerlichen Treppenweg hinunter an das Meer zu nehmen, kann mit dem Bus nach Positano fahren. Ein Blickfang ist das Naturkarstloch oberhalb von Montepertuso. Einer volkstümlichen Sage nach durchbohrte der Zeigefinger der Madonna den Kalk – als sichtbares Fanal für ein göttliches Wunder, das sich im 6. Jh. zugetragen haben soll.

Amalfitanische Inselgeheimnisse: der Archipel Li Galli

Man sieht sie von Positano, man erkennt sie vom Pfad der Götter aus. Auch von der sorrentinischen Halbinsel sind die Inselchen im Golf von Salerno oft hervorragend auszumachen – Reisende entlang der Amalfiküste erkundigen sich häufig nach ihrem Namen. Li Galli, „die Hähne", heißen die der Küste vorgelagerten Inseln. Seit jeher gelten sie Einheimischen als mythischer Sitz der Sirenen, weshalb sie folgerichtig auch als Sirenusen bezeichnet werden. Bekanntermaßen waren es drei verführerische Sirenen, an denen Odysseus vorbeigesegelt war. Passend dazu zählen die Sirenusen ebenfalls drei Inseln, wobei diese jedoch den Wermutstropfen schlucken müssen, dass sich nur wenige Kilometer entfernt die spektakulären Faraglioni-Klippen bei Capri ebenfalls damit brüsten, Heimstatt der Sirenen zu sein.

Die Felsinseln Li Galli

Mit einer Länge von 400 m und einer Breite von 200 m ist **Gallo Lungo** das größte Eiland des Archipels. Obendrein ist es das einzige, das seit der Antike zeitweilig bewohnt ist. Beim Umbau der Villa 1937 legte kein Geringerer als Le Corbusier Hand an (vom gleichen Architekten stammt das Hotel Punta Tragara auf Capri). Der erste Künstler, der sich in dieser Solitude niederließ, war der russische Tänzer und Choreograf Léonide Massine. 1989 erwarb der Balletttänzer Rudolf Nurejew das Anwesen, das heute in der Saison von privater Hand an betuchte Gäste vermietet wird.

Basis-Infos

Einwohner ca. 4000 Einwohner

Information Das **Infobüro** befindet sich in der Oberstadt an der „Amalfitana" (SS 163) wenige Schritte von der Bar Internazionale entfernt. Via Guglielmo Marconi 288, ☎ 089-875760, www.aziendaturismopositano.it.

Anfahrt/Verbindungen **Pkw.** Übernachtungsgäste sollten sich bereits bei der Buchung nach einem Hotelparkplatz erkundigen, Tagesbesucher weichen auf die gebührenpflichtigen Parkdecks aus (zwischen Ober- und Unterstadt ausgeschildert).

Bus. Mit SITA regelmäßig von Sorrent und Amalfi, die beiden wichtigsten Haltestellen sind Chiesa Nuova (Oberstadt) und Torre Sponda (unterer Ortsausgang in Richtung Amalfi). Stadtbusse der Firma Flavio Gioia fahren von der Piazzetta dei Mulini im Zentrum ca. jede Std. nach Montepertuso und Nocelle sowie nach Praiano inklusive Ortsteile (→ S. 237 ff.). Für Flavio-Gioia-Busse müssen Extratickets gelöst werden, SITA-Fahrkarten sind nicht gültig!

Schiff. Vom Bootsanleger verkehren Fähren via Amalfi nach Salerno sowie nach Capri, seltener auch nach Sorrent. Preisbeispiele: Amalfi (8 €), Capri (18,90 €), Salerno (12 €), Sorrent (15 €). Z. B. mit der Agentur Gescab (☎ 089-234892, www.gescab.it).

Privattouren u. a. mit der Princess Positano: Ausflüge nach Capri, Nacht- und Sonnenuntergangsfahrten, die Abholung ist auch von anderen Orten möglich. Max. 8–12 Pers. ☎ 339-8081409, www.princesspositano.it.

Taxi. Taxistand an der Via Pasitea. ☎ 333-3594232, www.taxidriverpositano.com.

Mietfahrzeuge **Scooter.** In Positano teurer als in anderen Küstenorten, u. a. bei Rent a Scooter ab 70 €/Tag. Via Pasitea 99, ☎ 089-8122077, www.positanorentascooter.it.

Baden Am Stadtstrand, der **Spiaggia Grande,** herrscht in der Saison viel Betrieb. Ruhiger ist es wenige Schritte weiter westlich an der **Spiaggia Fornillo.**

Größer ist der Romantikfaktor an den drei Stränden östlich von Positano. Vom Zentrum aus betrachtet sind das, der Reihe nach, die **Spiaggia Arienzo,** die **Spiaggetta San Pietro** und die **Spiaggia Laurito.** Treppenwege verbinden die Straße mit den Buchten, charmanter ist die Anfahrt im Rahmen einer organisierten Bootstour.

Einkaufen **Pepito's.** Die sympathische Modeboutique steht stellvertretend für eine ganze Reihe von Geschäften, die das Label *Moda Positano* repräsentieren. Qualitativ hochwertige Leinenartikel für Frauen und Männer, in den 1980er-Jahren kauften Prominente regelmäßig hier ein. Via Pasitea 39, ☎ 089-875446, www.pepitospositano.it.

Ceramiche Casola. Ein Renommierbetrieb an der Costiera Amalfitana, die besten Stücke werden von hier sogar nach Übersee verschifft! Von kleinen Espressotassen bis zu ganzen Tischplatten, alles stilvoll von Hand bemalt. Die Produktionsstätte befindet sich außerhalb an der Küstenstraße, etwa auf Höhe des Arienzo-Strandes, im Ortszentrum mit drei Geschäften präsent. Via Laurito 49, ☎ 089-811382, www.ceramicacasola.com.

Veranstaltungen **Mare, Sole e Cultura.** Traditionsreiches Literaturfestival mit zahlreichen Veranstaltungen rund um das Buch an unterschiedlichen Orten in der Stadt. Mitte Juni bis Mitte Juli. www.maresolecultura.it.

Positano Teatro Festival. Tägliche Abendveranstaltungen mit freiem Eintritt, seit über 10 Jahren unter künstlerischer Intendanz. Ende Juli bis Mitte Aug.

Premia la Danza. Das hochkarätige Tanzfestival ist dem Ballettkünstler Léonide Massine (→ Kasten, S. 232) gewidmet. Anfang/Mitte Sept. www.positanopremialadanza.it.

Festa del Pesce. Die traditionelle Kirmes um die Meeresfrüchte findet seit über 25 Jahren im Zentrum (Piazza dei Mulini) und an den Stränden statt. Letzter Sa im Sept. www.festadelpesce.net.

🚶 **Wanderung 8: Amalfiküste – Rund um Positano** → S. 397
Wenig frequentierter Höhenweg für Wanderer mit guter Kondition.

Die Amalfiküste → Karte S. 228/229

Übernachten

Die Auswahl an Hotels im Luxussegment ist riesig, es gibt jedoch auch einfachere Unterkünfte im Zentrum. In der Hauptsaison vermieten einige Hotels ihre Zimmer nur wochenweise und mit Halbpension, sofern ein Restaurant angeschlossen ist. Wer mit dem Auto unterwegs ist, sollte sich bei der Buchung nach Parkplätzen erkundigen. Gebührenpflichtiger Gepäckträgerservice: ☏ 089-875310.

*****ˢ Il San Pietro di Positano **11** Das Traditionshotel befindet sich außerhalb der Stadt über dem Arienzo-Strand. 57 geräumige Zimmer und Suiten, Pool, Bar, Tennisplatz und eigener Strandabschnitt. Hotelparkplatz, das Restaurant ist u. a. auf organische Küche spezialisiert. Mitte April bis Ende Okt. geöffnet. DZ ab 390 €. Via Laurito 2, ☏ 089-812080, www.ilsanpietro.it.

**** Palazzo Murat **7** Liebenswertes Boutiquehotel in einem Traditionshaus – schon König Joachim Murat logierte im 19. Jh. im ältesten Kloster von Positano. Fassade mit Patina, 31 stilvoll eingerichtete Zimmer und romantischer Innenhof. Günstige Lage mitten im Ort, vom Garten fällt der Blick auf die Kuppel der Pfarrkirche, empfehlenswertes Restaurant (Menü ab 50 €). April bis Mitte Nov. geöffnet. DZ ab 300 €. Via dei Mulini 23, ☏ 089-875177, www.palazzomurat.it.

*** Savoia **5** Gut geführtes Mittelklassehotel mitten im Zentrum von Positano, bequem ohne Treppen zu erreichen. Seit 3 Generationen in Familienhand. 39 Zimmer, einige mit hohem Deckengewölbe, reichlich mit Keramik dekoriert, Suiten mit Whirlpoolbadewanne. Wegen der Ortsdurchfahrt tagsüber lauter, kein Restaurant. April bis Okt. geöffnet. DZ ab 150 €. Via Cristoforo Colombo 73, ☏ 089-875003, www.savoiapositano.it.

** Pensione Maria Luisa **14** Alteingesessenes und familiäres Logis hoch über dem Fornillo-Strand. Kleine, einfach ausgestattete Zimmer, Dachterrasse mit toller Aussicht, Küche für Selbstversorger. Im ruhigen Teil von Positano gelegen, nur zu Fuß erreichbar. Italienisches Basisfrühstück. DZ ab 130 €. Via Fornillo 42, ☏ 089-875023, www.pensionemarialuisa.com.

Villa La Tartano **10** Das sympathische Boutiquehotel liegt etwas versteckt hinter der Kirche. 9 geschmackvoll eingerichtete Zimmer entsprechen dem 3-Sterne-Standard, 3 Zimmer mit Veranda und Meerblick, kleiner Frühstücksraum, ohne Restaurant. April bis Mitte Okt. ge-

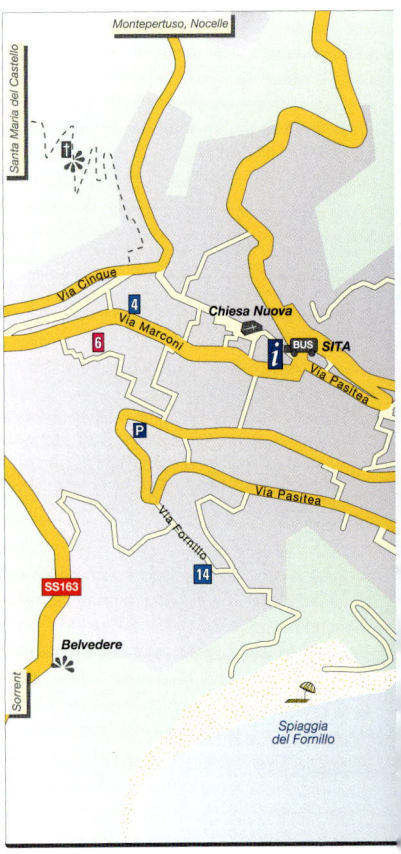

öffnet. DZ ab 150 €. Vicolo Vito Savino 4–8, ☏ 089-812193, www.villalatartana.it.

𝓜ein Tipp **B&B Casa Cuccaro** **2** Familiäres Privatquartier in einem gepflegten Landhaus mit Meerblick im Zentrum von Nocelle. Komfortable, geräumige und zweckmäßig möblierte Zimmer mit Balkon, Frühstück bei gutem Wetter auf der Terrasse. März bis Okt. geöffnet. DZ ab 80 €. Via Nocelle 2, ☏ 089-875458, www.casacuccaro.it.

Hostel Brikette **4** Die private Herberge befindet sich an der Küstenstraße in der Oberstadt. Privatzimmer, Familienapartments und Schlafsäle. Mit kleiner Bar und Terrasse. DZ ab 140 €, Bett im Schlafsaal ab 40 €. April bis Okt. geöffnet. Via Guglielmo Marconi 358, ☏ 081-875857, www.hostel-positano.com.

Übernachten

2 Casa Cuccaro
4 Hostel Brikette
5 Savoia
7 Palazzo Murat
10 Villa La Tartano
11 Il San Pietro di Positano
12 Buca di Bacco
14 Maria Luisa

Essen & Trinken

1 Il Ritrovo
3 Casa e Bottega
6 C'era una Volta
8 Max
9 La Zagara
12 Buca di Bacco/La Pergola
13 Da Vincenzo

Positano

100 m

Die Amalfiküste → Karte S. 228/229

Essen & Trinken

Wer sich in einem Restaurant am Strand niederlässt, muss tiefer als andernorts in die Tasche greifen. Je weiter man sich allerdings auf Treppenwegen nach oben bewegt, desto mehr fallen die Preise. Ausnahmen bestätigen natürlich auch hier die Regel!

Max 8 Das piekfeine Restaurant im Zentrum ist zugleich eine gemütliche Kunstgalerie mit geweißtem Deckengewölbe. Gediegenes Ambiente, kultivierter, etwas steifer Service, die anspruchsvolle Küche kredenzt u. a. Fisch- und Fleischgerichte. Sogar Kochkurse finden ab und an statt. Menü ab 50 €. Ostern bis Okt. tägl. ab 9 Uhr durchgehend geöffnet. Via dei Mulini 22, ☎ 089-875056, www.ristorantemax.it.

Buca di Bacco/La Pergola 12 Unverkennbar ein alteingesessener Platzhirsch am Strand von Positano (seit 1916), Hotel, Restaurant (Bucca di Bacco), Pizzeria und Gelateria (La Pergola) in einer Hand. Eis und Süßgebäck aus eigener Herstellung, klassische kampanische Küche, Vermietung von Zimmern im 4-Sterne-Standard. Gediegenes Ambiente. Terrasse über dem Meer. Menü ab 40 €. Ende März bis Okt. geöffnet. Via Rampa Teglia 4, ☎ 089-875699, www.bucadibacco.it.

Da Vincenzo 🔟 Das Traditionsrestaurant (seit 1958) steht seit jeher für eine zuverlässig gute Küche. Der hintere Teil des Innenraums ist in den Kalkfelsen hineingebaut, Tische auf der Veranda an der Ortsdurchfahrt. Der Schwerpunkt der Gerichte liegt auf Meeresfrüchten. Nebenan befindet sich eine kleine, qualitativ hochwertige Boutique (Limoncello, Grappa etc.). Menü um 45 €. Palmsonntag bis Okt., in der Nebensaison Di Ruhetag. Via Pasitea 172, ✆ 390-89875128, www.davincenzo.it.

*mein*Tipp **Il Ritrovo** 🔟 Das Ausflugsrestaurant im Zentrum von Montepertuso ist eine Institution an der *Costiera Amalfitana,* Ex-Bundeskanzler Gerhard Schröder dinierte hier einst mit Luciano De Crescenzo (→ Literatur, S. 371). Beste Landküche mit hochwertigen Zutaten, auch Fisch steht auf der Karte. Organisation von Kochkursen, kostenloser Shuttlebus. Menü ca. 40 €. Tägl. ab 10 Uhr durchgehend geöffnet. Via Montepertuso 77, ✆ 089-812005, www.ilritrovo.com.

C'era una Volta 🔟 Es gibt sie doch noch, die authentische Trattoria! Bodenständige Einkehr in der Oberstadt an der Küstenstraße mit herzhafter Hausmannskost, lokaltypische Küche, hausgemachte Primi und leckere Dolci. Gute Antipasti-Platten *(terra und mare),* auch Pizza. Sitzplätze auf der Veranda nach hinten raus. Menü ab 30 €, Pizza ab 6 €. Di nur am Abend, sonst tägl. mittags und abends geöffnet. Via Marconi 127, ✆ 089-811930, www.ristorante ceraunavolta-positano.com.

🍃 **Casa e Bottega** 🔟 Kleine Boutique mit angeschlossenem Biobistro, nur wenige Plätze und sehr beliebt! Frühstück (ca. 10 €), frische Salate (ab 8 €), Sandwiches, Kaffee und Kuchen. Ostern bis Anfang/Mitte Nov. tägl. 9–16 Uhr. Viale Pasitea 100, ✆ 089-875225.

La Zagara 🔟 Café, Pasticceria, „Tea-Room" und Gelateria mitten im Geschehen, schöne Plätze nach hinten raus im Zitronengarten. Von süßen Köstlichkeiten überquellende Vitrinen und Theken, auch kleine Snacks. Alteingesessener Betrieb (seit 1950). In der Saison tägl. 8–22 Uhr. Via dei Mulini 8–10, ✆ 089-875964, www.lazagara.com.

Positano: Chiesa Nuova, im Hintergrund die Monti Lattari

Chiesa San Gennaro mit Amalfiküste im Hintergrund

Praiano

In touristischer Hinsicht spielt die Ortschaft im Vergleich zu Positano und Amalfi allenfalls die zweite Geige. Aus diesem Grund ist es in Praiano aber auch wesentlich ruhiger, was besonders die Feriengäste aus dem deutschen Sprachraum zu schätzen wissen.

Die Lage am vorgeschobenen Capo Sottile bringt es mit sich, dass der Ort – im Gegensatz zu Positano – fast von überall einsehbar ist. Obendrein ist Praiano eine der wenigen Siedlungen an der Amalfiküste, die in den Genuss eines respektablen Sonnenuntergangs kommen. Letzteres gilt allerdings nicht für sämtliche Ortsteile, sondern nur für **Vettica Maggiore** mit der gelb getünchten Kirche im Zentrum. Sie ist – wie der Dom von Neapel – keinem Geringeren als San Gennaro geweiht. Die blau-weiße und honiggelbe Majolikakuppel ist schlechterdings kaum zu übersehen. Markierte Treppenwege verbinden das oberhalb der Küste gelegene Zentrum mit dem Strand (*Spiaggia La Gavitella*) und in der Gegenrichtung mit dem **Convento San Domenico,** das entrückt am Steilhang der Monti Lattari liegt. In

der Klosterkirche Santa Maria a Castro sind einige verwaschene Fresken zu bewundern, außerdem handelt es sich um einen paradiesischen Belvedere, ein einfacher Barbetrieb sorgt für kühle Getränke auf den romantisch gelegenen Tischen (tägl. 9–17 Uhr). Vom 384 m hoch gelegenen Kloster ist zu Fuß in einer guten Viertelstunde der Weg der Götter (→ Wanderung 9, S. 400 f.) erreichbar, von dem Wanderer wiederum den unverstellten Blick auf die Ortschaft genießen können.

Durchreisende auf dem Weg von Positano nach Amalfi bekommen häufig gar nicht mit, dass Praiano außer Vettica Maggiore noch über zwei weitere Ortsteile verfügt. Auf der anderen Seite des Capo Sottile wächst **Praiano Alto** den schrägen Berghang hinauf. Wer gerne wandert und ansonsten die

Ruhe genießen möchte, ist hier oben bestens aufgehoben. Nach etwa einem Kilometer auf der Küstenstraße in Richtung Amalfi zweigt nach rechts eine schmale Stichstraße zur **Marina di Praia** ab. Diesen, am Ende eines Küstenfjords gelegenen, dritten Ortsteil muss sich Praiano allerdings schiedlich mit der Nachbarkommune Furore (→ S. 240 f.) teilen. Am felsigen Ufer reiht sich eine Handvoll einfacher Fischrestaurants, die sich wegen der bequemen Erreichbarkeit der Marina di Praia in der Saison nicht über mangelnden Zuspruch beklagen. Bereits die Römer nutzten den sicheren Naturhafen für die Schifffahrt.

Praktische Infos

Einwohner ca. 2100 Einwohner

Information Das **Infobüro** befindet sich in Vettica Maggiore an der Küstenstraße. Tägl. außer So 9–13 und 16.30–20.30 Uhr. Via G. Capriglione 116b, ℡ 089-874557, www.praiano.org.

Anfahrt/Verbindungen   Pkw. In Vettica Maggiore sind Parkplätze an der zuweilen beängstigend engen Ortsdurchfahrt Mangelware. Besser ist die Situation in Praiano Alto.

Bus. Regelmäßige Verbindungen via Positano nach Sorrent und in die Gegenrichtung nach Amalfi (SITA). Stadtbusse des Unternehmens Flavio Gioia fahren alle Ortsteile an und verbinden diese mit Positano. Lokalbusse des Unternehmens Torquato Tasso steuern ebenfalls sämtliche Ortsteile an (SITA-Tickets sind in diesen nicht gültig).

Taxi. ℡ 366-4236622.

Mietfahrzeuge   Scooter. Verleih an der Hauptkirche in Vettica Maggiore. 55 €/Tag. Via G. Capriglione 99, ℡ 089-813071, www.mrentascooter.it.

Veranstaltungen   Luminaria San Domenico. Viele Kerzen und Öllampen verzaubern den Ort bei Dunkelheit, die Tradition geht auf das Jahr 1506 zurück. Ende Juli bis Anfang Aug. www.luminariadisandomenico.it.

I Suoni degli Dei. Open-Air-Musikveranstaltungen auf dem Weg der Götter (→ S. 400 f.) oberhalb von Praiano, die Konzertplätze werden durch einen gemeinsamen Fußmarsch erreicht. Mai und Sept./Okt. www.isuonideglidei.com.

Patronatsfest. Zu Ehren von San Gennaro, dem Schutzheiligen von Vettica Maggiore. 1. So im Mai und 19. Sept.

Baden Bademöglichkeiten bestehen in Marina di Praia sowie an der Spiaggia La Gavitella unterhalb von Vettica Maggiore. Der Treppenweg zum Strand ist von der Kirchenpiazza im Zentrum ausgeschildert.

Lido One Fire Beach. Beachclub am Gavitella-Strand mit hohem Kultfaktor. Lido, Bar, Ristorante sowie Verleih von Liegen und Schirmen. Außerdem stehen in der Saison Tretboote und Kanus zur Verfügung. An lauen Sommerabenden rauschende Partys. Via Gavitella 1, ℡ 338-3508555.

Einkaufen   La Bacheca. Sympathischer Keramikshop an der Ortsdurchfahrt in Vettica Minore gegenüber dem Albergo Il Pino. Die handgemachte Tonware folgt den konventionellen Mustern. Auch Weine der Region, Seife aus Positano und Kosmetika von der Amalfiküste. Via G. Capriglione 62, ℡ 089-874145, www.labachecapraiano.com.

Wandern Verbindungswege zum **Weg der Götter** (→ Wanderung 9, S. 400 f.) beginnen im Zentrum von Vettica Maggiore (der anstrengende Treppenweg ist mit Keramikkunstwerken geschmückt) und am Küstenfjord in Marina di Praia. Letzterer führt über die Grotta Santa Barbara nach Bomerano.

Übernachten   ★★★★ Onda Verde. Gut geführtes Oberklassehotel oberhalb des Strandes in Marina di Praia. 24 Zimmer, verteilt auf mehrere Häuser, teilweise mit Terrasse und Meerblick, Aufzug vom Parkplatz. Das gediegene Ristorante Franchino mit fein eingedeckten Tischen steht auch auswärtigen Gästen offen (Menü um 40 €). April bis Okt. geöffnet. DZ ab 220 €. Via Terramare 3, ℡ 089-874143, www.hotelondaverde.com.

★★★ Margherita. Das tadellose Mittelklasselogis befindet sich aussichtsreich im Ortszentrum von Praiano Alto. Familiäres Ambiente, Pool, große Sonnenterrasse mit Meerblick, Restaurant M'ama mit guter Küche. 28 Zimmer mit Balkon, jedoch nicht alle mit Meerblick, gutes Frühstück, Shuttlebus zum Strand. Mitte Dez. 2 Wochen geschlossen. DZ ab 160 €. Via Umberto I 70, ℡ 089-874628, www.hotelmargherita.info.

★★★ Villa Bellavista. Mittelklassehotel unterhalb der Küstenstraße in Vettica Maggiore. Viel Grün innen wie außen, Terrasse mit Meerblick, kleiner Gartenpool, Restaurant und Bar. Die Inhaber sprechen Deutsch, die Bushaltestelle im

Gut erhaltene Fresken im Convento San Domenico hoch über Praiano

Zentrum ist über eine Handvoll Stufen zu erreichen. 21 einfach möblierte Zimmer, zumeist mit Balkon und Meerblick. Kein Hotelparkplatz. DZ ab 110 €, keine Kartenzahlung. Via Rezzola 47, ☏ 089-874054, www.villabellavista.it.

B&B Locanda degli Dei. Liebenswertfreundliche Privatunterkunft am oberen Ortsrand von Praiano Alto. 6 tadellose Zimmer mit etwas kleinen Bädern, 2 Zimmer mit großer Terrasse, Frühstück bei gutem Wetter im Garten mit Zitronenbäumen. Ideales Quartier, wenn Gäste gerne wandern, Parkplätze sind ausnahmsweise kein Problem. DZ ab 70 €. Via Pistiello II 14, ☏ 089-8131309, www.locanda deglidei.com.

Essen & Trinken Ristorante Il Pino. Die zum gleichnamigen Hotel gehörende Einkehr liegt an der Ortsdurchfahrt von Vettica Maggiore, bereits fast am Ortsausgang in Richtung Amalfi. Himmlischer Wintergarten mit Aussicht, stilvoll eingerichtet, moderne Ausstattungselemente geben den Ton an. Fisch- und Fleischgerichte, wobei eindeutig der Schwerpunkt auf Meeresküche liegt. Menü um 40 €. Ostern bis Okt. tägl. mittags und abends geöffnet. Via G. Capriglione 13, ☏ 089-813004, www.hotelilpino.it.

Kasai. Engagiert geführtes und beliebtes Restaurant an der Ortsdurchfahrt in Praiano Alto.

Herzhafte neapolitanisch-kampanische Hausmannskost mit Anspruch und Niveau, saisonal wechselnde Fisch- und Fleischgerichte, Frischegarantie. Außenplätze auf dem Trottoir mit Meerblick, stimmungsvolles Innenleben. Menü um 40 €. Do Ruhetag. Via Umberto I 84, ☏ 089-874108.

La Strada. Das freundliche Lokal liegt am westlichen Ortsausgang von Vettica Maggiore. Trotz des gehobenem Niveaus bodenständig, Fisch- und Fleischgerichte und viele vegetarische Beilagen, die zu kompletten Gerichten kombiniert werden können. Abends auch Pizza, in den Sommermonaten öffnet die große Dachterrasse. Menü ab 35 €, Pizza ab 8 €. Ende März bis Okt. tägl. geöffnet. Via G. Capriglione 178, ☏ 089-813081, www.lastrada ristorante.it.

Che Bontà. Beliebtes Pizza-Bistro im Zentrum von Vettica Maggiore. Tischleindeckdich abends auf der Treppenweggasse, jugendlichfrisches Ambiente, knusprige Pizza aus dem Elektroofen (ab 7 €), Sandwiches, frisch gepresster Orangensaft, auch komplette Menüs mit Antipasti sowie Fisch- und Fleischgerichte (Menü um 25 €). Bei gutem Wetter öffnet der Hinterhofgarten. Im Winter Di Ruhetag. Via G. Marconi 2a, ☏ 089-874622.

Furore und Conca dei Marini

Eine Handvoll interessanter Zwischenstopps prägen den Küstenabschnitt zwischen Praiano und Amalfi. Am namhaftesten sind der Furore-Fjord und die Smaragdhöhle (Grotta dello Smeraldo).

Die Serpentinenfahrt auf der Amalfitana zwischen Praiano und Amalfi ist reich an landschaftlichen Höhepunkten. Ein spektakuläres landschaftliches Highlight ist der **Fjord von Furore** (*Fiordo di Furore*). Ahnungslose Neuankömmlinge verpassen regelmäßig den entscheidenden Moment auf dem Straßenviadukt – und schon ist man daran vorbei. Aus geologischer Sicht handelt es sich keineswegs um einen Fjord; der von Agerola kommende Bach hat über einen Zeitraum von Jahrmillionen diesen schluchtartigen Canyon ausgewaschen. Schautafeln am Straßenrand weisen darauf hin, dass der italienische Filmregisseur Roberto Rossellini hier eine Szene aus dem Film „L'amore" mit

Reichlich Patina am Furorefjord

der Schauspielerin Anna Magnani drehte. Der Film kam 1948 in die Kinos, in Maiori befindet sich ein weiterer Drehort. Hoch über dem Fjord – und vom Küstentourismus wenig behelligt – ruht die eigentliche Siedlung **Furore,** die v. a. als Weinanbaugebiet Kennern ein Begriff ist. *Furore Bianco e Rosso* zählen zu den von der EU herkunftsgeschützten Qualitätsweinen (DOC). Die Straße von Amalfi nach Agerola quert das Straßendorf an scheinbar nicht enden wollenden Serpentinen.

Zwischen dem Furore-Fjord und dem Straßenabzweig nach Agerola liegt das Gebiet der Kommune Conca dei Marini. Von der Küstenstraße aus nur schwer einsehbar, breitet sich der Ort sowohl berg- als auch meerwärts aus. Dass Conca dei Marini zu den *borghi più belli d`Italia* gehört, zu den „Schönsten Dörfern Italiens", leuchtet daher bei oberflächlicher Betrachtung wenig ein. Erst der zweite Blick enthüllt den besonderen Reiz des Ortes: Links und rechts vom steilen Treppenweg, der hinunter ans Meer führt, entpuppt sich der winzige Ortsteil **Marina di Conca** als ursprünglichstes Dorf der Amalfiküste! Die felsige Bucht, an der eine Handvoll Fischerkähne vor Anker liegt, strahlt das Flair vergangener Zeiten aus, zwei einfache Restaurants befriedigen die kulinarischen Bedürfnisse der Gäste. Jenseits der Landspitze Capo di Conca verzeichnet die **Grotta dello Smeraldo** weitaus mehr Publikumsverkehr. Die smaragdgrün leuchtende Höhle wurde 1932 von einem ortsansässigen Fischer entdeckt und ist die ultimative Antwort der Küste von Amalfi auf die Blaue Grotte Capris. Die betörenden Lichteffekte werden durch einen Felstunnel unterhalb des Meeresspiegels hervorgerufen, der das einfallende Sonnenlicht bricht. Der Eingang zur Smaragdgrotte ist über einen Aufzug von der Küstenstraße erreichbar.

■ Tägl. 9–16 Uhr. Die Lichteffekte sind am besten, wenn die Sonne hoch am Himmel steht. Bei hohem Wellengang ist die Grotte geschlossen. 5 €.

Praktische Infos

Verbindungen Bus. Der SITA-Bus Sorrent–Amalfi hält am Furore-Fjord, an der Grotta dello Smeraldo und in Marina di Conca. Durch Furore fährt der Bus von Amalfi nach Agerola. Für die Rück- und Weiterfahrt am besten in Positano oder Amalfi bereits das Ticket besorgen!

Einkaufen Marisa Cuomo. Es handelt sich um eines der renommiertesten Weingüter an der Amalfiküste, der Familienstolz ist die *Fiorduva* – ein vielfach prämierter *Furore Bianco*. Verkaufsstelle an der Ortsdurchfahrt in Furore gegenüber vom Hotel Bacco, Führung durch die Cantina mit Degustation und Mittagessen im Hotel Bacco (→ Übernachten/Essen) für 60 €/Pers. Tägl. 9–17 Uhr nach Voranmeldung. Via G. B. Lama 16–18, ℘ 089-830348, www.marisacuomo.com.

Veranstaltungen Marmeeting: Traditionsreiches Sportereignis, bei dem die Teilnehmer vom 30 m hohen Küstenviadukt in den Fjord springen. Anfang Sept. www.marmeeting.com.

Wandern Fiordo di Furore. Ein Fußpfad verbindet den Küstenfjord mit Conca dei Marini und endet im oberen Ortsteil, ein weiterer Aufstieg führt via Furore nach Agerola und zum Ausgangspunkt des Götterweges (→ S. 242 f.). Zum Zeitpunkt der letzten Recherche 2019 war der Wanderweg jedoch wegen Baufälligkeit geschlossen!

Übernachten/Essen   ★★★★ Hotel Belvedere. Das Küstenquartier oberhalb der Marina di Conca sieht vom Wasser aus wie eine Burg. Treppenweg zum Strand, Aufzug zum Pool, der spektakulär auf einem Felsabsatz liegt. 35 komfortable Zimmer und Suiten mit Terrasse oder Balkon, gediegenes Restaurant. Mai bis Anfang/Mitte Okt. geöffnet. DZ ab 210 €. Via Smeraldo 19, ℘ 089-831282, www.belvederehotel.it.

★★★ Bacco. Albergo und Restaurant an der Ortsdurchfahrt in Furore 450 m über dem Meer, Panoramablick satt, exzellente Küche, schmackhafte Weine sind hier natürlich Ehrensache! 20 freundlich möblierte Zimmer, familiäre Atmosphäre. Der Filmemacher Roberto Rossellini und die Schauspielerin Anna Magnani (→ S. 264) kehrten hier vorzugsweise ein. Menü ab 35 €. DZ ab 135 € (bei mindestens 2 Nächten). Via G. B. Lama 9, ℘ 089-830360, www.baccofurore.it.

★★★ La Locanda del Fiordo. Sympathisches Restaurant mit angeschlossenem Albergo, von Positano aus kommend kurz vor dem Furore-Fjord. 12 Zimmer zwischen Küstenstraße und Strand, in den Felsen hineingebaut mit Terrasse davor (DZ ab 90 €). Das Restaurant serviert Fischgerichte in vielerlei Varianten, Gemüse je nach Saison, qualitativ hochwertige Zutaten, mit Kaffeebar. Menü um 30 €. Ostern bis Okt. tägl. geöffnet. Via Trasita 9–13, ℘ 089-874813, www.lalocandadelfiordo.com.

Agriturismo Sant'Alfonso. Der Vorzeige-Landbauernhof befindet sich in einem ehemaligen Kloster in der Peripherie von Furore. Bei der Restaurierung des Hauses wurden historische Reste sorgfältig konserviert. Viel Natur und Ruhe, 8 komfortable Zimmer im Landhausstil, Restaurant mit ambitionierter Landküche, bei gutem Wetter öffnet die Panoramaterrasse. Menü 25 €. DZ ab 80 €. Via Sant'Alfonso 6, ℘ 089-830515, www.agriturismosantalfonso.it.

La Piazza Da Nino. Ausflugslokal hoch über der Amalfiküste in Conca dei Marini mit Prachtblick von der Terrasse über den Golf von Salerno. Karger Innenraum, eher eine Schönwetteroption! Pasta sowie Fisch- und Fleischgerichte, auch Bar. Menü ab 25 €, Pizza ab 6 €. Supersteile Auffahrt, angstfrei und besser ist die Anreise über die SS 366 Amalfi–Agerola, sogar der SITA-Bus fährt bis hierher. Mo (im Winter auch Di) zu, sonst tägl. ab 9 Uhr. Via Roma 62, ℘ 089-831833, www.lapiazzadanino.it.

La Tonnarella. Das alteingesessene Strandrestaurant in Marina di Conca wird von Fischern geführt, die früher vom Thunfischfang lebten, der Name des Lokals erinnert noch an diese Zeit. Gute Fischküche, eigener Wein, viele regionale Produkte, u. a. *Pomodorini del Piennl* (eine autochthone, sehr saftige Tomatensorte). Schleppender Service, Plastikstühle auf der einfachen Veranda. Menü um 25 €. Mai bis Okt. geöffnet, So/Mo abends geschlossen. Via Marina di Conca 5, ℘ 089-831939, www.ristorantelatonnarella.com.

Agerola

Renommiertes Agrardorf mit verschiedenen verstreut gelegenen Teilorten oberhalb der Amalfiküste. Der Ortsteil Bomerano ist Ausgangspunkt des meistbegangenen Wanderwegs der Amalfiküste.

Die für amalfitanische Verhältnisse hohe Bevölkerungszahl lässt verkennen, dass es sich bei Agerola im Wesentlichen um eine Streusiedlung dörflichen Charakters handelt. Diese liegt auf einem ca. 600 m hohen Treppenabsatz zwischen der Küste und den Wäldern der Monti Lattari. Die meisten Reisenden steuern mit dem Bus von Amalfi den Teilort **Bomerano** an, da die zentrale Piazza Ausgangspunkt für die beliebte Wanderung auf dem Pfad der Götter ist (→ Wanderung 9, S. 400 f.). Das intakte Ortsbild rund um das zentrale „Wohnzimmer" der *agerolesi* lohnt durchaus ein längeres Verweilen. Mehr als nur einen flüchtigen Blick verdient die Chiesa San Matteo Apostolo. Ein Blickfang ist das vorbildlich restaurierte Eingangsportal. Das Kircheninnere birgt einige Renaissancekunstschätze von Wert, u. a. ein Kruzifix im flämischen Stil aus dem 15. Jh. und ein Taufbecken aus Marmor. Der zweite Teilort, **San Lazzaro**, ist sogar noch ein Stück abgelegener als Bomerano, stellt aber auf der anderen Seite wieder den Blickkontakt zur Steilküste her. In San Lazzaro beginnt u. a. der Wanderweg ins Valle delle Ferriere oberhalb von Amalfi.

Der „Treppenabsatz" wird seit jeher intensiv genutzt, Brot, Wurst, Fleisch und Käse aus Agerola sind ein in der gesamten Region bekanntes Markenzeichen. Zahlreiche Familienbetriebe haben sich der Herstellung der typischen *Prodotti tipici Agerolesi* nach zum Teil hohen Qualitätsstandards verschrieben, was die beeindruckende Anzahl einschlägiger Verkaufsgeschäfte in den Ortszentren erklärt. Bekanntestes Produkt ist *Fior di Latte*, ein Frischkäse aus Kuhmilch, der auf den ersten Blick dem Büffelmozzarella ähnelt. Bei einer weiteren namhaften Käsespezialität, dem *Provolone di Monaco*, handelt es sich sogar um ein durch die EU herkunftsgeschütztes Produkt (DOP). Der aromatische Hartkäse in Form einer Birne verdankt seinen legendären Ruf dem Umstand, dass die Monti-Lattari-Bauern einst nachts mit dem Schiff nach Neapel fuhren (eine Straßenan-

Kirchenportal im Ortsteil Bomerano

bindung gab es nicht), um ihren Käse andertags auf den Märkten anbieten zu können. Als Feuchtigkeitsschutz diente eine karge Decke, die an eine Mönchskutte erinnerte (monaco heißt auf Deutsch „Mönch"). Auch die Wurstspezialitäten sind durch ihren feinwürzigen Geschmack bekannt, die Rezepte werden von den Erzeugern seit Generationen wie ein Augapfel gehütet. Angeblich gehen sie bis auf die römische Epoche zurück. Wer möchte, kann sich vor dem Start der Wanderung mit einem frisch belegten Sandwich für hungrige Zeiten wappnen! Eine autochthone Obstsorte aus Agerola ist eine wohlschmeckend süße Birnenart, die auf kleinen Streuobstwiesen reift (Pera Pennata). Sie eignet sich vorzüglich für Nachspeisen und Kompott.

Praktische Infos

Einwohner ca. 7400 Einwohner

Information Das **Infobüro** befindet sich an der Piazza in Bomerano. Mo–Sa 8–13 und 14–19, So 8–13 Uhr. Piazza P. Capasso 7, ☎ 081-8791064, www.proagerola.it.

Anfahrt/Verbindungen Pkw. Die SS 366 von Amalfi nach Castellammare di Stabia ist eine wichtige Trans-Monti-Lattari-Route. Hinter Bomerano verschwindet sie in einem Tunnel und kommt oberhalb von Gragnano (→ S. 201) mit Blick auf den Vesuv wieder zum Vorschein.

Bus. Der SITA-Bus von Amalfi quert Bomerano und endet im Zentrum von San Lazzaro.

Einkaufen   Prodotti tipici Agerolesi. Volkstümlich-bodenständiges Geschäft an der SS 366 im Ortsteil Pianello oberhalb von Bomerano. Käse, Wurst, Pasta, Wein sowie Limoncello. Piazza Municipio 2, ☎ 081-8731347.

Übernachten/Essen Campeggio Ostello Beata Solitudo. Bei der einfachen Unterkunft im Ortszentrum von San Lazzaro handelt es sich um eine der ältesten Jugendherbergen Italiens! 2 Schlafsäle mit 5 bzw. 8 Betten, nett möblierte Privatzimmer, Campingmöglichkeit, auch Bungalows. 2 Pers., Zelt und Auto ab 16 €, Bett im Schlafsaal ab 18 €, Bungalow für Familien ab 70 €, DZ ab 85 €. Piazza G. Avitabile 4, ☎ 081-8025048, www.beatasolitudo.it.

🌿**Agriturismo Mare e Monti.** Auf dem Bauernhof am oberen Rand von San Lazzaro werden u. a. Tomaten, Wein, Bohnen und Kartoffeln angebaut, außerdem gibt es Ziegen, Gänse, Hühner und Kaninchen. 6 Zimmer, 4 davon mit Balkon und Meerblick. Vorbildliches Frühstück mit viel Obst. Das vorzügliche Restaurant verwendet vorzugsweise eigene Erzeugnisse (Wein, Wurst, Birnenmarmelade etc.). Stimmungsvolle Sitzplätze unter der überdachten Holzveranda oder im Garten. DZ ab 60 €. Via Santa Lucia 26, ☎ 340-1577236, www.agriturismocostieraamalfitana.com.

L'Angolo dei Sapori. Das Restaurant befindet sich wenige Schritte von der Hauptpiazza in Bomerano entfernt. Verkauf von Wurst- und Käsespezialitäten an der Frischetheke, kleine Karte mit lokaltypischer Hausmannskost, abends auch Pizza. Sitzplätze nach hinten raus in der Gartenveranda. Menü um 25 €. Mi Ruhetag. Via Principe di Piemonte 29, ☎ 081-8791414.

🌿**Picchio Rosso.** Sympathische Trattoria am Rande des Zentrums von Bomerano, spezialisiert auf die agerolesische Küche. Verwendet werden zahlreiche Bioprodukte aus eigenen Gärten. Abends auch Pizza. Kleine Veranda an der Ortsdurchfahrt, bodenständig eingerichteter Innenraum mit Plätzen auf der Empore. Auch Barbetrieb. Menü um 25 €. Mo Ruhetag. Via Armando Diaz 53 (wenige Schritte nördlich der Piazza), ☎ 081-8791676.

Pub 18. Sympathisches Lokal im Zentrum von San Lazzaro mit selbst gebrautem Bier (birra artigianale). Auch Wein, Sandwiches, Salate und Snacks zu kleinen Preisen. Tägl. außer Mi ab 19 Uhr, Nov. bis Febr. geschlossen. Via A. Coppola 8, ☎ 338-1940749.

Die Amalfiküste → Karte S. 228/229

🚶 **Wanderung 9: Amalfiküste – Auf dem Weg der Götter**   → S. 400
Bekannter Wanderweg entlang der Amalfiküste mit hinreißenden Ausblicken.

Blick auf Amalfi mit dem Glockenturm des Doms

Amalfi

Der Hauptort der gleichnamigen mittelalterlichen Seerepublik ist auch heute noch das unbestrittene Zentrum an der Costiera Amalfitana. Die Hauptsehenswürdigkeit ist der Dom mit dem benachbarten Kreuzgang; beide sind dem Stadtpatron, dem hl. Andreas, geweiht.

Am Hafen liegen zahlreiche Fähren und Ausflugsschiffe vor Anker, die Amalfi mit den anderen Touristenzielen in der Region verbinden. Und wer mit dem öffentlichen Bus die Küste entlangfährt, muss spätestens hier aus- bzw. in ein anderes Fahrzeug umsteigen. Der im Mittelalter u. a. durch die Herstellung und den Vertrieb von Büttenpapier gewonnene Reichtum der Bewohner schlägt sich in der prächtigen Domfassade nieder, die den Griff zu Handy und Selfi-Stick zum vollautomatischen Reflex werden lässt. Stilistisch ist die Mischung aus orientalischen, byzantinischen und normannisch-romanischen Detailelementen in der Tat einzigartig, sodass der – zeitweilig ziemlich heftige – Trubel auf der zentralen Dompiazza verständlich ist. Eine städtebauliche Besonderheit sind die zahlreichen Fuß- und Treppenwege. Sie verlaufen großteils unterirdisch – sogar unter den Wohnhäusern und selbst unterhalb des Doms (supportico)! So sind auch entlegene Stadtquartiere mit der Piazza verbunden. Auch die innerstädtische Hauptstraße, die Via Lorenzo d'Amalfi, wird von einem Fußwegtunnel flankiert, dessen weiß getünchte Innenwände in der heißen Jahreszeit für ein angenehmes Klima sorgen. Einen oberflächlichen Einblick ins orientalisch anmutende Gassen- und Treppenweggeflecht vermittelt der Fußweg von Amalfi ins kaum weniger spektakulär gelegene Nachbarstädtchen Atrani (→ S. 252 f.).

Amalfi liegt am Ausgang eines tief eingeschnittenen Canyons. Westlich und östlich des Zentrums der einstigen Seerepublik wird die Steilküste von zahlreichen Terrassen gegliedert, auf denen Oliven, Zitronen und Cedrifrüchte kultiviert werden. Diese wie aufgeblasen wirkenden Megazitronen werden überall auf Märkten feilgeboten und eignen sich vorzüglich zur Weiterverarbeitung zu allerlei süßen Köstlichkeiten. Die dicke weiße Innenschale ist genießbar, zudem ist die Zitronensorte keineswegs sauer im Geschmack. In der oben erwähnten Schlucht befanden sich im Mittelalter und der Frühen Neuzeit zahlreiche Papiermühlen (→ Kasten, S. 246), die Amalfi zur legendären wirtschaftlichen Solidität verhalfen. Eine beliebte Wanderung durch das **Tal der Mühlen** (→ Wanderung 10, S. 402 ff.) führt an verwunschenen Relikten jener Epoche vorbei: hochhaushohe Gebäuderiegel mit großflächigen Trockenböden. Gegenwärtig werden zahlreiche Ruinen restauriert und einer neuen Bestimmung übergeben. Im hinteren Talgrund findet man, neben einem Aquädukt, noch die Ruinen einstiger Eisenhütten *(ferriere)*, in denen noch im 18. Jh. gewerkelt wurde. Eine Etage oberhalb des Mühlental ins 4,5 m² große Naturschutzgebiet *Valle delle Ferriere* über. Bergwanderer begegnen hier u. a. dem anno 1710 entdeckten Kettenfarn *(Woodwardia radicans)*; ein lauschiger Wasserfall lädt zum Picknick ein. Weit oberhalb von Amalfi liegen außerdem die beschaulichen Bauerndörfer **Pogerola, Minuta** und **Pontone.** Auch in dieser entrückten Distanz zum Trubel an der Küste gibt es einiges zu bestaunen, u. a. die beeindruckende Ruine der Basilika Sant'Eustachio aus dem 12. Jh., deren Apsiden von erhöhter Warte aus kühn ins Tal grüßen.

Geschichte

Neuankömmlinge erkennen umgehend, dass die Landseite von Amalfi nur wenig Spielraum für Expansion bietet. Aus diesem Grund orientierten sich die Bewohner notgedrungen zum Meer hin:

846 n. Chr. halfen amalfitanische Seeleute, gemeinsam mit Verbänden aus Neapel und Gaeta, die sarazenischen Invasoren vor Rom zu vertreiben. Im 10./11. Jh. war das Herzogtum Amalfi faktisch ein politisch unabhängiges Herrschaftsgebiet; als sog. **Seerepublik** (darunter versteht man einen Stadtstaat, der im Mittelalter als Seemacht im gesamten Mittelmeergebiet auftrat) konkurrierte man mit Genua, Pisa und Venedig. Seit 1955 erinnert der jährlich im Wechsel stattfindende „Palio mittelalterlicher Seerepubliken" *(Regata delle Antiche Repubbliche Marinare)* an die einstige Konkurrenzsituation des illustren Quartetts; 2020 findet das Ereignis turnusgemäß wieder in Amalfi statt (→ Veranstaltungen). Amalfi fungierte in jener Epoche als Bindeglied zwischen Orient und Okzident, was die vielen stilistischen byzantinisch-arabisch-islamischen Einflüsse in der Stadt und ihrer Umgebung erklärt. In der Blütezeit zählte die Seerepublik 50.000 Einwohner; Kaufleute stifteten in der heiligen Stadt Jerusalem ein Pilgerhospiz, aus dem später der Johanniterorden hervorging; bei der **Tabula Amalfitana** handelte es sich um die erste Kodifizierung des Seerechts im Mittelmeerraum – sie sollte bis ins 16. Jh. gelten. Die Normannen setzten 1073 der politischen Autonomie ein Ende, später geriet Amalfi dann im Vergleich mit den oberitalienischen Seemächten zunehmend ins Hintertreffen. 1582 wurde Amalfi schließlich dem Königreich Neapel zugeschlagen und teilte seitdem das Schicksal der anderen Städte Kampaniens.

Sehenswertes

Duomo e Chiostro Sant'Andrea: Der erste Blick von der Piazza auf die gleißende Domfassade löst bei Besuchern unweigerlich Staunen aus. Über die monumentale Freitreppe sagt der Volksglaube, dass ein Wunsch frei hat, wer es auf den 67 Stufen in einem

Die Amalfiküste ↓ Karte S. 228/229

Papier – made in Amalfi

Zwei Voraussetzungen führten dazu, dass die Produktion von hochwertigem Büttenpapier in Amalfi im Hochmittelalter florierte: Zum einen die Lage der Stadt am Ausgang eines wald- und wasserreichen Tals *(Valle dei Mulini)*, das Manufakturbetriebe mit hohem Wasserverbrauch begünstigte, zweitens der Status einer Seefahrermacht mit ständigen Handelskontakten in den Orient. Der Beginn der Papierproduktion in der arabischen Welt liegt vermutlich im 8. Jh., seit dem frühen 12. Jh. ist die Herstellung von Büttenpapier auch im christlichen Abendland verbürgt. Bis dato kannte man in Europa lediglich das in der Herstellung aufwendige Pergament oder das oft unerschwingliche Papyrus. Büttenpapier war dagegen preiswert und leicht herzustellen. Neben Wasser benötigte man dafür in der Regel nur alte Papier- und Baumwollreste, die gewässert, abgeschöpft, ausgerollt und getrocknet werden. In Amalfi werden die Anfänge der Papierproduktion etwa in der Mitte des 13. Jh. vermutet. In dieser Zeit schossen Papiermühlen *(cartiere)* gleichsam wie Pilze aus dem Boden; Papier *made in Amalfi* wurde ein Exportschlager und in vielen Teilen Europas zum Markenzeichen. Die industrielle Papierfertigung in der Neuzeit läutete den Niedergang des ruhmreichen Gewerbes ein. Weitere Einblicke in die Papierproduktion vermittelt das Museo della Carta (→ S. 247).

Atemzug hinaufschafft. Die unnachahmliche Fassade im neogotischen und neomaurischen Stil ist ein Werk des 19. Jh., wobei die Architekten bei der Rettung des einsturzgefährdeten Vorbaus den barocken Zierrat entfernten und – eigenen Angaben zufolge – den originalen Zustand wiederherstellten. Ob die farbige Mosaikfassade im Mittelalter tatsächlich so ausgesehen hat, war allerdings bereits im 19. Jh. heftig umstritten. Wichtigster Kunstschatz ist das Bronzeportal, das 1066 in Konstantinopel gegossen wurde.

Die meisten Besucher betreten den Sakralkomplex über den – eintrittspflichtigen – **Paradieskreuzgang** *(Chiostro del Paradiso)* des ehemaligen Klosters. Die anmutige Spitzbogenarchitektur im arabisch-normannischen Stil stammt aus dem 13. Jh. und ist ein ästhetisches Highlight. Vom Kreuzgang

gelangt man in die **Kruzifixbasilika** *(Basilica del Crocifisso)*, die heute als Domschatzmuseum dient. Von ihr wiederum ist die eigentliche **Kathedrale** zugänglich, was zunächst etwas verwirrt. In der Tat existierten bereits im 11. Jh. zwei jeweils dreischiffige Gotteshäuser nebeneinander, die beide in der Neuzeit im barocken Geschmack verändert wurden. Während sich jedoch die Kruzifixbasilika heute wieder von ihrer puristisch-reinen Seite zeigt, hat sich die reiche Barockausstattung in der Kathedrale erhalten. Unter der Kathedrale bewahrt die prächtige **Krypta** eine Reliquie des hl. Andreas, des Schutzpatrons der Stadt, der noch heute in Amalfi hohe Verehrung genießt. Angeblich trat im 14. Jh. aus dem Reliquiar ein Sekret aus, das als wundertätiges Manna galt. Eine Figur des Patrons schmückt den Barockbrunnen auf der Dompiazza.

■ **Dom**: 7.30–10 und 17–19.30 Uhr. Eintritt frei. **Kreuzgang**: 10–17 Uhr. 3 €, erm. 1 €. Über den Kreuzgang sind auch Kathedrale und Domschatzmuseum zugänglich.

Denkmal Flavio Gioia: Mitten auf der verkehrsumtosten Piazza vor der Porta Marina steht das Standbild für den Seefahrer Flavio Gioia, der im 13./14. Jh. gelebt haben soll. Die Skulptur schuf um 1900 ein Künstler aus Cava de' Tirreni. Historisch verbürgt ist die Existenz des Seefahrers keineswegs, spätere Quellen schreiben ihm jedoch die Verbesserung des Kompasses zu. Das bekanntlich in China erfundene Navigationsgerät war aber bereits vor ihm im Mittelmeerraum bekannt und verbreitet.

Museo della Carta: Das Museum in einer ehemaligen Papierfabrik im hinteren Teil der Altstadt ist unbedingt einen Besuch wert. Die Anfänge der Papierproduktion liegen vermutlich im 13./14. Jh., bis 1969 wurde hier noch gearbeitet. Verschiedene Werkzeuge und Maschinen vermitteln einen guten Einblick in die Herstellung von Büttenpapier (→ Kasten, S. 246) und über technologische Innovationsschübe im Verlauf der Neuzeit. Einige Geräte, Maschinen und Wasserzuleitungseinrichtungen sind noch funktionstüchtig und werden im Verlauf der empfehlenswerten Führung aktiviert. Eine gut sortierte Papeterie rundet das Angebot ab.

■ April bis Anfang Nov. tägl. 10–18.30 Uhr. 4,50 €, erm. 2,50 €. Im Eintrittspreis ist eine 30-min. Führung enthalten (auch engl./dt.). Via della Cartiere 23, www.museodellacarta.it.

Arsenale della Repubblica: Das aus Besuchersicht Erfreuliche am Museum mit der offiziellen Bezeichnung *Museo della Bussola e del Ducato Marinaro* ist die Örtlichkeit in den Gewölben der mittelalterlichen Arsenale unterhalb der heutigen Küstenstraße. Wo einst ganze Schiffe, Waffen und diverses nautisches Material lagerten, informiert gegenwärtig eine bescheidene Ausstellung über einige gewichtige Aspekte der alten Seerepublik. Präsentiert wird u. a. auch ein Faksimile der *Tabula Amalfitana* (→ Geschichte).

■ Tägl. 10–14 und 16–19.30 Uhr, im Juli/Aug. bis 21.30 Uhr. 6 €. Largo Cesareo Console 3.

Die Amalfiküste → Karte S. 228/229

Stimmungsvoller Kreuzgang Sant'Andrea

Basis-Infos

Einwohner ca. 5200 Einwohner

Information Das **Infobüro** befindet sich an der Küstenstraße neben der Post. Winter Mo–Sa 9–13 Uhr, Sommer Mo–Sa 9–13 und 14–17 Uhr. Via delle Repubbliche Marinare, ☎ 089-871107, www.amalfitouristoffice.it.

Anfahrt/Verbindungen Pkw. Die Küstenstraße passiert das Zentrum. Am Hafen gibt es nur wenige Stellplätze für Kurzzeitparker. Das Parkhaus Luna Rossa liegt am Stadtausgang in Richtung Atrani und ist über einen Fußgängertunnel vom Zentrum erreichbar. Pkw ab 2 €/Std., ab 20 €/Tag. Via P. Comite 35, www.amalfi mobilita.com.

Bus. In Amalfi beginnen bzw. enden die SITA-Linien von und nach Sorrent (via Positano), Salerno sowie Neapel (via Agerola). Außerdem fahren regelmäßig Busse nach Ravello/Scala und Pogerola. Der Busbahnhof befindet sich am Denkmal für den Seefahrer Flavio Gioia.

Airport-Shuttle. Die Firma Pintour betreibt einen Shuttle zwischen Neapel und Amalfi (via Maiori, Vietri und Pompei). 6-mal tägl. Tickets je nach Distanz 15–20 €, erm. 10 €. ☎ 081-8792645, www.pintourbus.com.

Die offenen roten **Hop-On-Hop-Off-Sightseeingbusse** verkehren im Sommer zwischen Sorrent und Amalfi. Die erste Fahrt kostet 10 €, jede weitere 6 €. Mitte April bis Okt. ☎ 081-18257088, www.sorrento.city-sightseeing.it.

Schiff. An den Schaltern neben dem Busbahnhof gibt es Fahrkarten für Schnellbootfähren nach Sorrent, Salerno, Capri, Ischia und Positano. Preisbeispiele: Amalfi–Capri 37,50 € (hin und zurück), Positano/Salerno 8 €, Minori/Maiori 3 € (jew. einfache Fahrt). Die wichtigste Reederei ist Travelmar; sie betreibt eine Fährlinie zwischen Positano und Salerno mit Zwischenstopps in Amalfi und Maiori. ☎ 089-872950, www.travelmar.it.

Taxi. Der Taxistand befindet sich vor der Porta Marina am Kreisverkehr. Preisbeispiel nach Ravello: 40 €. ☎ 089-872239.

Baden Der **Stadtstrand** bietet zwar kein überragendes Badeerlebnis, um aber kurz einmal ins Wasser zu springen, ist er alles in allem ganz okay.

Wandern In Amalfi enden bzw. beginnen Treppenwege von/nach Pogerola, Minuta (via Pontone), Atrani und Ravello. Den Einstieg für den Weg nach **Atrani** beschreibt ausführlich die Wanderung 11 (→ S. 404 f.).

Ein beliebter und unkomplizierter Abstecher führt vom Stadtzentrum ins **Mühlental** *(Valle*

Der Hauptort der Amalfiküste ist von senkrechten Felswänden umgeben

🚶 **Wanderung 10: Amalfiküste –**
Im Tal der Mühlen   → S. 402
Leichte Wanderung von Ravello durch das Mühlental nach Amalfi.

🚶 **Wanderung 11: Von Amalfi nach Maiori**   → S. 404
Aussichtsreiche Küstenwanderung durch Zitronengärten und
Olivenhaine.

dei Mulini). Diese Tour wird in umgekehrter Gehrichtung im Kleinen Wanderführer ab → S. 374 ausführlich beschrieben.

Einkaufen **La Scuderia del Duca.** Die große Papeterie befindet sich in den Arsenalen unterhalb der Küstenstraße und ist vom Lungomare aus zugänglich. Stapelweise Papier (made in Amalfi), Briefumschläge, Postkarten und Visitenkarten aus Büttenpapier, dazu Keramik, Krippenfiguren und Gemälde. So geschlossen. Largo Cesareo Console 8, ☎ 089-872976, www.carta-amalfi.it.

Wochenmarkt. Mi vormittags am Lungomare.

Veranstaltungen **Regata delle Antiche Repubbliche Marinare.** Das Historienspek-takel unter Schirmherrschaft des italienischen Staatspräsidenten rotiert jedes Jahr zwischen den vier beteiligten Städten (→ Geschichte). Im Zentrum steht ein sportlicher Bootswettkampf, den Amalfi 2012 als Ausrichterstadt letztmals für sich entscheiden konnte. 2020 findet das Ereignis wieder in Amalfi statt. An einem Tag zwischen Ende Mai und Anfang Juni.

Patronatsfest. Für den Stadt- und Kirchenpatron Sant'Andrea, mit Prozession. 25.–27. Juni.

Capodanno Bizantino. Das Historienspektakel mit Umzug und Musik ist eine Reminiszenz an die Blütezeit der mittelalterlichen Seerepublik. Ende Aug./Anfang Sept. www.capodanno bizantino.it.

Übernachten   → Karte S. 251

***** Santa Caterina 🔟 Das Luxushotel in einer 1880 erbauten Villa liegt an der Küstenstraße 1 km in Richtung Conca dei Marini. 66 elegant eingerichtete Zimmer, überwiegend mit Meerblick. Spektakulärer Felspool, Wellnessbereich, ausgezeichnetes Ristorante, Aufzug zum Privatstrand mit Bar. DZ ab 350 €. Ostern bis Okt. geöffnet. Via Mauro Comite 9, ☎ 089-871012, www.hotelsantacaterina.it.

**** Luna Convento 🔟 Traditionshotel und ehemalige Prominentenherberge in einem Kloster aus dem 13. Jh. oberhalb der Küstenstraße in Richtung Atrani. Simone Beauvoir nächtigte hier schon. Frühstück im atmosphärisch hinreißenden Kreuzgang, 43 Zimmer und Suiten in den ehemaligen Mönchszellen mit Meerblick, Pool und Restaurant im Sarazenenturm. Zum Hotel gehört die Villa Eremo San Francesco mit Traumblick auf Atrani. DZ ab 320 €. Via Pantaleone Comite 33, ☎ 089-871002, www.lunahotel.it.

*** Residenza del Duca 🔟 Das kleine Altstadthotel ist nur über Treppenwege zu erreichen. Ruhige Lage am Altstadtrand, 7 stilvoll möblierte Zimmer im Obergeschoss eines Palazzo mit Patina, das Frühstück wird im nobel ausgestatteten Salon eingenommen. Dez. bis Febr. geschlossen. DZ ab 100 €. Via Mastalo II Duca 10, ☎ 089-8736365, www.residencedelduca.it.

MeinTipp ***** L'Antico Convitto** 🔟 Aufmerksam geführtes, gepflegtes Mittelklassehotel im Herzen der Altstadt, Eingang ohne Treppenstufen erreichbar, Aufzug im Haus, 15 Zimmer im 1. OG, die Suiten und geräumigen Apartments befinden sich im 3. Stock. Zugang zur Dachterrasse, kein Restaurant. März bis Okt. geöffnet. DZ ab 80 €. Via Salita dei Curiali 4, ☎ 089-871849, www.lantico convitto.com.

** Albergo Sant'Andrea 🔟 Nirgendwo sonst lässt sich das Treiben auf der Dompiazza so ungestört genießen wie aus den Räumen in der 1. Etage des Altstadtpalazzos. 7 einfache, aber saubere Zimmer, gut und freundlich geführt, Frühstück wird im Zimmer serviert. Die Inhaber betreiben das gleichnamige Ristorante mit Pizzeria an der Dompiazza. DZ ab 80 €. Piazza Duomo Amalfi, ☎ 089-871145, www.albergosantandrea.it.

Villa Lara 🔳 Im Grünen gelegenes Landhaus mit schönem Blick auf Amalfi am Eingang zum Mühlental. 10 Minuten zu Fuß ins Zentrum. Perfekt, wenn man seine Ruhe haben möchte. 7 geschmackvoll eingerichtete Zimmer, Frühstück auf der Terrasse, weitläufiger Garten. DZ ab 100 €. Via delle Cartiere 1, ☎ 089-8736358, www.villalara.it.

B&B Casa Falcone 🔳 Das mit Sorgfalt und Liebe betriebene Privatquartier befindet sich in einem restaurierten Landhaus im Bergdorf Minuta hoch über Amalfi. 4 Mansardenzimmer mit blitzsauberen Bädern, 1 geräumiges Zimmer im Erdgeschoss mit Terrasse. Ravello- und Küstenblick von der Frühstücksveranda. Nov. bis März geschlossen. DZ ab 70 €. Via Ficuciello 3 (Zufahrt von Scala oder von Ravello), ☎ 089-858198, www.casafalconeamalficoast.it.

Essen & Trinken

Da Gemma 🔳 Das schicke Altstadtrestaurant liegt mitten im Geschehen, von der Terrasse fällt der Blick auf die Dompiazza. Alteingesessene Einkehr (seit 1872), kultivierter Service, gehobene Küche. Der Schwerpunkt der Gerichte liegt auf den Früchten des Meeres, die angeschlossene Cantina ist außergewöhnlich gut bestückt. Degustationsmenü ab 55 €. Tägl. mittags und abends geöffnet. Via Fra Gerardo Sasso 11, ☎ 089-871345, www.trattoriadagemma.com.

Silver Moon 🔳 Restaurant, Bar und Lido am Lungomare von Amalfi mit hübscher Veranda über dem Wasser. Gepflegt und freundlich, große Antipasti- und Primi-Auswahl, bei den Secondi überwiegt natürlich die cucina di Mare, wenige Fleischgerichte, auch Pizza. Gleich nebenan befindet sich der Nobel-Lido „Marina Grande" (gut und teuer). Menü ab 40 €. Verleih von Liege und Schirm. Außerhalb der Hauptferienzeit Di Ruhetag. Viale delle Regione 6, ☎ 089-872150, www.silvermoon.it.

Der Schutzpatron Sant'Andrea wacht über die Domfassade

MeinTipp **Taverna degli Apostoli** 🔳 Das von jungen Inhabern mit Herzblut geführte Restaurant mit Weinbar befindet sich im Unterbau der Kathedrale. Stimmungsvolle Außenplätze, stilvolles Interieur, mitten im Geschehen und doch erst auf den zweiten Blick zu finden. Herzhafte Gerichte mit Pfiff und einem Schuss Kreativität interpretiert, kleine handgeschriebene Karte, unkomplizierter Service. Menü ab 35 €. Dez. bis Febr. geschlossen, Mi Ruhetag. Supportico Sant'Andrea 6, ☎ 089-872991.

Trattoria L'Antico Borgo 🔳 Die familiäre Einkehr im Bergdorf Pontone oberhalb von Amalfi pflegt herzlich-authentische Gastfreundschaft. Traditionelle Hausmannskost, Zutaten aus dem eigenen Garten, Blick auf Amalfi vom Speiseraum, große Gartenveranda. Menü um 30 €. Mo abends zu. Via Noce 4, ☎ 089-871469.

Il Mulino 🔳 Familiäre Trattoria im landestypischen Stil nahe dem Papiermuseum mit überdachter Außenveranda. Spezialität ist hausgemachte Pasta, Fisch- und Fleisch-Secondi, gegrilltes Gemüse, abends auch Pizza. Entspannte Atmosphäre. Menü um 25–30 €. Mo Ruhetag. Via delle Cartiere 36, ☎ 089-872223.

Pizzeria Donna Stella 4 Das familiengeführte Lokal im hinteren Ortsteil konzentriert
sich voll und ganz auf seine Kernkompetenz:
die knusprige Pizza aus dem Steinofen. Hinreißende Sitzplätze unter einer Zitronenpergola
im Hofgarten, eine Schönwetteroption! Pizza ab
6 €. Di Ruhetag. Salita Rascica 2 (an der Hauptstraße auf die kleinen Hinweisschilder achten),
℡ 338-3588483.

🍃**Agricola Fore Porta 1** Die sympathische
Einkehr im Mühlental ist nur zu Fuß erreichbar.
Die Inhaberfamilie kultiviert im eigenen Biogar-
ten u. a. Zitronen, Auberginen und Kürbisse. Im
ansprechend restaurierten Landhaus kredenzt
sie kleine Degustationsplatten – solange der

Vorrat reicht. Kühles Zitronensorbet, leckere
hausgemachte Dolci, Plätze im Innengewölbe
oder draußen auf der Veranda, freundliche
Bewirtung, kleine Preise. Zimmervermietung.
Via Paradiso 22, ℡ 339-2436450, www.agri
turismoamalfi.it.

Pasticceria/Gelateria Andrea Pansa 11
Alteingesessene (seit 1830), über die Grenzen
der Costiera Amalfitana hinaus bekannte Edel-
Pasticceria an der Dompiazza. Angeschlossen
ist ein Café, auf der anderen Straßenseite
befinden sich eine Gelateria und eine Ciocco-
lateria. Di Ruhetag, sonst ab 7.30 Uhr geöffnet.
Piazza Duomo 40, ℡ 089-871065, www.
pasticceriapansa.it.

Die Schokoladenansicht von Atrani

Atrani

Die kleine Schwester Amalfis liegt nur einen Steinwurf vom Hauptort der Costiera Amalfitana entfernt in der östlichen Nachbarbucht.
Ein wunderbarer Treppenweg zwischen weiß getünchten Gebäuden verbindet die beiden urbanen Perlen.

Atrani wirbt damit, flächenmäßig die
kleinste Gemeinde Italiens zu sein.
Zudem ist das mit nur 900 Einwohnern
in der Tat sehr übersichtliche Städtchen Mitglied im Verbund der *borghi
più belli d'Italia* – mit diesem Prädikat
werden besonders gut erhaltene Orte
mit autofreiem Zentrum und einem
beträchtlichen touristischen Potenzial
ausgezeichnet. Es spricht für die
Amalfiküste, dass sich neben Atrani
noch drei weitere Ortschaften mit diesem Label schmücken dürfen. In der
Region Kampanien sind es immerhin
neun Orte.

Eines der schönsten Fotomotive an
der Amalfiküste ist der Blick auf das
historische Zentrum mit dem schlanken Kampanile der Chiesa Santa Maria
Maddalena. Zwischen dieser Kulisse
und dem Kiesstrand mogelt sich auf einem massiven Viadukt die Küstenstraße am Ortszentrum vorbei. Den eigentlichen städtebaulichen Clou bemerken
Vorbeifahrende allerdings häufig nicht:
Denn die **Piazzetta,** die heimelige
„Wohnstube" Atranis, liegt tief unterhalb der Straße auf Strandniveau. Nur
wer vom Viadukt aus hinunterblickt,
entdeckt das urbane Schmuckstück,
das demzufolge vom Fremdenverkehr
kaum tangiert wird. Obwohl in direkter
Nachbarschaft zu Amalfi und unterhalb von Ravello gelegen, bleibt Atrani
von den großen touristischen Strömen
unbehelligt, was den spezifischen Char-

me des Städtchens ausmacht und ihm eine reizvolle individuelle Note verleiht.

Natürlich ist auch hier das Städtchen selbst die Attraktion. Dennoch verdienen die beiden Sakralbauten eine gesonderte Erwähnung: Die **Chiesa Santa Maria Maddalena** ist nicht nur ein aussichtsreicher Belvedere und ein Ort, an dem gerne kirchlich geheiratet wird, sie verfügt auch über die einzige stilechte Rokokofassade an der Amalfiküste. Sehenswert innen ist das Renaissancegemälde des Ungläubigen Thomas (*Incredulità di San Tommaso*) von Andrea Sabatini aus Salerno. Das zweite Gotteshaus, die **Chiesa San Salvatore de' Birecto,** ist wesentlich unscheinbarer. Eine Treppe führt von der Piazza Umberto I (so der offizielle Name der erwähnten Piazzetta) zum leider meist fest verrammelten Bronzeportal, das 1087 in Byzanz gefertigt wurde. In der Blüte der Seerepublik erhielt hier in einer Art Krönungszeremonie der Doge den *berretto ducale* – die Fürstenkappe – überreicht. Zudem war die Kirche die Grablege der Herrscher von Amalfi. Heute dient der Sakralbau, sofern er zugänglich ist, als Museum (☎ 347-0850550, 2 €).

Praktische Infos

Einwohner ca. 900 Einwohner

Anfahrt/Verbindungen Parkplätze sind auch hier Mangelware, einige davon gibt es im hinteren Teil der Ortsdurchfahrt, zugänglich vom Anwohnerparkplatz am Meer. SITA-Busse nach Amalfi, Ravello und Salerno halten auf dem Viadukt.

Wandern Ein kurzer Spaziergang führt nach **Amalfi**, ein schweißtreibender Treppenweg hinauf nach **Ravello**. Weniger frequentiert ist die aussichtsreiche Wanderroute nach **Minori** bzw. **Maiori** (→ Wanderung 11, S. 404 f.).

Veranstaltungen Patronatsfest. Einmal im Jahr findet eine prächtige Prozession mit der Statue der Santa Maria Magdalena statt. 22. Juli, ein weiterer Festtag ist der 3. So im Okt.

Übernachten/Essen   **** Palazzo Ferraioli. Versteckt am Treppenweg nach Amalfi gelegenes Palais aus dem 19. Jh. mit 25 Zimmern ohne Balkon. Von der oberen Etage ist sogar das Meer zu sehen. Im lauschigen Vorgarten wird bei gutem Wetter das Frühstück eingenommen, die modernen Accessoires verleihen dem Haus urbanen Chic. Kein Restaurant. DZ ab 120 €. Ostern bis Okt. geöffnet. Via Campo 16, ☎ 089-872652, www.palazzoferraioli.it.

B&B Me.Fra. Das familiäre und freundliche Altstadtquartier liegt in einer Seitengasse und ist von der Piazzetta ausgeschildert. 3 Zimmer in unterschiedlichen Farben gestaltet, funktional möbliert, mit tadellosen Bädern. Gutes Frühstück. DZ ab 120 €. Ostern bis Okt. geöffnet. Via Giardiniello 12, ☎ 333-4231222, www.mefracamere.it.

Ostello Scalinatella. Privat geführte Low-Budget-Unterkunft für Reisende, die keinen Wert auf Komfort legen. Rezeption und Frühstücksraum an der Piazzetta, Privatzimmer und Gemeinschaftsräume mit 4–6 Betten in Wohneinheiten im hinteren Altstadtbereich. Mit viel Charme wird das Logis von Bewohnern der Stadt betrieben! DZ 120 €, Platz im Mehrbettzimmer 35 € (Mindestaufenthalt 2 Nächte). Piazza Umberto I 5/6, ☎ 089-871492, www.hostelscalinatella.com.

A Paranza. Osteria mit ambitionierter Küche und aufmerksamem Service im hinteren Teil der Altstadt. Mit Sorgfalt zubereitete *cucina di mare*, Pasta mit Meeresfrüchten, Antipasti mit zahlreichen Zutaten aus der Region. Keine Außenplätze. Menü am 40 €. Di Ruhetag. Traversa Dragone 2 (Via dei Dogi), ☎ 089-871840, www.ristoranteparanza.com.

Le Arcate. Alteingesessenes Ristorante (seit 1959) mit Pizzeria am Kai und stimmungsvollen Sitzplätzen direkt am Wasser. Solide Hausmannskost (u. a. mit gegrilltem Fisch), knusprige Pizza aus dem Holzofen, ein typischer Familienbetrieb. Menü um 35 €, Pizza ab 7 €. In der Nebensaison Mo Ruhetag. Largo Orlando Buonocore, ☎ 089-871367, www.learcateatrani.it.

🍃 **Ristorante Savó.** Kultivierte Einkehr direkt an der Piazzetta mit einer Handvoll Tischen drinnen und draußen auf dem Trottoir. Eine grandiose Pasta-Auswahl mit dem Besten vom Besten „made in Gragnano" – häufig in Bioqualität. Fisch- und Fleischgerichte, wobei die Meeresküche überwiegt. Menü ab 35 €. Nov. bis Febr. geschlossen. Via Supportico Marinella 6, ☎ 089-872712, www.ristoranesavo.it.

Prachtblick auf Ravello von der anderen Seite des Valle del Dragone

Ravello

Die interessante Städtedestination der Amalfiküste liegt nicht am Meer, sondern hoch über Amalfi und Atrani in den Monti Lattari. Überwältigend ist der Blick von den Palästen und Gärten auf den Golf von Salerno.

Die knapp 400 m oberhalb der Küste auf einem felsigen Plateau gelegene Ortschaft scheint zwar in, aber nicht von dieser Welt zu sein. Ravello inszeniert sich lustvoll als Hochburg klassischer Künste *(città della musica)*; der Autoverkehr bleibt weitgehend außen vor (das Fehlen des Titels *Città slow* überrascht); allerorten umweht die Gäste der Nimbus zeitlos-klassischer Eleganz. Wenn sich eine Ausflugsbar auf der Piazza Duomo nach dem Zauberer und Minnesänger Klingsor benennt, wenn wiederum eine der vom Domplatz abführenden Hauptgassen den Namen Viale Riccardo Wagner trägt, dann kann eigentlich irgendetwas nicht stimmen. Es stimmt aber in der Tat so ziemlich alles in Ravello,

selbst abblätternder Putz an den mediterranen Fassaden fügt sich schnörkellos ins umwerfende Gesamtbild ein. Das Aha-Erlebnis stellt sich spätestens ein, wenn der Blick über die sorgfältig gepflegten Rabatten hinunter auf die Küste fällt. Ravello ist reich an solchen unvergesslichen Ausblicken, allen voran der vom Garten der Villa Rufolo und von der märchenhaften „Terrasse der Unendlichkeit" *(Terrazza dell'Infinito)* der Villa Cimbrone. Entrückt fühlen sich Betrachter dann und können nachvollziehen, warum Richard Wagner, Henrik Ibsen, Andy Warhol, Humphrey Bogart und viele andere Künstler sich vom Genius Loci Ravellos inspirieren ließen. Und natürlich benötigte die künstlerische Provenienz standesgemäße Unterkünfte. Noch immer zählen die Palazzi an der Via San Giovanni del Toro – z. B. das Caruso mit seinen fünf Sternen Superior und das Palumbo mit ebenfalls fünf Sternen – zum Nonplusultra stilvollen Bleibens. Nostalgie gepaart mit Understatement: Die verwitterten Fassaden tarnen den wahren Charakter dieser diskreten Luxusunterkünfte, erst die Gartenrückseite enthüllt das wahre Ausmaß hiesiger Abgehobenheit.

Ravello ist von einer fabelhaften Landschaft umgeben; am liebsten würde man die Stiefel schnüren und nach dem Besichtigungsprogramm sofort loswandern! Bereits die Anfahrt von Amalfi durch das Drachental *(Valle del Dragone)* verspricht einen Adrenalinkick. Kein Wunder, dass die Einheimischen einst im schwer zugänglichen Talgrund den Eingang zur Unterwelt vermuteten. Gegenüber von Ravello, auf der anderen Seite der Schlucht, liegt das Bergdorf **Scala**. Das sympathische Bauerndorf, in dem die Uhren spürbar langsamer gehen, war im Mittelalter ein pulsierendes Städtchen mit eigener Bischofskirche. Der Duomo San Lorenzo mit seinen gewaltigen Apsiden ist von Ravello gut erkennbar und birgt eine muntere Stilmischung von der Romanik bis ins Barockzeitalter. Die Krypta ist vom rechten Seitenschiff zugänglich. Geht man vom Dom auf der Ortsdurchfahrt nach Süden, enthüllt sich kurz vor dem Weiler Minuta der Paradeblick auf Ravello – lang gestreckt auf einer Felszunge liegend, die am Park der Villa Cimbrone jäh zur Steilküste abstürzt.

Geschichte

Vermutlich verdankt sich die Gründung Ravellos im 5. Jh. n. Chr. den Wirren der Völkerwanderungszeit, als sich hier oben im Schutz der Felsen einige begüterte Römer ansiedelten. In der Blütezeit unter den Normannen wurde Ravello Bischofssitz und zu einem poli-

tisch eigenständigen „Stadtstaat" mit einer stetig wachsenden Bevölkerung. Hinsichtlich der dörflich anmutenden Strukturen erscheint es kaum glaubhaft, dass hier im Hochmittelalter etwa 35.000 Menschen lebten! Die Stadtpolitik wurde – durchaus in Abhängigkeit zur Seerepublik Amalfi – von einer Schicht reicher Oligarchen dominiert. Die wichtigste Adelsfamilie, die in Ravello mehrfach mäzenatisch in Erscheinung trat, waren die Rufoli. Stammsitz der Familie war die heutige Villa Rufolo direkt neben dem Dom. In der 4. Novelle des „Decamerone" erzählt Giovanni Boccaccio, wie ein gewisser Landolfo Rufolo aus der Not heraus zum Piraten wurde, in Gefangenschaft geriet, Schiffbruch erlitt und zuletzt das gerettete Beutegut zu Geld machte. Als steinreicher Mann kehrte er schließlich nach Ravello zurück. Im Spätmittelalter und in der Frühen Neuzeit verfiel die Stadt zusehends und geriet allmählich in Vergessenheit. Die Wiederentdeckung erfolgte erst im Zuge der erwachenden Italiensehnsucht der Reisenden der Grand Tour. Mitte

Ausblick von der Villa Rufolo

des 19. Jh. erwarb der Schotte Francis Neville Reid die Villa Rufolo und baute sie wieder auf. Weitere berühmte Gäste folgten, darunter der Komponist Richard Wagner, der hier oben seine Schaffensblockade endgültig überwand.

Sehenswertes

Duomo San Pantaleone: Die Fassade des wichtigsten Gotteshauses der Stadt strahlt die typische unerschütterliche Ruhe romanischer Kirchenbauten aus. Die klare dreischiffige Gliederung ist jedoch erst wieder seit Restaurierungsmaßnahmen im letzten Drittel des 20. Jh. erkennbar, bei denen der barocke Zierrat an der Fassade entfernt wurde. Der für die romanischen Sakralbauten in diesem Teil der Amalfiküste typische Portikus verschwand bereits im 18. Jh. im Zuge der Barockisierung. Aus den genannten Gründen transportiert die Kathedrale von Ravello den romanischen Gesamteindruck unverfälscht – von der dreigliedrigen Fassade bis zur hölzernen Dachkonstruktion im Mittelschiff. An Neapel und seinen Schutzheiligen San Gennaro erinnert

Jonas und der Walfisch im Dom

das alljährlich am 27. Juli stattfindende Blutwunder des hl. Pantaleon. Dessen Reliquiar, die Blutphiole, wird in der linken Seitenkapelle verwahrt, die vom Altarbereich zugänglich ist. 1112 ist erstmals eine Blutsverflüssigung in Ravello aktenkundig geworden; seit dem 18. Jh. trägt die Kirche den päpstlichen Ehrentitel „Basilica minor" und darf das Emblem der Hüter der Hohen Pforte – zwei überkreuzt liegende Schlüssel – tragen.

Die wichtigsten Sehenswürdigkeiten sind das **Bronzeportal**, das 1179 von einem gewissen Barisano da Trani gegossen wurde, sowie im Inneren links und rechts des Mittelgangs die beiden Marmorkanzeln. Die kleinere Kanzel links vom Mittelgang besticht durch ihre wunderbaren Mosaiken im byzantinischen Stil. Ins Auge sticht besonders das biblische Motiv von **Jonas und dem Walfisch**, das als Reproduktion die Bushaltestelle an der Küstenstraßenabzweigung in Castiglione ziert. Der zweite Bischof von Ravello stiftete das Kunstwerk im Mittelalter (der erste Bischof wurde 1086 eingesetzt). Die Kanzel gegenüber stammt von Nicola di Bartolomeo aus dem apulischen Foggia und besticht ebenfalls durch ihren ornamentalen Reichtum. Die sechs gewundenen Säulen des 1272 von der Familie Rufolo (→ Geschichte) gestifteten Kunstwerks ruhen auf Löwen! Weitere Schätze birgt das **Dommuseum.**

▪ **Duomo:** 9–12 und 17–19 Uhr. **Museo del Duomo:** Über das Dommuseum ist der Dom auch in der Mittagspause zugänglich. 3 €, erm. 2 €. Piazza Duomo 7, www.museoduomoravello.com.

Villa Rufolo: Die Villa neben dem Dom zählt zu den Hauptsehenswürdigkeiten Ravellos und fungierte im 13. Jh. als Familienstammsitz der Rufoli (→ Geschichte). Als der schottische Industrielle Francis Neville Reid Mitte des 19. Jh. das inzwischen verfallene Anwesen erwarb, führte er größere Wiederaufbau- und Umbaumaßnahmen

Die "Terrasse der Unendlichkeit" im Garten der Villa Cimbrone

durch. Der bildschöne Kreuzgang mit den maurisch inspirierten Spitzbogen ist ein Werk des 18. Jh. und das Wahrzeichen der Villa (→ Foto, S. 258). Ob allerdings Richard Wagner tatsächlich den häufig kolportierten Satz „Endlich habe ich Klingsors Zaubergarten gefunden!" ausgerufen hat, als er 1880 das Anwesen betrat, mag dahingestellt sein. Fest steht hingegen zweierlei: Erstens zeigte sich der Komponist vom Villengarten sichtlich beeindruckt und ließ sich zum Bühnenbild des zweiten Aufzuges der Oper „Parsifal" inspirieren; der Aufzug trägt den Titel „Klingsors Zaubergarten". Zweitens ist der Garten wirklich ganz fantastisch, was neben Wagner noch andere Musiker wie z. B. Edvard Grieg oder Giuseppe Verdi bestätigten. Der Paradeblick von der untersten Balustrade auf das Tyrrhenische Meer zählt zu den Postkartenansichten der amalfitanischen Küste: Die pittoresken Doppeltürme im Vordergrund gehören zur **Chiesa della SS. Annunziata** aus dem 13. Jh.; wie der Garten ist das Gotteshaus hin und wieder Schauplatz (klassischer) Musikkonzerte.

▪ Tägl. 9–20 Uhr, der Turm und das Museum öffnen 10–18.30 Uhr. 7 €, erm. 5 €. Piazza Duomo, www.villarufolo.it.

Villa Cimbrone: Anders als bei der Villa Rufolo (→ oben), handelt es sich beim zweiten öffentlich zugänglichen Villenkomplex zur Gänze um ein Werk der Moderne. 1904 erwarb der britische Banker und Politiker Ernest Beckett, der spätere Baron von Grimthorpe, das Filetgrundstück am Rand von Ravello. Die zu Beginn des 20. Jh. errichtete Villa ist heute ein exklusives Hotel mit Gourmetrestaurant, das 2015 mit einem Michelinstern ausgezeichnet wurde. Architektonisch wartet das Anwesen mit einer ganzen Palette stilistischer Finessen auf, luftigen Arabesken sowie römischmittelalterlichen Elementen – eine Melange, die Kunsthistoriker gerne als Eklektizismus bezeichnen. Die Hauptattraktion ist jedoch der Garten und insbesondere die Terrasse der Unendlichkeit (*Terrazza dell'Infinito*) am ultimativen Rand des felsigen Bugs, auf dem Ravello liegt. Näher dem Himmel geht schlechterdings kaum, ahnen die Besucher beim obligatorischen Fotoshooting neben den heiteren Marmorbüsten am gähnenden Abgrund.

▪ Tägl. 9 Uhr bis zum Sonnenuntergang. 7 €, erm. 4 €. Via Santa Chiara 26, www.villacimbrone.com.

Romantische Orientalismen in der Villa Rufolo

Auditorium Oscar Niemeyer: Hausskulpturen, die sich ins umliegende Ambiente einfügen, sind nicht die Sache des Brasilianers Niemeyer, der mit dem Bau der Hauptstadt Brasilia Weltruhm erlangte. Dies trifft auch auf das kühn über der Steilküste schwebende Auditorium in Ravello zu, das von Minori oder Maiori aus kaum zu übersehen ist. Der im Januar 2010 eröffnete Konzertsaal ist eines der letzten Projekte, das zu Lebzeiten des Architekten realisiert wurde. Die Umweltorganisation *Italia Nostra* kritisierte u. a., dass dabei einige Bauvorschriften kreativ umschifft worden seien.

Chiesa Santa Maria a Gradillo e Chiesa San Giovanni del Toro: Beide romanische Kirchenbauten gleichen sich zunächst wie Zwillinge, was u. a. an den freiliegenden Apsiden liegt, die typisch für die Sakralbauten aus jener Epoche in und um Ravello sind. Erstere diente als Kirche des Bürgertums (hier tagte u. a. das Stadtparlament), Letztere repräsentierte im Mittelalter den städtischen Adel – mehrere wohlhabende Familien stifteten finanzielle Mittel für den Bau. Beide Kirchen öffnen nur zu besonderen Anlässen, sind aber auch von außen eine Augenweide. Die Chiesa San Giovanni del Toro markiert das Zentrum des gleichnamigen Toro-Viertels, das einer der atmosphärisch schönsten Ortsteile Ravellos ist.

Basis-Infos

Einwohner ca. 2500 Einwohner

Information Das **Infobüro** befindet sich im Bischofsgarten hinter dem Dom. Die gepflegte Anlage eignet sich übrigens auch sehr gut für ein Mittagspicknick! Tägl. 10–18 Uhr. Viale Riccardo Wagner 4, ☎ 089-857096, www.ravellotime.it.

Anfahrt/Verbindungen   Pkw. In Castiglione bei Atrani biegt die Stichstraße nach Ravello von der Amalfitana ab, später zweigen nacheinander die Straßen nach Pontone und Scala/Minuta links ab. Von Ravello führt eine Direktanbindung zur Autobahn A 3 (Ausfahrt „Angri") über die Monti Lattari (SP 1).

Die gebührenpflichtigen **Parkplätze** sind in Ravello ausgeschildert.

Bus. Regelmäßige Verbindungen mit dem SITA-Bus von Amalfi via Scala nach Ravello.

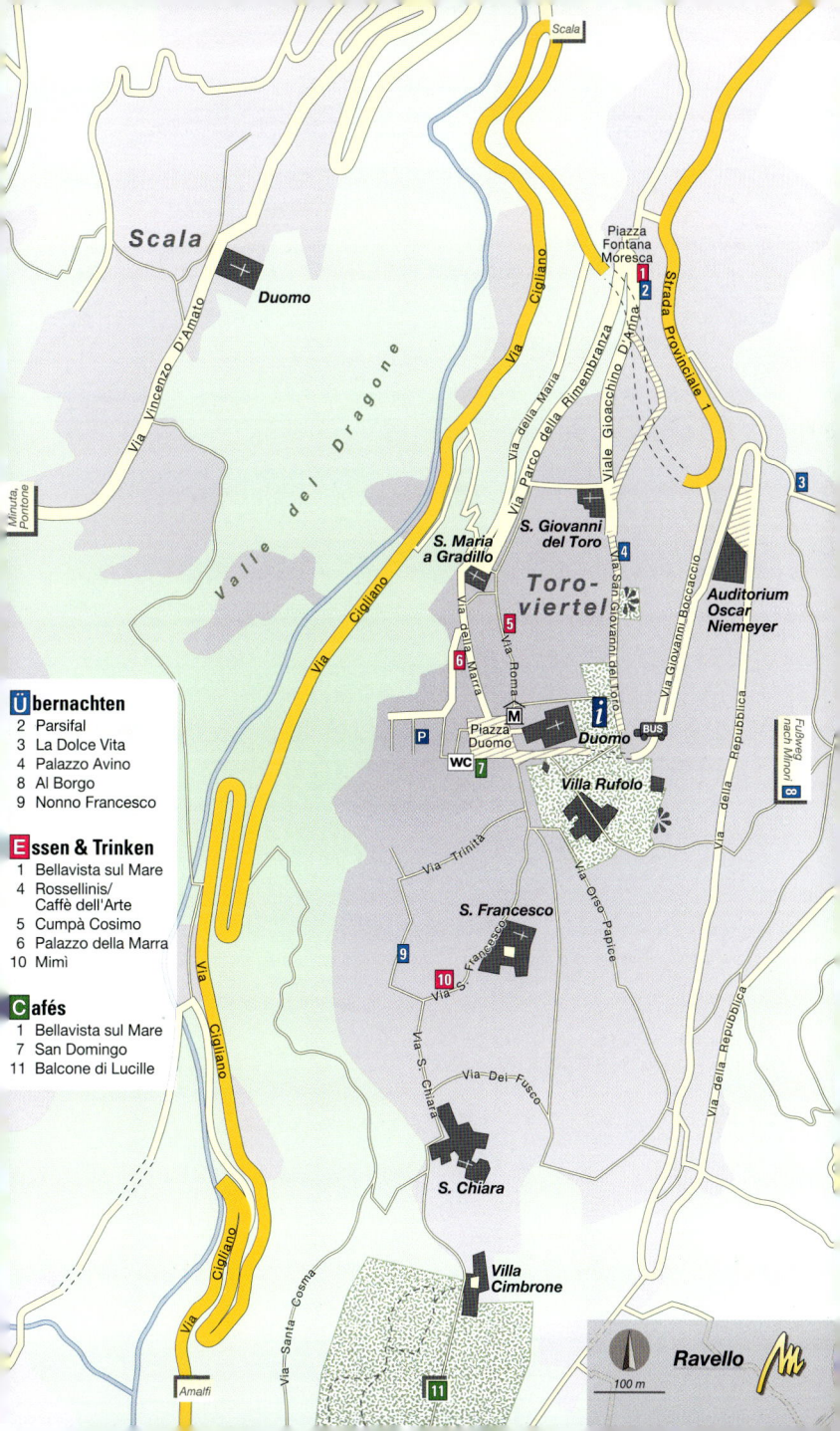

Scala

Duomo

Piazza
Fontana
Moresca

1
2

3

S. Maria
a Gradillo

S. Giovanni
del Toro

4

**Toro-
viertel**

5

6

Auditorium
Oscar
Niemeyer

i

M

BUS

Piazza
Duomo

Duomo

WC

7

8

Villa Rufolo

Via Trinità

S. Francesco

9

10

Via Dei Fusco

S. Chiara

Villa
Cimbrone

11

Ravello

100 m

Wandern Ravello bietet vielfältige Wandermöglichkeiten, wobei eine – beinahe logische – Verbindung fehlt: ein Wanderweg in den Nachbarort Scala. Kleine Keramiktafeln an den Trockenmauern und Hauswänden weisen den Weg u. a. nach **Atrani** oder **Minori,** wobei es in beiden Fällen mehrere Varianten gibt.

Der Weg nach Amalfi durch das **Mühlental** (Wanderung 10) wird ab S. 402 f. ausführlich beschrieben.

Einkaufen Profumi della Costiera. Kleine Likörmanufaktur auf halber Strecke zwischen Dompiazza und Villa Cimbrone, neben Limoncello in allerlei Varianten u. a. auch Feigenlikör und Melonencreme mit Schuss. Via Trinità 37, ✆ 089-858167, www.profumidellacostiera.it.

Wochenmarkt. Auf dem Parkplatz unterhalb der Piazza Duomo, Di vormittags.

Kochkurse Villa Maria. Kochen nach Großmutters Art mit Kräuterzutaten in Bioqualität aus dem hoteleigenen Garten (seit 1974). Auch Pizza-Backen und Degustation lokaler Weine. Via Santa Chiara, ✆ 089-857255, www.cooking ravello.com.

Veranstaltungen Ravello Festival. Hochkarätige Konzertreihe mit großer Tradition (seit 1953) und einer monumentalen Bühne im Garten der Villa Rufolo. Ursprünglich ein reines Richard-Wagner-Festival, reicht das Spektrum heute von der klassischen Sinfonie bis zum Jazz und zur Neuen Musik. Juni bis Sept., Einzelkonzerte auch im übrigen Jahr. www.ravellofestival.com.

Patronatsfest. Zu Ehren des Patrons der Kathedrale San Pantaleone, Blutwunderzeremonie und Prozession. 27. Juli.

Ravello Concert Society. Klassische Konzerte in der Chiesa della SS. Annunziata (die charakteristischen Doppeltürme dominieren den Paradeblick vom Garten der Villa Rufolo) und an anderen Standorten unter der Schirmherrschaft des italienischen Staatspräsidenten. Ganzjährig. www.ravelloarts.org.

Übernachten/Essen & Trinken   → Karte S. 259

Hier geben Hotels der Luxuskategorie eindeutig den Ton an. Engpässe herrschen hingegen bei den empfehlenswerten Mittelklassehotels. Gäste sollten bereits bei der Buchung darauf achten, dass einige Quartiere nur zu Fuß erreichbar sind.

Übernachten   ★★★★★ Palazzo Avino 🔳 Großartiger Hotelpalazzo im Toro-Viertel, eingerichtet wie ein Museum im Stil zeitlos-klassischer Eleganz. Herrlicher Küstenblick vom Garten, Pool, das **Restaurant Rossellinis** 🔳 zählt zu den besten kulinarischen Adressen (1 Michelinstern). Das noble **Caffè dell'Arte** 🔳 bewirtet auch auswärtige Gäste. 43 Zimmer, jedoch nicht alle mit Meerblick. DZ ab 520 €. Mitte April bis Mitte Okt. geöffnet. Via San Giovanni del Toro 28, ✆ 089-818181, www.palazzo avino.com.

La Dolce Vita 🔳 Vom vorbildlich sanierten Palazzo am Auditorium Oscar Niemeyer genießt man einen unverstellten Blick aufs Meer. Familiär und freundlich. 4 Apartments mit Küche für Selbstversorger, hell und elegant möbliert. Große Terrasse, Garten. Mitte Jan. bis Ende Febr. geschlossen. DZ ab 175 €. Via Crocelle 23–25, ✆ 089-858320, www.dolcevita ravello.com.

meinTipp ★★★ **Hotel Parsifal** 🔳 Grundsolides, ausgezeichnet geführtes Mittelklassehotel mit Restaurant in einem Kloster aus dem 13. Jh., die stilvoll eingerichteten 17 Zimmer befinden sich in den ehemaligen Mönchszellen. Prachtblick auf die Küste von der Terrasse und vom gepflegten Hof. Bar und Terrassenrestaurant stehen auch auswärtigen Gästen offen. DZ ab 150 €. Viale Gioacchino d'Anna 5, ✆ 089-857144, www.hotelparsifal.com.

B&B Nonno Francesco 🔳 Liebenswerte, sympathische Privatunterkunft abseits der touristischen Ströme unweit der Villa Cimbrone. Gepflegter Neubau am Ortsrand, 4 stilvoll möblierte Zimmer mit guten Bädern, 3 mit Balkonveranda und Blick auf Valle del Dragone, eines mit Privatveranda ohne Aussicht. Kleine Gemeinschaftsterrasse. Ganzjährig offen. DZ ab 70 €. Via Trinità 42, ✆ 334-5444478, www.nonno francesco.it.

B&B Al Borgo 🔳 Abgelegenes Privatlogis in einem Landhaus im Ortsteil Torello wenige Schritte unterhalb des Auditoriums Oscar Niemeyer. 4 Zimmer, davon 2 mit Meerblick und eines mit Balkon. Frühstücksterrasse und kleiner Garten mit Olivenbaum und Liegen. Wenige Parkplätze, der Lokalbus hält um die Ecke. DZ ab 60 €. Mitte Nov. bis Febr. geschlossen. Via Traglio 24, ✆ 089-858164, www.alborgotorello.com.

Essen & Trinken Ristorante Bellavista sul Mare 🔳 Das piekfeine Restaurant mit

Bar gehört zum Hotel Bonadies. Blick vom Innenraum und von der Dachterrasse auf Minori und den östlichen Teil der Costiera Amalfitana. Herzhafte Landküche, wenige Fischgerichte, auch glutenfreie Speisen. Menü ab 40 €. In der Nebensaison Di/Do Ruhetag. Piazza Fontana Moresca 5, ℅ 089-857918, www.hotelbonadies.it.

Cumpà Cosimo 5 Familiäre alteingesessene Trattoria gegenüber der Chiesa Santa Maria a Gradillo. Preiswerte hausgemachte Pastagerichte, herzhafte Fleisch-Secondi, abends auch Pizza. Große Kapazitäten innen, keine Außenplätze. Menü um 25 €. In den Wintermonaten gegebenenfalls geschlossen. Via Roma 44–46, ℅ 089-857156.

Palazzo della Marra 6 Die liebenswertsympathische Einkehr befindet sich einen Katzensprung vom Domplatz entfernt im Untergeschoss der Ruine des Palazzo Marra. Sitzplätze im stilvollen kühlen Gewölbe oder draußen auf der kleinen Veranda, mit Leidenschaft zubereitete Primi, Spezialität ist hausgemachte Pasta. Fisch- und Fleischgerichte, erlesene Weine, Mo/Do um 18 Uhr Degustationen. Preiswerte Fixmenüs (Fisch, Fleisch oder vegetarisch) 20–35 €. Mi Ruhetag. Via della Marra 7, ℅ 089-857482, www.winebaravello.it.

Pizzeria Mimì 10 Hochgelobte Pizzeria abseits des Trubels auf halber Strecke zwischen Dom und Villa Cimbrone, bereits mittags lodert das Feuer im Steinbackofen. Modern gestalteter Innenraum, großzügiger Garten, auch ausgewählte Gerichte jenseits von Pizza und Pasta. Menü um 25–30 €, Pizza ab 8 €. Zimmervermietung. Weihnachten bis Febr. geschlossen. Via San Francesco 6–8, ℅ 089-857134, www.mimiravello.com.

Al San Domingo 7 Kaffeehaus, Pasticceria und Gelateria mit Freiplätzen auf der Dompiazza und einem luftigen Wintergarten mit Aussicht. Getränke und kleine Snacks, alteingesessen (seit 1902). Tägl. 8–18 Uhr. Piazza Duomo 2, ℅ 089-857142, www.alsandomingo.com.

Balcone di Lucille 11 Das Gartencafé im Park der Villa Cimbrone befindet sich unterhalb des Belvedere. Weiß eingedeckte Tische im Grünen, eine Oase der Erholung. Eis, Tee, Bier und Wein, erstaunlich akzeptable Preise. Ostern bis Okt. 10.30 Uhr bis Sonnenuntergang. Via Santa Chiara 26, ℅ 089-857459, www.hotelvillacimbrone.com.

Ehrwürdiger Hotel-Palazzo mit Patina im Toro-Viertel

Die Amalfiküste → Karte S. 228/229

Blick auf Minori am späten Nachmittag

Minori

Trotz der Nähe zu Ravello – beide Kommunen trennt kaum mehr als 1 km Luftlinie – liegt der sympathische Ort bereits im weniger touristisch geprägten Abschnitt der Costiera Amalfitana. Das Alleinstellungsmerkmal von Minori sind Zitronen sowie diverse Genussprodukte auf Basis von Zitrusfrüchten.

Verschwunden ist der teure Chic von Amalfi, Positano oder Ravello – Gäste realisieren wieder, warum der Golf von Neapel und der Golf von Salerno Teil der Mezzogiorno-Region Italiens sind. Den ansprechenden Lungomare säumen verwitterte Fassaden, Stichwege steuern von der Küste die verschwiegenen Altstadtwinkel an. An den Berghängen oberhalb befinden sich parzellierte Gärten und Zitronenhaine, die meist nur über steile Treppenwege zu erreichen sind. Minori hat sich zu einem Zentrum der Weiterverarbeitung von Zitrus- und anderen Früchten entwickelt. Inzwischen haben die Verantwortlichen das Potenzial erkannt und Minori kurzerhand zur **Città del Gusto** erhoben, zu einem kulinarischen Leuchtturm an der mit Schönheit nicht geizenden Costiera Amalfitana.

Im Ortszentrum können außerdem die Reste einer **römischen Villa** aus dem 1. Jh. n. Chr. begutachtet werden. Landgüter an der Amalfiküste waren in römischer Zeit beliebt, da die Berge den gefürchteten Tramontano abhielten – den kalten Fallwind aus dem Norden. Bislang ist die Villa in Minori jedoch das einzige Relikt aus der Antike, das konserviert wurde und öffentlich zugänglich ist. Die Ausgrabungsarbeiten am 1932 bei einem Teileinsturz von Häusern zufällig entdeckten Komplex zogen sich über zwei Jahrzehnte hin. Eine interne Steintreppe verbindet die beiden Geschosse, zu besichtigen sind ferner der Arkadenhof, Reste einer Therme, der Seerosenteich sowie ein verwaschenes Bodenmosaik. Ein kleines Antiquarium präsentiert zudem einige ausgewählte Fundobjekte wie Amphoren und gut erhaltene Fresken (Mo–Sa 9–18, So bis 13 Uhr, Eintritt frei, Via Capo di Piazza 28, www.villaromanaminori.com).

Praktische Infos

Einwohner ca. 3000 Einwohner

Information Das **Infobüro** befindet sich am östlichen Ende des Lungomare. Mo–Sa 8.30–12.30 und 15.30–20.30, So 8.30–13.30 Uhr. Via Roma 30, ☎ 089-877087, www.prolocominori.it.

Verbindungen Bus. Mit SITA regelmäßige Verbindungen nach Amalfi und Salerno.

Taxi. ☎ 333-6508432.

Baden/Wellness Spiaggia Grande. Der 250 m lange Stadtstrand wird von verwitterten Hausfassaden stimmungsvoll eingerahmt.

Otium Spa. Exklusiver und alles andere als preiswerter Wellnesstempel im hinteren Teil der Altstadt. Gediegene, bis ins Detail ausgestaltete und stimmungsvoll illuminierte Grotte im römischen Stil, Dampfbad, Sauna, Massageduschen, Ruheraum mit Bar. 45 € für 2 Std., Anwendungen kosten extra. Mo–Fr 15–21, Sa/So 10–21 Uhr. Corso Vittorio Emanuele 47 (gegenüber Hotel Villa Romana), ☎ 089-853855, www.otiumspa-costadamalfi.it.

Einkaufen Carlo Mansi. Die familienbetriebene Likör-Manufaktur zählt zu den bekanntesten Marken „made in Minori". Limoncello in vielerlei Varianten (z. B. mit Pistazien), auch diverse Schnäpse und Liköre auf Kräuterbasis. Die Produkte sind u. a. im Caffè Umberto erhältlich. Corso Vittorio Emanuele 9, ☎ 089-853717, www.carlomansi.com.

Wochenmarkt. Am Lungomare. Do vormittags.

Wandern Zwei schweißtreibende Treppenwege verbinden Minori mit **Ravello,** kürzer und wesentlich moderater zu gehen ist der „Zitronenpfad" *(sentiero dei limoni)* nach **Maiori.** Für die mehrstündige Rundwanderung über das 483 m hoch gelegene Kirchlein **San Nicola** und den Ortsteil Sambuco benötigt man zuverlässiges Kartenmaterial. Gehzeit: ca. 3 Std.

Übernachten **** Hotel Villa Romana. Das gut geführte Hotel im hinteren Ortsteil wird von der blütenweißen Fassade des benachbarten Luxushotels fast erschlagen, 55 Zimmer, die nach vorne zum Corso werden vom Straßenlärm in wenig beeinträchtigt. Teils hellhörige Zimmer, sonst gepflegtes Gesamterscheinungsbild, Bar, Restaurant und

kleiner Pool. DZ ab 140 €. Corso Vittorio Emanuele 90, ☎ 089-877237, www.hotelvillaromana.it.

*** Hotel Settebello (7 Bello). Das familiäre Mittelklassehotel befindet sich wenige Schritte hinter dem Lungomare an der Ortsdurchfahrt. 27 Zimmer, die nach vorne verfügen über einen Balkon, müssen jedoch mit dem Manko des Straßenlärms leben. Kein Restaurant, eigene Tiefgarage (gebührenpflichtig). Guter Gesamteindruck. Ganzjährig geöffnet. DZ ab 60 €. Via Nazionale 39, ☎ 089-877619, www.hotel7bellominori.com.

Agriturismo Il Campanile. Wunderschön gelegener **Zeltplatz** in einem Zitronenhain über der Stadt, dazu werden 2 Ferienwohnungen vermietet. Die hilfsbereiten Gastgeber kochen auf Wunsch. Alleinstehendes Landhaus Nähe Chiesa Annunziata, einziges Manko sind die 200 Stufen hinauf. März bis Okt. geöffnet. Ferienapartments 350 € pro Woche, 2 Pers., Zelt und Auto 15 € am Tag. Via Annunziata, ☎ 089-877147, www.agriturismoilcampanile.com.

Essen & Trinken Il Giardiniello. Das feine Ristorante befindet sich mitten in der Altstadt, die Gartenpergola davor zeichnet verantwortlich für den Namen. Traditionelle mediterrane Küche mit Anspruch (seit 1955), der Schwerpunkt liegt auf Fischgerichten, am Abend Pizza. Gepflegtes Ambiente, umfangreiche Weinkarte. Menü um 40 €, Pizza ab 8 €. Im Winter Mi Ruhetag. Corso Vittorio Emanuele 17, ☎ 089-877050, www.ristorantegiardiniello.com.

La Locanda del Pescatore. Familiärer Fischtempel an der Küstenstraße, wenige Schritte vom Lungomare entfernt. Freundlich-herzliche Bewirtung, Spezialität sind Meeresfrüchte in vielen Varianten, exzellente *zuppa di pesce*, abends auch Pizza. Den kleinen Innenraum schmückt Keramik, wenige Tische draußen vor der Tür. Menü 30–35 €. Di Ruhetag. Via San Giovanni a Mare 25, ☎ 089-853063.

La Botte. Das alteingesessene Lokal befindet sich unmittelbar hinter der römischen Villa. Bodenständig, traditionelle amalfitanische Küche, Pizza aus dem Holzofen, rustikales Ambiente im zünftigem Innengewölbe, Holztische und -bänke auf der Piazzetta. Fisch- und Fleischmenü um 30 €, Pizza ab 6 €. Via Santa Maria Vetrano 2, ☎ 089-877893.

Salvatore de Riso. Kulinarischer Leuchtturm und Mekka süßer Köstlichkeiten, die im Bergdorf Tramonti mit Kenntnisreichtum und Hingabe hergestellt werden. Kaffeebar, Kuchen, Eis u. v. m., in der Hochsaison häufig brechend voll. Via Roma 80, ☎ 089-877941, www.salderiso.it.

Maiori: Die Kollegiatskirche Santa Maria a Mare

Maiori

Trotz des längsten Sandstrands der Amalfiküste fällt der erste Eindruck von Maiori enttäuschend aus. Die Vorzüge des Badeorts enthüllen sich erst auf den zweiten und dritten Blick.

Den langen Lungomare dominieren auf der landeinwärts gewandten Seite Wohnhäuser in gesichtsloser Dutzendarchitektur, die nur wenig mit dem hübschen Flair der anderen Küstenorte gemein haben. Historische Ursache für das ästhetische Desaster war eine Naturkatastrophe 1954, als schwere Regenfälle den ansonsten sanft und träge dahinfließenden Bach Reginna Maior in einen reißenden Strom verwandelten. Die Schlammlawine riss alles mit sich, was nicht niet- und nagelfest war, u. a. fielen ihr auch zahlreiche Gebäude zum Opfer. Als Reaktion auf das traumatische Ereignis „versenkte" man besagten Bach tief unter Straßenniveau. Allenfalls im hinteren Abschnitt der ansprechenden Fußgängerzone können Passanten einen raschen Blick auf ihn erhaschen.

Neben der gepflegten Strandpromenade und der Fußgängerzone – dem Corso Reginna – lohnt der Besuch des alten Stadtviertels hinter der auf erhöhter Warte liegenden **Kollegiatskirche Santa Maria a Mare** mit der auffälligen Majolikakuppel. Schilder an weiß getünchten Hauswänden weisen darauf hin, dass in den malerischen Winkeln der Regisseur Roberto Rossellini einige Filmszenen drehte: Teile von „Paisà" (1946), die Wunderszene aus dem 1948 entstandenen Opus „L'amore" oder Szenen aus „Viaggio in Italia", die 1954 unter dem Titel „Liebe ist stärker" in die deutschsprachigen Kinos kamen. Das beste Stück im sonst bescheidenen **Kirchenschatzmuseum** *(Museo di Arte Sacra)* ist ein kunstfertig verarbeiteter Alabasterbehälter aus spätgotischer Zeit. Das Meisterwerk entstammt der Schule der norditalienischen Künstlerfamilie Embriachi. Zugänglich ist das Museum von der Rückseite der Kirche (April bis Juni und Sept./Okt. tägl. 14–19 Uhr,

Juli/Aug. 14–20 Uhr, Nov./Dez. und
März 15–17.30 Uhr; Eintritt frei).

Die übrigen Attraktionen liegen
sämtlich außerhalb der Stadt. Vom Corso aus gut zu erkennen und ausschließlich zu Fuß zu erreichen ist das **Castello
San Nicola de Thoro Plano.** Die 230 m
über der Stadt in den Hügeln liegende
Burgruine bedeckt eine beeindruckende
Fläche von 7500 m², wurde auf den
Langobarden im 9. Jh. um eine bereits
bestehende Kirche herum erbaut und
diente vermutlich als Fluchtburg für
die Bevölkerung. Heute ist das Areal
Privatbesitz und wird landwirtschaftlich genutzt, ein Besuch ist nach Voranmeldung möglich (8–13 und 15–19 Uhr,
Eintritt gegen Spende, ✆ 338-9403552).

Eine zweite bedeutende Sehenswürdigkeit befindet sich 4 km auf der Küstenstraße Richtung Capo d'Orso – dem
südlichsten Punkt der Amalfiküste: Die
Badia Santa Maria de Olearia ist eine
Konventskirche der Benediktiner und
wurde 973 auf dem Areal einer Ölmüh-
le gegründet. Der Abstecher lohnt sich
insbesondere aufgrund der gut erhaltenen Fresken in der Felskrypta. Der
SITA-Bus nach Salerno hält an der Abtei (Mi/Sa 15.30–18.30, So 10–13 Uhr,
Eintritt frei). Am Stadtausgang von
Maiori in derselben Richtung steht ein
wuchtiger **Küstenwachturm,** der zu den
besterhaltenen der Amalfiküste zählt
(Torre d'Angolo). Ursprünglich aus
normannischer Zeit, erhielt er beim
Umbau im 16. Jh. sein heutiges Gesicht.
Weil ein über die Grenzen der Stadt hinaus bekanntes Fischrestaurant mit Lido im historischen Gemäuer sein Refugium hat, ist er sogar zugänglich
(→ Übernachten/Essen).

Praktische Infos

Einwohner ca. 5600 Einwohner

Information Das **Infobüro** im Palazzo Mez-
zacapo ist vom sehenswerten Barockgarten zugänglich. Im Winter Mo-Sa 9-17 Uhr, im Sommer 9-13 und 14-18 Uhr. Corso Reginna 73,
✆ 089-877452, www.aziendaturismo-maiori.it.

Anfahrt/Verbindungen Pkw. Von Maiori
führt eine Direktverbindung via Tramonti
nach Angri und zur Autobahn A 3 (SP 2).
Parkplätze beiderseits der Küstenstraße sind
an Werktagen und außerhalb der Hauptsaison im Ortszentrum ausnahmsweise einmal leicht zu ergattern.

Bus. Mit SITA nach Amalfi und in die Gegenrichtung nach Salerno.

Schiff. In der Hauptsaison gibt es Bootsverbin-
dungen nach Salerno, Amalfi und Capri. Der
Hafen liegt am Ortsrand in Richtung Minori.

Taxi. ✆ 089-877897.

Baden Der gepflegte **Stadtstrand** von Maiori ist bequem erreichbar. Die Flussmündung
teilt ihn in zwei Abschnitte ein. Am Küstenwachturm befindet sich eine wildromantische
Badestelle zwischen Felsen, der Zugang erfolgt
über das Restaurant (→ unten).

Salicerchie (Acqua Chiara). Zur kleinen Badebucht ca. 200 m östlich des Küstenwachturms
führt von der Küstenstraße ein Treppenweg.

Der bescheidene Hafen von Maiori

Wandern Sentiero dei Limoni. Der Treppenweg nach Minori führt zwischen parzellierten Gärten und Zitronenhainen hindurch. Gehzeit: ca. 1:30 Std.

San Nicola. Die Monti-Lattari-Runde über die 480 m hoch gelegene Kapelle endet ebenfalls im Nachbarort Minori. Gehzeit: ca. 3 Std.

Santuario dell'Avvocata. Bei entsprechend klarer Sicht lohnt sich der steile Aufstieg zum 865 m hoch gelegenen Heiligtum. In umgekehrter Richtung beschreibt Wanderung 12 den Weg (→ S. 406 f).

Einkaufen Wochenmarkt. Am Corso Reginna. Fr vormittags.

Veranstaltungen Maiori in Festa. Musik, Unterhaltung und sportive Veranstaltungen am Lungomare. Anfang April.

Festa dell'Avvocata. Der Santuario dell'Avvocata 865 m über Maiori steht an Pfingsten im Zentrum eines spirituell-gesellig Großereignisses. Pfingstmontag.

Übernachten/Essen **** Hotel Reginna Palace. Das Domizil befindet sich in einem modernen mehrstöckigen Haus am Lungomare und wird auch von Reiseveranstaltern aus dem deutschsprachigen Raum genutzt. Nobel ausgestattet, professionell geführt, die Zimmer nach vorne mit Balkon und Meerblick. Pool, Restaurant mit Sitzplätzen im seitlich gelegenen Hofgarten. April bis Okt. geöffnet. DZ ab 90 €. Via Cristoforo Colombo 1, ☏ 089-877183, www.hotelreginna.it.

*** Pensione Reale. Das zentral gelegene Mittelklassehotel ist trotz der exponierten Lage am Lungomare auf Anhieb nicht leicht zu finden. 7 Zimmer mit Balkon im 2. OG eines modernen Gebäudes, im EG befindet sich eine Bankfiliale. Rundum sehr positiver Gesamteindruck. Kein Restaurant. Ganzjährig geöffnet. DZ ab 70 €. Lungomare G. Amendola 13, ☏ 089-877285, www.pensione-reale.hotelsmaiori.com.

B&B Palazzo Cocò. Zum empfehlenswerten Privatquartier im oberen, alten Ortsteil führen Treppenwege. 4 Zimmer, teilweise mit Meerblick und Terrasse/Balkon, 1 kleineres Zimmer mit Außenbad, winziger Dachterrassenpool, Frühstücksraum. DZ ab 80 €. Via Vena 18 (an der Kollegiatskirche ausgeschildert), ☏ 331-5955141, www.palazzococo.it.

Ristorante Torre Normanna. In diesem Fischrestaurant in einem historischen Sarazenenturm am östlichen Stadtausgang muss man das Ambiente mitbezahlen. Exzellente Küche, aber verbesserungsfähiger Service. Stimmungsvolle Außenterrassen, fein gedeckte Tische im Gewölbe. Angeschlossen ist ein *bagno* mit Verleih von Schirmen und Liegen. Menü ab 45 €. In den Wintermonaten geschlossen. Via D. Taiani 4, ☏ 089-877100, www.ristorantetorrenormanna.com.

Pineta 1903. Restaurant mit angeschlossener Bar im Zentrum mit herrlichen Sitzplätzen nach hinten raus unter einer Zitronenpergola. Leichte Mittagsmahlzeiten mit viel frischen Zutaten (um 10 €), komplette Fisch- und Fleischmenüs (20–35 €), abends auch Pizza (ab 4 €). Mo Ruhetag. Corso Reginna 53, ☏ 328-8815393, www.ristorantepineta1903.it.

Sole. Restaurant und Pizzeria mit angeschlossenem Lido am östlichen Lungomare, ca. 100 m vom zentralen Corso entfernt. Innenraum mit Stil und modernen Accessoires, wenige Tische und Stühle auf dem Trottoir – aufgrund des Verkehrs alles andere als ruhig. Auch für eine leichte Snackmahlzeit eine gute Option. Menü um 30 €, Pizza ab 5 €. Auch Zimmervermietung. Ostern bis Mitte Jan. tägl. geöffnet. Via G. Capone 7–11, ☏ 089-877210, www.hotelsolemaiori.it.

Bar Chiosco San Francesco. Lidobetrieb mit Bar und Bistro am westlichen Ende des Lungomare. Kleine Kapazitäten, die Musik vielleicht eine Spur zu laut. Gut für einen leichten Mittagssnack oder für einen Absacker am Abend (riesige Auswahl an Craftbieren). Der Lido gehört zum Hotel San Francesco auf der anderen Seite der Küstenstraße. In der Saison tägl. ab 8 Uhr bis tief in die Nacht geöffnet. Via Giovanni Amendola, ☏ 335-6611876.

🚶 **Wanderung 12:**
Amalfiküste – Von Corpo di Cava nach Maiori → S. 406
Lange Wanderung vorbei am hoch gelegenen Wallfahrtsort Avvocata.

Morgenstimmung in Cetara

Erchie und Cetara

Die beiden kleineren und seltener frequentierten Bade- bzw. Fischerorte liegen am östlichen Teil der Costiera Amalfitana zwischen Maiori und Vietri sul Mare.

Rund um die südlichste Spitze der Amalfiküste, dem Capo d'Orso, entfaltet sich die Landschaft noch einmal in ihrer ganzen Wucht. Das im Hinterland bis zu 1000 m ansteigende Gebirge fällt in steilen Flanken zum Meer ab, eine landwirtschaftliche Nutzung ist an diesem dünn besiedelten Küstenabschnitt nur schwerlich denkbar. In waghalsigen Serpentinen schraubt sich die Küstenstraße um Felsvorsprünge, die weithin sichtbare Küstenwachttürme zieren. Hin und wieder fällt der Blick auf einsam gelegene Badebuchten, die meist nur mit dem Boot zu erreichen sind. Eine Ausnahme bildet der Strand im kleinen Fischerweiler **Erchie**, der durch eine enge Stichstraße mit der Amalfitana verbunden ist. Bis auf eine kurze heftige Badesaison im Sommer bleibt der Ort von den touristischen Strömen unbehelligt. Wenige Kilometer weiter zehren auch die ca. 2200 Einwohner von

Cetara weniger vom Tourismus als von den traditionell überaus ergiebigen Fischgründen. Die sympathische Ortschaft breitet sich hinter einer schmalen Kiesbucht aus, die von einem Fischerhafen sowie einem Sarazenenturm auf der gegenüberliegenden Seite flankiert wird. Streifzüge durch die netten Gassen enden immer wieder an schönen Aussichtspunkten oder in malerischen Winkeln. Die örtlichen Fischer haben sich auf den Thunfischfang spezialisiert, weshalb sich diese Delikatesse in den meisten Fischrestaurants auf der Speisekarte findet. Selbst der Ortsname könnte sich aus dem lateinischen *cetaria* bzw. griechischen *ketèia* („Thunfisch") abgeleitet haben. Neben dem Fang von Thunfisch ist die Sardellenfischerei ein weiteres Standbein der *Cetaresi*. Ein typisches Lokalgericht heißt daher auch *Vermicelli con la colatura d'alici*

(Pastagericht mit in Salzlake einge-
legten Sardellen). Die würzig-aroma-
tische Soße geht angeblich auf das
römerzeitliche *garum* zurück – der
Standardwürzsoße der Antike!

Praktische Infos

Information Das **Infobüro** befindet sich in
Cetara unterhalb der Küstenstraße auf dem
Weg zum Hafen. Tägl. außer So 9–13 und
17–19.30 Uhr. Corso Garibaldi 13–15, ✆ 333-
7570564, www.prolococetara.it.

Anfahrt/Verbindungen   Pkw. Parkmög-
lichkeiten gibt es in Erchie und Cetara jeweils
unten am Hafen bzw. in Strandnähe.

Bus. Zwischen Amalfi und Salerno pendelnde
SITA-Busse halten oberhalb von Erchie und im
Zentrum von Cetara.

Einkaufen   Antico Borgo Saraceno. Ein
exzellenter Ort, um sich mit eingelegtem Thunfisch zu versorgen. Auch Sardellen, Liköre, Weine und andere *prodotti tipici* in guter Qualität.
Mo–Fr 9–13.30 und 15–20, Sa/So 10–21 Uhr.
Corso Garibaldi 35, ✆ 333-7570564, www.
anticoborgosaracenocetara.it.

Veranstaltungen   Sagra del Tonno. Das
gastronomische Fest kreist um den Thunfisch.
In der 2. Hälfte des Monats Juli.

Baden/Wassersport   Baden. Beide Strände von Cetara, die Marina di Cetara sowie die

Spiaggia del Lannio etwas weiter nördlich, sind
zur Hochsaison sehr voll. Mit dem Tretboot lassen sich die umliegenden Buchten ansteuern.
Der Kiesstrand in Erchie mit Strandcafé ist außerhalb der Hochsaison perfekt, wenn man seine Ruhe haben möchte.

Windsurfing. Zwei Amateur-Surfclubs haben
an der Marina di Cetara ihre Basis. Verleih von
Surfbrettern in der Badesaison. Mai bis Sept.
Via Salita Grotta 13, ✆ 089-712328, www.wind
surfingcetara.com.

Wandern   Steile Bergpfade verbinden Erchie
und Cetara mit dem **Santuario dell'Avvocata** und der **Cappella Vecchia** (→ Wanderung 12, S. 406 f.).

Übernachten/Essen   ****Hotel Cetus.
Modernes Hotel unterhalb der Küstenstraße
am nördlichen Ortsausgang von Cetara. 37 Zimmer mit gefliesten Fußböden, einige mit Balkon
oder Terrasse. Restaurant, Bar, Parkdeck und
Zugang zum Privatstrand mit Beachclub. Jan.
bis Mitte Febr. geschlossen. DZ ab 160 €. Corso
Umberto I (SS 163), ✆ 089-261388, www.hotel
cetus.com.

mein Tipp **Cetara Albergo Diffuso.** Das Konzept wird in Italien immer beliebter und führt
sonst leerstehende Gebäude in Ortszentren einer Funktion zu: 13 Zimmer in verschiedenen,
im Ort verstreut liegenden Gebäuden, zentrale
Rezeption mit Frühstückssalon am Brunnen-
platz oberhalb der Küstenstraße. DZ ab 80 €.
Piazza   Martiri   D'Ungheria 14–16,   ✆ 089-
262014, Buchung über die gängigen Buchungsportale.

Ristorante San Pietro. Das weit über Cetara
hinaus bekannte Fischrestaurant hat sich der
traditionellen *cucina cetarese* verschrieben,
auch Thunfisch- und Sardellengerichte finden
sich auf der Karte. Fein gedeckte Tische innen
und auf der Veranda. Menü um 35–40 €. In
den Wintermonaten Di Ruhetag. Piazza San
Francesco 2 (direkt unterhalb der Amalfitana),
✆ 089-261091, www.sanpietroristorante.it.

Pane e Coccos'. Die kleine und freundlich
möblierte Einkehr in Cetara liegt wenige
Schritte oberhalb der Küstenstraße. Zwischen
volkstümlicher Trattoria und einfachem Mittagsbistro angesiedelt, spezialisieren sich die
Inhaber auf die Verarbeitung frischer lokaler
Zutaten, Spezialität des Hauses sind u. a. ge-
grillte Thunfischsteaks. Menü ca. 30 €. Im Sommerhalbjahr tägl. mittags und abends geöffnet.
Corso Federici 3, ✆ 089-2865063.

Küstenwachturm in Cetara

An der zentralen Piazza Matteotti dominieren Keramikgeschäfte

Vietri sul Mare

Alleinstellungsmerkmal der großen Ortschaft ist die Keramik, die hier auf eine große Tradition zurückblickt. Allerorten trifft man im Ortszentrum auf Keramikgeschäfte, jedes freie Eckchen in den Gassen und auf Plätzen schmücken kleinere und größere Kunstwerke aus Tonware.

Der quicklebendige Küstenort mit rund 8000 Einwohnern gilt gemeinhin als der offizielle Anfangs- und Endpunkt der Amalfiküste – zumindest aus der Perspektive der benachbarten Provinzhauptstadt Salerno. Aus diesem Blickwinkel wirkt Vietri auf den ersten Blick nicht mehr wie ein urbaner Vorposten der Großstadt, deren Bewohner die kurze Entfernung nutzen, um am Stadtstrand im Meer zu baden oder in einem der vielen Fischrestaurants zu dinieren. Wie Salerno ist Vietri – auch aus Ermangelung zeitgemäß ausgestatteter Hotelbetriebe – eine Bed&Breakfast-Hochburg. Das war es allerdings auch schon mit den Gemeinsamkeiten, denn darüber hinaus prunkt Vietri mit Eigenständigkeit. Den bedeutendsten Autonomiebeitrag leistet seit dem Mittelalter die örtliche **Keramikkunst.** Gebrannte Tonware „made in Vietri" *(cera-*

mica vietrese) genießt in ganz Italien einen exzellenten Ruf. Reisende spüren bereits bei ihrer Ankunft die unverkennbare Verbundenheit der Ortschaft mit dem Kunsthandwerk. An der zentralen Piazza Matteotti reiht sich eine Bottega an die andere, ein Eindruck, der sich entlang dem Corso Umberto I in der Altstadt nahtlos fortsetzt. Die Gassen schmücken teils kunterbunte Terrakottakunstwerke, allüberall finden sich Brunnenskulpturen und Blumentöpfe aus Keramik. Selbst das Trottoir ist häufig mit Keramikintarsien versehen! Natürlich ziert auch das urbane Wahrzeichen, die Chiesa San Giovanni Battista, eine mit Keramikziegeln gedeckte, bunte Kuppel. Der im Gassengewirr versteckte Sakralbau markiert die Spitze des Altstadthügels und ist bereits aus großer Entfernung auszumachen. Längere Wege verbinden den Altstadtkern

Die Amalfiküste → Karte S. 228/229

mit der erstaunlich weitläufigen **Marina di Vietri**. Dass Gäste hier unten vergeblich nach nostalgischem Fischerflair suchen, hängt mit der Unwetterkatastrophe 1954 zusammen, als eine Schlammlawine die ursprüngliche Bausubstanz am Hafen vernichtete.

An den hier moderat ansteigenden Monti-Lattari-Hängen hat sich eine Handvoll Bergdörfer eingenistet. Von Interesse ist zuvorderst der oberhalb der Küstenstraße gelegene Teilort **Raito**. Die gepflegten Dorfplätze sind hier oben gleichzeitig grandiose Aussichtsplattformen und natürlich ebenfalls reichlich mit Keramik geschmückt. Die Villa Guariglia mit angrenzendem Garten beherbergt obendrein ein sehenswertes **Keramikmuseum** (*Museo Provinciale della Ceramica*). Gezeigt wird Zier- und Gebrauchskeramik aus verschiedenen Epochen, wobei auch Keramiktraditionen aus anderen Orten Kampaniens und Süditaliens zu Wort kommen. Ein Raum ist der „deutschen Periode" in den 1920er- und 1930er-Jahren gewidmet (→ Kasten unten). Berücksichtigt wird ebenfalls die unterschiedliche Nutzung der Keramik zu geistlichen und profanen Zwecken (tägl. außer Mo 9–15.30 Uhr, Eintritt frei).

Oberhalb von Raito versteckt sich das kleine Dorf **Albori**. Der Kontrast zum häufig etwas hektischen und lauten Zentrum von Vietri sul Mare könnte hier oben, auf knapp 300 m Seehöhe, kaum größer sein: In den gepflegten, völlig verkehrsfreien Winkeln scheint die Zeit stehen geblieben zu sein; außerdem fordert die charakteristische mediterrane Dachlandschaft von Albori immer wieder das Interesse von Architekten heraus. Albori ist Mitglied im illustren Verbund der *borghi più belli d'Italia*, der „Schönsten Dörfer Italiens". Wenig begangene Wege und schweißtreibende Treppen verbinden die Ortsteile mit dem Hauptort.

Il Tedesco: Richard Dölker und die vietresische Keramik

Richard Dölker gelangte 1923 im Anschluss an seine Sizilienreise und einen Capribesuch nach Vietri. Der eigentlich auf Batikkunst spezialisierte Maler heuerte – in jener Zeit nicht unüblich – in der Keramikmanufaktur Avallone an und trug bald selbstständig seine Bilder und Motive auf die Tonware auf. In den 1920er-Jahren lag die Keramikbranche am Boden: Porzellan war angesagt, Tonware galt als verstaubt. Der Innovationsstau behinderte auch den Fluss der Kreativität, denn die vietresische Kunst erschöpfte sich damals meistens in der Reproduktion traditioneller Weintrauben oder dem Segelboot vor dem Hintergrund der Steilküste. Der Gast aus Deutschland brachte hier frischen Wind ins darbende Gewerbe – das berühmte Mauleselmotiv, das bis heute aus dem Sortiment der örtlichen Werkstätte kaum wegzudenken ist, gilt als seine Kreation.

Richard Dölker folgten weitere Künstler, z. B. Marianne Amos, Irene Kowaliska, Liesel Oppel oder Margarethe Thewalt. Bis zum Zweiten Weltkrieg bildeten sie eine Kolonie mit erklecklicher Strahlkraft, die weitere Kreative anlockte und deren Mitglieder respektvoll *I Tedeschi di Vietri*, die Deutschen aus Vietri, genannt wurden. Das Keramikmuseum in Raito widmet der deutschsprachigen Kolonie einen eigenen Schwerpunkt (→ oben).

Praktische Infos

Einwohner ca. 8100 Einwohner

Anfahrt/Verbindungen   Pkw. Die Autobahn A 3 führt oberhalb von Vietri am Altstadthügel vorbei, schnelle Anbindung durch eine eigene Ausfahrt. Die Küstenstraße quert das Ortszentrum.

Ein **Parkdeck** befindet sich auf der zentralen Piazza Matteotti (2 €/Std.). Weitere Parkplätze an der Marina di Vietri.

Bahn. Der Bahnhof liegt in bequemer Gehdistanz oberhalb des Zentrums. Regelmäßige Regionalzuganbindung nach Salerno und in die Gegenrichtung nach Neapel.

Bus. Die zentrale Haltestelle ist an der Piazza Matteotti. SITA-Busse nach Salerno und nach Amalfi. Der FS-Stadtbus („Busitalia") aus Salerno fährt etwa stündl. die Marina und die Bergdörfer oberhalb an, u. a. mit Halt am Keramikmuseum.

Baden   Marina di Vietri. Der Sandstrand wird von der Mündung des Baches Bonea in zwei Abschnitte geteilt.

Boote der Cooperativa Al' Rais bringen die Gäste in der Badesaison von der Marina zu den romantischen Buchten westlich von Vietri, u. a. zur Spiaggia La Schiarita oder zur Marina di Albori. 5 €.

Wandern   Ein aufgrund der Höhenmeter nicht unanstrengender Rundweg beginnt an der Marina di Vietri und quert die **Bergdörfer** Raito, Iaconti und Dragonea. Ein Abstecher führt nach Albori. Der Treppenweg beginnt an der halbkreisförmigen Piazza Mons. Attilio Della Porta westlich der Bachmündung. Gehzeit: ca. 3 Std.

Einkaufen   Ceramica Solimene. Aufgrund der auffälligen Architektur ist der Firmensitz an der Ortsdurchfahrt ein Blickfang. Große Auswahl an Gebrauchskeramik, Teller und Tassen stapeln sich auf dem Boden und in den Regalen. Den Keramikhandwerkern kann man über die Schulter schauen. Mo–Fr 9–20, Sa 9–13 und 16–20, So 10–13.30 Uhr. Via Madonna degli Angeli 7, ☎ 089-210243, www.ceramicasolimene.it.

Ceramica Pinto. Beim Platzhirsch in der Altstadt handelt es sich um die älteste Manufaktur in Vietri, ein Familienmitglied war ein Schüler von Richard Dölker (→ Kasten, S. 270). Große Auswahl von Zier- und Gebrauchskeramik sowie Bad- und Küchenflie-

Keramikkunst in Vietri

sen. Der Familienbetrieb betreibt ein zentral gelegenes **B&B**, zugänglich von der Gebäuderückseite. Tägl. außer So 10.30–13.30 und 15.30–19.30 Uhr. Corso Umberto I 31, ☎ 089-210271, www.ceramicapinto.it.

Pasquale Liguori. Die kleine Altstadtwerkstatt fällt durch ihr hohes kreatives Niveau auf. Geschmackvolle, künstlerisch ausgefeilte Keramik, der Inhaber erhielt zahlreiche Preise und Auszeichnungen. Corso Umberto I 80, ☎ 089-211708.

Delfino Battista. Ausnahmsweise keinerlei Tonware, sondern eingelegter Thunfisch und eingelegte Sardellen „made in Cetara" in ausgezeichneter Qualität. Auch Pasta u. v. m. Das Geschäft befindet sich am Platz-Entree am Eingang zur Altstadt. Corso Umberto I 154, ☎ 089-210635, www.delfinobattistasrl.it.

Veranstaltungen   Villa Guariglia. Das Keramikmuseum Raito ist im Sommer Schauplatz von Konzertveranstaltungen jeglicher Couleur. Ganzjährig.

Übernachten B&B Palazzo Suriano. Eines der exklusivsten Privatquartiere weit und breit, hier wohnt es sich fürstlich! Hochwertig sanierter Palazzo am westlichen Stadtausgang zwischen Marina und Küstenstraße, 6 Zimmer, die Hälfte mit Terrasse, Suite mit Freskenausstattung. Bis ins Detail stilvoll eingerichtet, Meerblick, Frühstück bei gutem Wetter im Zitronengarten. DZ ab 220 €. Via Madonna dell'Arco 30, ☎ 089-234450, www.palazzosuriano.it.

B&B Il Melograno. Der „Granatapfel" entpuppt sich als opulentes Natursteinlandhaus am Ortsrand von Raito. Garten am Berghang mit Paradiespotenzial, herzliche Gastfreundschaft und Meerblick. 2 Doppel-, ein Einzelzimmer sowie ein Familienapartment. Gutes Frühstück. Das Logis ist nur zu Fuß erreichbar. Ganzjährig geöffnet. DZ ab 110 €. Via Guariglia 38, ☎ 340-4886560, www.ilmelograno incostadamalfi.it.

Essen & Trinken La Fattoria. Das volkstümliche Ausflugsrestaurant mit angeschlossenem Albergo befindet sich zwischen den Ortsteilen Iaconti und Dragonea. Traditionelle Landküche, Pasta-, Fisch- und Fleischgerichte kommen frisch auf den Tisch. Gepflegt-rustikales Ambiente, ehrliche Preise. Mi Ruhetag. 4 Zimmer im Obergeschoss, teils mit Blick auf die Monti Picentini. DZ ab 80 €. Via Iaconti Dragonea 2, ☎ 089-210518, www.lafattoria casafasano.it.

Osteria Sesta Stazione. Engagiert geführte Einkehr am unteren Altstadtrand mit hohem Kultfaktor! Die Inhaber arbeiten mit Fischern aus Cetara zusammen, weshalb Sardellen und Thunfisch zu den Hausspezialitäten zählen. Abends auch Pizza. Zauberhaft gelegene Sitzplätze auf der Piazzetta, von Slow-Food-Führern empfohlen. Menü ab 30 €. Di Ruhetag, sonst mittags und abends geöffnet. Piazza Ferigno 23, ☎ 089-210833.

Ristorante 34 da Lucia. Grundsolide Land- und Meeresküche in einem Souterrain direkt neben der Osteria Sesta Stazione (→ oben). Bei gutem Wetter Freiplätze auf der Piazza, der Innenraum setzt ansonsten keine Maßstäbe. Familiär und preiswert. Menü ab 25 €. So abends geschlossen. Via Scialli 48, ☎ 089-761822, www.ristorante34dalucia.it.

Fame Zero. Ladengeschäft, Bar und Bistro in einer Hand und direkt am Altstadtentree. Modern ausgestattet, als rustikales Element hängen Schinkenkeulen von der Decke. Kleine Mittagssnacks zum kleinen Preis, Kaffee und Kuchen, Bier und Wein. Tägl. geöffnet. Corso Umberto I 158, ☎ 089-2962720.

Palazzo Solimene: Platzhirsch unter den Keramikmanufakturen

Langobardischer Kreuzgang in der Benediktinerabtei Corpo di Cava

Cava de' Tirreni

Die kultivierte Stadt im Hinterland liegt in einem verkehrsreichen Hochtal und bleibt von den großen touristischen Strömen verschont. Bedeutendste Sehenswürdigkeit ist eine Benediktinerabtei an den Berghängen der Monti Lattari.

Die mit 54.000 Einwohnern recht große Stadt liegt etwas von der Küste zurückversetzt im strategisch wichtigen Korridor, der den Großraum Neapel mit dem Golf von Salerno verbindet. Seit jeher führten nämlich die Handelswege nach Süden nicht an der zerklüfteten Küste entlang, sondern nahmen die Abkürzung durch das Landesinnere. Moderne Verkehrswege wie die Eisenbahn und die Autobahn verhalten sich heute ebenso, weshalb nicht wenige Feriengäste die Stadt passieren – aber i. d. R. nicht für einen Besichtigungsstopp halten. Wer es dennoch tut, ist vielleicht überrascht vom kultivierten Gesamteindruck, den das Stadtzentrum vermittelt. Außerdem wartet Cava mit dem schönsten und sehenswertesten Boulevard weit und breit auf (Corso Umberto I). Dieser wird zu beiden Seiten von Bogengängen (*portici*) flankiert, die an Bologna in Norditalien erinnern. Zwischen dem Bahnhof

und der Piazza San Francesco am jenseitigen Ausgang der Altstadt sind die Bogen lückenlos erhalten. Die älteste Bausubstanz befindet sich dort, wo der Corso leicht gekrümmt verläuft, die übrigen Abschnitte fügten die Aragonesen im 15. Jh. hinzu. Die Atmosphäre ist entspannt, einladende Straßencafés verführen zur Kaffeepause, ein nennenswerter Leerstand ist bei den Ladengeschäften nicht zu erkennen. Am Corso befindet sich auch das Mehrsparten-Kulturzentrum MARTE mit Mediathek, Theater, Kino und Bistro. Regelmäßig finden hier hochkarätige Kunstausstellungen statt.

Der unverkennbare Wohlstand in der Vergangenheit hängt zu einem gewichtigen Teil mit der geografischen Nähe zur **Abbazia della Santissima Trinità** zusammen. Bei dem Kloster im Ortsteil Corpo di Cava handelt es sich um das – nach Montecassino – wichtigste Zentrum der Benediktiner Süditaliens. Vom

1092 eingeweihten Klosterkomplex aus wurden im Mittelalter riesige Territorien verwaltet, nicht wenige Äbte wurden nach ihrem Tod heiliggesprochen. Beleg der Bedeutung ist u. a. die Bibliothek, die 15.000 wertvolle Pergamentdokumente vom Mittelalter bis in die Neuzeit hütet. Sie kann nur zu Studienzwecken betreten werden. Umbauten in der zweiten Hälfte des 17. Jh. verliehen dem Sakralkomplex das heutige barocke Aussehen. In der Basilika fallen die prächtige Deckenbemalung und die kunstvollen Marmorintarsienarbeiten auf. Sehenswert sind zudem die romanische Kanzel und das Renaissanceportal zur Sakristei. Im Kloster gefallen zunächst die fantasievollen Säulen und Kapitelle des Kreuzgangs. Er verfügt über einen untypischen dreieckigen Grundriss und fungiert architektonisch als Vorbau einer Grotte. Wie der Kreuzgang in Benevento im Hinterland stammt er aus langobardischer Zeit. Darunter sind ebenfalls langobardische Grabkammern mit einigen Marmorsarkophagen aus der römischen Epoche zu besichtigen. Zur Abtei gehört ein kleines Museum, das Kirchenschätze und einige Gemälde präsentiert.

■ **Basilika:** Tägl. 6.15–12 und 15.45–18.30 Uhr. **Kloster:** Die Abtei ist nach Voranmeldung im Rahmen einer Führung zugänglich (auch auf Engl./Dt.). 3 €. ☎ 347-1946957, www.badia dicava.it.

Praktische Infos

Einwohner ca. 54.000 Einwohner

Information Das **Infobüro** befindet sich in einer Seitengasse nur wenige Schritte vom Corso entfernt und ist ausgeschildert. Mo–Fr 8.30–14.30 und 16–18.30 Uhr. Via della Repubblica 11-13, ☎ 089-341605, www.cavaturismo.sa.it.

Anfahrt/Verbindungen Pkw. Cava de' Tirreni ist über eine eigene Ausfahrt von der Autobahn A 3 erreichbar. Parkplätze im Zentrum sind ausgeschildert.

Bahn. Am Bahnhof halten Regionalzüge aus Neapel und in der Gegenrichtung aus Salerno bzw. Vietri sul Mare.

Bus. Busse steuern vom Bahnhofsvorplatz u. a. Neapel, Pompei und Vietri sul Mare an. Mit Bus Nr. 61 etwa stdl. ebenfalls vom Bahnhof zum Benediktinerkloster in Corpo di Cava.

Wandern Die Wanderung 12 (→ S. 406 f.) führt von der Klosterabtei zur **Amalfiküste** nach Maiori.

Übernachten/Essen **** Hotel Scapolatiello. Das freundlich und familiär geführte Hotel liegt 350 m über dem Meer im Ortsteil Corpo di Cava (Nähe Benediktinerabtei). Herrlicher Meerblick vom gepflegten Garten, stilvoll ausgestattetes Interieur. 44 Zimmer, teilweise mit Terrasse bzw. Balkon und Meerblick. Pool, Bar und Restaurant. DZ ab 90 €. Ganzjährig geöffnet. Piazza Risorgimento 1, ☎ 089-443611, www.hotelscapolatiello.it.

Casa Rispoli. Das Feinschmeckermekka befindet sich an der Piazza San Francesco am unteren Ende vom Corso. Mediterrane Küche mit Anspruch, Esprit und Pfiff, es überwiegt die Meeresküche. Jahreszeitlich wechselnde Karte, liebevoll garnierte Platten. Modernes Ambiente mit fein gedeckten Tischen. Menü ca. 40 €. Mo Ruhetag. Piazza San Francesco 7, ☎ 089-9951261, www.casarispoli.it.

La Maison del Gusto. Das Restaurant befindet sich in einem vom Corso zugänglichen Hof. Hinreißende Außenplätze, grundsolide Küche mit einer überschaubaren Speisekarte. Fisch- und Fleischgerichte, entspannte Atmosphäre. Menü 30–35 €. So abends und Mo mittags geschlossen. Corso Umberto I 203, ☎ 089-341617.

Der Corso in Cava de' Tirreni

Blick von der Villa Comunale aufs langobardische Kastell

Salerno

Die gepflegte Küstenpromenade lässt nur wenige Wünsche offen. Dahinter entfaltet die Altstadt ihr unverwechselbares Flair. Hauptsehenswürdigkeit im Zentrum ist der normannische Dom mit den mutmaßlichen Relikten des Evangelisten Matthäus.

Die Provinzhauptstadt am Übergang von der Steilküste zur Schwemmlandebene fristet unerklärlicherweise noch immer ein touristisches Nischendasein. Dabei gibt es Gründe genug, Salerno zu besuchen: die erkleckliche Anzahl bedeutender Sehenswürdigkeiten im Zentrum und Umland, eine attraktive Altstadt mit bildschönen Ladengeschäften und originellen Künstlerateliers, und nicht zuletzt ein Nachtleben, das in Süditalien seinesgleichen sucht. Diese Vorzüge bestanden jedoch nicht immer, sondern bildeten sich erst um die letzte Jahrtausendwende aus. Ein großes Verdienst gebührt dabei dem früheren Bürgermeister Vincenzo De Luca, der seit Mai 2015 als Präsident der Region Kampanien vorsteht. Er ist – eine Seltenheit im chronisch politikverdrossenen Süden Italiens – überaus beliebt, bei Wahlen erreichte er selten hohe Zustimmungsraten. In seiner Amtszeit wurde in Salerno u. a. der Lungomare nebst angrenzendem Stadtpark (*Villa Comunale*) neu gestaltet. An Sonn- und Feiertagen wird die Uferzeile regelmäßig für den Verkehr gesperrt und komplett den Radlern, Flaneuren und Tagesbesuchern aus der Provinz überlassen. In der Altstadt locken individuell gestaltete Geschäfte mit diversifizierten Produktlinien v. a. ein junges Publikum an; Selbiges trifft sich dann wieder freitags und samstags zur besten Ausgehzeit in den aufregenden Bars und Kneipen. Von Vorteil erweist sich hier die kompakte Altstadtanlage, die viele interessante Ziele in fußläufige Entfernung rückt. Der spürbare Aufwind Salernos hat die Menschen dermaßen elektrisiert, dass man die herrschende Lebensqualität mit südländischem Pathos als „Bewegung" bezeichnete: *Movida salernitana* wurde zum feststehenden Terminus. Dass auf der anderen Seite längst nicht alles Gold ist, was glänzt, beweist z. B. der moderne Gebäuderiegel in der Nähe des neuen Kreuzfahrtterminals. Von zahlreichen Skandalen, Baustopps und anderen Malaisen begleitet, droht *Crescent Salerno* – so heißt das Bauprojekt – das Schicksal einer gigantischen Investitionsruine. Besser lief es beim futuristischen Neubau des Hafenterminals (*Stazione Marittima*) durch die 2016 verstorbene Stararchitektin Zaha Hadid und beim Justizministerium (*Citadella Giudiziaria*) der Provinz nach Plänen des britischen Architekten David Chipperfield.

Am Übergang zwischen Antike und Mittelalter sorgten nacheinander Langobarden und Normannen für eine historische Blüte. Langobardische Hinter-

lassenschaften sind u. a. die Befestigungsanlage hoch über der Altstadt (*Castello di Arechi*) und die imposante *Chiesa San Pietro a Corte*, die sich ein wenig im Altstadt-Gassengewirr versteckt. Das wichtigste Erbe der Normannen ist hingegen die Kathedrale, in der nicht nur der vom Investiturstreit und dem Canossagang Heinrichs IV. bekannte Papst Gregor VII. begraben ist, sondern deren Krypta obendrein die Requisiten des Evangelisten Matthäus verwahrt. Ein weiterer Beleg für die Bedeutung Salernos im frühen Mittelalter ist die berühmte Medizinschule (→ Kasten, S. 278). Spuren dieser in der Tat besonderen akademischen Tradition finden sich mehrfach in der Stadt, auch wenn sich kaum eine als Hinterlassenschaft der Institution im strengeren Sinn bezeichnen lässt: Als hinreißende Oase oberhalb der Altstadt entpuppt sich der Garten der Minerva (*Giardino della Minerva*), deren Terrassen Ausblicke über die Dächer der Stadt aufs Meer gewähren. Weit mehr als nur ein Geheimtipp ist die angeschlossene Kräuterteestube! Wesentlich leichter zu erreichen ist das eigentliche Museum der Medizinschule in der ehemaligen Chiesa San Gregorio. Die Ausstellung befindet sich inmitten der Altstadt an der Via dei Mercanti, die als Verlängerung des neustädtischen Corso Vittorio Emanuele II. das historische Zentrum zweiteilt. Wie so häufig entspricht der mittelalterliche – und heutige – Verlauf der Achse exakt dem *decumanus maximus* aus römischer Zeit.

Als Verkehrsknotenpunkt ist Salerno Dreh- und Angelpunkt für Exkursionen in die Umgebung. Nicht wenige Gäste steigen am Bahnhof aus und reisen mit dem Bus nach **Paestum** (→ S. 287 ff.) oder in den Cilento weiter. Aber auch die unmittelbare Stadtumgebung bietet etwas, obgleich der erste Eindruck von den wenig einladend wirkenden Neustadt-Mietskasernen getrübt wird. Ausgrabungen im Vorort **Fratte** haben

In der Krypta liegen die Gebeine des Evangelisten Matthäus

Überreste von Besiedelungen aus etruskischer Zeit zutage gebracht. Zahlreiche Exponate sind im Etruskermuseum in **Pontecagnano** ausgestellt, das schwieriger zu erreichen, dessen Besuch jedoch unbedingt zu empfehlen ist! Im 19. Jh. war Salerno ein Zentrum der Textilindustrie, die frühesten Betriebe der süditalienischen Industrialisierung, nicht selten von Migranten aus der deutschsprachigen Schweiz aus der Taufe gehoben, waren hier ansässig. Im erwähnten Vorort Fratte befanden sich u. a. die Villen der Unternehmerfamilien Wenner und Escher sowie die meisten Arbeiterwohnungen. Heute ist der **Containerhafen** der wichtigste Wirtschaftsfaktor der Stadt. Wer sich von Amalfi oder Vietri nähert, blickt von oben auf den riesigen Güterterminal, der aus dieser Perspektive die dahinterliegende Altstadt Salernos fast zu erdrücken scheint.

Geschichte

Die Stadtgeschichte beginnt in vorrömischer Epoche mit einer oskisch-etruskischen Siedlung namens *Irna* auf dem Boden des heutigen Stadtteils Fratte. Die Anfänge dieser Siedlung werden gemeinhin auf das 9. Jh. v. Chr. datiert. In der Römerzeit rückte das Zentrum näher an die Küstenlinie heran; auf der Grundfläche der späteren mittelalterlichen Stadt entstand die römische Kolonie *Salernum*, über die ansonsten nur wenig bekannt ist. Ein Goldenes Zeitalter für Stadt und Region läutete der Beginn der langobardischen Herrschaft ein. Eigentliche Hauptstadt der Langobarden in Süditalien war nach dem Ende der Völkerwanderungen Benevento (→ Geschichte, S. 334). Das politische Gewicht verlagerte sich im 8./9. Jh. jedoch zunehmend vom Hinterland zur Küste, bis Salerno ab 839 n. Chr. als Hauptstadt ein Gebiet von der Größe Unteritaliens verwaltete. Die Regierungszeit des letzten langobardischen Fürsten Gisulf II. ragte bereits in die Zeit der normannischen Eroberungsfeldzüge hinein. Die Legende kolportiert die nette (allerdings historisch nicht verbürgte) Anekdote, wie Salerno in der zweiten Hälfte des 11. Jh. von Sarazenen angegriffen wurde. Die darauf nicht vorbereitete Stadt wäre den Invasoren ausgeliefert gewesen,

Heilkunst im Mittelalter: die Medizinschule von Salerno

Vermutlich waren es die Benediktinermönche aus Montecassino oder Cava de' Tirreni, die in Salerno im Frühmittelalter ein erstes Hospiz zur Heilung von Kranken betrieben. Aus dieser Keimzelle entwickelte sich in der Epoche der Normannen vom 10.–13. Jh. eine Lehr- und Forschungsanstalt, die nicht wenige Experten als **älteste Universität Europas** bezeichnen. Im Mittelalter verschrieben sich die Akademien stets dem „Studium generale"; neben dem eigentlichen Unterrichtsfach standen andere Fächer auf dem Lehrplan, um den Absolventen eine umfassende Bildung zu ermöglichen. Neben Medizin wurden in Salerno deshalb Theologie, Recht sowie Philosophie unterrichtet. Bemerkenswert ist, dass Dokumente eine Trota von Salerno erwähnen, eine in Salerno praktizierende Ärztin, die im 12. Jh. an der Abfassung mehrerer fachmedizinischer Schriften beteiligt war. Leider ist die Faktenlage äußerst dürftig, nichtsdestoweniger könnte Trota die erste Frau gewesen sein, die in der klassischen Männerdomäne einer Hochschule Forschung und Lehre betrieb!

Die überlieferten medizinischen Schriften aus der Blüte der Medizinschule belegen einen starken arabischen Einfluss. Man musste also nicht – wie der fiktive Held im Erfolgsroman „Der Medicus" – nach Persien reisen, um das aus der Antike überlieferte Heilkundewissen zu erwerben. Ein Museum in der Altstadt beschäftigt sich mit den Hintergründen der Medizinschule von Salerno (*Scuola Medica Salernitana*).

hätte nicht eine Handvoll Jerusalempilger aus der Normandie beherzt zu Schild und Schwert gegriffen. Das Ende hingegen ist aktenkundig: Unter der Führung der Gebrüder von Hauteville richteten sich die Normannen in Süditalien häuslich ein; der gewiefte Stiefbruder Robert Guiscard ehelichte die langobardische Adelige Sigelgaita; Roger II. schließlich beendete die normannische Expansionspolitik, indem er sich 1130 in Palermo zum König Siziliens krönte. Dessen Enkel, der Stauferkaiser Friedrich II., beendete 1224 die Blütezeit von Salerno mit der Gründung der Universität von Neapel. In der Folge verlagerten sich die politischen und kulturellen Gewichte nach Norden in die heutige Hauptstadt Kampaniens. Einmal mehr rückte Salerno während des Zweiten Weltkriegs in den Fokus der Weltöffentlichkeit, als Truppen der Alliierten 1943 an der Golfküste bei Salerno landeten und in der Folge die deutsche Wehrmacht Schritt um Schritt nach Norden zurückdrängte. Bis zur Befreiung Roms im Juni 1944 war Salerno sogar kurzzeitig die Hauptstadt Italiens.

Sehenswertes in der Altstadt

Die properen Bars und Geschäfte in der Altstadt lassen ein wenig verkennen, dass dieses Quartier noch in den 1980er-Jahren stark von Verfall geprägt war. Selbst Einheimische mieden dieses verwahrloste Problemviertel. Davon ist freilich heutzutage nichts mehr zu spüren. Trotz zahlreicher Attraktionen gibt es allerdings – ähnlich wie in Neapel – während der langen Siestapause nicht allzu viel zu tun. Erst gegen 17 Uhr kehrt allmählich das Leben in die Gassen zurück. Abstecher zum Kastell und ins Etruskermuseum Pontecagnano helfen, den Mittag zu überbrücken. Der Rundgang durch das Zentrum beginnt bzw. endet am besten am FS-Bahnhof oder am Stadtpark *(Villa Comunale)*. Er schließt natürlich die Besichtigung der Altstadt ein, vergisst aber auch nicht den Spaziergang am Lungomare mit den prunkvollen Fassaden mondäner Palazzi. Sie stammen aus der italienischen Gründerzeit oder – auch wenn man es der Architektur nicht ansieht – aus der Epoche des Faschismus. Auf Anhieb nicht einfach zu finden sind die Reste des **mittelalterlichen Aquädukts** *(Acquedotto medioevale)*. Es handelt sich um ein Werk der Benediktiner, die eine ingenieurstechnische Meisterleistung vollbrachten, indem sie zwei Wasserleitungen unterschiedlichen Gefälles kreuzten (Via Arco/Ecke Via Velia).

Duomo San Matteo: Auch wenn sie später mehrfach verändert wurde, gilt diese Kathedrale als Musterbeispiel normannischer Romanik. Bei der Grundrisswahl orientierten sich die benediktinischen Baumeister an der Abteikirche ihres Mutterklosters Montecassino. Zunächst beeindruckt der quadratische Loggienvorhof, der ein wenig an die Atrien pompejanischer Villen erinnert. Und tatsächlich entstammen die antiken Säulen unter den Tuffsteinbogen an den Seiten angeblich dem nahe gelegenen Forum. Bemerkenswert ist überdies das Bronzeportal, das 1099 in Byzanz gegossen wurde. Dass der Bourbone Ferdinand IV. 1820 den wertvollen Brunnen aus der Mitte des Vorhofs stibitzte und in die Hauptstadt überführte, nimmt man den Neapolitanern übrigens noch heute krumm. Allerdings waren auch die Salernitaner keine Kinder von Traurigkeit, denn die für den Dombau notwendigen Reliquien raubte man dem kleinen Cilento-Dorf Casalvelino; es handelt sich um keine geringeren Überreste als die des Evangelisten Matthäus! Außerdem liegt Papst Gregor VII. hier begraben, der nur scheinbar den Sieg im Investiturstreit mit der weltlichen Krone davongetragen hatte. Seine letzte Lebensspanne verbrachte der Hüter der Pforte verbittert und verarmt in Salerno im Exil. Eine wahre Augenweide ist die vom linken Seitenschiff zugängliche **Krypta** mit den Reliquien des Evangelisten. Sie stammt zwar aus der normannischen Epoche, allerdings haben die Veränderungen im 17. Jh. vom ursprünglich romanischen Stil nichts mehr bewahrt. Das Papstgrab befindet sich in der rechten Apsis des Chors.

▪ **Dom:** Mo–Sa 8.30–20, So 8.30–13 und 16–20 Uhr. **Krypta:** 9–19.45, So 8.30–13 und 16–18 Uhr. Piazza Alfano I, www.cattedralidisalerno.it.

Museo Diocesano: Das attraktive Museum liegt unweit des Doms im 1. Obergeschoss des einstigen Priesterseminars. Der größte Schatz ist eine Sammlung von Elfenbeintäfelchen aus der

Ölgemälde im Museo Diocesano

remoto nel sogno
lunare si spalanca
un mattino di vette
e case limpide argentee
sgusciano al cielo
in mondi di
tenero fiato

Street-Art in der Altstadt von Salerno

ersten Hälfte des 12. Jh., deren Basreliefs Geschichten aus dem Alten und Neuen Testament erzählen. Mit insgesamt 67 Täfelchen handelt es sich um die größte Sammlung weltweit. Weitere Räume präsentieren hochkarätige Gemälde aus der Renaissance und dem Zeitalter des Barock, u. a. von Andrea Sabatini, Nicola Vaccaro und Francesco Solimena. Die ausgestellten Münzen wiederum dokumentieren die Bedeutung der Stadt zwischen dem 9. und dem 12. Jh., als Salerno über eine eigene Münzprägewerkstatt verfügte.

■ Tägl. außer Mi 9–13 und 15–19 Uhr. 2 €, erm. 1 €. Largo Plebiscito 12 (vom Dom ausgeschildert), www.museodiocesanodisalerno.it.

Pinacoteca Provinciale: Im Zentrum der Gemäldesammlung im Palazzo Pinto steht die Malerei der Renaissance und des Barock. Ein Schwerpunkt widmet sich dem Künstler Andrea Sabatini (1480–1545) aus Salerno, andere Werke der neapolitanischen Schule wiederum spiegeln den künstlerischen Einfluss Caravaggios wider, der 1606 zehn Monate in der Golfmetropole Neapel lebte und wirkte. Ein weiterer Raum zeigt Skizzen aus dem 20. Jh. von diversen Vertretern der „Deutschen Kolonie" in Vietri sul Mare (→ Kasten, S. 270).

■ Tägl. außer Mo 9–19.45 Uhr. Eintritt frei. Via dei Mercanti 63.

Museo Archeologico Provinziale: Das Provinzialmuseum befindet sich am Rand der Altstadt auf dem Areal der Benediktinerabtei aus dem 7.–9. Jh., von der die **Chiesa San Benedetto** gegenüber dem Museumseingang als einziges Zeugnis von Rang verblieben ist. Schwerpunkte der Ausstellung sind die römerzeitlichen Exponate im Erdgeschoss sowie die Funde aus etruskischer Zeit im Obergeschoss. Letztere stammen größtenteils aus Fratte, einem Vorort von Salerno (→ unten). Ein Highlight ist die anmutige Kopfbüste des Apollon aus Bronze (1. Jh. v. Chr.), die vor mehr als 80 Jahren aus dem Meer gefischt wurde.

■ Di–So 9–19.30 Uhr. 4 €, erm. 2 €. Via San Benedetto 28, www.museoarcheologicosalerno.it.

Museo Virtuale Scuola Medica Salernitana: Computergenerierte Videoanimationen führen in der ehemaligen Kapelle San Gregorio in die mittelalterliche Medizinschule von Salerno (→ Kasten, S. 278) ein. Die Themenvideos basieren auf Originalhandschriften medizinischer Publikationen und wenden sich an ein junges Publikum (Schulklassen, Familien mit Kindern). Die Videos sind auf Italienisch mit englischen Untertiteln.

▪ Tägl. außer Mo 9.30–13, Do–Sa auch 18–20 Uhr. 3 €, erm. 2 €. Via Mercanti 74, www.museovirtualescuolamedicasalernitana. beniculturali.it.

Giardino della Minerva: Bei dem sich über drei Terrassenparzellen erstreckenden Heilkräutergarten am oberen Rand der Altstadt handelt es sich um einen der schönsten Orte Salernos. Sein ursprünglicher Eigentümer war ein Mediziner aus dem 14. Jh., der eine anerkannte Enzyklopädie über die Verwendung von Kräutern in der Arzneiheilkunde verfasste. Die heutige Anlage ist indes ein Werk des 16./17. Jh., die Südhanglage sowie eine nahegelegene Quelle sorgen für ausgezeichnete Standortbedingungen. Das Ordnungsprinzip folgt der Lehre der vier Elemente, wonach die Pflanzen entweder trockene oder feuchte bzw. warme oder kalte Bedingungen für ihr Wachstum bevorzugen. Eine **Tisaneria** kredenzt Kräutertees auf der Terrasse, ein Heilkräutershop rundet das Angebot ab.

▪ Tägl. außer Mo 10 Uhr bis etwa 1 Std. vor Sonnenuntergang, im Febr. bis 13 Uhr. 3 €, erm. 1,50 €. Via F. Sanseverino 1 (vom Dom ausgeschildert), www.giardinodellaminerva.it.

Complesso Archeologico San Pietro a Corte: Das Kirchlein ist allein deshalb schon bemerkenswert, weil es zu den wenigen Überbleibseln aus der langobardischen Zeit gehört. Interessant sind jedoch v. a. die Ausgrabungen unterhalb des Gotteshauses. Neben Fresken sind die Reste einer römischen Therme, eines Studienzentrums der Medizin-schule (→ Kasten, S. 278) und Gräber aus frühchristlicher Zeit zu sehen. Einige Relikte lassen sich vielleicht dem einstigen langobardischen Palast zuordnen, von dem ansonsten jede Spur im heutigen Stadtbild fehlt.

▪ Okt. bis Juni Sa 10–13 und 18–21, So 10–13 Uhr, Juli bis Sept. Sa 18–20 und So 10–13 Uhr. Eintritt frei. Largo Antica Corte (Angolo Via Canali).

Sehenswertes in der Umgebung

Castello di Arechi: Die Festungsanlage von beeindruckender Größe schmückt wie eine Krone den Monte Bonadies oberhalb der Altstadt. Von den Aussichtsplattformen eröffnet sich ein weiter Rundblick auf den Golf von Salerno, eine kompakte Ausstellung zeigt einige historische Artefakte, u. a. Scherben aus Keramik, Pfeilspitzen aus Eisen oder Bronze sowie eine Handvoll Münzen. Letztgenannte bezeugen, dass die Hügelkuppe schon in vorchristlicher Zeit besiedelt war. Die ältesten Teile der Befestigungsanlagen entstanden jedoch erst im 6. Jh. n. Chr. zur Zeit der Gotenkriege durch die Byzantiner. Die Langobarden bauten das Kastell anschließend aus und nutzten es zeitweilig

Im Giardino della Minerva

Die Amalfiküste → Karte S. 228/229

als Residenz. Weitere Veränderungen erfuhr die Wehranlage, die niemals erobert wurde, unter aragonesischer Herrschaft. Auf einem Felsvorsprung nördlich des Kastells befindet sich ein Turm *(bastiglia)*, zu dem ein Spazierpfad hinführt. Das Kastell ist mit Pkw oder Bus erreichbar, ein Fußweg vom Stadtzentrum existiert nicht.

▪ Di–Sa 9–17, So bis 15.30 Uhr. 4 €, erm. 2 €. Loc. Croce (Bus Nr. 19 von der Piazza XXIV Maggio), www.ilcastellodiarechi.it.

Museo Archeologico Nazionale Pontecagnano: Aufgrund der abseitigen Vorortlage verirren sich nur wenige Besucher ins Etruskermuseum nach Pontecagnano. Diejenigen, die den Weg dennoch auf sich nehmen, sind von der didaktischen Qualität der Ausstellung überrascht: Ein einziger Saal in der Größe (und der Ausstrahlung) einer Turnhalle präsentiert in verschiedenen Themeninseln die wichtigen Etappen der etruskischen Kultur am Golf von Salerno. Neben der politischen Ereignisgeschichte kommt auch das Alltagsleben der Etrusker ausführlich zu Wort.

Der Schmuck aus der Antike ist eine Augenweide, anhand der Tonvasen und Amphoren lässt sich der gewachsene griechische Einfluss in der Spätphase der etruskischen Blütezeit ablesen.

▪ Tägl. außer Mo 9–19 Uhr. 2 €, erm. 1 €. Via Lucania (1 Haltestelle mit dem Zug vom FS-Bahnhof in Richtung Battipaglia, dann 10 Min. zu Fuß (vom Bhf. Pontecagnano ausgeschildert).

Fratte (Area Archeologica Etrusco-Sannitica): Das Ausgrabungsgelände im Vorort Fratte lohnt sich allenfalls für eingefleischte Liebhaber etruskischer Kultur. Außer den Grundmauern sowie einigen Zisternen und Gräbern gibt es nicht viel zu begutachten. Archäologen schließen allerdings auf der Basis der Grabungsfunde, dass die im 6. Jh. v. Chr. gegründete Stadt über einen erstaunlich hohen Entwicklungsstand verfügte. Die wertvollsten Fundobjekte befinden sich im Archäologischen Provinzialmuseum (→ oben).

▪ Di–Sa 9–15, So bis 14 Uhr. Eintritt frei. Via Francesco Spirito (Bus Nr. 11 von der Piazza XXIV Maggio, dann 10 Min. zu Fuß vom Kreisverkehr in Fratte, der Weg ist ausgeschildert).

Basis-Infos

Einwohner ca. 134.000 Einwohner

Information Das **Infobüro** der Provinz Salerno befindet sich in der Nähe des Stadtparks (Villa Comunale). Tägl. außer So 9–19 Uhr. Via Lungomare Trieste 7–9, ☏ 089-231432, www.turismoinsalerno.it.

Der **Infopoint** der Stadt Salerno befindet sich zwischen Altstadt und Bahnhof in der Capitol-Passage. Mo–Fr 9.30–13.30 und 16–19 Uhr. Corso Vittorio Emanuele 191, ☏ 089-662951, www.salernoturismo.it.

Außerdem betreibt die Region Kampanien einen **Infopoint** auf dem Bahnhofsvorplatz. Tägl. 9–19.30 Uhr.

Anfahrt/Verbindungen   Pkw. Das Stadtzentrum ist über mehrere Ausfahrten von der Autobahn A 3 erreichbar. Zentral gelegene **Parkplätze** findet man u. a. am Lungomare, insbesondere auf der Piazza Concordia (2 €/Std.). Günstiger ist das Parken am südlichen Lungomare vor dem Grandhotel.

Bahn. Am FS-Bahnhof halten Fern- und Regionalzüge u. a. aus Neapel, Reggio di Calabria und Benevento. Bummelzüge der Ferrovia Napoli–Salerno in Richtung Vietri sul Mare bzw. Cava de' Tirreni halten zudem am Altstadtbahnhof (Duomo-Via Vernieri).

Circumsalernitana. Eine Vorortbahn fährt vom FS-Bahnhof landeinwärts über Fratte nach Mercato Sanseverino.

Metro. Die Stadtbahn besteht aus einer Linie, genutzt werden die FS-Bahngleise. Züge pendeln zwischen dem FS-Bahnhof (Gleis 7) und der Gewerbezone ganz im Süden der Neustadt (6 Haltepunkte, Ticket 1,40 €).

Bus. SITA-Busse fahren vom Bahnhofsvorplatz nach Amalfi, ein weiterer Halt ist vor dem Teatro Verdi. In der Gegenrichtung enden die Busse aus Amalfi an der Piazza Concordia.

Von der Piazza XXIV Maggio starten u. a. der SITA-Bus zum **Airport Neapel** (wenige Verbindungen) sowie FS-Stadtbusse *(Busitalia)* zum

Blick über die Altstadt auf den Golf von Salerno

Kastell und nach Fratte. Von der Piazza Concordia am Lungomare fährt die Linie 34 nach Paestum. Der Zug ist jedoch dem Bus vorzuziehen.

Schiff. In Salerno gibt es zwei Bootsanleger. Vom *Molo Manfredi* in der Nähe der Altstadt (Stazione Marittima) fahren u. a. Ausflugsschiffe nach Capri. 2 Abfahrten tägl. ab 47 € hin und zurück. Am *Molo Masuccio* in Bahnhofsnähe wiederum starten Boote nach Amalfi (für 8 €/Fahrt) sowie Positano (12 €). Tickets gibt es wie immer an den beiden Anlegern.

Gepäckaufbewahrung Schließfächer, rund um die Uhr zugänglich, gibt es in der Altstadt sowie in der Hauptfußgängerzone. 4 €/Tag. Corso Vittorio Emanuele 238 bzw. Via Duomo 8, ✆ 333-3604634, www.easyluggage.it.

Ärztliche Versorgung Azienda Ospedaliera Universitaria. Das Krankenhaus der Provinz Salerno befindet sich am südlichen Ende der Neustadt. San Giovanni di Dio e Ruggi d'Aragona (Largo Città di Ippocrate), ✆ 089-671111, www.sangiovannieruggi.it.

Mietfahrzeuge Pkw. Einige italienische und internationale Verleihagenturen haben eine Dependance am Bahnhofsvorplatz (Piazza Vittorio Veneto) oder in der Nähe am Corso Garibaldi (z. B. Maggiore, Sicily by Car, Budget, Sixt). Avis hat sein Büro im Industriegebiet südlich der Neustadt (am besten mit dem Taxi zu erreichen).

Sprachschule Accademia Italiana. Relaxt geführte Sprachschule, toll am Lungomare im Stadtzentrum gelegen, Anfänger- und Fortge-schrittenenkurse, Begleitprogramm, Mithilfe bei der Quartiersuche. Der einwöchige Standardkurs kostet 220 €, zzgl. der Anmeldegebühr von 80 €. Via Roma 39, ✆ 089-256965, www.accademia-italiana.info.

Baden Trotz Sandstrand satt, v. a. im Süden im Bereich der Neustadt, empfiehlt es sich, zum Schwimmen entweder nach Vietri sul Mare oder in die Gegenrichtung nach Paestum zu fahren. Die piekfein gestaltete Strandecke **Santa Lucia** mit Kiosk eignet sich gut für eine Pause vom Stadtbummel oder den abendlichen Absacker, zum Baden ist das Wasser aber nicht sauber genug.

Einkaufen Markthalle. Gemüse, Fisch, auch Kleidung und Haushaltswaren. Tägl. außer So 9–13 Uhr. Salerno-Torrione, Via Robertelli (Neustadt).

Carmine Sorrentino. Das kleine Kunstkeramikatelier in der Altstadt mit geschmackvollem Sortiment ist u. a. auf die Herstellung von hübschen Terrakottafischen spezialisiert. Dem Künstler kann man bei der Arbeit zuschauen. Via Dogana Vecchia 2, ✆ 327-7047146.

Castorino. Die alteingesessene Kaffeerösterei (seit 1946) betreibt einen Verkaufsshop am Bahnhof. Verschiedene Sorten, organischer Espresso, Liköre und Schokolade, hübsche Geschenkverpackungen. Mit kleinem Straßencafé. Corso Vittorio Emanuele 21, ✆ 089-482413, www.caffecastorino.it.

Feste und Veranstaltungen

Mostra della Minerva. Die alljährliche Frühjahrsschau präsentiert botanische Raritäten im Stadtgarten (Villa Comunale). 3 Tage Mitte April. www.hortusmagnus.it.

Fiera del Crocifisso. Die Traditionsmesse geht auf eine Wunderhandlung im 12. Jh. zurück und vermittelt einen Überblick über Gewerbe und Dienstleistungen in Kampanien. Im Parco del Mercatello am südlichen Ende der Neustadt. Ende April/Anfang Mai.

Festival Salerno Letteratura. Das bedeutendste Literaturfestival Süditaliens mit Lesungen, Performances und Buchpreisverleihung. Mitte Juni. www.salernoletteratura.com.

Patronatsfest. Dem hl. Matthäus, Patron der Stadt, gewidmetes Ereignis mit Prozession und Feuerwerk. 21. Sept.

Festival del Cinema. Das Filmfestival gehört zu den traditionsreichsten Veranstaltungen dieser Art in Kampanien (seit 1946). Ende Nov./Anfang Dez. www.festivaldelcinema.it.

Luci D'Artista. Kunstvolle Lichtinstallationen sorgen für vielfache Aha-Erlebnisse am Strand Santa Lucia, im Stadtpark (Villa Comunale) und in der Altstadt. Aus ganz Italien kommen Schaulustige zum mittlerweile bedeutendsten Stadtevent hierher! Anfang Nov. bis Mitte Jan. www.lucidartista.salerno.it.

Teatro Giuseppe Verdi. Die Antwort auf das San Carlo in Neapel verfügt ebenfalls über einen ästhetisch eindrücklichen Zuschauersaal. Karten ab 20 € gibt es an der Theaterkasse. Piazza Matteoti Luciani, ℂ 089-662141, www. teatroverdisalerno.it.

Übernachten

Dass Salerno nicht zu den Top-Reisezielen zählt, spiegelt sich in der Hotelsituation wider. Zwar bekommt man in der Regel immer, auch spontan, ein Zimmer, dennoch erstaunt die beschränkte Zahl empfehlenswerter Hotels. Die Lücken schließen Privatquartiere, die in jüngster Zeit wie Pilze aus dem Boden schießen und die Provinzhauptstadt zu einer Bed&Breakfast-Hochburg machen.

★★★★ Novotel Salerno Est Arechi 12 Modernes Hotel am südlichen Ende der Neustadt mit Pool und Restaurant. Das Meer liegt direkt vor der Nase, die Metrohaltestelle ist in bequemer Reichweite. Ideal, wenn man mit dem eigenen Auto unterwegs ist. 116 Zimmer und Suiten. DZ ab 105 €. Via Generale Clarck 49, ℂ 089-9957111, www.novotel.com.

★★★ Plaza 11 Ordentliches, konservativ geführtes Mittelklassehotel am Bahnhof, nicht von der schäbigen Fassade abschrecken lassen! 42 Zimmer, sehr ordentlicher Gesamteindruck, die Zimmer nach vorne raus unter Umständen etwas lauter. Gebührenpflichtige Parkplätze, kein Restaurant. DZ ab 100 €.

Übernachten
3 Ave Gratia Plena
4 Villa Avenia
6 Il Giuscardo
11 Plaza
12 Novotel Est Arechi

Essen & Trinken
1 Il Brigante
2 Botteghelle 65
5 Cicirinella
8 La Posteria
9 La Botte Pazza

Cafés
7 Pantaleone
10 Nettuno

Die Amalfiküste → Karte S. 228/229

Piazza Vittorio Veneto 42, ☎ 089-224477, www.plazasalerno.com.

🍃 **B&B Villa Avenia 4** Freundliches Altstadt-quartier im hinteren, ruhigen Teil des Zen-trums. Der Inhaber ist Arzt und kennt sich mit der Medizinschule Salerno hervorragend aus, außerdem betreibt er eine eigene Landwirt-schaft und produziert u. a. Bioolivenöl und Bio-wein. 3 mit Stilmöbeln ausgestattete Zimmer, ex-zellentes Frühstück, Degustation eigener Erzeug-nisse auf Wunsch. DZ um 100 €. Via Torquato Tasso 83, ☎ 349-1961657, www.villaavenia.com.

B&B Il Guiscardo 6 Die blitzsaubere Privat-unterkunft befindet sich nur wenige Schritte vom Dom entfernt. 2 Zimmer in der 1. Etage eines Altstadthauses, geschmackvoll möbliert, Vietri-Keramik in den Bädern. Der Inhaber spricht Englisch, keine Anfahrt mit dem Auto. DZ ab 75 €. Largo Cassavecchia 4, ☎ 366-9709257, www.ilguiscardo.eu.

Ostello Ave Gratia Plena 3 Gut geführte Jugendherberge in einem vormaligen Kloster in der Altstadt. Großzügiger Innenhof, Privat- und Familienzimmer sowie blitzsaubere Schlafsäle.

Rezeption rund um die Uhr besetzt, Bar. Zusätzlich zum Hostel gibt es noch einige Luxussuiten („Le Stanze del Poeta"). Suite ab 50 €, DZ ab 45 €, Schlafplatz im Mehrbettzimmer ab 17 €. Via Canali, ☎ 089-234776, www.ostellodi salerno.it.

(Essen & Trinken   → Karte S. 284/285

In der Altstadt, entlang der Via Roma und am Lungomare ist die Auswahl an guten Restaurants groß. Und nach dem Essen geht es um die Ecke in die nächste Bar! Ein beliebter Treffpunkt der Einheimischen ist der Brunnen auf der Piazza Flavio Gioia.

Ristorante Cicirinella 5 Hinsichtlich der Qualität gibt es hier keinerlei Kompromisse. Rustikales Gewölbe an der Domrückseite, nur wenige ausgewählte Gerichte, ähnlich der klassischen Osteria, in der einsehbaren Küche kann man den Köchen über die Schulter schauen. Das Steakhouse wenige Schritte weiter wird vom gleichen Inhaber geführt. Stylisch-gemütliche Sitzplätze an nur wenigen Tischen, kein Außenbereich. Menü um 25 €. Tägl. ab 20 Uhr. Via Genovesi 28, ☎ 089-226561.

La Botte Pazza 9 Hinter dem „verrückten Fass" steckt eine engagiert geführte Edel-Trattoria mit ausgezeichneter Küche und wenig Platz, daher unbedingt reservieren! Spezialität des Hauses sind deftige Fleischgerichte sowie hausgemachte Pasta, kleine Karte, ein Clou ist

Veranstaltungshighlight im Winter: Luci D'Artista

der Wein-Abzapfhahn in der Schankstube (Selbstbedienung, im Preis inbegriffen). Menü um 25 €. Tägl. ab 19.30 Uhr, Sa auch mittags. Vicolo G. Ruggi 3, ☎ 329-2929013.

Hostaria Il Brigante 1 Das rustikale Altstadtlokal in einer Kellerspelunke serviert deftige Hausmannskost nach traditioneller Machart. Kleine handgeschriebene Karte, jahreszeitlich wechselnde Gerichte. Innenplätze mit einfachen Holztischen und -bänken. Menü um 20 €. Mo Ruhetag, sonst mittags und abends geöffnet. Via Fratelli Linguiti 4, ☎ 389-2625756.

Mein Tipp **Botteghelle 65** 2 Die Salumeria mit angeschlossenem Ristorante im kultiviert eingerichteten Nebenraum steht für regionale Produkte in herausragender Qualität. Auf geschmackvoll dekorierten Holzplatten werden u. a. Wurst- und Käsespezialitäten mit Kastanienhonig und Mandarinenmarmelade kredenzt. Dazu gibt es frisches Brot und Olivenöl. Die kalte Platte für 15 € ist sättigend. So Ruhetag, sonst mittags und abends geöffnet. Via delle Botteghelle 65, ☎ 089-232992, www. botteghelle65.blogspot.it.

La Posteria 8 Winzige kulinarische Perle in der Altstadt, nur 5 Tische drinnen sowie 2 draußen auf der Veranda. Speisen aus der Frischetheke zu relativ kleinen Preisen und frisch nach Wunsch zubereitet. Wurst- und Käseteller, Parmigiano und Meeresfrüchte, dazu exzellente Weine der Region. Diese können auch zum Mitnahmepreis erworben werden (Enoteca). Tägl. außer Mo 9 Uhr bis tief in die Nacht geöffnet. Via Duomo 13, ☎ 089-9434093.

Gelateria Nettuno 10 Ideal für die Nachmittagspause, gute Lage am Meer, Spezialität des Hauses ist Eis im Brötchen (gelato brioche). Tägl. 7 Uhr bis Mitternacht geöffnet. Via Lungomare Trieste 136, ☎ 089-228375.

Pasticceria Pantaleone 7 Der Konditorbetrieb in der Altstadt ist eine Institution (seit 1868), der Familienbetrieb belieferte zeitweilig die königlichen Bankette in Neapel. Verführerische Törtchen, Mandelplätzchen, Schokolade, Liköre u. v. m. So nachmittags und Di geschlossen. Via dei Mercanti 75, ☎ 089-227825, www. dolceriapantaleone.it.

Der Poseidontempel ist das Wahrzeichen von Paestum

Ausflug nach Paestum   Scavi di Paestum

Wie ein Fanal ragen die dorischen Monumentaltempel aus der Piana di Sele. Nach dem Besuch der unbedingt sehenswerten Ausgrabungszone lockt die Mittagspause mit frischem Mozzarella auf einer Büffelfarm.

Als Mitte des 18. Jh. die Bourbonen eine Fahrstraße durch die Schwemmlandebene nach Süden trieben, stießen die Baumeister – wie so häufig – auf antikes Material. Die durch die zuvor erfolgte Entdeckung von Pompeji sowie Herculaneum ohnehin sensibilisierte europäische Öffentlichkeit witterte eine archäologische Sensation und verschob das Endziel der klassischen Grand Tour umgehend nach Süden – jenseits der Mündung des Flusses Sele. Johann J. Winckelmann besuchte Paestum schon 1758 und ließ sich hernach in den „Anmerkungen über die Baukunst der Alten" überaus lobend über die ästhetische Formensprache der drei griechischen Monumentaltempel aus. Sie gehören zu den besterhaltenen antiken Sakralbauten Italiens! Goethe suchte Paestum während seiner Italienischen Reise im März 1787 auf und erwähnte schmallippig die „kärgliche Landwirtschaft" in der Umgebung. Johann Gottfried Seume war ebenfalls nicht amüsiert, allerdings aus anderen Gründen. Anno 1802 vermisste er die Rosen, deren Ruhm ebenso über den Alpenkamm gedrungen war, wie die baulich-architektonischen Gardemaße der Tempel. Heute blühen die Rosen vereinzelt wieder, und wo sich zu Goethes Zeiten der sandige Boden in der Tat wenig für Agrarwirtschaft eignete, sieht es heute ganz anders aus: An den nahen Hängen des Monte Soprano gedeihen

Reben, aus denen schmackhafter Fiano (weiß) oder Aglianico (rot) gekeltert werden; und rund um das Ruinenareal locken Mozzarellafarmen nach der Besichtigung zur Einkehr. Die ursprünglich aus Asien stammenden Wasserbüffel finden in der Ebene des Sele (*Piana del Sele)* extrem günstige Bedingungen vor. Das wichtigste Produkt – der handtellergroße Frischkäse – hat längst die Kühlregale der Supermärkte nördlich der Alpen erobert, derweil die EU dem kulinarischen Flaggschiff der Region das Herkunftsschutzsiegel verlieh (→ Essen & Trinken, S. 362).

Wenn beim Spaziergang auf der verkehrsberuhigten Via Magna Grecia die Tempel plötzlich ins Sichtfeld rücken, ist das ein ziemlich erhebender Anblick. Im Vergleich zu Pompeji geht es auf dem Ausgrabungsareal beschaulich zu. Wenn nicht gerade Schulklassen unterwegs sind, haben die wenigen Besucher die Schätze der Antike weitgehend für sich. Allenfalls würde man den eingangs auf Kundschaft wartenden Fremdenführern ein wenig mehr Auftrieb wünschen. Eine Flasche Trinkwasser und die Kopfbedeckung sollten auf dem schattenlosen Gelände stets mit dabei sein! Im Anschluss an die Besichtigung des Freigeländes empfiehlt sich noch der Besuch des Archäologischen Museums, das mit dem gleichen Kombiticket zugänglich ist. Ganz besonders der lukanischen Grabplatten wegen, deren künstlerische Ausdruckskraft ihresgleichen sucht. 2007 wurden einige Exponate im Rahmen einer Ausstellung in Hamburg und Berlin gezeigt. Auch die frühchristliche Basilika neben dem Museum lohnt eine Stippvisite. Für die übrigen Attraktionen in der Umgebung benötigen Besucher ein Auto; sie liegen bereits im Einzugsbereich des **Cilento-Nationalparks** *(Parco Nazionale Cilento e Vallo di Diano)* und werden ausführlich im Reisehandbuch „Cilento" beschrieben.

Geschichte

Griechische Kolonisten aus der mächtigen Stadt Sybaris am Golf von Tarent gründeten Ende des 7. Jh. v. Chr. am Golf von Salerno eine Ablegersiedlung und tauften sie nach dem Gott des Meeres *Poseidonia*. Mit den Etruskern, die nördlich des Sele siedelten, trieben die Bürger Handel und tauschten Öl, Wein und Getreide gegen Eisen. Am Ende des 5. Jh. ergriffen peu à peu die Lukanier (der altitalische Stamm siedelte im Hinterland der Apenninen) die Macht. Der solide Mauerwall, der noch heute das Gelände weiträumig umschließt, ist ein Werk aus der lukanischen Periode. 273 v. Chr. errichtete Rom in *Paistom*, wie die Lukanier ihre Stadt nannten, eine Colonia, die in der Folge gute Beziehungen zur Stadt am Tiber pflegte. Das erste nachchristliche Jahrhundert, das für Pompeji und Herculaneum jeweils das hinlänglich bekannte katastrophale Ende brachte, führte in Paestum eher zu einem schleichenden Verfall: Die Eröffnung der Via Appia verlagerte die Handelsströme vom Tyrrhenischen Meer auf die andere Seite zur Adria; ganz allmählich verschob sich die Küstenlinie nach Westen und die Häfen versandeten; schließlich und endlich erwies sich die Schwemmlandebene des Flusses Sele als klimatisch wenig zuträglich – immer wieder machte den Menschen die Malaria zu schaffen. Schließlich verließen die Bewohner die Stadt am Meer und gründeten oben in den Bergen neue Siedlungen. Erst die Entdeckung der Tempel in der Neuzeit verlagerte die zivilisatorischen Gewichte wieder in die Ebene. Während des Zweiten Weltkriegs landeten die Alliierten bei Paestum und drängten in der Folge die deutsche Wehrmacht zurück nach Norden. Im Zuge der *Operation Avalanche* entdeckte man im Übrigen bei Paestum Gräber noch älteren Datums: Weil für die zutage geförderten

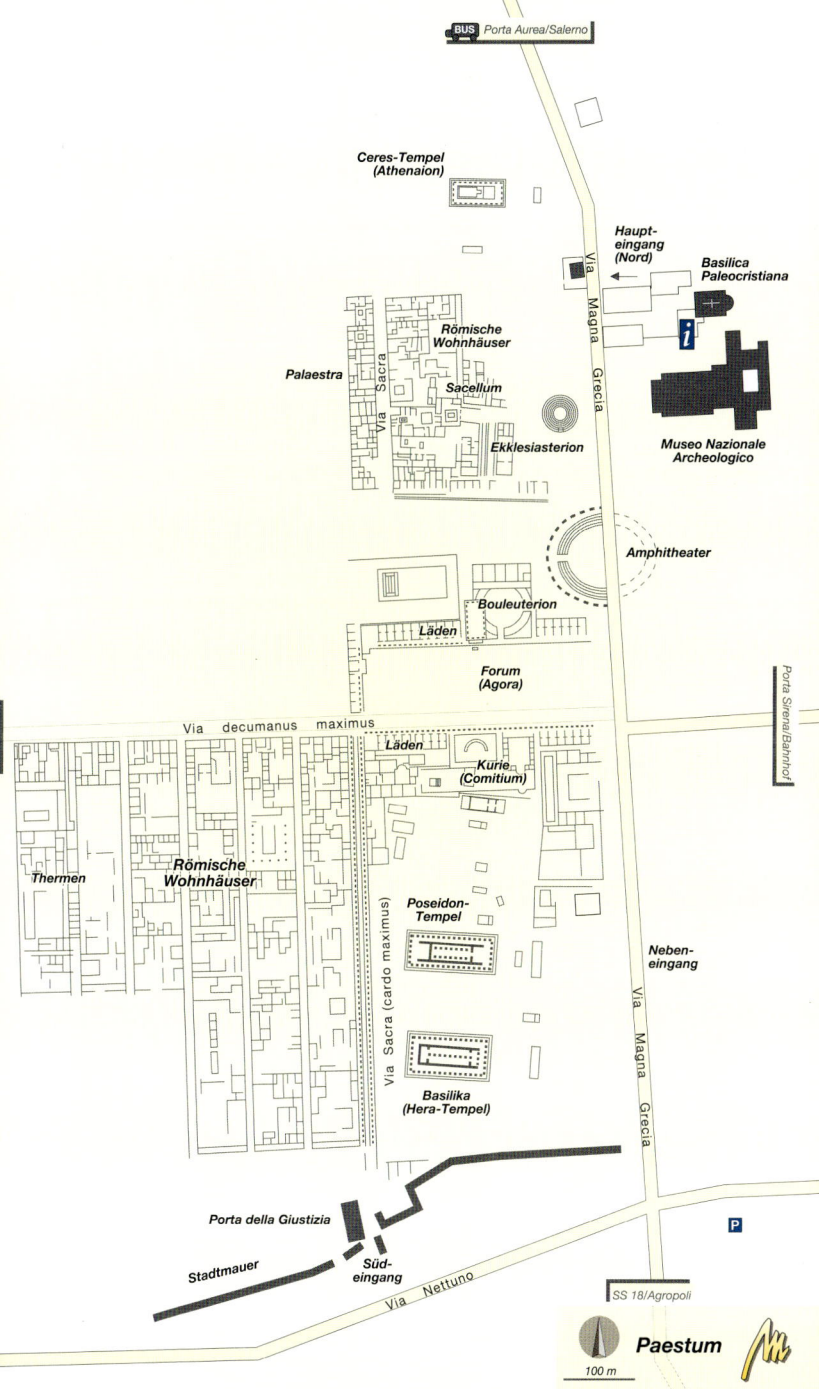

BUS Porta Aurea/Salerno

Ceres-Tempel
(Athenaion)

Haupt-
eingang
(Nord)

Basilica
Paleocristiana

Römische
Wohnhäuser

Palaestra

Via Sacra

Sacellum

Museo Nazionale
Archeologico

Ekklesiasterion

Amphitheater

Bouleuterion

Läden

Porta Sirena/Bahnhof

Forum
(Agora)

Via   decumanus   maximus

Läden

Kurie
(Comitium)

Thermen

Römische
Wohnhäuser

Via Sacra (cardo maximus)

Poseidon-
Tempel

Neben-
eingang

Basilika
(Hera-Tempel)

Via Magna Grecia

Porta della Giustizia

Stadtmauer

Süd-
eingang

Via   Nettuno

P

SS 18/Agropoli

Paestum

100 m

Artefakte ein griffiger Name gefunden werden musste, nannte man die vorgriechische Kultur – nach dem Ort der Entdeckung – Gaudo-Kultur.

Sehenswertes

Scavi di Paestum: Die mit 4750 m beträchtliche Länge der lukanischen Stadtmauer lässt erahnen, wie groß die Ausdehnung der antiken Stadt gewesen ist. Bis heute wurde lediglich ein kleiner Teil freigelegt. Der Zugang erfolgte durch vier Stadttore, die streng nach den Himmelsrichtungen ausgerichtet waren. Als Einziges ist das Nordtor, die Porta Aurea, nicht mehr erhalten, sie fiel im 18. Jh. dem Straßenbau der Bourbonen zum Opfer. Bei der fraglichen Straße handelt es sich um die autofreie Via Magna Grecia, auf der die meisten Besucher auf dem Weg zur Eingangskasse – vorbei an zahlreichen Souvenirläden – entlanglaufen. Gut zu erkennen ist, wie die neuzeitliche Straßenschneise das antike **Amphitheater** in zwei Teile schneidet. Der sakrale Bezirk mit den drei dorischen Monumentaltempeln befindet sich westlich der Via Magna Grecia, zwei davon im Süden, der dritte am nördlichen Ende der Ausgrabungsstätte. Verbunden wurden sie durch die Via Sacra *(cardo maximus)* – die Parallelachse zur Via Magna Grecia. Üblicherweise markierte die **Agora** bzw. das **Forum** den Schnittpunkt der beiden wichtigsten Straßen – dem *cardo maximus* und dem *decumanus maximus*. Besuchern heute präsentiert sich das Grabungsgelände in etwa so, wie es zur römischen Zeit aussah.

Die mit Abstand wichtigsten Bauten sind die dorischen Monumentaltempel. Diese werden (von Norden nach Süden betrachtet) als Ceres-Tempel, Poseidon-Tempel und als Basilika bezeichnet. Bei den Zuschreibungen handelt es sich um praktische Konventionen der Archäologen, das heißt, sie gründen auf Vermutungen, nicht auf gesicher-

ten Erkenntnissen. Man weiß es schlicht nicht, welchem Gott wo gehuldigt wurde. Vielleicht waren es auch nicht ein Gott, sondern mehrere Gottheiten, die in einem Tempel verehrt wurden. Beim **Ceres-Tempel** vermutet man z. B., dass er der Pallas Athene geweiht gewesen sein könnte. Sie gilt seit jeher als Schutzpatronin der Städte, ein Tempel ihr zu Ehren an prominenter Stelle wäre daher nicht allzu überraschend. Im Vergleich zu den beiden anderen Tempeln fallen am Sakralbau aus dem 6. Jh. v. Chr. die ungewöhnlich hohen Giebel sowie die geringe Bauchung der Säulen auf. Die hiesige christliche Gemeinde funktionierte in der Spätantike den heidnischen Tempel in ein frühchristliches Gotteshaus um.

Im Süden der Ausgrabungszone zieht der hervorragend erhaltene **Poseidon-Tempel** sofort die Blicke auf sich. Winckelmann sah eben hier die dorische Baukunst zur Perfektion erhoben; und nicht umsonst ziert eben dieses Bauwerk die allermeisten Postkarten und Buchdeckel. Viele Wissenschaftler folgen nicht der Ansicht, dass hier der Gott des Meeres verehrt wurde, sie vermuten indes eine Apollon-Kultstätte.

Wenige Schritte südlich des Wahrzeichens von Paestum befindet sich die **Basilika** bzw. der Tempel der Hera. Im Vergleich zu den anderen Sakralbauten wirkt der Kultbau ungewohnt archaisch, ungefügt sowie handwerklich beinahe roh wirken die schweren Glieder der Säulen. Für die Göttin Hera spricht die hohe Wertschätzung, die die Gattin des Zeus in Paestum genoss. Indirekt wird sie im Grunde noch heute verehrt, und zwar in Gestalt der Madonna mit dem Granatapfel *(Madonna del Granato)*. Diese wird noch heute in der weithin sichtbaren Wallfahrtskirche oberhalb der Ruinen verehrt, wobei der Granatapfel als Symbol der Fruchtbarkeit in der Antike ein Attribut der Hera war!

▪ Tägl. 8.30 Uhr bis 1 Std. vor Sonnenuntergang. Dez. bis Febr. 6 €, erm. 2 €, März bis Nov.

12 €, erm. 2 € (jeweils Kombiticket mit Museum). Via Magna Grecia 919, www.museo paestum.beniculturali.it.

Museo Archeologico Nazionale: Die erstaunlich große Dauerausstellung zeigt die wichtigsten Funde der antiken Stadt und der Umgebung, u. a. die sehenswerten Metopen (Schmuck im Fries der dorischen Tempel) vom Hera-Tempel, der einst an der Mündung des Sele stand und die Grenze zwischen griechischem und etruskischem Hoheitsgebiet markierte. Eine weitere Attraktion sind die griechischen Grabplatten aus den Nekropolen außerhalb der Stadt. Die Bemalung der Platteninnenseiten ist von außergewöhnlicher Schönheit, was exemplarisch am Grab des heimkehrenden Ritters erkennbar ist. Bekannter noch ist das **Grab des Tauchers** (480–470 v. Chr.). Eine Wand zeigt ein lukullisches Gastmahl *(symposion)*, was nach jüngster Forschungsspekulation auf dionysische Kulte schließen lässt, die in jener Zeit am Golf von Salerno populär wurden. Eine weitere Skizze ist noch rätselhafter und illustriert einen Sprung von einem Turm ins Wasser. An diesem Turmspringer *(tuffatore)* ringen Gelehrte bis heute um eine schlüssige Interpretation: Eine Metapher für den Übergang vom Diesseits ins Jenseits? Oder war der Bestattete (vermutlich ein Fan der etruskischen Malerei) schlicht ein Leistungssportler? Wie auch immer, zahlreiche Souvenirläden an der Via Magna Grecia vertreiben die Replik des Springers heute an kulturinteressierte Besucher (→ Foto unten).

▪ Tägl. außer Mo 8.30–19.30 Uhr. Dez. bis Febr. 6 €, erm. 2 €, März bis Nov. 12 €, erm. 2 € (jeweils Kombiticket mit Tempelgelände), Audioguide (dt.) 5 €. Via Magna Grecia 919, www.museopaestum.beniculturali.it.

Basilica Paleocristiana: Trotz der barocken Fassade handelt es sich um ein frühchristliches Gotteshaus aus dem 5. Jh. Samstags ist das Kirchlein regelmäßig Schauplatz glamouröser Hochzeiten, wobei vor oder nach dem feierlichen Ja-Wort noch vor der Kulisse des Poseidon-Tempels für das obligatorische Brautpaarfoto posiert wird. Umbauten in späteren Epochen wurden erst wieder bei Restaurierungsarbeiten

Der berühmte Springer ziert eine lukanische Grabplatte in Paestum

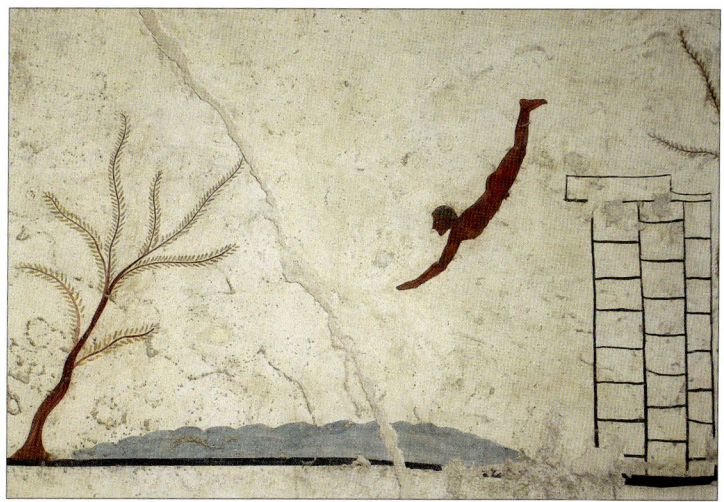

Die Amalfiküste → Karte S. 228/229

Kilometerlanger Sandstrand in Schlagdistanz zur Ausgrabungszone

im 20. Jh. rückgängig gemacht. Auf diese Weise legte man u. a. den originalen Steinfußboden wieder frei, auf dem heute die Säulen mit den korinthischen Kapitellen stehen.

Praktische Infos

Information Das **Infobüro** befindet sich neben der frühchristlichen Basilika. Tägl. 9–13 und 16–18.30 Uhr. Via Magna Grecia 887 (Piazza Basilica), ✆ 0828-811016, www.infopaestum.it.

Anfahrt/Verbindungen Pkw. Autobahnabfahrt „Battipaglia" und dann die SS 18 Richtung Sapri. Alternativ von Salerno auf der Küstenstraße (SP 175). Gebührenpflichtige Parkplätze am Südeingang nahe der Porta della Giustizia.

Wohnmobile. Stellplätze (auch über Nacht) in der Fattoria del Casaro (➔ Einkaufen) und am Meer neben dem Hotel Mandetta im Ortsteil Licinella-Torre (➔ Übernachten/Essen & Trinken).

Bahn. Regelmäßige Verbindungen mit dem Regionalzug von Salerno, seltener von Neapel. Fahrtzeit von Salerno ca. 30 Min., von Neapel 1:15 Std.

Bus. Öffentliche Busse von Salerno fahren häufiger als die Bahn, benötigen allerdings etwas länger (1:15 Std.). Abfahrt in Salerno an der Piazza della Concordia (➔ S. 285). Ankunft bzw. Abfahrt in Paestum am Nordzugang zur Ausgrabungsstätte in der Nähe der Porta Aurea.

Baden Der Sandstrand erstreckt sich von Licinella-Torre bis Capaccio-Laura, wobei der Strand in **Laura** hinsichtlich Sauberkeit und Infrastruktur den besseren Eindruck vermittelt. Ein eigener fahrbarer Untersatz ist hier von Vorteil!

Einkaufen Fattoria del Casaro. Die Büffelfarm liegt praktischerweise in Gehentfernung zur Porta della Giustizia und ist für die Mittagspause ein exzellenter Einkehrtipp. Schöne Sitzplätze auf der Veranda, kalte Platten u. a. mit Mozzarella und Büffelschinken ab 8 €. Auch Verkauf ab Hof. Mo–Sa 10–16 Uhr. Via Licinella 5, ✆ 0828-722704.

Tenuta Vanullo. Der Vorzeigebetrieb unter den Mozzarella-Farmen ist mit dem Pkw von der SS 118 erreichbar. Produktion nach biologischen Kriterien, die Kühe werden sogar homöopathisch behandelt! Führungen nach Voranmeldung für Gruppen, Verkauf von Büffelmilch- und Büffellederprodukten. Mo–Fr 10–17, Sa bis 14 Uhr, im Sommer auch am So. Via Galileo Galilei 101 (Weg ist ausgeschildert), ✆ 0828-727894, www.vannulo.it.

Wochenmarkt. In Capaccio-Scalo, Via Parri. So vormittags.

Veranstaltungen Festa della Madonna del Granato. Am Pilgerfest zu *ferragosto* steht die Madonna mit dem Granatapfel (→ S. 290) im Zentrum der Aufmerksamkeit. 15. Aug.

Paestum Scavi. In der Ausgrabungszone finden den regelmäßig Kulturveranstaltungen statt, die auf der offiziellen Homepage publiziert werden. Anfang Juni bis Aug. (www.museo paestum.beniculturali.it/eventi).

Übernachten/Essen Während sich einige der nachfolgend genannten Adressen in fußläufiger Entfernung zur Ausgrabungsstätte befinden, benötigt man für andere ein eigenes Auto. Ein Tipp ist die Mittagseinkehr in einer Mozzarella-Farm (→ Einkaufen).

**** Oleandri Resort. Hochwertiges Hotel in Strandnähe, nur ein Pinienwaldstreifen und die Küstenstraße trennen das Logis vom Meer. Familiengeführt, gutes Ristorante, großzügiger Oleandergarten, Pool, kinderfreundlich. Mitte April bis Okt. geöffnet. DZ ab 100 €. Via Poseidon 177, ☏ 0828-851876, www.oleandriresort.com.

*** Villa Rita. Grundsolides Mittelklassehotel in fußläufiger Entfernung zur Ausgrabungsstätte. Pool und ruhige Landhausatmosphäre. Stilvolles, gepflegtes Innenleben, gutes Restaurant (nur zur Reservierung am Abend, Menü um 20 €). März bis Anfang Nov. geöffnet. DZ ab 90 €. Via Nettuno 9, ☏ 0828-811081, www.hotelvillarita.it.

*** Hotel Mandetta. Gut geführtes Hotel am Strand, empfehlenswertes Restaurant (Mo Ruhetag), 20 nicht mehr allzu taufrisch eingerichtete Zimmer, nach vorne mit Balkon und Meerblick. Hotelparkplatz, nebenan ist eine Parzelle für Wohnmobile. In den Wintermonaten geschlossen. DZ ab 60 €. Juni bis Aug. pensionspflichtig. Via Torre di Mare 30, ☏ 0828-811118, www.mandetta.it.

meinTipp **Masseria Feudo.** Freundlicher Agriturismo in der ländlichen Peripherie, ohne Pkw geht hier nichts! Inhaberpaar spricht Deutsch, ruhige Lage, die netteren Zimmer schauen nach vorne raus, teils mit Balkon/Veranda. Hochwertiges Restaurant (abends nur nach Voranmeldung, Menü um 25 €). DZ ab 66 €. Via Feudo 18 (von der SS 18 auf die SP 166 nach Roccadaspide, danach auf Hinweisschilder achten), ☏ 0828-814028, www.masseriafeudo.it.

Camping Villaggio dei Pini. Der kleine, familiengeführte Zeltplatz im Ortsteil Torre liegt wenige Schritte vom Meer entfernt. Der Inhaber spricht Deutsch. Restaurant mit einfacher Hausmannskost, auch Pizza. Vermietung von Bungalows. Ganzjährig geöffnet. 2 Pers. mit Zelt ab 23 €. Via Torre di Paestum, ☏ 0828-811030, www.campingvillaggiodeipini.com.

Nettuno. Speisen mit Stil und fast auf Gourmetniveau im Schatten des Poseidon-Tempels. Aufgeräumtes Landhaus mit gepflegtem Garten an der Mauer, gesamtitalienische Küche, auch Fisch, verwendet werden viele Zutaten aus der Region. Menü ab 30 €. So abends und Mo geschlossen. Via Nettuno 2 (Porta d. Giustizia), ☏ 0828-811028, www.ristorante nettuno.com.

Bottega del Gusto/Bar Anna. Leicht erreichbare Mittagseinkehr an der Via Magna Grecia. Verkostung lokaler Produkte (u. a. Büffelmozzarella), Kaffeepause, hochwertige Käse- und Wurstplatten, appetitlich dekoriert, um 10–15 €. Auch Verkaufsstelle von *prodotti tipici*. Tägl. mittags und abends geöffnet. Via Magna Grecia 847, ☏ 333-4084898.

Blick über die Ausgrabungsstätte

Ausflüge ins kampa-
nische Hinterland

Benevento und Capua waren wichtige Römerstädte und sind gespickt mit Attraktionen aus der Antike. Meistbesuchtes Ziel ist das Königsschloss von Caserta, wegen seiner Pracht- fülle auch „Versailles des Südens" genannt. Liebhaber guten Weins zieht es hingegen in die Provinz Avellino.

Die geschichtlich bedeutenden Städtedestinationen im Hinterland waren in der Antike wichtige Etappenstationen an der Via Appia. Die „Königin der Römerstraßen" verband Rom mit den Adriahäfen.

Im Vergleich zur Küste und zu den Inseln trifft man im kampanischen Hinterland nur selten auf andere Rei- sende. Das verwundert insgesamt we- nig, denn manches Gebiet ist von Na- turkatastrophen wie Erdbeben gezeich- net (die Provinzen Avellino und Bene- vento). Andere Gegenden wiederum kämpfen mit chronisch schlechter Wirtschaftslage oder befinden sich im Würgegriff der Camorra (Provinz Ca- serta). In den großen Provinzhaupt- städten prägen außerdem gesichtslose Neubauten den ästhetisch-atmosphäri- schen Ersteindruck. Reisen ins Hinter- land sind auch deshalb ein wenig kom- plizierter als an der Küste, weil man vielerorts auf Fremdenverkehr nicht eingestellt ist. Zu den Ausnahmen zählt Caserta mit dem Königsschloss der Bourbonen. Das „Versailles des Sü- dens" gehört zu den populärsten Desti- nationen Süditaliens. Auch pittoreske Bergdörfer wie Casertavecchia und Pie- trelcina können sich über mangelnden Zuspruch kaum beklagen. Pures Land- leben erlebt man indes auf einer Rund- reise durch die Provinz Avellino: Ein häufiger aufgesuchtes Ziel ist die Win- zerhochburg Taurasi. Kenner reisen zu den alteingesessenen Weingütern und bezahlen für die mit Sorgfalt gekelter- ten Rotweine Höchstpreise! Klassisches Bauernland ist auch die Provinz Bene- vento. Bekanntestes kulinarisches Schmankerl ist hier, neben Wein, Käse und Pasta, der berühmte Hexenlikör.

Zu den Vorzügen des kampanischen Hinterlands zählen außerdem das mo- derate Preisniveau und die authenti- sche Gastfreundschaft der Menschen. Das landschaftliche Bild ändert sich, je

weiter sich Reisende von der Golfküste entfernen: An den Großraum Neapel schließt sich eine weitläufige Schwemmlandebene an, die am Städtegürtel nördlich und südlich von Caserta vom Hügel- und Bergland der Apenninen abgelöst wird. Während Caserta, Capua und Santa Maria di Capua Vetere noch in der Ebene liegen, befinden sich die Provinzhauptstädte Benevento und Avellino bereits im Einzugsbereich der Apenninen. Gleiches gilt für die Bergdörfer Pietrelcina und Casertavecchia.

Wie hinkommen?

Die Provinzhauptstädte im Hinterland lassen sich unkompliziert mit der Bahn erreichen; bester Ausgangspunkt ist die Stadt Neapel. Die Königsschloss in Caserta ist außerdem durch Shuttlebusse mit der Hauptstadt von Kampanien verbunden. Wer in die Weinbauregionen reist oder die Bergdörfer in den Apenninen abklappert, ist mit dem eigenen fahrbaren Untersatz gut beraten. Zwischenübernachtungen bieten sich u. a. in Caserta und Benevento an.

Was anschauen?

Reggia di Caserta: Das Königsschloss der Bourbonen am Stadtrand von Caserta ist eine der meistfrequentierten Destinationen im kampanischen Hinterland. Nicht nur die Residenz, auch der Park besitzt titanische Ausmaße. Seltener besucht wird das ehemalige Jagdschloss der Bourbonen oberhalb von Caserta. → **S. 298 ff.**

Trajansbogen in Benevento: Die Provinzhauptstadt im Hinterland lag in der Antike am Kreuzungspunkt wichtiger römischer Handels- und Heerstraßen. Wichtigstes Relikt aus der römischen Epoche ist der Triumphbogen aus Marmor für Kaiser Trajan im Stadtzentrum. → **S. 311 f.**

Komplex Santa Sofia in Benevento: Nach dem Untergang des weströmischen Reichs blieb Benevento ein bedeutendes politisches Zentrum. Grandios sind die Relikte aus langobardischer Zeit. Der Komplex Santa Sofia vereint eine sehenswerte Kirche, einen wunderbaren Kreuzgang und ein archäologisches Museum mit Exponaten von der Antike bis zum Mittelalter. → **S. 312**

Anfiteatro Campano in Santa Maria Capua Vetere: Das nach Rom größte Kolosseum Italiens zeigt die große Bedeutung der Stadt in der römischen Antike. Die Gladiatorenschule nebenan war im 1. Jh. v. Chr. Ausgangspunkt des berühmten Spartacusaufstands. → **S. 306**

Abbazia di Sant'Angelo in Formis: Die Abtei vor den Toren von Capua beherbergt den besterhaltenen und schönsten romanischen Freskenzyklus Kampaniens. → **S. 306**

Museo Provinciale Campano: Das archäologische Museum in Capua beherbergt eine Fülle von Objekten von der Antike bis zum Mittelalter. → **S. 305**

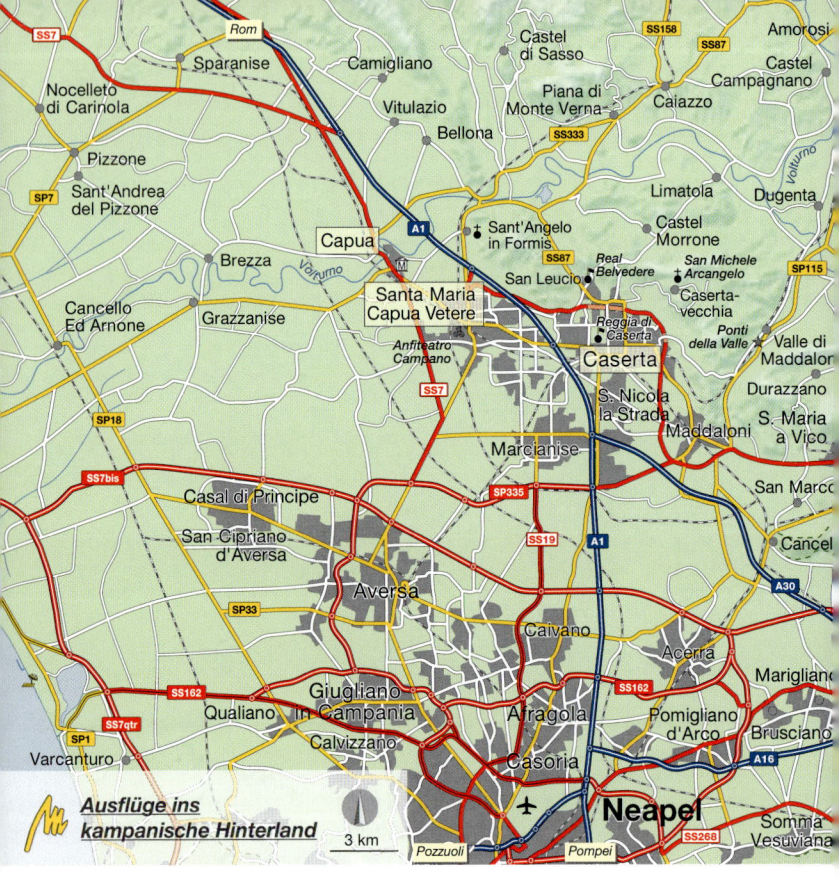

Caserta

Das Königsschloss der Bourbonen zählt zu den wichtigsten Attraktionen im Hinterland von Kampanien. Seit 1997 steht die Reggia di Caserta auf der Weltkulturerbeliste der UNESCO. In der Umgebung der Provinzhauptstadt befinden sich weitere interessante Sehenswürdigkeiten.

Die Hauptstadt der gleichnamigen Provinz liegt ca. 40 km nördlich von Neapel am Übergang der dicht besiedelten Ebene zum kargen Bergland der Apenninen. Der Schwemmsand der Ebene ist ein ideales Habitat für den Wasserbüffel, weshalb sich zahlreiche Landgüter in der Stadtumgebung auf die Herstellung von Büffelmozzarella (*Mozzarella di Bufala*) konzentriert haben. Einer Quelle zufolge soll der Mozzarella sogar hier im 15. Jh. erfunden worden sein, als Mönche Besuchern einer religiösen Prozession erstmals die handtellergroße weiße Käsekugel reichten. Der Dioxinskandal 2008

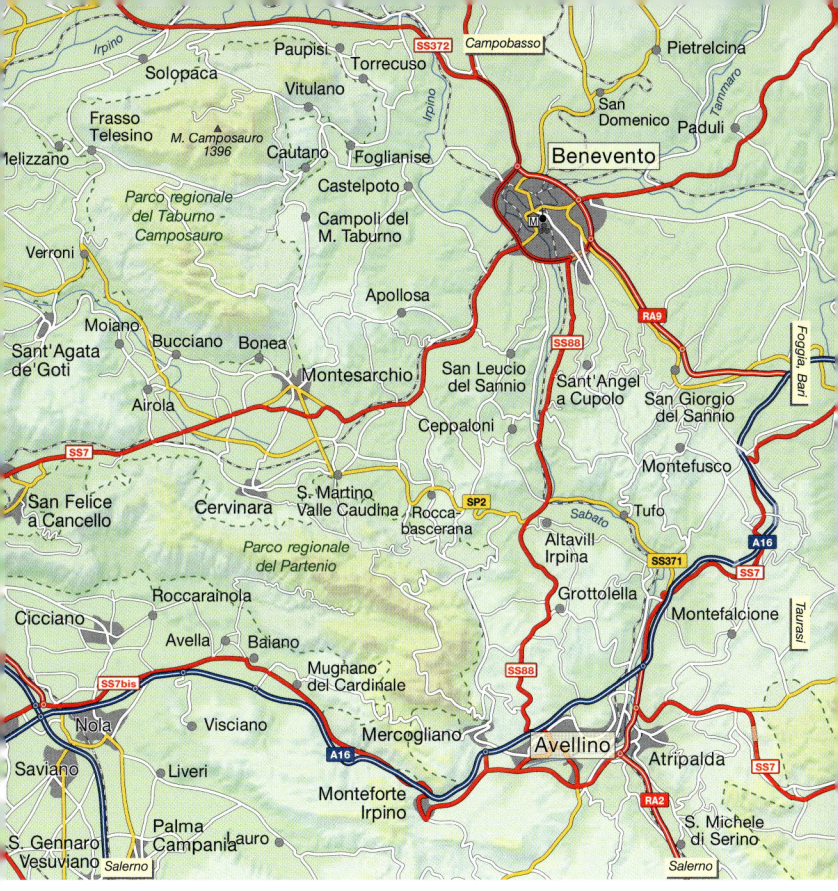

wurde weltweit aufmerksam verfolgt und bedeutete für die Landwirte der Region einen herben Rückschlag. Vergiftete Böden, verursacht u. a. durch illegale Müllentsorgungen der Camorra (→ S. 342 f.), führten zu einem ökologischen und ökonomischen Desaster. Inzwischen ist die Krise längst überwunden, und handgezupfter Frischkäse aus Caserta erfreut sich wieder eines guten Rufs.

Das berühmte Käseprodukt ist allerdings nicht der Grund, warum die Stadt Caserta das beliebteste Tagesausflugsziel im Hinterland des Golfs von Neapel ist. Reisende steuern zumeist vom Bahnhof ohne Umschweife den barocken Königspalast (*Reggia di Caserta*)

an. Mit ihren über 1200 Räumen ist die beeindruckende Bourbonenresidenz eines der größten Schlösser Europas. Die repräsentative Fassade des von außen kompakt wirkenden Baukörpers hat eine Länge von 247 m und eine Höhe von 42 m. Sie blickt nach Süden auf die Golfmetropole Neapel, während sich die Berge im Rücken des Schlosses befinden. Die verschiedenen Gebäudeflügel gruppieren sich um vier regelmäßig angeordnete, rechteckige und verhältnismäßig schmucklose Innenhöfe. Im Gegensatz dazu ist die pure Pracht der Innenräume in der Beletage für manche Betrachter fast schon des Guten zu viel! In der Tat wollte der Auftraggeber, König Karl VII. von Bourbon, mit diesem Bau seinem Königreich beider Sizilien ein Denkmal setzen, das an den Fürstenhöfen Europas Anerkennung finden sollte. Seine vom Zeitgeist des Absolutismus gefärbten Vorstellungen einer Residenz als Mittelpunkt des politischen und gesellschaftlichen Lebens waren 1751 Ausgangspunkt für die Planungen des federführenden Architekten Luigi Vanvitelli. Heute ist das Schloss eine UNESCO-Welterbestätte und zählt ca. 1,5 Mio. Besucher pro Jahr. Es wird häufig auch als „Versailles des Südens" bezeichnet.

Luigi Vanvitelli war ebenfalls federführend an der Gestaltung des Schlossparks beteiligt. Mit einer Fläche von 120 ha verfügt auch die Parkanlage über eine beeindruckende Ausdehnung. Es gibt sogar einen öffentlichen Bus, der am Nordausgang der Reggia startet und die Besucher bis zum entlegenen jenseitigen Ende bringt. Spannender ist die Spazierfahrt mit der Pferdekutsche oder auf dem Drahtesel, den es im Schloss zu mieten gibt. Oberhalb des Parks liegt auf einer natürlichen Geländestufe der Ortsteil San Leucio mit einem barocken Jagdschloss und den Relikten der ehemaligen königlichen Seidenmanufaktur (→ Kasten unten). Vom Belvedere fällt der Blick auf den Park und das Schloss, bei klarer Sicht ist in der Ferne sogar Capri erkennbar. Einen noch umfassenderen Rundblick genießt man vom abgelegenen Bergdorf Casertavecchia. Das „alte Caserta" entpuppt sich als echte Überraschung – mit einem gepflegten Ortskern und einer romanischen Kathedrale im Zentrum.

Sehenswertes

Reggia di Caserta (Königsschloss): Die verschwenderisch mit kostbaren Gobelins, Möbeln und Seide aus San Leucio (→ Kasten unten) ausgestatteten Prunkräume befinden sich im 1. Obergeschoss, das über ein monumentales Treppenhaus zugänglich ist. Den oberen Abschluss des Aufgangs bildet ein lichterfülltes Vestibül mit achteckigem Grundriss. Von hier gelangt man zunächst in die 1784 eingeweihte und reich mit Marmor und Stuckarbeiten

Eine real existierende Utopie: Seidenstoffe aus Caserta

Seide aus Caserta war ehedem ein Exportschlager. Den Beginn markierte ein tragisches Ereignis, als 1778 der junge Thronfolger der Bourbonen bei einem Jagdunfall in den Bergen oberhalb von Caserta starb. Der untröstliche König Ferdinand IV. gründete danach in unmittelbarer Nachbarschaft zum Jagdschloss Belvedere in San Leucio ein Armenhospiz und eine Seidenmanufaktur, um das mittellose Landvolk in Lohn und Brot zu bringen. Der Regent sorgte sogar für diverse Sozialleistungen wie Schule, Altersruhegeld und medizinische Versorgung im Krankheitsfall. Ferdinand, der die weltlichen Angelegenheiten normalerweise den Ministern und seiner Ehegattin überließ, engagierte sich zum großen Erstaunen der Zeitgenossen über alle Maßen für sein Projekt und machte den Manufakturbetrieb zum Leuchtturm der Industrialisierung Kampaniens. Seide aus Caserta wurde in viele Herren Länder exportiert. Noch heute schmückt sie nicht nur diverse Räume im Vatikan und im Quirinalspalast zu Rom, sondern auch das Oval Office in Washington. In Anlehnung an frühneuzeitliche Stadtutopien taufte man die königliche Kolonie Ferdinandopoli.

Mächtiges Prunktreppenhaus in der Reggia di Caserta

versehen **Schlosskapelle.** Das Altarbild in der Apsis stammt vom neapolitanischen Barockmaler Giuseppe Bonito und stellt die unbefleckte Empfängnis dar. Ein weiterer Zugang führt vom Vestibül in die fünf **Vorzimmer,** die die Ouvertüre zu den Privat- und Repräsentationsräumen bilden. Am bedeutendsten ist das dritte Vorzimmer mit einem leuchtenden Deckenfresko, das die Vermählung Alexanders des Großen mit der sogdischen Prinzessin Roxane illustriert. Am Ende der Vorzimmerphalanx gelangen Besucher in den **Thronsaal,** der prächtig mit Gold, Malereien und Skulpturen geschmückt ist. Mit einer Länge von 36 m und einer Breite von über 13 m ist er auch der größte Raum der Beletage. Aus unterschiedlichen Gründen wurde der Thronsaal erst 1845 vollendet. Von hier gelangt man einerseits in die Repräsentations- und Privatgemächer der Bourbonen, die im 18. Jh. vollendet wurden, sowie auf der anderen Seite in die Räumlichkeiten aus dem 19. Jh., die u. a. von Joachim Murat bewohnt wurden. Außerdem führt der Rundgang in die **Pinakothek** u. a. mit Gemälden des bourbonischen Hofmalers Jakob Philipp Hackert. Diverse Auftragsarbeiten zeigen Hafenszenen aus dem Königreich beider Sizilien und porträtieren Herrscher auf dem neapolitanischen Thron.

▪ Tägl. außer Di 8.30–19.30 Uhr (letzter Einlass 18.45 Uhr). 10 €, erm. 2 € (Schloss), 14 €, erm. 2 € (Schloss und Park). Eine Online-Buchung ist möglich. Audioguide (dt.) 5 €. Im Schloss befindet sich ein **Café** mit **Selbstbedienungsbistro.** Viale Douhet 2a, www.reggiadicaserta. beniculturali.it.

Schlosspark: Der 120 ha große Park zählt zu den großartigsten Landschaftsgärten Italiens und beruht auf Entwürfen Luigi Vanvitellis, dem kongenialen Architekten der Reggia di Caserta. Die zentrale Allee endet an einem Wasserfall am jenseitigen Ende des Parks. Aus Ermangelung einer Quelle musste das Wasser eigens aus dem 25 km Luftlinie entfernten Taburno-Camposauro-Waldgebiet hergeleitet werden – eine ingenieurtechnische Meisterleistung! Der monumentale, 60 m hohe und über 500 m lange **Aquädukt Ponti della Valle** (→ Foto S. 300) in Valle di Maddaloni ist ein beeindruckendes Überbleibsel der Wasserleitung. Zu den Attraktionen des Schlossparks zählen der Nachbau der Miniaturfestung Castelluccia im sog. Alten Wald sowie die sechs Brunnen mit ihrem üppigen spätbarocken Skulpturenschmuck. Am obersten Brunnenensemble illustrieren Figuren, wie die Göttin Diana den Jäger Aktaion in einen Hirsch verwandelt, nachdem er sie versehentlich beim Bad überrascht hatte. Zu allem Überfluss wird der Ärmste anschließend von Hunden zerfleischt. In der Nähe des Brunnens befindet sich der Zugang zum **englischen Landschaftsgarten,** dessen Herzstück ein kreisförmig angelegtes Nymphäum ist. Die Nischen in der Wand zieren antike Skulpturen aus der Sammlung Farnese (→ S. 57 f.).

■ Der Schlosspark ist von der Reggia zugänglich und schließt am Nachmittag früher. Letzter Einlass: Nov. bis Febr. 14.30 Uhr, März 16 Uhr, April bis Sept. 18 Uhr, Okt. 16.30 Uhr. 9 €, erm. 2 € (nur Park). Bus, Pferdekutsche sowie 7-Gang-City-Bikes kosten extra.

Außerhalb

Real Belvedere di San Leucio: Das ehemalige Jagdschloss der Bourbonen liegt auf einem Aussichtsbalkon oberhalb des Schlossparks von Caserta und ist nur mit dem eigenen fahrbaren Untersatz oder mit dem öffentlichen Bus erreichbar. Neben dem Schloss befinden sich die Überbleibsel der einstigen Seidenmanufaktur König Ferdinands IV., die er hier ins Leben rief (→ Kasten, S. 298). Zu besichtigen sind im Rahmen einer Führung die Schlossräume, u. a. der großformatige Innenpool der Königin Maria Carolina und der freskengeschmückte Speisesaal mit Darstellungen lukullisch-bacchantischer Genreszenen. Die Rekonstruktionen der Maschinen zur Herstellung von Seidengarnen und eine Handvoll Webstühle runden den Eindruck ab.

■ Führungen nach Voranmeldung. Im Sommer tägl. außer Di 9.30–18 Uhr (letzter Einlass 17 Uhr), Sa/So feste Führungstermine um 9.30, 10.45, 12, 15.30 und 17 Uhr; im Winter tägl. außer Di 9–18 Uhr (letzter Einlass 16.30 Uhr), Sa/So Führungstermine um 9.30, 10.45, 12, 15 und 16.30 Uhr. 6 €, erm. 3 €, der Guide erhält ein Trinkgeld. Mit dem Bus Nr. 106 vom Bahnhofsvorplatz, zusätzlich fährt 2-mal tägl. vom Bahnhof ein Shuttle (2,20 € hin und zurück). ✆ 800-411515 oder ✆ 0823-273151, www.sanleucio.it.

Dieser Aquädukt befindet sich in Ponte della Valle bei Caserta

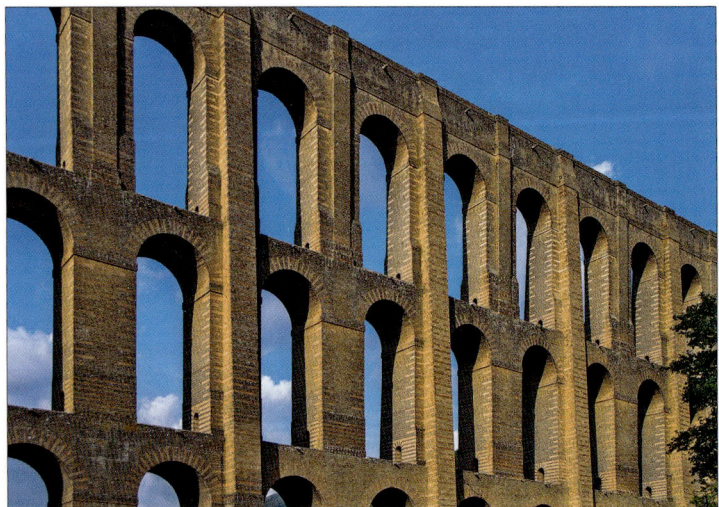

Casertavecchia: Das 400 m hoch gelegene Bergdorf ist von einer reichen
Geschichte durchdrungen. Bis zum Bau
des bourbonischen Königsschlosses befand sich das politische Zentrum von
Caserta in luftiger Höhe, und erst Mitte
des 19. Jh. kapitulierte der Bischof und
verlegte seinen Sitz hinunter in die
wachsende Neustadt. Sehenswert sind
u. a. die mittelalterlichen Gassen mit
den vorbildlich restaurierten Natur-
steinhäusern, die Reste des Kastells aus
langobardischer Zeit und der romanische **Duomo di San Michele Arcangelo.** Der Sakralbau aus grauem Tuff
sowie weißem Marmor wurde 1113 in
der normannischen Epoche begonnen
und vereinigt arabische, sizilianische
sowie apulische Stilelemente. Das
wertvollste Ausstattungsstück im Inneren ist die reich mit Intarsien versehene
Marmorkanzel aus dem frühen 13. Jh.

▪ Das Bergdorf ist über eine 10 km lange Straßenzufahrt erreichbar (ausgeschildert). Vom
Bahnhofsvorplatz fährt der Bus Nr. 103. Zusätzlich verkehrt 2-mal tägl. – ebenfalls vom Bhf. –
ein Shuttle (2,20 € hin und zurück).

Praktische Infos

Einwohner ca. 77.000 Einwohner

Information Das **Infobüro** befindet sich in
einem Kiosk zwischen dem Parkplatz „Reggia"
und dem Schloss. Tägl. 9–17 Uhr. ☎ 0823-
899492, www.eptcaserta.it.

Außerdem unterhält die Region Kampanien
einen **Infopoint** im Bahnhof. Mo–Fr 8.30–16,
Sa/So 9–15 Uhr. ☎ 0823-321137.

Anfahrt/Verbindungen Pkw. Caserta liegt
an der Autobahn A 1 von Neapel nach Rom
(Ausfahrt „Caserta Nord"). Unter dem Vorplatz
der Reggia befindet sich eine **Tiefgarage.** Ein
weiterer günstig gelegener Parkplatz neben dem
Schloss ist mit „Reggia" ausgeschildert (2 €/Std.).

Bahn. Regelmäßige Direktverbindungen mit
dem Regionalzug von Neapel, Benevento und Salerno. Vom Bahnhof sind es 5 Min. zum Schloss.

Bus. Die Bushaltestellen befinden sich vor
dem Bahnhof. Regelmäßige Verbindungen mit
dem CLP-Bus u. a. nach Capua, der Stadtbus 106 fährt nach San Leucio. Darüber hinaus
verkehren von Neapel Mo–Sa bequeme Shutt-

Antike Skulptur
im Englischen Garten

lebusse nach Caserta. Die Einzelfahrt kostet
3,40 €, ein Zwischenhalt ist am Flughafen (www.
casertanapoliexpress.it).

Taxi. ☎ 0823-322400, www.serviziotaxicaserta.it.

**Ärztliche Versorgung Azienda Ospeda-
liera.** Das Krankenhaus befindet sich im Zentrum von Caserta. Via Ferdinando Palasciano,
☎ 0823-1761547, www.ospedale.caserta.it.

Übernachten ** Villa Maria Cristina.**
Blitzsauberes Hotel auf der anderen Seite der
Bahntrasse und 10 Min. zu Fuß vom Bhf.
entfernt. 18 Zimmer ohne Balkon; Restaurant,
kleiner Hinterhofgarten mit Pool, ruhige Lage
am Ende einer Seitengasse. Hochzeiten am
Wochenende sorgen für Trubel! Eigene Hotel-
garage. DZ ab 100 €. Via G. A. Acquaviva 24,
☎ 0823-352538, www.villamariacristina.eu.

*** Hotel Amadeus. Das modernisierte Mittelklassehotel befindet sich in einem gepflegten Stadthaus aus dem 19. Jh., nur wenige
Schritte vom Schloss und vom Bahnhof entfernt. Garten nach hinten raus, 12 Einzel-,
Doppel- und Mehrbettzimmer in warmen Farbtönen geschmackvoll ausgestattet. Kein Restaurant, Parkmöglichkeit im Hof. DZ ab 70 €. Via
Giuseppe Verdi 72–76, ☎ 0823-352663, www.
hotelamadeuscaserta.it.

Ausflüge ins kampanische Hinterland ↓ Karte S. 296/297

B&B Conte Spencer. Privatquartier mit 3 Zimmern im Zentrum von Casertavecchia. Gefliese Fußböden, sachliche Einrichtung. Mittelalterliches Natursteinhaus wenige Meter vom Dom entfernt, keine Zufahrt mit dem Auto. DZ 70 €. Via San Michele Arcangelo 15, ☏ 0823-371009, www.contespencer.it.

Essen & Trinken Osteria La Scalinatella. Alteingesessenes Lokal (seit 1901) in bequemer Distanz zum Schloss und zum Bahnhof. Schmackhafte Landküche mit Niveau, auch Fischgerichte stehen auf der Karte. Rustikal eingedeckte Tische, gediegener Innenraum, keine Sitzplätze im Freien. Menü um 30 €. Mo Ruhetag. Via Fratelli Pagano 2 (Seitengasse der Via Roma), ☏ 0823-441850, http://la-scalinatella.thefork.rest.

Osteria La Medioevale. Freundlicher Familienbetrieb in einer Seitengasse im Zentrum von Casertavecchia, herzhafte *cucina casareccia* nach lokaltypischen Rezepten, wenige Tische in 2 gemütlichen Innenräumen. Menü um 20 €. Do Ruhetag. Via Federico II di Svevia 5, ☏ 0823-371410, www.osterialamedioevale.it.

Antica Hostaria Massa. Mehr Tradition geht schlechterdings nicht, denn das preisgekrönte Lokal in fußläufiger Entfernung zur Reggia existiert seit 1848! Traditionelle Küche mit Fisch- und Fleischgerichten, auch Pizza. Große Kapazitäten im zünftigen Gewölbe sowie im Hof. Traditionsmenü 35 €, Pizza ab 6 €. So abends geschlossen. Via Mazzini 55, ☏ 0828-456527, www.ristorantemassa.it.

MeinTipp **Trattoria Chichibio.** Familiäre Einkehr in der Nähe der Reggia. Frisch zubereitete Fisch- und Fleischgerichte, stilvolles Tafeln auf 2 Etagen mit nur wenigen Freiplätzen. Ruhige Lage in einer Seitengasse. Auch Vermietung von 2 Apartments. Fixmenü 25 €, leichtes Lunch 15 €, Essen à la carte etwas teurer. So abends und Mo geschlossen. Via Ferrante 4 (Piazzetta Sant'Elena), ☏ 0823-441784, www.chichibiocaserta.it.

🌿 **Tre Farine.** Das Bistro-Restaurant mit angeschlossenem Café befindet sich ebenfalls in der Nähe von Schloss und Bahnhof. Modern gestaltetes Interieur, Loungeatmosphäre auch im Garten nach hinten raus. Solide Landküche ohne kulinarische Höhenflüge, exakte Angaben für Vegetarier und Allergiker, Verwendung von Biogetreide. Preiswerte Mittagsmenüs um 12 €. Di Ruhetag. Via Cesare Battisti 46, ☏ 0823-442172, www.trefarine.it.

Capua und Santa Maria Capua Vetere

Capua war eine wichtige Etappenstation an der römischen Via Appia. Das grandiose Amphitheater beherbergte einst eine Gladiatorenschule, die Ausgangspunkt des berühmten Spartacusaufstands war. Heute sind die Zwillingsstädte von der chronischen Wirtschaftskrise sichtlich gebeutelt.

Die beiden Kleinstädte liegen nur wenige Kilometer westlich von Caserta und sind eine Pflichtstation für Reisende auf den Spuren der Römer. Nach Rom war Capua die bedeutendste Stadt im wachsenden Römischen Reich. 312 v. Chr. verband die **Via Appia** die kampanische Provinz mit dem Zentrum römischer Macht, bevor die „Königin der Römerstraßen" über Benevento nach Brindisi verlängert wurde. Am Übergang der Republik zur Kaiserzeit wurde Capua als „Beherrscherin der kampanischen Ebene" gepriesen, in der es sich besser als in Rom leben ließe. Einen ausgezeichneten Ruf genoss das Handwerk, zuvorderst die kunstfertige Herstellung von Geschirr aus Bronze. Auch die Parfümproduktion florierte, zudem machten lokale Töpfer mit ihrer rot- und schwarzfigurigen Vasenmalerei überregional auf sich aufmerksam. 73 v. Chr. war Capua darüber hinaus Ausgangspunkt des berühmten Spartacusaufstands, der zwei Jahre später mit der Niederlage des Sklavenheeres in

Einladende Piazza im Stadtzentrum von Capua

Ausflüge ins kampanische Hinterland → Karte S. 296/297

der Schlacht am Silarus blutig endete (→ Geschichte).

Abgesehen von der nicht unbeträchtlichen Anzahl an Sehenswürdigkeiten versinnbildlichen die heutigen Schwesterstädte Capua und Santa Maria Capua Vetere nicht mehr viel von der einstigen Pracht und Herrlichkeit. Die chronische Wirtschaftskrise und die damit einhergehende Perspektivlosigkeit der Bewohner haben Spuren hinterlassen, die mit Händen greifbar sind. Die wichtigste Hinterlassenschaft aus römischer Zeit ist das Anfiteatro Campano, das nach dem Colosseum in Rom die größte Arena im Römischen Reich war. Auch diese Tatsache illustriert die Bedeutung der Stadt in der Antike! Das Amphitheater befindet sich in Santa Maria Capua Vetere – und nicht in der 4 km entfernten Stadt Capua. Was anfangs ein wenig verwirrt, klärt sich mit Blick auf die Siedlungsgeschichte: Die Römerstadt befand sich nämlich genau auf dem Boden der heutigen Stadt *Santa Maria Capua Vetere* („Alt-Capua"). Dagegen handelt es sich beim heutigen Capua um eine Neugründung im frühen Mittelalter auf dem Boden der römischen Siedlung *Casilinum*. Einheimische bezeichnen daher Capua auch als *Capua Nuova* („Neu-Capua"). Im Verlauf der römischen Kaiserzeit dürften beide Städte zu einem Siedlungsverbund verschmolzen sein. Der mittelalterliche Stadtkern von Neu-Capua liegt strategisch günstig in einer Schleife des Volturno. Der wasserreichste Fluss Kampaniens entspringt in den Abruzzen und fließt nördlich von Cuma ins Tyrrhenische Meer; ab Capua war er sogar schiffbar. Die wichtigste Attraktion hier ist das Archäologische Museum mit einer Vielzahl an ansprechend in Szene gesetzten Exponaten. Ein Ausstellungsschwerpunkt liegt natürlich auf der römischen Antike. Ein weiterer Leckerbissen befindet sich in der urbanen Peripherie: Die Abteikirche **Sant'Angelo in Formis** ist zwar nur mit dem Auto erreichbar, lohnt aber aufgrund der exzellent konservierten romanischen Fresken im Inneren unbedingt einen Besuch!

Geschichte

Vor dem Aufstieg Capuas zum macht-vollsten römischen Zentrum in Kampanien wurde die Stadt nacheinander von Etruskern und Samniten beherrscht. Nach der infrastrukturellen Anbindung an Rom durch die Via Appia ab dem 4. Jh. v. Chr. begann eine beispiellose Blütezeit, in der der Wohlstand und Luxus der Bewohner nachgerade sprichwörtlich wurden. Einen herben Rückschlag musste die Stadt am Ende des Zweiten Punischen Kriegs einstecken: Nach der vernichtenden Niederlage der Römer gegen Hannibal in der Schlacht bei Cannae 216 v. Chr. wechselte Capua – wie viele andere italienische Städte – die Seiten und gab dem Heer aus Karthago sogar die Erlaubnis, in der kampanischen Ebene zu überwintern. Rom bestrafte den Fauxpas nach Kriegsende entsprechend, beendete die bis dato selbstständige Verwaltung und wandelte Capua in eine römische Staatsdomäne um (Campanus ager). Auf die wirtschaftliche Potenz hatten diese Maßnahmen jedoch keine Auswirkung. Im Gegenteil: Capua prosperierte weiter und beherbergte sogar eine eigene Gladiatorenschule. Diese erlangte 73 v. Chr. beim Aufstand unter der Leitung des Thrakers Spartacus nachhaltige Berühmtheit. Aufgrund der schlechten Lebensbedingungen brachen die Gladiatoren aus der Schule aus und fügten danach den römischen Milizen schwere Niederlagen zu. Erst mit Hilfe regulärer Legionen konnte die Revolte zwei Jahre später niedergeschlagen werden. Zur Abschreckung wurden danach 6000 gefangene Rädelsführer an der Via Appia zwischen Capua und Rom gekreuzigt.

Nachdem 840 n. Chr. ein Sarazeneneinfall die Römerstadt komplett zerstört hatte, gründeten die Langobarden wenige Kilometer nordwestlich am Volturno eine neue Stadt. Neu-Capua fiel in der Folge zunächst an die Normannen und danach an die Staufer. Kaiser Friedrich II. maß der Stadt eine nicht unerhebliche Bedeutung bei, denn er ließ am Fluss ein Brückentor erbauen, das römischen Ehrenbogen bewusst nachempfunden war und obendrein die verfeindete Hohe Pforte brüskierte. Zudem erließ der Regent auf einem Hoftag 1220 die **„Assisen von Capua"**. Das Gesetzwerk regelte u. a. die Verwaltung im

Die eindrücklichen Reste des Amphitheaters von Capua

Süden Italiens und ergänzte die „Konstitutionen von Melfi", die die Staufer von den Normannen übernommen hatten. Friedrichs Erlasse gelten als frühes Beispiel für einen rationalen Beamtenstaat und haben deshalb eine hohe Bedeutung für die Geschichts- und Rechtswissenschaft. Capua blieb bis 1818 das Zentrum der **Terra di Lavoro** – eine von Normannen gegründete Region, die als Provinz im Königreich Neapel fortbestand und auch die Pontinischen Inseln vor der Küste Latiums umfasste.

Sehenswertes in Capua

Auf dem Rundgang durch die Altstadt treffen Reisende auf eine Fülle interessanter Bauten: Klöster mit Kreuzgängen (z. B. der ehemalige Convento dell' Annunziata), Befestigungswerke (u. a. das Kastell aus normannischer Zeit) und einige steinalte Kirchen aus der langobardischen Epoche, die meist niet- und nagelfest verrammelt sind. Zuverlässig geöffnet hat hingegen die romanische Kathedrale aus der zweiten Hälfte des 9. Jh., die bei der Bombardierung am 9. September 1943 zerstört und nach dem Weltkrieg wieder aufgebaut wurde. Sehenswert hier sind der an den Dom von Salerno erinnernde Vorhof und eine wunderbare Marmorsäule neben dem Lesepult. Die Statue des liegenden gestorbenen Christus in der Krypta stammt vom Barockkünstler Matteo Bottiglieri und verdient ebenfalls einen Blick. Eine weitere Sehenswürdigkeit ist die Brücke über den Volturno, über die in der Antike die Via Appia führte. Vom staufischen Triumphbogen (Torri di Federico II) sind jedoch nur noch die Turmstümpfe erhalten geblieben. Er diente König Alfons V. von Aragon als künstlerisches Vorbild für seine Neugestaltung des Castel Nuovo in Neapel.

Museo Provinciale Campano: Das Archäologische Museum der Provinz Caserta hat seine Räumlichkeiten im Palazzo Antignano aus dem 15. Jh. und in einem ehemaligen Kloster unmittel-

Katakombe im Anfiteatro Campano

bar nebenan. Drei Stockwerke zeigen eine Fülle von Exponaten aus der Antike und dem Mittelalter, von denen die antike Epitaphsammlung (Grabsteine, Sarkophage) sowie der weltweit größte Bestand von *Matres Matutae* besonders hervorzuheben sind. Die Mater Matuta wurde in der römischen Mythologie als segenspendende Göttin des Frühlings und der Fruchtbarkeit verehrt. Deren Kult war im Stadtgebiet dergestalt weitverbreitet, dass sie noch heute als *Madri di Capua* (Mütter Capuas) begrifflich geläufig sind. Eine wahre Augenweide sind auch die gut erhaltenen Kopfbüsten aus staufischer Zeit. Sie stammen vom zerstörten Triumphportal Friedrichs II. an der Brücke über den Volturno (→ oben). Figurenschmuck vom Amphitheater in Santa Maria Capua Vetere, Vasen, Münzen sowie eine Pinakothek mit frühneuzeitlichen Gemälden ergänzen den üppigen Objektbestand.

■ Di–Sa 9–12.30, So 9–12, Di/Do auch 15–17 Uhr. 6 €, erm. 3 €. Via Roma 68, www.museocampano.it.

Ausflüge ins kampanische Hinterland ↓ Karte S. 296/297

Abbazia di Sant'Angelo in Formis: Die vorromanische Abteikirche der Benediktiner befindet sich 4 km östlich von Capua am Ende einer Stichstraße und ist ein kunsthistorisches Kleinod. Errichtet auf dem Fundament eines römischen Diana-Tempels, wurde der Sakralbau um dem 6. Jh. in der Folge mehrfach erneuert. Dem dreischiffigen Innenraum ist eine Arkadenhalle *(portikus)* aus dem 12. Jh. vorgelagert, wohingegen der grandiose **Freskenzyklus** an den Kirchenwänden und in der Apsis um 1080 von Künstlern aus Byzanz gefertigt wurde. Auftraggeber war Abt Desiderius aus Montecassino, der 1086 gegen seinen Willen zum Papst ernannt wurde. Die Fresken sind eine einzigartige Mischung von karolingischen, frühchristlich-römischen sowie byzantinischen Stilrichtungen und illustrieren Szenen aus dem Alten und Neuen Testament. In der Hauptapsis sitzt Jesus Christus auf dem Thron *(Majestas Domini)*, darunter sind die drei Erzengel Michael, Gabriel und Raphael abgebildet. Desiderius und der hl. Benedikt, der Begründer des Benediktinerordens, flankieren das Arrangement.

▪ Zum Zeitpunkt der letzten Recherche 2019 wurde die Kirche restauriert und war daher nicht zugänglich. Ein Termin für die Wiedereröffnung stand noch nicht fest. Der Anfahrtsweg ist von Capua und von der Autobahnausfahrt „Santa Maria Capua Vetere" ausgeschildert.

Sehenswertes in Santa Maria Capua Vetere

Die wichtigsten Sehenswürdigkeiten befinden sich links und rechts der Via Appia, der heutigen SS 7, und liegen in fußläufiger Entfernung zueinander. Die Staatsstraße wird von einem Triumphbogen aus Backstein zu Ehren Kaiser Hadrians aus dem 1./2. Jh. n. Chr. überwölbt **(Arco di Adriano)**. Die ursprünglich einmal vorhandene weiße Kalkbeschichtung hat diverse Zerstörungen in der Neuzeit nicht überdauert.

Anfiteatro Campano: Die Arena aus dem 1. Jh. n. Chr. ähnelt architektonisch dem römischen Colosseum und soll einst 60.000 Zuschauern Platz geboten haben. Sie entstand neben einem Vorgängerbau aus dem 2. Jh. v. Chr., dem Anfiteatro Repubblicano, das wiederum im Aufbau dem Amphitheater in Pompeji ähnelte. Im Vergleich zum Colosseum in Rom sind die Emporenmauern längst nicht so eindrucksvoll erhalten geblieben, da wesentliche Teile u. a. für den Bau des Doms in Capua (→ S. 305) zweckentfremdet wurden. Dafür sind die unterirdischen Kammern und Gänge vollständig begehbar, was den Besuch zum einzigartigen Erlebnis macht. Eine bescheidene Ausstellung in einem Nebengebäude illustriert Aspekte aus der Geschichte der berühmten Schule der Gladiatoren **(Museo dei Gladiatori)**. Ein Buchladen sowie ein einladendes Café-Restaurant (→ Übernachten/Essen) runden das Angebot ab.

▪ Tägl. außer Mo 9 Uhr bis eine Std. vor Sonnenuntergang. 2,50 €, erm. 1,25 € (Kombiticket mit Museo Archeologico dell'Antica Capua sowie Mithräum). Piazza Adriano.

Museo Archeologico dell'Antica Capua: Hinsichtlich Objektfülle und Präsentation hält zwar das Archäologische Museum den Vergleich mit dem Provinzialmuseum (→ oben) nicht stand, für Geschichtsinteressierte sind die beiden Säle dennoch eine Fundgrube mit zahlreichen Exponaten von der Bronzezeit bis zur Antike. Ein Prunkstück der Sammlung ist die knapp 1,80 m hohe Statue aus Marmor, die einen ruhenden Satyr darstellt. Es handelt sich um eine der in der römischen Antike zahlreich im Umlauf befindlichen Kopien, die dem Originalwerk des berühmten griechischen Bildhauers Praxiteles nachempfunden wurden.

▪ Tägl. außer Mo 9–19 Uhr. 2,50 €, erm. 1,25 € (Kombiticket mit Anfiteatro Campano und Mithräum). Via Roberto d'Angiò 48.

Mitreo (Mithräum): Nicht weit vom Museum befindet sich in der Altstadt der

Santa Maria Capua Vetere: Wandfresko im Mithräum

von außen unscheinbare Zugang zu einer unterirdischen Mithras-Kultstätte. Die Stufen enden in einem schmalen Tonnengewölbe, das 1922 bei Brunnenschachtarbeiten per Zufall entdeckt wurde. Das farbige Wandfresko aus dem 2. Jh. n. Chr. zeigt den Gott Mithras, wie er einen weißen Bullen tötet und aus dem rituellen Opferakt die verschiedenen menschlichen Individuen hervorgehen.

■ Tägl. außer Mo 9–19 Uhr. 2,50 €, erm. 1,25 € (Kombiticket mit Anfiteatro Campano und Museo Archeologico dell'Antica Capua). Im Museum nach dem Schlüssel fragen.

Praktische Infos

Information Das Infobüro befindet sich im Vorhof des Doms von Capua. Mo-Sa 9–13 und 15.30–19, So 10–13 und 15–18 Uhr. Piazza Duomo 9, ✆ 389-1792624.

Anfahrt/Verbindungen Pkw. Capua und Santa Maria Capua Vetere sind über die Ausfahrt der A 1 Neapel–Rom unkompliziert erreichbar (Ausfahrt „Santa Maria Capua Vetere").

Bahn. Capua und Santa Maria Capua Vetere liegen auf der Bahnstrecke Neapel–Cassino und sind nur wenige Minuten von Caserta entfernt. Von den Bahnhöfen gelangt man in etwa. 15 Min. in die Stadtzentren.

Übernachten/Essen Olympus Capua. 4 luxuriöse, modern ausgestattete Zimmer und Suiten im Obergeschoss eines Neubaus am Altstadtrand von Capua. Das Zimmer zur Gartenseite ist am ruhigsten. Aufzug, Rezeption im EG, kein Restaurant. DZ ab 70 €. Via Roma 126–128 in Capua, ✆ 0823-1460613, www.olympuscapua.it.

B&B L'Arena. Familiäres Quartier mit nur 2 Zimmern in Tuchfühlung zum Amphitheater in Santa Maria Capua Vetere. Ansprechend eingerichtet und ausgestattet, lediglich das Frühstück hat reichlich Luft nach oben. Die Lage in einer Seitengasse der Ausfallstraße zur Autobahn ist günstig, 10 Min. zu Fuß zum Amphitheater. DZ 70 €. Via Galatina 6 (Vico 1) in Santa Maria Capua Vetere, ✆ 338-7094106, Buchung über die gängigen Buchungsportale.

La Locanda del Pozzo. Bodenständige Einkehr am normannischen Kastell von Capua mit wenigen Tischen im zünftigen Gewölbe. Tagesaktuelle Karte mit deftigen Fleischgerichten, auch einige Fischgerichte. Menü um 20 €. Mo Ruhetag. Via Giovanni Andreozzi 16, ✆ 331-1485226.

Il Borghetto Antico. Ausflugsrestaurant an der Abteikirche in Sant'Angelo in Formis, stilvoll möblierter Innenraum, wenige Tische auf der Veranda. Ausgewogene Mischung zwischen Land- und Meeresküche, lokaltypische Pastagerichte, abends auch Pizza. Menü um 25 €. Di Ruhetag, Fr–So auch mittags. Via Luigi Baia 191 in Sant'Angelo in Formis.

Ristorante U' Portone. Rustikale Einkehr mit bodenständigem Flair in unmittelbarer Nachbarschaft zum Amphitheater. Fisch- und Fleischgerichte, wobei die Landküche den Ton angibt, auch Pizza. Angenehmes Sitzen im Innenhof. Menü ab 25 €, Pizza ab 5 €. Tägl. außer Mo ab 19.30 Uhr, So auch mittags. Piazza Adriano 47, ✆ 0823-1841947.

✎ **Amico Bio.** Café-Restaurant am Eingang zum Amphitheater in Santa Maria Capua Vetere, ein Demeter-zertifizierter Biobetrieb. Helle Sitzplätze innen wie außen, dänisches Design lässt grüßen! Knackfrische Salate, Wokgerichte, mediterrane Menüs, Wein, Biobiere, etc. Menü um 20 €, mittags preiswerte Fixmenüs, abends auch Pizza. Mo Ruhetag. Piazza I Ottobre, ✆ 0823-1831093, www.spartacusarena.it.

Ausflüge ins kampanische Hinterland ↓ Karte S. 296/297

Der Kreuzgang Santa Sofia stammt aus der langobardischen Epoche

Benevento

Die geschichtsträchtige Hauptstadt der gleichnamigen Provinz liegt in einem fruchtbaren Becken, das von den Bergen des Apennins umgeben ist. Die Altstadt ist gespickt mit Sehenswürdigkeiten aus der römischen und der langobardischen Epoche.

Nordwestlich von Benevento sind die bis zu 2050 m hohen Monti del Matese am Übergang zur Nachbarregion Molise bis weit ins Frühjahr hinein schneebedeckt. Bei klarer Sicht sind sie vom Altstadthügel aus gut zu erkennen, ebenso wie die Monti Picentini in der Gegenrichtung. Bereits in der Antike erholten sich hier Reisende entlang der Via Appia von ihren Strapazen. Heute folgt die Staatsstraße SS 7 von Rom nach Brindisi dem Verlauf der römerzeitlichen Straße. Zahlreiche Baudenkmäler aus der Antike, zuvorderst der prachtvolle Trajansbogen, belegen die einstige Bedeutung der Stadt. Das Zentrum erstreckt sich auf einem flachen Hügelrücken zwischen den beiden Flüssen Calore Irpino und Sabato, deren Zusammenfluss sich unmittelbar am Rand der heutigen Neustadt befindet. In der römischen Kaiserzeit war der Calore sogar schiffbar, wie entspre-chende Funde beweisen. Trotz der stattlichen Zahl an Sehenswürdigkeiten präsentiert sich das historische Zentrum heute ziemlich geschunden, was an den verschiedenen Naturkatastrophen liegt, die Benevento regelmäßig heimsuchten. Nicht weniger als 15 schwere Erdbeben sind von der Spätantike bis heute bezeugt: Bereits 369 n. Chr. vernichteten Erdstöße praktisch die gesamte Römerstadt. Dem unseligen Beben 1688 wiederum fielen Teile der mittelalterlichen Baustruktur zum Opfer, im Zuge des Wiederaufbaus erhielt das Stadtzentrum sein heutiges barockes Gesicht. Beim jüngsten Erdbeben 1980 lag das Epizentrum ebenfalls in der Nähe von Benevento; bis heute gilt es als die schwerste Naturkatastrophe der italienischen Nachkriegsgeschichte! Auch beim schlimmen Unwetter im November 2015 war die Stadt besonders betroffen; die Spuren der Schlammlawine werden wohl noch über Jahre hinaus zu sehen sein. Nichtsdestotrotz lohnt sich der Besuch der Stadt, die seit jeher ein wichtiger Verkehrsknotenpunkt im Hinterland der italienischen Halbinsel ist.

Die vielleicht interessanteste, mit Sicherheit jedoch meistfrequentierte Destination in der Umgebung ist **Pietrelcina** ca. 12 km nordöstlich. Dass die meisten Italiener mit dem 350 m hoch gelegenen Bergdorf mehr verbindet als mit der Provinzhauptstadt, liegt am Kapuzinerpater Pius, der 1887 hier geboren wurde. Padre Pio ist der wichtigste neuzeitliche Heilige Italiens, in Süditalien ziert sein Konterfei Gärten, Parks, Plätze, Büros, Ladengeschäfte und Wohnhäuser. Etwa eine Million Pilgertouristen finden im Jahr den Weg hierher, die meisten fahren mit dem Reisebus nach dem Besuch der Andachtsstätten weiter in den Gargano, wo der Kapuzinerpater die meiste Zeit seines Lebens verbrachte und 1968 starb. Dem Beichtvater wurde die Gabe der Prophetie zugeschrieben, zudem sollen sich an seinem Körper die Stigmata Christi gezeigt haben, was beim Vatikan jedoch erheblichen Zweifel hervorrief. Die Unstimmigkeiten waren ein Grund dafür, dass Padre Pio erst relativ spät, nämlich im Jahr 2002, von der Kurie heiliggesprochen wurde. Der Popularität des Kapuziners schadete die Distanz Roms hingegen keineswegs.

Janare – Die Hexen von Benevento

Besucher von Benevento stoßen schnell auf den lokalen Hexenmythos: Auf dem Corso gibt es ein Café namens *Strega* („Hexe"); am Bahnhof macht die Destillerie *Strega Alberti* auf sich aufmerksam; Plakate werben für Events, die das Thema aufgreifen; und natürlich gibt es auch ein Hexenmuseum. Der historische Ursprung des Hexenmythos ist ungewiss und liegt eventuell sogar in der samnitischen Epoche verborgen. Fest steht nur, dass zahlreiche Legenden bereits in der langobardischen Herrschaftszeit im Umlauf waren. Sie erzählen meist von mitternächtlichen Stelldicheins der Hexen an einem Walnussbaum in der Umgebung der Stadt. Tierhäute spielen eine Rolle, magische Salben, fliegende Pfeile und reichlich Musik und Tanz. Ein wenig erinnern die Waldorgien an dionysische Kulte der Griechen. *Janare* werden die Hexen von Benevento häufig genannt – vermutlich eine Ableitung von der griechisch-römischen Göttin Diana, die wie keine andere Gottheit die weibliche Autonomie repräsentiert. Den meisten Geschichten und Legenden ist gemeinsam, dass vom Hexensabbat keine wirkliche Bedrohung ausgeht. Im Gegenteil: Im Zentrum der Partys rund um die Sommersonnenwende – bzw. dem Johannistag – stehen Tanz, pure Lebensfreude und die weibliche Spiritualität.

Der lokale Hexenmythos inspirierte auch die Hochkultur: 1812 wurde in der Mailänder Scala das Ballettstück „Der Nussbaum von Benevento" (*„Noce di Benevento"*) uraufgeführt. Ein Jäger und seine Frau verirren sich im Wald und platzen zufälligerweise in den Hexensabbat hinein. Das Stück gefiel dem Geigenvirtuosen Niccolò Paganini dergestalt, dass er sich zu einer Violinvariation hinreißen ließ, die er standesgemäß „Die Hexen" (*„Le streghe"*) taufte.

Ausflüge ins kampanische Hinterland → Karte S. 296/297

Geschichte

Benevento markiert das geografische Zentrum einer Region, die in der Antike mehrheitlich von Samniten bewohnt wurde. Deshalb benannten die Römer die Region nach dem italischen Volksstamm *Samnium*, eine Bezeichnung, die das italienische Wort *Sannio* bis heute tradiert. Bis Ende des 3. Jh. v. Chr. kontrollierten Samniten das Gebiet mit der Hauptstadt *Maluentum*. Einen historischen Wendepunkt bedeutete 275 v. Chr. die Niederlage des Molosserkönigs Pyrrhus gegen die Römer (vom griechischen Heerführer leitet sich der „Pyrrhussieg" ab). Nach der Entscheidungsschlacht gründeten Letztere im Herzen von Samnium eine Kolonie und widmeten die Hauptstadt in *Beneventum* um, da sich das latinisierte *Maleventum* („Schlechtes Ereignis") als Bezeichnung für die junge Kolonie schwerlich eignete. Eine der ersten römischen Amtshandlungen nach der Machtübernahme war der Bau der **Via Appia** von Capua nach Brindisi auf der anderen Seite der Apenninenhalbinsel. Zu Beginn des 2. Jh. n. Chr. protegierte Kaiser Trajan ein zweites Straßenbauprojekt von Benevento nach Foggia. Den Beginn der neuen **Via Traiana** markierte ein prächtiger Triumphbogen, der bis heute das architektonische Wahrzeichen der Stadt ist. Nach der Zerstörung durch die Ostgoten im 6. Jh. läuteten die Langobarden ein neues Zeitalter ein, als sie die ruhmreiche Römermetropole zum Hauptsitz ihres Herzogtums in Süditalien wählten. Das für die Geschichte Kampaniens wegweisende Dukat bestand bis 1077, als das Langobardenreich im wachsenden normannischen Herrschaftsgebiet aufging. Noch einmal rückte Benevento am Ende der staufischen Hegemonie in den Fokus: Am 26. Oktober 1266 musste sich vor den Toren der Stadt König Manfred, der Spross Kaiser Friedrichs II., dem Franzosen Karl I. von Anjou geschlagen geben. Bis heute ist die Frage, wo die **Schlacht bei Benevento** genau stattfand, Gegenstand leidenschaftlicher Erörterung: Neben der Calorebrücke (Ponte Vanvitelli) zwischen Bahnhof und Altstadt zitiert ein vernachlässigtes Denkmal einige Verse aus Dantes „Göttlicher Komödie". Als Beweis für den richtigen Ort der Schlacht taugt das Zitat jedoch kaum, denn der italienische Nationaldichter könnte auch andere Brücken im Sinn gehabt haben, etwa die römerzeitliche Brücke am westlichen Neustadtrand (Ponte Leproso).

Sehenswertes

Die meisten Sehenswürdigkeiten befinden sich im Stadtzentrum und sind bequem zu Fuß erreichbar. Die Orientierung erleichtert der verkehrsberuhigte Hauptcorso (Corso Garibaldi), der den Vorplatz des Doms mit dem **Kastell** (*Rocca dei Rettori*) am höchsten Punkt des Altstadthügels verbindet. Auf halbem Weg macht auf der Piazza Papiniano ein mit Hieroglyphen verzierter Obelisk auf sich aufmerksam, der von einem Isis-Tempel aus dem 1. Jh. n. Chr. stammt. Der Corso folgt genau dem Lauf der römerischen **Via Appia**, wohingegen die auf den Trajansbogen zuführende Straße der **Via Traiana** entspricht. Während den Corso schmucke Hausfassaden aus barocker Zeit säumen, haben sich in der von Erdbeben regelmäßig heimgesuchten Altstadt nur wenige mittelalterliche Bauten erhalten. Auf einige wenige Überbleibsel trifft man zwischen dem Corso und dem Amphitheater. Teile der **Stadtmauer** aus der langobardischen Epoche haben hingegen die Wirren der Zeiten überdauert.

Cattedrale Santa Maria Episcopia: Der Dom gehört ausnahmsweise nicht zu den wichtigsten Sehenswürdigkeiten. 1943 wurde die Basilika durch Bomben der Alliierten schwer beschädigt und nach Kriegsende im nüchtern-modernen Stil wieder aufgebaut. Erhalten geblieben ist u. a. das Bronzeportal aus dem 12. Jh. (eine Portalkopie befindet sich an der Außenfassade, das Original entdeckt man drinnen). Die **Krypta** fungiert gleichzeitig als Ausstellungsraum für die Domschätze. Außerdem brachten Ausgrabungen Spuren aus samnitischer Zeit und Überreste einer römischen Taverne ans Licht, die ebenfalls besichtigt werden können. Unmittelbar neben der Basilika ist ein weiteres **Ausgrabungsareal** in der Größe eines halben Fußballfeldes zugänglich. Letzteres ist durch den ebenfalls antiken Arco del Sacramento mit der Domaußenwand verbunden. Der Weg zum Amphitheater führt durch dieses Tor.

■ **Krypta:** Tägl. außer So 9–13 und 16–19 Uhr. 3 €.

Amphitheater: Wer die beeindruckenden Arenen in Capua, Pompeji oder Pozzuoli bereits gesehen hat, wird hier vielleicht ein wenig enttäuscht sein. Im Verhältnis zu den erwähnten Arenen nimmt sich der 10.000 Zuschauer fassende Bau nachgerade bescheiden aus. Er wurde im 1. Jh. n. Chr. von Kaiser Hadrian in Auftrag gegeben und später unter Kaiser Caracalla verändert. Nach dem Ende der römischen Herrschaft verwendeten die Langobarden das Amphitheater als Steinbruch für Neubauten.

■ Tägl. außer Mo 9 Uhr bis 1 Std. vor Sonnenuntergang. 2 €, erm. 1 €. Der Eingang befindet sich an der Nordseite neben der Barockkirche.

Arco di Traiano (Trajansbogen): Der 15,60 m hohe Ehrenbogen markierte in der Antike den Beginn der Via Traiana und zählt zu den schönsten und besterhaltenen Triumphportalen in Italien. Das 117 n. Chr. vollendete Baudenkmal besteht aus Kalk und ist an den Außenseiten mit Marmor verkleidet. Von kunsthistorischem Wert sind insbesondere die Reliefs, deren ausgeklügeltes Bildprogramm – ebenso wie die Inschrift – im Wesentlichen der Verherrlichung des Kaisers Trajan diente. Historikern geben die Reliefs obendrein Aufschluss über den römischen Alltag und das politische Leben in der Antike. Die von der Altstadt abgewandte Seite zeigt ländliche Szenen aus diversen römischen Provinzen, honoriert aber auch die Leistungen der Beamten und

Der Trajansbogen ist eines der besterhaltenen römischen Denkmäler

Ausflüge ins kampanische Hinterland → Karte S. 296/297

Soldaten zur Förderung des Friedens und des Wohlstands. Die der Altstadt zugewandte Seite des Ehrenbogens hingegen illustriert u. a. diverse repräsentative Herrschaftsakte des Kaisers in der Ewigen Stadt, wobei nicht selten die Gottheiten menschliche Handlungen goutieren. Weitere Reliefs finden sich im Tordurchgang. Sie stellen u. a. dar, wie sich Trajan um die Armen kümmert oder zum Wohl des Staats ein Opfer vollzieht. Eine Besonderheit ist der 41 m lange **Triumphfries,** der als lückenloses Band oberhalb des Tordurchgangs alle Seiten des Ehrenbogens bedeckt. Die archäologischen Ausgrabungen unter dem Portal wurden inzwischen wieder zugeschüttet. Bis in die 1970er-Jahre hinein fuhren Autos durch das Tor!

Chiesa Sant'Ilario: Die ehemalige Kirche stammt aus der langobardischen Zeit und wurde im 17. Jh. zu einem Bauernhaus umgebaut. Die zwei Kuppeln verdeutlichen den byzantinischen Einfluss auf die Sakralarchitektur. Unter dem Plexiglasboden sind Ausgrabungen aus der Antike freigelegt. Eine ca. 15-minütige Videoanimation beschäftigt sich ausführlich mit dem Bildprogramm des benachbarten Ehrenbogens (→ oben).

■ Tägl außer Mo 9–13 und 15–18.30 Uhr. 2 €, erm. 1 €, Kombiticket mit Santa Sofia 6 €, erm. 4 € (2 Tage gültig).

Chiesa e Chiostro Santa Sofia (Museo del Sannio): Nicht zufällig ist die Kirche Santa Sofia mit dem freistehenden Glockenturm auf dem Corso seit 2011 ein Mitglied im Verbund der UNESCO-Welterbestätten, denn bei dem Sakralkomplex handelt es sich um das vielleicht bedeutendste künstlerische Erbe der Langobarden in Italien. Der klassische Zentralkuppelbau mit seinen beeindruckenden 28 m Durchmesser wird von schlanken Säulen mit korinthischen Kapitellen getragen. Erbaut wurde er um 760 n. Chr. in der Regierungszeit von Herzog Arechi II., der auch in Salerno einige Spuren hinterließ. Auffällig ist auch der sternförmige Grundriss des Gotteshauses, das mit dem angrenzenden Kloster einen zusammenhängenden Sakralkomplex bildet. Heute beherbergt das Kloster ein **Archäologisches Museum** zur griechischen, römischen, samnitischen und langobardischen Kunst. Präsentiert werden – bei karger Beschriftung – Schmuck, Reliefs, Grabbeigaben, Skulpturen oder Lanzenspitzen aus Bronze. Eine Abteilung im Nebengebäude zeigt darüber hinaus wertvolle römerzeitliche Sarkophage. Integraler Teil des Museums sind auch eine Pinakothek und ein wunderbarer **Kreuzgang** aus langobardischer Zeit mit seinen überaus fantasievollen Säulen und Kapitellen. Für die Besichtigung des „Bestiariums" mit allerlei mythischen Tier- und Menschengestalten sollte man sich genügend Zeit nehmen.

■ **Kirche:** Im Winter 8–12 und 16–19 Uhr, im Sommer 8–12 und 16.30–20 Uhr. **Kreuzgang und Museum:** Tägl. außer Mo 9–13 und 15–18.30 Uhr. 4 €, erm. 2 €, nur Kreuzgang 2 €, erm. 1 €. Kombiticket mit der Chiesa Sant'Ilario 6 €, erm. 4 € (2 Tage gültig).

Weitere Sehenswürdigkeiten: Wer sich für das Hexenthema interessiert, sollte vielleicht einen geführten Rundgang durch das **Hexenmuseum** machen. Der Kern der Einrichtung ist ein 20-minütiges Video auf Italienisch, der Vorführraum wird von einem künstlichen Nussbaum dominiert (Juni bis Aug. tägl. außer Mo 10–13 und 17–20 Uhr, Sept. bis Mai 10–13 und 16–18 Uhr; 4 €, erm. 2 €). Wenige Schritte weiter befindet sich am Ende einer Sackgasse der ehemalige Konvent der Dominikaner. Der Klosterhof, der als **Hortus Conclusus** ausgeschildert ist, fungiert heute als Skulpturengarten und Oase der Ruhe (Mo–Sa 9.30–13 und 15–19.45, So 9.30–13 Uhr; Eintritt frei). Im Palazzo des Provinzgouverneurs fast am östlichen Ende der Fußgängerzone befindet sich im Untergeschoss ein kleines, aber feines **Museum zur Kunst der Gegenwart.** Eine kleinere Abteilung widmet sich archäologischen Themen, u. a. dem Isis-Kult in der Spätantike (tägl. außer Mo 9–13 und 15–18.30 Uhr; 2 €, erm. 1 €).

Ausflug nach Pietrelcina

Das vom ungebrochenen Zuspruch der vielen Wallfahrer profitierende Dorf in der Umgebung von Benevento macht einen properen, gepflegten Eindruck. Den unteren Ortseingang dominiert der Gebäuderiegel des Kapuzinerklosters mit dem **Museo di San Pio** (tägl. 9–13 und 15–18 Uhr). Die meisten Besucher steuern von hier zunächst die Altstadt an, um die diversen Pio-Gedenkstätten aufzusuchen *(Rione Castello)*. Auf halbem Weg überqueren sie den hübschen Dorfplatz mit der Chiesa della Sacra Familia, in der eine Reliquie des Volksheiligen verwahrt wird. Die meisten Pilger suchen abschließend noch die Piana Romana oberhalb der Ortschaft auf. Ziel ist die auf der Hochebene gelegene Kapelle mit einem Baum, wo sich Padre Pios Wundmale erstmals gezeigt haben sollen. Ein kürzerer Wanderweg verbindet das Ortszentrum mit der Wallfahrtsstätte.

■ Die gut ausgebaute SS 212 verbindet den Autobahnzubringer (Ausfahrt „Benevento Nord") mit Pietrelcina. Der ETAC-Bus vom Bahnhof Benevento nach Baselice quert das Bergdorf.

Praktische Infos

Einwohner ca. 61.000 Einwohner

Information   Das **Infobüro** der Region Kampanien liegt günstig zwischen Corso und Triumphbogen. Tägl. 9–19 Uhr. Via Traiano 3, ✆ 0824-1664383.

Essen & Trinken
1 Boteguita
3 Dionisio
4 Craven Road
5 C'era una volta

Übernachten
1 Antiche Terme
2 Villa Traiano

Benevento

150 m

Anfahrt/Verbindungen Pkw. Ein vierspurig ausgebauter Zubringer verbindet die Autobahn A 16 Neapel–Bari mit der Provinzhauptstadt. Ein **Parkplatz** befindet sich u. a. auf dem Vorplatz der Kathedrale. Weitere Parkplätze rund um den Busbahnhof.

Bahn. Am Hauptbahnhof halten Fern- und Regionalzüge u. a. aus Rom, Neapel, Bari und Caserta. Auf der Via Principe di Napoli geht es in 20 Min. ins Zentrum.

Bus. Vom Busbahnhof unterhalb des Sakralkomplexes Santa Sofia steuern Busse Ziele in der gesamten Provinz an, an Sonntagen kaum Verbindungen.

Taxi. ☎ 0824-50341.

Ärztliche Versorgung Azienda Ospedaliera Gaetano Rummo. Das Krankenhaus liegt in der Neustadt. Via dell'Angelo 1, ☎ 0824-57111, www.ao-rummo.it.

Einkaufen Strega Alberti. Die namhafte Destillerie am Hauptbahnhof ist v. a. wegen ihres „Hexenlikörs" ein Begriff (seit 1860). Die gelbe Farbe erhält der Kräuterlikör durch den Zusatz von Safran. Auch die mit Strega gefüllten Pralinen sind ein Genuss. Tägl. außer So 9–13 und 16–20 Uhr. Piazza Vittoria Colonna 8, ☎ 0824-54292, www.strega.it.

Eine Filiale dieser Likörmanufaktur befindet sich auf der Piazza Roma am Hauptcorso. Mo–Sa 9.30–13.15 und 16–20.30, So 10–13.30 und 16–20.30 Uhr.

Mercatino delle Streghe. Der „Hexenmarkt" mit reichlich Antiquitäten, Büchern und Trödel findet am antiken Triumphbogen in der Via Traiano statt. Am 2. Wochenende eines jeden Monats ab 9 Uhr.

Veranstaltungen Festival Filosophico del Sannio. Veranstaltungen (Philosophie, Poesie, Musik, Tanz) an verschiedenen Orten. Febr./März, allerdings nicht jedes Jahr. www.stregatidasophia.it.

La Contesa di Sant'Eliano. Das Historienspektakel erweckt die langobardische Zeit wieder zum Leben. Mittelaltermarkt, Handwerksstände, Umzüge und Turniere. 4 Tage Anfang Juni. www.beneventolongobarda.it.

Wandern Cammino del Rosario. Der Pilgerweg von Pietrelcino führt hinauf auf die Piana Romana, der Einstieg befindet sich am jenseitigen Ausgang der Altstadt *(Rione Castello)*. Gehzeit hin und zurück: ca. 2 Std.

Übernachten/Essen Das namhafteste kulinarische Produkt aus Benevento ist der Kräuterlikör Strega. Der „Hexenlikör" (→ Kasten, S. 309) wird aus 70 Kräutern (Minze, Fenchel u. v. m.) destilliert und hat einen Alkoholgehalt von 40 %. Er wird deshalb bevorzugt nach dem Essen gekostet (→ Einkaufen). Einen Caffè Strega (Espresso mit Kräuterlikör) gibt es u. a. in der gleichnamigen Bar am Corso Garibaldi.

****S Hotel Villa Traiano 2 Das professionell geführte Quartier am Altstadtrand liegt nur einen Steinwurf vom Trajansbogen entfernt. 40 Zimmer, mit Stilmöbeln ausgestattet im sanierten Altbaupalazzo, im modernen Stil möbliert im benachbarten Neubau. Elegante Lounge mit überdachter Terrasse, kein regelmäßiger Restaurantbetrieb. DZ ab 115 €. Viale dei Rettori 9, ☎ 0824-326241, www.hotelvilla traiano.com.

*** Antiche Terme 1 Altstadtnah gelegenes Mittelklassehotel in einem sanierten Palazzo am Hang mit Blick auf das Flusstal des Calore. 10 tadellose Zimmer und geräumige Suiten im Obergeschoss, Hotelparkplatz, das empfehlenswerte Steak-Restaurant **La Boteguita 1** liegt im Erdgeschoss und öffnet am Abend (So nur mittags). DZ ab 80 €. Via Bagni (Angolo Via Posillipo), ☎ 0824-21150, www.anticheterme.net.

Dionisio 3 Spezialitätengeschäft in der Fußgängerzone mit angeschlossenem feinem Bistro. Außer-Haus-Verkauf diverser *prodotti tipici*, preiswerte Mittagsküche mit vielen frischen Zutaten, entspanntes Sitzen auf dem Trottoir. Tägl. mittags und abends geöffnet. Unter gleicher Inhaberschaft steht wenige Meter weiter ein hochwertiges Ristorante mit Sitzplätzen im Natursteingewölbe (teurer, Mo und Di Mittag geschlossen). Corso Garibaldi 91–93 (Bistro) bzw. Via Alfonso de Blasio 3 (Ristorante), ☎ 0824-43734, www.dionisioristorante.it.

Craven Road 4 Ausgehlocation im Stil eines englischen Pubs in einer Seitengasse am Hauptcorso. Stilvoll-rustikales Interieur, große Auswahl unterschiedlicher Biere, Musik in gemäßigter Lautstärke, typisches Pub-Food, an das man nicht zu hohe Ansprüche stellen sollte. Die Einrichtung ist vom italienischen Comic „Dylan Dog" inspiriert. Tägl. ab 20.30 Uhr bis tief in die Nacht geöffnet. Vicolo Noce, ☎ 320-7222944.

🍦 Gelateria C'era una Volta 5 Die Bio-Eisdiele befindet sich am Kastell am östlichen Ende der Fußgängerzone. Ausgefallene Sorten, u. a. Mela Annurca (eine rote Apfelsorte, die im Strohbett reift) oder Ricotta Stregata (Frischkäse mit Hexenlikör). Tägl. 11–13.30 und ab 16 Uhr. Piazza Castello 1, ☎ 340-4291089.

Winzerhochburg Sant'Angelo all'Esca in der Provinz Avellino

Die Weinbauregion Avellino

Für Weinliebhaber ist die ländliche Region rund um die Provinzhauptstadt Avellino ein Schlaraffenland. Für kulinarische Entde-
ckungsreisen benötigen Reisende jedoch einen eigenen fahrbaren
Untersatz.

Zwischen den Provinzhauptstädten
Avellino und Benevento liegt abseits
der Durchgangsstraßen ein Gebiet, das
Weinkennern und Genießern wegen
der Rotweinsorte Taurasi ein Begriff ist.
Seinen Namen verdankt der Wein dem
gleichnamigen Winzerdorf im Zentrum
eines 3,5 km² großen Weinanbauge-
biets. Grundlage für den Taurasi ist die
Aglianico-Traube, die in der Antike
von den Griechen in Süditalien einge-
führt wurde. Der Taurasi gedeiht auf einer Höhe zwischen 300 und 700 m und
reift mindestens drei Jahre. Dann erst
erhält er seine typisch rubinrote Farbe
und sein ausgewogen-harmonisches
Aroma. Seit 1993 genießt der trockene
Rotwein einen EU-Herkunftsschutz in
der höchsten Kategorie (DOCG), was

für die örtlichen Winzer andererseits
auch strenge Regeln für die Qualitätssi-
cherung zur Folge hat. So dürfen z. B.
dem Taurasi maximal 15 % andere Rebsorten zugesetzt werden. Mit zuneh-
mendem Alter gewinnt der Rotwein an
Charakter, weshalb für manch gediegene
Flasche vergleichsweise hohe Summen
auf den Tisch gelegt werden müssen.

Im Hügel- und Bergland werden
jedoch nicht nur rote Trauben gekeltert,
sondern auch vorzügliche Weißweine
produziert. Ebenfalls Herkunftsschutz
in der höchsten Kategorie genießt der
strohgelbe Fiano di Avellino, der durch
seinen angenehmen runden Charakter
überzeugt. Die autochthone Rebsorte
kannten bereits die Römer unter der
Bezeichnung *Vitis apiana*, weshalb

manches Flaschenetikett noch heute die antike Kulturregion *Apianum* als Herkunftszusatz benennt. Der zweite bedeutende Weißwein heißt Greco di Tufo, dessen Spuren sich – wie bereits der Name zu erkennen gibt – ebenfalls in die Antike zurückverfolgen lassen (eine Darstellung aus Pompeji zeigt die Traubenlese an den Tuffsteinhängen des Vesuvs). Auf eine ähnlich lange Winzertradition blickt das kleine Weinanbaugebiet zwischen den hübschen Dörfern Tufo und Montefusco zurück. Im Vergleich zum samtigen Fiano entpuppt sich der Greco di Tufo als herber Charakterwein, der sicherlich nicht alle Gaumen auf Anhieb zu überzeugen weiß.

Das vom schweren Erdbeben im November 1980 spürbar gezeichnete Gebiet ist bis heute eine Destination für Individualisten geblieben. Teilweise liegen die Weingüter in der Peripherie der Winzerhochburgen verstreut. Kurvenreiche und nicht immer ausrei-

chend beschilderte Straßen machen die Fortbewegung mit dem eigenen Auto zuweilen zum Erlebnistrip, an dessen Ende nicht selten die eine oder andere schöne Entdeckung wartet. Ein wenig Zeit sollten Reisende bei der Erkundung des Gebiets jedoch mitbringen, zudem sollten Besuche in kleinen Weingütern zuvor telefonisch angekündigt werden. Neben der Weinhochburg **Taurasi** eignet sich das 760 m hoch gelegene Bergdorf **Montefusco** als Standortquartier. Von der Hügelspitze genießen Reisende einen wunderbaren Blick über die Provinz Benevento bis zur Grenze nach Apulien.

Praktische Infos

Anfahrt/Verbindungen Pkw. Die Winzerregion ist von der Autobahn A 16 Neapel–Bari erreichbar (Ausfahrten „Avellino Est" oder „Castello del Lago").

Weinkauf Cantine Antonio Caggiano. Das Vorzeigeweingut am Ortsrand von Taurasi ist vorbildlich ausgeschildert. Der Weinkeller

Ausblick von Montefusco auf die Monti Picentini

des Familienguts ist eine Sehenswürdigkeit und sollte unbedingt besichtigt werden. Aglianico di Taurasi, Fiano und Greco di Tufo. Verkauf und Museum, zum Weingut gehört ein Agriturismo (→ Übernachten/Essen). Contr. Sala 4, ☎ 0827-74723, www.cantinecaggiano.it.

Cantina Borgodangelo. Das moderne Weingut an der Peripherie von Sant'Angelo all'Esca macht hinsichtlich Qualität nur wenige Kompromisse. Im Zentrum steht der Aglianico, der regelmäßig prämiert wird. Auch Fiano, Greco di Tufo und Roséweine. Contr. Bosco Selva (SP 52), ☎ 0827-73027, www.borgodangelo.it.

Cantine di Marzo. Das älteste Familienweingut der Region (seit 1647!) befindet sich an der Ortsdurchfahrt von Tufo, eine Besichtigung des historischen Kellers ist nach Anmeldung möglich. Aglianico, Fiano sowie natürlich Greco di Tufo. Tägl. außer So 9–12 und 13–17 Uhr. Via Gaetano di Marzo 2, ☎ 0825-998022, www.cantinedimarzo.it.

Übernachten/Essen B&B Al Campanaro. Freundliches und blitzsauberes Privatquartier im Ortszentrum von Taurasi, nur zu Fuß erreichbar. 3 Zimmer in den Obergeschossen mit Bad zur Alleinnutzung auf dem Gang. Der Inhaber ist Sommelier und führt Degustationen im Weinkeller durch. Das Restaurant öffnet nach Voranmeldung. DZ 60 €. Viale Italia 13, ☎ 338-5234241, www.alcampanaro.it.

B&B Palazzo Ruggiero. Der ehrwürdige Palazzo mit patinierter Fassade befindet sich im Zentrum von Montefusco. 2 Zimmer im Haupthaus, weitere Zimmer in Nebengebäuden, zauberhafte Innenhofterrasse mit Fernblick. Der Inhaber organisiert Touren zu Weingütern in der Umgebung. DZ 60 €. Via Pirro de Luca 2, ☎ 347-3727350, www.bbmontefusco.it.

Salae Domini. Das Ausflugsrestaurant 500 m unterhalb von Taurasi wird vom Weingut Caggiano (→ Einkaufen) betrieben. Deftige Landküche mit Anspruch und Niveau, erlesene Weine sind hier natürlich Ehrensache. Stimmungsvolle Sitzplätze mit Blick über Weinhänge auf die Monti Picentini. Menü 25–30 €. So mittags und abends, sonst nach Voranmeldung. Contr. Sala 4, ☎ 328-8310782, www.cantinecaggiano.it.

mein Tipp **Il Rifugio del Barone.** Das liebenswert-sympathische Bauernhaus mit Ristorante befindet sich 1 km von Taurasi entfernt im Grü-

Sehenswerter Weinkeller in Taurasi

nen. Freundlicher Empfang, gemütliche Stube, die Einrichtung ist rustikal. Authentische *cucina di terra*, schmackhafte Fleischgerichte, Pilze, frisches Gemüse der Saison. Menü 25 €. Mo und So abends geschlossen, eine Reservierung ist empfehlenswert. Strada vic. Piano d'Angelo (der Weg ist ausgeschildert), ☎ 333-8788178, www.ilrifugiodelbarone.com.

Beatrice. Das volkstümliche und alteingesessene Restaurant im Zentrum von Montefusco steht für schmackhafte Landküche. Überschaubare Karte, Schweinefleisch, Steinpilze, die Küche verarbeitet fast ausschließlich lokale Produkte. Stimmungsvoll-rustikales Ambiente. Menü um 20 €. So abends und Mi geschlossen. Via Pirro de Luca 28, ☎ 0825-1735251.

Nachlesen

& Nachschlagen

Die Amalfiküste ist eine Natur- und Kulturlandschaft

Landschaft und Geologie

Es gibt kaum etwas Erhaberenes, als nach der Ankunft in Neapel die Fähre nach Ischia oder Capri zu besteigen und vom Schiff aus die beeindruckende Landschaft des Golfs auf sich wirken zu lassen. Dominante topografische Landmarke ist der Vesuv. Die Amalfiküste allerdings entzieht sich zunächst den Blicken der Betrachter.

Bereits nach wenigen Tagen am Golf von Neapel haben sich die Gäste orientiert und wissen, welche der im Dunst erkennbaren Inseln Capri ist und wo die Ruinen von Pompeji zu verorten sind. Welchen Standort man auch immer wählt, den Belvedere in Sorrent oder die Terra Murata auf Procida – von den meisten Aussichtspunkten sind der charakteristische Doppelkegel des Vesuvs und die gezackte Gipfellinie der Monti Lattari – die „Milchberge" – zu erkennen. Und je nach eigenem Standort versinkt die Sonne am Abend tatsächlich bei Capri oder in der Nähe von Ischia im Tyrrhenischen Meer. Typisch an der Küste sind rasche Wetterwechsel: Ein heraufziehendes Gewitter ver-

ändert die Stimmung schlagartig – der Betrachter lehnt sich zurück und genießt von seinem Logenplatz die Inszenierung. Dann wird der Golf von Neapel seinem Ruf endgültig gerecht, ein grandioses Amphitheater der Natur zu sein.

In den landschaftlichen Vexierspielen entpuppen sich neben dem allgegenwärtigen Vesuv zwei weitere geografisch-geologische Besonderheiten als Konstante: Während nämlich die nördliche Golfküste zwischen Neapel und dem Capo Miseno fast zur Gänze aus vulkanischem Tuff besteht, dominiert im Süden zwischen Castellammare di Stabia und der Punta Campanella der Kalk. Der Dualismus ist auch auf die Inseln im Golf übertragbar: Ischia und

Procida entsprechen in geologischer Hinsicht dem vulkanisch geprägten Festlandssockel, während Capri „aus dem gleichen Stoff" wie die Halbinsel von Sorrent auf der anderen Seite der Meerenge gemacht ist. Wer hingegen mit geologischen Feinheiten, die das bloße Auge kaum auszumachen weiß, weniger anfangen kann, hält es vielleicht mit der häufig kolportierten neapolitanischen Legende: Demzufolge ergötzt sich hin und wieder auch der Herrgott an dieser herrlichen Traumlandschaft. Gut gelungen! Müde vom anstrengenden Job, kommt er am Golf am besten wieder zu Kräften ...

Der Golf von Neapel ist Teil der **Region Kampanien,** die sich entlang der Tyrrhenischen Küste erstreckt und eine Fläche von 13.590 km² bedeckt. Knapp sechs Millionen Menschen leben hier, die meisten von ihnen im dicht besiedelten Großraum Neapel. Kampanien teilt sich in fünf Provinzen auf: **Neapel, Salerno, Avellino, Benevento** und **Caserta.** Die Golfmetropole Neapel ist nicht nur die Hauptstadt der gleichnamigen Provinz, sondern auch das alles überstrahlende Zentrum der Region. Abgesehen von fruchtbaren, landwirtschaftlich genutzten Schwemmlandebenen ist Kampanien überwiegend von Mittelgebirge bedeckt, die höchste Erhebung ist der 1898 m hohe Monte Cervati im Cilento-Nationalpark ganz im Süden. Spektakuläre Steilküsten sind daher ein spezifisches Kennzeichen der Region. Die Amalfiküste – für viele Reisende eine der schönsten Küstenlandschaften des Mittelmeerraums – liegt indessen nicht am Golf von Neapel, sondern gehört bereits zum **Golf von Salerno.** Letzterer schließt sich südlich an den Golf von Neapel an, punktet mit einem abwechslungsreichen Landschaftsbild und verfügt über kilometerlange Sandstrände. Ganz im Süden des Golfs von Salerno befinden sich die griechischen Monumentaltempel von Paestum.

Vulkanologisches

Die beherrschende Erscheinung des seit seinem letzten Ausbruch 1944 schlafenden Vesuvs lässt ein wenig verkennen, dass sich die vulkanisch aktivste Zone nicht hier, sondern westlich von Neapel befindet. Auf den **Phlegräischen Feldern** *(Campi Flegrei)* kocht und brodelt es an vielen Stellen, und zwar fast permanent. Wäre die Gegend nicht so dicht bewachsen oder besiedelt, würde sie aus der Vogelperspektive einer Mondlandschaft gleichen. Über 50 Krater sowie Eruptionsherde verteilen sich auf einer Fläche von 150 km², wobei hier auch Gebiete unterhalb der Meeresoberfläche sowie die beiden Inseln Ischia und Procida mit eingerechnet sind. Den besten Zugang zu einem solchen Vulkan-Hotspot bietet der Solfatara-Krater am Stadtrand Pozzuolis westlich von Neapel. Nur unweit vom „Hexenkessel" mit seinen Dampf-Fumarolen und blubbernden Schlammgruben befindet

Fumarole im Solfatarakrater

sich der – ebenfalls leicht zugängliche – Averner See *(Lago d'Averno)*. Der mit Wasser gefüllte Krater vermittelt heute ein überaus friedliches Bild, der römische Schriftsteller Vergil indes verortete in seiner „Aeneis" hier den Eingang zur Unterwelt. Mit dem Bergsolitär des Vesuvs sind die „Brennenden Felder" durch eine riesige **Magmakammer** in 10 km Erdtiefe verbunden. Vesuv und Phlegräische Felder bilden gemeinsam einen von 20 sog. Supervulkanen der Erde. Sie gelten als sehr gefährlich, verfügen oft über titanische Einbruchskessel (Calderen), Eruptionen werden häufig von Erdstößen begleitet. Der letzte größere Ausbruch am Golf datiert auf das Jahr 1538. Binnen weniger Stunden wuchs damals ein gänzlich neuer Berg, der Monte Nuovo, in die Höhe! Ein weiteres bedeutendes vulkanisches Phänomen an der Küste ist der **Bradisismus:** Darunter verstehen die Vulkanologen ein Absinken und Anheben der Erdkruste, das aus Sicht der betroffenen Bewohner als Heben und Senken des Meeresspiegels wahrgenommen wird. Bradiseismische Bewegungen sind auch der Grund, warum z. B. in der Bucht von Pozzuoli heute zahlreiche römische Villen auf dem Meeresgrund liegen! Eine weitere Folge vulkanischer Aktivität am Golf sind die **Thermalquellen,** die in römischer Zeit auf den Phlegräischen Feldern sowie

südlich von Pompeji für einen Touristenboom sorgten. Heute wartet Ischia mit einer Vielzahl von Quellen und Thermalparks auf (→ S. 101) – eine Ursache für den großen Gästezuspruch, den die Ferieninsel gegenwärtig genießt.

Tuff im Norden

Wo am Golf von Pozzuoli in der römischen Antike die Mittelmeerflotte stationiert war, liegen heute Jachten wie Fischerboote vor Anker. Abgesehen von neuzeitlicher Besiedelung dürfte sich die Landschaft damals nicht wesentlich anders präsentiert haben als heute. Lotrecht ragt das Capo Miseno aus dem Tyrrhenischen Meer und erweist sich in landschaftlich-topografischer Hinsicht als würdiges Pendant zu den beiden vorgelagerten Inseln **Procida** und **Ischia.** Tuffstein in vielerlei Schattierungen bildet hüben wie drüben den Grundbaustoff der Erde. Unter Tuff verstehen Geologen verfestigtes Eruptivgestein, das zu rund drei Vierteln aus pyroklastischem Material besteht – kleine Steine, erstarrte Lava, Asche und mineralhaltiger Staub. Die fruchtbaren vulkanischen Böden wiederum sind ein gewichtiger Grund für die dichte Besiedelung der Region. Auch Procida und Ischia sind fruchtbar und lockten seit der frühen Neuzeit neue Bewohner an. Die eindrücklichste topografische Landmarke auf

Der Kraterrand des Vesuvs ist zu einem Drittel begehbar

Ischia ist der 789 m hohe **Monte Epomeo,** dessen Gipfelzone (→ Wanderung 1, S. 380 ff.) ein herrlicher Aussichtspunkt ist. Auch sonst überzeugt die Thermeninsel mit spektakulärer Landschaft und üppiger Mittelmeervegetation, die zum Radeln und Wandern einladen. Auf Ischia befinden sich außerdem die schönsten Sandstrände der gesamten Region. Landschaftlich weniger attraktiv ist die Nachbarinsel Procida. Zwar gibt es auch hier beeindruckende Steilküsten und schöne Strände, die enthemmte Zersiedelung ist hier indes mehr als nur ein kleiner Wermutstropfen. Dafür ist die kleinste Insel im Golf in vielfacher Hinsicht kulturell von Interesse.

Kalk im Süden

Der in Ost-West-Richtung verlaufende Landschaftskeil, der an der **Punta Campanella** ins Tyrrhenische Meer ragt, trennt den Golf von Neapel vom Golf von Salerno. Das Rückgrat der Region besteht aus geschichteten sedimentären Karbonaten, mit anderen Worten: aus Kalk- und Dolomitgestein. Passionierte Sammler finden hier mit ein wenig Glück Fossilien, die den Ursprung der Landmasse aus dem Urozean bezeugen. Tuffablagerungen gibt es hier indes nur vereinzelt; sie sind Ergebnis diverser Vesuvausbrüche, u. a. besteht das flache Plateau mit der Stadt Sorrent aus Tuff. Sonst überwiegt das Sedimentgestein, was nicht nur für den Festlandsockel gilt, sondern auch für die vorgelagerte Insel **Capri.** Die berühmte Blaue Grotte ist ein hervorragendes Beispiel für ein Karstphänomen, das nur dort existent ist, wo Kalk dominiert. Capri und auch die **Küste von Amalfi** sind gespickt mit Grotten und Höhlen, die meistenteils vom Wasser aus zugänglich sind – ein weiteres populäres Beispiel ist die Smaragdgrotte *(Grotta dello Smeraldo)* zwischen Positano und Amalfi. Auch die zwei großen Natursteinbogen – der eine auf Capri, der zweite oberhalb von Positano – sind Karstphänomene. Auf Capri und an der Amalfiküste – im Schutz der bis zu rund 1400 m hohen **Monti Lattari** – läuft die Landschaft zur Hochform auf. Eine Inselrundfahrt um Capri oder eine Tour mit dem Bus auf der kurvenreichen Amalfitana werden angesichts spektakulärer Steilküsten zu unvergesslichen Erlebnissen. An jedem Knick wechselt die Szenerie, Reisende kommen aus dem Staunen nicht mehr heraus. Sowohl Capri als auch die Küste von Amalfi und ihre Verlängerung, die **Halbinsel von Sorrent,** sind nicht nur Natur-, sondern auch Kulturlandschaft. Das prägende Zeugnis menschlichen Gestaltungswillens sind die zahlreichen Terrassen, auf denen u. a. Oliven und Zitronen kultiviert werden.

Flora und Fauna

Liebhaber der mediterranen Blumenwelt kommen beinahe das ganze Jahr über auf ihre Kosten, besonders farbenprächtig blüht es im Frühjahr von April bis Juni. Der vulkanische Untergrund sorgt am Golf von Neapel für ausgesprochen günstige Bedingungen, die das Pflanzenwachstum befeuern.

Wanderer kennen sie zur Genüge: die geschlossene Buschdecke an steilen sonnigen Abhängen, in der sich wieder einmal der Pfad zu verlieren droht. Die botanisch zur mediterranen Hartlaubvegetation gehörende **Macchia mediterranea** war indes nicht immer der dominierende Bewuchs. Macchia ist nichts anderes als ein Sekundärgewächs, das an die Stelle der ursprünglichen Wälder getreten ist. Macchia bezeichnet überdies keine Pflanzengattung, sondern firmiert als Oberbegriff für eine Reihe typisch mediterraner Pflanzen, z. B. Zistrose *(Cistus salviifolius)*, Mastixstrauch *(Pistacia lentiscus)*, Strauch-Gamander *(Teucrium fruticans)* oder Erdbeerbaum *(Arbutus andrachne)*. Auch Pflanzen, die sonst eher als Bäume verbreitet sind, mischen in verbuschter Form bei der Macchia munter mit, u. a. die Steineiche *(Quercus ilex)* und der wilde Olivenbaum *(Olea euro-*

paea var. sylvestris). Die Vegetation am Golf von Neapel beschränkt sich aber natürlich nicht nur auf Macchia. Wer im Frühjahr in den Bergen wandert, kann sich hin und wieder am Anblick prächtiger **Orchideen** erfreuen, z. B. am Spinnen-Ragwurz *(Ophrys sphegodes)*, Zungenstengel *(Serapias lingua)* und dem ein oder anderen Knabenkraut *(Dactylorhiza)*. Am wahrscheinlichsten sind sie auf Capri und auf der Halbinsel von Sorrent anzutreffen. Überhaupt sorgt der mit vulkanischen Stoffen angereicherte Boden vielerorts für ein üppig sprießendes Wachstum, das Hobbygärtner aus dem Norden nicht selten neidvoll erblassen lässt. Besonders Capri und Ischia entpuppen sich als blütenreiches Mekka von beispielloser Vielfalt. Ein schönes Urlaubsmotiv ist der Pfeifenputzerbaum, der auch als Zylinder- oder Flaschenputzerbaum ein Begriff ist. Wer auf den Inseln spazieren geht und hin und wieder in die Hausgärten blickt, entdeckt immer wieder Überraschendes, z. B. die Bananenstaude im Garten am Treppenabgang von Capri-Stadt zur Marina Grande! Wer als botanischer Laie bei dieser Überfülle überfordert ist, sollte einen **Botanischen Garten** (→ S. 117) aufsuchen.

Typische wild wachsende **Baumarten** sind, neben den oben erwähnten Steineichen, Schirmpinien und die für exotische Urlaubsstimmung sorgenden Palmen. Letztere haben es allerdings nicht immer leicht, denn sie werden regelmäßig vom gefräßigen Palmrüssler, einer aus Asien eingeschleppten Käfer-

Orchidee auf Capri

art, heimgesucht. In den Bergen haben sich größere Bestände uralter Esskastanienwälder erhalten. Sie findet man in den Monti Lattari (im Herbst sammeln Einheimische Kastanien und verkaufen sie an Restaurants) oder in der Falanga, einem abgelegenen Wald am Gipfel des Epomeo auf Ischia (→ Wanderung 1, S. 380 ff.). Zu den Bäumen zählen auch diverse **Nutzpflanzen,** allen voran natürlich die Orangen- und Zitronenbäume. An der Nordseite der Halbinsel von Sorrent und an der Amalfiküste zwischen Amalfi und Maiori sind sie besonders häufig anzutreffen und machen dem elegischen Vers Goethes („Kennst du das Land, wo die Zitronen blühn") Ehre. Wein und Oliven müssen in dem Zusammenhang natürlich auch genannt werden, denn seit der Antike zählen sie zu den wichtigsten Kulturpflanzen Kampaniens.

Der dicht besiedelte Golf von Neapel ist kein Mekka für wild lebende **Säugetiere.** Allenfalls Wildschweine in den Monti Lattari und Wildkaninchen (u. a. auf Ischia) tauchen in größeren Populationen – und als Gericht auf lokalen Speisekarten – auf. Seltener sind Baumschläfer und Steinmarder, während Begegnungen mit Füchsen und Hasen zwar alles andere als ein Normalfall sind, es sie aber gibt. Ein Gegenstand leidenschaftlicher Erörterung unter Etymologen ist die Herleitung des Namens der Insel Capri: entweder vom lateinischen Wort *capraea* (Ziege) oder vom griechischen *kapròs* (Wildschwein). Für erste Variante spricht, dass auf Capri seit römischer Zeit – wild lebende – Ziegen anzutreffen sind. Abgesehen von den Säugern trifft man dagegen auf **Vögel** jeglicher Couleur: Mittelmeermöwen, Eulen, Spechte, Lerchen, Waldschnepfen, Schwalben, Stieglitze oder Grasmücken. Auch Greifvögel werden immer wieder mal gesichtet, u. a. Falken, Sperber und Bussarde. Ein größeres Kapitel im imaginären Handbuch zur Fauna der Region nehmen die **Nutz-tiere** ein: Ziegen, Schafe, Kühe und v. a. der Wasserbüffel. Letzterer stammt aus Asien und gelangte eventuell im Zuge der langobardischen Landnahme nach Italien. Lange Zeit wurden Büffel in der Landwirtschaft als Zugtiere verwendet, ehe man die Eignung der Büffelkuhmilch als Rohstoff für Mozzarella erkannte. Büffel sind sensibel; sie bevorzugen flache, sandige Böden, weshalb es nicht verwundert, dass sie in den Schwemmlandebenen bei Caserta und in Nachbarschaft der Tempel von Paestum heimisch geworden sind. Kampanien gilt deshalb als Heimat der Mozzarellaproduktion.

Zu den **Fischen,** die sich im Tyrrhenischen Meer tummeln, zählen Meerbrassen, Schwertfische, Hechte, Barsche, Sardellen und Thunfische. Auch Krustentiere wie z. B. Langusten sind bei Fischern, Gastronomen wie Konsumenten heißbegehrt. Eine Besonderheit stellen die Vorkommen von **Delfinen** sowie **Finn- und Pottwalen** dar. Die Meeressäuger werden bis zu 20 m lang und tauchen hin und wieder vor der Nordküste Ischias auf. Seit 1997 kümmert sich das gemeinnützige *Ischia Dolphin Project* um die Erforschung und Erhaltung der Bestände. Interessenten können von Mai bis September an einer einwöchigen Delphin- und Walexkursion teilnehmen. Allerdings ist der Trip keineswegs preiswert (Information: www.oceanomaredelphis.org, Reisebuchung: www.lamar-reisen.de).

Schutzgebiete am Golf von Neapel

Nationalpark Vesuv: www.parconazionaledelvesuvio.it.

Regionalpark Campi Flegrei: www.infocampiflegrei.it.

Regionalpark Monti Lattari: www.parcoregionaledeimontilattari.it.

Naturschutzgebiet Punta Campanella: www.puntacampanella.org.

Klima und Reisezeit

Grundsätzlich gelten die angenehmen klimatischen Bedingungen im Süden der Apenninenhalbinsel natürlich auch für den Golf von Neapel. Anders als viele andere Reiseziele ist diese Region jedoch eine Ganzjahresdestination, die zu jeder Jahreszeit ihren ganz spezifischen Charme entfaltet.

Wäre das Reisehandbuch vor 20 Jahren geschrieben worden, dann hätte diese Aussage wohl kaum einer angezweifelt: In den drei kühlen Wintermonaten gibt es reichliche Niederschläge, während im Sommerhalbjahr – abgesehen von lokalen Gewitterschauern – kaum ein Tropfen Regen fällt. Heute stellt sich die Sachlage weniger eindeutig dar, für viele Italiener eine Folge des allgemeinen **Klimawandels.** Die Regenfälle im Frühjahr und Herbst haben spürbar zugenommen, darunter auch Starkregen und Hagel, während häufig auch im Januar die Sonne vom wolkenlosen Himmel lacht. Die Faustregel, dass im Verlauf des Monats März normalerweise der Frühling mit spürbar milderen Temperaturen einsetzt, behält – mit Abstrichen – dennoch ihre Gültigkeit. Auch auf die milden Abende und Nächte, die es bereits in der Nebensaison erlauben, draußen auf der Terrasse zu sitzen, kann man sich alles in allem verlassen. Der Hochsommer ist heiß und manchmal aufgrund der hohen Luftfeuchtigkeit auch schwül. Allenfalls an den Küsten sorgen frische Brisen für etwas Kühlung. Im Hinterland kann es hingegen im Hochsommer unangenehm heiß sein. Zum Befinden

	Neapel				Amalfi			
	Ø Lufttemperatur (Min./Max. in °C)		Ø Niederschlag (in mm), Ø Tage mit Niederschlag ≧ 1 mm		Ø Lufttemperatur (Min./Max. in °C)		Ø Niederschlag (in mm), Ø Tage mit Niederschlag ≧ 1 mm	
Jan.	4,4	13,0	92	9	7,5	14,0	281	11
Febr.	4,5	13,5	95	9	8,4	15,0	198	12
März	6,3	15,7	78	9	9,7	17,2	131	9
April	8,4	18,1	99	9	12,7	20,4	135	10
Mai	12,6	23,0	59	6	16,5	24,8	74	6
Juni	16,2	26,7	33	3	20,4	28,0	62	4
Juli	18,8	29,9	28	2	22,9	30,0	39	3
Aug.	19,1	30,3	36	4	23,3	30,4	70	4
Sept.	16,0	26,6	89	6	19,7	26,1	122	7
Okt.	12,1	22,1	136	9	15,5	22,2	146	8
Nov.	7,8	17,1	152	10	11,5	17,5	190	10
Dez.	5,6	14,1	112	10	8,0	13,8	281	12
Jahr	**11,0**	**20,8**	**1008**	**86**	**14,7**	**21,6**	**1729**	**96**

Daten: Servicio Meteorologico Italia

Dunkle Regenwolken über der Insel Capri

Einheimischer wie Urlauber trägt auch die **Windrichtung** bei. Weht z. B. die böig auffrischende *Tramontana* aus Nord oder Nordost, kann es im Süden Italiens empfindlich kalt werden. Bereits die Römer fürchteten den Wind und suchten sich für ihre Villen bevorzugt abgeschirmte Plätze. Andererseits sorgt die Tramontana für klare Sicht und somit für bestes Fotografierwetter. Der Mistral (*Maestrale*) weht aus Nordwest und kündigt häufig einen Wetterwechsel an. Wenn er auffrischt, bilden sich Wellen mit Schaumkronen – die Blaue Grotte auf Capri ist an solchen Tagen für Besucher gesperrt. Ein weiterer typischer mediterraner Wind ist der *Scirocco*, der schwül-heiße Temperaturen und einen weißlich-fahlen Himmel mit sich bringt. Manchmal gelangt mit dem Scirocco Saharastaub nach Italien.

Wenngleich es v. a. in den Sommermonaten zahlreiche Besucher an den Golf von Neapel lockt, eignet sich die Region wie kaum eine andere Süditaliens als **Ganzjahresdestination.** Die Ausgrabungsstätten in Pompeji und Herculaneum stehen das ganze Jahr über offen, Gleiches gilt für die namhaften archäologischen Museen. Die Krippengasse in Neapel verzeichnet ihre Hochkonjunktur sogar im Dezember. Auch Salerno, Sorrent, Pozzuoli und die Provinzhauptstädte im Hinterland hängen nicht ausschließlich am Tropf der Fremdenverkehrswirtschaft und sind daher ebenfalls Ganzjahresziele.

Und ein Winteraufenthalt auf einer dann nahezu touristenfreien Insel Capri zählt zu den eindrücklichsten Reiseerfahrungen am Golf. Unterm Strich lässt sich indes festhalten, dass die Feriensaison traditionell Ostern beginnt und gegen Ende Oktober ausläuft. In diesem Zeitraum haben die Hotels und Restaurants in der Regel alle geöffnet, Ähnliches gilt für die Attraktionen und Sehenswürdigkeiten. Bei näherem Hinsehen gibt es jedoch große Unterschiede: In Amalfi finden Gäste z. B. auch in der kalten Jahreszeit ein Quartier, während einige Kilometer weiter das Städtchen Positano tief und fest im Winterschlaf liegt. Wenig anders stellt sich die Situation auf den Inseln dar: Während ein Urlaubsaufenthalt auf Ischia im Winter kaum Sinn macht, stellt sich dies auf Capri anders dar. Meiden sollte man Süditalien im August, insbesondere in der Woche vor und nach **Mariä-Himmelfahrt** (*ferragosto*). Nicht der glühenden Hitze wegen – an der Küste spielt sie weniger eine Rolle als im kampanischen Hinterland –, sondern weil im August ganz Italien Ferien macht. Die Quartiere an der Küste sind hoffnungslos überbucht, die Preise schießen in die Höhe. Auf küstennahen Routen staut sich der Verkehr; an manchen Tagen geht nichts mehr, während die Städte und Dörfer im Hinterland verwaist sind. Für einen entspannten Plausch mit Einheimischen bleibt unter diesen Notstandsbedingungen natürlich keine Zeit.

Der Dom von Amalfi bei Nacht

Geschichte

Seit der Antike ist der Golf von Neapel ein Brennglas der Geschichte. Die zahlreichen Museen, Ausgrabungsstätten, Kirchen sowie Paläste skizzieren das Bild einer glanzvollen Vergangenheit, in der die Region zum Takt- und Impulsgeber für große Teile Europas wurde. Seit dem Untergang Pompejis steht sie jedoch auch für die Vergänglichkeit kultureller Bemühungen.

Erdstöße, Vulkanausbrüche und andere Naturkatastrophen ziehen sich wie ein roter Faden durch die Geschichte und sorgen für das, was man unter Ausblendung tragischer Begleitumstände salopp ein „wechselhaftes Geschehen" nennt. Nicht von ungefähr hat das Zeitalter des Barock, das die Vergänglichkeit angesichts des dräuenden Endes zum Kultstatus erhob, in und um Neapel die schönsten und bizarrsten Blüten hervorgebracht. Die zahlreichen überschwänglich ausgestatteten Sakralbauten der Golfmetropole sowie die scheinbare Sorglosigkeit der Menschen angesichts einer – vielleicht – erneut drohenden Katastrophe sind nur zwei Seiten ein und derselben Medaille – der barocken Lebensmaxime. Mit dem Bewahren des Alten tut man sich hier schwer. Ein exzellentes Beispiel ist die Ausgrabungsstätte von Pompeji, wo der beste Wille aller Archäologen nicht ausreicht, um den Verfall der antiken Stätte aufzuhalten. Licht, Wasser, Luftemissionen und nicht zuletzt Millionen von Besuchern tragen unweigerlich dazu bei, dass die Stadt zum zweiten Mal zerstört wird. Ironischerweise war es andererseits gerade der zerstörerische Vesuvausbruch im Jahr 79 n. Chr., der die wertvollen Schätze der Antike für die Nachwelt konservierte!

Großgriechenland

Als im 8. Jh. v. Chr. die ersten griechischen Kolonisten auf Schiffen in Unteritalien eintrafen, fanden sie ein fruchtbares Land vor, das von Ackerbauern bestellt wurde. Letztere gehörten einer indigenen oder in vorgeschichtlicher Zeit eingewanderten Bevölkerungsgruppe – altitalischen Stämmen wie den Oskern oder Samniten – an. Die erste Siedlung der Neuankömmlinge aus Euböa entstand auf Ischia und hieß *Pithekoussai*. Nach wenigen Jahrzehnten gab man sie indes wieder auf und zog ans Festland, wo die Griechen die ruhmreiche Stadt *Kyme* gründeten. Die Kolonisten pflegten das hellenische Erbe, betätigten sich in der Metallurgie und Keramikproduktion und kultivierten Wein sowie Getreide. Der Handel beschränkte sich zunächst auf den Güteraustausch mit den Einheimischen und dehnte sich danach in den östlichen Mittelmeerraum aus. Zupass kam den Händlern dabei ein lockeres Netzwerk griechischer Kolonien, das im 3. Jh. v. Chr. voll ausgebildet war und von Historikern später als **Magna Graecia** (Großgriechenland) bezeichnet wurde. Neben den Siedlungen am Golf hatten nämlich inzwischen hellenische Auftragskolonisten, Flüchtlinge oder schlicht Abenteurer weitere Städte in Süditalien gegründet, die mächtigsten waren Syrakus auf Sizilien sowie Tarent in Apulien. Auch Kyme beteiligte sich an Neugründungen, wie die Beispiele *Dikaiarcheia* (Pozzuoli) und *Parthenope* (Neapel) belegen. Wenn die Kolonien sich nicht gerade gegenseitig bekämpften, bildeten sie Koalitionen, um gemeinsamen Feinden die Stirn zu bieten. Die Konfrontation mit den **Etruskern** war ein solcher Bündnisfall, der mit dem Sieg der Griechen in der Seeschlacht von Kyme 474 v. Chr. endete. Das etruskische Herrschaftsgebiet lag eigentlich im Norden, einige Siedlungsverbände befanden sich aber südlich – in der Peripherie der heutigen Provinzhauptstadt Salerno. Meinungsverschiedenheiten um Grenzen und Einflusszonen waren daher vorprogrammiert, auch wenn die griechischen Kolonien ansonsten vom Handel mit den Etruskern profitierten.

Während es den Griechen auf der einen Seite gelang, die Etrusker in die Schranken zu weisen, zeigten sie sich andererseits dem Expansionsdruck der **Samniten** auf Dauer nicht gewachsen. Im 5. Jh. v. Chr. wuchs die Präsenz des Bergstamms am Golf, nacheinander fielen die Städte Capua, Pompeji und Kyme an die Samniten. Auch Pozzuoli und Neapel gerieten unter samnitischen Einfluss. Der bedeutendste Siedlungsraum waren die Täler um die heutige Provinzhauptstadt Benevento, eine Region, für die sich der kulturgeografische Begriff *Samnium* bis heute tradiert hat. Während die Griechenkolonien weiter im Süden nach wie vor prosperierten, tendierte der politische Einfluss der Hellenen am Golf von

Patronin der Städte: Pallas Athene

Neapel allmählich gegen Null. Ihre kulturelle Hegemonie blieb jedoch bestehen. Die samnitische Herrschaft wiederum kam naturgemäß mit der **wachsenden römischen Macht** in Süditalien in Konflikt. Der Dissens entlud sich in drei Samnitenkriegen 343–290 v. Chr., die mit der Unterwerfung der Region unter die römische Oberherrschaft endeten. Rom erwies sich als großer Bewunderer griechischer Kultur, was einen doppelten Akkulturationsprozess zur Folge hatte: Während die Römer einerseits die Kulturleistungen der Griechen zur Messlatte eigenen Schaffens erhoben, waren die griechisch-samnitischen Städte einem schleichenden Prozess der Romanisierung unterworfen. Bis ins 1. Jh. v. Chr. bewahrten die Städte am Golf jedoch im Wesentlichen ihre innenpolitische Autonomie.

Die bedeutendsten **Zeugnisse hellenischer Kultur,** die sich in freier Landschaft bis heute erhalten haben, sind die dorischen Monumentaltempel von Paestum. In Kyme sind ebenfalls noch eindrückliche Reste zu besichtigen –

u. a. die Grotte der Sibylle von Kyme (→ Kasten, S. 85). Die wichtigsten Museen mit Objekten aus griechischer Zeit befinden sich in Paestum, in Baia westlich von Neapel sowie auf Ischia in Lacco Ameno. Überdies wartet das Archäologische Nationalmuseum Neapel mit einer bedeutenden Sammlung griechischer Kunst auf.

Glückliches Kampanien

Im Zeitalter der Republik reichten die Ressourcen der Ewigen Stadt noch nicht aus, um sämtliche unterworfenen Gebiete auf der italienischen Halbinsel unter direkte Herrschaft zu stellen. Die Römer lösten das Problem, indem sie mit den autonomen Städten Verträge schlossen und die Partner zu Bundesgenossen machten. Im 1. Jh. v. Chr. führte u. a. der ungelöste Konflikt um das römische Bürgerrecht dazu, dass einige Bündnispartner sich von der Republik abwandten und zu einem Gegenstaat vereinigten. Herausragender Protagonist des nun folgenden Bundesgenossenkriegs 91–88 v. Chr. war der

Griechisches Vasenmotiv im archäologischen Museum Santa Maria Capua Vetere

römische Feldherr und Diktator Lucius Cornelius Sulla, der am Golf von Neapel die Samnitenstädte Stabiae (Castellammare di Stabia) und Herculaneum eroberte. Auch Pompeji warf nach einer Belagerung das Handtuch, woraufhin Sulla in der Stadt unter dem Vesuv 2000 Veteranen ansiedelte und die verlorene Autonomie durch die Begründung der *Colonia Cornelia Veneria Pompeianorum* zementierte. Am **Übergang der Republik zur Kaiserzeit** veränderten die antiken Städte an der Golfküste ihr Gesicht: Wo sich einst der griechische Marktplatz *(agora)* befand, markierte von jetzt an das Forum die Mitte des gesellschaftlichen, politischen und wirtschaftlichen Alltags; neben griechischen Tempeln wurden Sakralbauten für die neuartigen Staatskulte errichtet; neben Gymnastiksportanlagen wuchsen die Emporen der Amphitheater in die Höhe. Die Grundrisse der Städte konzipierte man neu im Schachbrettstil – mit Pflasterstraßen in Ost-West-Richtung *(decumani)* und in Nord-Süd-Richtung *(cardines)*. Pompeji, Herculaneum und Paestum präsentieren sich heute in etwa so, wie sie zu Beginn der römischen Kaiserzeit ausgesehen haben.

Das 1. Jh. v. Chr. verzeichnete für den Golf von Neapel eine beispiellose Blüte, was einen ungebrochenen Zuzug von Menschen in die Region auslöste. Quellen berichten, dass Reisende in der Antike sich regelmäßig von der dichten Besiedelung der Vesuvküste überrascht zeigten – eine historische Konstante, die noch in der Gegenwart Bestand hat. Begüterte Römer hatten es nicht eilig genug, mit dem Schiff der staubigen Tibersenke zu entfliehen und ihre Ferienvillen am bezaubernden Golf zu beziehen. Neben einem fantastischen Panorama lockten das angenehme Klima und natürlich die sprudelnden Thermalquellen. Das Schlaraffenland, in dem Zitronen und Orangen im Garten in schierer Überfülle gedeihen, wurde

Die Ruinen von Pompeji

mit den großartigsten Attributen bedacht. *Campania felix*, „glückliche Landschaft", ist als geflügeltes Wort im Sprachschatz der Menschen noch heute fest verankert. Symbol des glücklichen Lebens war in der römischen Antike der beschauliche Kurort *Baiae* (Baia) am Golf von Pozzuoli. Patriziervillen und kaiserliche Paläste am Meeresufer entfalteten hier eine Pracht, die im Imperium Romanum ihresgleichen suchte; die Thermen dienten beileibe nicht nur Körperpflege und gesundem Wohlbefinden, sie waren Schauplatz zahlreicher amouröser Abenteuer. Bedeutendster römischer Stützpunkt war die Hafenstadt *Puteoli* (Pozzuoli). Die Nachfolgesiedlung der vormaligen griechischen Kolonie lag strategisch günstig und war zeitweilig wichtigster Hafen am Tyrrhenischen Meer, der die Ewige Stadt mit überlebenswichtigem Getreide versorgte. Ihre Glanzepoche feierte die Region, als 26 n. Chr. Kaiser Tiberius seine Residenz nach Capri verlegte und über ein Jahrzehnt das römische Weltreich von der Insel aus steuerte. Der **Vesuvausbruch** 79 n. Chr. beendete die Blütezeit auf einen Schlag und stürzte das glückliche Kampanien in ein Jammertal. Stabiae, Herculaneum und Pompeji gingen unter und wurden mit einem Leichentuch aus Asche, Schlamm und Staub bedeckt.

Die namhafteste Römerstadt befand sich allerdings nicht an der Golfküste, sondern im Hinterland: Das reiche *Capua* lag inmitten einer fruchtbaren Ebene in der Nähe eines wasserreichen Flusses, dem Volturno. Ihren Wohlstand verdankte die Stadt zuvorderst dem Getreideanbau und dem fast schon sprichwörtlichen Niveau der Handwerkskunst. Seit 312 v. Chr. verband die **Via Appia** Capua mit Rom und rückte die kampanische Peripherie näher ans politische Herrschaftszentrum heran. Die „Königin der Römerstraßen" war eine mit grauem Basalt gepflasterte und mit „Zement" verfugte ingenieurstechnische Meisterleistung. Im 2. Jh. v. Chr. wurde sie bis an die Adria verlängert und maß eine Gesamtlänge von 540 km. Das bedeutende Infrastrukturprojekt erwies sich indes für die Tyrrhenische Küste als wirtschaftlich nachteilig, denn die Handelsaktivitäten verlagerten sich langfristig zur Adria hin. Zur blühenden Etappenstation zwischen Capua und Brindisi in Apulien stieg indessen die einstige Samnitenhochburg *Beneventum* (Benevento) auf: Seit 114 n. Chr. schmückte den Verkehrsknoten im Hinterland ein Ehrenbogen für den römischen Kaiser Trajan. Der Trajansbogen, wegen seiner prachtvollen Ausstattung auch „Goldenes Tor" *(porta aurea)* genannt, zählt heute zu den wichtigsten Denkmälern römischer Zeit im Hinterland. Ein ebenfalls lohnendes Ziel ist das Amphitheater von Capua mit der Gladiatorenschule. Letztere ist zwar nicht erhalten, war jedoch 73 v. Chr. Ausgangspunkt der berühmten **Rebellion des Spartacus.** Der nach dem Sklaven und Gladiatoren benannte Aufstand wurde zwei Jahre später in der Schlacht am Silarus im Süden Kampaniens blutig niedergeschlagen.

Beste Wohnlage – die Residenz des Kaisers Tiberius auf Capri

Schönheit im Eigenheim: die vier Pompejanischen Stile

Die Fresken in Pompeji (und mit Abstrichen auch in Herculaneum sowie in anderen römerzeitlichen Wohnhäusern) lassen sich in zeitlicher Abfolge in vier verschiedene Stilrichtungen unterteilen. Die besten Objekte können im Archäologischen Nationalmuseum in Neapel besichtigt werden. Ausgeführt wurden die Malereien *al fresco*, wobei die Handwerker zum Glätten die eingefetteten Hände verwendeten, deren Abdrücke sich bis heute teils erhalten haben.

Typische Standardfarben waren fette Farberden, u. a. das häufig vorkommende Ockerrot und Ockergelb.

2. Pompejanischer Stil

1. Pompejanischer Stil: Mit verhältnismäßig bescheidenen künstlerischen Mitteln imitierten die Künstler u. a. Marmor und verliehen den Häusern auf diese Weise einen Hauch von herrschaftlichem Luxus (ca. 2. Jh.–80 v. Chr.).

2. Pompejanischer Stil: Die Innenwand gleicht einer kunterbunten Kulisse und wurde vollständig ausgestaltet. Illusionsmalerei und die Perspektivkunst waren die wichtigsten Innovationen (80–15 v. Chr.).

3. Pompejanischer Stil: Verzichtet wurde gegenüber dem vorherigen Malstil auf den Blick in die (illusionäre) räumliche Tiefe. Die Malereien sind flächig und linear, es dominieren farbige Rechtecke mit bukolischen Landschaften (15 v. Chr.–50 n. Chr.).

4. Pompejanischer Stil: Die Rückkehr des Illusionismus ging einher mit der Darstellung fantastischer Figuren und triebhaft-leidenschaftlicher Momente mit zuweilen tragischen Auswirkungen (50–79 n. Chr.).

Völker in Bewegung

Nach dem Untergang des Weströmischen Reichs am Ende des 5. Jh. n. Chr. versuchten verschiedene Völker das Herrschaftsvakuum in Süditalien zu füllen. Als Erstes besetzten **Byzantiner** strategisch wichtige Punkte und befestigten sie. Immerhin betrachteten sich die Oströmer seit der Teilung des Reichs 395 n. Chr. als die legitimen Nachfolger der Herrscher (West-)Roms, mussten sich allerdings der **Ostgoten** erwehren, die in Italien eingefallen waren und bei der Neujustierung des Landes mitzureden gedachten. Der Konflikt zwischen dem oströmischen Kaiser Justinian I. und dem Ostgotenkönig Totila kulminierte 552 n. Chr. in der Schlacht von Busta

Gallorum in Umbrien, die zu Gunsten von Byzanz ausging. Nach dem Tod Totilas gelang es dem Nachfolger Teja, versprengte Verbände zu sammeln und gegen Byzanz ins Feld zu führen. Der exakte Schauplatz der sog. Schlacht am Mons Lactarius („Milchberg") ist heute unklar, vieles spricht aber dafür, dass sie in den *Monti Lattari* zwischen Vesuv und Amalfi stattfand. Am Ausgang des Treffens besteht indes kein Zweifel: Der byzantinische Heerführer Narses trug den Sieg davon, Teja fiel, die wenigen überlebenden Goten wurden in der Nähe von Salerno aufgerieben.

Lange konnten sich die Byzantiner über ihren Sieg nicht freuen, denn am Horizont tauchte mit den **Langobarden** schon ein neuer Gegner auf. Der ursprünglich an der Unterelbe siedelnde Germanenstamm wanderte ab 558 n. Chr. in mehreren Schüben über die Alpen und eroberte unter König Alboin weite Teile der Po-Ebene in Norditalien. Nach Schätzung der Historiker gelangten im Zuge der langobardischen Landnahme 100.000–150.000 Elbgermanen auf die Apenninenhalbinsel. 571 n. Chr. wurde nach dreijähriger Belagerung die Stadt Pavia eingenommen und zur Hauptstadt des neuen Langobardenreiches gekürt. Die langobardische Hegemonie beschränkte sich in der Folge jedoch nicht auf Norditalien, sondern griff auch auf das durch die Gotenkriege zerrüttete Mittel- und Süditalien über. Noch im gleichen Jahr gründeten die Elbgermanen das Dukat von Benevento *(Ducato di Benevento)*, das in seiner Blütezeit große Teile Kampaniens, Apuliens, der Basilikata sowie der Molise umfasste. Der Aufstieg der heutigen Provinzhauptstadt im Hinterland zum politischen Nabel Unteritaliens schlägt sich in einer ganzen Reihe von Denkmälern aus der langobardischen Zeitepoche nieder, beispielhaft ist der Komplex Santa Sofia mit dem grandiosen Kreuzgang. Die langobar-

dische Zeit verzeichnete auch den Aufstieg Salernos – seit Mitte des 9. Jh. das Zentrum eines Fürstentums *(Principato di Salerno)*. Auch in Salerno haben sich eine Handvoll Sakralbauten aus langobardischer Zeit in die Gegenwart gerettet, ein weiterer Beleg dafür, dass das **Christentum** in Italien endgültig den Kinderschuhen entstiegen war.

Insgesamt hielt sich die langobardische Hegemonie in Süditalien erstaunlich lang, nämlich über beinahe ein halbes Jahrtausend! Während die Herrscher die byzantinische Präsenz akzeptierten, erwies sich die Herausforderung durch die **arabischen Eroberungszüge** als viel problematischer. Mitte des 9. Jh. besetzten muslimische Invasoren große Teile des Fürstentums, sogar stark befestigte Städte wie Capua und Benevento gerieten zeitweilig unter arabische Herrschaft. Mittlerweile hatte sich Mitteleuropa nach den Wirren der Völkerwanderungszeit neu aufgestellt, und im „Spiel der Throne" betraten gänzlich neue Protagonisten die Bühne Süditaliens: u. a. die fränkisch-salischen Könige, die römische Kurie sowie die **Normannen**. Insbesondere die Letztgenannten gaben der Geschichte eine entscheidende Wendung: Teils von Byzanz im Kampf gegen die Araber zu Hilfe gerufen, teils durch Eroberungsdrang und Abenteuerlust getrieben, gelangten 1035 drei Söhne Tankreds von Hauteville nach Italien. Später folgte deren Halbbruder Robert Guiscard (Roberto Guiscardo), der sich als gewiefter militär-politischer Stratege erwies, die Hohe Pforte als Förderin der eigenen Sache gewann und es mit einer guten Portion List und Skrupellosigkeit 1058 bis zum Herzog von Apulien brachte. 1130 vollendete Roger II. das normannische Eroberungswerk und ließ sich in Palermo zum **König von Sizilien** krönen. Die politischen und auch kulturellen Leistungen der Normannen sind hoch einzuschätzen: Der polyglotte Herrscher forcierte den Mittelmeerhandel mit den arabischen Ländern, erstmals seit dem Untergang des Weströmischen Reichs existierte wieder eine verbindliche Rechtsordnung, gelegt wurde auch die Basis der mittelalterlichen Feudalgesellschaft. In Kooperation mit den Benediktinern stifteten die Regenten **Kathedralen im romanischen Stil.** Exzellente Beispiele für diesen neuen Kirchentypus sind der Dom von Salerno sowie der Dom von Casertavecchia. Wichtiges Kennzeichen der Romanik in Süditalien ist eine besondere Mischung zwischen normannisch-romanischen, byzantinischen und arabischen Stilelementen, die v. a. in den Dombauten in Amalfi und Ravello ablesbar sind.

Königreich Neapel

Der Clou des von den Normannen aus der Taufe gehobenen Königreichs war, dass der Begriff *Sizilien* sowohl die Insel Sizilien als auch Süditalien als zweites Festland-Sizilien umfasste. Der Rechtstitel *Regnum Siciliae* blieb bis zum Wiener Kongress in Gebrauch, erst 1816 passte man die sprachliche Konvention an die geografischen Realitäten an und sprach vom „Königreich beider Sizilien" *(Regno delle Due Sicilie)*. In Ermangelung eines männlichen Nachfolgers fiel das Reich 1186 an die **Staufer,** als der römisch-deutsche König und spätere Kaiser Heinrich VI. die Tochter Rogers II. ehelichte. Heinrichs Sohn Friedrich II. wuchs zwar noch in Palermo auf, verlegte jedoch seinen Sitz später nach Festland-Sizilien, weshalb Quellen aus dem deutschsprachigen Raum ihn nicht selten als *puer apuliae*, als den „Sohn Apuliens", erwähnten. Friedrich setzte mit den „Konstitutionen von Melfi" die normannische Rechtspolitik fort und stärkte erstmalig den Standort Neapel durch die Gründung der Universität im Jahr 1224. Durch die Regierungszeit des Staufers zieht sich wie ein roter Faden der Konflikt zwischen Kaiser und Papst, bzw. zwischen weltlicher und geistlicher Hegemonie (Investiturstreit). Nach seinem Ableben flammte der Konflikt neu auf, als sich die römische Kurie mit dem Franzosen **Karl I. von Anjou** verbündete, um das abgrundtief

Fresko in der Chiesa Santa Maria Donnaregina Vecchia

verhasste „schwäbische Schlangengezücht" auszurotten. Dieses Geheimbündnis hatte zur Folge, dass Friedrichs Sohn Manfred 1266 in einer Schlacht in der Nähe von Benevento von den vereinigten Truppenverbänden vernichtend geschlagen wurde und im Gegenzug der Pontifex dem Anjou das Königreich Sizilien zusprach. Europas Fürstenhöfe weinten, als 1268 mit dem blutjungen (jedoch an seinem Schicksal nicht ganz unschuldigen) Konradin der letzte Stauffererbe auf der Piazza del Mercato in Neapel enthauptet wurde.

Der von Geschichtsschreibern zumeist als hartherzig und auch frömmlerisch charakterisierte König Karl von Anjou setzte einen Trend fort, der sich bereits in der staufischen Ära abzeichnete, indem er Insel-Sizilien verließ und Neapel zur künftigen Residenzstadt erhob. Der Umzug geschah jedoch nicht freiwillig, denn 1282 zwang ein Volksaufstand den König zur Flucht in den Norden. Das Ereignis von erheblicher Tragweite ist als **Sizilianische Vesper** in die Annalen eingegangen. In der Folge erlebte Neapel eine bislang beispiellose Blüte: Die stattlichen Gelder, die französische Beamte der Landbevölkerung abgepresst hatten, flossen in eine üppige Hofhaltung, die den Geltungsanspruch der Anjou als christliche Universalherrscher zeigen sollten. Karl machte überdies die französische Gotik salonfähig, neue Sakralbauten wie Santa Chiara oder San Lorenzo Maggiore setzten städtebauliche Akzente. Auch einen neuen Hafen sowie modernisierte Festungsanlagen erhielt die Metropole am Golf. Derweil nutzte mit Peter III. von Aragon ein neuer Akteur das entstandene Machtvakuum auf Sizilien und ließ sich in Palermo zum König krönen. Faktisch war das Reich in zwei Teile zerfallen, die sich gegenseitig argwöhnisch beäugten, bis Alfons I. von Aragon 1442 in Neapel einmarschierte und die Anjou zur Flucht zwang. Erstmals seit langem war das Königreich wieder vereinigt – jetzt allerdings mit Neapel als Hauptstadt. Das Königreich Sizilien war faktisch ein **Königreich Neapel!**

König Alfons von Aragon war der erste neuzeitliche Herrscher Neapels. In der Golfmetropole hielten frische Ideen des **Humanismus** und der **Renaissance** (*Rinascimento*) Einzug. Die spanischen Herrscher aktivierten Handelsbeziehungen zur iberischen Halbinsel und versahen Neapel mit zeitgemäßen Festungsgürteln. Allerdings währte die Blüteperiode nur wenige Jahre: Unteritalien litt spürbar an den ökonomisch-sozialen Folgen der Fremdherrschaft, obendrein rückte die Entdeckung Amerikas den Mittelmeerraum geopolitisch in die zweite Reihe. Zwar konnten die Nachfolger von Alfons, dem Eroberer, das Niveau höfischer Prachtentfaltung zunächst aufrechterhalten; als aber der

Universität von Neapel

ungeliebte Alfons II. angesichts eines anrückenden französischen Heers 1495 Hals über Kopf aus der Stadt floh, begann eine Zeit der Wirren mit fatalen Folgen: Das einst selbstständige Königreich wurde als tributpflichtige Provinz ins spanisch-habsburgische Weltreich eingegliedert. Unteritalien und Sizilien wurden für über zwei Jahrhunderte, von 1503 bis 1735, von **Vizekönigen** regiert, die ihre Heimat in Spanien und später in Österreich hatten. In der Metropole am Golf wurde Spanisch zur offiziellen Amtssprache erhoben; der italienische Landadel zog in die Hauptstadt und suchte die räumliche Nähe zu den neuen Herrschern; Neapel entwickelte sich zur Kapitale des Barockzeitalters. Eine schnöde Erhöhung der Abgaben auf Frischgemüse brachte anno 1647 die jahrzehntelang bestehenden Spannungen in der Stadt zum Überkochen: Es folgte eine zehntägige Revolte, in der ein 27-jähriger Fischhändler namens **Masaniello** von seinen Anhängern vorübergehend zum König proklamiert wurde. Nach einer Predigt geisteskranken Inhalts im Dom wurde der aufständische Protagonist aufgegriffen und humorlos hingerichtet. Seiner postumen Popularität tat dieses Ende keinen Abbruch – die rote Mütze des Fischhändlers ist im Gegenteil bis heute das Symbol zivilen Ungehorsams in der Golfmetropole.

Zeitalter der Bourbonen

Der Masaniello-Aufstand steht exemplarisch für Gräben und Verwerfungen, die in der Zeit der Vizekönige immer wieder aufbrachen. Im Vorfrieden von Wien, der den Schlussstrich unter den Polnischen Erbfolgekrieg zog, wurden 1735 Sizilien und Unteritalien den spanischen **Bourbonen** zugesprochen. Als Don Carlos alias Karl III. den Thron in Neapel im Namen seines Vaters übernahm, war das Königreich beider Sizilien nach langer Zeit endlich wieder ein selbstständiges Staatsgebilde. Der auf-

Reggia di Caserta: Treppenhaus

geklärte Monarch erwies sich als Glücksfall für die drei Millionen Menschen, die damals spürbar unter dem eklatanten Reformstau litten. Faktisch hatten Kleriker und Großgrundbesitzer das in der Ära der Vizekönige in mehrere Teile zerfallene Territorium mehr oder weniger unabhängig verwaltet. Mit eisernem Besen räumte Don Carlos, beraten vom kongenialen Premierminister Bernardo Tanucci, im korrupten System auf; er durchschlug den Gordischen Knoten des Verordnungsdschungels und schuf ein effizientes Rechtswesen; er beschnitt die Kompetenzen des Klerus; und er machte Neapel wieder zu einer glänzenden Metropole mit Weltruf. Das wichtigste Bauprojekt seiner Amtszeit war die *Reggia di Caserta* – die Königsresidenz im Hinterland, die einen Vergleich mit den großen Fürstensitzen Europas keinesfalls zu scheuen brauchte. Dem Ehrgeiz des Monarchen zupass kam auch der Entschluss seiner Mutter, ihm die berühmte **Sammlung Farnese** (→ S. 57 f.) zu vermachen.

Unter seiner Ägide begannen ebenfalls die Ausgrabungen der 79 n. Chr. vom Vesuv verschütteten Städte **Herculaneum** und **Pompeji.** Die genannten Ereignisse lösten in europäischen Adelskreisen und unter den Bildungsbürgern einen beispiellosen Hype aus. Die Region stieg zum beliebten Reiseziel auf, forciert durch Publikationen wie den „Sendschreiben" des Aufklärers Johann Joachim Winckelmann.

Die Regierungszeit seines Nachfolgers, König Ferdinands IV. (1751–1825), reichte bereits ins **Zeitalter der Revolutionen** hinein. Ferdinando liebte die Jagd mehr als die täglichen, drögen Regierungsobliegenheiten, die er seinen Ministern oder seiner Gattin Maria Carolina von Österreich überließ. Mit dem einfachen Pöbel Neapels verstand er sich aufs Beste; scheinbar respektlose Spitznamen wie *Re Lazzarone* („König der Bettler") oder *Re Nasone* („König Großnase") schienen ihn eher zu amüsieren als zu erzürnen. Zu Beginn seiner Herrschaft war der Zustrom der europäischen Reisenden im Zuge der Grand Tour noch ungebrochen, was zu

König Joachim Murat

einem Teil am umtriebigen englischen Botschafter Sir William Hamilton lag, dessen Residenz sich zum kulturellen und gesellschaftlichen Zentrum einer illustren Kunstszene entwickelte (→ Kasten, S. 340). Die enge Bindung, die das Königreich beider Sizilien indes mit England einging, hatte einen ernsten realpolitischen Hintergrund: Seit der Französischen Revolution 1789 waren freiheitliche und nationalstaatliche Ideen auch in Italien en vogue und stellten die Legitimität der traditionellen Herrscherhäuser infrage. Die Bewegung, die mit der staatlichen Einigung Italiens 1870 ihr erfolgreiches Ende fand, wird in italienischen Geschichtsbüchern als **Risorgimento** bezeichnet. Auch ein antifranzösisches Bündnis unter englischer Federführung und das flugs eingeführte autoritäre Repressionssystem konnten 1798 nicht verhindern, dass das französische Heer unter dem Jubel der freiheitlich gesinnten Bevölkerung Neapels Einzug hielt. Ferdinando entzog sich einer drohenden Verhaftung durch die Flucht nach Sizilien, worauf die Revolutionstruppen im Verbund mit den einheimischen Patrioten am 22. Januar 1799 die **Parthenopäische Republik** ausriefen. Der Name war nicht unklug gewählt, denn er bezog sich scheinbar rückwärtsgewandt auf die alte griechische Kolonie *Parthenope* (Parthenope ist eine der drei Sirenen aus der „Odyssee" von Homer). Dass diese Republik nach einem halben Jahr bereits Geschichte war, war einer bizarren Expedition unter Leitung des ruchlosen wie grausamen Kardinals Fabrizio Ruffo geschuldet. Der Kirchenmann marschierte mit wenigen royalistischen Soldaten von der Meerenge von Messina nach Neapel und beendete das revolutionäre Intermezzo mit aller Härte. Im Gefolge befanden sich auch einige **Briganten,** u. a. der berüchtigte Fra Diavolo („Bruder Teufel"), den in der Folge Opern und später sogar Filme zu einem Helden der Populärkultur stilisierten. Das Banditenunwesen *(brigantaggio)* war damals ein ernstzunehmendes Problem, das im späten 19. Jh. noch das Parlament beschäftigen sollte.

Am Jahresende 1799 kehrte der Bourbone in die Golfmetropole zurück, die spürbar unter den harten Vergeltungsmaßnahmen der Royalisten gegen die Revolutionäre litt. Das Reich war faktisch bankrott, der außenpolitische Spielraum schrumpfte auf ein Minimum, als Napoleon im Frieden von Florenz 1801 die Stationierung französischer Truppen in den Abruzzen und die Sperrung der Häfen für englische Schiffe durchsetzte. Eine geringfügige und außerdem wenig durchdachte Vertragsverletzung Neapels genügte denn auch dem Korsen als Anlass, um 1805 die Bourbonendynastie abzusetzen. Ferdinand entzog sich der Festsetzung durch eine zweite Flucht nach Sizilien, derweil Napoleon seinen Schwager **Joachim Murat** 1808 zum König machte. Tatkräftig nahm der neue Regent liegen gebliebene Reformprojekte auf, modernisierte die Verwaltung und bereiste mit seiner beliebten Gattin Caroline die unteritalienische Provinz. Nach Jahren des Stillstands spürten die Bewohner endlich Fortschritte, weshalb es wenig verwundert, dass die Untertanen ihren Franzosen fest ins Herz schlossen. *Re Gioacchino* („König Joachim") wurde nicht mal als ein Fremdherrscher betrachtet! Nach dem **Wiener Kongress** 1815, der die Bourbonendynastie wieder in Neapel installierte, wurde Murat in Kalabrien ergriffen und erschossen.

Unter den Nachfolgern Ferdinands folgte das bleierne **Zeitalter der Restauration,** das politisch vom Tauziehen royalistisch-restaurativer sowie freiheitlich-nationaler Kräfte und Gesinnungen gekennzeichnet war. 1848 zwang ein Aufstand auf Sizilien den Bourbonen Ferdinand II. zunächst zu Reformen und anschließend zum Erlass einer Verfassung. Die Erhebung indessen

Königin Maria Carolina

ließ er gnadenlos niederkartätschen, was ihm das wenig schmeichelhafte Attribut *Re Bomba* („König Kanonenkugel") eintrug. Als 1860 der Guerillakämpfer und Revolutionär Giuseppe Garibaldi mit seinen „Rothemden" die zahlenmäßig überlegenen Bourbonentruppen entscheidend schlug und daraufhin Sizilien besetzte, neigte sich die Waagschale endgültig zugunsten der Vorkämpfer des Risorgimento: Kampflos marschierte Garibaldi in Neapel ein, während der Letzte aus dem Haus Bourbon, Franz II., sich mit seiner Familie in der Festung Gaeta im Norden Kampaniens verschanzte. Die letzte Amtshandlung des jungen Regenten war die Unterzeichnung der Kapitulation, bevor er sich nach Bayern ins Exil rettete – das Königreich beider Sizilien war fortan Geschichte! In einem Plebiszit stimmte daraufhin eine Mehrheit der Süditaliener für den Anschluss ans Königreich Piemont-Sardinien. Die Proklamation der gesamtitalienischen Monarchie unter König Vittorio Emanuele II. von Savoyen schloss das Projekt der **nationalstaatlichen Einigung Italiens** *(unità)* im Jahr 1861 ab.

Muse der Grand Tour:
die faszinierende Vita der Lady Hamilton

Die einen rümpften über sie despektierlich die Nase, weil sie scheinbar nur eine Profession beherrschte, nämlich prominent zu sein, andere beurteilten sie überschwenglich: Emma Hamilton (1765–1815) entstammte armen Verhältnissen und stieg – nicht zuletzt dank ihrer legendären Schönheit – in höchste gesellschaftliche Kreise auf. Sie zählte zu den meistporträtierten Frauen in der Epoche der Revolutionen und war Muse zahlreicher Künstler. Ihr größtes Talent waren die sog. **Attitüden:** Auf den abendlichen Soireen in Neapel, Wien und London trat sie in verschiedenen Verkleidungen auf und imitierte berühmte Posen antiker Gottheiten und mythologischer Gestalten. Die Kleinstkunst-Performances wurden ab und an unterbrochen, wenn sie mit beeindruckender Stimme Arien aus volkstümlichen Opern zum Besten gab. Als Goethe im März 1787 in Neapel weilte, ließ es sich der Dichterfürst nicht nehmen, gleich zweimal die Gesellschaft der glänzenden Entertainerin und Lebenskünstlerin aufzusuchen. Sie löst „ihre Haare auf", notierte er in sein Tagebuch, „nimmt ein paar Schals und macht eine Abwechslung von Stellungen, Gebärden, Mienen etc., dass man zuletzt wirklich meint, man träume [...]. So viel ist gewiss, der Spaß ist einzig!"

Emma Hamilton kreierte im Grunde eine neue Kunstform und brachte diese zur Perfektion. Ihr Lebenswandel hingegen erregte häufig Missfallen. Selbst im freizügigen Neapel verband sich allein bei der Nennung ihres Namens eine gewisse pikante Note; im prüden London wurde sie ab und an sogar als ruchlose Femme fatale verleumdet, obwohl sie zeitweilig engste Vertraute der neapolitanischen Königin Maria Carolina gewesen war. Grund für ihren schlechten Leumund waren reichlich ungewöhnliche Dreierbeziehungen: In ihrer ersten Ménage-à-trois wurde sie von ihrem Liebhaber aufgrund seiner chronischen Geldsorgen an dessen Onkel **William Hamilton** „weitergereicht". Der betagte Aristokrat war Botschafter im Königreich Neapel und der schönen Mätresse dergestalt verfallen, dass er sie später sogar ehelichte. Zudem sammelte er antike Kunstschätze und betrieb vulkanologische Studien. Wesentlich mehr Staub wirbelte jedoch die zweite Ménage-à-trois auf: Unter den Botschaftergästen befand sich 1793 **Horazio Nelson** – bevor dieser als Flottenadmiral durch Siege über Napoleon zu Ruhm und Ansehen gelangte. Lady Hamilton und Nelson verliebten sich, der alternde Botschafter tolerierte diese Liaison, mit der Folge, dass das Trio infernale – wo immer es gemeinsam aufkreuzte – für Irritationen bis hin zu handfesten Eklats sorgte.

Nach den Feiertagen rund um die nationalstaatliche Einigung folgte Katerstimmung: Die von den Menschen herbeigesehnte Verbesserung ihrer Lebensverhältnisse ließ auf sich warten; der Süden fühlte sich von „Onkel Viktor" (König Vittorio Emanuele) vernachlässigt; die Briganten nahmen den Kampf gegen die neuen Fremdherrscher aus dem Norden wieder auf. Zwar veränderten die Großstädte Süditaliens seit 1900 ihr Gesicht und wurden mit repräsentativen Gebäuden, schnurgeraden Straßenachsen und der überfälligen Kanalisation versehen. Andererseits waren die Folgen der anhaltenden wirtschaftlichen Schwäche schwerlich zu übersehen. Die Situation verschärfte sich in den frühen 1880er-Jahren, als eine handfeste Agrarkrise Bauern, Handwerker und Tagelöhner zur **Emigration nach Amerika** zwang. Seit 1870 ist die Rückständigkeit des Südens gar ein akademisches Forschungsgebiet *(meridionalismo)*. In der politischen Polemik gab man sich gegenseitig die Schuld an der auseinanderklaffenden Schere zwischen Nord und Süd: Der Süden prangerte die jahrhundertlange Auszehrung durch die Fremdherrscher an, die eine einstmals blühende Region in eine Armutswüste verwandelt hätte. Der Norden verortete die Gründe für den Stillstand wiederum in der Mentalität der „unbeweglichen" Menschen *(immobilismo)* und betrachtete das Problem als hausgemacht. Unter die Gürtellinie zielten Schimpfwörter wie „Erdfresser" *(terrone)* oder „Flegel" *(cafone)*, mit denen die Süditaliener bedacht wurden: Bis heute werden wirtschaftlich rückständige Regionen, die vor der nationalstaatlichen Einigung dem Königreich Neapel angehört hatten, unter dem Begriff **Mezzogiorno** („Mittag") zusammengefasst.

Mezzogiorno

1922 läutete der zukünftige Diktator Benito Mussolini mit seinem „Marsch auf Rom" die Epoche des **Faschismus** in Italien ein. Der Propagandaapparat der Bewegung griff mehrfach auf Herrschafts- und Machtsymbole des Imperium Romanum zurück: Das Emblem der säugenden Wölfin, das zahlreiche Uniformen zierte, bezog sich auf die

Über der Piazzetta in Atrani hängt die Wäsche zum Trocknen

mythische Wölfin, die einst die beiden Stadtgründer Romulus und Remus aufgezogen hatte; das Wort „Faschismus" leitete sich von den Rutenbündeln *(fasces)* ab, die römische Liktoren im öffentlichen Zeremoniell trugen, um den Amtsinhabern Respekt einzuflößen. Im Herbst 1922 hielt der spätere „Duce" auf einer Versammlung des *Partito Nazionale Fascista* in Neapel eine Rede, bevor er sich nach Rom aufmachte und als Ministerpräsident vereidigt wurde. Mussolini konnte sich auf eine breite Zustimmung im Süden verlassen, ohne dass daraus gefolgert werden darf, dass die Mehrheit der Süditaliener überzeugte Faschisten waren. Der **Zweite Weltkrieg** rückte die Küste Kampaniens ins Zentrum der Weltöffentlichkeit, als im September 1943 unter dem Codenamen *Operation Avalanche* alliierte Truppenverbände am Golf von Salerno an Land gingen. Die von der 5. US-Armee durchgeführte Invasion begleiteten Jagdbomber der britischen Royal Air Force, die unglücklicherweise auch einige antike Gebäude in Pompeji sowie das Antiquarium mit wertvollen Kunstschätzen in Mitleidenschaft zogen. Auch strategisch wichtige Städte im Hinterland, Benevento oder Capua, hatten Zerstörungen und Verluste zu beklagen. Als Reaktion zogen sich die deutschen Wehrmachtsverbände auf die „Gustav-Linie" zwischen Neapel und Rom zurück. Die folgende Schlacht am Montecassino an der Grenze zwischen Kampanien und Latium endete mit dem Rückzug deutscher Truppen aus Süditalien. Bereits wenige Tage vor der Invasion hatte Italien kapituliert und sich aus dem Bündnis mit Nazi-Deutschland gelöst.

Das Ende des Zweiten Weltkriegs brachte auch das Ende der Monarchie und des Königshauses Piemont-Savoyen mit sich. Italien stellte sich als **parlamentarische Republik** politisch neu auf und ließ das Konstrukt durch die ersten freien gesamtitalienischen Wahlen am 2. Juni 1946 bestätigen. Bis heute erinnert der jährliche Nationalfeiertag an die wichtige Zensur der Nachkriegsgeschichte. Die Kabinette übernahmen den ungelösten Nord-Süd-Konflikt und versuchten mit diversen Maßnahmen, die Regionen Süditaliens zu entwickeln. Für den Aufbau einer modernen Infrastruktur wurde eigens eine Darlehenskasse, die *Cassa per il Mezzogiorno*, gegründet. Während die Landwirtschaft Kampaniens traditionell über ein solides Fundament verfügte, kam – mit Ausnahme der Tourismusregionen – der Dienstleistungssektor nur schwer auf die Beine. Ambitionierte Leuchtturmprojekte zur Industrialisierung führten nicht, wie erhofft, zur Gründung mittelständischer Betriebe in arbeitsintensiven Branchen. Das vielleicht bekannteste Beispiel ist das 1968 an den Hängen des Vesuvs eröffnete Werk des Autobauers Alfa Romeo. Auch mit Hilfe aus Deutschland zurückgekehrter Gastarbeiter sollten hier täglich 1000 Fahrzeuge die Bänder verlassen. Anfangsschwierigkeiten wie Streiks und Verarbeitungsmängel ließen reflexartig übliche Vorurteile gegenüber dem „unfähigen Süden" wieder aufleben. Indessen siedelten sich rund um den Autostandort weitere Betriebe an; 2012 und 2013 wurde das Alfa-Romeo-Werk sogar mit dem *Automotive Lean Production Award* ausgezeichnet. 1992 stellte die Darlehenskasse für den Mezzogiorno ihren Betrieb ein. Das Problem hoher **Arbeitslosigkeit** ist aber bis heute ungelöst, weshalb die Region weiter auf Förderungszuschüsse aus Rom und aus Brüssel angewiesen ist. Besonders jüngere Menschen in den Orten abseits der großen Ferienströme leiden unter der anhaltenden Perspektivlosigkeit. In den Problemgegenden ist jeder zweite Jugendliche arbeitslos!

Ein Hindernis für die Modernisierung des Südens ist die Schattenwirtschaft der **organisierten Kriminalität.**

Keramikkunst in Vietri sul Mare: Lehrbuch des italienischen Alltagslebens

Die „Mafia" firmiert als Oberbegriff für kriminelle Organisationen, die ein Klima der Repression und Angst verbreiten, wo der lange Arm des Staates – aus welchen Gründen auch immer – nicht hinreicht. Ein wichtiges Prinzip, das das Überleben der Geheimorganisationen sichert, ist das „Gesetz des Schweigens" (omertà). Die Mafia teilt sich in Clans auf und fußt auf der bedingungslosen Loyalität zur Familie. In Italien hört sie auf regional unterschiedliche Namen, u. a. heißt sie auf Sizilien *Cosa Nostra*. In Neapel, Caserta und in einigen Städten am Vesuv ist die Mafia seit dem 16. Jh. unter der Bezeichnung **Camorra** aktiv. Die Verbrecherorganisation lebt heute u. a. von Schutzgelderpressung, Schmuggel und Drogen. Während der Müllkrise, die Neapel zu Beginn des 21. Jh. in Atem hielt, wurde die Beteiligung lokaler Mafia-Clans bei der illegalen Müll- und Giftmüllentsorgung ruchbar. Seit der Veröffentlichung des Bestsellers „Gomorrha" 2006, in dem Täter und deren Aktivitäten minuziös benannt werden (→ Reiseliteratur, S. 372), bangt der Autor Roberto Saviano um sein Leben und muss zum eigenen Schutz regelmäßig den Standort wechseln. Das Buch und dessen Verfilmung, die bei den Filmfestspielen in Cannes 2008 prämiert wurde, machten die Camorra-Problematik über die Grenzen Italiens hinaus bekannt. Während die Verabschiedung der Kronzeugenregelung 1982 zur Verhaftung einzelner Paten führte, sind tödlich endende Schießereien zwischen verfeindeten Clans noch immer an der Tagesordnung. Aus dem Geschäft mit den Feriengästen hält sich die Mafia traditionell heraus, sodass die Touristen von den Aktivitäten der „ehrenwerten Gesellschaft" nichts mitbekommen.

Seit dem 18. Juni 2015 steht Vincenzo De Luca als Präsident der Region Kampanien vor. Der frühere Bürgermeister von Salerno ging als Kandidat des Mitte-Links-Parteienbündnisses (Partito Democratico) ins Rennen und konnte sich mit einer hauchdünnen Mehrheit vor dem konservativen Bündnis *Forza Italia* – der Partei des ehemaligen italienischen Ministerpräsidenten Silvio Berlusconi – durchsetzen.

Im Schatten des Vesuvs liegt ein Kreuzfahrtschiff vor Anker

Anreise

Die klassische Anreise erfolgt heute mit dem Flugzeug nach Neapel. Wer seinen Urlaub auf den Inseln verbringt oder in Küstennähe bleibt, benötigt keinen eigenen fahrbaren Untersatz. Nur wer Abstecher ins Landesinnere unternimmt oder nach Kalabrien oder Apulien weiterfährt, ist mit einem eigenen Auto oder Wohnmobil gut beraten.

Maximal zwei Stunden benötigt der Flieger, um die Strecke von Mitteleuropa nach Süditalien zurückzulegen. Mit der Bahn oder dem eigenen Auto ist die Anreise natürlich weitaus länger. Von Hamburg nach Neapel benötigt man für die Fahrt mit Schnellzügen ca. 20 Stunden, die exakte Distanz auf der Straße liest sich mit genau 1859 km beeindruckend. Andere Wege in den Süden – die Reise mit Fernbus oder Schiff – spielen gegenwärtig kaum eine Rolle.

Wenn hinsichtlich der Wahl des richtigen Verkehrsmittels die Entscheidung schwerfällt, sollte man durchaus auch die Reisezeit in die Überlegungen mit einbeziehen. In den Stoßzeiten zu Ferienbeginn oder -ende sind Züge häufig überfüllt, auf den Alpentransit-

strecken herrscht Stau. Auf der sicheren Seite sind diejenigen, die sich bereits früh das Flugticket gesichert haben. Außerhalb der Hauptsaison lässt es sich hingegen fast immer entspannt reisen – und zwar unabhängig von der Wahl des Verkehrsmittels.

Mit dem Flugzeug

Wer im Frühjahr nach Neapel fliegt und einen Fensterplatz hat, wird überrascht sein: Während das Anschnallzeichen für den Landeanflug aufleuchtet, fällt der Blick auf leuchtende Schneefelder in den Abruzzen. Doch kein Anlass zur Sorge, bei der Ankunft in Neapel ist es in den meisten Fällen sonnig und warm. Bei der Landung rücken schließlich der Vesuv und vielleicht auch die Inseln im Golf ins Blickfeld – ein erhebender Anblick! Zu diesen ersten Eindrücken gesellt sich jedoch auch ein gigantischer Zivilisationsteppich, der wie ein Kokon um die Metropole und die ebenmäßigen Abhänge des Vulkans liegt. Dass es auf dem Flughafen von Neapel recht beengt zugeht, verwundert daher nicht. Es fehlt schlicht der Raum für eine zweite Start- und Landebahn oder für den Ausbau der Terminals. Dennoch ist Neapel täglich mit den wichtigsten Abflughäfen im deutschsprachigen Raum verbunden. Bei Angeboten von Billigfliegern, muss beachtet werden, dass zum Ticketpreis häufig Gebühren (z. B. für Reisegepäck) hinzukommen.

Airlines Alitalia: Häufig mehrmals tägl. von München mit Zwischenstopp in Mailand oder in Rom. Hin- und Rückflug ab ca. 150 €. Infos und Buchung: www.alitalia.com.

Austrian: Im Sommerhalbjahr beinahe tägl. nonstop von Wien. Im Winter seltener, in Kooperation mit Lufthansa (→ unten). Hin- und Rückflug ab ca. 150 €. Infos und Buchung: www.austrian.com.

Easyjet: Tägl. nonstop von Berlin. Hin- und Rückflug ab ca. 60 €. Infos und Buchung: www. easyjet.com.

Eurowings: Zumeist tägl. bis wöchentl. von Berlin, Düsseldorf, Hamburg, Köln, Leipzig, München oder Stuttgart. Nonstop oder ein Zwischenstopp. Hin- und Rückflug ab ca. 110 €. Infos und Buchung: www.eurowings.com.

Laudamotion: Heute zu Ryanair gehörende österreichische Billigfluglinie. Bis zu 5-mal pro Woche nonstop von Stuttgart. Hin- und Rückflug ab ca. 50 €. Infos und Buchung: www. laudamotion.com.

Lufthansa: Tägl. (auch mehrmals) nonstop von München und Frankfurt. Hin- und Rückflug ab ca. 130 €. Infos und Buchung: www. lufthansa.com.

Ryanair: 2-mal in der Woche verbindet der Billigflieger Nürnberg mit Neapel. Auch Frankfurt/Hahn, Berlin-Schönefeld und andere Abflughäfen sind im Programm. Hin- und Rückflug ab ca. 50 €. Infos und Buchung: www.ryanair.com.

Swiss: April bis Nov. 1- bis 4-mal in der Woche nonstop von Zürich. Hin- und Rückflug ab ca. 110 €. Infos und Buchung: www.swiss.com.

Verbindungen/Buchung   Wer sich die Odyssee durch den Online-Dschungel ersparen möchte, wählt den klassischen Weg über das **Reisebüro.** Oft verfügen Mitarbeiter über Angebote, die auf eigene Faust nicht zu recherchieren sind. Bei der **Onlinebuchung** werden fast immer Zusatzkosten fällig, die von Airlines unter verschiedenen Begriffen, z. B. Gepäckaufgabegebühr oder Payment Charge, ausgewiesen werden.

Vergleichsportale im Internet: www.billig flieger.de, www.swoodoo.com.

Flughafen Neapel Der **Aeroporto di Napoli Capodichino** (IATA-Code: NAP) liegt 7 km vom Stadtzentrum entfernt. Die Weiterfahrt erfolgt zumeist mit Bus oder Taxi. Bei sehr später Ankunft oder einem frühen Abflug empfiehlt sich eventuell eine Übernachtung vor Ort (→ S. 65). Infos im Internet: www. aeroportodinapoli.it.

Weiterfahrt Bus ins Stadtzentrum: Der Alibus verbindet tägl. alle 20 Min. den Airport via Piazza Garibaldi (Hauptbahnhof) mit der Piazza Municipio bzw. den Fährterminals am Molo Beverello. Das Ticket kostet 5 € (Ticketautomat in der Ankunftshalle). Infos im Internet: www.anm.it.

Bus nach Sorrent: Praktisch und komfortabel ist der Direkttransfer mit dem Reisebus über Pompei nach Sorrent. 10-mal tägl., das Ticket kostet 10 €. Infos und Buchung: www. curreriviaggi.it.

Bus nach Amalfi: Ebenfalls praktisch und komfortabel ist der Minibus über Pompei und Vietri sul Mare nach Amalfi. 6-mal tägl., das Ticket kostet 20 €, erm. 10 €. Infos und Buchung: www.pintourbus.com.

Taxi: Die Fahrt vom Flughafen zum Hauptbahnhof (Piazza Garibaldi) kostet 18 €, sofern der Tarif vor Fahrtantritt vereinbart wird. Bei anderen Zielen im Stadtgebiet gilt Entsprechendes je nach Entfernung. Sonn- und Feiertagszuschläge gibt es nicht, auch wenn Fahrer dies behaupten. ℡ 081-2222, www.taxinapoli.it.

Mietwagen: Neben gängigen Verleihfirmen wie Avis, Europcar, Sixt und Maggiore gibt es kleinere Anbieter mit günstigen Preisen (ab 50 €/Tag). Ein kostenloser Shuttle verbindet alle 10 Min. den Ankunftsterminal mit dem Mietwagenareal, der auch zu Fuß in 10 Min. erreichbar ist. Die Anbindung des Airports ans Schnellstraßen- und Autobahnnetz funktioniert reibungslos. Vergleichsportal im Internet: www. billiger-mietwagen.e.

Reisen anno dazumal: Promis hatten es nicht immer leicht

Vier Wochen dauerte die Reise der blutjungen Maria Carolina, der Tochter Kaiserin Maria Theresas, von Wien bis zur Grenze zum Königreich Neapel. Dort traf sie ihren zukünftigen Gemahl, den Bourbonenkönig Ferdinand IV., und reiste mit diesem gemeinsam via Caserta nach Neapel. Man schrieb das Jahr 1768, und die Straßen im gesamten Königreich waren in einem überaus bedenkenswerten Zustand. Auch der deutsche Dichter Johann Wolfgang von Goethe hatte nicht immer eine angenehme Reise. In seinem Reisetagebuch vermerkte er einmal mit spitzer Feder, dass er in einem „elenden Wirtshaus" nächtigen musste. Ein anderes Mal mokierte sich der Geheimrat über die recht unbequeme Schüttel- und Rüttelfahrt im *vetturino* – einer Mietdroschke, die von Pferden, Maultieren oder Ochsen gezogen wurde. Angesichts dieser Zustände und Bedingungen anno dazumal gestaltet sich die Anreise heutzutage als purer Luxus! Der aus Sachsen stammende Dichter Johann Gottfried Seume wiederum hatte auf seinem „Spaziergang nach Syrakus" bei der Einreise ins Königreich Neapel Schwierigkeiten. Unglücklicherweise war sein damaliger Reisegefährte Franzose, der bei der Passkontrolle drangsaliert wurde. Der Zeitpunkt der Einreise 1802 war allerdings problematisch, weil sich Neapel gerade im Clinch mit Frankreich befand. Nach der glücklichen Ankunft am Golf notierte der Weitwanderer beseelt: Kampanien ist „von allem was ich in der alten und neuen Welt bis jetzt noch gesehen habe der schönste Platz, wo die Natur alle ihre Gaben bis zur höchsten Verschwendung ausgegossen hat."

Mit dem eigenen Fahrzeug

Abgesehen von Reisen mit Wohnmobil und Motorrad gibt es tatsächlich nur wenige Argumente für eine Anreise mit dem eigenen fahrbaren Untersatz. Ein vor Ort geliehener Wagen (→ S. 354) ist häufig die bessere Option. Aufgrund der geografischen Rahmenbedingungen sind die Verhältnisse vor Ort vielerorts beengt, es mangelt an Parkplätzen. Auf den Inseln macht das Mitführen des eigenen fahrbaren Untersatzes ohnehin keinen Sinn. Wer andererseits den Golf von Neapel als Ausgangspunkt für eine Reise ins Hinterland wählt oder andere Regionen in Süditalien aufsuchen will, der ist wiederum mit dem eigenen Auto oder Wohnmobil gut beraten und muss dann eben an der Amalfiküste oder auf der Halbinsel von Sorrent mit ein paar Unbilden leben. Für Motorradfahrer ist die Fahrt auf den spektakulären Straßen hingegen nicht nur unproblematisch, sondern im Gegenteil ein purer Genuss! Auch gibt es an der Golfküste einige Ziele, die mit dem eigenen fahrbaren Untersatz besser als mit öffentlichen Verkehrsmitteln erreichbar sind, z. B. das Capo Miseno westlich von Neapel oder abgelegene Ziele in den Monti Lattari.

Wer mit dem eigenen Fahrzeug aus Deutschland anreist, wählt in der Regel zwischen der **Transitroute** via Österreich (Brennerautobahn) oder über die Schweiz (Gotthard-Tunnel). In beiden

Fällen wird für die Autobahnbenutzung eine Straßenmaut fällig, Gleiches gilt im Übrigen auch für die Weiterreise durch Italien (→ unten). Welche der beiden Routen sich besser eignet, entscheidet heute das Navi im Auto, wobei die Faustregel gilt: Aus dem ostdeutschen Raum ist der Weg durch Österreich kürzer, aus dem westdeutschen Raum ist die Route durch die Schweiz vorzuziehen. Die Mautkosten sind in beiden Fällen nahezu identisch. Um den Reisestress zu mindern, empfiehlt sich eine Zwischenübernachtung in Südtirol oder in der Toskana. Detailinformationen zum **Straßenverkehr in Italien** finden Sie im Kapitel „Unterwegs am Golf von Neapel" ab S. 351 f.

Österreich Vignetten: „Pickerl" sind bei den Automobilclubs oder an grenznahen Tankstellen erhältlich. Die Vignette kann darüber hinaus auch online erworben werden. Für die Benutzung von Schnellstraßen und Autobahnen ist der Kauf verpflichtend. Pkw und Wohnmobile bis 3,5 t: 9,20 € für 10 Tage, 26,80 € für 2 Monate und 89,20 € für ein Jahr. Motorräder: 5,30 € für 10 Tage, 13,40 € für 2 Monate und 35,50 € für ein Jahr. Informationen im Internet: www.asfinag.at.

Sondermaut: Als Sondermautstrecke darf die Brennerautobahn bis 3,5 t ohne Vignette befahren werden. Die einfache Fahrt kostet 9,50 €, eine Ermäßigung erhalten Besitzer einer Jahresvignette.

Hinweise zum Straßenverkehr: Nützliche Hinweise für Autofahrer gibt die Internetseite des österreichischen Automobilclubs ÖAMTC: www.oeamtc.at.

Schweiz Vignetten: Die Jahresvignetten sind an der Grenze, an grenznahen Tankstellen oder bei Automobilclubs erhältlich. Für die Benutzung von Autobahnen und Schnellstraßen sind sie Pflicht. Sie gelten vom 1. Dez. vor bis zum 31. Jan. nach dem aufgedruckten Jahr. Autos bis 3,5 t und Motorräder: 40 CHF. Für Lkw und Wohnmobile über 3,5 t gilt die Schwerlastabgabe. Informationen im Internet: www.ch.ch.

Autoverladung: Mehr als eine Überlegung wert ist eventuell die Route über den Simplonpass. Für die Fahrt durch den Lötschbergtunnel zwischen Kandersteg und Goppenstein werden Autos auf Züge verladen. Autoreisezüge verkehren alle 30 Min., die Fahrtzeit beträgt 15 Min. Pkw bis 3,5 t und Wohnmobile bis 5 t: 27–29,50 CHF (Online-Tickets sind etwas günstiger). Motorräder über 50 m³: 19 CHF. Fahr- und Motorräder bis 50 m³: 10 CHF. Infos und Buchung: www.bls.ch/d/autoverlad/index.php.

Italien Autobahnmaut: Mit den Worten *Alt stazione* werden Mautstellen angekündigt. Zumeist zieht man dort ein Ticket am Automaten, beim Verlassen oder Wechsel der Autobahn wird man jeweils zur Kasse gebeten. Wer das Ticket verliert, zahlt für die größtmögliche Gesamtstrecke. Zurücksetzen oder Wenden ist an Mautstellen untersagt. Die Höhe der Maut bemisst sich nach der Streckenlänge, der Art der Autobahn und der Fahrzeugart. Die Gesamtkosten vom Brenner bis Salerno beliefen sich 2019 auf ca. 70 €. Bezahlt wird bar oder mit Kreditkarte.

Viacard: Für Vielfahrer in Italien eignet sich eventuell die magnetische Viacard. Sie ist bei einigen Automobilclubs in Deutschland, Österreich und der Schweiz und auch an Grenzübergängen, Mautstellen und großen Autobahnraststätten erhältlich. Für Viacard-Besitzer gibt es an den meisten Zahlstellen eigene Spuren, wobei man beim Bezahlen auf ausreichende Deckung achten bzw. eine Ersatzkarte dabeihaben sollte.

„Stillleben" mit Vespa auf Ischia

Mit der Bahn

Argumente gegen den Flug und für die Bahn gibt es – Stichwort „ökologischer Fußabdruck" – zur Genüge. Als überaus praktisch erweist sich dabei der täglich verkehrende ÖBB-NightJet von Wien, München oder Salzburg nach Rom. Das Sparticket gibt es bereits ab 30 €, wobei Liege oder Bett aufpreispflichtig sind (Infos und Buchung: www.nightjet.com). Grundsätzlich ist Neapel von West- oder Süddeutschland auch ohne Nachtfahrt innerhalb von ca. 12 Std. erreichbar, wobei man innerhalb von Deutschland die Zugverspätungen mit einkalkulieren sollte. In Italien sind hingegen die meisten Züge pünktlich – und v. a. rasend schnell. In Italien haben Zugreisende die Wahl zwischen Schnellzügen der Staatsbahnen *Ferrovie dello Stato* (FS) und den

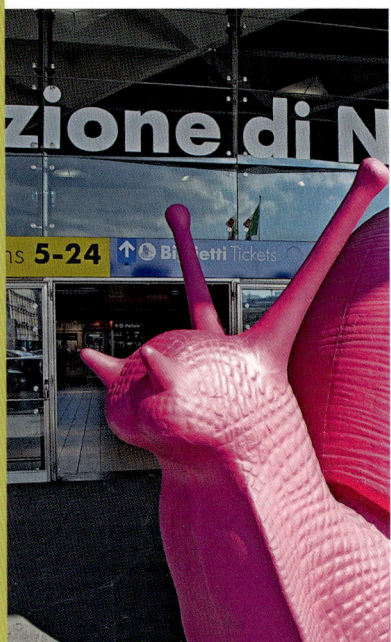

Am Hauptbahnhof Neapel

Hochgeschwindigkeitszügen der Privatgesellschaft *Nuovo Trasporto Viaggiatori* (NTV). In beiden Fällen benötigt der Zug von Rom nach Neapel knapp über eine Stunde, Fahrkarten gibt es bereits ab 19 €.

Für beinahe alle Ziele in der Region sollte das Bahnticket bis zum Hauptbahnhof Neapel *(Napoli Centrale)* gelöst werden. Nur für einige Ziele an der Amalfiküste oder um Paestum gilt der Bahnhof in Salerno als bessere Option. Praktischerweise enden die beiden erwähnten Schnellzugstrecken in Salerno und nicht in Neapel! Wer in Pompei ein Standortquartier hat, löst die Fahrkarte bis zum FS-Bahnhof Pompei und steigt in Neapel in den Regionalzug um.

Nicht immer sind die Tickets bis zum Endbahnhof am Bahnschalter oder im Internet käuflich erwerbbar, besonders bei komplizierten Extras. Probleme bei der Reiseplanung lösen Reisebüros, die auf Bahnreisen europaweit spezialisiert sind (→ unten).

Routen- und Ticketplaner im Internet www.thetrainline.com.

Bahngesellschaften/Fahrpläne
Deutschland: DB Bahn, ☎ 0180-6996633, www.bahn.de.

Italien: Ferrovie dello Stato (Trenitalia), www.trenitalia.com. Nuovo Trasporto Viaggiatori (NTV), www.italotreno.it.

Österreich: ÖBB, ☎ 05-1717, www.oebb.at.

Schweiz: SBB, ☎ 0800-007102, www.sbb.ch.

Bahnagenturen Spezialreisebüros für Bahnreisen ins europäische und außereuropäische Ausland:

Eurostar: Arnulfstr. 6 in München am Hauptbahnhof, ☎ 089-553201, www.eurostar-reisebuero.de.

Gleisnost: Bertoldstr. 44 in Freiburg i. Br., ☎ 0761-2055130, www.gleisnost.de.

Titanic: Oppelner Str. 7 in Berlin, ☎ 030-611 2970, www.titanic.de.

Bahn und Rad Wer nicht ohnehin die ganze Strecke über die Alpen auf dem Drahtesel zurücklegen will, hat die Möglichkeit der Fahrradmitnahme im Zug. Allerdings besteht die Option nicht in allen Zügen, z. B. nicht im ICE

Autofähre im Hafen von Ischia Porto

der Deutschen Bahn. Normalerweise muss eine extra Fahrkarte gelöst werden, in manchen Zügen ist die Radmitnahme reservierungspflichtig.

Fahrradmitnahme in Italien: In den meisten Regionalzügen der staatlichen *Ferrovie dello Stato* ist die Mitnahme des Fahrrads erlaubt. Auf dem Fahrplan sind die betreffenden Züge mit einem entsprechenden Piktogramm gekennzeichnet. Achtung beim Einstieg, denn die Fahrradabteile befinden sich meistens entweder am Anfang oder am Ende des Zuges. Der Zuschlag für den Radtransport *(supplemento bici)* muss vor Fahrtantritt am Schalter oder am Automaten entrichtet werden. Schwieriger ist das Handling in den Schnellzügen, denn hier sind nur zusammengeklappte und in Taschen verstaute Fahrräder erlaubt.

Allgemeiner Deutscher Fahrradclub: Der ADFC ist seit Jahren eine kompetente Adresse bei Fragen rund ums Radeln und um die Fahrradmitnahme in der Bahn. Informationen im Internet (mit eine Liste von Ansprechpartnern in vielen deutschen Städten): www.adfc.de.

Mit dem Bus

Mehrmals täglich verkehrt Flixbus von München nach Neapel, sowohl am Tag als auch über Nacht. Häufig muss in Verona oder in Bologna das Fahrzeug gewechselt werden, die Fahrzeit beträgt 15 Stunden. Die einfache Fahrt kostet ab 50 €. Infos und Buchung: ☎ 030-300137300 (in Berlin), www.flixbus.de.

Mit dem Schiff

Die vielleicht charmanteste Anreise ist die mit dem Schiff. Bereits die Ankunft am Fährterminal in Neapel ist atemberaubend! Allerdings gibt es gegenwärtig keinen regelmäßigen Linienverkehr von und zu Hafenstädten im Norden. Es verkehren aber Schiffe zwischen Sardinien (Cagliari), Sizilien (Palermo, Catania), den Liparischen Inseln (Lipari, Panarea, Salina, Stromboli) und den Pontinischen Inseln vor der Küste Latiums (Ponza, Ventotene) nach Neapel. Die Überfahrt von Palermo nach Neapel dauert etwa zehn Stunden und kostet ab 50 € inkl. Schlafplatz. Deutlich mehr Geld hinlegen muss man, wenn das eigene Auto mitgeführt wird: Je nach Saison müssen Reisende dann mit Preisen um 150 € rechnen. Infos und Buchung: www.aferry.de, www.directferries.de, www.traghettilines.it.

Unterwegs am Golf von Neapel

Der Golf von Neapel gehört zu den wenigen Destinationen Süditaliens, die sich unproblematisch mit öffentlichen Verkehrsmitteln erschließen lassen. Herrliche Landschaftsimpressionen versprechen natürlich Schiffstouren. Aber auch die Busfahrt hoch über der Amalfiküste ist ein Erlebnis mit bleibendem Erinnerungswert.

Zugegeben, beim Blick aus dem Fenster in die gähnenden Abgründe kann einem schon mal himmelangst werden. Es gibt jedoch weitere Gründe, warum Reisen mit dem Bus, dem eigenen Auto und der Leih-Vespa auf der Amalfitana, der Staatsstraße 163, aufregend sind: Bei starkem Verkehr regeln z. B. an den Ortsein- und Ortsausgängen in Praiano oder in Positano Helfer in leuchtenden Warnwesten und mit Funkgeräten ausgerüstet den Verkehr. Sobald sich ein Fahrzeug mit Überbreite, Bus oder Lkw, auf der Strecke befindet, können enge innerörtliche Straßen lediglich in einer Richtung befahren werden. Die anderen müssen dann eben warten, bis der Weg wieder freigegeben wird. Die Reisebusse dürfen die Amalfitana ohnehin nur in einer Richtung befahren. Als Nadelöhr gilt auch die Straße von Amalfi nach Ravello, wobei hier mittlerweile eine Ampel den Verkehr regelt. Auch auf den Inseln sowie auf der Halbinsel von Sorrent geht es auf den Straßen häufig eng und hektisch zu. Jene Gegenden vermitteln einen guten Vorgeschmack auf das, was Gäste an der Amalfiküste erwartet. Kurzum, die Straßen am Golf von Neapel sind eine nette Spielwiese für die, die das Abenteuer suchen und sich selbst hinter

Ischia: Orientierung leicht gemacht

den Lenker setzen möchten. Die Übrigen bevorzugen das entspannte Reisen mit den öffentlichen Verkehrsmitteln.

In den meisten Fällen wählen Gäste am Golf von Neapel ein Standortquartier und unternehmen von dort Ausflüge. Von Ischia lassen sich z. B. problemlos Procida und Neapel erreichen, in der Touristensaison verkehren überdies Direktboote nach Capri. Innerhalb eines Tagesausflugs können wiederum von Amalfi aus Ziele auf der Halbinsel von Sorrent mit öffentlichen Verkehrsmitteln oder die Provinzhauptstadt Salerno angesteuert werden. In der Saison verkehren zusätzlich Ausflugsboote nach Capri. Bei anderen Zielen, z. B. Paestum, Pompeji oder Vesuv, ist dies – je nach Standort – eventuell schwieriger. Die Landkarte suggeriert, dass alle diese Destinationen nah beieinander liegen; erst die Realität zeigt, dass die Entfernungen weiter sind als gedacht. Ursache hierfür ist einmal mehr die komplizierte Topografie mit Gebirgen und Steilküsten. Die Lösung heißt in dem Fall, das Standortquartier im Urlaub – einmal oder mehrfach – zu wechseln oder sich bestimmte Ziele für die nächste Reise aufzuheben.

Mit dem Auto

Das wichtigste Argument gegen einen eigenen fahrbaren Untersatz ist die Suche nach einem freien Parkplatz. In größeren Städten wie Neapel oder Salerno ist dies – abgesehen vom ganz alltäglichen Verkehrschaos – noch vergleichsweise unproblematisch (ein beliebter Trick ist die Ankunft zur Siestazeit, dann sind immer irgendwo Parkplätze frei). Auf der Halbinsel von Sorrent oder an der Amalfiküste ist das Auto indes hinderlich, es gibt schlicht viel zu wenig Raum für Parkplätze. In Positano müssen Besucher ihr Gefährt zumeist weit außerhalb irgendwo an der Küstenstraße abstellen, während in Amalfi das in den Felsen hineingebaute Parkhaus für Entlastung sorgt. Auf den Inseln im Golf nützt das Auto ohnehin wenig, allenfalls für den Besuch einiger weniger zweitrangiger Attraktionen und für Ausflugstouren ins Hinterland leistet es gute Dienste. Abgesehen davon kann das Autofahren auf den kurvigen Straßen viel Spaß machen, auch wenn es manchmal Nerven kostet.

Verkehrshinweise Geschwindigkeitsbegrenzung: Für Pkw und Wohnmobile bis 2,5 t in geschlossenen Ortschaften 50 km/h, auf Landstraßen 90 km/h (mit Anhänger 70 km/h), Schnellstraßen 110 km/h und Autobahnen 130 km/h (bei Regen 110 km/h). Für Wohnmobile und Lkw über 3,5 t sowie Busse gelten innerorts ebenfalls 50 km/h, auf Land- und Schnellstraßen 80 km/h und Autobahnen 110 km/h.

Kennzeichen-Pflicht: Wer noch kein Euro-Kennzeichen hat, benötigt ein Nationalitätenkennzeichen. Rund 50 € kann die italienische Polizei von Autofahrern kassieren, an deren Wagen das Schild fehlt bzw. nicht korrekt an der Rückseite angebracht ist. Auch in der Schweiz und in Österreich werden Strafen fällig.

Weitere Verkehrsvorschriften: Vor dem Anhalten rechtzeitig blinken. Privates Abschleppen auf Autobahnen ist verboten. Auf Autobahnen und außerhalb geschlossener Ortschaften grundsätzlich das Abblendlicht einschalten, ebenso in Tunnels und Galerien. Telefonieren während der Fahrt nur mit Freisprechanlage. Die Promillegrenze liegt bei 0,5.

Verkehrsschilder: *attenzione uscita veicoli* = Vorsicht Ausfahrt; *divieto di accesso* = Zufahrt verboten; *lavori in corso* = Bauarbeiten; *sbarrato* = gesperrt; *parcheggio* = Parkplatz; *zona tutelata* = Parkverbotszone; *rallentare* = langsam fahren; *senso unico* = Einbahnstraße; *strada senza uscita* = Sackgasse; *zona pedonale* = Fußgängerzone; *zona rimorchio* = Abschleppzone; *deviazione* = Umleitung; *zona di silenzio* = Hupverbot.

Pannenhilfe: Bei Pannen ist der Straßenhilfsdienst des italienischen Automobilclubs ACI (Automobile Club d'Italia) rund um die Uhr erreichbar. Kontakt und Informationen im Internet: ☎ 803-116, www.aci.it.

Notfälle: Zum Notfallset gehört eine reflektierende Warnweste, die bei Panne oder Unfall getragen werden muss. Notrufsäulen stehen in Abständen von 2 km an den Autobahnen. Die in Italien gebräuchlichen Notrufnummern finden Sie auf S. 369.

Tanken: Italien ist flächendeckend mit Tankstellen versorgt, selbst in kleinen Dörfern findet sich irgendwo eine Zapfsäule. Die Kraftstoffpreise sind höher als in Deutschland und erst recht in Österreich. Traditionell ist Tanken bequem: Man reicht den Schlüssel und sagt „il pieno" (volltanken), zum Bezahlen braucht man nicht auszusteigen. Größere Tankstellen bieten für das Selbsttanken einen Rabatt *(sconto)* an. Immer häufiger trifft man jetzt auf Selfservice-Tankstellen, an denen man rund um die Uhr mit (unzerknitterten) Euro-Scheinen tanken kann. An Autobahnen sind Tankstellen Tag und Nacht geöffnet, an Landstraßen und in den Städten häufig von 12.30–13.30 und 16.30–20.30 Uhr. Sonntags haben sie häufig geschlossen. Größere Tankstellen akzeptieren Kreditkarten.

Parken Schilder: In den Zentren kennzeichnen sie die Problemzonen für Parkplatzsuchende. In unübersichtlichen Kurven geparkte Autos können abgeschleppt werden. Die gelben Markierungen kennzeichnen Haltepunkte für öffentliche Verkehrsmittel. Ärger vermeidet man, indem man auf gebührenpflichtige Parkplätze ausweicht (ca. 1–2 €/Std.). In den meisten Fällen wird das Ticket im Parkscheinautomaten gelöst.

Einen **abgeschleppten Wagen** findet man mit Hilfe der Stadtpolizei (*Polizia Municipale* oder *Vigili urbani*) wieder. Meist steht das gute Stück auf speziellen Plätzen am Stadtrand und muss dort freigekauft werden, was den Fahrzeughalter in Italien teuer zu stehen kommt.

Einbruch/Diebstahl: Um Autoknackern keine Anreize zu bieten, sollten Reisende bei Abwesenheit nichts Wichtiges im Fahrzeug liegen lassen, das Handschuhfach leeren und offen stehen lassen. Diebstähle müssen sofort bei der nächsten Polizeidienststelle gemeldet werden.

Mit Bus und Bahn

Der öffentliche **Bus** ist – neben dem Schiff – das wichtigste Verkehrsmittel am Golf von Neapel. Auf Capri und Ischia steuern Busse im dichten Takt wichtige Destinationen an. Auch an der Amalfiküste ist das Busfahren kinderleicht, der zentrale Umsteigeknoten hier ist Amalfi. Auf Ischia, Capri und an der Amalfiküste sind die Busse jedoch teilweise sehr voll. Reisende berichteten davon, dass überfüllte Busse einfach an den Unterwegshalten vorbeifuhren und zum Verdruss der wartenden Fahrgäste nicht anhielten! Von Sorrent aus sind wiederum die wichtigsten Örtlichkeiten der Halbinsel erreichbar, wenngleich das System für Neuankömmlinge nicht immer sofort durchschaubar ist. Auch wäre in manchen Fällen eine engere Taktung wünschenswert. Grundsätzlich ist fast jedes Ziel mit dem öffentlichen Nahverkehr erreichbar, selbst auf den Gipfel des Vesuvs fährt der Autobus! Busfahren ist im Vergleich zu Deutschland, Österreich und der Schweiz preiswert, ein

Beengtes Parken in Neapel

Verbundsystem mit zeitlich getakteten Verkehrsmitteln zum einheitlichen Tarif (eine Fahrkarte, unterschiedliche Verkehrmittel) existiert jedoch nicht bzw. nur in Ansätzen. Eisenbahn- und Bustickets orientieren sich preislich in der Regel an der prognostizierten Fahrzeit zwischen Abfahrts- und Zielort. Ticketpreise sind daher, je nach Zeitfenster, preislich gestaffelt. In Italien muss man in den meisten Fällen das Ticket vor Fahrtantritt lösen und dann entwerten – vor dem Einstieg am Bahnsteig oder im Fahrzeug, selten durch den Fahrer oder Schaffner. Ausnahmen bestätigen diese Regel und lassen sich an einer Hand abzählen: z. B. Fahrten mit dem Alibus zwischen dem Internationalen Airport und dem Stadtzentrum von Neapel. Auf den Inseln im Golf lassen sich häufig (jedoch nicht immer) Fahrkarten gegen Aufpreis beim Fahrer lösen.

Abgesehen von der FS-Hauptstrecke zwischen Neapel und Salerno werden Gäste am Golf eher selten mit der **Bahn** in Berührung kommen. Eine Ausnahme bilden diverse Ausflüge ins Hinterland oder nach Paestum. Sehr wesentlich für die Reiseplanung ist aber das System der **Vorortbahnen** rund um die Metropole Neapel (→ S. 60 f.). Oft frequentiertes Verkehrsmittel ist insbesondere die *Circumvesuviana*, die – wie der Name sagt – Ziele rund um den Vesuv ansteuert. Zwar führt keine einzige Trasse um den Vulkan herum, ihren Namen führt die Vorortbahn dennoch zu Recht, weil fast jeder Ort an der Vesuvküste sowie im unmittelbaren Küstenhinterland mit der Bahn erreichbar ist. Für Urlauber wichtig ist insbesondere die Linie zwischen Neapel und Sorrent, weil auf der Strecke die Haltestellen Pompei und Ercolano (Herculaneum) liegen.

Fahrkartenkauf Fahrkarten müssen vor Fahrtantritt am Schalter, an Automaten oder in ausgewählten Tabacchi-Geschäften gekauft und dann entwertet werden. Die Automaten haben ein mehrsprachiges Menü, bei Zahlung mit großen Scheinen kann es Probleme bei der Wechselgeldrückgabe geben. Auf Capri, in Sorrent und an der Amalfiküste zahlen Non-Residents für manche Tickets höhere Preise als Einheimische!

FS-Bahntickets sind mit Kreditkarte z. T. auch im Internet buchbar (www.trenitalia.com).

Fahrpläne und Informationen Bahn: Fahrpläne hängen an Bahnhöfen aus oder können über das Internet abgefragt werden. Die wichtigsten Buchstabenkürzel auf den Fahrplänen beziehen sich auf die Art des Zuges (R = Regionalzug, IC = zuschlagspflichtiger Intercity-Zug). Eine eventuelle Platzkartenpflicht ist ebenfalls mit einem „R" gekennzeichnet.

Bus: In einigen Touristenbüros hängen Fahrpläne aus, manchmal werden Fahrplankopien auch auf Nachfrage an Gäste abgegeben. Busse sind überwiegend pünktlich, es empfiehlt sich, rechtzeitig an der Haltestelle zu sein. Nicht immer zuverlässig werden Abfahrtszeiten an den Haltestellen angezeigt. Auf manchen Strecken, z. B. an der Küste von Amalfi, gibt es Parallelverkehr diverser Busgesellschaften. Vorsicht deshalb beim Ticketkauf, denn Fahrkarten sind nicht ohne Weiteres von einer Busgesellschaft auf die andere übertragbar!

Online-Verbindungssuche für weite Teile Kampaniens: www.eavsrl.it (engl.).

Mit dem Schiff

Wunderschön sind Schiffstouren im Golf von Neapel, zumindest bei niedrigem Wellengang. Die drei Inseln lassen sich ohnedies ausschließlich mit der Fähre erreichen. Nach Capri kommen während der langen Touristensaison die Schiffe gefühlt aus allen Richtungen – zu den offiziellen Fähren gesellen sich die Ausflugsboote vom Festland sowie Privatjachten. Für die Besichtigung der Blauen Grotte müssen Besucher in der Regel sogar einmal umsteigen: Mit einem größeren Schiff gelangt man von der Marina Grande zur Grotte, wo man auf flache Kähne überwechselt. Ausschließlich diesen ist es vorbehalten, den Höhleneingang zu passieren. Zu den besonderen Leckerbissen eines Ferienaufenthalts am Golf von Neapel zählen eine Inselrundfahrt um Capri und natürlich die Passage entlang der Costiera Amalfitana. Beide Touren bieten fantastische Landschaftseindrücke, man sollte sie daher keinesfalls versäumen!

Fahrpläne und Buchung Informations- und Buchungsportale im Interrnet: www.aferry.de, www.directferries.de, www.traghettilines.it (dt.). Neben den gemütlichen Fähren *(traghetti)* verkehren teurere Schnellboote – Tragflächenboote oder Katamarane *(aliscafi)*. Ein einfaches Ticket ohne Pkw kostet je nach Fährgesellschaft, Strecke und Bootstyp 18–25 €.

Die wichtigsten Häfen Amalfi: Verbindungen nach Capri, Positano, Salerno (saisonal, keine Fahrzeuge).

Capri: Verbindungen nach Neapel, Sorrent (ganzjährig), Amalfi, Ischia, Salerno (saisonal).

Ischia (Ischia Porto): Verbindungen nach Neapel, Pozzuoli, Procida (ganzjährig), Capri (saisonal).

Neapel: Verbindungen nach Capri, Ischia, Procida, Sorrent (ganzjährig).

Pozzuoli: Autofähren nach Ischia, Procida (ganzjährig).

Procida: Verbindungen nach Ischia, Neapel (ganzjährig).

Salerno: Verbindungen nach Amalfi, Capri, Positano (saisonal).

Sorrent: Verbindungen nach Capri, Neapel (ganzjährig), Amalfi, Positano (saisonal).

Mit Taxi und Mietfahrzeugen

Taxifahrten am Golf von Neapel sind keine preiswerte Sache, sieht man einmal von stadtinternen Strecken in Neapel oder Salerno ab. Nostalgisches Flair verbreiten in der Saison die fotogenen Mikrotaxis auf Ischia sowie die luxuriösen Cabriotaxis auf der Jetset-Insel Capri. Logischerweise sind diese beiden Optionen erst recht nicht für einen knapp bemessenen Geldbeutel gedacht.

Mietwagenschalter finden Neuankömmlinge am Flughafen von Neapel (→ Anreise, S. 345). Darüber hinaus sind Leihfahrzeuge natürlich auch in Neapel und Sorrent, auf Ischia oder in Provinzhauptstädten wie Salerno erhältlich. Vor Ort mit eigenen Fahrzeugen präsente Mietwagenfirmen sind u. a. Avis (www.avis.de), Budget (www.budget.com), Europcar (www.europcar.de), Maggiore (www.maggiore.it), Sicily by Car (www.autoeuropa.it) und Sixt (www.sixt.de). Ein ganz hervorragendes **Online-Vergleichsportal** finden Sie unter www.billiger-mietwagen.de.

Eine wunderbare Art des Reisens am Golf ist der Ausflug mit einer **Vespa.** Leihmöglichkeiten gibt es in größeren Orten an der Amalfiküste, in Sorrent sowie auf Capri und Ischia.

Zu Fuß und mit dem Fahrrad

Die Region ist ein ausgezeichnetes Wanderrevier, allen voran die Insel Capri, die Amalfiküste und die Halbinsel von Sorrent. Wanderhinweise finden Sie wie üblich im Reiseteil bei den einzelnen Orten. Darüber hinaus werden im Kleinen Wanderführer zwölf Wanderungen ausführlich beschrieben und mit Kartenmaterial illustriert (→ S. 374 ff).

Im Gegensatz zum Wandern kann das Radfahren am Golf nicht überall empfohlen werden. Häufig erweist sich das Terrain für den Einsatz des Tourenrads als zu steil, die Küstenstraßen wiederum sind häufig stark befahren, obendrein sind die Straßen sehr eng – alles in allem nicht sonderlich gute Rahmenbedingungen für einen entspannten Radurlaub! Auf Ischia aber sind Drahtesel, insbesondere E-Bikes, auf dem Vormarsch. Sie können vor Ort bei einschlägigen Agenturen geliehen werden. Auch der äußerste Zipfel der Golfküste westlich von Neapel sowie die Halbinsel von Sorrent eignen sich zum Radfahren. Rennräder stehen im radsportbegeisterten Italien hoch im Kurs. Besonders sonn- und feiertags sind auf der Küstenstraße zwischen Sorrent und Salerno zahlreiche Radlergruppen unterwegs. Autofahrer müssen an diesen Tagen v. a. in den Kurven höllisch achtgeben!

Himmlisch gelegene Privatunterkunft oberhalb von Positano

Übernachten

Der Golf von Neapel schaut auf eine lange touristische Vergangenheit zurück und ist bis heute ein beliebtes Reiseziel. Dementsprechend groß und breit gefächert ist das Angebot an Unterkünften. Allerdings ist die Region keine Billig-Destination, wobei zwischen den einzelnen Urlaubsorten teils große Unterschiede bestehen. Preiswerte Jugendherbergen sowie Campingplätze sind eindeutig unterrepräsentiert.

Wer günstig reisen will, sollte auf die Nebensaison ausweichen und bei der Auswahl des Standorts genauer hinschauen. An der Amalfiküste reüssieren z. B. Amalfi und Positano mit einem hohen Preisniveau, während das in der Mitte zwischen den beiden touristischen Hauptattraktionen gelegene Praiano deutlich bodenständigere Preise hat. Auch zwischen den Inseln im Golf bestehen, was die Preise anbetrifft, große Unterschiede. Es ist inzwischen kein Geheimnis mehr, dass das schicke Capri ein eher teures Pflaster ist, während man auf Ischia und Procida vergleichsweise günstig unterkommt. Preiswerter als an der Küste ist es natürlich im kampanischen Hinterland. Insgesamt können sich Reisende über einen Mangel an Unterkünften in touristisch geprägten Gegenden schwerlich beklagen. Allenfalls darüber, dass in einigen Orten wie z. B. Sorrent oder Lacco Ameno das Luxussegment eindeutig überwiegt und preiswerte Wohnalternativen schwieriger zu ergattern sind. Außerhalb der Saison ist indes auch ein längerer Ferienaufenthalt auf Capri und in Amalfi erschwinglich, während sich zur gleichen Zeit andere

Orte wie Positano in Winterstarre befinden und kaum noch über geöffnete
Domizile verfügen. Wer sich mit den
Preislisten der örtlichen Hotels und anderer Unterkünfte beschäftigt, stellt fest,
dass die Zimmerpreise in Küstengebieten saisonbedingt Differenzen unterliegen. Die Unterschiede zwischen **Haupt-
und Nebensaison** (alta e bassa stagione)
sind zum Teil eklatant. Mitte August,
um Mariä Himmelfahrt (ferragosto),
ziehen die Preise abermals kräftig an
(altissima stagione). Keine signifikanten
Unterschiede gibt es in Neapel, Salerno
sowie in den Städten im Hinterland.

Klassische Hotelbetriebe gibt es
praktisch überall, zuvorderst natürlich
entlang der Küste sowie auf den Inseln. Auf der Kur- und Thermeninsel
Ischia besteht zu den häufig weitläufig
konzipierten Hotelanlagen praktisch
keine Alternative, sieht man einmal
von einer Handvoll Privatunterkünf-
ten sowie einem einzigen Campingplatz und einer privat geführten
Jugendherberge ab. Eine Besonderheit
ist die stupende Anzahl an privat
geführten **Bed&Breakfast-Herbergen.**

Diese gibt es zwar längst nicht überall,
sie sind aber seit Jahren auf dem Vormarsch und füllen bestehende Lücken
in den Unterkunftsverzeichnissen. Insbesondere die Provinzhauptstadt Salerno macht als veritable Bed&Breakfast-
Hochburg dergestalt auf sich aufmerksam, dass sich hier empfehlenswerte
klassische Hotels an einer Hand auf-
zählen lassen. Auch in Neapel gibt es
mittlerweile eine ganze Reihe ausgezeichneter Privatunterkünfte, die jedoch mitnichten preiswerter als Mittelklassehotels sind. Abgesehen von der
familiären Struktur besteht der Vorteil
der Privatdomizile u. a. darin, dass viele erst in jüngster Zeit aufgemacht
haben und daher über blitzsaubere
Zimmer und Bäder verfügen. Dagegen
könnte manch zauberhaft gelegener
Hotelbetrieb auf Ischia ein Facelifting
gut vertragen!

Eine preiswerte Alternative zu den
Hotels sind Jugendherbergen. Sie findet
man hin und wieder auch an Orten, wo
man sie nicht vermutet, z. B. an der
Amalfiküste. Bereits bei den Camping-
plätzen wird die Sache jedoch schwie-

Gepflegtes Privatquartier auf Ischia

riger: Es gibt sie natürlich ab und an, u. a. in Pozzuoli, Pompei, Sorrent und am Strand von Paestum. Allerdings ist die Auswahl insgesamt nicht gerade üppig. Der Grund liegt vorwiegend in der schwierigen Topografie: Die häufig steil zum Meer abfallenden Küsten schaffen eine notorische Enge, weshalb weitläufig angelegte Anlagen kaum zu finden sind. Ein Engpass herrscht am Golf ebenfalls bei den in Italien so beliebten **Agriturismo-Unterkünften.** Die italienische Variante der Ferien auf dem Bauernhof ist im vorliegenden Reisehandbuch v. a. deshalb unterrepräsentiert, weil fragliche Quartiere sich eben nicht am Golf, sondern weit im agrarisch geprägten Hinterland befinden. Hin und wieder treffen Reisende aber auch in Küstennähe auf Bauernhöfe mit angeschlossenem Gästebetrieb.

Zimmerpreise

Falls nicht anders vermerkt, gelten die im Reisehandbuch genannten Preise für ein **Standard-Doppelzimmer** (DZ) für zwei Personen mit Frühstück. In den meisten Fällen wird der Nebensaisonpreis angegeben. Einige Küstenquartiere haben in den Hauptbademonaten Juli und August **Pensionszwang.** Meistens bedeutet das, dass eine Mahlzeit verpflichtend hinzugebucht werden muss.

Hotels und Pensionen

Die ästhetisch anspruchslosen Bettenburgen, die häufig zur Verschandelung der Landschaft beitragen, finden sich in der gesamten Region zum Glück kaum. Wenn überhaupt, dann gibt es sie allenfalls im modernen Geschäftszentrum in Neapel. Ansonsten können Urlauber an der Küste eigentlich immer mit Strukturen vorliebnehmen, die sich harmonisch in ihre Umgebung einfügen. Eine lokale Besonderheit sind noble Landhotels an der Steilküste – zwischen Sorrent und Castellammare di Stabia oder auch an der Amalfiküste: Häufig kleben sie wie Bienenwaben am Steilhang, Treppen führen vom Untergeschoss zum Meer hinunter, während das Flachdach als Parkdeck fungiert. Von der Straße aus übersieht man die betreffenden Häuser leicht, während sie vom Schiff aus ganz problemlos auszumachen sind.

Die meisten Küstenunterkünfte haben sich ganz hervorragend auf die Bedürfnisse der Reisenden aus dem Norden eingestellt. Häufig wird Englisch gesprochen (z. B. in Sorrent oder an der Costiera Amalfitana), manchmal auch Deutsch (u. a. auf der Insel Ischia). Wer jedoch das ursprüngliche, einfache und landestypische Quartier in Familienhand präferiert, muss unter Umständen ein wenig suchen. Es gibt sie aber noch, die weitgehend authentische Hafenzeile, welche die meiste Zeit über nahezu touristenfrei ist und mit einer lauschigen Bar sowie einer einfachen Pension aufwartet. Auch in Italien gibt es die Einteilung der Unterkünfte nach Sternen (1–5 Sterne), wobei es ab und an vorkommt, dass der Eigentümer den einen oder anderen Stern im Lotto gewonnen zu haben scheint. Wer einen mitteleuropäischen Standard gewohnt ist, wird daher vielleicht einige wenige Abstriche machen müssen. Andererseits ist das **Frühstück** *(prima colazione)* auf der zauberhaften Dachterrasse vom Ambiente her kaum zu toppen, auch wenn das mediterrane Frühstück meist weniger reichhaltig als nördlich der Alpen ausfällt. Selbst Vier-Sterne-Hotels beschränken sich bei der ersten Mahlzeit am Tag unter Umständen auf ein süßes Hörnchen *(cornetto)* nebst einer Tasse Cappuccino aus der Espressomaschine. Andere Beherbergungsbetriebe wiederum achten inzwischen auf die Bedürfnisse der Gäste aus dem Norden und kredenzen ein ganz ausgezeichnetes Frühstück. Auf Ischia, wo Einheimische inzwischen auf eine lange Tradition im Umgang mit Urlaubern aus dem deutschsprachigen Raum zurückblicken, ist das Frühstück durchweg recht ordentlich.

Grandhotel in Sorrent: Luxus in atemberaubender Lage

Mondäne Luxushotels mit Tradition am Golf von Neapel

Eine Region, die seit Jahrhunderten ein Sehnsuchtsziel vieler Reisender aus Mittel- und Nordeuropa gewesen ist (und natürlich
immer noch ist), muss zwangsläufig über eine ganze Reihe von
Luxusquartieren mit Tradition und historischer Patina verfügen.
Denn nicht selten trafen sich Adelige, Künstler und Intellektuelle
auf Soireen und bei diversen gesellschaftlichen Anlässen in besagten Häusern. Sie repräsentieren heute Kulturgeschichte und
ähneln mit ihrer feudalen Ausstattung Museen. Beispielsweise
das Hotel Luna Convento am Stadtrand von Amalfi, ein einstiges
Franziskanerkloster mit himmlischem Kreuzgang und seit Generationen ein Logis für Prominente wie Simone de Beauvoir, Henrik
Ibsen und Ingrid Bergmann. Das luxuriöse Hotel Punta Tragara
auf Capri wiederum entstand nach den Blaupausen des Stararchi-
tekten Le Corbusier. Im letzten Weltkrieg nutzten amerikanische
Streitkräfte die atemberaubend oberhalb der Steilküste gelegene
Villa als Hauptquartier, Winston Churchill und General Eisenhower logierten hier. Über die Traditionsquartiere in Ravello und
Sorrent mit ihrer qualitätvollen Ausstattung ließen sich ganze Bücher füllen. Sie atmen Tradition aus jeder Pore. Wer in diesen
Edelhotels nächtigen will, der benötigt allerdings einen gut gefüllten Geldbeutel!

Agriturismo und Bed & Breakfast

Es bestehen ein paar Gemeinsamkeiten zwischen Ferien auf einem Bauernhof und einer Übernachtung in einem B&B: Beide Unterkünfte sind bei Reisenden seit Jahren en vogue, üblicherweise verfügen die Häuser über einen sehr guten Standard, sie befinden sich in Familienhand – und müssen immer vorgebucht werden! Selten werden unangemeldete Gäste ein freies Zimmer vorfinden, es ist nicht einmal gesichert, dass jemand zu Hause ist und die Tür öffnet. Doch es gibt auch Unterschiede: So befinden sich Agriturismi naturgemäß auf dem Land, wohingegen Bed-&-Breakfast-Quartiere vorzugsweise in den Städten angesiedelt sind. Ein weiterer Unterschied ist, dass in Agriturismi oft – aber nicht immer – abends gekocht wird und dabei häufig eigene Produkte, teils aus ökologischem Landbau, auf den Tisch kommen. Selbiges gilt für das Frühstück, das häufig etwas opulenter als in den meisten Hotels ausfällt. Viele Bed-&-Breakfast-Quartiere lassen bei der Zusammenstellung des Frühstücks ebenso Fantasie walten, wohingegen andere nur italienisches Basisfrühstück mit Espresso aus der Maschine bieten. Nur sehr selten partizipieren Gäste am landwirtschaftlichen Alltag oder helfen bei der Ernte mit *(partecipazione attività di agricole)*. Privatquartiere – ob auf dem Land oder in der Stadt – sind nicht preiswerter als die Hotels in einer vergleichbaren Kategorie. Wer privat nächtigt, sollte vielleicht ein paar Worte Italienisch sprechen können, zumindest kann dies das Handling erleichtern.

Feriendörfer und Campingplätze

Nicht jeder Campingplatz *(campeggio)*, der an der Zufahrtsstraße entsprechend mit Zeltemblem ausgeschildert ist, entpuppt sich tatsächlich als ein Platz zum Zelten. Häufig versteckt sich dahinter ein Feriendorf mit bungalowähnlichen Hütten und Küchenzeilen für Selbstversorger *(villaggio turistico)*. Wo es sich um empfehlenswerte Einrichtungen handelt, werden sie im Reiseteil des Buches genannt.

Ferienhäuser und Apartments

Ferienhäuser und -wohnungen werden von Jahr zu Jahr beliebter. Hier besteht, was das Angebot betrifft, in der Region vielleicht noch etwas Nachholbedarf – besonders was geschmackvolle und gut ausgestattete Quartiere anbetrifft. An der Küste öffnen einige Apartments nur in der Hauptsaison im Juli und August, auf dem Land fehlen sie gänzlich. Die größte Auswahl an einschlägigen Quartieren haben Urlauber auf der Halbinsel von Sorrent und an der Amalfiküste. Am besten bucht man Ferienhäuser und -wohnungen im Internet (www.interchalet.de, www. casamundo.de).

Jugendherbergen

Italienische Jugendherbergen *(ostelli per la gioventù)* verfügen über einen erfreulichen Standard. Am Golf von Neapel und an der Amalfiküste gibt es ganze drei Herbergen, die Mitglied im Verband der International Youth Hostel Federation sind. Für diese benötigt man einen gültigen Jugendherbergsausweis, der vor der Reise bei den betreffenden Organisationen im deutschsprachigen Raum (z. B. beim Deutschen Jugendherbergswerk) erhältlich ist. Eine vollständige Auflistung aller Mitgliedsherbergen in Italien finden Sie im Internet unter www.aighostels.it. Zu den gemeinnützig geführten Herbergen gesellen sich privat geführte Hostels. Sie gibt es u. a. in Neapel, Atrani, Forio und in Pompei. Empfehlenswerte Quartiere finden Sie bei den jeweiligen Orten!

Pulcinella als Nudelverschlinger, im Hintergrund der Vesuv

Essen und Trinken

Pizza und Pasta sind zum Synonym der neapolitanischen und kampanischen Küche geworden. Dabei gehören auch Fisch, Schinken, Käse, Tomaten, Oliven und natürlich Wein zu den wichtigsten Zutaten einer Mahlzeit. Der fruchtbare Vulkanboden an der Golfküste hat seit jeher die Kultivierung qualitativ hochwertiger landwirtschaftlicher Erzeugnisse begünstigt.

Auch wenn man die Jahrhunderte während Epoche der Fremdherrschaft bedauert, in kulinarischer Hinsicht hat sie für Bereicherung gesorgt: Hülsenfrüchte wie z. B. Kichererbsen kannten bereits die Griechen und Römer, ebenso Wein und Oliven. Die Tomate indes, zentraler Bestandteil zahlreicher mediterraner Gerichte, ist ein Import der Spanier, welche die Pflanze zu Beginn des 16. Jh. aus Südamerika nach Europa brachten. Zunächst galt die Tomate in Italien sogar als ungenießbar, bevor sie gegen Ende des 18. Jh. Eingang in die Küche fand. Auch der Einfluss der Araber hatte aus lukullischer Sicht etwas Gutes, denn zahlreiche Gewürze und v. a. Kochrezepte gelangten über das Mittelmeer an den Golf von Neapel und veredelten die höfische Kochkunst. Die erste Abhandlung zur mediterranen Küche entstand zur Zeit der Anjou am Übergang vom 12. zum 13. Jh. und hieß schlicht „Kochbuch" („Liber de coquina"). Gegen Ende des 18. Jh. war es wiederum die französische Kunst des Kochens, die vom Adel in der Golfmetropole begierig aufgesogen wurde. Bisher war die Küche am Golf trotz aller Einflüsse von außen stets bodenständig geblieben – in der Zeit der Franzosen hielt erstmals ein Quantum an Raffinesse Einzug in die Speisenzubereitung. Viele heute gebräuchliche

Lehnwörter aus dem Französischen belegen den Einfluss, u. a. leitet sich *ragù*, eine zentrale Säule der neapolitanischen Küche, vom französischen Ragout ab. Selten stand in der Geschichte ausschließlich der Genussaspekt im Fokus der Aufmerksamkeit. Seit der Antike und dem Wirken griechischer Philosophenschulen in Süditalien – den Pythagoräern und den Eleaten – war auch der Gesundheitsaspekt von nicht unerheblicher Bedeutung. Vor diesem Hintergrund ist es nur wenig überraschend, dass die Wurzeln der **Mittelmeerdiät** *(dieta mediterranea)* – seit 2010 immaterielles Welterbe der UNESCO – in Kampanien zu verorten sind.

Trotz aller höfischer Raffinements und trotz des Hangs der Süditaliener, sich bei bestimmten Anlässen zu üppigen Banketten zu versammeln, in denen sich unter den Köstlichkeiten die Tische biegen (→ Kasten unten), ist die heimische Küche zuvorderst vom **Prinzip der Einfachheit** geprägt. Auf den Tisch kommt das, was der Acker an Erzeugnissen hergibt. Die Qualität der jahreszeitlich wechselnden Zutaten bestimmt seit jeher das Niveau der Speisen! Natürlich gibt es hochwertige Restaurants am Golf von Neapel zur Genüge, das eigentliche Erbe der Esskultur ist indes in den landestypischen Lokalen und Garküchen zu finden. Insbesondere in Neapel geben diese einfachen Lokalitäten, in denen eine sättigende Mahlzeit selten mehr als 10 € kostet, eindeutig den Ton an. Die Labels, mit denen die Inhaber um Kundschaft werben, heißen *cucina povera* (wörtlich: „Armenküche", gemeint ist eine simple bäuerliche oder städtische Regionalküche) sowie *cucina casareccia* (einfache „Hausmannskost"). Das eigentliche Hauptgericht ist die sättigende **Pasta,** die in und um Neapel in allerlei Varianten auf den Tisch kommt. In Küstengebieten pflegen die meisten Gastronomen natürlich frische **Meeresküche** *(cucina di mare)*, während im Hinterland die **Landküche** *(cucina di terra)* dominiert. Grundlage der Meeresküche sind neben Fisch auch Muscheln und Krustentiere, während bei der Landküche Fleisch, Gemüse, Schinken und Käse den Speiseplan bestimmen.

Lukullisches

Das Adjektiv „lukullisch" leitet sich von dem reichen Römer Lucius Licinius Lucullus (117–56 v. Chr.) ab. In seiner neapolitanischen Villa ließ er einen persischen Garten anlegen – Schauplatz seiner legendären Bankette. Auch heute noch sind üppige Festgelage in und um Neapel weitverbreitet, v. a. bei kirchlichen Feiertagen sowie Hochzeiten.

Heute ist die Golfmetropole die Heimat zahlreicher bekannter Spezialitäten, u. a. der Pizza. Sie wurde, glaubt man der lokalen Überlieferung, in Neapel erfunden, hier soll sie angeblich am besten schmecken. Besonders häufig trifft man auf Schilder mit dem Gütesiegel „Vera Pizza Napoletana" in der Via Tribunali. Zudem ist Neapel für verführerische Konditoreien bekannt. Eine wahre Köstlichkeit sind Sfogliatelle: Blätterteigschnecken mit Ricotta-Füllung und Orangenblütenaroma. Viele Italiener schwören nicht zuletzt auf Espresso-Kaffee, der in und um Neapel geröstet wird. Eine bekannte Marke ist „Caffè Borbone" (www.caffeborbone.it).

Zitronenplantage auf der Insel Procida

Regionale Spezialitäten

Dass viele Restaurants bevorzugt Produkte aus der eigenen Region verarbeiten, ist der Tradition Kampaniens als Agrarhochburg geschuldet. Die Liebe Einheimischer zu ihren landestypischen Erzeugnissen *(prodotti tipici)* schlägt sich darüber hinaus in einer erklecklichen Anzahl von Feinkostgeschäften nieder, die in beinahe jedem Ort zu finden sind. Somit kommen auch Selbstversorger, die mit dem Wohnmobil unterwegs sind oder ein Ferienapartment mit Küchenzeile gemietet haben, in den Genuss regionaler Delikatessen. **Käse und Salami** in vielerlei Varianten stehen fast überall hoch im Kurs, in der Region um den Golf von Neapel v. a. in den höher gelegenen Agrardörfern der Monti Lattari und der Halbinsel von Sorrent. Einen exzellenten Ruf genießt das Landwirtschaftsmekka Agerola oberhalb von Amalfi. Zu den hier mit Sachverstand und Passion hergestellten Spezialitäten zählt z. B. der *Provolone del Monaco* – ein mindestens sechs Monate gereifter

Kuhmilchhartkäse. Er ist anhand der typischen Glockenform gut zu erkennen und erhielt 2010 das Herkunftsschutzsiegel der EU. Der Provolone ähnelt dem feinwürzigen *Cacciocavallo* zum Verwechseln. Letzterer wurde traditionell aus Stutenmilch gewonnen und reifte in einer Pferdeblase (das Wort *cavallo* heißt übersetzt „Pferd"). Heutzutage wird Cacciocavallo jedoch meist aus Kuh-, Schafs- oder Ziegenmilch hergestellt. Bekanntestes Produkt ist indes der Mozzarella *(Mozzarella di Bufala)*. In den sandigen Ebenen von Kampanien fühlen sich Wasserbüffel sichtlich wohl – den Rohstoff für die saftigen Käsekugeln liefert die Milch der Büffelkühe. Kerngebiete der Mozzarellaproduktion sind das Umland von Caserta im Hinterland sowie die Ebene des Sele bei Paestum. Kalte Antipasti-Platten in den Lokalen bieten meist eine reichhaltige Auswahl regionaler Wurst-, Schinken- und Käsespezialitäten.

Italienweit hoch im Kurs steht die **Pasta** aus Gragnano. Das Bergdorf in den Monti Lattari zwischen Vesuv und Amalfiküste ist seit Generationen Heimat versierter Pastahersteller. Wer als Patron eines Restaurants oder Spezialitätenladens etwas auf sich hält, führt Pasta aus Gragnano im Sortiment. Eine spezielle autochthone Pastasorte „made in Campania" gibt es nicht, weil Form und Konsistenz der Pasta stets von der Soße *(sugo)* abhängen. Der Hauptzweck der Nudel besteht schließlich gerade darin, die flüssigen Stoffe perfekt aufzunehmen. Im Zeitalter der Bourbonen waren jedoch Makkaroni bei der einfachen Bevölkerung dergestalt beliebt, dass die Darstellung des heißhungrig Nudeln verschlingenden Neapolitaners – unter tätiger Mithilfe der Finger – bis heute zu den beliebtesten Street Art-Ikonen in der Altstadt der Golfmetropole zählt. Erstmals aktenkundig wurden Makkaroni in der normannischen Ära auf Sizilien. Weitere typische Primo-Spezialitäten am Golf sind die *parmigiana* – ein mehrschichtiger Auflauf mit Gemüse, Ei und Käse – sowie die *gnocchi alla sorrentina* – Kartoffelnocken nach Sorrentiner Art, überbacken mit Tomaten und Mozzarella.

Bei den Secondi stehen an der Golfküste und auf den Inseln natürlich **Fisch und Meeresfrüchte** in vielerlei Varianten im Vordergrund. Wer sich ein authentisches Bild von der Vielfalt der unterschiedlichen Flossen- und Krustentiere machen möchte, sollte dem täglichen Fischmarkt an der Porta Nolana in Neapel einen Besuch abstatten. Für Selbstversorger bieten kleine Frischfischgeschäfte *(pescherie)* in den Städten an der Küste ebenfalls eine akzeptable Auswahl. Die Auswahl an Fisch hängt von der Saison ab, Klassiker am Golf sind u. a. Thun- und Schwertfisch, Meerbrassen sowie Sardellen. Muscheln gehören seit jeher zu den Lieblingsspeisen vieler Neapolitaner. Die Entsprechung zur *cucina di mare* im Hinterland ist die *cucina di terra* mit Schweine-, Lamm- und Rindfleisch als Hauptprodukt. Vielleicht et-

was weniger bekannt ist die Leidenschaft der Neapolitaner für Hülsenfrüchte und v. a. **Blattgemüse.** Zu den populärsten „Blättern" zählt Stängelkohl *(cavolo broccolo)*, der mit dem Broccoli Mitteleuropas nur wenig gemein hat, dicht gefolgt von Chicorée sowie Endiviensalat. In der frühen Neuzeit war der Genuss von Blattgemüse derart verbreitet, dass Neapolitaner häufig als „Blätterfresser" *(mangiafoglia)* beschimpft wurden. Zu beliebten Beilagen gehören zudem Kichererbsen und natürlich Tomaten, die am Golf von Neapel besonders aromatisch schmecken.

Neapel rühmt sich, Heimat der **Pizza** zu sein, die in Italien manchmal auch als Secondo kredenzt wird. Den Anspruch untermauert eine regelmäßig kolportierte Begebenheit, derzufolge die lokalen Pizzabäcker aus Anlass eines Stadtbesuchs von Königin Margarethe, der Gattin Umbertos I., 1889 eine völlig neue Pizza kreierten, und zwar in den italienischen Nationalfarben Rot (Tomaten), Weiß (Mozzarella) und

Werbung für Süßes in Neapel

Grün (Basilikum). Die Idee fand großen Anklang – die Pizza Margherita war geboren! Seit 2017 ist Pizza aus Neapel Teil des immateriellen Welterbes der UNESCO. In und außerhalb Neapels organisieren sich die Pizzabäcker *(pizzaioli)* in der „Associazione Verace Pizza Napoletana", die über die penible Einhaltung der selbstgesetzten hohen Qualitätsstandards wacht. Angeschlossene Lokale sind anhand des Labels am Eingang gut zu erkennen (www.pizzanapoletana.org).

Süditaliener lieben ihre Nachspeise, weswegen es nicht verwundert, dass die besten Traditionskonditoreien zu den unbestrittenen Stars der Gastronomieszene zählen. Neben **Gebäckspezialitäten** jeglicher Couleur wird in Restaurants alternativ häufig auch nur ein Likör oder Obst gereicht, v. a. dann, wenn die Gäste nach drei Gängen bereits satt sind. Eine der beliebtesten Zutaten für die süßen Köstlichkeiten ist die **Zitrone**. Im „Land, wo die Zitronen blühn" ist dies jedoch wenig überraschend! Für Desserts werden üblicherweise nicht die einschlägig bekannten sauren Zitronen verarbeitet, sondern „Brot-Zitronen" *(limone di pane)*. Sie erreichen die Größe einer Honigmelone und zeichnen sich durch eine dicke, weiße, essbare Innenschale aus. Eine weitere berühmte Sorte heißt *limone di Sorrento*. Sie wächst bevorzugt auf der Halbinsel von Sorrent bzw. auf Capri, besitzt eine ovale Form und ist reich an ätherischen Ölen. Weniger sauer und dabei ungewöhnlich reich an Vitamin C ist die amalfitanische Zitrone *(sfusato amalfitano)*. Gewöhnlich wird im ganzen Jahr geerntet, in den Zitronengärten um Amalfi werden jedoch die besten Früchte zwischen März und Juli gepflückt.

Antipasti

Acqua sale: Klassische Brotzeit der Bauern: in Salzwasser zerdrückte Tomaten, dazu in Olivenöl getränktes Brot.

Alici marinate: Sardellen, angemacht mit Olivenöl, Weißweinessig, Salz, Knoblauch, Oregano und frischer Petersilie.

Antipasti di mare: Gemischter Vorspeisenteller mit Fisch und Meeresfrüchten.

Antipasti di terra: Gemischter Vorspeisenteller, häufig mit gegrilltem Gemüse, Schinken und Käse.

Bruschetta: Auf gerösteten Brotscheiben angerichtete Tomaten in Öl, mit Salz, Pfeffer und Oregano.

Impepata di cozze: In Olivenöl gekochte Miesmuscheln, Pfeffer, gehackte Petersilie und Zitronen.

(Insalata) Caprese: Aromatische Tomaten, Mozzarella, Basilikum und Olivenöl.

Insalata di mare: Frischer Meeresfrüchtesalat, oft mit Tintenfischen und Muscheln, Zitrone und Olivenöl.

Zuppa di cozze con pomodoro: Würzige Miesmuschelsuppe mit Tomaten und Zwiebeln.

Primi

Buvatini con soffrito: Dicke Spaghetti mit pikanter Soße aus Schweinefleisch und gehacktem Gemüse.

Candele/Ziti spezzati con il ragù: Lange *(candele)* oder kurze *(ziti)* Makkaroni mit Soße, z. B. aus Tomaten, Zwiebeln und Schweinefleisch.

Cannelloni alla napoletana: Große, dicke Röhrennudeln mit Tomaten, Ricotta, Zwiebeln, Schinken und Eier.

Fusilli alla napoletana: Ursprünglich im Cilento beheimatete Spiralnudeln mit Tomaten, Knoblauch und fein gehacktem Gemüse.

Gnocchi alla sorrentina: Nocken aus Mehl und Kartoffeln mit Tomatensoße, Käse und Basilikum.

Paccheri con la ricotta: Kurze, große Röhrennudeln mit Frischkäse, Tomaten, Olivenöl und Pecorino (geriebener würziger Schafskäse).

Risotto alla pescatora: Breigericht aus Reis, u. a. mit Fisch, Meeresfrüchten, Muscheln, Lorbeer und Zitronen.

Scialatielli con vongole: Bandnudeln mit Venusmuscheln sind ein Klassiker am Golf von Neapel.

Soffrito di maiale alla napoletana: Deftiger Eintopf aus Innereien und Fleisch vom

Frisch geerntete Artischocken auf dem Straßenmarkt

Schwein, Tomatenmark, Paprika, Lorbeer und Salbei.

Tagliolini al limone: Lange Bandnudeln (etwas breiter als die bekannteren Tagliatelle) mit Basilikum und Zitronen.

Secondi

'A tiana 'e fungetielle: Gemischte Pilzpfanne mit Knoblauch und Kirschtomaten – ein Klassiker für Vegetarier.

Baccalà in cassuola: Stockfisch (traditionelles Gericht der Armen in Neapel) mit Zwiebeln, Kirschtomaten und Kapern, serviert in der Pfanne.

Bistecca alla napoletana: Geschmortes Rindersteak, z. B. mit Pfeffer, Zitronensaft, Petersilie und Pilzen.

Coniglio all'Ischitana: Auf Ischia populäres Kaninchenfleischgericht, gegart z. B. mit Zwiebeln, Olivenöl, Pfeffer und Basilikum.

Frittura di pesce alla napoletana: Panierte Fische und Meeresfrüchte, frittiert in Öl und serviert mit Zitrone.

Parmigiana di melanzane: Auflauf aus dem Ofen mit Auberginen, Tomaten, Käse und Ei.

Salsiccia di maiale beneventano: Gebratene Wurst aus feinwürzigem Schweinefleisch aus Benevento, z. B. mit Peperoni.

Zuppa di pesce: Gehaltvolle Suppe aus diversen Fischen, Meeresfrüchten, Muscheln und Tomaten, serviert mit geröstetem Brot.

Dolci

Biscotti all'amarena: Mürbeteigkekse mit einer Füllung aus Amarenakirschen und einer Baiserglasur aus gehackten Mandeln.

Castagnaccio: Im Herbst haben Kastaniendesserts Hochkonjunktur, u. a. Kastanienkuchen mit Blockschokolade.

Pastiera: Berühmter neapolitanischer Osterkuchen, basierend auf eingeweichtem Weizen und Orangenblütenwasser.

Struffoli: Klassisches Weihnachtsgebäck: frittierte Kügelchen aus Mehl, Eiern, Butter, Honig und Anisschnaps, serviert mit kandierten Früchten.

Torta al limone: Der süße Zitronenkuchen ist ein Klassiker unter den Nachspeisen in Kampanien.

Torta caprese: Kuchen auf der Basis von gerösteten Mandeln, Zucker, Mehl, Butter, Zimt und Zitrone.

Zeppole di San Giuseppe: In siedendem Öl frittierte Krapfen, eingefettet mit Schmalz und bestreut mit Zucker.

Getränke

Obwohl in Italien von Jahr zu Jahr der Bierkonsum *(birra)* pro Kopf steigt, ist und bleibt das wichtigste Tischgetränk der **Wein.** Die bekannteste Rebsorte aus Kampanien ist der Aglianico, der als grundsolider Tafelwein auf jeder Getränkekarte sowie in allen Verkaufsregalen zu finden ist. Eine herausragende Qualität besitzt der Rote unter dem Label „Taurasi" in der Provinz Avellino – hier kostet eine Flasche schon mal mehrere hundert Euro! Ein ganzes Ortskapitel im Reiseteil widmet sich diesem Weinmekka im Hinterland. Eine bis auf die Griechen und Etrusker zurückreichende Geschichte besitzt die Winzerkultur auf der Insel Ischia (→ Kasten, S. 122). Die fruchtbaren Vulkanhänge des Vesuvs wurden ebenfalls seit der Antike für Weinanbau genutzt, „Träne Christi" *(Lacryma Christi)* heißt hier der namhafteste Rotwein. Kleinere Weinanbaugebiete gibt es darüber hinaus an der Amalfiküste – v. a. in Furore und in Ravello – sowie in der Nähe der griechischen Monumentaltempel von Paestum.

Die Amalfiküste, die Halbinsel von Sorrent und Ischia sind auch die Heimat des beliebtesten Likörs: des **Limoncello.** Wo immer Zitronen an Bäumen wachsen, setzen Land- und Gastwirte ihren eigenen klebrig-süßen Likör auf, der oft in eisgekühlten Gläsern am Ende der Abendmahlzeit serviert wird. Als Rohstoff in kleinen Familien-Likörmanufakturen dient ausschließlich geriebene Zitronenschale. Eine weitere Likörspezialität, die man vielleicht einmal probieren sollte, ist der **Rucolino.** Der süße Kräuterlikör auf der Basis von Rukola *(ruchetta)* schmeckt auf Ischia und Procida am besten.

Die Italiener sind leidenschaftliche Kaffeetrinker, und nirgendwo sonst schmeckt der **Kaffee** so gut wie in Italien. Statt eines Kräuterlikörs kann man nach dem Essen auch einen **Espresso** *(caffè)* bestellen. Am besten mundet er an der Bar – man trinkt ihn im Stehen am Tresen *(al banco)* oder im Sitzen am Tisch *(alla tavola).* Häufig muss an der Kasse im Voraus bezahlt werden, dann erst geht der Gast mit der Quittung *(scontrino)* zum Barista an den Tresen. In Urlaubsgebieten verfügen die Bars meist über eine Außenbewirtschaftung auf der Terrasse oder auf dem Trottoir. In diesem Fall ist das Gesetz der Selbstbedienung außer Kraft gesetzt, denn Servierkräfte bringen dem Gast das gewünschte Getränk an den Tisch und nehmen abschließend auch die Bezahlung entgegen. Eine weitere bekannte Kaffeespezialität ist der **Cappuccino,** den Italiener jedoch ausschließlich vormittags trinken. Die Milch sättigt zu sehr, weshalb der Cappuccino angesichts der zu erwartenden lukullischen Abendmahlzeit eine weni-

Am Strand in Marina del Cantone

ger gute Idee ist! Neben dem kleinen, starken Espresso und dem Cappuccino kann man aus weiterer Kaffeevariationen wählen: Der **Caffè ristretto** ist extra stark, dem **Caffè corretto** ist ein Schnaps untergemischt, und der **Caffè macchiato** enthält einen großen Schuss Milch. Entkoffeinierte Kaffees werden ebenfalls angeboten.

Restaurantbesuch

Auch wenn die Grenzen heute zusehends verschwimmen, unterscheiden Italiener nach wie vor sorgfältig zwischen einem *ristorante*, einer *osteria* und einer *trattoria*. Das **Restaurant** ist in den meisten Fällen eine Einkehradresse mit feinem Ambiente und ambitionierter Küche. Gestärkte Tischtücher und livrierte Kellner gehören ebenso zum Restaurant wie ein gehobenes Preisniveau. Von Gästen wird zumeist erwartet, dass sie sich an die althergebrachte Menüabfolge halten. Diese umfasst drei Gänge: **Primo** (erster Hauptgang) oder wahlweise **Antipasto** (Vorspeise), **Secondo** (zweiter Hauptgang) und **Dolce** (Dessert). Manchmal geht die Vorspeise auch dem ersten Hauptgang voraus, weswegen optional auf den Nachtisch verzichtet werden kann. Zum Secondo – in der Regel Fisch oder Fleisch – kann der Gast eine Beilage (*contorno*) ordern, die als eigenständiger Posten auf der Speisekarte aufgeführt und berechnet wird. Unter diesen Umständen können (ohne Getränke) spielend leicht 30–40 € pro Nase auflaufen, eine Menge Geld, zumal in Krisenzeiten, in denen auch die Italiener sparen müssen. Vor diesem Hintergrund erscheint verständlich, warum die preiswerte Pizza gegenwärtig Konjunktur hat. Nicht wenige Restaurants stellen sich auf die veränderte Bedürfnislage ein und bieten zusätzlich zu den herkömmlichen Menüs auch Pizza an. Eine weitere Folge ist, dass junge Restaurantbetreiber sich zunehmend vom Prinzip der starren Menüabfolge lö-

sen und überhaupt nichts dagegen einwenden, wenn der Gast nur ein Nudelgericht mit einem Glas Wein bestellt.

Die **Trattoria** ist eine häufig preiswerte, familiengeführte Lokalität mit Plastiktischdecke und kleiner Speisekarte. Schmackhafte Hausmannskost kommt in der Regel frisch auf den Tisch, auf kulinarische Höhenflüge müssen Gäste allerdings verzichten.

In der **Osteria** werden vorzugsweise regionale Produkte verarbeitet, das Gemüse kommt nicht selten aus dem eigenen Garten. Die Inneneinrichtung ist rustikal, auf den Holztischen liegen Papiertischdecken. Häufig öffnet die Osteria pünktlich um 20 Uhr am Abend – und keine Minute früher! Das Preisniveau changiert zwischen Trattoria und Ristorante.

Eine Alternative zu den genannten Lokalitäten ist eine Mahlzeit im **Agriturismo** (→ S. 359). Bauernhöfe mit Restaurant befinden sich v. a. im Hinterland, wo herzhafte Landküche mit Zutaten aus eigener Landwirtschaft serviert wird. Allerdings müssen Gäste ihr Kommen telefonisch ankündigen. Nur an Sonntagen ist eigentlich immer jemand da, weil dann traditionell viele Italiener während ihrer Landpartie auf dem Bauernhof ausgiebig tafeln.

Nachtleben

Ein Nachtleben wie in Deutschland, Österreich und der Schweiz üblich gibt es in Süditalien nur in Ansätzen. Der Hauptgrund liegt darin, dass Italiener am Abend selten für einen Absacker ins Pub gehen. Getrunken wird vielmehr beim Essen und in Gesellschaft – und dies in Maßen! Andererseits existieren in vielen Städten natürlich Lokale für ein junges Publikum, das sich hier am späteren Abend trifft. Aber auch hier gilt die Faustregel „ohne Essen kein Alkohol". Wer daher nichtsahnend ein Glas Wein oder einen vorabendlichen Aperitif bestellt, bekommt

Die hohe Kunst süßer Verlockungen: Pasticceria in Salerno

ungefragt etwas zu essen auf den Tisch gestellt – von Fingerfood bis zum sättigenden Pizzabrot. Das Glas Wein kostet dann schnell 5 €, anstatt – wie gewöhnlich – die Hälfte. Wer zu seinem Getränk definitiv nichts essen möchte, sollte dies bei der Bestellung deutlich machen! Neben Neapel und Salerno verfügen Pozzuoli, Sorrent, Pompei und die Provinzhauptstädte im Hinterland über Nachtleben, in der Saison auch Capri-Stadt, Ischia Porto und Forio.

Gut zu wissen

Frühstück: Die großen Hotels bieten in der Regel internationales Frühstück, nicht selten mit einem üppigen Büfett. In kleineren Hotels hingegen werden bisweilen nur Kaffee und ein cornetto (Hörnchen) bzw. Zwieback serviert. Italiener frühstücken in der Regel auf dem Weg zur Arbeit: Man kehrt in eine Bar/Pasticceria ein und bestellt einen Kaffee und isst dazu ein panini (belegtes Brötchen), ein cornetto oder eine sfogliata (eine gefüllte Blätterteigtasche).

Getränke: In Italien bestellt der Gast normalerweise zum Gericht eine Flasche Tafelwasser. Die Flasche gibt es in zwei Varianten, mit *(acqua minerale gasata)* oder ohne Kohlensäure *(acqua minerale naturale)*.

Trinkgeld: In Tourismusregionen ist es üblich, ein Trinkgeld *(mancia)* zu geben, je nach

Zufriedenheit des Gastes sollten um 10 % des Rechnungsbetrags aufgeschlagen werden. Die Servicegebühr, die manche Rechnung ausweist, bekommt nicht das Personal, sondern wird abgeführt. In dörflichen Gegenden sowie im Hinterland sind Trinkgelder eher die Ausnahme.

Bezahlen: In vornehmeren Restaurants erhält der Gast beim Bezahlen vom Kellner mit der Rechnung eine Mappe, in die das Geld hineingelegt wird. Das Wechselgeld nimmt man beim Gehen heraus und lässt das Trinkgeld liegen. In einfachen *trattorie* wird anstatt einer Mappe das Geld häufig auf ein Tellerchen gelegt.

Touristenmenü: In Ferienregionen werben Strandrestaurants häufig mit dem Schild *Menu turistico*. Der Fixpreis (15–25 €) schließt häufig ein einfaches Drei-Gang-Menü mit Getränk ein. Kulinarische Höhenflüge sollte man allerdings nicht erwarten.

Coperto: Für Tischgedeck (und manchmal auch Brot) wird häufig ein Extrabetrag erhoben (1–3,50 €), der in den Speisekarten in der Regel nicht separat ausgewiesen ist. Im Hinterland wird der *coperto* seltener erhoben.

Falls nicht anders angegeben, beziehen sich **Preisangaben** unter der Rubrik „Essen & Trinken" im Reiseteil auf ein durchschnittliches Drei-Gang-Menü à la carte ohne Getränke.

Auf einen Blick

Ärztliche Versorgung/Notfall

Die meisten größeren Ortschaften verfügen über ein **Krankenhaus** *(ospedale)*. In der Regionshauptstadt Neapel sowie in den Provinzhauptstädten, z. B. in Salerno, gibt es ohnehin keine Engpässe bei der ärztlichen Versorgung.

Ärzte und **Apotheken** *(farmacie)* gibt es in jeder größeren Stadt. Die einheitliche Notarzt-Rufnummer lautet ☏ **118**.

Notfallrufnummern: Polizei ☏ **112**, Unfallrettung ☏ **113**, Feuerwehr ☏ **115**.

Diplomatische Vertretungen

Die Botschaften Deutschlands, Österreichs und der Schweiz unterhalten jeweils noch ein Konsulat bzw. ein Honorarkonsulat in Neapel.

Deutsche Botschaft: Via San Martino della Battaglia 4, 00185 Rom, ☏ 06-492131, www.rom.diplo.de.

Deutsches Honorarkonsulat: Via Medina 40, 80133 Napoli, ☏ 081-2488511.

Österreichische Botschaft: Via Pergolesi 3, 00198 Rom, ☏ 06-8440141, www.bmeia.gv.at.

Österreichisches Honorarkonsulat: Via Ricciardi 10, 80142 Napoli, ☏ 081-5534372.

Schweizer Botschaft: Via B. Oriani 61, 00197 Rom, ☏ 06-809571, www.eda.admin.ch.

Schweizer Konsulat: Via C. Carelli 7, 80128 Napoli, ☏ 335-8315257.

Einkaufen

Exzellente Einkaufsstädte sind Neapel, Salerno und Sorrent. Darüber hinaus laden Ischia und Capri zum gemütlichen Flanieren und Shoppen ein, wobei auf den Inseln das hochwertige Preissegment dominiert. Preiswerte Einkaufsmöglichkeiten mit Atmosphäre bieten Wochenmärkte und die Markthallen, wobei das Angebot auf ländlichen Mezzogiorno-Wochenmärkten von Billigkleidung und Haushaltswaren aus Fernost beherrscht wird. Mediterrane Feinkost ist vorzugsweise in den kleineren Altstadt-Lebensmittelgeschäften *(alimentari)* erhältlich.

Quittungen und Kassenbelege müssen nach dem Bezahlen aufgehoben werden – für den Fall einer Kontrolle. Die Regel gilt auch beim Besuch eines Restaurants oder einer Bar.

Eintrittspreise/Ermäßigungen

Die Besichtigung von Kunstschätzen, Museen und Baudenkmälern ist meist günstig, häufig ist der Eintritt sogar frei. Nur für den Besuch der bedeutenden archäologischen Ausgrabungsstätten Pompeji, Herculaneum und Paestum sowie weniger hochkarätiger Privatmuseen müssen Besucher etwas tiefer in die Tasche greifen. Für EU-Bürger unter 18 Jahren ist der Zugang zu staatlichen Einrichtungen frei (z. B.

Shopping in Forio

dem Archäologischen Nationalmuseum Neapel). Im Vergleich zu Mitteleuropa ist das Preisniveau in Kinos, Diskotheken und anderen Vergnügungs- und Freizeitstätten eher hoch.

Für Kulturinteressierte lohnt sich eventuell der Kauf der **Campania Arte card**. Sie gibt es in zwei Varianten – für die Stadt Neapel bzw. für die gesamte Region Kampanien – und sie berechtigt zum ermäßigten Zutritt zu vielen Ausgrabungsstätten, Museen und sonstigen Sehenswürdigkeiten. Zudem enthalten einige Kartenvarianten die freie Fahrt mit öffentlichen Verkehrsmitteln. Tickets sind 3 bzw. 7 Tage gültig, außerdem gibt es eine Jahreskarte. 3 Tage Neapel kosten 21 €, erm. 12 € (18–25 Jahre), 3 Tage Kampanien 32 €, erm. 25 €. Informationen und Buchung: www.campaniartecard.it.

Feiertage

Neujahr (1. Jan.), Hl. Drei Könige (6. Jan.), Ostern (Ostersonntag und Ostermontag), Tag der Befreiung (25. April), Tag der Arbeit (1. Mai), Tag der Republik (2. Juni), Mariä Himmelfahrt (15. Aug.), Allerheiligen (1. Nov.), Maria Empfängnis (8. Dez.), Weihnachten (25. Dez.).

Geld

Gültige Währung ist der Euro. Abhebungen mit EC- oder Maestro-Karten sind meist problemlos möglich, Bankautomaten gibt es in jeder Kommune. Gängige Kreditkarten werden in vielen größeren Geschäften und Hotels akzeptiert, mittlerweile zunehmend auch in Restaurants und Tankstellen.

Die **telefonische Sperrnummer** für verlorene bzw. gestohlene Maestro- oder Kreditkarten lautet für Deutschland ☏ 0049-116116, für Anrufe aus dem Ausland steht auch alternativ die Rufnummer ☏ 0049-30-40504050 zur Verfügung. Informationen: www.sperr-

notruf.de und www.kartensicherheit.de. Für Österreich lautet die Sperrnummer ☏ 0043-12048800, Staatsbürger aus der Schweiz wählen die Nummer ihres Kreditkarteninstituts.

Internet/WLAN

Die drahtlose digitale Kommunikation ist seit vielen Jahren in Italien verbreitet, die Netzabdeckung ist fast überall gut. Die meisten Hotels, Privatquartiere, Restaurants und Bars vermitteln Gästen Zugang zum lokalen Wi-Fi-Netzwerk gegen ein Passwort. Darüber hinaus haben einige Kommunen an öffentlichen Orten kostenlose WLAN-Hotspots eingerichtet.

Internetseiten für die Reiseplanung

www.enit.de: Die Seiten des italienischen Tourismusbüros bieten einen guten Einstieg in die Reiseplanung (dt.).

www.incampania.com: Die offizielle Seite des Tourismusverbandes Kampanien gibt einen guten Überblick (engl.).

www.portanapoli.de: Bewährter Internetauftritt mit einer Fülle nützlicher Informationen über die Region (dt.).

www.meteo.it: Der grundsolide Wetterbericht verfügt auch über eine Version für das Mobiltelefon (ital.).

www.eavsrl.it: Die Seiten der Betreibergesellschaft für Regionalzüge und einige Busse in Kampanien mit nützlichem Fahrplanrechner (engl.).

www.napolidavivere.it: Das Portal informiert über aktuelle Veranstaltungen und Events in Neapel und Kampanien.

Ländervorwahlen

Italien ☏ 0039, Deutschland ☏ 0049, Österreich ☏ 0043, Schweiz ☏ 0041.

Landkarten

Ein Klassiker für die Tourenplanung ist die Straßenkarte „Kampanien–Basilicata" im Maßstab 1:150.000 aus dem

Ischia-Panorama auf dem Belvedere in Serrara

Verlag Freytag & Berndt (10,90 €). Das Konkurrenzprodukt von Michelin im Maßstab 1:200.000 ist zwar preiswerter, bietet jedoch ansonsten keine Vorteile. Die von den örtlichen Infobüros kostenlos angebotenen Karten (so lange der Vorrat reicht) genügen allenfalls für eine grobe Orientierung. Infos zu Wanderkarten → S. 378 f.

Öffnungszeiten

Die meisten Geschäfte öffnen Mo–Sa (der Samstag ist in Italien ein normaler Werktag) 9–13 und 17–20 Uhr. Im Sommer verlängern sich vielerorts die abendlichen Öffnungszeiten bis ca. 22 Uhr. Banken öffnen in der Regel Mo–Fr 8.30–13 und 14–16 Uhr, Postämter in kleineren Orten häufig nur am Vormittag, Apotheken haben meist einen Ruhetag in der Woche. Die großen staatlichen Museen und Ausgrabungsstätten bleiben an Neujahr, am 1. Mai, 25. Dez. und 1. Jan. geschlossen. Kirchen haben meist werktags von 8–12 und von 16.30–20 Uhr geöffnet.

Post

Der Standardbrief und die Postkarte ins europäische Ausland kosten 1,15 €. Mit dem Zusatzvermerk *Postapriority Internazionale* 2,50 €, wobei die Post dann innerhalb von 3 Werktagen ankommt. Briefkästen in Italien sind rot, Briefmarken *(francobolli)* gibt es in Postämtern, in einigen Tabacchi-Geschäften und manchmal auch am Kiosk.

Reiseliteratur

Bulwer-Lytton, Edward: Die letzten Tage von Pompeji, München 2000. Der literarische Klassiker schlechthin über die Zerstörung der Römerstadt durch den Vesuv um 79 n. Chr. erschien erstmals 1834.

De Crescenzo, Luciano: Also sprach Bellavista. Neapel, Liebe und Freiheit, Zürich 1988. Eine köstlich-humorvolle Reiselektüre, die beweist, dass alle Neapolitaner Philosophen sind.

De Giovanni, Maurizio: Die Versuchung des Commissario Ricciardi, Berlin 2014. Natürlich darf in der brodelnden Metropole am Golf ein fiktionaler Ermittler nicht fehlen. Sechs Fälle hat er bereits gelöst.

Ferrante, Elena: Meine geniale Freundin, Frankfurt a. M. 2016. Der erste Band der im Neapel der 1950er-Jahre spielenden Tetralogie kreist um das Verhältnis zweier Frauen. Die übrigen Bände heißen „Die Geschichte eines neuen Namens", „Die Geschichte der getrennten Wege" (jeweils 2017) sowie „Die Geschichte des verlorenen Kindes" (2018).

Ferrante, Elena: Frau im Dunkeln, Berlin 2019. Die Protagonistin Leda fragt sich, was es bedeutet, eine Frau und eine Tochter zu sein. Darüber denkt sie an einem südital. Strand während eines heißen Sommers nach. Ein früheres Werk der neapolitanischen Bestsellerautorin (→ oben).

Hausmann, Friederike: Herrscherin im Paradies der Teufel. Maria Carolina, Königin von Neapel, München 2014. Eine lesenswerte Biografie über eine illustre Frauengestalt im Zeitalter der Revolutionen.

Morante, Elsa: Arturos Insel, Berlin 2009. Ebenfalls ein Klassiker ist der Procida-Roman der 1912 in Rom geborenen Schriftstellerin, der die Geschichte des Tagträumers Arturo erzählt.

Munthe, Axel: Das Buch von San Michele, Berlin 2009. Die Erinnerungen des schwedischen Promi-Arztes und Bewohners der berühmten Villa auf Capri sind ein Klassiker der Reiseliteratur.

Richter, Dieter: Neapel. Biographie einer Stadt, Berlin 2005. Die Reisenden der Grand Tour kommen in dieser kulturgeschichtlichen Darstellung ausführlich zu Wort.

Santangelo, Dario und Diego: Neapel sehen und genießen: die neapolitanische Lebensart – 180 traditionelle Rezepte, Wien etc. 2012. Neben vielen köstlichen Rezepten vermittelt der opulent ausgestattete Bildband reichlich Lokalkolorit.

Saviano, Roberto: Gomorrha. Reise in das Reich der Camorra, München 2007. Der aus Neapel stammende Journalist schrieb einen erschütternden Report über süditalienische Mafia-Praktiken.

Saviano, Roberto: Der Clan der Kinder, München 2018. Der beinharte Thriller des namhaften Mafia-Aufklärers (→ oben) beschreibt das organisierte Verbrechen aus Sicht von Kindern und Heranwachsenden.

Schönau, Birgit: Der älteste Nabel der Welt. Entdeckungen in Neapel und Kampanien, Wien 2000. Amüsantes und Lehrreiches aus dem modernen Mythenschatz der Region, locker erzählt.

Sprachschulen

Die Region am Golf von Neapel bietet gleich mehrfach Gelegenheit, sich Sprachkenntnisse im Land anzueignen oder zu vertiefen. Sprachschulen gibt es in Neapel (→ S. 62), Sorrent (→ S. 214) und Salerno (→ S. 283).

Strom

Die Netzspannung in Italien beträgt 230 Volt. Insbesondere in älteren Gebäuden benötigt man einen Adapter für Schukostecker (der flache Eurostecker passt hingegen überall). Geeignete Universaladapter gibt es auch im deutschsprachigen Raum im Fachhandel. In Tourismusgebieten verleihen einige Hotels Adapter auf Nachfrage.

Telefonieren

Anders als in Deutschland, Österreich und der Schweiz wird in Italien die „0" der Vorwahl bei Anrufen aus dem Ausland stets mitgewählt. Innerhalb Italiens wird auch bei Ortsgesprächen die gesamte Vorwahl immer mitgewählt. Dank entsprechender europäischer Regelungen werden Telefonate mit dem eigenen Mobilgerät aus Italien immer preiswerter, sodass sich die vor Ort gekaufte Prepaid-Karte (Wind oder TIM) nur noch für ausgesprochene Vieltelefonierer lohnt. Dennoch sollten Sie vor Reisebeginn eine exakte Gebührenabfrage bei Ihrem Telefonanbieter erwägen.

Touristeninformationen

Die wichtigsten touristischen Zentren verfügen über ein mehr oder weniger gut organisiertes Tourismusbüro, das bei Fragen oder Problemen vor Ort behilflich ist. Eine erste Informationsstelle befindet sich in der Ankunftshalle des Flughafens von Neapel.

In Deutschland: Das Büro der staatlichen italienischen Tourismusorganisation (ENIT) befindet sich in Frankfurt am Main. Mo–Fr 9.15–17 Uhr. Barckhausstr. 10, 60325 Frankfurt, ☎ 069–237434, www.enit.de.

Straßenschild auf Procida

Brunnen oberhalb von Amalfi

Wandern

am Golf von Neapel

GPS-kartierte Touren sind mit dem Symbol GPS gekennzeichnet. Download der GPS-Tracks inkl. Waypoints unter https://mmv.me/47249

Kleiner Wanderführer

Wer die Vorzüge dieser göttlichen Landschaft tiefer auf sich wirken lassen möchte, sollte zu Fuß gehen. Gottlob ist die Wanderinfrastruktur am Golf von Neapel überraschend gut ausgebildet. Am schönsten lässt es sich auf Capri und an der Costiera Amalfitana wandern. Auch Ischia und die Halbinsel von Sorrent bieten ausgezeichnete Möglichkeiten.

Selbiges topografisches Terrain, das dem motorisierten Individualverkehr häufig so abträglich ist, wirkt sich auf das Wandern äußerst günstig aus. Nirgends sonst sind spektakuläre „Aussichtsbalkone" derart an der Tagesordnung, dass sie nach einigen Tagen bereits zum Normalfall werden. Bei näherem Hinsehen warten die einzelnen Wandergebiete am Golf durchaus mit einigen Unterschieden auf. Als relativ unproblematisch erweist sich das Wandern an der Amalfiküste und auf der Halbinsel von Sorrent, insofern der Umgang mit einer Wanderkarte vertraut ist und der Orientierungssinn einem keine Streiche spielt. Auf der Halbinsel von Sorrent verlaufen Wege überwiegend (aber nicht ausschließlich) durch kultiviertes Land. Regelmäßig passieren die Routen verträumte Weiler sowie Olivenhaine und Zitronengärten in großer Zahl. Wanderungen an der Amalfiküste leben wiederum von der dramatischen Landschaft; einen guten Eindruck vermittelt der Weg der Götter (*Sentiero degli Dei*), der nicht ohne Grund zu den beliebtesten Touren Süditaliens zählt (→ Wanderung 9). Landschaftliche Dramatik hat auch Capri zu bieten, wobei hier überraschenderweise viele Wanderwege nicht ausgeschildert sind. Die Gäste sollten daher bereits im Vorfeld über einen klaren Plan verfügen, besonders wenn sie das wunderschöne Eiland im Zuge eines Tagesausfluges besuchen. Was die Beschilderung betrifft, gilt das Gleiche für Ischia – es mangelt an zuverlässigen Wegmarkierungen. Im Unterschied zu Capri jedoch ist Ischia wegen fortgeschrittener Zersiedelung keine Wanderinsel (mehr), obwohl es natürlich auch hier einige wunderbare Wanderungen und Spaziergänge gibt (→ Wanderungen 1 und 2). Seitdem der Vesuv ein Nationalpark ist, darf man nicht mehr ohne Erlaubnis auf den Gipfel wandern – abgesehen vom kurzen, stark frequentierten Stichweg zum Kraterrand. Abhilfe schaffen hier geführte Exkursionen unter der Leitung eines Nationalparkguides (→ S. 172).

Gut eingelaufenes Schuhwerk mit griffiger Profilsohle sollte auch am Golf von Neapel Standard sein, unabhängig davon, ob eine stramme Bergtour oder ein vergleichsweise harmloser Treppenweg auf dem Programm stehen. Im Übrigen gehören insbesondere an der Amalfiküste steile Treppen zur Initiationserfahrung geplagter Wanderer. Wer beim anstrengenden Schlussabstieg daher um seine Knie bangt, sollte zum Abfedern und Entlasten Teleskopstöcke dabei haben. Überhaupt können die Höhenunterschiede durchaus beträchtlich sein. Berücksichtigt man obendrein die mediterranen klimatischen Bedingungen, dann wird klar, dass ein gewisses Maß an Kondition Grundvoraussetzung ist, will man sich die Freude am Wandern nicht verderben. Zudem darf eine ausreichende Menge an Trinkwasser nicht fehlen, am besten sollte mindestens eine Zweiliterflasche ins Gepäck! Des Weiteren sind Kopfbedeckung und je nach Wetterlage auch Regenschutz sinnvoll. An Einkehrmöglichkeiten unterwegs mangelt es prinzipiell nicht, es gibt sie aber eben nicht überall (z. B. fehlen sie auf der Wanderung 12). Daher sollte man sich vor dem Loslaufen über die Situation vor Ort kundig machen. Gleiches gilt für das Auffrischen der Trinkwasservorräte unterwegs; nicht selten gibt es am Weg einen Wasserhahn, an dem Wanderer ihre Flasche wieder auffüllen können (z. B. im Verlauf der Wanderung 9), bei anderen Touren existieren diesbezügliche Engpässe (Wanderungen 1, 4 und 6). Im Hochsommer sollten die

Gäste aus dem Norden wegen der Hitze besser aufs Wandern verzichten, sonst bieten sich eigentlich alle Jahreszeiten an – und jede besitzt ihre eigenen Reize. Liebhaber der mediterranen Flora bevorzugen eventuell die Frühjahrssaison von März bis Juni, andererseits bieten sonnige Herbsttage die Möglichkeit, am Ende einer schweißtreibenden Tour ein erfrischendes Bad im Meer zu nehmen (im Anschluss an die Wanderungen 8 oder 11).

Zusätzlich zu den hier ausführlich beschriebenen 12 Wanderungen finden Sie im Reiseteil weitere Wandertipps bei den einzelnen Orten.

Karten   Ischia: Die Karte „Isole d'Ischia e Procida" aus dem Kompass-Verlag ist trotz des großen Maßstabes (1:15.000) an manchen Stellen immer noch nicht ausreichend. Für eine erste Orientierung sowie für die Tourenplanung gibt es jedoch nichts Besseres.

Capri: Hier empfiehlt es sich, an den Touristeninformationen (z. B. bei der Ankunft an der Marina Grande) einen ausführlichen Inselplan zu kaufen, auf dem alle Straßen und Wege verzeichnet sind. Der Plan kostet 1 €.

Detaillierter ist die Wanderkarte „Capri" der Firma cart & guide im Maßstab 1:7000. Sie ist auch vor der Reise über Spezialbuchhandlungen im deutschsprachigen Raum erhältlich.

Halbinsel von Sorrent: Der Kartograf und Hobbywanderer Giovanni Visetti hat Pionierarbeit geleistet und alle Wanderwege exakt kartiert sowie vor Ort ausgeschildert. Informationen im Internet: www.giovis.com (engl.). Eine vereinfachte Version seiner ausgezeichneten Wanderkarte geben u. a. die Infobüros in Sant'Agata und Massa Lubrense kostenlos ab (so lange der Vorrat reicht). Notfalls lassen sich auch die öffentlichen Kartenaushänge, z. B. auf der Piazza in Massa Lubrense, mit dem Handy abfotografieren.

Das vierte Kartenblatt der Firma cart & guide (→ unten) über die Amalfiküste deckt auch die Halbinsel von Sorrent ab und ist eine gute Alternative zu oben erwähnten Karten.

Amalfiküste: Die Kompass-Karte „Peninsula Sorrentina – Costiera Amalfitana" im Maßstab 1:50.000 ist ungenügend. Ähnliches gilt für die topografische Karte „Monti Lattari" im Maßstab 1:30.000, die vom italienischen Alpenverein (CAI) herausgegeben wird.

In einigen Bars und Tabacchi-Läden vor Ort ist das hervorragende vierteilige Kartenset der Firma cart & guide über die Amalfiküste erhältlich. Die Wanderkarten im Maßstab 1:10.000 lassen nur wenige Wünsche offen. Die Einzelkarte kostet 5 €, am Kiosk sowie im Internet etwas teurer.

Internet Karten im Internet: Beinahe sämtliche italienische Karten sind online unter der folgenden Adresse erhältlich: www.mapfox.de.

Tourenbeschreibungen:
www.italienwandern.de,
www.outdooractive.com,
www.trekkingguide.de.

Geführte Wanderungen Giovanni Visetti: Der oben erwähnte Kartograf aus der Nähe von Sorrent veranstaltet kompetent geführte Wanderausflüge. Informationen im Internet: www.giovis.com (engl.).

Annamaria Marone: Die seit vielen Jahren in Süditalien lebende Deutschschweizerin kennt sich mit den Wanderwegen am Golf von Neapel und im Hinterland bestens aus und bietet geführte Touren jeglicher Couleur an. Informationen im Internet: www.guidedtoursinitaly.it (dt.).

Aniello Di Iorio: Der Geologe und Herausgeber einer geologischen Karte zu Ischia ist eine Insel-Institution. In der Touristensaison bieten er und seine Mitarbeiter regelmäßig geführte Exkursionen an. Informationen im Internet: www.eurogeopark.com (dt.).

Vesuv: Geführte Wanderungen durch den Nationalpark (u. a. auch auf dt.) können bei der Parkverwaltung angemeldet werden. Infos im Internet: www.parconazionaledelvesuvio.it.

Wanderveranstalter Einige Reiseveranstalter aus dem deutschsprachigen Raum führen im Zuge ihres Pauschalangebots Wanderreisen am Golf von Neapel durch, z. B. Wikinger Reisen (www.wikinger.de), Alpinschule Innsbruck (www.asi-reisen.de) oder Studien Kontakt Reisen (www.skr.de).

Auf dem Weg der Götter an der Amalfiküste

Ischia – Auf dem Gipfel des Monte Epomeo

Charakteristik: Bis auf zwei steile Stücke auf schmalen Pfaden, die bei Nässe nicht zu empfehlen sind, ist die Route problemlos zu meistern. Trittsicherheit und ein gutes Maß an Kondition sind jedoch für den Gipfelsturm Vorraussetzung. Beim steilen Schlussabstieg sind Teleskopstöcke hilfreich. **Varianten:** Es gibt viele Wege zum Gipfel, leichte und anspruchsvolle Varianten. Die kürzeste Option beginnt und endet in Fontana (→ S. 128 ff.). **Länge/Dauer:** ca. 10 km, ca. 3:30 Std. **Einkehrmöglichkeiten:** auf dem Gipfel des Monte Epomeo und nach dem Ende der Wanderung in Fontana. Auf ausreichend Trinkwasser achten! **Ausgangspunkt/Anfahrt:** Die Wanderung beginnt am Belvedere in Serrara. Der Inselbus (CS/CD) hält am Ausgangspunkt und am Ziel in Fontana.

Wegbeschreibung: Vom **Belvedere** 🔟 in Serrara wenden wir uns ortseinwärts zur Chiesa Santa Maria del Carmine und gehen durch den Torbogen des Campanile hindurch. Auf der anderen Seite der Hauptstraße setzen wir den Weg auf der gepflasterten Via Lorenzo Fiore (braunes Hinweisschild) fort. An der nächsten Gabelung halten wir uns rechts und wandern in der Folge zwischen Häusern kontinuierlich bergauf. Im Teilort Pantano ignorieren wir zunächst einen Abzweig nach rechts und biegen gleich darauf links in die Via Falanga ein.

Dem wenig befahrenen Asphaltsträßchen folgen wir bis zum Ausflugs-

Monte Epomeo: Pfad zum Gipfel

ristorante **Bracconiere** 🔟. Hinter dem empfehlenswerten Restaurant verflacht die Via Falanga etwas und gewährt immer wieder Ausblicke über grüne Terrassen aufs Meer. Nach rund 10 Min. orientieren wir uns an einer Gabelung mit einer Wanderwegtafel 🔟 am Schild „Santa Maria al Monte" und halten uns links (der Weg nach rechts führt direkt auf den Gipfel). Abermals führt der schmale Fahrweg steil bergauf und endet an einer Verzweigung mehrerer Wegalternativen. Hier wählen wir den Weg halblinks in Fortsetzung der bisherigen Gehrichtung und orientieren uns zusätzlich am braunen Hinweisschild. Es folgt ein wunderschöner, hangparallel verlaufender Weg mit faszinierenden Blicken auf die Küste.

Schließlich erreichen wir den Rand des entrückten Waldgebietes, den **Bosco della Falanga,** der nur verhältnismäßig selten von Wanderern gequert wird. Unser Waldweg wird rechter Hand von einer ehrwürdigen Tuffsteinmauer flankiert. Am gemauerten Torbogen 🔟 zweigt ein anfangs kaum sichtbarer Saumpfad vom Hauptweg nach links ab und endet nach wenigen Schritten am **Belvedere dei Fratelli.**

Nach der willkommenen Trink- und Erholungspause laufen wir das kurze Stück zurück zum Tor und setzen die Wanderung in der ursprünglichen

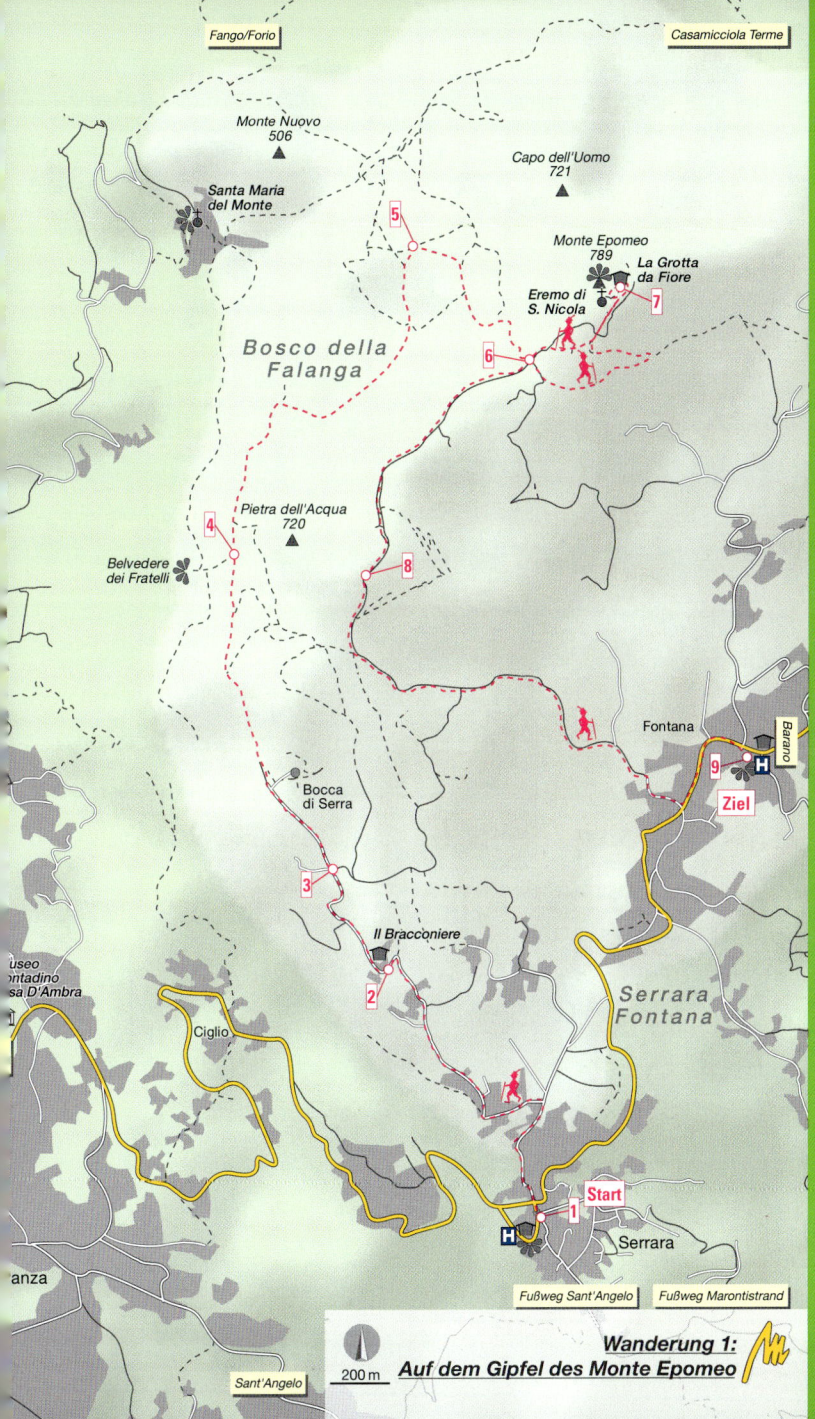

Fango/Forio

Casamicciola Terme

Monte Nuovo
506

Capo dell'Uomo
721

Santa Maria
del Monte

5

Monte Epomeo
789
La Grotta
da Fiore

Eremo di
S. Nicola

7

*Bosco della
Falanga*

6

Pietra dell'Acqua
720

4

8

Belvedere
dei Fratelli

Fontana

Barano

9 H

Ziel

Bocca
di Serra

3

Il Bracconiere

*Serrara
Fontana*

2

useo
ntadino
sa D'Ambra

Ciglio

Start
1

H

Serrara

anza

Fußweg Sant'Angelo

Fußweg Marontistrand

200 m

Sant'Angelo

Wanderung 1:
Auf dem Gipfel des Monte Epomeo

Gehrichtung auf dem Hauptweg fort. In der Folge geht es buchstäblich über Stock und Stein, wobei wir ab und an beiderseits des Waldwegs Wohngrotten sowie gemauerte Erdtrichter entdecken, die von einer intensiveren Bewirtschaftung der Falanga in vergangenen Zeiten zeugen. An Verzweigungen orientieren wir uns jetzt stets an den rot-weißen Markierungen. Nach ca. 0:30 Std. – gerechnet von der letzten Pause – knickt der markierte Pfad urplötzlich scharf nach links ab und steuert die hoch über Forio liegende Kirche Santa Maria al Monte an. An dieser Stelle **5** wenden wir uns nach rechts in Richtung Gipfelkamm. Nur spärlich markiert und beschildert geht es jetzt sehr steil bergauf, ehe der Pfad oben an einem Sattel auf einen breiten Weg **6** trifft. Der Rückweg führt später hier wieder vorbei.

Mit Blick auf den Epomeo-Gipfel zur Linken, wandern wir geradeaus weiter und ignorieren nacheinander zwei Abzweigungen nach rechts. Der Weg beschreibt einen Bogen und trifft schließlich auf die Aufstiegsroute von Fontana. Schließlich gelangen wir, über in den Fels gehauene Trittstufen, zum Restaurant **La Grotta da Fiore** **7** am Gipfel. Zur ersten Aussichtsplattform führen Stufen von der Außenterrasse.

Um zur zweiten Aussichtsplattform zu gelangen, muss man durch das Grottenrestaurant hindurchgehen, bevor man auf den richtigen Pfad trifft.

Nach der wohlverdienten Rast wandern wir auf demselben Weg zurück zum Sattel oder wählen den ausgeschilderten Direktabstieg. Am Sattel **6** angekommen, schlagen wir jetzt den breiten Wirtschaftsweg ein, der in der Folge stets der Kammlinie zur Rechten folgt und immer wieder Ausblicke auf die Südhälfte der Insel gewährt. Kurz vor dem Ende des Kamms beachten wir die bemerkenswerte Felszisterne rechts vom Weg (**Pietra dell'Acqua**). Einige Schritte weiter führt an einer Gabelung **8** ein Abstecher nach rechts zu einem Aussichtspunkt.

Wir bleiben auf dem Hauptweg und folgen ihm auf stark abschüssigem Terrain, begleitet von einer Erosionsspalte in der Wegmitte (auf diesem Teilstück leisten Gehstöcke gute Dienste). Nach einer Hohlwegpassage halten wir uns links und laufen weiter bergab, vorbei an i. d. R. niet- und nagelfest verrammelten Toren zu dunklen Kellern im Fels. In **Fontana** trifft unser Weg auf die Hauptstraße, der wir nach links ins Ortszentrum **9** und zum Ziel unserer Wanderung folgen.

GPS-Wanderung 2

Ischia – Von Barano nach Campagnano

Charakteristik: Die abwechslungsreiche Wanderung bietet schöne Ausblicke auf die Küste und auf bewirtschaftete Gartenparzellen. Kurz vor dem Ziel rückt obendrein das Kastell von Ischia Ponte ins Blickfeld. Etwas schwindelfrei sollten Wanderer sein, zumindest bei einem sehr kurzen Teilstück hoch über der Steilküste. Trittsicherheit und ein gutes Maß an Kondition sind auch hier hilfreich bzw. notwendig. Varianten: Wer in Campagnano nicht auf den Bus warten möchte, kann auf der Straße nach Ischia Ponte wandern. Länge/Dauer: ca. 8 km, ca. 2:30 Std. Einkehrmöglichkeiten: in Piano Liguori sowie nach dem Ende der Wanderung in Campagnano (→ S. 132 f.). Ausgangspunkt/Anfahrt: Die Wanderung beginnt an der Piazza San Rocco in Barano. Der Inselbus (CS/CD) hält am Ausgangspunkt, von Campagnano fährt der Bus 12/13 nach Ischia Porto.

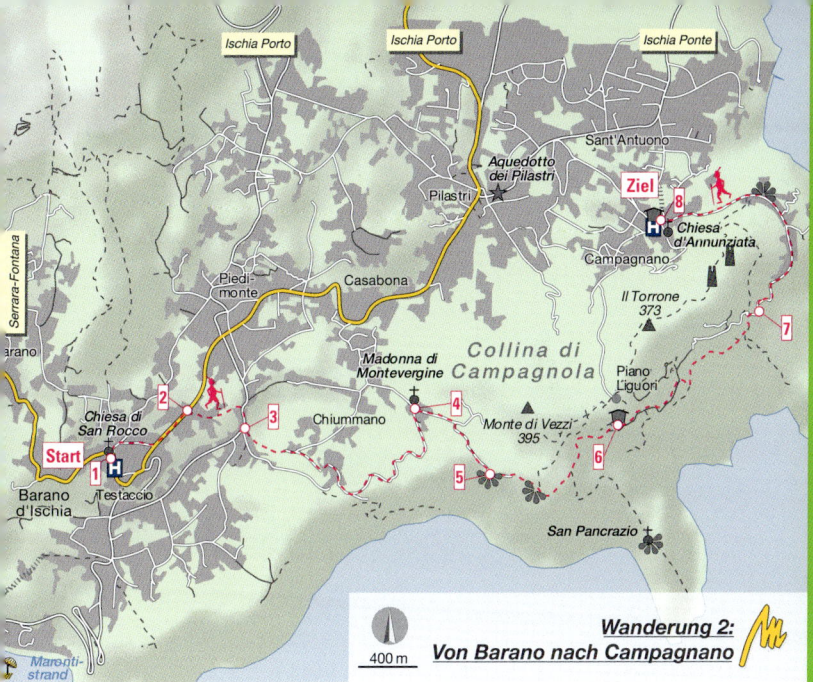

Map labels (within image):
Ischia Porto · Ischia Porto · Ischia Ponte · Sant'Antuono · *Aquedotto dei Pilastri* · Pilastri · **Ziel** 8 · *Chiesa d'Annunziata* · Campagnano · Serrara-Fontana · Piedi-monte · Casabona · *Madonna di Montevergine* · *Collina di Campagnola* · *Il Torrone 373* · 7 · arano · 2 · *Chiesa di San Rocco* · 3 · Chiummano · 4 · Piano Liguori · *Monte di Vezzi 395* · 6 · **Start** 1 · Barano d'Ischia · Testaccio · 5 · San Pancrazio · *Maronti-strand* · 400 m · *Wanderung 2: Von Barano nach Campagnano*

Wegbeschreibung: Mit Blick auf die gelbe Fassade der **Chiesa di San Rocco** am oberen Ende der Piazza San Rocco **1** biegen wir rechts in die Via Roma ein und halten uns gleich bei nächster Gelegenheit abermals rechts (Via Umberto I). Nach wenigen Schritten mündet die Gasse auf die verkehrsreiche Hauptstraße, der wir für 350 m nach links folgen. Vor einer Gärtnerei **2** zur Rechten zweigt ein asphaltierter Weg rechts ab und verengt sich in der Folge zu einem unaufgeräumten Hohlweg, der durch schattigen Wald abwärts führt. Dieser endet schließlich an der Fahrstraße in Richtung Maronti-Strand. Wir folgen ihr wenige Schritte nach rechts bis zu einem kleinen Platzrondell **3** an einer scharfen Rechtskurve. Hier biegen wir links ab und wählen gleich darauf die linke Fahrwegalternative. Danach missachten wir alle abzweigenden Alternativen und steuern hinter einem kleinen Parkplatz auf dem ansteigenden Pflasterweg

einen Bauernweiler an, der nur zu Fuß erreichbar ist. Am Relikt einer Telefonzelle im Ortszentrum wenden wir uns nach rechts und gehen die Via Chiummano treppauf. Am oberen Ortsausgang verflacht der Weg und verengt sich zum Pfad. Hangparallel – zunächst durch Wald, danach zwischen Gartenparzellen hindurch und zuletzt wieder durch Wald – führt der Weg in einem Bogen auf die von Weitem sichtbare **Chiesa Madonna di Montevergine** zu. Unterwegs schenken wir Abzweigungen, die von unserer hangparallelen Gehrichtung abweichen, keine Beachtung. Der Pfad endet an einer steilen Asphaltrampe zwischen Häusern bzw. an der Piazza **4** vor erwähnter Kirche.

Nach einer Trinkpause setzen wir den Anstieg auf der Asphaltrampe fort. 150 m nach dem Ortsausgang wählen wir an einer Verzweigung von Hohlwegen die rechts bergauf führende Alternative und erreichen binnen 10 Min.

Aussichtsreicher Wanderweg im Süden der Insel Ischia

einen Aussichtspunkt **5** hoch über der Küste, an dem wir uns nach links orientieren. Hinter einem Bauernhaus in Alleinlage geht die Fahrpiste in einen Hohlweg über. Jetzt folgt das mit Abstand steilste Anstiegsstück der Tour, wobei Trittstufen sich bei Nässe als überaus hilfreich erweisen. Am oberen Ausgang des Hohlwegs genießen wir einmal mehr den spektakulären Küstenblick, der uns im Folgenden erhalten bleiben wird. Obwohl der Hauptweg hier nach links abzuknicken scheint, wandern wir vom Ende des Hohlwegs geradeaus weiter und steuern einen Zaun an. Der schmale Pfad führt für ein kurzes Teilstück am Zaun entlang und folgt dabei hart einer Abbruchkante. Zwischen bewirtschaften Terrassen verweisen anschließend blaue Markierungen und ein Schild „Campagnano" auf die richtige Gehrichtung. Ein blauer Pfeil nach rechts zwischen Bauernkaten geleitet Wanderer schließlich zum Ausflugsrestaurant **Piano Liguori** **6**.

Im Anschluss an die Einkehr geht es auf den Treppenstufen unmittelbar neben der Restaurantterrasse bergab. Bei der nächsten Gelegenheit halten wir uns links (blaue und rote Markierung) und ignorieren nacheinander zwei nach rechts abzweigende Hohlwege. Erst an der Gabelung vor dem Padre-Pio-Altar wenden wir uns nach rechts; der Pfad quert in der Folge einen Schilfrohrhain, bevor es am Schild „Agriturismo O Sole Mio" durch einen Hohlweg steil nach unten geht (Vorsicht an dieser Stelle!). Am unteren Hohlwegende wenden wir uns an der T-Kreuzung auf dem Pfad nach links, der wenig später am Ende auf eine schmale Fahrstraße **7** mündet. Dieser Via Campagnano folgen wir bis zur majolikageschmückten **Dorfkirche** von **Campagnano** **8**, wobei wir immer wieder hinreißende Blicke auf das Castello Aragonese von Ischia Ponte und auf Procida genießen.

Capri – Villa Malaparte und Punta Tragara

Charakteristik: Der berühmteste Spaziergang auf Capri bietet immer wieder faszinierende Küstenblicke und berührt nebenbei wichtige Sehenswürdigkeiten. Demzufolge ist der Weg stärker frequentiert und auch bei geringerer Trittsicherheit problemlos machbar. Zahlreiche Treppenstufen setzen jedoch ein Mindestmaß an Kondition voraus. **Varianten:** Die Runde kann durch einen Abstecher zur Villa Jovis (→ S. 151) verlängert werden. Wer gutes Schuhwerk dabei hat, kann außerdem die Pfadalternative über den Monte Tuoro (266 m) wählen. **Länge/Dauer:** ca. 5 km, ca. 2 Std. **Einkehrmöglichkeiten:** am Arco Naturale und in Capri-Stadt (→ S. 154 f.). **Ausgangspunkt/Anfahrt:** Start und Ziel des Rundwegs ist die Piazza Umberto I im Zentrum von Capri-Stadt.

Wegbeschreibung: Von der berühmten **Piazza Umberto I 1** im Ortszentrum biegen wir mit dem Rücken zur Kirche San Stefano und mit Blick aufs Rathaus *(municipio)* in die rechte der beiden benachbarten Torbogengassen ein (Via Le Botteghe). Zwei Hinweisschilder aus Keramik geben uns die Richtung

zur Villa Jovis und zum Arco Naturale vor. Ansteigend führt die gepflasterte Gasse aus dem Ortszentrum heraus.

An der Kreuzung vor einer Cafébar **2** biegen wir rechts in die Via Matermania ein. Geradeaus geht es hingegen zur Villa Jovis. In der Folge führt der Weg zwischen Villen und blühenden

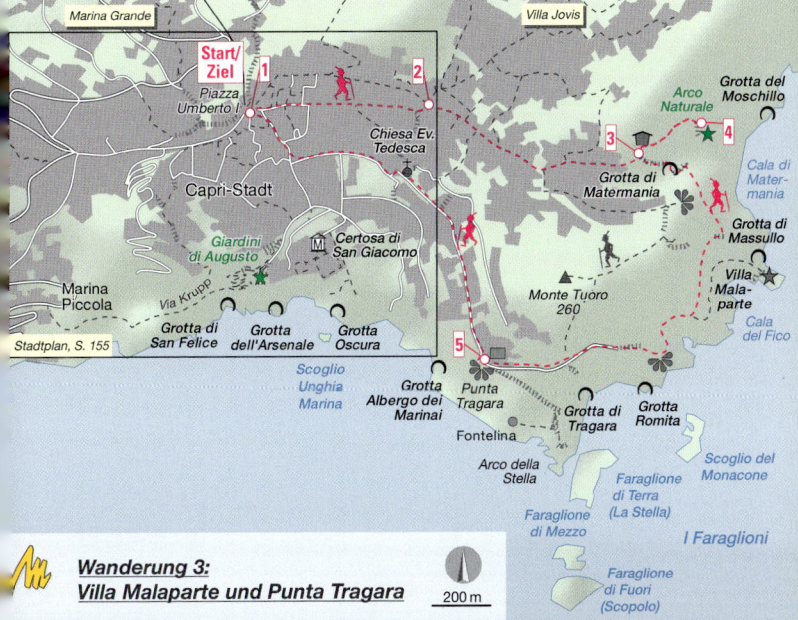

Wanderung 3:
Villa Malaparte und Punta Tragara

200 m

Gärten hindurch. An einer platzartigen Vergrößerung sowie einer Gabelung wählen wir die linke Alternative und halten uns an der folgenden Gabelung wieder links (Via Arco Naturale). Kurz vor dem populären Ausflugsristorante **Le Grottelle** 🔳 knickt der reguläre Rundweg rechts ab. Der Stichweg geradeaus führt hingegen, vorbei an der Terrasse des Restaurants, in absteigenden Treppen zum **Arco Naturale** 🔳, einem Naturkarstbogen in wildromantischer Umgebung.

Zurück am Restaurant und an der Abzweigung, gehen wir auf schmalen Stufen treppab, vorbei am Eingang zur **Grotta di Matermania,** wobei zunächst der schattige Wald den Ausblick auf die Steilküste verhindert. Der Treppenweg verflacht und steigt anschließend wieder an. Nacheinander rücken die **Villa Malaparte** (alle Attraktionen der Runde werden im Ortskapitel zu Capri-Stadt ab S. 147 ff. beschrieben) und die Faraglioni-Klippen ins Sichtfeld, der Blick über mediterrane Macchia auf das blaue Meer ist hinreißend. Schließlich endet der Treppenweg am Aussichtsbalkon **Punta Tragara** bzw. am Luxusresort gleichen Namens 🔳. Von hier führen die Via Tragara und dann die Via Camerelle zurück zur Piazzetta 🔳 und zum Ausgangspunkt der Tour.

Variante: Für Geübte bietet sich der aussichtsreiche Pfad über den **Monte Tuoro** als Alternative an. Auf dem Weg zum Arco Naturale orientieren wir uns an der ansprechend gestalteten und mit Plexiglasscheiben vor Wind und Regen geschützten Plattform zur Rechten und biegen dahinter halbrechts in die Via Dentecala ein. Am Belvedere (Piazzetta dei Noci) genießen wir den Blick auf die Halbinsel von Sorrent. Danach gehen wir wenige Schritte zurück und folgen dem links abbiegenden Treppenweg, der an weiteren Aussichtsplattformen endet. Kurz vor der letzten, untersten Plattform zweigt rechts ein eindeutig erkennbarer, nicht markierter Pfad ab. Diesem folgen wir hinab, bis er an der Via del Pizzolungo und an der oben beschriebenen Hauptroute endet.

Die Faraglioni-Klippen sind beim Wandern ein ständiger Begleiter

GPS-Wanderung 4

Capri – Vom Monte Solaro zur Blauen Grotte → Karte S. 388

Charakteristik: Hinsichtlich landschaftlicher Höhepunkte und hinreißender Ausblicke lässt sich diese längere Wanderung schwerlich überbieten. Insbesondere der mittlere Abschnitt zwischen dem Monte Solaro und dem Belvedere di Migliera ist jedoch keineswegs einfach und sollte nur von geübten Wanderern begangen werden. Ausreichend Trittsicherheit und stellenweise auch Schwindelfreiheit sind hier Voraussetzung. **Varianten:** Die Wanderung lässt sich spielend leicht in einzelne Abschnitte unterteilen. Auf den Monte Solaro führt ein Sessellift, während zwischen der Punta Carena und Anacapri der öffentliche Bus verkehrt. **Länge/Dauer:** ca. 14 km, ca. 5 Std. **Einkehrmöglichkeiten:** auf dem Monte Solaro, an der Punta Carena und nach der Rückkehr in Anacapri (→ S. 162). An der Blauen Grotte gibt es zudem eine Bar. **Ausgangspunkt/Anfahrt:** Startpunkt ist die Piazza Vittoria in Anacapri. Es halten die Busse von Capri-Stadt und von der Marina Grande. Außerdem befindet sich hier die Talstation des Sessellifts.

Wegbeschreibung: Von der **Piazza Vittoria 1** laufen wir die Stufen hoch und biegen links in die Gasse zur Villa San Michele ein. Noch vor der Sehenswürdigkeit zweigt gegenüber von einem Keramikgeschäft die Via Monte Solaro nach rechts ab. Der gut ausgebaute und später in Serpentinen ansteigende Weg steuert schließlich einen Bergsattel mit einer Kreuzwegstation an, an dem sich mehrere Wege kreuzen **2**. Wer direkt den höchsten Punkt Capris erklimmt, wendet sich hier nach rechts. Ansonsten wählen wir den Pfad geradeaus, der flach in 10 Min. den hinreißenden Aussichtspunkt **3** vor dem **Eremo di Santa Maria a Cetrella** auf der anderen Inselseite erreicht. Picknickbänke laden hier zu einer Rast ein.

Für den weiteren Anstieg laufen wir vom Eingang zur Kirche ein kurzes Stück zurück und halten uns unmittelbar nach den absteigenden Stufen links. Der Weg passiert darauf ein Gebäude, das von der Universität Neapel als meteorologische Forschungsstation genutzt wird. Ein anfangs kaum sichtbarer Saumpfad führt links um das Haus herum, steuert in der Folge die ansteigende Kammlinie an und folgt dieser – immer wieder sensationelle Blicke auf die Steilküste – bis zur Bar **4** auf dem Gipfel des **Monte Solaro.**

Nach der Gipfelrast orientieren wir uns an der höchstgelegenen Aussichtsplattform am Hinweisschild zum Sessellift.

Abgründe auf Capri

Wanderung 4:
Vom Monte Solaro zur Blauen Grotte

Am Einstieg geben wir dem Personal zu verstehen, dass wir nur die Plattform queren möchten. Gegenüber passieren wir das grüne Tor und wählen den Pfad, der beim weiteren Abstieg zunächst eine Serpentine beschreibt, um danach wieder den Kamm zu erreichen. Immer wieder gewährt die Route Ausblicke in atemberaubende Tiefen. In der Folge können wir in punkto Wegwahl nicht viel falsch machen. Wenn erste Gärten zur Rechten auftauchen, nehmen die Pfadverzweigungen zu, wobei hin und wieder rote Markierungen den Weg weisen. Im Zweifelsfall halten wir uns an die Kammhöhe. Sollten wir versehentlich zu weit nach rechts absteigen, münden die Pfadalternativen früher oder später auf die Via Migliera, der wir in Beibehaltung der ursprünglichen Gehrichtung bis zum kleinen

Philosophenpark und zum **Belvedere di Migliera 5** folgen.

Wer hier die Tour beendet, gelangt auf dieser Straße – vorbei am Ristorante Gelsomina alla Migliera – unkompliziert nach Anacapri zurück. Für den weiteren Abstieg zum Leuchtturm queren wir das Ende des Stichwegs zur Aussichtsplattform und passieren daraufhin die Rückseite einfacher Landhäuser. In der Folge steuern immer wieder Abstecher weitere Aussichtspunkte an. Mit Blick auf einen Küstenwachturm – die **Torre della Guardia** – wenden wir uns zwischen Steinmauern nach rechts und umgehen so ein abgesperrtes Privatanwesen, auf dessen Grund besagter Turm steht. Auf der anderen Seite treffen wir auf einen Betonweg, auf dem wir in Beibehaltung der ursprünglichen Gehrichtung weiterwandern. Nach 100 m und einer Doppelkurve zweigt ein gepflasterter Treppenweg nach links ab (Schild: „Faro di Punta Carena"). Dieser führt kurzerhand hinunter zur Straße von Anacapri zum Leuchtturm. Links schräg gegenüber befindet sich der Einsstieg zum **Sentiero dei Fortini** 6.

Unmittelbar nach dem Einstieg teilt sich der Weg: Wer sich den Abstecher und die zusätzlichen Höhenmeter zum Leuchtturm ersparen möchte, wendet sich an dieser Stelle nach rechts und schlägt gleich den Wanderweg zur Blauen Grotte ein. Links führt der Treppenweg absteigend hinunter zur **Punta Carena,** wo in der Saison eine Strandbar 7 zur Einkehr verlockt.

Zurück an der Gabelung 6 folgen wir dem Festungsweg *(Sentiero dei Fortini)* entlang der Westküste, der in der Folge mehrere Batterien ansteuert, die im 19. Jh. von den Engländern als Abwehrmaßnahmen gegen die Franzosen angelegt wurden. Keramiktafeln machen dieses Teilstück zum biologischen Lehrpfad, der schließlich auf einer Asphaltrampe endet. Dieser folgen wir nach links in Richtung Küste und wandern steil bergab bis zum **Fortino di Pino.** Es handelt sich um eine der erwähnten Batterien. Unmittelbar an der Ruine zweigt ein schmaler Wanderpfad ab. In der Folge geht es auf schmalen Trittstufen immerzu treppauf und treppab. Immer wieder umgehen wir in praller Sonne landeinwärts Karstbuchten und raue Küstenfjorde.

Ein kurzer Abstecher 8 führt zu einer weiteren Festung, dem **Fortino di Mesola** 9. Nach der Rückkehr zum Abzweig wenden wir uns zunächst von der Küste weg, um zwei weitere Fjorde zu umgehen. Anschließend bieten sich Ausblicke auf wild zerklüftete Felsen. An einer T-Kreuzung wenden wir uns nach links und steuern mit dem **Fortino di Orrico** die dritte Batterie an. Schließlich endet unser Wanderweg an der Straße von Anacapri zur Grotta Azzurra 10. Wir folgen dieser bis zum Buswendeplatz 11 am Ende der Straße oberhalb der **Blauen Grotte.**

GPS-Wanderung 5

Rundwanderung um Sorrent → Karte S. 391

Charakteristik: Die Tour führt durch den dichter besiedelten Teil der Halbinsel auf wenig befahrenen Straßen oder auf Treppenwegen. Naturpfade sind rar, weshalb kurze Hosen kein Problem sind. Ein Mindestmaß an Kondition fordert der Anstieg nach Sant'Agata. **Varianten:** Die Tour lässt sich unkompliziert in überschaubarere Abschnitte unterteilen. Wer z. B. nur bis Massa Lubrense wandert, nimmt von dort den Bus zurück nach Sorrent. Beim letzten Abschnitt ab Sant'Agata existieren mehrere ausgeschilderte Streckenalternativen. **Länge/Dauer:** ca. 12 km, ca. 4 Std. **Einkehrmöglichkeiten:** in Massa Lubrense (→ S. 225), Sant'Agata (→ S. 218) und in Sorrent (→ S. 215 f.). **Ausgangspunkt/Anfahrt:** Start und Ziel ist die Piazza Tasso im Stadtzentrum von Sorrent. Von Neapel und Pompei ist Sorrent mit den Zügen der Circumvesuviana erreichbar.

Wegbeschreibung: Von der **Piazza Tasso** 1 biegen wir in die enge, touristisch geprägte Via San Cesareo ein, die parallel zum Corso Italia nach Westen führt. Wir wandern immer geradeaus und queren später eine Straße. Nachdem wir ein Parkdeck *(Parcheggio Ulysse)* rechts liegengelassen haben, beschreibt die leicht ansteigende Gasse einen Rechtsbogen. Zwischen zwei Häusern

Oberhalb von Sorrent rückt der Vesuv ins Blickfeld

geht es treppauf hoch zur Küstenstraße nach Massa Lubrense. Dort wenden wir uns nach rechts, gehen bis zum Zebrastreifen **2** und überqueren die Straße. Eine gepflasterte Rampe steigt auf der anderen Seite an, wobei wir am Einstieg ein Hinweisschild aus Keramik entdecken („Massa 4000 m"). Auf dem Treppenweg kürzen wir die Straßenserpentine ab und setzen den Anstieg bis zum Eingang des Hotels „La Baia" fort. Rückblickend genießen wir vom Parkplatz den Blick über Sorrent auf Monti Lattari und Vesuv. Weiter geht es auf ansteigender Pflastergasse unmittelbar links von der Hotelzufahrt. Diese endet nach wenigen Schritten an der Straße von Sorrent nach Sant'Agata.

Auf dieser wenden wir uns nach rechts und biegen nach 75 m an einer Bushaltestelle auf der gegenüberliegenden Seite – trotz Verbotsschild – in einen Wirtschaftsweg ein. In Beibehaltung der Gehrichtung passiert er mehrere Oliven- und Zitronenhaine sowie einen Bach und mündet schließlich auf die Via Fontanelle. Sollten die Spuren

eines zurückliegenden Erdrutsches nicht vollständig beseitigt sein, erklimmen wir auf der anderen Seite des abgesackten Straßenstückes die Böschung und halten uns unmittelbar danach rechts **3**, wohingegen die blaue Markierung hinauf nach Sant'Agata führt. Hinter einem Haus in Alleinlage verengt sich unser Weg zum Pfad und verbreitert sich später wieder. Wir bleiben immer auf gleicher Höhe, bis der Wanderweg in einer absteigenden Rechtskurve scharf nach links abzweigt (auf rote Markierung achten!).

Der Pfad nimmt Kurs auf die Straße von Sorrent nach Massa Lubrense, auf der wir uns links halten, um nach der zweiten Kurve die besagte Küstenstraße links ansteigend wieder zu verlassen. In der Folge quert der Pfad das gepflegte Anwesen der Eigentümer der Bar Orlando in Sant'Agata (→ S. 225). Am Ende des Privatgrundstücks geht es – stets der Markierung folgend – rechts weiter. Der Weg mündet schließlich auf die Straße von Massa Lubrense nach Sant'Agata. Nach wenigen Schritten endet sie im Zentrum von **Massa Lubrense** auf der Hauptpiazza mit Bars, Bushaltestelle, einem Wanderkarten-Aufsteller sowie dem örtlichen Infobüro 4.

Vom oberen Platzabschluss folgen wir der Via IV Novembre für ein kleines Stück in der bisherigen Gehrichtung und schwenken auf Höhe einer *Macelleria* in die Gasse nach links ein. Am hübsch dekorierten Spezialitätengeschäft halten wir uns gleich darauf rechts und anschließend wieder links, wobei uns jetzt ein grüner Wegweiser die Richtung vorgibt („Sant'Agata 4100 m"). Am ultimativen Ende der ansteigenden Pflasterstraße biegen wir in die enge Gasse zur Linken ein. Der Weg führt aus dem Ort hinaus, verflacht

und steigt wenig später wieder an. Zwischendurch queren wir die Straße nach Sant'Agata. Flankiert von Markierungen unterschiedlicher Couleur steigt das Sträßchen kontinuierlich an. Am scharfen Linksknick zwischen Orangen- und Zitronenbäumen achten wir darauf, die grün markierte Abzweigung nach rechts nicht zu verpassen (II Traversa Bagnulo). Der Pflasterweg endet wenig später im Ortsteil **San Francesco** vor dem Kloster 5.

Wir wandern auf dem Sträßchen ein kurzes Stück in Gehrichtung weiter und biegen hinter dem Kloster halblinks in eine flach verlaufende Pflastergasse ein, an deren Ende wir uns wieder links halten. Trotz des nun folgenden schweißtreibenden Anstiegs dürfen wir den nach rechts abzeigenden, grün markierten Treppenweg nicht verpassen (Traversa San Francesco). Unser Weg verengt sich zum Pfad und quert terrassierte Parzellen, immer wieder rücken Massa Lubrense, Capri, Ischia und Neapel ins Blickfeld. An einem Linksknick achten wir darauf, dass wir den – häufig hinter einem geparkten Fahrzeug versteckten – Wegweiser nicht übersehen. An der Stellplatzüberdachung biegen wir auf einem Saumpfad rechts ab. Dieser verbreitert sich später und geht in eine Teerstraße über. Just an der Stelle, wo dieser wieder abwärts führt, biegen wir nach links in einen Treppenweg (Via Petriere) ein und setzen unseren Anstieg fort. Gleich darauf halten wir uns an der Gabelung an weiß getünchten Stufen abermals links. Der Treppenweg geht in eine steile Asphaltrampe über, die später verflacht und herrliche Ausblicke auf den Golf von Neapel gewährt.

Die Via Petriere mündet auf eine wenig befahrene Straße, der wir nach rechts bis ins Zentrum **6** von **Pastena** folgen. Hinter dem Torbogen mündet sie auf eine Vorfahrtsstraße, auf der wir in Beibehaltung unserer Gehrichtung bis zur Dorfkirche weiterwandern. An der Kirche biegen wir rechts in eine schmale Teergasse ein, die parallel zur Hauptstraße weiterführt (Via Cigliari). Wir wandern parallel zum Bach, unterqueren die große Straße und haben anschließend die Gelegenheit, einen der letzten öffentlichen Waschplätze der Halbinsel zu begutachten. Er speist sich aus Quellwasser und wird noch immer genutzt (*Antico lavatorio Fonte Canale*). Am Ortseingang von **Sant' Agata sui Due Golfi** quert die Via Canale eine Straße und endet wenig später im Zentrum am Hauptcorso **7**.

Leicht versetzt, auf der gegenüberliegenden Seite des Corso Sant'Agata, setzen wir nach der verdienten Pause den Weg auf der schmalen Via Termine

fort. An der nächsten Gabelung halten wir uns links (Via Pagliaio di Sentolo) und unterqueren die Fahrstraße nach Sorrent. Bergabwärts führen uns grüne Markierungen aus dem Ortszentrum. In der Folge entscheiden wir uns zwischen zwei Alternativen: Die kürzeste Abstiegsvariante ist grün markiert (3 A) und führt an einer Abzweigung rechts bergab. Immer dem logischen Verlauf folgend, endet sie im Zentrum von Sorrent. Die aufgrund der Aussicht schönere Route hingegen führt geradeaus weiter, war aber noch zum Zeitpunkt der letzten Recherche wegen Baufälligkeit eines kleinen Teilstücks gesperrt – es schadet zumindest nicht, diesbezüglich im Infobüro in Sant'Agata (→ S. 225) kurz nachzufragen! In dem Fall gehen wir kurz darauf eine steile Straße nach rechts hinunter. An der spitzen Rechtskehre biegen wir links in die Via Li Schisani ein und missachten darauf die Abzweigung zum B&B Il Casale. An einer Verzweigung mehrerer Wege wählen wir die mittlere Option und folgen dem Schild „Sorrento for Centro/Foot Passengers". Auf (hoffentlich bald wieder instandgesetzten) Stufen geht es zwischen Olivenbaumterrassen abwärts, ehe die Via Li Schisani an einem Asphaltsträßchen endet. Diesem folgen wir ein kurzes Stück bergab zur **Chiesa Santa Maria del Toro 8**.

Weiter geht es auf dem an der Kirche beginnenden Fußweg (Via Fregonito), der in einen Treppenweg übergeht. An der Cappella dell'Addolorata wird dieser zu einem Kreuzweg, der selbige mit Sorrent verbindet. Am Hilton-Hotel enden die Stufen am Ende einer Straße, der wir bis zur Ortsdurchfahrt folgen. Für wenige Schritte wenden wir uns auf dieser nach links bis zur Stadtmauer (Bastione di Parsano). An der Linkskurve laufen wir durch das Tor **9** in die Altstadt von **Sorrent.** Am Corso Italia wenden wir uns nach rechts und erreichen die **Piazza Tasso 1** und den Ausgangspunkt unserer Wanderung.

Halbinsel von Sorrent – Monte di San Costanzo → Karte S. 394

Charakteristik: Die kürzere Wanderung führt durch den wilden Abschnitt der Halbinsel von Sorrent und bietet immer wieder großartige Panoramen auf einsam gelegene Buchten, auf Capri und auf den Vesuv. Den schönsten Blick genießt man jedoch am Schluss der Runde vom Gipfel des Monte di San Costanzo (468 m). Auf dieser Wanderung ist Trittsicherheit vonnöten, in konditioneller Hinsicht stellt diese Tour hingegen keine größeren Ansprüche. **Länge/Dauer:** ca. 7 km, ca. 2 Std. **Einkehrmöglichkeiten:** am Ende der Runde in Termini (→ S. 220). **Ausgangspunkt/Anfahrt:** Start und Ziel der Wanderung ist die zentrale Piazza in Termini. Ein Busanschluss besteht von und nach Marina del Cantone, Sant'Agata und Sorrent.

Wegbeschreibung: Nachdem wir vom **Belvedere** in Termini **1** den Blick auf Capri ausgekostet haben, wandern wir zunächst in Richtung Kirche und halten uns am Linksknick **2** der Straße rechts (Schild: „Punta Campanella"). Danach folgen wir den Wegweisern zur Punta Campanella bis in den unteren Ortsteil und verlassen die Straße in einer engen Rechtskurve auf einem geradeaus führenden Sträßchen (Schild: „Monte San Costanzo").

Dieses verengt sich und geht am letzten Haus in einen anfangs schwer erkennbaren Saumpfad über (rote Markierung, CAI 300). Ansteigend durchquert der Pfad schattigen Wald und führt später in Serpentinen bergauf. Im Anschluss an wenige Stufen lassen wir den Wald hinter uns und genießen den unverstellten Blick auf Capri und den Golf von Neapel. Zur Blütezeit im Frühjahr kommen Liebhaber der mediterranen Flora auf ihre Kosten; jahreszeitlich

Aufstieg zum Monte San Costanzo

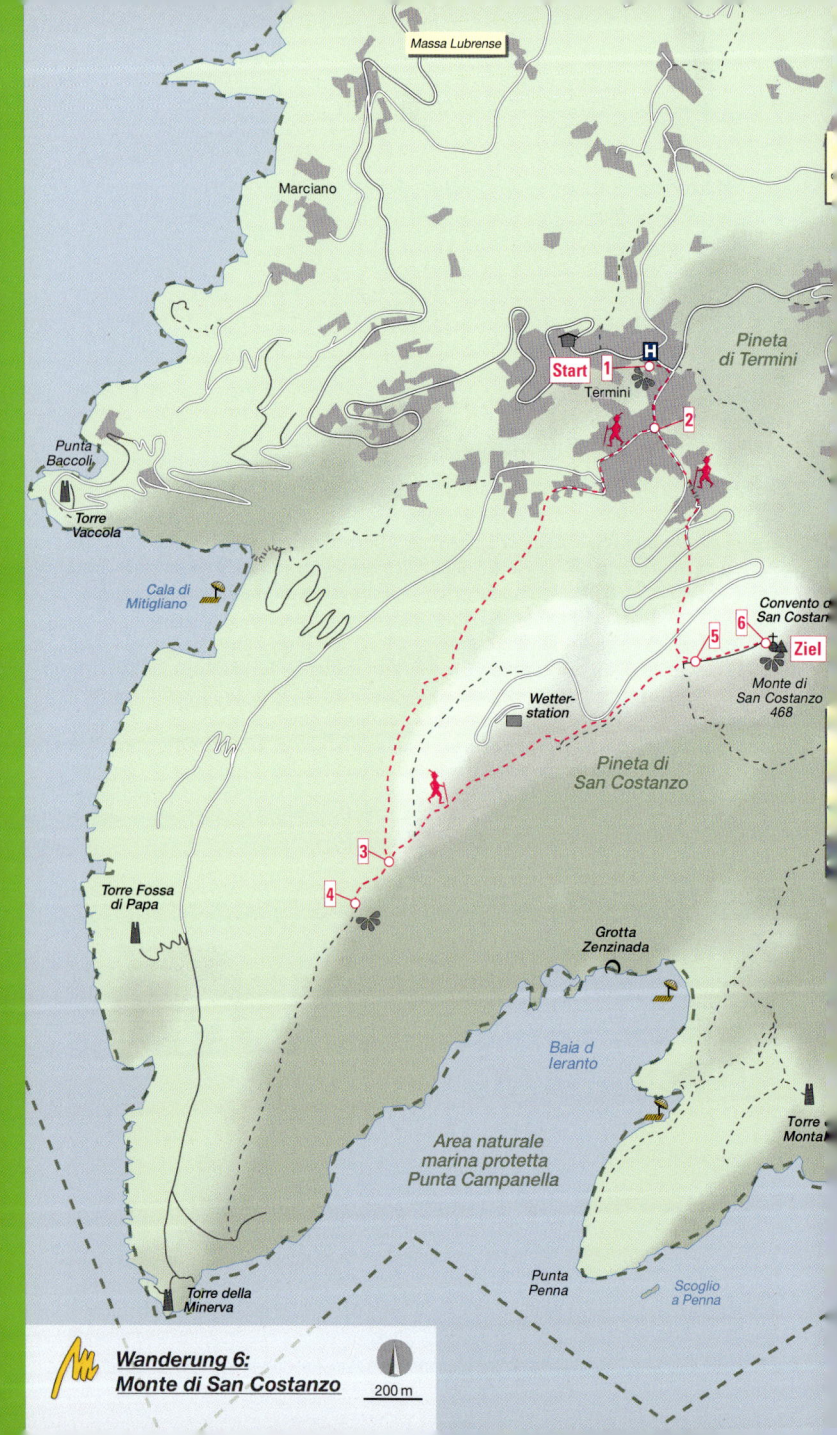

Massa Lubrense

Marciano

Pineta
di Termini

Start 1 H

Termini

2

Punta
Baccoli

Torre
Vaccola

Cala di
Mitigliano

Convento
San Costan

5 6

Ziel

Monte di
San Costanzo
468

Wetter-
station

Pineta di
San Costanzo

3

4

Torre Fossa
di Papa

Grotta
Zenzinada

Baia d
Ieranto

Area naturale
marina protetta
Punta Campanella

Torre
Monta

Punta
Penna

Scoglio
a Penna

Torre della
Minerva

Wanderung 6:
Monte di San Costanzo

200 m

bedingt kann jedoch der Pfad etwas verwachsen sein, weshalb lange Hosen von Vorteil sind! In der Folge behalten wir die bisherige Gehrichtung bei und wandern solange weiter, bis der Trampelpfad auf den von der Punta della Campanella kommenden Wanderweg **3** des italienischen Alpenvereins trifft. Bevor wir uns für den Rückweg über den Monte di San Costanzo nach links wenden, können wir einige Schritte nach Westen weitergehen, um von einem Aussichtspunkt **4** weitere Ausblicke auf den Golf von Neapel und den Golf von Salerno zu genießen.

Zurück an der Abzweigung setzen wir die neue Gehrichtung auf dem Weg oberhalb der Steilküste fort, überwinden einen Felsabsatz und durchqueren den Forst **Pineta di San Costanzo**. Den –

ohnehin nur auf den zweiten Blick erkennbaren – Rechtsabzweig nach Nerano und zur Baia di Ieranto missachten wir, sondern halten stur an unserer bisherigen Gehrichtung fest. Auch den Linksabzweig am Ende des Pinienwaldes **5** ignorieren wir vorerst – ihn heben wir uns für den Rückweg nach Termini auf.

Die letzten Meter bis zum Gipfel des **Monte di San Costanzo** **6** steigt der Weg noch einmal leicht an. Nach einer ausgiebigen Pause im Schatten des weiß getünchten Kirchleins wandern wir einige Schritte zurück und orientieren uns am Beginn des Pinienwäldchens **5** nach rechts. Straßenserpentinen abkürzend führt der Wanderweg zurück nach Termini und zum Ausgangspunkt der Wanderung **1**.

GPS-Wanderung 7

Halbinsel von Sorrent –
Rund um Sant'Agata sui due Golfi → Karte S. 397

Charakteristik: Bis auf einen Steilanstieg auf schmalem Pfad wartet diese Wanderung nur mit wenigen technischen Herausforderungen auf. Im Mittelteil werden Naturliebhaber mit großartigen Ausblicken belohnt, zu Beginn und im letzten Drittel gibt es längere Abschnitte auf Asphalt. **Länge/Dauer:** ca. 9 km, ca. 3 Std. **Einkehrmöglichkeiten:** nach der Runde in Sant'Agata (→ S. 225). **Ausgangspunkt/Anfahrt:** Start und Ziel ist der Corso in Sant'Agata sui Due Golfi. Hier halten Busse von und nach Sorrent, Positano und Massa Lubrense.

Wegbeschreibung: Von der Bushaltestelle **1** am Corso Sant'Agata an der Tankstelle und schräg gegenüber vom Hotel Delle Palme wenden wir uns vom Zentrum weg und wandern am Corso entlang in Richtung Torca (Autowegweiser an der Straßenkreuzung). Am unteren Abschluss der Hauptstraße biegen wir rechts neben dem Hotel Montana in die Via Pigna ein und achten auf die blaue Markierung, die uns auf dem ersten Teil der Wanderung begleitet. Bereits bei der nächsten Gelegenheit folgen wir der nach links ab-

zweigenden Traversa Pigna und erblicken nach wenigen Schritten den Golf von Salerno. Der betonierte Treppenweg mündet auf eine schmale Asphaltstraße, auf der wir uns links halten (Via Nula). Im Anschluss an die folgende Verzweigung geht es zunächst wieder ein kleines Stück den Berg hoch. Bei den ersten Häusern missachten wir nacheinander die blau markierte Abzweigung nach rechts – dieser Weg führt hinunter zur Crapolla-Bucht – und einen abzweigenden Weg nach links. Beim zweiten Linksabzweig gehen wir links den Berg hoch bis zur Kirche 2 von Torca.

In Fortsetzung unserer Gehrichtung folgen wir der Via Botteghe di Sotto, wobei wir von der rot-weißen Markierung des italienischen Alpenvereins begleitet werden. Nach wenigen Schritten halten wir uns an der Gabelung links und lassen uns von der Via Monticello in den gleichnamigen Teilort führen. Bei einer weiteren Gabelung wählen wir die ansteigende linke Alternative (Via Salastra) und achten in einer Kurve sorgfältig auf die rot-weißen Zeichen, um die Abzweigung nach rechts – bzw. in Gehrichtung geradeaus – nicht zu verpassen. Am folgenden Rechtsknick des Teerweges wandern wir geradeaus weiter – und haben nun das schönste und aussichtsreichste Etappenstück der Tour vor uns. Der Weg windet sich zunächst zwischen

Blick auf die Felseninseln Li Galli

bewirtschafteten Gartenparzellen hindurch und gewährt immer wieder hinreißende Ausblicke auf den Golf und auf die Felsinseln Li Galli (→ Kasten, S. 232). In der Folge verengt sich der Weg und wird zu einem Pfad, der sich urplötzlich nach links wendet und in waghalsigen Kehren den vor uns liegenden Felssims ansteuert. Oben angekommen, gehen wir ein paar Schritte nach links und genießen die Pause auf dem Aussichtsplateau 3.

Weiter geht es anschließend in Fortsetzung der bisherigen Gehrichtung, wobei der Pfad dabei einige Höhenmeter verliert. Am Fuß bewirtschafteter Gärten umrunden wir eine Hügelkuppe und kosten wenig später in vollen Zügen den Paradeblick auf den Golf und den Golf von Salerno (Vista sui due golfi). Oberhalb von **Colli di Fontanelle** trifft der Wanderweg auf die Straße von Sant'Agata nach Positano 4. Hier wenden wir uns nach links, um die selbige Straße nach ca. 100 m am ersten Linksabzweig wieder zu verlassen (rote Markierung: „Sant'Agata 3,5 km"). Die Via San Martino Malacoccola steigt an und setzt sich zwischen einem Gatter zur Rechten und einem Zaun zur Linken als schmaler Saumpfad fort. Nach kurzem und heftigem Steilanstieg mündet dieser auf einen von links kommenden Wirtschaftsweg. Auf diesem gehen wir geradeaus bis zum Beginn der Pineta delle Tore weiter. Hier haben wir die Wahl zwischen der Asphaltvariante, die links vom Wald nach Sant'Agata führt, und zahlreichen Pfadalternativen innerhalb der Pineta. Wie auch immer: Am jenseitigen Ende der Pineta treffen alle Varianten wieder aufeinander. Weiter geht es, jetzt auf Asphalt, in Beibehaltung der bisherigen Gehrichtung. An einem Gatter mit der Hausnummer 23 halten wir uns an der Gabelung links und wiederholen das Ganze bei der folgenden Gabelung an der grünen Schranke („Le Tore"). Der Weg führt

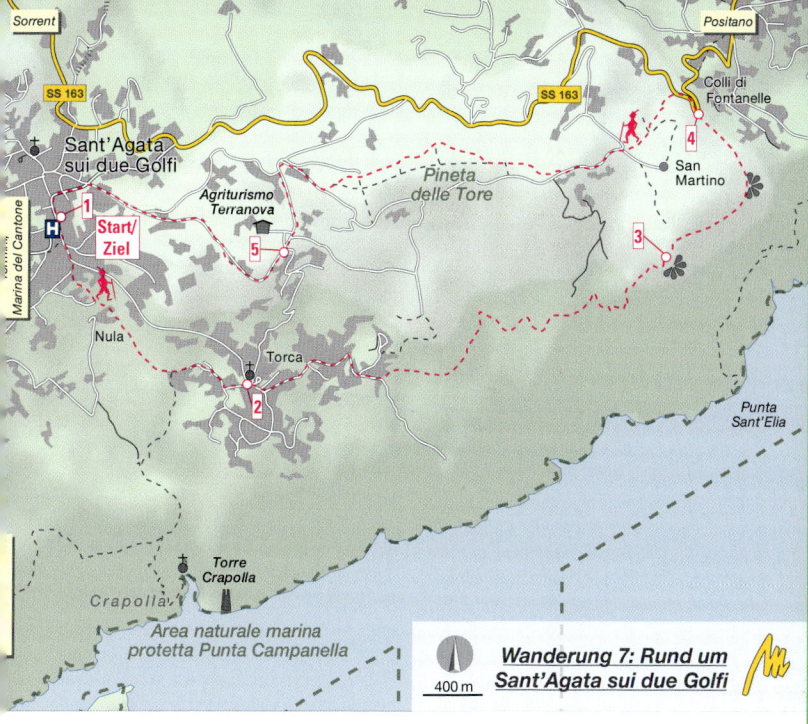

Wanderung 7: Rund um Sant'Agata sui due Golfi

400 m

zum **Agriturismo Terranova** 5 und von dort zurück ins Zentrum von Sant' Agata. Am Hotel Reginella mündet unser Fahrweg auf die Straße nach Sor-

rent. Hier halten wir uns links und treffen gleich darauf auf den **Corso Sant' Agata** und auf den Ausgangspunkt 1 unserer Tour.

Amalfiküste – Rund um Positano → Karte S. 399

Charakteristik: Der Höhenweg zwischen Positano und den Gipfeln der Monti Lattari gilt als legitime Fortsetzung des Götterwegs (→ Wanderung 9, S. 400 f.). Im Unterschied zum Weg der Götter wird er jedoch kaum begangen. Die Wanderung erfordert allein schon wegen der beträchtlichen Anzahl an Höhenmetern ein gutes Maß an Kondition. **Länge/Dauer:** ca. 9 km, ca. 3:30 Std. **Einkehrmöglichkeiten:** in Santa Maria del Castello (→ S. 203) und nach dem Ende der Wanderung in Positano (→ S. 235 f.). **Ausgangspunkt/Anfahrt:** Startpunkt ist die Bar Internazionale im oberen Ortsteil von Positano. SITA-Busse von und nach Sorrent und Amalfi halten vor der Bar.

Wegbeschreibung: Unmittelbar links von der **Bar Internazionale** 1 gelangen wir auf einem Treppenweg von der Küstenstraße zur **Chiesa Nuova** (Via Chiesa

Nuova). Wir bleiben auch nach der Kirche der eingeschlagenen Gehrichtung treu, wandern wacker treppauf und queren die Straße nach Nocelle.

Auf der anderen Seite setzt sich der Treppenanstieg fort.

Am oberen Ortsausgang wird der Treppenweg von einem gepflasterten Maultierweg *(mulattiera)* abgelöst, der in Serpentinen ansteigt und immer wieder fabelhafte Ausblicke auf Positano gewährt. Weiter oben verengt sich der Weg und wird zum Pfad, der solange in Serpentinen ansteigt, bis wir an einem Wegweiserposten **2** das obere Ende der steilen Geländestufe erreichen. Der hier beginnende Wirtschaftsweg trifft nach 50 m landeinwärts auf eine Kreuzung von schmalen Fahrwegen, an der wir uns rechts halten. Bereits nach wenigen Schritten endet der neue Weg an der Ortsdurchfahrt **3** von **Santa Maria del Castello.** Schräg gegenüber lockt ein Ausflugsrestaurant mit benachbarter Bar zur Zwischeneinkehr.

Wir folgen der Straße nach links und lassen Restaurant und Bar rechts liegen. Nach 10 Min. beschreibt die Straße eine Linkskurve **4**, der Blick fällt erstmals auf den Golf von Neapel mit dem Capo Miseno und den Inseln Ischia und Procida. Hier verlassen wir selbige Straße nicht auf dem klar erkennbaren Fahrweg zu den zwei beschilderten Agriturismo-Betrieben, sondern auf der ebenso rechts abzweigenden, jedoch absteigenden Wegvariante kurz davor. Sie führt zwischen Häusern hindurch, verengt sich am hinteren Ende des Seitentals und wird zum Pfad. Der weitere Routenverlauf bietet wieder hinreißende Ausblicke auf die Küste, wobei zur Abwechslung wieder die amalfitanische Seite in den Fokus rückt. Der Bergpfad steigt im weiteren Verlauf noch etwas an, ehe wir kurz vor dem **Rifugio Caserma Forestale** bei einer Gabelung **5** die rechte Pfadalternative wählen. Picknickbänke vor dem Forsthaus laden zur Rast ein.

Der Maultierweg führt anschließend überwiegend durch schattigen Wald in Serpentinen wieder nach unten und

Der Monte di San Michele ist die höchste Erhebung der Monti Lattari

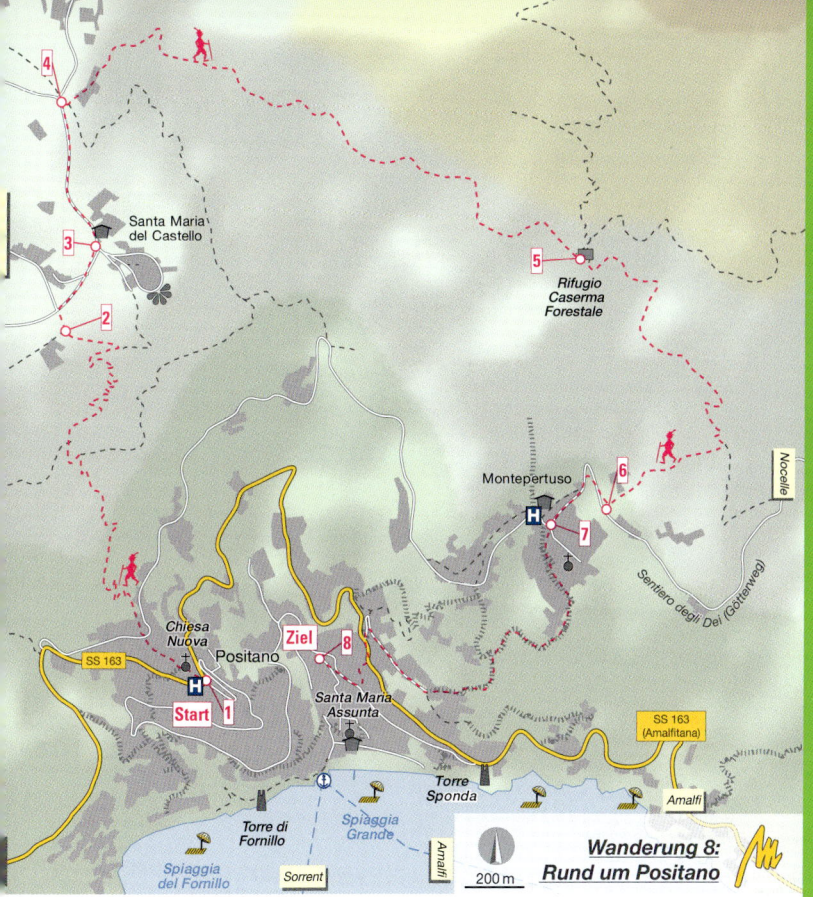

Wanderung 8:
Rund um Positano

200 m

mündet schließlich auf die Straße zwischen Montpertuso und Nocelle **6**. Auf dieser wandern wir nach rechts weiter und bleiben auf ihr bis zur Haarnadelkurve **7** im Zentrum von **Montepertuso.** Unmittelbar an der Kurve biegen wir nach links in eine schmale Gasse ein, die scheinbar auf Treppen die Kirche von Montepertuso ansteuert. In Wirklichkeit führt die Gasse nach wenigen Stufen geradeaus weiter, um auf Höhe der letzten Häuser nach rechts abzuschwenken.

Ein Treppenweg führt von hier kompromisslos nach unten und gewährt im weiteren Verlauf einmal mehr tolle Ausblicke auf Positano. Wir queren die Küstenstraße auf einem Zebrastreifen und nutzen die nächste Gelegenheit, um abermals auf Treppen hinunterzugehen. Diese enden im Zentrum von **Positano** an der Via Cristoforo Colombo. Hier gehen wir zunächst rechts weiter, um sogleich ein letztes Mal auf Stufen in Richtung Kirche zu gehen. Der Treppenweg endet in der Fußgängerzone, die uns in wenigen Schritten nach rechts zur **Piazza dei Mulini 8** bringt. Lokalbusse verbinden die Piazza mit der Bar Internazionale und dem Ausgangspunkt unserer Tour.

Amalfiküste – Auf dem Weg der Götter

Charakteristik: Obwohl hinter dem marketingträchtigen Slogan „Pfad der Götter" *(Sentiero degli Dei)* kein tieferer Sinn steckt, wird der Wanderweg den Vorschusslorbeeren vollauf gerecht. Hinreißende Ausblicke auf die Küste begleiten Wanderer fast die ganze Zeit über, weshalb es kaum verwundert, dass die Route stark frequentiert ist. Ein gesundes Maß an Trittsicherheit ist aber auch hier vonnöten! **Varianten:** Am Sattel Colle della Serra teilt sich der Weg in eine obere und eine untere Route, wobei die untere, nachfolgend beschriebene Variante aussichtsreicher ist. Hinsichtlich Höhenmeter gibt es keine Unterschiede. Der Treppenabstieg nach Positano lässt sich vermeiden, indem man in Nocelle oder Montepertuso in den Bus steigt. Wer auf die Busanreise via Amalfi nach Bomerano verzichtet und über gute Kondition verfügt, kann auf steilen Treppenwegen von Praiano oder Furore direkt aufsteigen. **Länge/Dauer:** ca. 11 km, ca. 3:30 Std. **Einkehrmöglichkeiten:** in Nocelle, Montepertuso und abschließend in Positano (→ S. 235 f.). **Ausgangspunkt/Anfahrt:** Nach Bomerano fahren SITA-Busse von Amalfi. Wer aus anderen Orten anreist, muss in Amalfi umsteigen. Achtung: Wegen Einbahnstraßenverkehr streift der Bus von Amalfi das Zentrum von Bomerano lediglich; am besten dem Fahrer Bescheid geben, wo man genau aussteigen möchte!

Wegbeschreibung: Von der **Piazza Paolo Capasso** ❶ im Zentrum von Bomerano führt uns die am Hotel Gentile beginnende Via Pennino rasch aus der Ortschaft heraus. Am Bach ❷ halten wir uns rechts – der Weg geradeaus führt über die Grotta di Santa Barbara hinunter nach Furore. Wir gehen über die Holzbrücke und auf der anderen Seite den Treppenweg wieder hoch. Dieser endet gleich darauf an einer Fahrstraße, auf der wir links weiterwandern. Nach wenigen Schritten entfaltet sich bereits das gewaltige Panorama, das dem Weg der Götter zu seiner Berühmtheit verholfen hat. Terrassierte Gärten kleben an den unmöglichsten Stellen in der Felswand, während man sich der umtriebigen Küste weit entrückt wähnt. Die Fahrstraße verengt sich und wird zu einem betonierten Weg, der

wiederum hinter einer Felsgrotte, der **Grotta Biscotto,** als Pfad weiterführt.

Dieser steuert als nächstes Zwischenziel den Sattel **Colle della Serra** ❸ an. Hier zweigt die obere Variante des Götterwegs rechts ab, während wenige Schritte weiter am Trinkwasserbrunnen eine Treppenwegvariante von Praiano auf den Götterweg trifft. Am Brunnen wenden wir uns nach rechts (Schild: „Positano") und genießen in der Folge den Paradeblick auf die Halbinsel von Sorrent und auf Capri. Nach 0:15 Std. mündet von links ein weiterer Zustieg von Praiano ❹ auf den Götterweg.

Wer Lust auf einen lohnenden Abstecher hat, gelangt in etwa 0:20 Std. von hier zum Convento di San Domenico, wo eine kleine Bar zur Einkehr einlädt (→ S. 237).

In der Folge zieht sich der Weg etwas, weil mehrere Seitentäler ausgelaufen werden müssen. Zwischendurch treffen obere und untere Variante des Götterweges wieder zusammen **5**. Der Weg nimmt jetzt stets den logischen Verlauf, bis er an einer Kreuzung von Gassen und Treppenwegen **6** im Zentrum von **Nocelle** endet.

Geradeaus führen Treppen ohne Umschweife zur Küste und treffen oberhalb der *Spiaggia di Arienzo* auf die Amalfitana. Auf diese trifft man jedoch nur, wenn man ein Stück die Treppen auf dem Alternativabstieg hinuntergeht. Nach einigen Stufen streift die Alternative den Kirchplatz von Nocelle – ein geeigneter Picknickplatz! Ansonsten wenden wir uns an der Kreuzung mit dem Trinkwasserbrunnen nach rechts und durchqueren den Ort bis zum jenseitigen Ende. Der Weg nimmt jetzt abermals seinen logischen Verlauf und endet schließlich auf ansteigenden Treppen an der Straße von Nocelle nach Montepertuso.

Mangels Alternativen wandern wir auf der Straße weiter und registrieren unterwegs den Rechtsabzweig **7** zum *Rifugio Caserma Forestale*; hier trifft die Wanderung 8 (→ S. 397 ff.) auf den Götterweg. Der Straße folgen wir bis ins Zentrum von **Montepertuso** mit der hübschen Piazza **8** zur Rechten. Unmittelbar am Straßenknick biegen wir in eine schmale Gasse nach links ein und missachten kurz darauf die ansteigenden Treppen, die zur Kirche Santa Maria delle Grazie führen. Die Gasse steuert geradewegs ins Ortszentrum hinein und knickt an den letzten Häusern nach rechts ab. In der Folge verliert der Treppenweg rasch an Höhe und bringt uns hinab nach **Positano.**

Wir queren die Amalfitana auf einem Zebrastreifen und setzen anschließend unseren Abstieg – abermals auf Treppen – fort. Diese enden an der Via Cristoforo Colombo, auf der wir ein kurzes Stück nach rechts weitergehen, ehe uns ein weiteres Mal Stufen bergab führen. Der Abstieg endet in der Fußgängerzone von Positano. Auf dieser halten wir uns rechts und stehen nach wenigen Schritten auf der Piazza dei Mulini mit der **Bushaltestelle 9**.

Wanderung 9:
Auf dem Weg der Götter

500 m

Amalfiküste – Im Tal der Mühlen

Charakteristik: Die vergleichsweise leichte Wanderung ist ein Klassiker und verbindet mit Ravello und Amalfi zwei der sehenswertesten Orte der Amalfiküste. Bis auf einen kürzeren Zwischenanstieg geht es immerzu bergab. Gutes Schuhwerk ist im Mühlental *(Valle dei Mulini)* dennoch vonnöten. **Varianten:** Ein Treppenweg führt von Pontone in 0:30 Std. direkt nach Amalfi, wobei in dem Fall die eigentliche Hauptsache, das Mühlental, verpasst wird. Alternativ ist der Einstieg auch in Scala möglich; der Bus von Amalfi fährt zuerst nach Scala und steuert dann Ravello an. **Länge/Dauer:** ca. 8 km, ca. 2:30 Std. **Einkehrmöglichkeiten:** in Pontone und am Ende der Wanderung in Amalfi (→ S. 250 f.). **Ausgangspunkt/Anfahrt:** Startpunkt ist der Domplatz in Ravello. Der Ort wird von SITA-Bussen aus Amalfi angesteuert.

Wegbeschreibung: Vom **Domplatz 1** in Ravello wählen wir den sanft ansteigenden Treppenweg unmittelbar links von der Kathedrale (Via Richard Wagner). Anschließend wenden wir uns auf der Via San Giovanni del Toro nach links. An der Weggabelung vor der romanischen Chiesa San Giovanni del Toro nehmen wir die rechte Alternative, die uns binnen kurzem zur **Piazza Fontana Moresca 2** bringt. Am jenseitigen Ende des Platzes suchen wir den etwas versteckten Treppenweg, der von der Piazza links hinunterführt. Dieser bringt uns schnurstracks zur Straße, auf der wir uns nach rechts wenden. Den Tunnel zur Rechten missachten wir, sondern laufen auf der Straße bis zur Abzweigung nach Scala weiter. Dort gehen wir rechts weiter, wobei wir in der Folge auf der anderen Talseite zwei Serpentinen mit Hilfe von Treppen abkürzen. Kurz darauf stehen wir auf dem Domplatz **3** von **Scala.** Wir bleiben weiterhin auf dieser Straße und genießen den berühmten Paradeblick auf Ravello.

Am Ortseingang von **Minuta** verlassen wir die Straße und nehmen die Stufen hinunter zum Kirchplatz mit dem Trinkwasserbrunnen **4**. Danach führt die Via Lama di Pompei weiter bergab und streift auf dem Weg ins Tal die Ruinenreste der romanischen Basilica di Sant'Eustachio in stupender Alleinlage. Der Treppenweg endet im Zentrum von **Pontone,** in dem wir uns nach links zur Piazza **5** orientieren.

Das Bergdorf Pontone

Nach der optionalen Kaffeepause in der *Blu Bar* geht es ein kurzes Stück auf der bereits bekannten Via Noce zurück (Schild: „Valle delle Ferriere") und wir würdigen in der Gasse ein Miniaturpanorama vom Landleben vergangener Zeiten. Die Dorfgasse endet an einer Asphaltstraße, auf der wir uns in Beibehaltung der bisherigen Gehrichtung nach rechts wenden. Die Straße verengt sich in der Folge und wird zu einem – zunächst betonierten, danach gepflasterten – Maultierweg (*mulattiera*). Dieser führt von der Küste weg und in die Monti Lattari hinein. Wir steigen ein paar Höhenmeter auf, um den vor uns liegenden Sattel zu über-

winden. Unmittelbar hinter dem Sattel führt der Weg wieder talwärts, verengt sich zum Pfad und trifft auf einen von links kommenden Treppenweg. Hier gehen wir rechts am Wasserbehälter vorbei und achten darauf, nach 10 m die Abzweigung nach links nicht zu verpassen.

Nach einem kurzen Abstieg endet der Weg unten im **Mühlental** an den Überbleibseln eines mittelalterlichen Aquädukts **6**. Der in Kaskaden talwärts springende Mühlenbach lädt hier zur schattigen Picknickpause ein. Während der Pfad nach rechts hinauf in die Berge bzw. ins *Valle delle Ferriere* führt, wählen wir im Anschluss an die Pause die links vom Mühlenbach talwärts führende Wegalternative. Bis Amalfi nimmt der Weg jetzt einen logischen Verlauf. Unten passieren wir auf der Ortsdurchfahrt in Richtung Küste nacheinander das Papiermuseum sowie den Domplatz. Die Wanderung endet am Meer auf der Piazza mit dem Denkmal von Flavio Gioia sowie dem Busparkplatz **7**.

GPS-Wanderung 11

Von Amalfi nach Maiori

Charakteristik: Die wenig begangene Wanderung durch das Herz der Amalfiküste führt aussichtsreich an Zitronengärten und Olivenhainen vorbei. Betonierte Wege und gut ausgebaute Pfade stellen in puncto Trittsicherheit keinerlei Anforderungen. Die zahlreichen Treppen erfordern hingegen ausreichende Kondition. **Varianten:** Die Tour lässt sich relativ einfach in Etappen aufteilen. Wer möchte, bricht in Atrani oder Minori ab und nimmt den Bus zurück nach Amalfi. **Länge/Dauer:** ca. 9 km, ca. 3:30 Std. **Einkehrmöglichkeiten:** in Minori (→ S. 263) und am Ende der Tour in Maiori (→ S. 266). **Ausgangspunkt/Anfahrt:** Die Wanderung beginnt am Busbahnhof von Amalfi. Verbindungen bestehen von/nach Sorrent, Salerno, Agerola und Ravello.

Wegbeschreibung: Startpunkt ist das Denkmal von Flavio Gioia **1** neben dem Busbahnhof am Meer. Vom Kreisverkehr laufen wir unter Pinien am Lungomare entlang nach Osten und queren die Küstenstraße hinter der Rechtskurve. Auf der anderen Seite wählen wir den ansteigenden Treppenweg *(Salita Roberto il Giuscardo)*, der in der Folge – häufig unter Wohnhäusern hindurch – parallel zur Amalfitana nach Atrani führt. Später entfalten sich die Paradeausblicke auf das Stadtidyll von Atrani, bevor die Treppen im Nachbarort uns wieder nach unten bringen. Wenn wir zuvor nicht in den Gassen die Orientierung verloren haben, endet der Weg auf der bildschönen Piazzetta **2** von **Atrani.**

Auf der anderen Platzseite wählen wir am Brunnen den ansteigenden Treppenweg (Via Francesco Pansa) und halten uns unmittelbar hinter der ersten Unterführung links. Der Treppenweg endet auf dem Vorplatz der Chiesa Santa Maria Maddalena **3** mit dem fotogenen Glockenturm. Vom Kirchenvorplatz ist bereits das Ziel der Wanderung, Maiori, gut zu erkennen.

Für unser nächstes Etappenziel schlagen wir die Via San Nicola ein und halten uns bei nächster Gelegenheit rechts. Der Weg steigt jetzt kompromisslos auf Stufen an, wobei rückblickend immer wieder Atrani in voller Schönheit ins Sichtfeld rückt. Am ersten Haus mit dem Trinkwasserhahn davor wandern wir links weiter und halten uns gleich darauf abermals links. An der auffällig rot getünchten Wohnvilla gabelt sich der Treppenweg: Hier wählen wir nicht den steilen Treppenweg (dieser führt hoch nach Ravello), sondern die flach verlaufende Wegalternative nach rechts. Diese endet an der Straße von Castiglione nach Ravello, auf der wir uns rechts halten, um nach 40 m den Treppenweg auf der anderen Seite einzuschlagen (Schild: „Ravello/Marmorata"). Wir missachten links abzweigende Treppenwege – sie führen größtenteils nach Ravello oder enden vor Gärten – und wandern zwischen Trockensteinmauern und terrassierten Parzellen hangparallel weiter. Immer wieder eröffnen sich prächtige Ausblicke auf die Küste. Der Weg endet an einer Fahrstraße 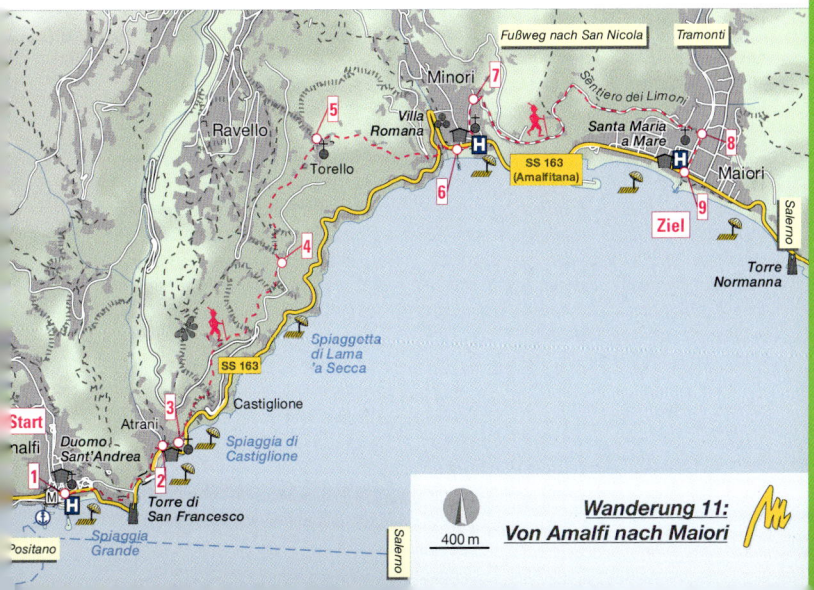, der wir 30 m in Beibehaltung der Gehrichtung folgen.

Während die Stufen nach rechts hinunter nach Marmorata führen, wählen wir am Schild „Via Casanova" den ramponierten ansteigenden Treppenweg nach links. Es folgt ein anstrengender Steilanstieg über 190 Stufen, bis es wieder auf der hangparallelen Wegvariante flach weitergeht (den Treppenweg bergauf lassen wir unbeachtet). Unser Wanderweg endet schließlich an der weit sichtbaren Kirche **5** von **Torello,** einem Teilort von Ravello. Nachdem wir uns am Brunnen vor der Kirche mit frischem Trinkwasser versorgt haben, folgen wir dem Wegweiser nach Minori.

Der meerwärts strebende Treppenweg endet an einem Wendehammer vor dem Friedhof. Gegenüber dem Friedhofseingang geht es abermals treppab zur Küstenstraße, die hier etwas unübersichtlich ist. Dennoch queren wir die Amalfitana, orientieren uns ein paar Schritte nach links und nehmen auf Stufen Kurs auf den Lungomare **6** von **Minori.**

Nach der verdienten Erfrischungspause wandern wir am Lungomare entlang, bis die Kirche von Minori ins Sichtfeld rückt. Hier wenden wir uns landeinwärts und unterqueren den Glockenturm. Nach 130 m achten wir auf den Einstieg zum **Sentiero dei Limoni** nach Maiori **7** (Schild: „San Nicola/Annunziata"). Auf dem ansteigenden Treppenweg (Via Torre) halten wir uns bei nächster Gelegenheit rechts (Schild: „San Nicola"). In der Folge geht es kontinuierlich bergauf. Später verflacht der Weg etwas und quert – weitgehend hangparallel – ein Seitental. Wir missachten einen Treppenweg nach rechts und zwei Linksabzweige, welche die Kapelle San Nicola weit oben in den Monti Lattari zum Ziel haben. Sich wieder talwärts wendend, endet der „Limonenpfad" an der eindrücklichen Kirche Santa Maria a Mare. Eine Treppe führt von hier hinab zum verkehrsberuhigten Corso Reginna **8** im Zentrum von **Maiori.** Hier wenden wir uns nach rechts und stehen kurz darauf am Lungomare mit der SITA-Bushaltestelle **9**.

Wanderung 11:
Von Amalfi nach Maiori

400 m

Amalfiküste – Von Corpo di Cava nach Maiori

Charakteristik: Auf dem Höhenweg oberhalb des weniger bekannten Teils der Amalfiküste fühlen sich Wanderer zuweilen in die Alpen versetzt. Stupende Ausblicke auf den Golf von Salerno und auf die Monti Lattari sind hier beinahe eine Selbstverständlichkeit. Der Abstieg nach Maiori enthält steile und bei Nässe rutschige Passagen: Hier ist Trittsicherheit und entsprechende Vorsicht angebracht! **Varianten:** Wer sich die Anfahrt über Cava de' Tirreni zum Startpunkt der Wanderung ersparen will und konditionsstark ist, kann von Vietri sul Mare nach Corpo di Cava wandern. Vom 856 m hoch gelegenen Santuario dell'Avvocata wiederum kann man den Alternativabstieg nach Cetara und Erchie wählen. **Länge/Dauer:** ca. 11 km, ca. 5 Std. **Einkehr-möglichkeiten:** am Ende der Tour in Maiori (→ S. 266). An drei Trinkwasser-stellen unterwegs kann die Wasserflasche aufgefüllt werden. **Ausgangspunkt/Anfahrt:** Die Wanderung beginnt am Kloster in Corpo di Cava, einem Teilort von Cava de' Tirreni. Am Bahnhof von Cava halten Regionalzüge von Neapel und Salerno. Vom Vorplatz starten ca. stündlich Lokalbusse zur Abtei.

Wegbeschreibung: Am Eingang zur **Abbazia della Santissima Trinità 1** in Corpo di Cava führen links Stufen hinunter zum Bach. Nach der Brücke halten wir uns rechts und folgen den rot-weißen Markierungen des italienischen Alpenvereins (CAI). Nach wenigen Schritten auf dem ansteigenden Pfad gehen wir an der Gabelung scharf nach links weiter. Überwiegend durch schattigen Wald geht es kontinuierlich, aber selten steil bergauf. Eine Holzschlag-lichtung queren wir in Beibehaltung der eingeschlagenen Gehrichtung. Der Weg führt in ein Seitental hinein und quert einen Bach mit einer Trinkwas-serstelle unterhalb eines Wasserbehäl-ters. Anschließend geht es auf vorüber-gehend steileren Serpentinen durch den Wald, ehe wenig später der nicht markierte Zustieg **2** von Vietri sul Mare (bzw. dem oberen Ortsteil Iaconti) von links kommend auf unsere Route trifft. Kurz vor der **Cappella Vecchia** lichtet sich die Vegetation und erstmals fällt der Blick auf den Golf von Salerno; ein Picknickplatz **3** vor der unscheinbaren Kapelle lädt zur ver-

dienten Rast ein. Anschließend verliert der jederzeit gut ausgebaute und aus-reichend markierte Pfad wieder etwas an Höhe und wird ab und an von Kreuzwegstationen flankiert. Später nimmt die inzwischen wieder anstei-gende Route Kurs auf den Bergkamm. Wir passieren eine Trinkwasserstelle und ein Grottenheiligtum. Den Kamm entlang geht es weiter aufwärts, wobei hin und wieder felsige Lücken in der Vegetation den Blick auf die andere Seite nach Ravello und Maiori freige-ben. Eine längere Pause hier oben ist in jedem Fall der Rast am nicht mehr weit entfernten Pilgerheiligtum Avvocata vorzuziehen, weil die Umgebung der Kirche durch nicht entsorgten Müll äs-thetisch empfindlich beeinträchtigt ist.

Von der unscheinbaren Sattelhöhe steigt der sich in allerlei Alternativen verzweigende Pfad kompromisslos zum **Santuario dell'Avvocata 4** ab. Unter-halb der Kirche missachten wir den al-ternativen Abstieg nach links in Rich-tung Cetara bzw. Erchie, sondern schla-gen den ausgeschilderten Weg nach Maiori ein. An den steilen Abschnitten

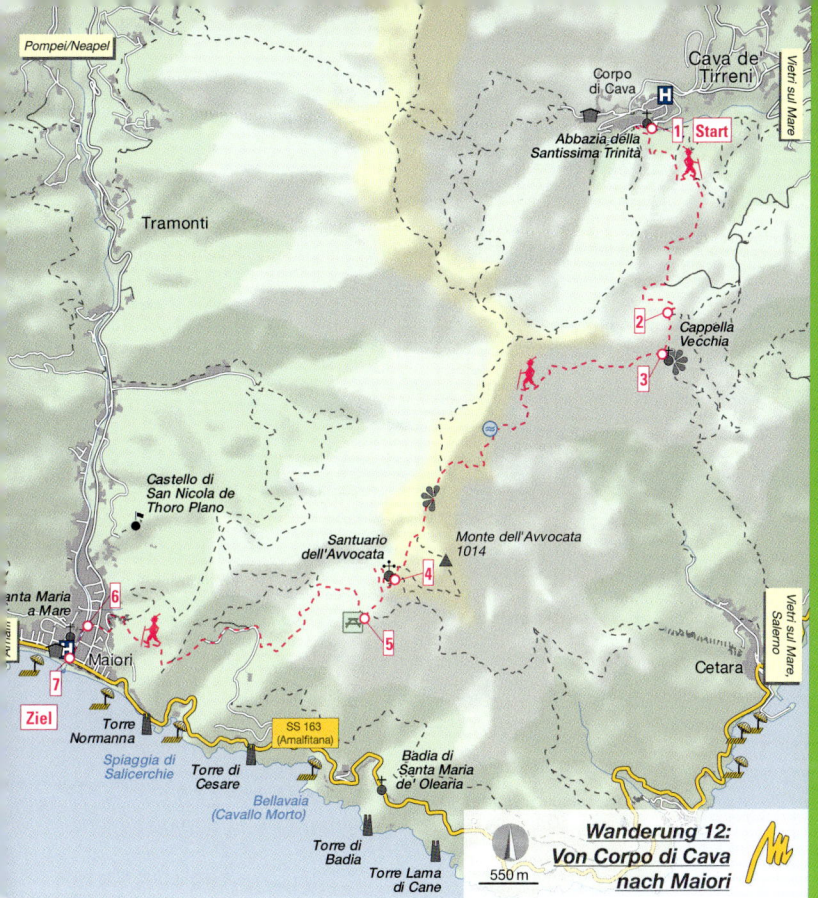

Pompei/Neapel

Cava de' Tirreni

Corpo di Cava

1 Start

Abbazia della Santissima Trinità

Tramonti

2

Cappella Vecchia

3

Castello di San Nicola de Thoro Plano

Santuario dell'Avvocata

Monte dell'Avvocata 1014

4

5

anta Maria a Mare

6

Maiori

Cetara

7

Ziel

Torre Normanna

Spiaggia di Salicerchie

Torre di Cesare

SS 163 (Amalfitana)

Bellavaia (Cavallo Morto)

Badia di Santa Maria de' Olearia

Torre di Badia

Torre Lama di Cane

550 m

Wanderung 12: Von Corpo di Cava nach Maiori

Vietri sul Mare

Vietri sul Mare, Salerno

erleichtern Trekkingstücke den Abstieg. Später verflacht der Pfad und passiert Picknickbänke **5** im Wald, die eine bessere Pausenoption als der Wallfahrtsort weiter oben darstellen.

Von hier folgen wir anfangs dem breiten, leicht abschüssigen Weg, der sich gleich darauf wieder verengt. Bei den folgenden Steilpassagen ist abermals Umsicht und Konzentration gefragt. Wir passieren nacheinander einen Trinkwasserbrunnen sowie ein verfallenes Steinhaus in aussichtsreicher Alleinlage. Im weiteren Verlauf des Abstiegs ist die Markierung zuweilen lückenhaft, wobei wir uns im Zweifelsfall nach rechts orientieren. Wei-

chen wir in Ermangelung eindeutiger Zeichen zu sehr von der Route nach Osten ab, ist das andererseits auch kein großes Problem: Denn früher oder später münden sämtliche Pfadalternativen auf einen Fahrweg, dem wir nur nach rechts zu folgen haben, ehe wir irgendwann wieder auf eine rot-weiße Markierung sowie auf die reguläre Abstiegsroute stoßen. Zuletzt führt ein gepflegter Treppenweg hinunter nach **Maiori,** der im Zentrum am Corso Reginna **6** endet. In der Fußgängerzone wenden wir uns nach links und erreichen nach wenigen Schritten den Lungomare mit der SITA-Bushaltestelle **7**.

Etwas Italienisch

Mit ein paar Worten Italienisch kommt man erstaunlich weit – es ist nicht mal schwer, und die Italiener freuen sich auch über gut gemeinte Versuche. Oft genügen schon ein paar Floskeln, um an wichtige Informationen zu kommen. Der Übersichtlichkeit halber verzichten wir auf wohlgeformte Sätze und stellen die wichtigsten Ausdrücke nach dem Baukastensystem zusammen. Ein bisschen Mühe und guter Wille lohnen sich wirklich – besonders in abgelegeneren Gegenden, in denen die Italiener nicht auf den „Würstel con Kraut"-Tourismus eingestellt sind.

Aussprache

Hier nur die Abweichungen von der deutschen Aussprache:

c vor e und i immer *„tsch"* wie in *rutschen*, z. B. *centro* (Zentrum) = *„tschentro"*. Sonst wie *„k"*, z. B. *cannelloni* = *„kannelloni"*.

cc gleiche Ausspracheregeln wie beim einfachen **c**, nur betonter *faccio* (ich mache) = *„fatscho"*; *boccone* (Imbiss) = *„bokkone"*.

ch wie *„k"*, *chiuso* (geschl.) = *„kiuso"*.

cch immer wie ein hartes *„k"*, *spicchio* (Scheibe) = *„spikkio"*.

g vor e und i *„dsch"* wie in *Django*, vor a, o , u als *„g"* wie in *gehen;* wenn es trotz eines nachfolgenden dunklen Vokals als *„dsch"* gesprochen werden soll, wird ein i eingefügt, das nicht mitgesprochen wird, z. B. in *Giacomo* = *„Dschakomo"*.

gh immer als *„g"* gesprochen.

gi wie in *giorno* (Tag) = *„dschorno"*, immer weich gesprochen.

gl wird zu einem Laut, der wie *„lj"* klingt, z. B. in *moglie* (Ehefrau) = „mollje".

gn ein Laut, der hinten in der Kehle produziert wird, z. B. in *bagno* (Bad) = *„bannjo"*.

h wird am Wortanfang nicht mitgesprochen, z. B. *hanno* (sie haben) = *„anno"*. Sonst nur als Hilfszeichen verwendet, um c und g vor den Konsonanten i und e hart auszusprechen.

qu im Gegensatz zum Deutschen ist das u mitzusprechen, z. B. *acqua* (Wasser) = *„akua"* oder *quando* (wann) = *„kuando"*.

r wird kräftig gerollt!

rr wird noch kräftiger gerollt!

sp gut norddeutsch zu sprechen, z. B.

st *specchio* (Spiegel) = *„s-pekkio"* (nicht *schpekkio), stella* (Stern) = *„s-tella"* (nicht *„schtella")*.

v wie *„w"*.

z wie „z" in Zug, z.B. *polizia* (Polizei) oder aber weich wie *„ds"*, z. B. *zero* (Null).

Die Betonung liegt meistens auf der vorletzten Silbe eines Wortes. Im Schriftbild wird sie bei der großen Mehrzahl der Wörter nicht markiert. Es gibt allerdings Fälle, bei denen die italienischen Rechtschreibregeln Akzente als Betonungszeichen vorsehen, z. B. bei mehrsilbigen Wörtern mit Endbetonung wie *perché* (= weil, warum).

Der Plural lässt sich bei vielen Wörtern sehr einfach bilden; die meisten auf „a" endenden Wörter sind weiblich, die auf „o" oder „e" endenden männlich; bei den weiblichen wird der Plural mit „e" gebildet, bei den männlichen mit „i", also: una ragazza (ein Mädchen), due ragazze (zwei M.); un ragazzo (ein Junge), due ragazzi (zwei J.). Daneben gibt es natürlich diverse Ausnahmen, die wir bei Bedarf im Folgenden zusätzlich erwähnen.

Elementares

Frau ...	*Signora*
Herr ...	*Signor(e)*
Guten Tag, Morgen	*Buon giorno*
Guten Abend (ab nachmittags!)	*Buona sera*
Guten Abend/gute Nacht (ab Einbruch der Dunkelheit)	*Buona notte*
Auf Wiedersehen	*Arrivederci*
Hallo/Tschüss	*Ciao*
Wie geht es Ihnen?	*Come sta?/Come va?*
Wie geht es dir?	*Come stai?*
Danke, gut.	*Molto bene, grazie/ Benissimo, grazie*
Danke!	*Grazie/Mille grazie/ Grazie tanto*
Entschuldigen Sie	*(Mi) scusi*
Entschuldige	*Scusami/Scusa*
Entschuldigung, können Sie mir sagen ...?	*Scusi, sa dirmi ...?*
Entschuldigung, könnten Sie mich durchlassen/ mir erlauben ...	*Permesso ...*
ja	*si*
nein	*no*
Ich bedaure, tut mir leid	*Mi dispiace*
Macht nichts	*Non fa niente*
Bitte! (im Sinne von „gern geschehen")	*Prego!*
Bitte (als Einleitung zu einer Frage oder Bestellung)	*Per favore ...*
Sprechen Sie Englisch?	*Parla inglese*
... Deutsch?	*... tedescso?*
... Französisch?	*... francese?*
Ich spreche kein Italienisch	*Non parlo l'italiano*
Ich verstehe nichts	*Non capisco niente*
Könnten Sie etwas langsamer sprechen?	*Puo parlare un po` più lentamente?*
Ich suche nach ...	*Cerco ...*
Okay, geht in Ordnung	*va bene*
Ich möchte/Ich hätte gern	*Vorrei*
Warte/Warten Sie!	*Aspetta/Aspetti!*
groß/klein	*grande/piccolo*
Es ist heiß	*Fa caldo*
Es ist kalt	*Fa freddo*
Geld	*i soldi*
Ich brauche ...	*Ho bisogno ...*
Ich muss ...	*Devo ...*
in Ordnung	*d'accordo*
Ist es möglich, dass ...	*È possibile ...*
mit/ohne	*con/senza*
offen/geschlossen	*aperto/chiuso*
Toilette	*gabinetto*
verboten	*vietato*
Was bedeutet das?	*Che cosa significa? (sprich sinjifika)*
Wie heißt das?	*Come si dice?/ cosa significa?*
zahlen	*pagare*

Equivoco!
Eine Art Allheilmittel: „Es liegt ein Missverständnis vor". Wenn etwas schief gelaufen ist, ist dies das Friedensangebot. Ein Versprechen wurde nicht eingehalten? – Nein, nur „è un equivoco"!

Fragen

Gibt es/Haben Sie ...? (auszusprechen als tsche)	*C'è ...?*
Was kostet das?	*Quanto costa?*
Gibt es (mehrere)	*Ci sono?*
Wann?	*Quando?*
Wo? Wo ist?	*Dove?/Dov'è?*
Wie?/Wie bitte?	*Come?*
Wieviel?	*Quanto?*
Warum?	*Perché?*

Smalltalk/Orientierung

Ich heiße ...	*Mi chiamo ...*
Wie heißt du?	*Come ti chiami?*
Wie alt bist du?	*Quanti anni hai?*
Das ist aber schön hier	*Meraviglioso!/Che bello!/ Bellissimo!*
Von woher kommst du?	*Di dove sei tu?*
Ich bin aus München/Hamburg	*Sono di Monaco, Baviera/di Amburgo*
Bis später	*A più tardi!*
Wo ist bitte ...?	*Per favore, dov'è ..?*

... die Bushaltestelle	*... la fermata*
... der Bahnhof	*... la stazione*
Stadtplan	*la pianta della città*
rechts	*a destra*
links	*a sinistra*
immer geradeaus	*sempre diritto*
Können Sie mir den Weg nach ... zeigen?	*Sa indicarmi la direzione per ..?*
Ist es weit?	*È lontano?*
Nein, es ist nah	*No, è vicino*

Ecco!
Hat unendlich viele Bedeutungen. Es ist eine Bestärkung am Ende des Satzes: Also! Na bitte! Voilà ... Zweifel sind dann ausgeschlossen.

Bus/Zug/Fähre

Fahrkarte	*un biglietto*
Stadtbus	*il bus*
Überlandbus	*il pullman*
Zug	*il treno*
hin und zurück	*andata e ritorno*
Ein Ticket von X nach Y	*un biglietto da X a Y*
Wann fährt der nächste?	*Quando parte il prossimo?*
... der letzte?	*... l'ultimo?*
Abfahrt	*partenza*
Ankunft	*arrivo*
Gleis	*binario*
Verspätung	*ritardo*
aussteigen	*scendere*
Ausgang	*uscita*
Eingang	*entrata*
Wochentag	*giorno feriale*
Feiertag	*giorno festivo*
Fähre	*traghetto*
Tragflügelboot	*aliscafo*
Deck-Platz	*posto ponte*
Kabine	*cabina*

Auto/Motorrad

Auto	*macchina*
Motorrad	*la moto*

Tankstelle	*distributore*
Volltanken	*il pieno, per favore*
Bleifrei	*benzina senza piombo*
Diesel	*gasolio*
Panne	*guasto*
Unfall	*un incidente*
Bremsen	*i freni*
Reifen	*le gomme*
Kupplung	*la frizione*
Lichtmaschine	*la dinamo*
Zündung	*l'accensione*
Vergaser	*il carburatore*
Mechaniker	*il meccanico*
Werkstatt	*l'officina*
funktioniert nicht	*non funziona*

Bank/Post/Telefon

Geldwechsel	*il cambio*
Wo ist eine Bank?	*Dove c'è una banca*
Ich möchte wechseln	*Vorrei cambiare*
Ich möchte Reiseschecks einlösen	*Vorrei cambiare dei traveller cheques*
Wie ist der Wechselkurs	*Qual è il cambio?*
Geld	*i soldi*
Postamt	*posta/ufficio postale*
ein Telegramm aufgeben	*spedire un telegramma*
Postkarte	*cartolina*
Brief	*lettera*
Briefpapier	*carta da lettere*
Briefkasten	*la buca (delle lettere)*
Briefmarke(n)	*il francobollo/i francobolli*
Wo ist das Telefon?	*Dov'è il telefono?*
Ferngespräch	*comunicazione interurbana*

Camping/Hotel

Haben Sie ein Einzel-/Doppelzimmer?	*C'è una camera singola/doppia?*
Können Sie mir ein Zimmer zeigen?	*Può mostrarmi una camera?*
Ich nehme es/ wir nehmen es	*La prendo/ la prendiamo*
Zelt	*tenda*
kleines Zelt	*canadese*

Schatten	*ombra*	Schlüssel	*la chiave*
Schlafsack	*sacco a pelo*	Vollpension	*pensione (completa)*
warme Duschen	*docce calde*	Halbpension	*mezza pensione*
Gibt es warmes Wasser?	*C'è l'acqua calda?*	Frühstück	*prima colazione*
mit Dusche/Bad	*con doccia/bagno*	Hochsaison	*alta stagione*
ein ruhiges Zimmer una	*camera tranquilla*	Nebensaison	*bassa stagione*
Wir haben reserviert	*Abbiamo prenotato*	Haben Sie nichts Billigeres?	*Non ha niente che costa di meno?*

Zahlen

der Erste	*il primo*	6	*sei*	21	*ventuno*
Zweite	*il secondo*	7	*sette*	22	*ventidue*
Dritte	*il terzo*	8	*otto*	30	*trenta*
einmal	*una volta*	9	*nove*	40	*quaranta*
zweimal	*due volte*	10	*dieci*	50	*cinquanta*
halb	*mezzo*	11	*undici*	60	*sessanta*
ein Viertel	*un quarto di*	12	*dodici*	70	*settanta*
ein Paar	*un paio di*	13	*tredici*	80	*ottanta*
einige	*alcuni*	14	*quattordici*	90	*novanta*
0	*zero*	15	*quindici*	100	*cento*
1	*uno*	16	*sedici*	101	*centuno*
2	*due*	17	*diciassette*	102	*centodue*
3	*tre*	18	*diciotto*	200	*duecento*
4	*quattro*	19	*diciannove*	1.000	*mille*
5	*cinque*	20	*venti*	2.000	*duemila*

Maße & Gewichte

Liter	*un litro*
halber Liter	*mezzo litro*
Viertelliter	*un quarto di un litro*
Gramm	*un grammo*
100 Gramm	*un etto*
200 Gramm	*due etti*
Kilo (gesprochen wie im Deutschen)	*un chilo, due chili*

Uhrzeit

Wie spät ist es?	*Che ora è?*
mittags (für 12 Uhr gebräuchlich)	*mezzogiorno*
Mitternacht	*mezzanotte*
Viertel nach	*... e un quarto*
Viertel vor	*... meno un quarto*
halbe Stunde	*mezz'ora*

Tage/Monate/Jahreszeit

ein Tag	*un giorno*
die Woche	*la settimana*
ein Monat	*un mese*
ein Jahr	*un'anno*
ein halbes Jahr	*mezz'anno*
Frühling	*primavera*
Sommer	*l'estate*
Herbst	*autunno*
Winter	*inverno*

Wochentage

Montag	*lunedì*
Dienstag	*martedì*

Mittwoch	mercoledì
Donnerstag	giovedì
Freitag	venerdì
Samstag	sabato
Sonntag	domenica

Monate

Januar	gennaio
Februar	febbraio
März	marzo
April	aprile
Mai	maggio
Juni	giugno (sprich dschunjo)
Juli	luglio (sprich luljo)
August (Feiertag des 15.8.)	agosto (ferragosto)
September	settembre
Oktober	ottobre
November	novembre
Dezember	dicembre

Gestern, heute, morgen

heute	oggi
morgen	domani
übermorgen	dopodomani
gestern	ieri
vorgestern	l'altro ieri
sofort (dehnbarer Begriff)	subito
später	più tardi
jetzt	adesso
der Morgen	la mattina
Mittagszeit	l'ora di pranzo
Nachmittag	il pomeriggio
der Abend	la sera
die Nacht	la notte

Einkaufen

Haben Sie	Ha ...?
Ich hätte gern ...	Vorrei ...
etwas davon	un poco di questo
dieses hier	questo qua
dieses da, dort	quello là
Was kostet das?	Quanto costa questo?

Geschäfte

Apotheke	farmacia
Bäckerei	panetteria
Buchhandlung	libreria
Zeitungskiosk	edicola
Fischhandlung	pescheria
Laden, Geschäft	negozio
Metzgerei	macelleria
Reinigung (chemische)	lavanderia/ lavasecco
Reisebüro	agenzia viaggi
Touristen-information	informazioni turistiche
Schreibwarenladen	Cartoleria
Supermarkt	alimentari, supermercato

Drogerie/Apotheke

Seife	il sapone
Tampons	i tamponi, i o.b.
Binden	assorbenti
Waschmittel	detersivo
Shampoo	lo shampoo
Toilettenpapier	carta igienica
Zahnpasta	pasta dentifricia
Schmerztabletten	qualcosa contro il dolore
Kopfschmerzen	mal di testa
Abführmittel	lassativo
Sonnenmilch	crema solare
Pflaster	cerotto

Arzt/Krankenhaus

Ich brauche einen Arzt	Ho bisogno di un medico
Hilfe!	Aiuto!
Erste Hilfe	pronto soccorso
Krankenhaus	ospedale
Schmerzen	dolori
Ich bin krank	Sono malato
Biss/Stich	puntura
Fieber	febbre
Durchfall	diarrea

Erkältung	*raffreddore*
Halsschmerzen	*mal di gola*
Magenschmerzen	*mal di stomaco*
Zahnweh	*mal di denti*
Zahnarzt	*dentista*
verstaucht	*slogato*

Im Restaurant

Haben Sie einen Tisch für x Personen?	*C'è uno tavolo per x persone?*
Die Speisekarte, bitte	*Il menu/la lista, per favore*
Was kostet das Tagesmenü?	*Quanto costa il piatto del giorno?*
Ich möchte gern zahlen	*Il conto, per favore*
Ich habe Hunger	*Ho fame*
Ich habe Durst	*Ho sete*
Gabel	*forchetta*
Messer	*coltello*
Löffel	*cucchiaio*
Aschenbecher	*portacenere*
Mittagessen	*pranzo*
Abendessen	*cena*
Eine Quittung, bitte	*Vorrei la ricevuta, per favore*
Es war sehr gut	*Era buonissimo*
Trinkgeld	*mancia*
(lässt man aber ohne große Erklärungen am Tisch liegen)	

Speisekarte

Extra-Zahlung für Gedeck, Service und Brot	*coperto/pane e servizio*
Vorspeise	*antipasto*
erster Gang	*primo piatto*
zweiter Gang	*secondo piatto*

Beilagen zum zweiten Gang	*contorni*
Nachspeise (Süßes)	*dessert*
Obst	*frutta*
Käse	*formaggio*

Getränke

Wasser	*acqua*
Mineralwasser	*acqua minerale*
mit Kohlensäure	*con gaz (frizzante)*
ohne Kohlensäure	*senza gaz*
Wein	*vino*
weiß	*bianco*
rosé	*rosato*
rot	*rosso*
Bier	*birra*
hell/dunkel	*chiara/scura*
vom Fass	*alla spina*
Saft	*succo di ...*
Milch	*latte*
heiß	*caldo*
kalt	*freddo*
Kaffee	*un caffè*
(das bedeutet espresso)	
Cappuccino (mit aufgeschäumter Milch, niemals mit Sahne!)	*un cappuccino*
Kaffee mit wenig Milch	*un caffè macchiato*
Milchkaffee	*un caffellatte*
Kalter Kaffee	*un caffè freddo*
Tee	*un tè*
mit Zitrone	*con limone*
Cola	*una coca*
Milkshake	*frappè*
ein Glas	*un bicchiere di ...*
eine Flasche	*una bottiglia*

Speiselexikon

Alimentari/Diversi – Lebensmittel, Verschiedenes

Essig	*aceto*
Pfannkuchen	*bombolone*
Brühe	*brodo*
Butter	*burro*
Omlett	*frittata*
kleine Kartoffelklöße	*gnocchi*
Marmelade	*marmellata*
Suppe	*minestra/zuppa*

Gemüsesuppe	*minestrone*
Öl	*olio*
Oliven	*olive*
Olivenöl	*olio di oliva*
Brot	*pane*
Brötchen (auch belegt zu kaufen)	*panino*
Süßstoff	*saccarina*
Salami	*salame*
Frischwurst	*salsiccia*
Ei/Eier	*l'uovo/le uova*
Wein-Eier-Creme	*zabaione*
Zucker	*zucchero*

Erbe – Gewürze

Knoblauch	*aglio*
Lorbeer	*alloro*
Basilikum	*basilico*
Kapern	*capperi*
Oregano	*origano*
Pfeffer	*pepe*
Paprika	*peperoni*
Petersilie	*prezzemolo*
Rosmarin	*rosmarino*
Salz	*sale*
Salbei	*salvia*
Senf	*senapa*
Thymian	*timo*

Preparazione – Zubereitung

geräuchert	*affumicato*
gegrillt	*ai ferri*
überbacken	*al forno*
über Holzkohlefeuer	*alla griglia*
mit Sahne	*con panna*
Tomaten/Knobl.	*alla pizzaiola*
am Spieß	*allo spiedo*
mit Tomatensauce	*al pomodoro*
gebraten/geröstet	*arrosto*
gekocht/gedünstet	*bollito*
hausgemacht (nach Hausfrauenart)	*alla casalinga*
Kompott	*frutta cotta*
gekocht	*cotto*

hart/zäh	*duro*
frisch	*fresco*
frittiert	*fritto*
fett	*grasso*
im Saft geschmort	*in umido*
gekocht/gedünstet	*lesso*
weich	*morbido*
scharf	*piccante*
zart	*tenero*

Contorni – Beilagen

Spargel	*asparago*
Rote Beete	*barbabietole*
Mangold	*bietola*
wilder Blumenkohl	*broccoletti*
Artischocke	*carciofo*
Karotten	*carote*
Blumenkohl	*cavolfiore*
Kohl	*cavolo*
Gurke	*cetriolo*
Chicoree	*cicoria*
Zwiebel	*cipolla*
grüne Bohnen	*fagiolini*
Bohnen	*fagioli*
Pilze	*funghi*
Fenchel	*finocchio*
allg. Salat	*insalata*
Kopfsalat	*lattuga*
Linsen	*lenticchie*
Auberginen	*melanzane*
Kartoffeln	*patate*
Erbsen	*piselli*
Maisbrei	*polenta*
Tomaten	*pomodori*
Reis	*riso*
Reis mit Zutaten	*risotto*
Sellerie	*sedano*
Spinat	*spinaci*
Zucchini	*zucchini*

Pasta – Nudeln

gefüllte Teigrollen	*cannelloni*
Schleifchen	*farfalle*

Bandnudeln	*fettuccine*
kleine Nudeln	*fiselli*
(Kartoffel-) Klößchen	*gnocchi*
Schicht-Nudeln	*lasagne*
Makkaroni	*maccheroni*
allg. Nudeln	*pasta*
Röhrennudeln	*penne*
Bandnudeln	*tagliatelle*
gefüllte Teigtaschen	*tortellini*
große Tortellini	*tortelloni*
Fadennudeln („Würmchen")	*vermicelli*

Pesce e frutti di mare – Fisch & Meeresgetier

Fisch allgemein heißt il pesce (sprich pesche; nicht zu verwechseln mit le pesche, sprich peske, dem Plural von Pfirsich)

Languste	*aragosta*
Heringe	*aringa*
Stockfisch	*baccalà*
Tintenfische	*calamari*
Miesmuscheln	*cozze*
Zahnbrasse	*dentice*
Garnelen	*gamberi*
Krebs	*granchio*
Schellfisch	*merluzzo*
Meeräsche	*muggine*
Seehecht	*nasello*
Goldbrasse	*orata*
Austern	*ostriche*
Schwertfisch	*pesce spada*
Krake	*polpo*
Rochen	*razza*
Lachs	*salmone*
Sardinen	*sardine*
großer Tintenfisch	*seppia/totano*
Makrele	*sgombro*
Seezunge	*sogliola*
Thunfisch	*tonno*
Barbe	*triglia*
Forelle	*trota*
Muscheln	*vongole*

Carne – Fleisch

Lamm	*agnello*
Ente	*anatra*
Beafsteak	*bistecca*
Zicklein	*capretto*
Hirn	*cervello*
Wildschwein	*cinghiale*
Kaninchen	*coniglio*
Fasan	*fagiano*
Leber	*fegato*
Hase	*lepre*
Zunge	*lingua*
Lendenstück	*lombatina*
Schwein	*maiale*
Ferkel	*maialetto*
Rind	*manzo*
Rebhuhn	*pernice*
Taube	*piccione*
Huhn	*pollo*
Fleischklöße	*polpette*
Kutteln	*trippa*
Kalb	*vitello*

Frutta – Obst

Aprikose	*albicocca*
Ananas	*ananas*
Orange	*arancia*
Banane	*banana*
Kirsche	*ciliegia*
Wassermelone	*cocomero*
Dattel	*dattero*
Feigen	*fichi*
Kaktusfeigen	*fichi d'india*
Erdbeeren	*fragole*
Himbeeren	*lamponi*
Zitrone	*limone*
Mandarine	*mandarino*
Apfel	*mela*
Honigmelone	*melone*
Brombeeren	*more*
Birne	*pera*
Pfirsich	*pesca*
Grapefruit	*pompelmo*
Weintrauben	*uva*

Kartenverzeichnis

Zeichenerklärung für die Karten und Pläne

Autobahn	Aussichtspunkt	Information
Schnellstraße	Berggipfel	Toilette
Hauptstraße	Felsen, Steine	Post
Asphaltstraße	Höhle	Krankenhaus, Apotheke
Nebenstraße	Archäol. Ausgrabung	Bushaltestelle
Fußgängerzone	Kastell, Burgruine	Metrostation
Stadtmauer	Kirche/Kapelle, Kloster	Taxistandplatz
Wanderweg, Waypoint	Turm, Leuchtturm	Flughafen
Piste	Sehenswürdigkeit	Hafen, Anlegestelle
Fußpfad	Naturattraktion	Parkplatz, Parkhaus
Treppenweg	Rastplatz	Ort
Lift	Laubwald, Pinienwald	Gebäude, Einkehr
U-Bahn, Funicolare	Quelle,	Campingplatz
Bahnlinie mit Bahnhof	heiße Quelle	Museum
Fährlinie	Gewässer	Sportplatz, Stadion
Fluss	Grünanlage	
Schutzgebietsgrenze	Badestrand	
Grenze	Friedhof	

Alles im Kasten

Positano: Fresken in einer römischen Villa unterhalb der Pfarrkirche

Was haben Sie entdeckt?

Haben Sie ein besonderes Restaurant, ein neues Museum oder ein nettes Hotel entdeckt? Wenn Sie Ergänzungen, Verbesserungen oder Tipps zum Buch haben, lassen Sie es uns bitte wissen!

Schreiben Sie an: Andreas Haller, Stichwort „Golf von Neapel"

c/o Michael Müller Verlag GmbH | Gerberei 19, D – 91054 Erlangen

andreas.haller@michael-mueller-verlag.de

Vielen Dank!

Ich möchte mich bei allen Lesern bedanken, die die Arbeit an diesem Reiseführer durch ihre Zuschriften mit wertvollen Tipps und Hinweisen unterstützt haben.

Impressum

Text und Recherche: Andreas Haller **Lektorat:** D&M Services GmbH: Anja Elser **Redaktion:** Christine Hetterle **Layout:** D&M Services GmbH: Jana Dillner, Julia Lüssow **Karten:** Janina Baumbauer, Theresa Flenger, Judit Ladik, Anette Seraphim, Gábor Sztrecska **Herausnehmbare Karte:** Annette Seraphim **Fotos:** alle Andreas Haller außer S. 2 (Birthe Müller) **GIS-Consulting:** Rolf Kastner **Covergestaltung:** Karl Serwotka **Covermotiv:** Procida: Blick auf Marina Corricella

ISBN 978-3-95654-724-9

© Copyright Michael Müller Verlag GmbH, Erlangen 2017-2020. Alle Rechte vorbehalten. Alle Angaben ohne Gewähr. Druck: hofmann infocom GmbH, Nürnberg.

Haftungsausschluss

Die in diesem Reisebuch enthaltenen Informationen wurden vom Autor nach bestem Wissen erstellt und von ihm und dem Verlag mit größtmöglicher Sorgfalt überprüft. Dennoch sind, wie wir im Sinne des Produkthaftungsrechts betonen müssen, inhaltliche Fehler nicht mit letzter Gewissheit auszuschließen. Daher erfolgen die Angaben ohne jegliche Verpflichtung oder Garantie des Autors bzw. des Verlags. Autor und Verlag übernehmen keinerlei Verantwortung bzw. Haftung für mögliche Unstimmigkeiten. Wir bitten um Verständnis und sind jederzeit für Anregungen und Verbesserungsvorschläge dankbar.

Aktuelle Infos zu unseren Titeln, Hintergrundgeschichten zu unseren Reisezielen sowie brandneue Tipps erhalten Sie in unserem regelmäßig erscheinenden Newsletter, den Sie im Internet unter **www.michael-mueller-verlag.de** kostenlos abonnieren können.

Die Amalfiküste bei Minori

Abruzzen ■ Ägypten ■ Albanien ■ Algarve ■ Algarve ■ Allgäu ■ Altmühltal & Fränk. Seenland ■ Amsterdam ■ Andalusien ■ Andalusien ■ Apulien ■ Australien – Der Osten ■ Azoren ■ Bali & Lombok ■ Barcelona ■ Bayerischer Wald ■ Berchtesgadener Land ■ Berlin ■ Bodensee ■ Bornholm ■ Bremen mit Bremerhaven ■ Bretagne ■ Brüssel ■ Budapest ■ Chalkidiki ■ Chiemgauer Alpen ■ Chios ■ Cilento ■ Comer See ■ Cornwall & Devon ■ Costa Brava ■ Costa de la Luz ■ Costa Rica ■ Côte d'Azur – Alpes Maritimes ■ Cuba ■ Dolomiten ■ Dolomiten ■ Dominikanische Republik ■ Dresden ■ Dublin ■ Düsseldorf ■ Ecuador ■ Eifel ■ Elba und der Toskanische Archipel ■ Elsass ■ Elsass ■ Fehmarn ■ Florenz & Chianti ■ Föhr & Amrum ■ Franken ■ Fränkische Schweiz ■ Fränkische Schweiz ■ Friaul-Julisch Venetien ■ Fuerteventura ■ Gardasee ■ Gardasee ■ Golf von Neapel ■ Gomera ■ Gran Canaria ■ Graubünden ■ Hamburg ■ Harz ■ Haute-Provence ■ Ibiza & Formentera ■ Irland ■ Island ■ Istanbul ■ Istrien ■ Kalabrien & Basilikata ■ Kanada – der Westen mit Südost-Alaska ■ Karpathos ■ Kärnten ■ Katalonien ■ Kefalonia & Ithaka ■ Köln ■ Kopenhagen ■ Korfu ■ Korsika ■ Korsika Fernwanderwege ■ Korsika ■ Kos ■ Krakau ■ Kreta ■ Kreta ■ Kroatische Inseln & Küstenstädte ■ Kvarner-Bucht – Zentralkroatien, Zagreb ■ Kykladen ■ Lago Maggiore ■ Lago Maggiore ■ La Palma ■ La Palma ■ Languedoc-Roussillon ■ Lanzarote ■ Latium mit Rom ■ Lesbos ■ Ligurien – Italienische Riviera, Genua, Cinque Terre ■ Ligurien ■ Limnos ■ Limousin & Auvergne ■ Liparische Inseln ■ Lissabon & Costa de Lisboa ■ Lissabon ■ London ■ Lübeck inkl. Travemünde ■ Madeira ■ Madeira ■ Madrid ■ Mailand ■ Mainfranken ■ Mainz ■ Mallorca ■ Mallorca ■ Malta, Gozo, Comino ■ Marken ■ Marseille ■ Mecklenburgische Seenplatte ■ Mecklenburg-Vorpommern ■ Menorca ■ Midi-Pyrénées ■ Mittel- und Süddalmatien ■ Montenegro ■ Moskau ■ München ■ Münchner Ausflugsberge ■ Naxos ■ Neuseeland ■ New York ■ Niederlande ■ Nord- u. Mittelengland ■ Nord- u. Mittelgriechenland ■ Norddalmatien ■ Norderney ■ Nördliche Sporaden – Skiathos, Skopelos, Alonnisos, Skyros ■ Nordportugal ■ Nordspanien ■ Normandie ■ Norwegen ■ Nürnberg, Fürth, Erlangen ■ Oberbayerische Seen ■ Oberitalien ■ Oberitalienische Seen ■ Odenwald mit Bergstraße, Darmstadt & Heidelberg ■ Ostfriesland – Ostfriesische Inseln ■ Ostseeküste – Mecklenburg-Vorpommern ■ Ostseeküste – von Lübeck bis Kiel ■ Paris ■ Peloponnes ■ Pfalz ■ Pfälzerwald ■ Piemont & Aostatal ■ Piemont ■ Polnische Ostseeküste ■ Porto ■ Portugal ■ Prag ■ Provence & Côte d'Azur ■ Provence ■ Rhodos ■ Rom ■ Rügen, Stralsund, Hiddensee ■ Rumänien ■ Rund um Meran ■ Sächsische Schweiz ■ Salzburg & Salzkammergut ■ Samos ■ Santorini ■ Sardinien ■ Sardinien ■ Schottland ■ Schwäbische Alb ■ Schwarzwald Mitte/Nord ■ Shanghai ■ Sizilien ■ Sizilien ■ Slowakei ■ Slowenien ■ Span. Jakobsweg ■ Sri Lanka ■ St. Petersburg ■ Steiermark ■ Stockholm ■ Straßburg ■ Südböhmen – Böhmerwald ■ Südengland ■ Südfrankreich ■ Südnorwegen ■ Südschwarzwald ■ Südschweden ■ Südtirol ■ Südtoscana ■ Südwestfrankreich ■ Sylt ■ Tallinn ■ Teneriffa ■ Teneriffa ■ Tessin ■ Thailand – der Norden ■ Thassos & Samothraki ■ Thüringen ■ Toscana ■ Toscana ■ Tschechien ■ Türkei ■ Türkei – Lykische Küste ■ Türkei – Mittelmeerküste ■ Türkei – Südägäis ■ Türkische Riviera – Kappadokien ■ Umbrien ■ USA – Südwesten ■ Usedom ■ Varadero & Havanna ■ Venedig ■ Venetien ■ Wachau, Wald- u. Weinviertel ■ Wales ■ Warschau ■ Westböhmen & Bäderdreieck ■ Wien ■ Zakynthos ■ Zypern

Reisehandbuch   **MM-City**   **MM-Wandern**

Steiküste bei Lacco Ameno

MM-Wandern
informativ und punktgenau durch GPS

- für Familien, Einsteiger und Fortgeschrittene
- ausklappbare Übersichtskarte für die Anfahrt
- genaue Weg-Zeit-Höhen-Diagramme
- GPS-kartierte Touren (inkl. Download-Option für GPS-Tracks)
- Ausschnittswanderkarten mit Wegpunkten
- Konkretes zu Wetter, Ausrüstung und Einkehr

- Allgäuer Alpen
- Andalusien
- Bayerischer Wald
- Chiemgauer Alpen
- Eifel
- Elsass
- Fränkische Schweiz
- Gardasee
- Gomera
- Korsika
- Korsika Fernwanderwege
- Kreta

- Lago Maggiore
- La Palma
- Ligurien
- Madeira
- Mallorca
- Münchner Ausflugsberge
- Östliche Allgäuer Alpen
- Pfälzerwald
- Piemont
- Provence
- Rund um Meran
- Schwäbische Alb

- Sächsische Schweiz
- Sardinien
- Schwarzwald Mitte/Nord
- Schwarzwald Süd
- Sizilien
- Spanischer Jakobsweg
- Teneriffa
- Toscana
- Westliche Allgäuer Alpen
- Zentrale Allgäuer Alpen

Kulturtreff in der
Altstadt von Neapel

Register

Die in Klammern gesetzten Koordinaten verweisen auf die herausnehmbare Golf-von-Neapel-Karte.

Wenn bei Capri die Sonne im Meer versinkt ...

Skulptur in der Villa des schwedischen Arztes Axel Munthe

Amalfiküste: Begegnung auf dem Pfad der Götter

Pozzuoli: Hausfassaden ohne Patina im Rione Terra

Der Umwelt zuliebe

Unsere Reiseführer werden klimaneutral gedruckt.

Eine Kooperation des Michael Müller Verlags mit myclimate

Sämtliche Treibhausgase, die bei der Produktion der Bücher entstehen, werden durch Ausgleichszahlungen kompensiert. Unsere Kompensationen fließen in das Projekt »Kommunales Wiederaufforsten in Nicaragua«:

- Wiederaufforstung in Nicaragua
- Speicherung von CO_2
- Wasserspeicherung
- Überschwemmungsminimierung
- klimafreundliche Kochherde
- Verbesserung der sozio-ökonomischen und ökologischen Bedingungen
- Klimaschutzprojekte mit höchsten Qualitätsstandards
- zertifiziert durch Plan Vivo

Einzelheiten zum Projekt unter myclimate.org/nicaragua.

Michael Müller Reiseführer
So viel Handgepäck muss sein.

Die Webseite zum Thema:
www.michael-mueller-verlag.de/klima